Nouvelle grammaire appliquée de l'allemand

avec exercices corrigés

par

Roger NIEMANN
Pierre KUHN

SEDES

COLLECTION LANGUES MODERNES APPLIQUÉES

Sous la direction de Pierre Kuhn,
agrégé de l'Université

Allemand

Vocabulaire moderne allemand-français
Pierre Kuhn

Anglais

La version anglaise expliquée
Jalons méthodologiques
et traductions commentées
André Petton

Grammaire appliquée de l'anglais
avec exercices corrigés
Paul Boucher,
Frédéric Ogée

http://www.editions.sedes.com
ISBN 2-7181-9532-0

Avant-propos

Cette *Nouvelle grammaire appliquée de l'allemand* est avant tout une grammaire pratique, un ouvrage de référence. Les auteurs ont voulu familiariser l'usager avec les structures de l'allemand vues sous l'angle d'une terminologie rationnelle et lui permettre de travailler de façon autonome et attrayante. Ils ont tenu compte de la réforme de l'orthographe intervenue le 1er août 1998 dans les pays de langue allemande.

Contenu et présentation

L'ouvrage est consacré principalement à la syntaxe et à la morphologie de l'allemand avec, comme éléments fondamentaux, le groupe verbal et le groupe nominal. Les auteurs insistent sur des particularités de la phrase : enchaînement des éléments, emploi des temps et des modes, verbes de modalité, passif, groupes infinitival et participal, subjonctifs I et II... Ils étudient le rôle des déterminatifs dans la déclinaison, le pluriel des noms, les noms d'origine étrangère, les mots substantivés, la gradation, les prépositions liées aux compléments circonstanciels, les verbes et adjectifs à rection fixe. Viennent s'ajouter, en annexe, des notions sur la composition, la dérivation et la phonétique. Un mémento reprend ce qu'il importe de retenir en priorité.

Les **règles** de grammaire, illustrées par des phrases modèles, sont fréquemment présentées sous la forme de tableaux. L'accent est mis sur les points qui sont l'objet des fautes les plus courantes. On a jugé utile de montrer comment traduire des tournures françaises comme « en + participe présent », « dont », « en » et « y », « il y a » ou certains gallicismes.

Les divisions des paragraphes répondent à un souci de clarté et de précision. La terminologie ne doit en aucun cas dérouter le lecteur.

Les **exercices** sont destinés à fixer les structures par l'application des règles. Les textes des exercices tournent souvent autour d'un centre d'intérêt (*Im Warenhaus*, *Abreise*, *Auf der Post*, *Ein Ausflug*, etc.).

Pour les exercices de transformation, on peut avoir soit des micro-conversations, soit un jeu de questions et de réponses qui placent l'usager dans un contexte vraisemblable. Les dialogues permettent de s'entraîner à la conversation. Seuls les exercices d'application et certains thèmes grammaticaux n'obéissent pas à cette unité de pensée, mais ont un but didactique.

Après chaque chapitre on trouvera des **exercices de révision** dans la partie « Testez vos connaissances ». Une place a été réservée à des textes d'auteur. Les **corrigés** ont été placés à la fin de l'ouvrage.

Nous exprimons nos remerciements à M. le Pr. Fourquet, Mmes Broetzmann, Knopper, Wegener, MM. Candelier, David, Gerighausen, Lindemann, Macher qui, par leurs suggestions et leurs critiques, nous ont apporté leur aide.

Symboles utilisés

∅	= absence de marque	comp.	= comparatif
(¨)	= inflexion	indic.	= indicatif
+	= forme vieillie	inf.	= infinitif
[e:]	= transcription phonétique	subj.	= subjonctif
(')	= accent principal	V	= verbe
S	= sujet	GV	= groupe verbal
GN	= groupe nominal	jn/jm	= *jemanden/jemandem*
adj.	= adjectif		

Table des matières

Deuxième partie

Le verbe 51

Annexes 273

Retenir en priorité 323

PREMIÈRE PARTIE

LA STRUCTURE DE LA PHRASE

1 LE GROUPE VERBAL

Le verbe conjugué est à la deuxième place dans la phrase énonciative, mais à la dernière place dans la subordonnée introduite par un subordonnant.

- La phrase est un ensemble d'éléments structurés : groupe verbal (GV), groupe nominal (GN), groupe prépositionnel, subordonnée, adverbe…
  Elle comprend habituellement un **sujet** (ce dont on parle) et un **prédicat** (ce qu'on affirme à propos du sujet). Le prédicat est constitué par le groupe verbal.

Mein Freund (GN) fährt nach Deutschland. (GV) Ich (GN) fahre mit. (GV)

- **Le groupe verbal** comprend le verbe et les éléments qui lui sont étroitement associés :

nach Deutschland fahren - mit-fahren

- Le groupe verbal ou le groupe nominal peuvent ne compter qu'un seul verbe ou un seul nom :

Ich lese.
Ich (GN) lese eine deutsche Zeitung. (GN)
(GV : lese eine deutsche Zeitung.)

- Chaque groupe peut être complété par d'autres groupes : **adverbe** (1), **groupe prépositionnel** (2), **subordonnée** (3).

Vorher (1) / Vor deiner Ankunft (2) / Bevor du kommst (3), lese ich noch die Zeitung, die du mir geschickt hast. (GN : die Zeitung, die du mir geschickt hast.)

1 Place du verbe conjugué

- Le **verbe** conjugué (verbe simple ou auxiliaire) est **le seul élément mobile.**

1.			**Kommt** **Ist**	er früh nach Hause? er früh nach Hause gekommen?	
2.	(Ich glaube,)	er er	**kommt** **ist**	früh nach Hause. früh nach Hause gekommen.	
3.	(Ich weiß nicht,) ob (Ich glaube,) dass	er er		früh nach Hause früh nach Hause gekommen	**kommt.** **ist.**

- Selon la fonction du groupe verbal, le **verbe** conjugué peut se trouver :
  - **à la 1re place** (exemple 1 : Interrogation globale, *intonation ascendante*),
  - **à la 2e place** (exemple 2 : Énonciation sans intention particulière, construction la plus fréquente, *intonation descendante*),
  - **au-delà de la 2e place, en position finale** (exemple 3 : Subordonnée introduite par un **subordonnant).**

2 Le verbe conjugué occupe la première place

- La phrase marque l'**intention** de celui qui parle.

Interrogation globale (sans mot interrogatif)	**Führt** **Hast** **Darf**	diese Straße du ich	nach München? heute Sie	 um Feuer	 angerufen? bitten?
Ordre	**Nimm** **Gehen** **Ruf**	 wir 	das Geld aus der Tasche! mal deinen Freund		 weiter! an!
Souhait	**Möge** **Hätten**	er wir	glücklich doch mehr Zeit!		werden!
Regret (subj. II passé)	**Wäre**	er	doch zu Hause		geblieben!

3-5 Le verbe conjugué occupe la seconde place

- La phrase ne marque pas d'intention particulière (énonciation neutre).

3 Le premier membre de la phrase peut être le sujet

Sujet	Verbe conjugué	Compléments	Particule séparable Infinitif / Participe II
Wer	**hilft**	uns heute Abend?	
Karl, der abgereist ist,	**kann**	uns nicht	helfen.
Er	**kommt**	in einer Woche	zurück.
Er	**hätte**	uns schon gestern	helfen können.
Er	**hat**	uns nicht	geholfen.
Das Problem	**ist**	von uns	gelöst worden.

4 Termes n'influant pas sur la construction

		Sujet 1	Verbe conjugué 2	
	Danke, Peter, Ach, Nein,	ich du das ich	bin musst ist glaube	Nichtraucher. aussteigen. aber schade! nicht.
Ich fahre mit dem Bus Ich fahre zurück, Ich gehe,	oder denn aber	ich die Ferien mein Freund	nehme sind bleibt	ein Taxi. zu Ende. hier.

- Les termes suivants ne comptent pas comme premier élément de la phrase :
  - Les conjonctions de coordination :

    aber (mais) sondern (mais au contraire) denn (car) oder (ou) und (et) allein (mais, seulement)
  - Les adverbes d'affirmation ou de négation et les expressions assimilées :

    ja, (oui) nein, (non) doch, (si) natürlich, (naturellement) einverstanden, (d'accord) in der Tat, (en effet)

    La virgule est obligatoire : *Nein, auf dem Land ist das Obst billiger.*
  - Les interpellations et les exclamations :

    ach, (hélas) schade, (dommage) danke, (merci) bitte, (s.v.p.) Entschuldigung, (excusez-moi)
    vielen Dank, (merci beaucoup) kurz, (bref) im Gegenteil, (au contraire) das heißt, (c'est-à-dire)

    La virgule est obligatoire.
  - *nur* - *erst* - *auch*, lorsqu'ils portent sur le sujet :

    Nur du kannst mir helfen. Auch sie darf nach Paris.

- Employés comme mots-phrases, *natürlich* - *freilich* - *also* - *tatsächlich* … sont suivis d'une virgule :

  Natürlich, **er** war zufrieden. mais Natürlich war **er** zufrieden.
  (Bien sûr ! Il était content.) *(Il va de soi qu'il était content.)*

5 Le premier membre de la phrase n'est pas le sujet

- Le **verbe conjugué** occupe toujours la **2e place**.
- Le **sujet** se place **après le verbe**.

- Le 1er membre de la phrase peut être, selon le contexte, un mot interrogatif, ou un adverbe, un adjectif, un participe, un infinitif, une particule séparable, un seul complément, une subordonnée ... Les termes (*aber*, *denn*, *oder*, *und* ...) étudiés au paragraphe 4 n'ont pas le statut de membre de phrase.

• Un terme quelconque • Un seul complément • ... une subordonnée	Verbe conjugué	Sujet		
Wann Zuerst Schwarz Geschneit Sehen	hilfst las war hatte konnten	du er die Nacht. es wir	uns? den Text in der Nacht. ihn nicht.	 vor.
Was für ein Kleid Heute um zwei Auf dem Land Da er Urlaub hat,	wirst will wird möchte	du ich das Obst er	heute Abend euch gern billiger mit uns	tragen? helfen. verkauft. verreisen.

Remarques :

- Le verbe peut être précédé de plusieurs compléments, à condition qu'ils soient de même nature :

  Im Garten und auf der Wiese spielen Kinder.
  └──── [Locatif] ────┘
  (Des enfants jouent dans le jardin et dans le pré.)
  Heute Nachmittag um zwei wird er uns empfangen.
  └──── [Temps] ────┘
  (Cet après-midi à 2 heures, il nous recevra.)

- La forme emphatique consiste à placer un terme fortement **accentué** en tête de la phrase. Cela correspond souvent à la tournure française « c'est ... qui », « c'est ... que » :

  'Ihn hatte der Polizist angehalten.
  (C'est lui que l'agent avait interpellé.)
  'Mein Vater hat mir das Feuerzeug gegeben, nicht **'deiner**.
  (C'est mon père qui m'a donné le briquet, non le tien.)
  Auf **'diesen** Baum möchte ich klettern.
  (C'est sur cet arbre que je voudrais grimper.)

- Le signe ' sert ici à marquer l'accent contrastif.

Ich ging in ein **Warenhaus**.
↓
Dort (1) probierte ich **mehrere Kleider**.
↓
Sie (1) **passten mir nicht**.

Deshalb (1) ging ich in ein Fachgeschäft.

(1) L'élément en tête de phrase reprend ici une information donnée précédemment. Ce renvoi au contexte antérieur par un élément plus précis est appelé « **anaphorisation** ».

6-7 Dans la subordonnée le verbe conjugué occupe la dernière place

- La **subordonnée relative** détermine le groupe nominal :

  Die schönen Ferien, die ich auf dem Land verbracht habe, …

  (Les belles vacances que j'ai passées à la campagne.)

- La **subordonnée conjonctive** (groupe conjonctionnel) associe un mot de subordination à un groupe verbal. Cette subordonnée peut être membre
  - soit d'un groupe verbal :

    Ich muss einsteigen, weil der Zug abfährt.

    GV

    (Je dois monter dans le train parce qu'il part.)
  - soit d'un groupe nominal :

    der Tag, bevor wir in Ferien fuhren, …

    GN

    (Le jour avant notre départ en vacances, …)

6 1er cas : La subordonnée ne vient pas en tête

	Mot de subordination	Sujet		Verbe conjugué
(Ich warte),	bis	du	zurück-	kommst.
,	obgleich	du	dich verspätet	hast.
,	weil	Karl	um 2 Uhr anrufen	will.
,	solange	ich	nicht angerufen worden	bin.
	subordonnée			

- La particule séparable (*zurück-*) se ressoude au verbe. Dans la subordonnée, introduite par un subordonnant, la particule n'est **jamais séparable**.
- La subordonnée est séparée du groupe verbal précédent par une **virgule**.

7 2e cas : La subordonnée vient en tête

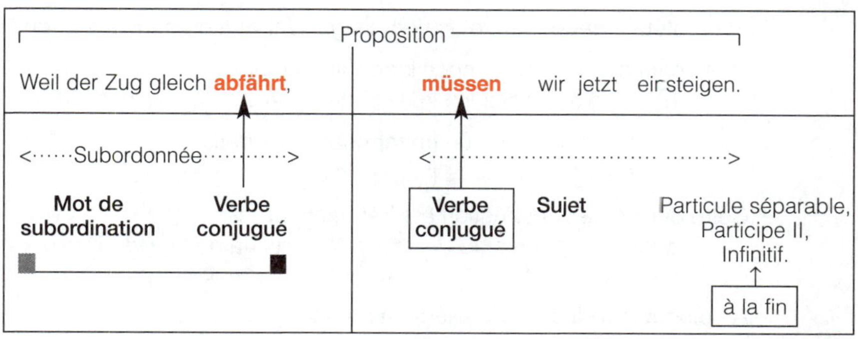

- La subordonnée constitue le **premier élément** de la proposition.
- Les deux verbes conjugués sont séparés par la virgule.

  Sobald der Zug hält, steige ich aus.
  (Dès que le train s'arrêtera, je descendrai.)

Remarques :

- Plusieurs subordonnées peuvent dépendre du même **subordonnant** :

  Als der Schaffner meine Fahrkarte verlangte und ich sie ihm zeigen wollte, ...
  (Lorsque le contrôleur exigea mon titre de transport et ***que*** *je voulus le lui montrer, ...)*

- Si l'auxiliaire est commun aux deux verbes, on ne le met que la deuxième fois :

  Weil er fleißig gearbeitet und gute Noten bekommen **hatte**, ...
  (Parce qu'il avait travaillé avec application et (qu'il avait) obtenu de bonnes notes, ...)

8 - 9 Exceptions

Dans les cas ci-après, le **verbe conjugué** n'est pas en position finale dans la subordonnée.

8 Double infinitif hors construction

(Ich warte), weil sie mich **hat** anrufen wollen.
(J'attends) parce qu'elle a voulu me téléphoner.

- Dans les phrases de ce genre, ***können*** / ***dürfen*** ; ***wollen*** / ***mögen*** ; ***müssen*** / ***sollen*** sont des **participes II à forme d'infinitif** (pu, voulu, dû).
- Dans la subordonnée, l'auxiliaire ***hat*** / ***hatte*** / ***hätte*** / ***wird*** se place **avant** les deux infinitifs.

  NB : Le prétérit est plus fréquent : ..., weil sie mich anrufen wollte.

9 Subordonnée sans mot de subordination

Sans *dass* (= que)

La **complétive** dépendant d'un verbe signifiant **dire** ou **penser** se construit :

a. soit comme une subordonnée introduite par ***dass*** :

Er sagte mir, **dass** ich ihm schreiben **solle**. *(... de lui écrire).*

b. soit comme une proposition **juxtaposée** sans ***dass*** :

Er sagte mir, ich **solle** ihm schreiben.

– Cette deuxième construction est fréquente après :

sagen	schreiben	antworten	erklären	denken
erzählen	erfahren	erwidern	behaupten	glauben

– Au **discours indirect**, elle allège la phrase.

– Elle n'est possible qu'avec un ***dass*** vide de sens (« translatif »), c'est-à-dire servant à translater un groupe verbal en fonction de membre dans un autre groupe verbal. Elle est donc impossible dans l'exemple suivant :

Sie schreit so laut, dass sie heiser wird. *(Elle s'enroue à force de crier.)*

[= sens consécutif]

– Si la complétive dépend d'un verbe à la forme négative, la construction avec ***dass*** est préférable :

Er hat nicht gesagt, **dass** ich kommen **solle**. *(Il ne m'a pas dit de venir.)*

Sans *wenn* (si, lorsque)

Pour exprimer une condition *(si)* ou la simultanéité *(lorsque)*, le verbe conjugué peut être en tête de la subordonnée à la place de ***wenn*** :

Au lieu de : **Wenn** die Sonne scheint, → fahre ich ans Meer.

on aura → **Scheint** die Sonne, so → fahre ich ans Meer.

(S'il y a du soleil, j'irai au bord de la mer.)

a. Les explétifs **so** / **da** / **dann** *(ainsi, alors)* ne sont pas obligatoires, ils ne servent qu'à résumer la subordonnée.

b. Si la subordonnée ne vient pas en tête, la construction sans ***wenn*** est peu usitée :

Ich fühle mich so wohl, denke ich an die Zeiten, da …

(Je me sens si heureux, lorsque je songe au temps où …)

als ob / *als wenn* (= comme si) → sans *ob* ou *wenn*

Le verbe conjugué prend la place de ***ob*** ou de ***wenn*** :

Es schien, { als **ob** er (nicht) kommen wollte.
als **wollte** er (nicht) kommen. }

(On avait l'impression qu'il (ne) voulait (pas) venir.)

EXERCICES

Paragraphes 1 à 2

Corrigés p. 332

A Former des phrases selon le modèle suivant.

Hans fährt in die Schweiz. → **Fährt** Hans in die Schweiz? Ich glaube, **dass** er in die Schweiz **fährt**. Weißt du, **ob** er in die Schweiz **gefahren ist**.

1. Karl kommt am Montag.
2. Die Kinder sind im Garten.
3. Gisela hat Klavier gespielt.
4. Unser Nachbar ist mit dem Zug gekommen.

B Mettre les phrases suivantes à la forme impérative (2e personne singulier et forme de politesse).

Lautzeichen abwarten ! → **Warte** das Lautzeichen **ab**! **Warten** Sie das Lautzeichen **ab**!

In einer Telefonzelle

1. Vorschrift genau beachten!
2. Hörer abnehmen!
3. Münze einwerfen oder Telefonkarte einschieben!
4. Gewünschte Nummer wählen!
5. Sprechen!
6. Hörer einhängen!

C Former des phrases optatives.

Er ist nicht glücklich. → **Möge** er glücklich **werden**!

1. Er ist nicht fröhlich.
2. Sie ist nicht gesund.
3. Es ist nicht warm.
4. Der Regen kommt nicht.

Ich möchte, dass wir am Meer wären. → **Wären** wir nur am Meer!

5. Ich möchte, dass wir allein wären.
6. Ich möchte, dass wir eine Wohnung hätten.

D Traduire avec et sans ***wenn***.

1. *Si seulement nous en étions sûrs !*
2. *Si seulement j'avais plus d'argent !*
3. *Si seulement elle venait bientôt !*
4. *Que n'est-elle venue plus tôt !*

E Traduire.

1. *L'avion a-t-il atterri à l'heure ? On avait annoncé un retard.* (pünktlich landen)
2. *Je ne crois pas que notre ami viendra aujourd'hui.*
3. *Sais-tu si les communications téléphoniques sont moins chères après 20 heures ?* (das Ferngespräch (-e))
4. *Dites-moi pourquoi ce sport vous passionne au point que vous n'hésitez pas à faire de la voile par mauvais temps.* (begeistern / segeln)
5. *Ne m'appelez surtout pas le soir après onze heures.* (jn an-rufen)
6. *Ah ! si les excursionnistes l'avaient écouté !* (der Ausflügler (-) / auf jn hören) *Il ne leur serait sûrement pas arrivé d'accident.*
7. *Au téléphone, donnez votre nom, votre interlocuteur en aura fait autant.* (der Gesprächspartner (-))

Paragraphes 3 à 4

Corrigés p. 332

A Commencer la phrase par le sujet.

Morgen fahre ich nach München. → **Ich** fahre morgen nach München.

Hausaufgaben

1. Heute Abend müssen wir eine Mathematikaufgabe lösen.
2. Zuerst wollte uns ein Freund, der Ingenieur ist, helfen.
3. Leider musste er plötzlich abreisen.
4. Zum Glück gab man uns die entsprechenden Hinweise.
5. Am nächsten Tag konnte ich die Arbeit abgeben.

B Répondre en commençant par le sujet.

Wer hat die Aufgabe gelöst? (unser Nachbar)
Unser Nachbar hat die Aufgabe gelöst.

1. Wie lange habt ihr daran gearbeitet?	(2 Stunden)
2. Wer wollte euch helfen?	(ein Freund)
3. Wer brachte euch auf den richtigen Weg?	(ein Student)
4. Wann wart ihr fertig?	(gegen 10 Uhr)

C Relier selon le sens une phrase du groupe a) à une phrase du groupe b).

Im Warenhaus

a)
1. Inge und Hilde fahren in die Stadt, denn …
2. Fahren wir mit dem Bus oder …?
3. Wir nehmen die U-Bahn, …
4. Beide steigen ein und …
5. Verzeihung, wo ist die Abteilung für Damenkonfektion?
6. Unsere Damenabteilung ist im 2. Stock, aber …
7. Vielen Dank, wir wollen zuerst hier etwas Passendes suchen, und …
8. Hilde, sieh mal dieses blaue Kleid: …
9. Schade, es wird dir nicht passen, …
10. Ach, ich will es doch mal anprobieren …
11. Lass uns doch lieber in den 2. Stock fahren; …

b)
1. wir haben dort mehr Auswahl.
2. so sind wir schneller da.
3. sie wollen in einem Warenhaus einkaufen.
4. es ist gar nicht teuer.
5. Schade, es ist zu eng.
6. es ist nicht deine Größe.
7. Wir möchten gern ein Sommerkleid kaufen.
8. nehmen wir die U-Bahn?
9. Kleider finden Sie auch im Erdgeschoss.
10. sie sind bald an Ort und Stelle.
11. wir fahren später in den 2. Stock.

D Traduire.

1. *S'il vous plaît, pourriez-vous m'indiquer l'heure exacte, car il ne faut pas que je rate le dernier train pour Munich ?* (die Uhrzeit an-geben / den Zug ver'passen)
2. *Hélas ! il est minuit passé. Seul un taxi pourrait encore vous conduire rapidement à la gare.* (nach Mitternacht / dasTaxi)
3. *Mais vous pouvez rester chez nous jusqu'à demain matin !* (morgen früh)
4. *D'accord ! je me lèverai à 5 heures et prendrai le premier métro pour être à l'heure à la gare.* (Einverstanden !) (die U-Bahn / rechtzeitig)
5. *Naturellement, vous prendrez le petit déjeuner avec nous.* (frühstücken)
6. *Merci bien, j'accepte avec joie.* (an-nehmen)
7. *Bref, tout est bien qui finit bien.* (Ende gut, alles gut.)

Paragraphe 5

Corrigés p. 333

A Commencer par le membre de phrase en caractères gras.

Im Urlaub

1. Hanna fährt an die Nordsee, **da sie das Meer liebt**.
   Da Hanna ...
2. Sie bleibt **den ganzen Morgen** am Strand.
3. Sie geht **dann** zum Einkaufen.
4. Sie macht **jeden Nachmittag** einen Spaziergang.
5. Sie geht **zeitig** ins Bett.

B Compléter le texte suivant et le traduire.

Der ander..

Abend.. steigt ein Herr in Paris in d.. Schnellzug nach Hamburg.
Er gibt d.. Schaffner ein gut.. Trinkgeld und sagt ihm:
„Wecken Sie mich bitte in Köln. Wenn ich nicht aufwach.., setzen Sie mich einfach mit mein.. Gepäck hinaus ! Ich habe morgen früh eine wichtig.. Verabredung in dies.. Stadt."
Der Schaffner verspricht es und der Herr schläft beruhigt ein.
Er wacht in d.. Morgendämmerung auf, sieht aus d.. Fenster und stellt fest, dass d.. Zug eben in den Hamburg.. Hauptbahnhof einläuft.
Der Reisend.. springt wütend auf, findet endlich d.. Schaffner auf d.. belebt.. Bahnsteig. Er überschüttet ih.. mit Schimpfwort.. .
Als nachher Kolleg.. d.. Schaffner Vorwürfe machen, dass er sich das habe gefallen lassen, da lächelt dies.. und sagt:
„Wenn ihr d.. gehört hätt.., d.. ich in Köln rausgesetzt habe, dann würdet ihr von d.. hier überhaupt nicht reden!"

C Traduire.

1. *Est-ce toi qui t'es servi de mon crayon à bille ?* (einen Kugelschreiber benutzen)
2. *Ce n'est pas ce complet gris qu'il aurait voulu acheter.*

3. *Ce locataire impoli, la gardienne ne l'avait jamais aimé spécialement. À présent elle ne lui disait même pas bonjour.* (der Mieter-'die Hauswartsfrau) (jn besonders mögen)
4. *En vacances, comme il n'aura pas à se lever de bonne heure, M. Müller pourra faire la grasse matinée.* (nicht brauchen / aus-schlafen)
5. *Ce n'est pas mon neveu que j'aurais voulu voir, mais ma nièce qui devait rentrer de Berlin hier soir.* (der Neffe / die Nichte / aus Berlin) (zurück-kommen)
6. *Pour Noël, son père lui a offert un ordinateur.* (der Computer)

Paragraphes 6 à 7

Corrigés p. 333

A Traduire le texte.

Gebote für den Rettungsschwimmer

1. Überlege erst; dann handle! *(bevor)*
2. Setze dein Leben nicht leichtsinnig aufs Spiel!
   Besteht die Möglichkeit einer Hilfe vom Ufer aus, nutze sie! *(wenn)*
   (Zureichen von Stangen, Zuwerfen von Rettungsbällen, Rettungsringen)
3. Mache andere auf den Unfall aufmerksam, damit während der Rettung schon Weiteres veranlasst werden kann! (Arzt, Rettungsgeräte) *(so dass)*
4. Kannst du den Ertrinkenden nur durch Schwimmen erreichen, so schaffe dir Bewegungsfreiheit und entkleide dich, soweit es geht - vor allem Rock und Schuhe ablegen! *(falls)*
5. Überprüfe vorher, ob ein Hilfsmittel in der Nähe ist! *(wo)*
   (Boot, Rettungsbrett, Schwimmflossen u.a.)
6. Schwimme nur so weit an den Ertrinkenden heran, dass er dich nicht erfassen kann, und versuche, ihn durch Zureden zu beruhigen! *(damit)*
   Ist dies nicht möglich, ergreife ihn immer nur von rückwärts! *(wenn)*

Deutsche Lebens-Rettungs-Gesellschaft.

B Utiliser ***Du sollst*** dans les phrases 1 à 4 de l'exercice A.

> Überlege erst; dann handle!
> **Du sollst** erst überlegen, dann handeln.

C Modifier les phrases de l'exercice A en employant le subordonnant entre parenthèses.

> Überlege erst; dann handle! *(bevor)*
> Überlege erst, **bevor** du handelst!

PHONÉTIQUE

L'attaque des voyelles : [h] *das Haus*; [I] *aus, Anna.*

- **[h]** Au début de la syllabe, **[h]** se prononce distinctement par une expiration d'air, comme pour dégeler une vitre glacée.
  Hut, stand-haft, er-halten.
- **[I]** Au contraire du français, la voyelle initiale se prononce avec un « coup de glotte » (attaque dure) : [I] aber, [I] ewig, [I] unten.

		Heidi holt das Heft.
die Herde - die Erde	die Hecke - die Ecke	Wie heißen Sie ? Hanna.
die Hände - das Ende	der Hund - und	Der Hund ist hungrig.

D Traduire.

1. *Bien que des astronautes américains aient pu se poser sur la lune, le gouvernement américain décida d'arrêter les vols Apollo.* (der Astro'naut (-en)) (das Pro'gramm ein-stellen)
2. *Tant que l'énergie nucléaire ne sera pas tout à fait sans danger, on ne devrait pas installer de centrales à proximité des grandes villes.* (die A'tomenergie) (A'tomkraftwerke bauen)
3. *Dès que le Boeing se fut immobilisé à côté d'un airbus sur l'aire de stationnement, les passagers eurent l'autorisation de détacher leurs ceintures de sécurité.* (auf Position still-stehen / der Sicherheitsgurt (-e))
4. *Le clip que tu m'as acheté au supermarché me plaît beaucoup.* (der Videoclip)
5. *Le magnétoscope qui m'a été vendu l'an dernier ne marche plus.* (der Videorecorder)

Paragraphes 8 à 9

Corrigés p. 334

A Relier les phrases entre elles. Utiliser le subjonctif dans le discours indirect.

Ich kann in Urlaub fahren. (Der Chef sagt, ...)
Der Chef sagt, { **dass** ich in Urlaub **fahren könne.** / **ich könne** in Urlaub **fahren.** }

Vor der Reise

1. Ich soll nach Spanien fahren. (Meine Freundin rät mir, ...)
2. Das Leben ist dort nicht teuer. (Ein Kollege behauptet, ...)
3. Das Wetter ist dort beständig. (Meine Nachbarin erklärt, ...)
4. Ich soll mich bei einer Reisegesellschaft erkundigen. (Sie meint, ...)
5. Ich soll Einkäufe machen. (Meine Mutter sagt, ...)
6. Ich muss morgen meinen Koffer packen. (Ich antworte ihr, ...)

Haben wir Geld? (Ich weiß nicht, ...)
→ Ich weiß nicht, **ob** wir Geld **haben**.

7. Kann man Geld umtauschen? (Ich weiß nicht, ...)
8. Wie viel Geld kann man umtauschen? (Ich möchte wissen, ...)
9. Wo kann ich mein Geld umtauschen? (Ich weiß noch nicht, ...)

PHONÉTIQUE

Le coup de glotte : **[I]** *Anna tritt ein.*

Anna	die Arbeit	das Essen	der Beamte
ausgehen	der Abend	die Antwort	geöffnet
Ausgang	das Auto	die Insel	

Geht dir Rat aus,
Geh aufs Rathaus.

Ihr Onkel war Anwalt. Anna arbeitet.
Anna kommt auch nach Hause.

B Former des phrases sans ***wenn***.

> Wenn ich Urlaub habe, fliege ich nach Spanien.
> → **Habe** ich Urlaub, **so** fliege ich nach Spanien.

1. Wenn ich endlich im Flugzeug sitze, werde ich beruhigt sein.
2. Wenn wir in Spanien ankommen, schreibe ich dir gleich.
3. Wenn wir etwas Schönes sehen, werde ich an dich denken.
4. Wenn ich abends allein bin, schreibe ich mein Tagebuch.
5. Wenn ich zurückkomme, erzähle ich dir alles.

C Remplacer ***als ob*** / ***als wenn*** par ***als***.

> Mir war, **als ob ich** nur träumte.
> → Mir war, **als träumte ich** nur.

1. Es kam mir vor, als ob das Flugzeug durch die Luft gleite.
2. Das Flugzeug senkte sich allmählich, als ob es landen wolle.
3. Es schien, als ob langsam der Abend käme.
4. Es war so schwül, als wenn es noch ein Gewitter geben sollte.

D Traduire.

1. *Cet émigrant n'aurait pas voulu quitter son pays natal sans avoir revu une dernière fois ses parents.* (der Auswanderer / die Heimat)
2. *Cette année, nous sommes partis plus tard en vacances, parce que nous avions voulu rester auprès de notre grand-père malade.* (in die Ferien fahren)
3. *La maison qu'elle avait dû vendre le mois dernier, elle l'avait héritée de son oncle.* (ver'kaufen / erben)
4. *Ma sœur me répondit qu'elle n'avait pas encore eu le temps de faire les courses.* (keine Zeit haben / ein-kaufen)
5. *Si les enfants n'allaient pas en classe au mois de juin, nous pourrions passer deux semaines en Forêt Noire.* (keine Schule haben / der Schwarzwald)
6. *Notre voisin fit semblant de ne pas avoir entendu ces paroles ironiques.*

VOCABULAIRE

Autour de la préposition ***über*** **(+ accusatif / datif)** :

den Winter **über**	*(pendant l'hiver)*
ein Buch **über** Brecht	*(un livre sur Brecht)*
Er bleibt **über** Nacht bei uns.	*(Il passe la nuit chez nous.)*
Ich gehe **über** die Straße.	*(Je traverse la rue.)*
Der Nebel liegt **über** dem Tal.	*(Le brouillard recouvre la vallée.)*
alle Männer **über** dreißig	*(tous les hommes au-dessus de trente ans)*
ein Scheck **über** 200 Euro	*(un chèque de…)*
Hals **über** Kopf	*(précipitamment)*
über kurz oder lang	*(tôt ou tard)*
über Berg und Tal	*(par monts et par vaux)*

2 LES ÉLÉMENTS DE LA PHRASE

Le noyau informatif est formé du verbe et des éléments qui lui sont étroitement associés. En général le déterminant précède le déterminé.

- L'ordre de base de la phrase allemande est celui de la **subordonnée**.

(1) gehen,
(2) ins Theater
(3) mit dir
(4) wir
(weil)

- Pour comprendre le sens de la phrase, on remontera à partir du verbe en position finale vers le début de la phrase (structure régressive).
- Le dernier membre ***(ins Theater)*** entre avec le verbe dans le rapport le plus étroit : le membre précédent ***(mit dir)*** détermine le groupe ainsi formé ***(ins Theater gehen)*** et ainsi de suite.
- La dernière place est occupée par l'élément le plus important pour la compréhension de la phrase.

10 Place des formes non conjuguées du verbe

Particule Infinitif Participe II	Sie lief die Treppe Er würde gern alles Sie hat sich einen Film	**hinauf.** **(auf)essen.** **angesehen.**	
Participe I	In einem Sessel	**sitzend,**	schlief er ein.

- Sauf dans la subordonnée, les formes non conjuguées du verbe (infinitif, participe) occupent **la dernière place**.
- ***Cas particuliers***

On placera toutefois les formes non conjuguées du verbe **avant** les éléments suivants :

– infinitif avec ***zu*** :

Es hat aufgehört **zu regnen**.
(Il a cessé de pleuvoir.)
Er ist weggefahren, **ohne** mir auf Wiedersehen **zu sagen**.
(Il est parti sans me dire au revoir.)

– les membres de phrase introduits par ***wie*** et ***als*** [comparaison] :

Er hat sich benommen **wie** ein Kind.
(Il s'est comporté comme un enfant.)
Er ist im Wettkampf höher gesprungen **als** vor einer Woche.
(Dans la compétition, il a sauté plus haut qu'il y a une semaine.)

– le groupe prépositionnel, les indications de temps ou de lieu, l'enumération, si l'on désire isoler un élément, prévenir d'une longue énumération :

Wir fangen jetzt an **mit dem Unterricht.**
(Nous commençons à présent l'enseignement.)
Sie wird viele Sachen mitnehmen: **einen Koffer, eine Kamera ...**
(Elle emportera beaucoup de choses : une valise, une caméra ...)

– la subordonnée :

Du darfst deinen Bruder mitbringen, **wenn er Lust hat.**
(Tu peux amener ton frère s'il en a envie.)
Er hat mit meinem Freund gespielt, **der nebenan wohnt.**
(Il a joué avec mon ami qui habite à côté.)

mais : Er hat mit meinem Freund, **der nebenan wohnt**, Tennis gespielt.
GN

- Ici la relative ***(der nebenan wohnt,)*** détermine un élément ***(mit meinem Freund)*** qui n'est pas le dernier membre du groupe verbal.
On trouvera cette construction avec des expressions verbales comme :

Englisch / Spanisch lernen; Fußball / Klavier spielen.
Wein / Bier trinken; zu Hause / am Fließband arbeiten ...
(Travailler à la maison / à la chaîne)

11 Place des compléments

Ordre d'importance

- Plus un complément ou tout autre élément du groupe verbal est proche de la **dernière** place, plus l'information qu'il fournit est importante :

Ich fahre	mit euch	**ans Meer.**
Mein Vater kaufte	mir gestern	**eine Uhr.**
Unser Vetter ist	wochenlang	**krank gewesen.**

On peut supprimer les autres éléments, la phrase garde son sens :

Ich fahre		ans Meer.
Mein Vater kaufte		eine Uhr.
Unser Vetter ist		krank gewesen.

- Pour mieux mettre tel ou tel complément en relief, on peut le placer **en tête** de la phrase :

Nächste Woche	fahren wir ab.
Auf Helgoland	regnet es oft.
Mit dir	fliegen wir nach Köln.

Le plus souvent, ce sera un complément de temps, de direction ou de lieu.

Toutefois on ne peut placer qu'**un seul complément** en tête de la phrase, sauf s'il y en a plusieurs qui indiquent la même circonstance :

Ins Kino oder ins Theater gehen die Leute gern.
(Les gens vont volontiers au cinéma ou au théâtre.)
Heute Abend um neun fahren wir zum Flughafen.
(Ce soir à 9 heures, nous irons en voiture à l'aéroport.)

- En résumé, l'ordre des compléments dépendra avant tout de l'**intention** du locuteur.
On met le complément sur lequel on veut insister :

– soit à la fin :

Ich habe das Telegramm **schon um 9 Uhr** aufgegeben.
[= et non plus tard !]

– soit en tête :

Schon um 9 Uhr habe ich das Telegramm aufgegeben.
[= dès 9 heures]

Tout dépend du contexte ou de la situation à laquelle il est fait référence.

Il s'agit souvent d'une reprise, c'est-à-dire d'un élément dont il a été question précédemment :

Er sah eine Kirche. **Dorthin** führte eine Treppe.
*(Il vit une église. Un escalier **y** conduisait.)*

Ordre de succession

L'ordre de succession des compléments n'est pas rigide, mais on aura souvent :

- **Datif** (attribution) ***avant*** **accusatif** (complément d'objet) :

Er schenkte dem Jungen **einen neuen Fußball**.
(Il offrit au garçon un nouveau ballon de foot.)

Les deux cas sont **sans** préposition.

- **Temps *avant* directif** (ou **locatif**) **:**

Die Gefangenen durften endlich wieder **nach Hause**.
(Les prisonniers eurent enfin le droit de rentrer chez eux.)
Die ganze Familie fährt am Sonntag **in den Schwarzwald**.
(Toute la famille se rend le dimanche en Forêt Noire.)

12 Place des pronoms personnels

Pour la déclinaison des pronoms personnels, voir paragraphe 73.

Forme pronominale

Le pronom personnel complément ne se rapporte pas au sujet :

Er ruft **mich**.
Er ruft...........**dich**.
Er ruft..................**sie / es / ihn**.
Er ruft......................................**uns**.
Er ruft...**euch**.
Er ruft..**sie / Sie**.

Forme réfléchie

- Le pronom personnel complément **se rapporte au sujet** :

Ich sehe **mich** im Spiegel an. *(Je me regarde dans la glace.)*
Er denkt nur an **sich** (1). *(Il ne pense qu'à lui.)*
Mutter Courage zog den Karren hinter **sich** (1) her.
(Mère Courage tirait la charrette derrière elle.)

Place des pronoms personnels employés sans préposition

- Verbe **en tête** de la phrase ou **après** le sujet :

Rasiere dich doch elektrisch! - **Kauf** ihm eine Krawatte!
Ich **wasche** mich mit Seife. - Heinz **kauft** sich ein neues Rad.
(Je me lave avec du savon.) - (Heinz s'achète une nouvelle bicyclette.)

Le pronom personnel complément ou réfléchi se place **après** le verbe.

---

(1) À la **troisième personne** du singulier et du pluriel, on emploie pour les trois genres le pronom réfléchi ***sich*** au datif et à l'accusatif.

- Verbe **avant** le sujet :

Bald wird	**sie** sich	ein neues Kleid nähen.
	sich **Erika**	

Da **der** Redner zu leise sprach, verstanden	**sie** ihn	nicht.
	ihn **die Leute**	

(Comme l'orateur ne parlait pas assez fort, les gens ne le comprenaient pas.)

Si le **sujet** est un **pronom**, le pronom personnel se place **après** lui.
Si le **sujet** est un **nom**, le pronom personnel se met en général **entre** le verbe et lui.

- Verbe **en dernière position** (subordonnée) :

a. Dans la subordonnée, le pronom complément se place en géneral **après** le sujet.

Ich bin sauber, weil ich **mich** mit Seife wasche.
(Je suis propre parce que je me lave avec du savon.)
Weil er **mir** geholfen hatte, dankte ich ihm.
(Je le remerciai parce qu'il m'avait aidé.)
Da sie **sich** geirrt hat, ist sie nicht zufrieden.
(Étant donné qu'elle s'est trompée, elle n'est pas contente.)

b. Si le sujet est un **substantif**, le pronom complément peut le **précéder** :

Als **Karl** sich ein Haus gebaut hatte, besuchten wir ihn.
(Lorsque Charles se fut construit une maison, nous lui rendîmes visite.)
ou Als **sich Karl** ein Haus gebaut hatte, …
[mais : Als er **sich** ein Haus …]

NB : En général, le pronom à l'**accusatif** se placera **avant** le pronom au **datif** :

Mein Freund hat	mir **seine Wohnung**	gezeigt.
	sie mir	

13 Place de la négation *nicht*

Négation portant sur un seul membre

Nicht 'ich habe das Buch gekauft, **sondern** mein 'Bruder.
(Ce n'est pas moi qui ai acheté le livre, mais mon frère.)

- ***Nicht*** se place devant l'élément nié qui prend l'accent contrastif (').
- Le deuxième terme de l'opposition ***('Bruder)*** est introduit par ***sondern*** et prend également l'accent contrastif (').

Négation portant sur la phrase entière

Ich bin diese Woche **'nicht** **ins Theater gegangen**.

(Cette semaine, je ne suis pas allé au théâtre.)

- Tout ce qui suit ***nicht*** est affecté par la négation.

Das kommt daher, dass er **nicht** **die Handbremse angezogen hatte**.

(Cela provient de ce qu'il n'avait pas tiré le frein à main.)
… weil er die Handbremse **nicht** rechtzeitig anzog.
(… parce qu'il ne tira pas le frein à main à temps.)

Autrement dit, il s'agit du refus d'attribuer le contenu d'un groupe formé à partir du verbe aux éléments placés avant ***nicht***.

- **L'opposition** est introduite par ***aber*** (*mais, cependant*) :

Ich bin diese Woche '**nicht** ins Kino gegangen, **aber** ich habe viel gelesen.
Er ist '**nicht** reich, **aber** er lebt sorgenlos.
(Il n'est pas riche, mais il vit sans souci.)

Place de *nicht* dans la phrase

La négation ***nicht*** portant l'accent de groupe (') et à moins d'une intention particulière, se place :

- **avant** la **seconde** partie du groupe verbal (infinitif, participe II, particule séparable, attribut du sujet) :

  Ich bin letzte Woche '**nicht** krank gewesen.
  (Je n'ai pas été malade la semaine dernière.)
  Ich konnte den Zug '**nicht** erreichen. *(Je n'ai pas pu avoir le train.)*

- **après** un complément **sans** préposition :

  Er findet das Buch '**nicht**. Du darfst dieses Zimmer '**nicht** betreten.
  (Il ne trouve pas le livre. Tu n'as pas le droit de pénétrer dans cette pièce.)

- **avant** un complément employé **avec** préposition :

  Du hast gestern '**nicht** auf mich gewartet.
  (Hier, tu ne m'as pas attendu.)

- mais **après** un complément de temps **avec** préposition :

  Das Geschäft ist an Sonn- und Feiertagen '**nicht** geöffnet.
  (Le magasin n'est pas ouvert les dimanches et les jours fériés.)

Composés de *nicht*

nicht mehr	ne ... plus	***gar nicht***	ne ... pas du tout
noch nicht	ne ... pas encore	***nicht einmal***	ne ... pas même
auch nicht	ne ... pas non plus		

Heute ist es **nicht mehr** kalt. *(Aujourd'hui il ne fait plus froid.)*
Das Hotel ist **gar nicht** teuer. *(L'hôtel n'est pas cher du tout.)*
Die Post ist **noch nicht** da. *(Le courrier n'est pas encore là.)*
Er sagt mir **nicht einmal** auf Wiedersehen.
(Il ne me dit même pas au revoir.)
Mir **auch nicht**. *(À moi non plus.)*

kein... mehr	(ne ... plus)	:	Ich habe kein Geld mehr.
gar nichts	(rien du tout)	:	Das macht gar nichts.

14 Le déterminant précède le déterminé

Génitif saxon

Wessen Rad ist das?

Karls Rad [pas d'article défini !]

Karl, **dessen** Rad ich benutzt habe,...

(Karl, dont j'ai utilisé la bicyclette, ...)

Mein Freund, mit **dessen** Rad ich gekommen bin,...

Noms composés

der Ver'kehrs / verein *(le syndicat d'initiative)*

die 'Bundes / republik *(la République fédérale)*

der 'Bundes / innen / minister *(le Ministre fédéral de l'intérieur)*

die 'Vierzimmer / wohnung *(l'appartement de 4 pièces)*

- Le genre du nom composé est celui du **déterminé**, c'est-à-dire celui du **dernier terme** :

  der Mi'nister → der 'Bundesaußenmi͵nister
  das Rad → das 'Fahrrad
  die Ma'schine → die 'Waschma͵schine

- Dans les composés le **déterminant** porte l'**accent principal** (') ou ("). Accent secondaire : (͵).
- Pour la formation des noms composés, voir paragraphes 133-134.

Complément de l'adjectif

16 Jahre alt *(âgé de 16 ans)*

12 Meter hoch *(haut de 12 mètres)*

Ich bin dir 20 Euro schuldig. *(Je te dois 20 euros.)*

Adjectif épithète

dunkles Bier *(de la bière brune)*

Compléments de l'infinitif et du participe

Wir könnten **ein nützliches Geschenk** kaufen.

(Nous pourrions acheter un cadeau utile.)

Wir haben dir **ein schönes Kleid** gekauft.

(Nous t'avons acheté une belle robe.)

ein **in der Schweiz gekauftes** Kleid *(une robe achetée en Suisse)*

EXERCICES

Paragraphe 10

Corrigés p. 335

A Mettre les phrases suivantes au parfait et au futur.

Ich gehe die Treppe hinunter.	Ich **bin** die Treppe **hinuntergegangen**. Ich **werde** die Treppe **hinuntergehen**.

Abreise

1. Wir nehmen die Koffer mit.
2. Wir halten ein Taxi an.
3. Es bringt uns zum Bahnhof.
4. Wir steigen aus und bezahlen.
5. Mia wartet auf ihre Freundin.
6. Rolf stellt sich vor dem Schalter an.
7. Der Beamte gibt Kleingeld heraus.
8. Er teilt die Abfahrtszeit des Zuges mit.
9. Wir gehen auf den Bahnsteig.
10. Der Zug läuft ein.
11. Wir gehen am Zug entlang.
12. Wir steigen in ein Abteil 2. Klasse ein.
13. Der Zug fährt ab.
14. Er fährt an unserem Haus vorbei.

B Modifier les phrases comme suit et traduire.

> Wilfried hat **seine Reise in die Schweiz** seit Monaten geplant.
> *(... voyage dont ses amis ont connaissance.)*
> → Wilfried hat seit Monaten **eine** Reise in die Schweiz geplant.
> *(élément inconnu : qu'a-t-il projeté depuis des mois ?)*

1. Er hat **den Schweizer** vor einem Jahr kennen gelernt.
2. Er hatte **den Wagen** letztes Jahr gekauft.
3. Sofort hat er **den Brief** an das Hotel in Basel abgeschickt.
4. Er hat **den genauen Reiseplan** vor zwei Wochen festgelegt.
5. Ich habe **die Nachricht** erst gestern bekommen.

C Traduire en plaçant les termes en gras hors construction.

1. *Tu ne seras jamais un aussi bon joueur de tennis* ***que lui***.
2. *Quand je viendrai vous voir, j'apporterai des livres intéressants :* ***un ou deux romans, un recueil de poésies*** (die Gedichtsammlung) *et* ***plusieurs livres qui ont obtenu un prix littéraire*** (der Literaturpreis).
3. *Le chauffeur de taxi te conduira à la villa* ***qui se trouve à la sortie*** (die Ausfahrtstraße) ***de la ville***.
4. *Je n'irai certainement pas me promener* ***à une heure aussi tardive***.
5. *Nous avions dû attendre longtemps* ***leur venue*** (die Ankunft).

Paragraphe 11

Corrigés p. 336

A Répondre aux questions en employant les mots entre parenthèses.

> Wem versperrt der Hund den Weg? (mir)
> → Der Hund versperrt **mir** den Weg.

Ein Geschenk

1.	Wem öffnet Heidi die Tür?	(dem Briefträger)
2.	Was bringt ihr der Briefträger?	(ein Paket)
3.	Was verlangt der Briefträger von ihr?	(eine Unterschrift und Geld)
4.	Was gibt ihm Heidi?	(Geld)
5.	Was händigt der Briefträger dem Mädchen aus?	(das Paket)
6.	Wer schickte ihr das Paket?	(ihre Großmutter)
7.	Was schickt ihr die Großmutter?	(ein Buch)
8.	Wem zeigte Heidi das Buch?	(ihren Eltern)
9.	Was schreibt sie ihrer Großmutter?	(einen Brief)
10.	Wem zeigt die Großmutter den Brief?	(der Nachbarin)

B Quels éléments peut-on placer en tête de la phrase ?

1. Wir haben bei dem Ober bestellt, der uns immer bedient.
2. Meine Firma schickt mich für ein Jahr nach Amerika.
3. Im Jahre 1999 war ich bereits einen Monat in den USA.
4. Unsere Fremdsprachenkorrespondentin hat mir die Flugkarte besorgt.
5. Das Flugzeug geht schon um 8 Uhr. Ich muss mich leider verabschieden.
6. Es war mir ein Vergnügen, Sie wieder zu sehen.

C Traduire.

1. *Le 27 septembre 1998, des élections ont eu lieu en République fédérale d'Allemagne.* (die Wahl (-en))
2. *À Helgoland, en 1841, Hoffmann von Fallersleben a composé l'hymne national allemand.* (dichten / das Deutschlandlied)
3. *Aujourd'hui j'ai mieux joué au tennis qu'avant-hier.* (Tennis spielen)
4. *Vous devriez vous adresser non pas au directeur mais à votre supérieur immédiat.* (sich wenden an (+ accusatif)) / der unmittelbare Vorgesetzte)

VOCABULAIRE

Autour de la préposition ***in*** **(+ accusatif / datif)** :

- **in** Dänemark, **in der** Schweiz
- **in ganz** Frankreich, **in der ganzen** Schweiz
- **im** Westen — *(à l'ouest)*
- **im** Freien — *(en plein air)*
- **in der Ferne** — *(au loin)*
- Ich gehe **ins** Kino.
- **im** Winter, **im Jahre** 800, **im** 21. Jahrhundert
- **in dem Maße, wie…** — *(au fur et à mesure que)*
- **in Bausch und Bogen** — *(en bloc)*
- mitten **in…** — *(au beau milieu de)*
- **im Allgemeinen** — *(en général)*
- **in dieser Beziehung** — *(sous ce rapport)*
- **im Voraus** — *(à l'avance)*
- **in dieser Hinsicht** — *(à cet égard)*
- **in die Lehre gehen** — *(faire son apprentissage)*

5. *C'est à Sarrebruck, en 1998, que j'ai terminé mes études de droit.* (das Jurastudium)
6. *Le lendemain on m'a appelé vers 9 heures de l'hôtel, où j'avais passé la nuit précédente.* (jn an-rufen (ie / u))

Paragraphe 12

Corrigés p. 337

A Remplacer les substantifs par des pronoms.

> Mein Vetter zeigt einem Freund die Werkstatt.
> → **Er** zeigt **sie ihm**

1. Mein Vater bringt seiner Mutter Blumen.
2. Hans holt der Großmutter die Vase.
3. Lise sagt ihrer Großmutter ein Gedicht auf.
4. Großmutter gibt allen Gebäck.
5. Die Tante schickt Neffen und Nichten Geschenke.
6. Die Mutter kauft den Kindern Kleidung.
7. Rolf bietet dem Gast Getränke an.
8. Hilde zeigt ihrem Freund ihr Auto.

B Compléter les phrases suivantes.

> Heute rasiert **sich Rolf** sorgfältig.
> → Heute rasiert **er sich** sorgfältig.
>
> Da **sich Rolf** heute sorgfältig rasiert hat, → geht er wohl aus.
> → Da **er sich** heute sorgfältig rasiert hat, → geht er wohl aus.

1. Harald sehnt sich nach seiner Heimat.
   Seit Jahren ....
   Seit Jahren sehnt er ....
   Da s... Harald ..., will er seinen Aufenthalt im Ausland abkürzen.
   Da er ....
2. Meine Schwester fühlte sich nicht wohl.
   Gestern früh ....
   Gestern früh fühlte sie ....
   Da s... meine Schwester ..., blieb sie zu Hause.
   Da sie ....

C Traduire.

1. *Chacun à notre tour, nous nous sommes approchés d'eux.*
2. *Ne le lui dis pas, car il ne serait pas content.*
3. *Permettez-moi de me présenter.*

PHONÉTIQUE

-er → [ɐ] : ***Nun aber ins Bett!***

Après une syllabe accentuée, ***-er*** se prononce presque comme un /a/ bref :

'Vater	'Mutter	'Koffer	'Finger	Dort kommt 'Walter.
'Leser	'Hörer	'Wasser	'Messer	Du hast viele 'Bücher.

4. *Selon toute apparence, cet homme ne pense qu'à lui.*
5. *Elle n'avait pas d'argent sur elle.*
6. *Te souviens-tu de notre dernier voyage à Berlin ?*
7. *L'église votive a été détruite en partie à la fin de la 2e guerre mondiale. Je te la montrerai.* (die Gedächtniskirche)
8. *Depuis qu'il la lui a vendue, elle utilise cette voiture tous les jours.*
9. *Le lendemain de mon arrivée, j'ai pu m'acheter un caméscope.* (die Videokamera)

Paragraphe 13

Corrigés p. 337

A Mettre les phrases suivantes d'abord au parfait, ensuite au présent.

(nicht mit dir zufrieden sein)
→ Ich bin **'nicht** mit dir zufrieden gewesen, Dieter!
Ich bin **'nicht** mit dir zufrieden, Dieter!

1. (Die Schularbeiten nicht bringen)	Du hast mir ....
2. (Nicht fragen)	Du hast nach mir ....
3. (sich nicht um mich kümmern)	Du hast dich ....
4. (Meine Turnhose nicht zurückgeben)	Du hast mir ....
5. (Niemals ein richtiger Freund sein)	Du bist ....

B Mettre les phrases suivantes à la forme négative.

Habt ihr eurer Mutter geholfen?
→ Nein, wir haben unserer Mutter **'nicht** geholfen.

1. Hat Hilde die Wohnung aufgeräumt?
2. Hat Ingrid die Wäsche gewaschen?
3. Hat Renate die Teller auf den Tisch gestellt?
4. Hat Boris das Geschirr abgewaschen ?

VOCABULAIRE

Autour de la préposition ***nach*** **(+ datif)** :

– eine Fahrkarte **nach** Trier	*(un billet pour Trèves)*
– zahlbar **nach** Empfang	*(payable après réception)*
– Bitte, **nach** Ihnen !	*(après vous s.v.p. !)*
– **am Tage nach** meiner Ankunft	*(le lendemain de mon arrivée)*
– Es riecht **nach** Gas.	*(Cela sent le gaz.)*
– **je nach** Umständen	*(selon les circonstances)*
– **nach** wie vor	*(après comme avant)*
– **nach Wunsch**	*(à souhait)*
– meiner Meinung **nach**	*(à mon avis)*
– der Reihe **nach**	*(chacun son tour)*
– allem Anschein **nach**	*(selon toute apparence)*
– mir **nach** !	*(suivez-moi !)*
– **nach** und **nach**	*(peu à peu)*

C Répondre en employant ***sondern***.

> Habt ihr eurer Mutter geholfen? (Nein, unserem Vater)
> → Nein, wir haben **nicht** unserer 'Mutter geholfen, **sondern** unserem 'Vater.

1. Hat Hilde die Wohnung aufgeräumt? (Nein, den 'Schrank)
2. Hat Ingrid die Wäsche gewaschen? (Nein, ein 'Kleid)
3. Hat Renate die Teller auf den Tisch gestellt? (Nein, die 'Gläser)
4. Hat Boris das Geschirr abgewaschen? (Nein, die Be 'stecke)

D Répondre en faisant porter la négation sur le sujet.

> Hat Hilde die Wohnung aufgeräumt?
> → Nein, **nicht** 'Hilde, **sondern** ihre 'Schwester.

1. Hat Ingrid die Wäsche gewaschen? (Nein, 'Ursula)
2. Hat Renate die Teller auf den Tisch gestellt? (Nein, 'ich allein)
3. Hat Boris das Geschirr abgewaschen? (Nein, 'wir alle zusammen)

E Lire, puis traduire.

1. Wir haben dieses Buch 'nicht gelesen.
2. Ich habe nicht 'dieses Buch gelesen.
3. Ich habe das Buch nicht ge 'lesen, sondern ver'schlungen.
4. Ich habe dich 'nicht gefragt. Nicht 'dich habe ich gefragt.
5. Nicht was man 'sagt, sondern was man 'tut, ist wichtig.
6. Warum haben Sie das nicht 'früher gesagt? Ich habe das früher 'nicht gewusst.
7. Er weiß nicht, was er 'will, aber er weiß, was er 'nicht will.

F Traduire.

1. *Ce n'était pas lui qui avait dérobé l'argent, mais un client.* (stehlen / der Kunde) *Pourquoi n'es-tu pas revenu ici ?*
2. *L'écrivain ne resta pas plusieurs mois dans ce village pittoresque, mais seulement quelques semaines.* (der Schriftsteller / malerisch)
3. *J'ai eu hier un accident de voiture, parce que je n'ai pas observé du tout la priorité.* (der Autounfall / die Vorfahrt be'achten)
4. *L'autre automobiliste ne voulait même pas croire que je ne l'avais pas vu. Heureusement, il n'y a pas eu de blessés.* (der Autofahrer / der Verletzte)
5. *Je ne veux plus entendre parler de cette histoire qui ne fait que m'énerver.* (hören (von)) (jn auf-regen) – *Moi non plus.*

Paragraphe 14

Corrigés p. 338

A Trouver les noms composés correspondant aux définitions suivantes.

> Wie nennt man eine Herberge für die Jugend?
> → eine **'Jugendherberge**.

1. Wie heißt ein Ballon, der in die Luft steigt?
2. Wie heißt ein Platz, wo Markt abgehalten wird?
3. ein Professor für Philosophie?
4. die Weltmeisterin im Schnelllauf auf dem Eis?

B Indiquer le mode de formation des mots composés ci-après (1, 2, 3 ou 4).

→ ein '**Hamburger** ist ein Mann, der in 'Hamburg wohnt. (1)
ein "**Glas,macher** ist ein Mann, der 'Gläser macht. (2)
ein "**Herren,schneider** ist ein 'Schneider für Herren. (3)

1. Substantiv + **er** : → **Hamburg-er**
2. (Substantiv + Verb) + **-er** : **Glasmach-er**
3. Substantiv + Substantiv : **Damen-schneider**
4. Verb + **-er** : **Forsch-er**

Kleinstädter	(1)	Fensterputzer	( )	Briefträger	( )
Weltraumfahrer	( )	Parkettleger	( )	Dorfschullehrer	( )
Leipziger	( )	Dachdecker	( )	Großstädter	( )
Dreher	( )	Forscher	( )	Eisenbahner	( )
Spätaufsteher	( )	Schuhmacher	( )	Buchhalter	( )

C Traduire.

1. das Walzwerk
2. das Kupferwalzwerk
3. das Staatsexamen
4. die Staatsexamensarbeit
5. die Sonntagsrückfahrkarte
6. das Erdöl
7. das Erdölverarbeitungswerk
8. das Hochhaus
9. die Raumpflegerin
10. die Bedarfsgüterproduktion
11. das Taschenmesser
12. die Frauenzeitschrift
13. der Gesichtspunkt
14. das Grundgesetz
15. der Städtebau

D Compléter avec ***aber*** ou ***sondern***.

1. Ich hätte die Einladung gerne angenommen, … ich habe leider keine Zeit.
2. Meine Wohnung ist nicht billig, … ziemlich teuer.
3. Der Ausflug war schön, … anstrengend.
4. Mein Bruder will nicht studieren, … sofort in den Beruf gehen.
5. Zwar ist es schon März, … es schneit noch oft.

E Traduire.

1. *Pourquoi n'achètes-tu pas ce jardin derrière ta maison ?*
2. *Je ne veux pas acheter, mais louer ce deux-pièces.* (die Zweizimmerwohnung)
3. *Oui, il le sait. Non, il ne le sait pas.*
4. *Pourquoi ne m'accompagnes-tu pas au match de tennis ?*
5. *Pourquoi ne vient-il pas avec nous au cinéma ?*
6. *Il ne part jamais en vacances. Nous non plus.*
7. *Tu n'aurais pas dû venir ici, car c'est très dangereux.* (hierher)
8. *Ce n'est pas moi qui lui ai appris la nouvelle.* (Nicht ich …)
9. *Ce n'est pas à Berlin que se déroule l'action du film, mais à Cologne.* (die Handlung / spielen) *L'héroïne n'a que 18 ans.* (die Heldin)
10. *S'il n'est pas encore venu, il ne viendra plus.*
11. *Il ne m'a même pas dit bonjour.*
12. *La lettre de Horst n'est pas encore arrivée.*

3 LES MOTS DE SUBORDINATION

Dans la subordonnée introduite par un mot de subordination le ***verbe*** *est en dernière position.*

15 Tableau des mots de subordination

Complétive	**dass** *que* [translatif] (Ø)	Ich glaube, { **dass** wir Regen bekommen. wir bekommen Regen.
Interrogation indirecte	**ob** *si* [translatif] **wer** *qui* → **wen**, **wem**, **wessen** **was** *ce qui, ce que*	**warum** *pourquoi* **wie** / **wann** *comment / quand* **wo(r)** + préposition → **worauf**, **womit**, **wodurch**, **wofür** …
Temps	**als** *quand, lorsque* [fait unique, verbe au passé] **wenn** *quand, lorsque* [répétition] **bevor** / **ehe** (1) *avant que* **nachdem** (1) *après que* **seit(dem)** *depuis que* **wie** *que, comme*	**während** *pendant que, alors que* **indem** *tandis que* **bis** [+ indicatif] *jusqu'à ce que* **sobald** *dès que, aussitôt que* **solange** *tant que, aussi longtemps que* **sooft** *toutes les fois que* **sowie** *dès que*
Cause	**weil** *parce que, puisque*	**da** *comme, étant donné que* **zumal** *d'autant que*
But	**damit** *afin que*	**(auf) dass** *afin que pour que*
Conséquence	**so … dass** *de sorte que, si… que* **sodass** *si bien que*	**zu** [+ adj. …], **als dass** *trop … pour que* [+ indic., ou subj.]
Condition	**wenn** [au passé + subj.] *si* **falls** *au cas où* **sofern** *dans la mesure où* **soweit** *pour autant que*	**vorausgesetzt, dass** *à condition que* **wenn nur** [+ indic.] *pourvu que* **wenn nur** [+ subj. II] *si seulement*
Concession	**obgleich** / **obwohl** / **obschon** [+indicatif] **wenn … auch** / **wenn … gleich** / **wenn … schon**	*bien que, quoique* { *quand bien même,* *même si*
	auch wenn *même si* **außer wenn** *sauf si* **es sei denn, (dass)** *à moins que*	**wer … auch (immer)** *qui que ce soit qui* **was … auch (immer)** *quoi que ce soit qui* **ohne dass** *sans que*

Comparaison	**wie** *comme* **als ob / als wenn / als** [+ V] [+ subj. II] *comme si*	**als** *que* [après comparatif de supériorité] **je nachdem (ob)** *selon que*
	je [+ comparatif] **...** [= subordonnée], **desto** [+ comparatif + V] *plus* ....*plus* .... **umso** [+ comparatif], **als** [= subordonnée] *d'autant plus ... que* **so ...** [= subordonnée], **so ...** [+ V] *autant ... autant ...* **wie ...** [= subordonnée], **so ...** [+ V] *de même que ... de même ...*	

(1) Après **bevor** / **ehe** / **nachdem** l'infinitif n'est pas possible : **Bevor** ich arbeite, frühstücke ich.

16 *Wenn* et *als* (quand, lorsque)

Présent	**wenn**	
Passé	répétition	fait unique
	wenn *(toutes les fois que)*	**als** *(au moment où)* *(au temps où)*

• Au **présent**, on emploie ***wenn*** :

(Jedes Mal), **wenn** ich über Köln komme, sehe ich den Dom.
(Chaque fois que je passe par Cologne, je vois la cathédrale.)

quand + futur français se traduit par ***wenn*** ... *(einmal)* + présent :

Wenn ich (einmal) zurück bin, werden wir miteinander reden.
(Quand je serai de retour, nous parlerons ensemble.)

• Au **passé**, il faut distinguer :

– le fait unique : **Als** ich die Fahrkarte löste, war es 8 Uhr.
Als Goethe 1832 starb, war er 83 Jahre alt.

– le fait répété : **Wenn** es regnete, blieb ich zu Hause.
(Toutes les fois qu'il pleuvait, je restais à la maison.)

Ne pas confondre ***wenn*** (lorsque) et l'interrogatif ***wann*** ? (à quel moment ?) :

Wann kommt er zu uns? Morgen früh.
Er möchte wissen, **wann** sein Mercedes geliefert wird.

mais : **Wenn** sein Mercedes geliefert wird, will er anwesend sein.

• ***Als*** + présent (ou parfait) s'emploie pour le présent historique :

Als (= **Wie**) sie in der Küche sitzt, klopft es an der Tür.
(Comme elle est assise dans la cuisine, on frappe à la porte.)

17 La simultanéité, l'antériorité, la postériorité

während / indem	la simultanéité.
bevor / ehe	l'antériorité
nachdem	la postériorité

während (pendant que) et *indem* (tandis que)

La simultanéité de 2 actions s'exprime par :

- ***während*** (*pendant que, alors que*) :

  Das Unglück geschah, **während** ich abwesend war.
  (L'accident se produisit alors que j'étais absent.)

- ***indem*** (*tandis que, en + participe présent*) :

  – Laps de temps très court :

  Indem ich mich bückte, fiel die Brieftasche auf den Boden.
  (Tandis que je me baissais, le portefeuille tomba sur le sol.)

  – Idée de moyen :

  Du kannst den Motor anlassen, **indem** du auf den Knopf drückst.
  (Tu peux mettre le moteur en marche en appuyant sur le bouton.)

- Si le sujet est le même, on traduira par : ***en*** + participe présent.

bevor / ehe (avant que, avant de) *nachdem* (après que, après avoir)

- ***bevor*** (= ***ehe***) : **Bevor** du abreist, ruf bitte an!
  (Avant de partir, téléphone-moi, s'il te plaît.)

- ***nachdem*** : **Nachdem** er den Brief gelesen hatte, legte er ihn weg.
  (Après avoir lu la lettre, il la mit de côté.)

  – En allemand, il faut un **sujet personnel** dans la subordonnée :

  — Avant de travailler, je déjeune.
  Bevor ich arbeite, frühstücke ich.
  — Après avoir déjeuné, nous sommes restés au jardin.
  Nachdem wir gefrühstückt hatten, sind wir im Garten geblieben.

  – Exception :

  Es [1] wird daran erinnert, dass ... *(Il est rappelé que ...)*
  Bevor daran erinnert wird, dass ... *(Avant de rappeler que ...)*

(1) ***Es***, mot vide de sens, disparaît dans la subordonnée introduite par ***bevor***...

EXERCICES

Paragraphe 15

Corrigés p. 339

A Relier les phrases entre elles en utilisant ***dass***.

1. Ich freue mich …	Morgen ist Feiertag.
2. Ich nehme an …	Wir fahren morgen an den Rhein.
3. Ich hoffe …	Das Wetter ist gut.

B ***warum*** / ***wie*** / ***wann*** / ***worauf*** ? Compléter avec le terme approprie.

Ich weiß nicht,	… ich hierher kam.
	… ich so traurig bin.
	… ich nach Hause komme.
	… ich das verschuldet habe.
	… ich mich freuen soll.

C Relier les phrases entre elles en utilisant ***als***.

Der Morgen graute.	Wir brachen auf.
Der Mittag war da.	Wir kehrten ein.
Der Abend nahte.	Wir gingen nach Hause.

D Relier les phrases entre elles en utilisant ***nachdem*** (1).

Wir marschierten drei Stunden.	Wir rasteten.
Wir hatten uns ausgeruht.	Wir gingen weiter.
Wir verabschiedeten uns.	Wir fuhren nach Hause.

E Transformer les phrases selon l'exemple suivant.

> Kurt war hungrig, **deshalb** ging er ins Restaurant.
> **Da** Kurt hungrig war, ging er ins Restaurant.
> Kurt war **so** hungrig, **dass** er ins Restaurant **ging**.

1. Das Wetter war schön, deshalb machten wir einen Ausflug.
2. Wir fuhren zeitig los, deshalb waren wir schon vor Mittag im Wald.
3. Gegen Abend fing es an zu regnen, deshalb fuhren wir zurück.

F Remplacer le complément circonstanciel par une subordonnée.

> **Wegen des Regens** blieb er zu Hause. → **Weil es regnete**, blieb er zu Hause.
> **Aus Mitleid** nahm ich ihn mit. → **Da ich Mitleid hatte**, nahm ich ihn mit.

1. **Bei Sonnenschein** werden wir baden.	(falls)
2. **Zu Beginn der Ferien** fahren wir ans Meer.	(wenn)
3. Wir fahren **zur Erholung** in die Schweiz.	(um … zu …)
4. **Bei Sonnenuntergang** kamen wir an.	(als)
5. **Trotz der Schwierigkeiten** werde ich die Aufgabe lösen.	(obgleich)
6. **Während des Kofferpackens** wurden wir gestört.	(während)
7. Manche Dinge schätzt man erst **nach ihrem Verlust**.	(nachdem)

---

(1) Plus-que-parfait pour marquer la succession dans le temps.

G Traduire.

1. *Lequel d'entre vous n'a pas fermé le robinet ?* (den Wasserhahn ab-stellen)
2. *Je ne sais pas ce qui est arrivé, mais il était de mauvaise humeur.* (ge'schehen) (schlecht ge'launt)
3. *Après avoir labouré le vaste champ avec son nouveau tracteur, l'agriculteur alla déjeuner.* (der Landwirt)
4. *Fais très attention avant d'ouvrir cette boîte de fer blanc.* (sich in Acht nehmen) (die Blechdose)
5. *Au cas où tu ne serais pas là, je laisserais le colis chez ta voisine !* (falls (+ indic.)) (das Pa'ket) *Dès qu'elle te l'aura remis, préviens-moi.* (jn benachrichtigen)
6. *Même si elle devait échouer, elle ne renoncerait pas.* (scheitern) (auf-geben)
7. *Quoi que tu fasses, j'aurai toujours confiance en toi.* (jm ver'trauen)
8. *Plus le temps est beau, plus les vacanciers sont heureux.* (der Urlauber)

Paragraphes 16 à 17

Corrigés p. 339

A Utiliser le mot de subordination approprié.

bis	*(jusqu'à ce que)*	**sobald**	*(dès que)*
		solange	*(tant que)*
seit(dem)	*(depuis que)*	**sooft**	*(aussi souvent que)*

- Sobald er **geschrieben hat**, werde ich dich benachrichtigen.
  (Dès qu'il aura écrit, je te préviendrai.)

Dans la subordonnée de temps, au futur antérieur du français (« il aura écrit ») correspond, en allemand, un parfait ***(geschrieben hat)***.

1. … wir Gelegenheit haben, schreiben wir dir.
2. … ich die Prüfung ablege, vergehen noch 2 Jahre.
   Ich warte, … du kommst.
3. … die Sonne scheint, ist die Welt wie verändert.
4. … ich lebe, werde ich dir dankbar sein.

B Compléter avec le terme approprié.

1. ***wenn*** ou ***als*** ?

– … ich gestern aus der Schule kam, war mein Onkel aus Kanada gerade angekommen.
– „Guten Tag, Peter", sagte er. „Bist du aber groß geworden!
… ich das letzte Mal bei euch war, konntest du noch nicht über den Tisch sehen. Und … ich das nächste Mal komme, wirst du so groß sein wie ich."
– Da sagte mein Vater : „… du uns so lange auf deinen nächsten Besuch warten lässt, siehst du uns vielleicht nicht mehr. Du warst nicht da, … die Kinder geboren wurden und … 1989 die Berliner Mauer fiel.
… du doch öfter kommen könntest oder … du wenigstens öfter schreiben würdest!"

2. ***bis*** / ***seitdem*** / ***sooft*** / ***solange*** / ***sobald*** ?

– „… ich das Geschäft allein führe", antwortete der Onkel, „habe ich wenig Zeit. … es mir möglich ist, lasse ich von mir hören.
Ich habe noch einige schwere Jahre vor mir, … mein Sohn mich entlasten kann. … er die Firma übernommen hat, komme ich nach Deutschland zurück."

3. ***bevor* / *nachdem* / *während*** ?

- … der Onkel sprach, deckte meine Schwester den Tisch.
- Doch … wir mit dem Essen anfingen, klopfte Vater noch an sein Glas und sagte : „… du uns auf ein Wiedersehen in einigen Jahren vertröstet hast, wollen wir auf deine Gesundheit anstoßen."
- … der Onkel einige Tage bei uns verbracht hatte, musste er leider seine Reise fortsetzen.

C Traduire.

1. *Dès que le soleil se sera couché, nous nous arrêterons de travailler.* (auf-hören)
2. *En lavant ma chemise j'ai constaté qu'il manquait deux boutons.* (fest-stellen) (der Knopf ("e))
3. *Avant d'aller avec ma belle-mère au cinéma, je passerai prendre un livre à la bibliothèque de prêt.* (die Schwiegermutter) (die Leihbibliothek)
4. *Le prisonnier fut interrogé jusqu'à ce qu'il eût tout avoué.* (jn ver'hören)
5. *Toutes les fois qu'elle passe devant ce monument, mon amie s'arrête quelques minutes.* (das Denkmal)
6. *Lorsque tu m'écriras, je viendrai sur le champ.* (Présent) (so'fort)
7. *En téléphonant à sa cousine, elle n'oublia pas de lui parler de leurs amis communs.* (telefo'nieren (mit)) (er'zählen (von)) (ge'meinsam)

INTERLUDE

- Beim Vorstellen in einer Gesellschaft sagt eine Dame:
  „So, Sie sind der berühmte Professor Helm? Ich hatte Sie mir ganz anders vorgestellt!"
  – „Wie denn? Dick, klein, hässlich?"
  „Im Gegenteil: schlank, groß und hübsch!"
- Zwei kleine Jungen sitzen im Wartezimmer des Arztes.
  „Was fehlt euch denn?" fragt eine Dame.
  – „Ich habe eine Murmel (*bille*) verschluckt, die der Doktor herausholen will."
  „Und du bist wohl der Freund, der den kleinen Patienten begleitet?"
  – „Nein, das nicht. Aber die Murmel gehört mir!"
- Signore Giacometti, Hotelbesitzer an der Riviera, fragt seinen Empfangschef:
  „Hat der Signore Schmidt vom Zimmer elf etwas gesagt, als er die Rechnung gesehen hat?"
  – „Nein. Er sucht noch im Wörterbuch."

4 L'INFINITIF ET SON GROUPE

Le groupe infinitif avec ou sans zu peut être sujet ou complément d'un groupe verbal.

18 *zu* + infinitif

***zu* + infinitif** = (à) / (de) } + infinitif français

Er hat viel **zu** tun. *(Il a beaucoup à faire.)*
Ich habe keine Lust **zu** kommen. *(Je n'ai pas envie de venir.)*

L'infinitif et son groupe

- L'infinitif accompagné de compléments peut être sujet ou complément d'un groupe verbal ou complément d'un groupe nominal :

  – Sujet : **Weiterzugehen** war unmöglich.
  (Avancer était impossible.)
  Musik zu hören ist eine Freude.
  (Écouter de la musique est une joie.)

  – Complément :
  Ich freue mich, **mit dir ins Konzert zu gehen.**
  (Je me réjouis d'aller au concert avec toi.)
  Mein Entschluss **bald abzureisen** stand fest.
  (Ma décision de partir bientôt était prise.)

- On sépare le groupe infinitif du reste de la phrase par une **virgule** si on veut en faire ressortir l'articulation et éviter toute erreur d'interprétation :
  Er fürchtet sich, zu verlieren. *(Il a peur de perdre.)*
  Er fürchtet, sich zu verlieren. *(Il a peur de **se** perdre.)*

- La **virgule** est obligatoire lorsque le groupe infinitif est **annoncé** par ***es*** ou par un **démonstratif adverbial** (*daran, darauf, dazu* ...) :
  Es freut mich, dich bald wieder zu sehen.
  (Je me réjouis de te revoir bientôt.)
  Wir sind **dazu** bereit, dir zu helfen.
  (Nous sommes prêts à t'aider.)

- ***zu*** s'intercale entre la particule séparable et le verbe :
  Ich beschloss, in Hamburg aus**zu**steigen.
  (Je décidai de descendre à Hambourg.)
  Ein**zu**kaufen hatte er gestern beschlossen.
  (Faire des emplettes, il l'avait décidé hier.)

- ***zu*** se place devant le verbe de modalité employé avec un infinitif :
  Ich freue mich, mit dir ans Meer fahren **zu** können.
  (Je me réjouis de pouvoir partir avec toi à la mer.)

Remarque

Certains verbes français se construisent sans préposition alors que leurs correspondants allemands sont suivis d'infinitifs précédés de **zu** :

behaupten	*prétendre*	Er behauptet, mein Freund zu sein.
denken	*penser*	Ich denke morgen zu reisen.
sich ein-bilden	*s'imaginer*	Er bildet sich ein, ein Künstler zu sein.
erklären	*déclarer*	Er erklärte, Deutscher zu sein.
gedenken	*penser*	Wann gedenkt er zu verreisen?
vor-haben	(= *se proposer*)	Ich habe vor, ein Motorrad zu kaufen.
glauben	*croire*	Er glaubt, Recht zu haben.
hoffen	*espérer*	Ich hoffe, kommen zu können.
scheinen	*sembler, paraître*	Er scheint mich zu kennen.
vor-ziehen	*préférer*	Ich ziehe vor, die Ferien hier zu verbringen.
wagen	*oser*	Er wagt nicht zu kommen.
wissen	*savoir*	Er weiß sich zu helfen.
wünschen	*souhaiter, désirer*	Wie lange wünschen Sie hier zu bleiben?

19 Prépositions introduisant l'infinitif et son groupe

um … zu *(pour)* **ohne … zu** *(sans)* **(an)statt … zu** *(au lieu de)*	Ich fahre nach Köln,	**um** den Dom **zu** sehen. **ohne** vorher **zu** tanken. **anstatt** ins Kino **zu** gehen.

- Si le groupe infinitif précède le groupe verbal, le verbe conjugué est placé devant le sujet :

  Anstatt seine Arbeit zu beenden, **geht** er spazieren.
  (Au lieu de terminer son travail, il se promène.)

- À l'interrogatif ***wozu?*** on répondra par ***um … zu*** + infinitif.

  Wozu das viele Lernen? → **Um** die Prüfung **zu** bestehen.

  ou bien, si l'on veut être plus précis, par :

  Damit ich (diesmal) die Prüfung bestehe.
  (Afin de réussir cette fois-ci l'examen.)

- À l'interrogatif ***warum?*** on répondra par ***weil …*** :

  Warum kommst du so spät? → **Weil** ich die U-Bahn verpasst habe.
  (Parce que j'ai raté le métro.)

- Ne pas confondre **um … zu** + infinitif et **für** (+ accusatif), préposition :

  Was tust du denn **für** mich?
  (Que fais-tu donc pour moi ?)

- Éviter une double négation : Ohne **etwas** zu lernen *(sans **rien** …)*

20 Infinitif sans *zu*

- **Toujours** après les 6 verbes de **modalité :**

können / **dürfen** → *pouvoir*	**wollen** / **mögen** → *vouloir*	**müssen** / **sollen** → *devoir*

Ich **kann** schon ziemlich gut **rechnen**.
(Je sais déjà assez bien calculer.)
Ich **will** mir ein neues Motorrad **kaufen**.
(Je veux m'acheter une nouvelle moto.)

- **Toujours** après le verbe ***lassen*** : Er **lässt** dich herzlich **grüßen**.
- Après :

hören / **sehen** / **fühlen** **helfen** (+ dat.) / **lernen** / **lehren** (+ acc.) / **heißen** (+ acc.) *(appeler, ordonner)*

Siehst du den Schutzmann winken? *(Vois-tu le policier faire signe ?)*
Ich helfe dir den Koffer tragen. *(Je t'aide à porter la valise.)*
Hörst du das Auto hupen? *(Entends-tu la voiture klaxonner ?)*
Er heißt mich eintreten. *(Il me dit d'entrer.)*
Er lernt schwimmen. *(Il apprend à nager.)*

Si le groupe infinitif comporte **plusieurs** compléments :
– après ***sehen*** et ***hören***, l'allemand préfère employer ***wie*** :

Ich sah das Flugzeug über uns fliegen.
Ich hörte, **wie** das Flugzeug über uns flog.

– après ***heißen*** (*ordonner de*) / ***helfen*** / ***lernen*** / ***lehren***, on emploie généralement ***zu*** + infinitif :

Wer hat dich geheißen, so **zu** handeln?
(Qui t'a dit d'agir ainsi ?)
Er hilft, das um sich greifende Feuer **zu** löschen.
(Il aide à éteindre le feu qui se propage.)

- Infinitif **sans *zu*** dans les expressions avec ***bleiben***, ***machen***, ***spüren***, ***gehen*** :

Ich bleibe sitzen / liegen ... *(Je reste assis / allongé ...)*
Ich bleibe stehen. *(Je m'arrête.)*
Ich gehe spazieren / schlafen ... *(Je vais me promener / dormir ...)*
Er hat mich lachen gemacht. *(Il m'a fait rire.)*

- Noter l'infinitif de position après ***haben*** / ***sehen*** / ***finden*** / ***lassen*** :

Ich fand unsere Katze im Bett liegen.
(Je trouvai notre chat allongé sur le lit.)
Lass den Koffer nicht auf dem Bahnsteig stehen!
(Ne laisse pas la valise sur le quai !)

21 Double infinitif

- Lorsqu'un des 6 verbes de modalité **(*können/dürfen*, *wollen/mögen*, *müssen/sollen*)** ou l'un des verbes ayant pour complément un infinitif sans ***zu*** (***lassen/sehen/hören***, etc.) est utilisé à un temps composé du passé (parfait et plus-que-parfait de l'indicatif, passé du subjonctif I et II), **son participe II est semblable à l'infinitif** :

Sie konnte schnell bremsen. → Sie **hat** schnell bremsen **können**.
(Elle a pu freiner rapidement.)
Er ließ die Uhr fallen. → Er **hätte** die Uhr fallen **lassen**.
(Il aurait laissé tomber la montre.)

- Cette règle est aussi valable avec un infinitif passif :

Der Weg muss verbreitert werden. *(Il faut élargir le chemin.)*
Der Weg **hat** verbreitert werden **müssen**. *(Le chemin a dû être élargi.)*

Emploi

- Le « double infinitif » est obligatoire :
  - Avec ***können/dürfen***, ***wollen/mögen, müssen/sollen***, et le verbe ***lassen***.
  - Avec ***heißen*** et ***sehen***, le « double infinitif » est plus fréquent que la forme avec le participe II :

    Er hatte sie kommen **sehen**. *(Il l'avait vue venir.)*
  - Avec **l'infinitif II** (= infinitif passé), on aura :

    Er glaubt, ihn **arbeiten gesehen zu haben**.
    (Il pense l'avoir vu travailler.)
  - Avec ***hören***, les deux formes s'emploient avec la même fréquence :

    Ich habe ihn kommen **hören** (ou : **gehört**.) *(Je l'ai entendu venir.)*
  - Avec ***lehren/lernen/machen***, on utilise le plus souvent le participe II :

    Er hat seine Mitarbeiter schätzen **gelernt**.
    (Il a appris à estimer ses collaborateurs.)
- Le « double infinitif » s'emploie avec ***nicht brauchen*** :

  Das hättest du **nicht** (**zu** (1)) tun **brauchen**.
  (Tu n'aurais pas eu besoin de le faire.)

22 Double infinitif dans la subordonnée

Aux temps composés, l'auxiliaire ***hat*** / ***hatte*** / ***hätte*** / ***wird*** se place dans la subordonnée, **avant** le double infinitif (*cf.* paragraphe 8) :

Wenn ich das	**hätte**	**vermeiden können**! *(Que n'ai-je pu éviter cela !)*
…, weil ich den Schaden	**habe**	**ersetzen müssen**. *(… parce qu'il m'a fallu réparer le dommage.)*
Ich weiß nicht, ob sie	**wird**	**kommen können**. *(Je ne sais si elle pourra venir.)*

Noter : Er ärgert sich, weil er **hat** nach Hause gehen (2) müssen.
(Il est contrarié parce qu'il a dû aller à la maison.)

23 Traduction de formes infinitives françaises

- **pour**, **afin de** + infinitif → ***um … zu*** **+ infinitif** :

  Ich lerne, **um** Fortschritte **zu** machen. *(J'apprends pour faire des progrès.)*

  pour que, **afin que**… → ***damit …*** :

  Ich lerne, **damit** (3) ich Fortschritte mache.
  (afin que je fasse des progrès.)
- L'infinitif elliptique français après : **qui / que / où / à …** se rend souvent par une phrase avec ***sollen / müssen / können …*** selon le sens :

Je ne savais où aller.	Ich wusste nicht wohin. Ich wusste nicht, wohin ich gehen sollte.
Que faire ?	Was (sollte ich) tun?
À l'entendre …	Wenn man ihn hört, …

(1) ***zu*** est de moins en moins utilisé dans la langue parlée avec ***nicht brauchen***.
(2) ***nach Hause gehen*** forme une expression verbale.
(3) Avec ***damit*** le sujet est exprimé.

- **dire de** + infinitif :

  Qui vous a dit de venir ? Wer hieß euch kommen?

  Il me dit de l'aider. Er sagt mir, | ich solle [(1)] / ich möge [(1)] | ihm helfen.

- **avant de** + infinitif = ***bevor …***
  après avoir… = ***nachdem …*** } + verbe à une forme personnelle

  Téléphone avant de venir. Ruf an, **bevor** du kommst!
  Après avoir dîné, il partit. **Nachdem** er gegessen hatte, ging er fort.

- **laisser** et **faire** → ***lassen*** :

  Ich habe meinen Bruder in Ruhe arbeiten **lassen**. *(J'ai laissé …)*
  Er hat den Klempner kommen **lassen**. *(Il a fait venir le plombier.)*

- **aller** + infinitif :

Je vais dormir, nager …	Ich **gehe** schlafen, schwimmen …
Je vais me renseigner.	Ich **will** mich erkundigen.
Elle allait sortir quand il vint.	{ Sie **wollte gerade** ausgehen, als er kam. Sie **war im Begriff** auszugehen, als …
se dépêcher d'aller (eilen)	Ich **eile** nach Hause.
aller chercher (holen)	Ich **hole** Brot.
aller voir quelqu'un (besuchen)	Er **besucht** einen Kranken.

- **venir** + infinitif :

Il vint me parler du voyage.	Er **kam und erzählte** mir von der Reise.
Elle vient d'arriver.	Sie **ist (so-)eben** angekommen.
Viens me chercher à la gare.	**Hol** mich am Bahnhof **ab**!

24 Infinitif substantivé

Denken ist **das Reden** mit sich selbst. (Kant)

- L'infinitif **substantivé** :
  - Prend une **majuscule**.
  - Est au **neutre**.
  - Prend un **-s** au génitif.
  - N'a pas de pluriel, mais se traduit souvent par un pluriel :

  das Lachen *(les rires)* **das Schreien** *(les cris)*
  das Schwimmen *(la natation)* die Freude **des Wiedersehens** *(la joie des retrouvailles)*

- L'infinitif substantivé exprime une action, un processus :

  das Lesen *(le fait de lire = la lecture)*
  Das Betreten der Baustelle ist verboten. *(L'accès du chantier est interdit.)*

- Il peut être introduit par une préposition :

  Sie war **beim Kochen**. *(Elle était en train de faire la cuisine.)*

- Il traduit l'**infinitif** ou le **participe présent français**, si ces derniers ont tout au plus un complément :
  - Finalité : Der Staubsauger dient **zum Reinigen**. (*sert à nettoyer …*)
  - Temps : **beim Tanzen** eines Walzers … (*en dansant une valse …*)
  - Circonstance : Ich helfe dir **beim Tragen**. (*Je t'aide à porter.*)

(1) Le discours indirect se rend par { ***sollen*** pour l'ordre. ***mögen*** pour la prière.

EXERCICES

Paragraphe 18

Corrigés p. 340

A Transformer chaque subordonnée en un groupe infinitif.

Er hat versprochen, **dass er kommt**. → Er hat versprochen **zu kommen**.

1. Der Redner dachte, dass er seinen Standpunkt erläutern könnte.
2. Es scheint, dass es unmöglich ist, alle Arbeit zu rationalisieren.
3. Wir dürfen uns nicht einbilden, dass wir die Besten sind.
4. Es ist notwendig, dass man dir das Rauchen bald abgewöhnt.
5. Ich behaupte, dass ich dich gesehen habe.

B Traduire.

1. *Quand le temps est beau, nous faisons volontiers une promenade.*
2. *Lorsque le beau temps reviendra, nous irons en montagne.*
3. *Il était six heures quand je m'éveillai.*
4. *Lorsque je rentrai le soir à la maison, je fus heureux de revoir mes parents.*
5. *Quand M. Bergmann alla à Francfort, il visita l'exposition.*
6. *Lorsque j'allais en classe, je me levais tous les matins à 7 heures.*
7. *Lorsque je le vis, il me tendit la main en disant : « Bonjour ! Comment vas-tu ? ».*
8. *Quand j'étais petit, j'étais souvent malade.*
9. *En sortant du magasin, il ne vit plus sa bicyclette qu'il avait laissée devant la porte.*
10. *Après s'être levé, il partit pour l'école.*
11. *Après avoir passé quelques jours dans cette ville, elle retourna à Mayence.*
12. *Quand fêtes-tu ton anniversaire ?*
13. *Hans souhaite revoir bientôt son ami d'enfance.*
14. *Il m'a été difficile d'encaisser le chèque de 1 500 marks que tu m'as remis.*
15. *Boire de la bière trop froide est tôt ou tard mauvais pour la santé.*
16. *Ce chef d'entreprise ne savait pas gagner la confiance du personnel.*
17. *Il est interdit aux civils de pénétrer dans l'enceinte du centre de recherche.*

PHONÉTIQUE

[ç]	sechzehn	-ig → [iç]	einig, hungrig
	mich, dich, sich		Einigkeit
	Licht, Pflicht		ruhig
	Bücher		beruhigt
	Zeichen		
	Post für mich!		

jemandem Honig um den Bart schmieren. *(dorer la pilule à quelqu'un)*

Paragraphes 19 à 20

Corrigés p. 341

A Relier les phrases entre elles par ***um … zu …*** / ***ohne … zu …*** / ***anstatt … zu …*** ou ***weil …***

> Ich fahre in die Stadt. Ich will mir ein Kleid kaufen.
> → Ich fahre in die Stadt, **um** mir ein Kleid **zu** kaufen.
> **weil** ich mir ein Kleid kaufen **will**.

1. Ich fahre in die Stadt. Ich frage meine Mutter nicht.
   Ich arbeite nicht.
   Ich will meine Schwester besuchen.
2. Hans geht in die Badeanstalt. Er will schwimmen. Er lernt nicht.
   Er will braun werden.
   Er möchte trainieren.
3. Meine Eltern fahren ins Gebirge. Sie wollen sich erholen.
   Sie möchten Ski laufen.
   Sie fahren nicht ans Meer.
   Sie nehmen uns nicht mit.
4. Ingrid ergreift einen Beruf. Sie möchte Geld verdienen.
   Sie studiert nicht.
   Sie will unabhängig sein.

B Relier les phrases par ***um … zu …***

1. Ich gehe in den Garten. Ich will Kartoffeln holen.
2. Ich nehme einen Spaten mit. Ich will damit die Kartoffeln ausgraben.
3. Ich nehme einen Sack mit. Ich will die Kartoffeln hineinsammeln.
4. Ich nehme eine Schubkarre. Ich will damit alles nach Hause fahren.

C Utiliser selon le cas un infinitif avec ou sans ***zu*** et transposer chaque phrase au parfait.

> Man muss sich nur daran (gewöhnen).
> → Man muss sich nur daran **gewöhnen**.
> → Man hat sich nur daran **gewöhnen müssen**.

Pläne

1. Wie kannst du nur den Lärm der Flugzeuge … (aushalten)?
2. Man muss sich nur daran … (gewöhnen).
3. Aber ich habe vor … (umziehen).
4. Ich will mir eine Wohnung auf dem Lande … (suchen).
5. Meine Eltern helfen mir, etwas Passendes … (finden).
6. Leider muss ich dann jeden Tag einen weiten Weg … (zurücklegen).
7. Aber dafür gehe ich jeden Tag (spazieren) und gehe früh … (schlafen).
8. Beabsichtigst du mit dem Zug … (fahren)?
9. Nein, ich will den Wagen … (nehmen), das geht schneller.

D Traduire.

1. *Les touristes se sont levés tôt pour ne pas manquer le train.* (den Zug ver'passen)
2. *Au lieu de me lever avec eux, je suis resté au lit.*
   J'ai préféré me reposer avant de partir pour Celle où je dois retrouver mon correspondant allemand. (sich aus-ruhen / der Brieffreund)
3. *Après m'être rasé et habillé, je décidai d'aller à la poste pour téléphoner à mon ami.* (sich an-ziehen) (be'schließen)

4. « *Vous allez sortir malgré la pluie et sans avoir rien mangé ?* » *me dit le garçon de l'hôtel.* (der Kellner) « *Pourquoi ne téléphonez-vous pas d'ici ? Vous avez une cabine téléphonique au rez-de-chaussée.* » (die Tele'fonzelle)
5. « *Quand pensez-vous partir ?* » — « *Cet après-midi. Je souhaite garder ma chambre jusqu'à midi.* » (wollen) (be'halten)

> → Ein Pfälzer und ein guter Wein wollen gern beisammen sein.
> *(Un Palatin et un bon vin se donnent bien volontiers la main.)*

Paragraphes 21 à **22**

Corrigés p. 341

A Modifier la phrase comme suit.

> Wir müssen arbeiten.
> → Wir **brauchen nicht (zu) arbeiten.**

1. Du musst kommen.
2. Du musst arbeiten.
3. Du musst an deine Prüfung denken.
4. Du musst früh aufstehen.
5. Du musst bis elf arbeiten.

> Wir **brauchen nicht** (zu) arbeiten.
> → Wir hätten ... nicht (zu) **arbeiten brauchen.**

6. Er braucht nicht an die Prüfung zu denken.
7. Er braucht nicht zu kommen.
8. Er braucht nicht so früh aufzustehen.

B Employer le parfait de l'indicatif.

> Der Bundeskanzler soll in die USA fliegen.
> → Der Bundeskanzler **hat** in die USA **fliegen sollen.**

1. Die Bremer Stadtmusikanten wurden zum Symbol dafür, dass durch solidarisches Handeln die Schwachen sich durchsetzen können.
2. Der Junge durfte mit seinem Vater nach Bremen. Sie mussten in Köln umsteigen.
3. Ich lasse das Moped reparieren.
4. Plötzlich hörte ich dich kommen.
5. Du brauchst nicht zu zahlen.
6. Kannst du ihnen den Brief übergeben?

C a) Former une subordonnée dépendant de : ***Ich glaube**, **dass*** ...
b) Utiliser le plus-que-parfait dans la subordonnée.

> Er fühlt das Fieber kommen.
> → Ich glaube, dass er das Fieber kommen **fühlt.**
> → Ich glaube, dass er das Fieber **hatte** kommen fühlen.

1. Sie sah ihn den Motor abstellen.
2. Der Graben konnte nicht verbreitert werden.
3. Der Kellner soll mir eine Flasche Wein bringen.
4. Sie will telefonieren.

D Compléter avec les verbes de modalité entre parenthèses.

1. Ich habe schon jung gearbeitet. (müssen)
2. Wenn ich das vermieden hätte, hätte ich mehr gelernt. (können)
3. So habe ich abends und nachts gelernt und habe am Ende doch mein Ziel erreicht. (müssen) (können)

E Traduire.

1. *Puis-je vous demander l'heure ? Ma montre s'est arrêtée.* (bitten um / fragen nach)
2. *Restez assis, je vous prie. Je viens prendre mes papiers.*
3. *Pourriez-vous m'aider à pousser ma voiture* ? (schieben) *J'ai dû m'arrêter ici, n'ayant plus d'essence.* (halten)
4. *Je pense que le garagiste a pu entre-temps vérifier le moteur.* (der Tankwart) (nach-sehen)
5. *J'entends frapper à la porte : c'est sûrement le facteur.* (klopfen an (+ A)) *(utiliser également la tournure avec « wie »).*
6. *Les personnes que nous aurions voulu emmener à Hanovre n'ont pas pu venir.* (die Leute)
7. *Tu n'aurais jamais dû tenter cette expérience, elle était trop dangereuse.* (wagen / der Ver'such)

Paragraphes 23 à 24

Corrigés p. 342

A Répondre en utilisant soit ***um ... zu ...***, soit ***damit ...***

> Warum gehst du auf die Post? Ich will Geld überweisen.
> → Ich gehe auf die Post, **um** Geld **zu** überweisen.
> Warum hast du Gert angerufen? Er soll uns besuchen.
> → Ich habe Gert angerufen, **damit** er uns besuche.

1. Wozu hat sie dir 20 Mark gegeben? Ich soll für sie Fisch kaufen.
2. Warum nimmst du dein Fahrrad? Ich will in die Schule.
3. Warum lernt sie Deutsch? Sie will in Bonn studieren.
4. Warum geht er ins Bett? Er will morgen auf den Fischmarkt gehen.

VOCABULAIRE

Autour de la préposition ***vor* (+ accusatif / datif)** :

– **vor** dem Tor der Stadt	
– **vor** Sonnenaufgang	*(avant le lever du soleil)*
– **vor** Freude weinen	*(de joie)*
– **vor** allen Dingen	*(avant tout)*
– **vor** Christi Geburt	*(avant J.-C.)*
– **vor** dem Schlafengehen	*(avant d'aller au lit)*
– **vor** acht Jahren	*(il y a huit ans)*
– ich glaube **nach wie vor**, dass	*(je persiste à croire que)*
– jn **vor** den Kopf stoßen	*(offusquer quelqu'un)*

B Remplacer les compléments de temps par des subordonnées.

Vor / Nach dem Essen	→ **Bevor ich esse,** → **Nachdem ich gegessen habe,**	lese ich die Zeitung.

1. Vor / Nach der Ankunft des Dozenten begann die Diskussion.
2. Vor / Nach Dunkelwerden machen die Geschäfte zu.
3. Vor / Nach Abflug des Flugzeugs wurde eine Meldung durchgegeben.

> Es ist verboten, die Baustelle zu betreten.
> → **Das Betreten der Baustelle** ist verboten.

4. Es ist verboten, in den Anlagen zu spielen.
5. Es ist verboten, den Rasen zu betreten.
6. Es ist verboten, im Treppenhaus zu lärmen.
7. Es ist verboten, zu betteln und zu hausieren.
8. Es ist verboten, den Motor anzulassen.
9. Es ist verboten, im Rhein zu baden.

C Traduire et modifier les phrases en utilisant ***um ... zu ...***

> Ich hatte genügend Geld zum Einkaufen.
> → Ich hatte genügend Geld, **um einzukaufen**.

Ich hatte Geld zum Reisen, zum Studieren, zum Ausgehen.

D Traduire.

a) durch Üben, durch Verhandeln, fürs Anbringen der Lampen.
Im Vorbeigehen, beim Schlafen, vom Arbeiten, zum Totlachen.

b) Rauchen nicht erwünscht. Unnötiges Verweilen im Treppenhaus und im Hausflur sowie das Einstellen von Fahrrädern ist verboten.

c) 1. *À qui demander conseil ? À qui se fier ? Où fuir ? Que faire maintenant ?* (jn um Rat fragen)
2. *Nous ne savions que répondre.*
3. *Le chirurgien a dit à l'infirmière de laisser dormir le malade.* (der Chi'rurg)
4. *Avant d'aller au bureau, venez me prendre, je vous prie.* (jn ab-holen)
5. *Après avoir téléphoné, je me suis rendu en voiture à mon travail.*
6. *Le malade entendait dans un demi-sommeil les rires et les appels des gens.* (der Halbschlaf)
7. *En passant, j'ai acheté le dernier numéro de la « Frankfurter Allgemeine ».*
8. *Fais-toi faire un nouveau complet chez le tailleur.* (der Anzug)

TESTEZ VOS CONNAISSANCES

Paragraphes 1 à 24

Corrigés p. 343

A Commencer chaque phrase par un autre élément que le sujet (paragraphe 5).

1. Die Bundesrepublik Deutschland ist ganz gewiss ein „Reiseland".
2. Die Deutschen stellen die Mehrheit der Gäste in den Hotels, Pensionen und Privatquartieren.
   Nur 10 % aller Übernachtungen entfallen auf Ausländer.
3. Mittelgebirge und Alpen sind bevorzugte Urlaubsgebiete.
   Viele Deutsche fahren im Winter zum Skilaufen.
4. Nord- und Ostsee üben auf den Besucher eine große Anziehungskraft aus.
   Kinder erholen sich an der See besonders gut.
5. Die Insel Helgoland ist jeden Sommer ein beliebtes Urlaubsziel. Man erlebt dort eine großartige Natur.
6. Jugendliche können in der Jugendherberge übernachten. Die Unterbringung ist dort billig.
7. Andere Urlauber ziehen eine Unterkunft in der Bungalowstadt vor.
   Sie können in der Saison baden und angeln.

B Relier les phrases 2, 4, 5, 6 et 7 de l'exercice A par ***und***, ***denn***, et ***weil***.

C Relier les phrases suivantes en utilisant, puis en supprimant ***wenn***.

> Ich telefoniere nach 18 Uhr. Das Gespräch ist billiger.
> → **Wenn** ich nach 18 Uhr telefoniere, ist das Gespräch billiger.
> **Telefoniere** ich nach 18 Uhr, **so** (1) ist das Gespräch billiger.

1. Die Arbeitszeit ist zu Ende. Die meisten Leute gehen nach Hause.
2. Der Urlaub beginnt. Meine Eltern fahren an die See.
3. Ich fahre mit dem Zug. Ich lese während der Fahrt.
4. Mein Vater schreibt einen wichtigen Brief. Ich darf ihn nicht stören.
5. Ich telefoniere. Ihr sollt euch nicht so laut unterhalten!
6. Es regnete nicht. Wir lagen am Strand.
7. Ich will in die Badeanstalt. Ich nehme Handtuch und Badehose mit.
8. Das Wetter ist besonders schlecht. Wir gehen ins Museum.
9. Dein Brief ist unterfrankiert. Du zahlst eine Strafgebühr.
10. Du hast ein Postsparbuch. Du kannst auf jedem Postamt Geld abheben.
11. Der Boden wird intensiv bearbeitet. Die Erträge liegen höher.
12. Der Wecker klingelt. Wir stehen sofort auf.
13. Ich will das Wetter erfahren. Ich schalte den Fernseher an.

D Traduire.

Cuxhaven est la dernière ville dans l'estuaire de l'Elbe (2)*. Passé ce point, nous sommes en pleine mer* (3)*.*

---

(1) L'emploi de ***so*** (ou de ***dann***) n'est pas obligatoire.
(2) die Elbmündung.
(3) auf hoher See.

La nature seule a taillé(1) aussi abruptement(2) la côte occidentale de Helgoland, que le navire prend en quelque sorte à revers pour l'approcher(3). Il ne peut pourtant pas aborder le quai(4) : voyageurs, bagages et marchandises sont transbordés(5) dans des barques à moteur qui les amènent(6) au port...
Des barques bariolées dansent dans le petit port, et l'on voit sur l'eau très bleue de la mer une bouée(7) d'un rouge vif.
Ancré(8) au large, un bateau du nom de « Glück auf » nous attend pour nous conduire à Bremerhaven.

H.-J. Duteil, *Visa pour l'Allemagne.*

E Traduire le texte ci-après. Analyser les mots composés (paragraphes 133-135).

a) **Camping auf Helgoland**

Die Benutzung des Campingplatzes ist nur bei Vorlage eines Ausweises der Kurverwaltung möglich. Der Ausweis wird wegen des großen Zuspruchs nach schriftlicher Vereinbarung und vorheriger Anmeldung nur an Familien ausgegeben und an Personen, die das 18. Lebensjahr vollendet haben. Familiencamping bevorzugt – getrennter Campingplatz. Der bewachte Campingplatz, der in der Nähe der Bungalowstadt und unmittelbar am Badestrand liegt, ist verbessert worden. Zu der üblichen Kurtaxe kommt eine Gebühr für die Benutzung des Campingplatzes. Einkaufsmöglichkeiten für Artikel des täglichen Bedarfs.

b) **Unterhaltung**

Baden : Auf der der Insel vorgelagerten Düne in der Nordsee.
Auf der Insel im Seewasser-Freischwimmbad, ganzjährig.
Gymnastik : durch eine Gymnastiklehrerin der Kurverwaltung.
Leseräume : Lesehalle an der Kurpromenade. **Kurmusik**.
Kinderspielplätze, **Tennis** und **Minigolf**.
Sport : Schwimmen, Fußball, Handball, Leichtathletik, Tischtennis.
Tanz und **Unterhaltung** : In behaglichen Gaststätten und Grogstuben.

F Traduire.

Lyon, le 16 septembre

Chère Edith,

Me voici de retour en France après un mois passé en Allemagne du Nord. Il y a une semaine, j'étais encore à Brême, où j'ai pu visiter le port et les musées. J'ai séjourné, avec ma correspondante allemande et deux autres amies, pendant deux semaines à Helgoland, une petite île au milieu de la Mer du Nord. Pour les personnes qui trouvent la mer trop froide, il y avait une piscine d'eau de mer chauffée. Ainsi, j'ai pu me baigner tous les jours, même lorsqu'il pleuvait pendant des heures.
Mes progrès en allemand ont été spectaculaires. Bref, j'ai profité de toutes les occasions pour parler l'allemand et j'ai réussi. Tous les matins, j'écoutais les informations à la radio et, le soir, je regardais la télévision. À la « Lesehalle », je disposais des principaux journaux allemands.
Qu'as-tu fait pendant les vacances ? Comment vas-tu ? J'espère que dans ta famille tout le monde est en bonne santé. Bien le bonjour à tes frères. S'il te plaît, écris-moi rapidement.

Ton amie Anna

---

(1) aus-meißeln.
(2) steil.
(3) von hinten an-laufen (ie-au).
(4) am Kai an-legen.
(5) um-laden (u / a).
(6) befördern.
(7) die Boje (-n) / leuchtend rot.
(8) vor Anker liegen (a / e).

G Traduire.

Flutkatastrophe in der Elbmündung

Meine Eltern wurden von einem starken Brausen geweckt. Zuerst dachten sie, ein Rohrbruch (1) wäre die Ursache, aber als meine Mutter aus dem Fenster sah, war das ganze Land überschwemmt. Das Wasser reichte fast bis zum Fenster. Da wussten meine Eltern, dass es ein Dammbruch war.

„Steh auf, die Sintflut (2) ist da!" Mit diesen Worten meiner Mutter wurde ich aus dem Schlaf gerissen. Entsetzt fuhr ich auf. Wir wollten hinaus und dann auf die nahe gelegene Bundesstraße fliehen, denn dort konnten die Autos noch fahren. Es gelang uns aber nicht, durch die Tür hinauszukommen, denn im Flur stand das Wasser schon drei viertel Meter hoch und der Druck war viel zu stark. Nun hatten wir keine andere Wahl, als durch das Fenster zu entkommen. Draußen stand das Wasser schon bis zum Fenster. Mein Vater stieß mit dem Fuß eine Scheibe ein.

Ich stieg als Erste durchs Fenster, kletterte auf den Baum und dann aufs Dach. Dieser Birnbaum, der vor unserem Fenster stand, sollte schon lange abgesägt werden. Wir waren heilfroh, als wir alle auf dem Dach standen. Mein Vater holte die Schornsteinfegerleiter heran und wir setzten uns darauf. Hier empfand man den Sturm noch stärker. Es ist wie ein Wunder, dass wir alles überstanden haben ...

Bericht einer Schülerin (1962)

H Mettre le dernier paragraphe du texte ci-dessus au parfait.

I Transposer le premier paragraphe du texte ci-dessus au discours indirect.

Eine Schülerin erzählt, ihre Eltern seien ... geweckt worden. Zuerst hätten sie gedacht, ...

J Placer les membres de phrase ci-après dans l'ordre approprié.

1. Er schrieb ...
   a) nach einem Monat b) einen Brief c) an seine Freundin
2. Wie sollte er ... entschuldigen?
   a) für sein langes Schweigen b) sich c) bei ihr
3. Er musste sich ...
   a) intensiv b) vorbereiten c) nämlich d) auf eine Prüfung
4. Ich habe ... vergessen.
   a) im Bus b) heute Morgen c) meinen Regenschirm d) leider
5. Er stellte ... vor.
   a) allen b) auf der Party c) seinen Freund d) gestern Abend

K Traduire.

Personne ne m'attendait sur le quai... Il était onze heures cinquante. Il pleuvait. Le train repartit sans heurt derrière mon dos, glissa sur les rails (3) mouillés, n'ayant déposé en ce lieu que moi et des bicyclettes. Je frisonnai. J'aurais dû prendre un imperméable. À Paris, il faisait beau. On croit toujours qu'il fait le même temps partout. En automne pourtant on devrait se méfier... (4)
Je relevai l'horaire du retour (5). Je n'allais pas traîner. Je réglerais (6) tout en vingt-quatre heures et reprendrais demain le dix-huit heures vingt-sept, très pratique, qui m'amenait à Paris à vingt et une heures deux. J'écrirais à Pierre de venir me chercher à la gare. Tout était tracé (7). J'aime que tout soit tracé.

D'après Christiane Rochefort, Le repos du guerrier.

---

(1) *rupture de conduite.*
(2) *le déluge.*
(3) die Schiene (n).
(4) sich in Acht nehmen.
(5) die Rückfahrtzeiten.
(6) erledigen.
(7) fest-legen.

L Relier les phrases, selon le sens, avec ***wenn***, ***bevor***, ou ***während***.

Wir gehen. Ich zahle. → **Bevor wir gehen,** zahle ich.

Im Restaurant

1. Ich fahre mit einem Kollegen auf Reisen.
   Wir essen in einem Restaurant.
2. Wir treten in das Restaurant ein.
   Wir sehen uns die Speisekarte an.
3. Ich gebe meinen Mantel in der Garderobe ab.
   Mein Kollege sieht sich nach einem freien Tisch um.
4. Wir essen. Wir unterhalten uns.
5. Wir haben die Mahlzeit beendet. Wir trinken einen Kaffee.
6. Wir verlassen das Lokal.
   Ich zahle und bitte um eine Quittung.

M Transposer le texte suivant au parfait.

Um sich Ärger zu ersparen, verzichten viele Gäste auf eine Reklamation. Und das ist falsch.
Ein Gast, der 20 Euro für eine Steinbuttschnitte (1) bezahlt, kann einen frischen, gar gekochten (2) Fisch erwarten. Wenn das Fischfleisch auf dem Teller zerfällt und dazu noch im Kochwasser schwimmt, ist eine Beschwerde (3) berechtigt.
Wird statt eines bestellten Filetsteaks ein Wiener Schnitzel geliefert, kann der Gast die Speise ablehnen. Wenn Schweinefleisch statt Kalbfleisch verwendet wird, ist es ein Schnitzel „Wiener Art" (4).
Kein Gast muss sich gefallen lassen, dass man ihm für drei Euro eine Tasse mit „durchsichtigem" Kaffee serviert.
Beschwerden, die erhoben werden, wenn der Teller leer gegessen ist, braucht natürlich kein Wirt anzuerkennen.

N Ajouter ou non ***zu*** devant les verbes dans les phrases suivantes :

1. Es soll morgen gutes Wetter (geben)
2. Er bleibt plötzlich (stehen)
3. Wir brauchen nicht so früh auf- (brechen)
4. Das gab ihm (denken)
5. Du brauchst doch nicht auf- (brausen)
6. Ich hatte 500 Mark auf der Sparkasse (liegen)
7. Sie führte den Hund (spazieren)
8. Darf ich Sie bitten, das Fenster zu- (machen)

O Relier les phrases entre elles.

a. ***ohne … zu … / ohne dass …?***
1. Er verließ den Sitzungssaal. Er sagte kein Wort.
2. Er sprach über seine Erlebnisse. Niemand hatte ihn danach gefragt.
3. Sie ging an mir vorbei. Sie grüßte nicht.
4. Diese Ware darf eingeführt werden. Wir brauchen keinen Zoll zahlen.

b. ***um … zu … / damit …?***
1. Anne Grete ging in die Stadt. Sie wollte Besorgungen erledigen.
2. Mein Nachbar fährt nach Ulm. Er will Geschäftsfreunde treffen.
3. Ich schickte meinen Sohn zur Post. Er soll ein Telegramm aufgeben.

c. ***anstatt … zu …***
1. Der Bergwanderer trat den Abstieg nicht an. Er blieb in der Alphütte.
2. Er hat die Firma nicht übernommen. Er ging ins Ausland.

---

(1) der Steinbutt : *le turbot*
(2) gar gekocht : *cuit à point*
(3) die Beschwerde (-n) : *la réclamation*
(4) das Wiener Schnitzel (-) : *escalope viennoise*

P Modifier comme suit.

Er behauptet,	dass er es nicht getan habe. **er habe es nicht getan.** **es nicht getan zu haben.**

1. Wir hoffen, dass wir bald von Ihnen Nachricht bekommen.
2. Man beschuldigt ihn, dass er die Vorfahrt nicht beachtet habe.
3. Ich hoffe, dass ich bald mit meiner Berufsausbildung anfange.
4. Es tut mir Leid, dass ich diese Ware beanstanden muss.
5. Ich hoffe, dass ich die Fahrprüfung bestehe.
6. Sie glaubte, dass sie genug Geld bei sich hätte.
7. Ich befürchte, dass ich nicht rechtzeitig eintreffe.

seit der Heirat meines Sohns ...
→ **seitdem mein Sohn geheiratet hat, ...**

8. Vor der Abfahrt des Busses schlossen sich die Türen.
9. Nach stundenlanger Beratung wurde die Konferenz abgebrochen.
10. Bei der Ankunft am Bahnhof wurden die Sportler stürmisch begrüßt.
11. Seit seiner Ernennung zum Direktor verkehrt er nicht mehr mit uns.
12. Bei Selbstverschulden des Unfalls übernimmt die Versicherung keine Haftung.

Q Traduire.

1. „Ihr Haar wird langsam grau", sagt der Friseur zu einer Kundin.
„Wundert Sie das", fragt sie gereizt, „bei Ihrem Arbeitstempo?"

2. Student telegrafiert dem Vater : „Wo bleibt Geld?"
Vater antwortet : „Hier!"

R Compléter et transformer les constructions participiales en relatives.

Gefahren des Hochgebirges

Der Aufstieg zum höchst.. Gipfel beginnt frühmorgens. Hat es in der Nacht gefroren, so ist größt.. Vorsicht geboten, da steil.. Felshänge ohne Vegetation steinschlaggefährdet sind. Nach einer Frostnacht sollte man **die nach Osten weisenden Hänge** meiden, weil das Eis unter d.. warm.. Strahlen der Sonne hier zuerst schmilzt.
Der später.. Abstieg soll rechtzeitig angetreten werden, dass auch d.. langsamst.. Teilnehmer die Ortschaft noch bei Tageslicht erreicht.
Bei normal.. Bergtouren schafft man bergauf durchschnittlich 350 bis 400 m, bergab 600 m Höhenunterschied in d.. Stunde. Ständig muss man **die schnell wechselnden Wolken und Sichtverhältnisse** beobachten. **Plötzlich einfallende Nebel** können jegliche Orientierung unmöglich machen. Denn auf gut Glück weiterzuwandern, wäre **nicht zu entschuldigender Leichtsinn**.

PHONÉTIQUE

Voyelle à l'initiale	:	In Ulm und um Ulm und um Ulm herum.
[b]	:	Bierbrauer Bauer braut braunes Bier.
[g]	:	Eine gut gebratene Gans ist eine gute Gabe Gottes.
[ʃ]	:	Der Mondschein scheint schön.

S Utiliser le mot de subordination approprié.

> **als ob / auch wenn / bevor / da / kaum ..., als / dass / obgleich / unter der Voraussetzung, dass ...**

1. ... die Bewerber zu einem Gespräch mit dem Personalleiter zugelassen werden, müssen sie ihren Lebenslauf eingereicht haben.
2. Es regnete, ... es kein Ende nehmen wollte.
3. Ich war ... in den Bus eingestiegen, ... ich merkte, ... ich kein Geld bei mir hatte.
4. ... ... es Staus gegeben hat, habe ich schnell mein Ziel erreicht.
5. Ich fahre in die Stadt, ... ich noch etwas besorgen soll.
6. ... der Rasen noch zu nass war, fiel das Spiel aus.
7. ... es ihm schwer fiel, hat er eingestanden, ... er vorher gelogen hatte.
8. Er wird es nicht tun, ... er weiß, ... er seine Karriere aufs Spiel setzt.
9. Ich könnte etwas für dich tun, ... du mir nichts verschweigst.

T Transformer les relatives en constructions participiales (paragraphe 69).

> der Weg, der am Haus vorbeiführt, ...
> → **der am Haus vorbeiführende Weg**
> die Bäume, die auf die Fahrbahn gestürzt waren.
> → **die auf die Fahrbahn gestürzten Bäume**

1. Die Umweltprobleme, die sich ständig verschärfen, müssen dringend gelöst werden.
2. Wegen der Zeit der Ausbildung, die heute weit ins Erwachsenenleben hineinreicht, lösen sich die Kinder vom Elternhaus oft erst sehr spät.
3. Die Neutronen, die keine elektrische Ladung tragen, bilden mit den Protonen den Atomkern.
4. Der Kunde hat die Waren, die er nicht bestellt hatte, an das Versandhaus zurückgeschickt.
5. Nach den letzten Berechnungen, die von der Welternährungsorganisation angestellt wurden, sind 1,4 Milliarden Menschen unterernährt.

U Relier les phrases entre elles avec ***indem*** (= *dadurch, dass*).

> Wie kann man gesund bleiben ? Man geht öfter zu Fuß.
> → Man bleibt gesund, **indem** man öfter zu Fuß geht.

1. Wie kann man Tomaten enthäuten? Man taucht sie kurz in kochendes Wasser.
2. Wie kann man Heizkosten sparen? Man lässt Doppelfenster einsetzen.
3. Wie hast du den Motor repariert? Ich wechselte die Zündkerzen.
4. Wie brachte er den Zug zum Stehen? Er zog die Notbremse.
5. Wie löschte er das Feuer? Er goss Wasser darüber.

V Traduire.

Lundi
À midi, vous avez un déjeuner d'affaires avec deux clients importants.
Vous choisissez un restaurant bien.
L'addition, vous pouvez la régler en liquide, par chèque ou avec votre carte de crédit.
La carte de crédit, c'est plus discret, plus rapide...

Mardi
C'est l'anniversaire de votre père. Il aime Proust ?
Vous pouvez lui offrir toute La recherche du temps perdu *d'un coup.*
C'est cher, mais comme les dépenses réglées avec la carte de crédit sont débitées de votre compte le mois suivant, vous pouvez lui faire ce cadeau.

Mercredi
Votre secrétaire a eu son bébé. Il faut lui envoyer des fleurs à la clinique.
Réglez-les avec la carte de crédit, et la fleuriste vous remettra une facture, comme pour tous les achats payés avec votre carte.
C'est très pratique pour faire vos comptes.

Jeudi
Entre midi et 2 heures, vous achetez une splendide cravate à 50 F.
Même pour cette petite somme, la carte de crédit vous laisse une facture et, le début du mois suivant, la banque vous remettra un relevé de toutes les dépenses réglées au jour le jour avec elle.

W Traduire.

« As-tu déjà fait un séjour en Suisse ? »
— « Oui, j'ai pu rester un été à Genève, où l'on parle le français. J'ai aussi fait un stage de trois mois à Bâle dans un laboratoire, là il fallait que je connaisse l'allemand. En effet, pour une population de 6,5 millions d'habitants, il y a quatre langues officielles. L'allemand est parlé par 70 % des Suisses, le français par 20 %, l'italien par 10 % et le romanche par 1 % environ. L'hiver, on peut faire du ski dans les Alpes ou le Jura, et l'été de la voile sur les lacs.
Les Alpes couvrent 60 % de la superficie du pays, le Jura 10 % ».

INTERLUDE

- Vor dem Theatereingang meint Mayer zu seiner Frau:
  „Es war doch ein Fehler, heute den neuen Anzug anzuziehen."
  — „Warum denn, er steht dir doch ausgezeichnet."
  — „Das wohl, aber die Eintrittskarten habe ich im alten."
- „Ihrem Dialekt nach zu urteilen sind Sie Sachse", sagt der Gastwirt zu seinem Kunden.
  — „Ihren Frikadellen nach", meint der Kunde, „sind Sie Bäcker!"
- Frau Voss hat mit ihrem Wagen einen anderen gestreift.
  Der Fahrer ruft wütend: „Sie fahren wie der erste Mensch! Haben Sie überhaupt eine Fahrprüfung gemacht?"
  Da zischt Frau Voss: „Bestimmt öfter als Sie!"
- „Was tun Sie, Herr Doktor, wenn Sie erkältet sind?"
  — „Das ist verschieden. Manchmal huste ich, manchmal niese ich nur."

DEUXIÈME PARTIE

LE VERBE

1 LES AUXILIAIRES ET LES VERBES DE MODALITÉ

Sein, haben, werden servent à former les temps composés. Le verbe de modalité exprime la possibilité (können/dürfen), *la volonté* (wollen/mögen), *l'obligation* (müssen/sollen).

25 Les auxiliaires *sein, haben, werden*

		SEIN	HABEN	WERDEN
Indicatif **Présent**	ich du er sie es wir ihr sie / Sie (1)	bin bist }**ist** sind seid sind	habe **hast** **hat** haben habt haben	werde **wirst** **wird** werden werdet werden
Parfait	ich du er wir ihr sie	bin bist ist sind seid sind } gewesen	habe hast hat haben habt haben } gehabt	bin bist ist sind seid sind } geworden
Futur I	ich du er wir ihr sie	werde wirst wird werden werdet werden } sein	werde wirst wird werden werdet werden } haben	werde wirst wird werden werdet werden } werden
Prétérit	ich du er wir ihr sie	war warst war waren war(e)t waren	hatte hattest hatte hatten hattet hatten	wurde wurdest wurde wurden wurdet wurden
P.q.parfait	ich	war gewesen	hatte gehabt	war geworden
Futur II	er	wird gewesen sein	wird gehabt haben	wird geworden sein
Impératif		sei ...! seien wir ...! seid ...! seien Sie ...!	habe (2) ...! hab ...! haben wir ...! habt ...! haben Sie ...!	werde ...! werden wir ...! werdet ...! werden Sie ...!

(1) Forme de politesse : **Sie sind** *(Vous êtes.)*
(2) À l'impératif de ***haben*** (2e pers. sing.) on a deux formes :
habe ...!['ha:bə] où le /**a**/ est long.
hab ...! [ha:p]. La consonne sonore [b] en position finale devient sourde [p].
On retrouve le même phénomène dans la langue parlée au parfait :
Ich hab' gearbeitet. [ha:p]

		SEIN	HABEN	WERDEN
Infinitif I **Infinitif II**		sein *(être)* gewesen sein *(avoir été)*	haben *(avoir)* gehabt haben *(avoir eu)*	werden *(devenir)* geworden sein *(être devenu)*
Participe I **Participe II**		seiend *(étant)* gewesen *(été)*	habend *(ayant)* gehabt *(eu)*	werdend *(devenant)* geworden *(devenu)*
Subjonctif I **Présent** **(radical de l'infinitif I)**	ich du er wir ihr sie / Sie	sei **sei(e)st** **sei** seien seiet seien	habe **habest** **habe** haben habet haben	werde **werdest** **werde** werden werdet werden
Passé	ich du er wir ihr sie	sei sei(e)st sei seien seiet seien } gewesen	habe habest habe haben habet haben } gehabt	sei sei(e)st sei seien seiet seien } geworden
Futur	ich du er wir ihr sie	werde werdest werde werden werdet werden } sein	werde werdest werde werden werdet werden } haben	werde werdest werde werden werdet werden } werden
Subjonctif II **Présent** **(radical du prétérit)**	ich du er wir ihr sie	wäre wär(e)st wäre wären wär(e)t wären	hätte hättest hätte hätten hättet hätten	würde würdest würde würden würdet würden
Passé	ich	wäre gewesen	hätte gehabt	wäre geworden
Futur I	ich du er wir ihr sie	würde würdest würde würden würdet würden } sein	würde würdest würde würden würdet würden } haben	würde würdest würde würden würdet würden } werden
Futur II	ich	würde gewesen sein	würde gehabt haben	würde geworden sein

26 Emplois de *sein* et de *haben*

On conjugue avec *sein* :

- Les verbes ***sein*** et ***bleiben*** :

  Ich **bin** in Köln **gewesen**. *(J'ai été à Cologne.)*
  Rolf **ist** hier **geblieben**. *(Rolf est resté ici.)*

- Les verbes intransitifs marquant un mouvement :

  Ich **bin gelaufen**. *(J'ai couru.)*
  Ich **bin gesprungen**. *(J'ai sauté.)*
  Ich **bin** ihm **gefolgt**. *(Je l'ai suivi.)*

  ou un changement d'état :

  Ich **bin gewachsen**. *(J'ai grandi.)*
  Der Autoreifen **ist geplatzt**. *(Le pneu a éclaté.)*
  Er **ist** im Wald **verschwunden**. *(Il a disparu dans la forêt)*

- Le passif état :

  Die Stadt **war zerstört**. *(... était détruite.)*
  [= état de destruction]

On conjugue avec *haben* :

- Les verbes transitifs :

  Ich **habe** einen Fotoapparat **gekauft**. *(J'ai acheté un appareil photo.)*
  Er **hat** einen Bekannten **gegrüßt**.
  (Il a salué une personne qu'il connaissait.)

- Les verbes réfléchis :

  Ich **habe** (1) **mich gewaschen**. *(Je me suis lavé.)*
  Er **hat** (1) **sich erkältet**. *(Il s'est enrhumé.)*

NB : Un même verbe peut s'employer avec ***haben*** s'il a un complément d'objet direct :

  Er **hat mich** zum Bahnhof **gefahren**. *(Il m'a conduit à la gare.)*

ou avec ***sein***, s'il est intransitif :

  Ich **bin** zum Bahnhof **gefahren**. *(Je suis allé en voiture à la gare.)*

27 Emploi de *werden*

- Le futur de l'indicatif : ***ich werde*** + infinitif.
  Il exprime :
  – une certitude : Er **wird** in Köln **ankommen**. *(Il arrivera...)*
  – une supposition (espoir, crainte) : Er **wird** (wohl) krank **sein**.
  (Il doit être malade.)
  Er **wird** sich (wohl) **geirrt haben**.
  (Il se sera trompé.)

- Le futur II de l'indicatif : Er **wird angekommen sein**. *(Il sera arrivé.)*

- Le futur du subjonctif I (style indirect, voir aussi le paragraphe 64) :

  Sie **werde ankommen**.
  (Elle arrivera, dit-elle.)

- Le futur I du subjonctif II : Wir **würden singen**. *(Nous chanterions.)*
  – Ce temps sert à exprimer le **conditionnel présent** français.
  – Il intervient en outre au **futur du discours indirect**.

- Le futur II du subjonctif II. Ce temps sert à exprimer le conditionnel passé français.

  Ihr **würdet gekommen sein**. *(Vous seriez venus.)*

- Le passif : ***ich werde*** + participe II :

  Das Geschäft **wird** um 9 Uhr **geöffnet**. *(Le magasin ouvre à 9 heures.)*
  Die Stadt **wurde zerstört**. *(... fut détruite.)*
  [= action de détruire]

---

(1) En français, on emploie l'auxiliaire **être** avec les verbes réfléchis.

Au passif, après le participe II, on emploie la forme ***worden*** :

Die Stadt ist **zerstört worden**. *(La ville a été détruite.)*

Avec un nom ou un adjectif, ***werden*** marque un changement d'état ; le participe II est alors ***geworden*** :

Er **wurde** Direktor. Er **ist** Direktor **geworden**. *(Il est devenu directeur.)*
Er **wird** rot. *(Il rougit.)*
Sie **ist** rot **geworden**. *(Elle a rougi.)*

28 Conjugaison des six verbes de modalité

		Indicatif		Subjonctif Présent		Participe
		Présent	Prétérit	I	II	II
Können	ich	**kann**	konnte	ich könne	könnte	gekonnt
	du	**kannst**	*(je pouvais)*	du könnest	*(je pourrais)*	(ich habe lesen können)
	er	**kann**		er könne		
	wir	können				
	ihr	könnt				
	sie	können				
Dürfen	ich	**darf**	durfte	ich dürfe	dürfte	gedurft
	du	**darfst**		du dürfest		(ich habe lesen dürfen)
	er	**darf**		er dürfe		
	wir	dürfen				
	ihr	dürft				
	sie	dürfen				
Wollen	ich	**will**	wollte	ich wolle	wollte	gewollt
	du	**willst**	*(je voulais)*	du wollest	*(je voudrais)*	(ich habe lesen wollen)
	er	**will**		er wolle		
	wir	wollen				
	ihr	wollt				
	sie	wollen				
Mögen	ich	**mag**	mochte	ich möge	möchte	gemocht
	du	**magst**		du mögest		(ich habe lesen mögen)
	er	**mag**		er möge		
	wir	mögen				
	ihr	mögt				
	sie	mögen				
Müssen	ich	**muss**	musste	ich müsse	müsste	gemusst
	du	**musst**	*(je devais)*	du müssest	*(je devrais)*	(ich habe lesen müssen)
	er	**muss**		er müsse		
	wir	müssen				
	ihr	müsst				
	sie	müssen				
Sollen	ich	**soll**	sollte	ich solle	sollte	gesollt
	du	**sollst**		du sollest		(ich habe lesen sollen)
	er	**soll**		er solle		
	wir	sollen				
	ihr	sollt				
	sie	sollen				

- À l'**indicatif présent**, les trois personnes du **singulier** ont une conjugaison de prétérit fort :

  ich kann, du kannst, er kann.

- À l'**indicatif prétérit** et au **participe II**, ***können*** / ***dürfen*** / ***mögen*** et ***müssen*** perdent l'inflexion (") :

  ich konnte / durfte / mochte / musste;
  gekonnt / gedurft / gemocht / gemusst.

- Ces verbes ont au **participe II** une forme double :

  ich habe es **gekonnt**. *(Je l'ai pu.)*

  (double infinitif, voir aussi le paragraphe 21) :

  ich habe das Buch lesen **können**. *(J'ai pu lire le livre.)*

- Les **subjonctifs II futur I et II** ne sont guère employés.
  Pour exprimer les conditionnels présent et passé français, on utilise :
  – Le subjonctif II **présent** : ich könnte *(je pourrais.)*
  – Le subjonctif II **passé** : ich hätte ... gekonnt *(j'aurais pu...)*
  ich hätte ... [verbe à l'infinitif] + können.

29 Sens et fonction des verbes de modalité

Sens

Les verbes de modalité indiquent dans quelle mesure une chose ou une action est possible, voulue ou nécessaire :

können / **dürfen** > *pouvoir*   **wollen** / **mögen** > *vouloir*   **müssen** / **sollen** > *devoir*

– ***will*** / ***möchte*** (forme atténuée) indiquent la volonté du sujet :

Ich will arbeiten. *(Je veux travailler.)*
Ich möchte arbeiten. *(Je voudrais travailler.)*

– ***soll*** / ***darf*** impliquent une volonté extérieure, un facteur humain :

Darf ich um Feuer bitten? *(Puis-je vous demander du feu ?)*
Soll ich dich morgen besuchen? *(Veux-tu que je te rende visite demain ?)*

– ***muss*** / ***kann*** indiquent une nécessité ou une possibilité :

Er muss jeden Morgen um 6 Uhr aufstehen. *(Il doit se lever...)*
Ich kann kaum sehen. *(Je peux à peine voir.)*

Fonction

Ces verbes permettent de porter un jugement sur un énoncé :

Das Gerücht *(La rumeur)*	**muss**	wahr sein.	*(doit être vraie.)*
	will		*(prétend être...)*
	wird / dürfte		*(est probablement...)*
	kann		*(peut être...)*
	könnte		*(il se pourrait que...)*
	mag		*(il se peut que...)*
	soll		*(est, dit-on,...)*

De ***muss*** (doit...) à ***soll*** (*on dit que...*) l'affirmation s'atténue.

30 Können et dürfen

können	pouvoir, être capable de	Wer kann uns den Weg zeigen? *(Qui peut nous indiquer le chemin ?)*
	savoir (faire)	Er kann Deutsch. *(Il sait l'allemand)* Sie konnte Klavier spielen. *(Elle savait jouer du piano.)*
	possibilité, éventualité	Es kann sein. *(C'est possible.)*
dürfen	pouvoir, avoir le droit de, être autorisé à...	Du darfst ins Kino (gehen.) *(Tu pourras aller au cinéma.)* Darf ich? *(Vous permettez ?)*
	nicht dürfen	Hier darf man nicht rauchen. *(Il ne faut pas fumer ici.)*
	sens conditionnel : ***dürfte***	Das dürfte schon wahr sein. *(Il se pourrait bien que ce soit vrai.)*

31 Wollen et mögen

wollen	vouloir (fermement)	Davon will ich nichts wissen. *(Je n'en veux rien savoir.)*
	futur proche = aller	Wir wollen jetzt lesen. *(Nous allons lire maintenant.)*
	futur d'intention	Sie wollte nach Paris. *(Elle avait l'intention d'aller à Paris.)*
	affirmation d'autrui	Er will dich gesehen haben. *(Il prétend t'avoir vu.)*
	futur dans le passé	Was wollten wir tun? *(Qu'allions-nous faire ?)*
mögen	vouloir, désirer	Möchten Sie noch etwas? *(Désirez-vous autre chose ?)*
	nicht mögen (= ne pas aimer)	Ich mag diese Speise nicht. *(Je n'aime pas ce plat.)*
	éventualité	Mag sein. *(C'est possible.)*
	approximation	Sie mag 20 Jahre alt sein. *(Elle peut avoir environ 20 ans.)*
	concession	Wie stark er auch sein mag, ... *(Il a beau être fort ; si fort soit-il.)*
	souhait	Möge er glücklich sein! *(Puisse-t-il être heureux !)*
	impératif indirect [prière]	Sage ihm, er möge doch kommen! *(Dis-lui de bien vouloir venir.)*

32 *Müssen* et *sollen*

müssen	devoir, être obligé [= contrainte]	Alle Menschen müssen sterben. *(Tous les hommes doivent mourir.)*
	probabilité	Er muss wohl krank sein. *(Il doit être malade.)*
sollen	devoir (moralement) [= conseil]	Wir sollen höflich sein. *(Nous devons être polis.)*
	obligation = futur	Du sollst nicht töten. *(Tu ne tueras point.)*
	[on dit que]	Er soll sehr reich sein. *(Il est, dit-on, très riche.)*
	volonté d'autrui	Was sollte er tun? *(Que vouliez-vous qu'il fît ?)*
	impératif indirect [= ordre]	Sie sagte, er solle kommen. *(Elle lui dit de venir.)*

33 *Wissen*

Présent	Prétérit	Subj. I présent	Subj. II présent	Participe II	Impératif
ich **weiß** du **weißt** er **weiß** wir wissen ihr wisst sie wissen	ich wusste *(je savais)*	ich wisse du wissest er wisse …	ich wüsste *(je saurais)*	gewusst	wisse!

Wissen Sie es genau? *(En êtes-vous bien sûr ?)*
Nicht dass ich wüsste. *(Pas que je sache.)*

- ***Wissen*** se conjugue comme les verbes de modalité (mais sans « double infinitif »).
  L'infinitif qui le suit est précédé de ***zu*** :
  Er weiß die richtigen Worte **zu** finden. *(Il sait trouver les mots justes.)*

- Distinguer :
  – ***kennen*** (*kannte / gekannt*) : *connaître (par expérience)*
  Kennen Sie Berlin?
  – ***wissen*** (*wusste / gewusst*) : *savoir (être conscient de)*
  Das weiß ich schon lange.
  – ***können*** (*konnte / gekonnt*) : *pouvoir (être capable de)*
  Kannst (1) du schwimmen?

(1) *Sais-tu* (= *es-tu capable de*) nager ?

EXERCICES

Paragraphes 26 à 27

Corrigés p. 347

A Indiquer l'infinitif et le parfait (3e personne / singulier) des verbes utilisés dans le texte ci-après.

> **(kamen)**: kommen – er ist … gekommen
> **(sagten)**: sagen – er hat … gesagt

Freundschaftsdienst

Zu einem alten Araber kamen drei junge Leute und sagten ihm: „Unser Vater ist gestorben. Er hat uns 17 Kamele hinterlassen und im Testament verfügt, dass der Älteste die Hälfte, der Zweite ein Drittel und der Jüngste ein Neuntel der Kamele bekommen soll. Jetzt können wir uns über die Teilung nicht einigen: übernimm du die Entscheidung!"
Der Araber dachte nach und sagte: „Wie ich sehe, habt ihr, um gut teilen zu können, ein Kamel zu wenig. Ich habe selbst nur ein einziges Kamel, aber es steht euch zur Verfügung. Nehmt es und teilt dann, und bringt mir nur, was übrig bleibt." Sie bedankten sich für diesen Freundschaftsdienst, nahmen das Kamel mit und teilten die 18 Kamele nun so, dass der Älteste die Hälfte, das sind neun, der Zweite ein Drittel, das sind sechs, und der Jüngste ein Neuntel, das sind zwei Kamele, bekam. Zu ihrem Erstaunen blieb, als sie ihre Kamele zur Seite geführt hatten, ein Kamel übrig. Dieses brachten sie, ihren Dank erneuernd, ihrem alten Freund zurück.

Bertolt Brecht, *Geschichten vom Herrn Keuner.*

B Compléter par ***haben*** ou ***sein***.

a)
1. Ich … gestern in die Stadt geradelt. Ich … nach Trier gefahren.
2. Du … 4 Meter weit gesprungen. Ich … dich übertroffen.
3. Er … mich an der Straßenecke verlassen.
4. Er … dich zum Sportplatz gebracht und … nach Hause gefahren.

Im Hotel

b)
1. Wir … gestern Abend spät im Hotel eingetroffen.
2. Die Empfangsdame … uns um unsere Ausweise gebeten.
3. Vater … die nötigen Papiere ausgefüllt.
4. Mutter … schon mit uns auf unser Zimmer gegangen.
5. Wir … uns ausgezogen und gewaschen.
6. Mutter … unseren kleinen Bruder ins Bett gebracht.
7. und … ihm noch ein Lied gesungen: „Guten Abend, gute Nacht …"
8. Später … sie sich umgezogen
9. und … mit Vater zum Essen gegangen.
10. Unser kleiner Bruder … dann eingeschlafen.
11. Mitten in der Nacht … wir aber plötzlich aufgewacht.
12. Es … ganz entsetzlich geblitzt und gedonnert.
13. Es … ins Zimmer geregnet.
14. Meine Schwester … schnell das Fenster geschlossen.
15. Es … mir gelungen, sie zu beruhigen.
16. Wir … kurz danach wieder eingeschlafen.

C Traduire.

1. *J'étais / j'avais / je deviendrais.*
2. *Tu seras / tu auras / tu deviendras.*
3. *Il a été / il a eu / il est devenu.*
4. *Nous serions / nous aurions.*
5. *Vous êtes / vous avez / vous devenez.*
6. *Ils ont été / ils ont eu / il est devenu.*
7. *Si j'étais / si j'avais / si je devenais.*
8. *Nous aurions été / tu auras eu.*
9. *Vous serez devenu.*
10. *S'il avait été / s'il avait eu.*
11. *Elle sera arrivée en ville.*
12. *Il aurait voulu venir.*

Paragraphe 28

Corrigés p. 348

A Transposer au prétérit et au parfait de l'indicatif.

Er kann/**konnte** es nicht. → Er **hat** es nicht **gekonnt**.
Er kann/**konnte** es tun. → Er **hat** es **tun können**.

1. Wir sollen ihn besuchen. Warum soll ich das?
2. Da darf uns kein Fehler unterlaufen. Das will ich nicht.
3. Das darf ich nicht vergessen.
4. Er kann die Lektion nicht. Er muss sie lernen.
5. Es mag so sein, wie sie es erzählte.
6. Könnt ihr für mich eine Halbtagsarbeit finden?
7. Hier dürfen Sie auf keinen Fall parken.
8. Sie kann mit Geld umgehen.

VOCABULAIRE

Autour de la préposition ***mit*** **(+ datif)** :

– mit Mühe und Not	*(à grand-peine)*
– mit knapper Not	*(tant bien que mal)*
– mit lauter Stimme	*(d'une voix forte)*
– mit der rechten Hand	*(de la main droite)*
– mit Ausnahme von	*(à l'exception de)*
– mit jedem Tag	*(de jour en jour)*
– Weg damit!	*(Enlevez ça !)*
– mit welchem Bus? mit welchem Zug?	
– Fort mit ihm!	*(Qu'il parte !)*
– mit 15 Jahren	*(à l'âge de 15 ans)*
– mit der Post	*(par la poste)*
– mit Recht	*(à juste titre)*
(mais : zu Unrecht*)*	
– mit einem Wort	*(en un mot)*
– Er war mit der Arbeit fertig.	
– Er verbringt die Zeit mit Spielen.	

B Former des phrases comme suit.

> Er will auf ihn warten.
> → Ich weiß, dass er auf ihn hat **warten wollen**.

1. Er durfte nie Besuche haben.
2. Er kann mit seinen Kollegen verreisen.
3. Sie mag nicht länger in diesem Hotel bleiben.
4. Er will mich einmal heiraten.
5. Er muss sie nach Berchtesgaden begleiten.

C Traduire.

1. Man soll den Tag nicht vor dem Abend loben.
2. Der Brief soll auf die Post. Wenn ich bitten darf!
3. Wer will, der kann.
4. Was du nicht willst, dass man dir tu', das füg' auch keinem andern zu.
5. Er mochte noch so viel bitten. Was soll das!

1. *Ma grand-mère aurait bien voulu venir, mais elle était trop fatiguée.*
2. *Puis-je vous demander si vous allez à Bonn ?*
3. *Il te faudra vaincre la résistance de tes adversaires.*
4. *Nous aimerions louer une villa au bord du lac de Starnberg.*
5. *Il faut absolument que je participe à ce congrès le mois prochain.*
6. *Sais-tu conduire ? Si oui, peux-tu me mener à la gare ? Je veux faire du ski.*
7. *Elle a voulu se servir du lave-vaisselle, mais elle n'a pas pu.* (die Geschirrspülmaschine)
8. *Le lecteur-CD qu'elle aurait pu acheter n'était plus en vitrine.* (der CD-Player)

Paragraphes 29 à 30

Corrigés p. 348

A Compléter.

1. Er hat die Aufgabe (können).
2. Ich habe nicht kommen (können).
3. Das hätte sie nicht machen (dürfen).
4. Wir haben es (dürfen).
5. Er hat sich daran gewöhnen (müssen).
6. Sie haben fort (wollen).

B Compléter.

1. „... ich hereinkommen?" (dürfen).
2. – „Aber gewiss, du ... doch, dass du zu jeder Zeit kommen ...! (wissen / dürfen) ... ich dir helfen?" (können)
3. „O ja, wenn du ... (wollen) – Morgen ... ich zum Zahnarzt. (müssen) Ich ... nicht, wo ich meine kleine Schwester lassen ... (wissen / können) Ich ... sie nicht mitnehmen, denn sie ... im Sprechzimmer alles anfassen". (dürfen / wollen)
4. – „Da ... ich dich gut verstehen. Du ... sie mir gern morgen bringen, ich ... sie schon zu beschäftigen." (können / wissen)
5. „Vielen Dank auch. Ich ... dich aber nicht länger stören, denn ich ... noch einkaufen." (wollen / müssen)

C Traduire.

1. Dieses neue Kleid dürfte ihr schon gefallen.
2. Du kannst das Geld auch verloren haben.

3. Es kann vorkommen, dass der Klügste sich irrt.
4. Russisch kann sie nicht, aber Polnisch. Sie weiß sich zu helfen.
5. Darf ich die Herren um etwas Nachsicht bitten?
6. Die Bergleute dürfen nicht weitergehen: es gibt Schlagwetter.
7. Was könnte ihnen aus der Not helfen?
8. Sie kann nicht an diesem Haus vorbeigehen, ohne an ihn zu denken.
9. Heute Abend könnte es ein Gewitter geben.
10. Muss ich dir das alles erklären? (*Faut-il vraiment que...*)

D Traduire.

1. *Voulez-vous me prêter votre livre, s'il vous plaît ?* (leihen)
2. *Il se pourrait bien que cela lui fasse plaisir.* (jm ge'fallen)
3. *S'il savait jouer au tennis, nous nous rencontrerions tous les samedis matin au club de tennis.* (der Tennisklub)
4. *Je n'y peux rien : je n'arrive pas à traduire cette phrase.*
5. *Il n'a pas pu s'empêcher de pouffer de rire et d'applaudir de toutes ses forces.* (laut lachen müssen)
6. *Puis-je vous demander un service ? Je ne l'oublierai pas.* (jn um etwas bitten)
7. *Puis-je vous accompagner ? Bien sûr, j'aime beaucoup me promener avec vous.*

Paragraphes 31 à 33

Corrigés p. 349

A Remplacer les points par un verbe de modalité : ***dürfen* / *können* / *mögen* / *sollen*** ou ***wollen***.

1. Unser Nachbar ... immer alles besser wissen.
2. Hier ... man nicht baden.
3. Du ... vorsichtiger fahren, sonst passiert noch etwas.
4. ... ich noch eine Tasse Kaffee anbieten?
5. Heute gehen wir ins Konzert, ... Sie mit uns kommen?
6. ... ich Sie begleiten? Allein ... Sie den Weg nicht finden.

B Traduire.

1. *J'ai dû m'arrêter ici, car je n'avais plus d'essence.*
2. *Quelle heure peut-il bien être ?*
3. *Il doit être 15 heures 05, mais ma montre peut avancer.*
4. *Mon oncle doit être en ce moment à la maison.*
5. *Il m'a écrit de lui apporter une raquette de tennis.*
6. *Veux-tu que je lui téléphone ? Tu devrais lui parler.*
7. *Tu pourrais lui rendre visite toi aussi. Veux-tu m'accompagner ?*
8. *Je n'ai pas envie de le voir aujourd'hui.*
9. *J'aimerais bien habiter comme lui en montagne.*
10. *Sa villa passe pour (être) très confortable.*
11. *C'est vrai, mais (on dit que) la vie est dure en montagne.*
12. *(Certains prétendent que) cet hiver toute sa cave a été inondée.*
13. *Il faut que je parte tout de suite.*
14. *Pourrais-tu m'aider à pousser ma voiture pour la faire démarrer ?*

C ***Können* / *kennen* / *wissen***? Utiliser le verbe qui convient.

1. „... Sie den Weg zum Hauptbahnhof?
   ... Sie ihn mir zeigen?
   ... Sie, ich bin zum ersten Mal in dieser Stadt und habe mich verlaufen."
2. „Ich ..., wie einem dann zumute ist. Ich helfe Ihnen gern.
   ... Sie, wo der Rathausmarkt ist?"

3. „Ja, den … ich."
4. „Von dort aus … Sie die Straßenbahn oder die U-Bahn benutzen, es sind nur zwei Haltestellen."
5. „Danke sehr, jetzt … mir nichts mehr passieren."

D Traduire.

1. Sie will viel in der Welt herumgekommen sein.
2. Man müsste überhaupt nur noch mit der U-Bahn fahren!
3. Der alte Bauer soll viel Vermögen gehabt haben.
4. Mutti lässt sagen, Sie möchten doch morgen vorbeikommen.
5. Du sollst im Leben niemand schaden.
6. Er kann noch so nett zu ihnen sein, sie sind immer undankbar.
7. Was sollte Westeuropa gegen die Inflation tun?
8. Wo wollen Sie denn hin? Sie dürfen doch hier nicht durchfahren.

1. *Vous ne devriez pas sortir seule le soir.*
2. *Si rigoureuse que soit la loi, elle est juste.* (das Gesetz) (gerecht)
3. *L'agent lui ordonna de lui présenter ses papiers.*
4. *Je ne sais pas ce que tout cela peut bien vouloir dire.* (bedeuten)
5. *Sais-tu qui a découvert le vaccin contre la rage ?* (der Impfstoff gegen Tollwut) (finden)
6. *Elle pouvait avoir cinquante ans tout au plus.* (höchstens)
7. *L'employée pria le client de bien vouloir patienter un instant.* (sich gedulden)

INTERLUDE

- „Das sehe ich gerne," sagt der Chef zu seinem Angestellten, „so fleißig und interessiert."
  – „Ja, Herr Direktor, ich bereite die Urlaubsreise vor!"
- Als der Sommergast sein erstes Frühstück in der Pension einnimmt, wird ihm ein Schälchen mit einem winzigen Klecks Honig serviert. „Aha", sagt er freundlich, „eine Biene haben Sie auch!"
- „Wie heißt der Franzose, der General war, dann Erster Konsul und später Kaiser?" Der Kandidat denkt angestrengt nach, schüttelt dann den Kopf und sagt: „Tut mir Leid, das weiß ich nicht."
  „Napoleon Bonaparte", sagte der Professor. Der Kandidat steht auf und geht.
  „Wo wollen Sie denn hin?" ruft der Professor.
  – „Verzeihung, ich dachte, Sie hätten den Nächsten aufgerufen."

2 LES VERBES FAIBLES, FORTS ET IRRÉGULIERS

Les verbes faibles ne modifient pas leur radical. Les verbes forts modifient leur radical au prétérit et souvent au participe II. Les verbes irréguliers mélangent des formes fortes et faibles.

34 Le verbe faible *machen*

- Verbe transitif : ich **habe** … gemacht.

INDICATIF		SUBJONCTIF I	
Présent	ich mache du machst er / sie / es macht wir machen ihr macht sie / Sie machen	Présent (radical de l'infinitif I)	ich (mache) (1) du **machest** er **mache** wir (machen) ihr **machet** sie / Sie (machen)
Parfait	ich habe du hast er hat wir haben ihr habt sie haben } gemacht	Passé	ich (habe gemacht) du **habest gemacht** er **habe gemacht** wir (haben gemacht) ihr **habet gemacht** sie (haben gemacht)
Futur I	ich werde du wirst er wird wir werden ihr werdet sie werden } machen	Futur I	ich (werde machen) du **werdest machen** er **werde machen** wir (werden machen) ihr (werdet machen) sie (werden machen)
		SUBJONCTIF II	
Prétérit	ich machte du machtest er machte wir machten ihr machtet sie machten	Présent (radical du prétérit)	ich machte du machtest er machte wir machten ihr machtet sie machten
Plus-que-parfait	ich hatte gemacht du hattest gemacht er hatte gemacht	Passé (2)	ich hätte gemacht du hättest gemacht er hätte gemacht

(1) Entre parenthèses : forme du subjonctif I pouvant se confondre avec l'indicatif, voir aussi le paragraphe 38.
(2) Conditionnel passé : *j'aurais fait* { ich hätte … gemacht, ich würde … gemacht haben.

INDICATIF	
Futur II	ich werde gemacht haben *(j'aurai fait)*
IMPÉRATIF	
	mache ...! *(fais... !)* machen wir ...! macht ...! machen Sie ...!
INFINITIF I	
	machen *(faire)*
INFINITIF II	
	gemacht haben *(avoir fait)*

SUBJONCTIF II	
Futur I (1)	ich würde du würdest er würde wir würden ihr würdet sie würden } machen
Futur II (2)	Ich würde gemacht haben
PARTICIPE I	
	machend *(faisant)*
PARTICIPE II	
	gemacht *(fait)*

(1) Conditionnel présent : *je ferais* → ich würde ... machen,
(2) Conditionnel passé : *j'aurais fait* { ich hätte ... gemacht,
ich würde ... gemacht haben.

35 Les verbes faibles réguliers

- Ils ne modifient pas leur radical.
  - Prétérit : radical + **t** + marque de la personne :

    mach -t-**e**
    -t-**est**
    -t-**e**
    -t-**en**
    -t-**et**
    -t-**en**

  - Participe II : **ge-** mach **-t**

36 Participe II des verbes à particule séparable

Le ***ge-*** s'intercale entre la particule et le verbe simple :

'an**ge**macht – zu'rück**ge**dreht – em'por**ge**taucht – vor'bei**ge**saust

37 Participe II sans *ge-*

- On ajoute ***ge-*** seulement devant une syllabe accentuée : **ge'grüßt**.
- Ne prennent pas ***ge-*** :
  - Les verbes en **'*-ieren*** et certains en **'*-eien*** **:**

    Ich habe mich ra'siert. *(Je me suis rasé.)*
    Er hat prophe'zeit. *(Il a prédit.)*

  - Les verbes à particule inséparable : ***be-***, ***emp-***, ***ent-***, ***er-***, ***ge-***, ***miss-***, ***ver-***, ***zer-*** et parfois : ***um-***, ***durch-***, ***unter-***, ***über-***, ***voll-*** :

    Er hat mich be'grüßt. *(Il m'a salué.)*
    Er hat dich miss'handelt. *(Il t'a maltraité.)*

voll'endet *(achevé)*
Ich habe die Seite ins Deutsche über'setzt.
(J'ai traduit la page en allemand.)

38 Remarques sur le subjonctif

Aux marques de subjonctif (**-e** + marques de personnes) :
– le subjonctif I associe le radical de l'infinitif I ;
– le subjonctif II associe le radical de prétérit du verbe.

	Subjonctif I Présent	Subjonctif II Présent
ich / er	mach***e***	mach**t*e***
du	mach**est**	mach**test**
wir / sie	mach**en**	mach**ten**
ihr	mach**et**	mach**tet**

Noter l'absence de marque de personne aux 1re et 3e personnes du singulier.

- Au **subjonctif I** certaines formes peuvent se confondre avec celles de l'**indicatif**. On les remplace dans la pratique par les **formes correspondantes du subjonctif II**. C'est surtout le cas au discours indirect pour les formes introduites par : ***ich, wir, sie.***

Subjonctif I		Subjonctif II
ich mache	→	ich machte
ich habe gemacht	→	ich hätte gemacht
ich werde machen	→	ich würde machen

- Au **subjonctif II**, le **futur I** exprime le conditionnel présent français :

  ich würde machen = *je ferais.*

  Le **futur II** et surtout le **passé** expriment le conditionnel passé :

  ich würde gemacht haben = ich hätte gemacht = *j'aurais fait.*

39 Cas particuliers

- On intercale un ***-e-*** entre les terminaisons ***-st***, ***-t***, et un radical de verbe se terminant par ***-t***, ***-d***, ***-gn***, ***-chn***, ***-tm*** (mais : *du hältst*) :

  du 'arbeitest, er hat ge'zeichnet.
  du 'arbeitetest, er hat ge'arbeitet.

- ***lesen***, ***grüßen***, ***sitzen*** : du liest, du grüßt, du sitzt.
  Après un radical en ***-s***, ***-ß***, ***-ss***, ***-x***, ***-z***, la 2e pers. sing. de l'indicatif présent est marquée par ***-t***.

- ***klingeln*** → ich klingle, du klingelst, er klingelt … klingle! (sonne !)
  Les verbes en ***-eln*** perdent le ***-e-*** du radical à la 1re pers. sing. de l'indicatif présent et à l'impératif singulier.

40 Le verbe fort *geben* (e – a – e)

• Verbe transitif : ich **habe** … gegeben.

INDICATIF		SUBJONCTIF I	
Présent	ich gebe du **gibst** er **gibt** wir geben ihr gebt sie / Sie geben	Présent (radical de l'infinitif I)	ich (gebe) (1) du **gebest** er **gebe** wir (geben) ihr **gebet** sie (geben)
Parfait	ich habe du hast er hat wir haben ihr habt sie haben } gegeben	Passé	ich (habe gegeben) du **habest gegeben** er **habe gegeben** wir (haben gegeben) ihr **habet gegeben** sie (haben gegeben)
Futur I	ich werde du wirst er wird wir werden ihr werdet sie werden } geben	Futur I	ich (werde geben) du **werdest geben** er **werde geben** wir (werden geben) ihr (werdet geben) sie (werden geben)
		SUBJONCTIF II	
Prétérit	ich gab du gabst er gab wir gaben ihr gabt sie gaben	Présent (2) (radical du prétérit)	ich gäbe du gäbest er gäbe wir gäben ihr gäbet sie gäben
Plus-que-parfait	ich hatte gegeben du hattest gegeben er hatte gegeben	Passé (3)	ich hätte gegeben du hättest gegeben er hätte gegeben
Futur II	ich werde gegeben haben *(j'aurai donné)*	Futur I (2)	ich würde du würdest er würde wir würden ihr würdet sie würden } geben
IMPÉRATIF			
	gib … ! *(donne !)* geben wir …! gebt …! geben Sie …!	Futur II (3)	ich würde gegeben haben
INFINITIF I		PARTICIPE I	
	geben *(donner)*		gebend *(donnant)*
INFINITIF II		PARTICIPE II	
	gegeben haben *(avoir donné)*		gegeben *(donné)*

(1) Entre parenthèses : forme du subjoncfif I pouvant se confondre avec l'indicatif, voir aussi le paragraphe 38.
(2) Conditionnel présent français : *je donnerais :* ich gäbe / ich würde … geben.
(3) Conditionnel passé français : *j'aurais donné* { ich hätte … gegeben, ich würde … gegeben haben.

41 Le verbe fort *fahren* (a – u – a)

- Verbe intransitif : ich **bin** … gefahren.

INDICATIF		SUBJONCTIF I	
Présent	ich fahre du **fährst** er **fährt** wir fahren ihr fahrt sie / Sie fahren	Présent (radical de l'infinitif I)	ich (fahre) (1) du **fahrest** er **fahre** wir (fahren) ihr **fahret** sie (fahren)
Parfait	ich bin du bist er ist wir sind ihr seid sie sind } gefahren	Passé	ich sei du seist er sei wir seien ihr seiet sie seien } gefahren
Futur I	ich werde du wirst er wird wir werden ihr werdet sie werden } fahren	Futur I	ich (werde fahren) du **werdest fahren** er **werde fahren** wir (werden fahren) ihr (werdet fahren) sie (werden fahren)
		SUBJONCTIF II	
Prétérit	ich fuhr du fuhrst er fuhr wir fuhren ihr fuhrt sie fuhren	Présent (2) (radical du prétérit)	ich führe du führest er führe wir führen ihr führet sie führen
Plus-que-parfait	ich war gefahren du warst gefahren er war gefahren	Passé (3)	ich wäre gefahren du wärest gefahren er wäre gefahren
Futur II	ich werde gefahren sein *(je serai allé)*	Futur I (2)	ich würde du würdest er würde wir würden ihr würdet sie würden } fahren
IMPÉRATIF			
	fahr(e) …! fahren wir …! fahrt …! fahren Sie …!	Futur II (3)	ich würde gefahren sein
INFINITIF I		PARTICIPE I	
	fahren *(aller en véhicule)*		fahrend *(allant)*
INFINITIF II		PARTICIPE II	
	gefahren sein *(être allé)*		gefahren *(allé)*

(1) Entre parenthèses : forme du subjonctif I pouvant se confondre avec l'indicatif.
(2) Conditionnel présent français : *j'irais* : ich führe / ich würde … fahren.
(3) Conditionnel passé français : *je serais allé* { ich wäre … gefahren, ich würde … gefahren sein.

42 Les verbes forts et la variation vocalique

Les verbes forts modifient la **voyelle** (brève ou longue) de leur radical :

bitten [ɪ] / bat [a:] / gebeten [e:]

Indicatif présent (2e et 3e personnes du singulier)

- Les verbes forts en *-e-* changent généralement cette voyelle en *-i-* ou *-ie-* ; cela également à la 2e personne de l'**impératif** :

  ich gebe → du gibst, er gibt, gib!
  ich nehme → du nimmst, er nimmt, nimm!
  ich sehe → du siehst, er sieht, sieh!

- Les verbes forts en *-a-* prennent l'inflexion :

  ich fahre → du fährst, er fährt ... (mais : fahr!)
  ich trage → du trägst, er trägt ... (mais : trag!)

  et aussi : du läufst, er läuft, lauf! du stößt, er stößt, stoß(e)!

  Quelques verbes en *-a-* et en *-e-* n'admettent pas cette modification :

  du schaffst – er webt – sie hebt – melk!

- Les autres verbes forts sont entièrement réguliers au présent :

  du schwimmst – er schreibt – es fliegt – sie tut.

Prétérit

- Il y a **changement de voyelle radicale** :

  geben → wir gaben   tragen → sie trugen   trinken → ihr trankt.

- À l'indicatif, la 1re et la 3e personnes du singulier n'ont pas de terminaison :

  ich sah – sie hob – er stieg – es schwamm.

- Après *-s* / *-ss* / *-ß*, à la 2e personne du singulier → ***-est*** :

  du las**est** / saß**est** / schloss**est**. *(tu lisais / étais assis / fermais.)*

Subjonctif II présent

- Il se forme avec le **radical du prétérit** de l'indicatif + **e** :

Prétérit :	ich las	er grub	sie schrieb
Subj. II présent :	ich läse (1)	er grübe (1)	sie schriebe

- Il peut exprimer le conditionnel présent français :

  er trüge [= er würde ... tragen] = *il porterait*

Participe II

La voyelle radicale des verbes forts ne se modifie pas forcément :

heben → gehoben   mais : tragen → getragen
schreiben → geschrieben   sehen → gesehen
austrinken → ausgetrunken   hinlaufen → hingelaufen

(1) Au subjonctif II présent, la voyelle -**a**- / -**o**- / -**u**- du radical prétérit est infléchie (-**ä**- / -**ö**- / -**ü**-).

43 Les huit verbes mixtes

Ils présentent les terminaisons de la conjugaison faible (***-te*** au prétérit et ***-t*** au participe II), mais changent leur voyelle radicale comme les verbes forts.

Infinitif	Prétérit	Participe II	
brennen [1]	brannte	gebrannt	*brûler*
kennen	kannte	gekannt	*connaître*
nennen	nannte	genannt	*nommer*
rennen	rannte	(ist) gerannt	*courir*
senden	sandte	gesandt	*envoyer*
	sendete [2]	gesendet	*émettre (radio)*
wenden	wandte	gewandt	*tourner / s'adresser à* (sich wenden an)
	wendete	gewendet	*retourner / faire demi-tour*
bringen	brachte	gebracht	*apporter* (Wenn er Geld) brächte!
denken	dachte	gedacht	*penser* (Wenn er an mich) dächte!

(1) Les formes de subjonctif II présent (*brennte / kennte / sendete / wendete*) sont rares.
(2) senden (*émettre*) est régulier : Das Fernsehen hat einen Film gesendet.

44 Les trois groupes de verbes forts

Selon les modifications du vocalisme du radical à l'infinitif, au prétérit et au participe II, on classe les verbes forts en trois groupes **ABB / ABA / ABC**.

Type ABB

Le radical de l'infinitif diffère du radical commun au prétérit et au participe II.

- **ei – i – i** — beißen / biss / gebissen [ai] [ɪ] [ɪ]

Infinitif	Prétérit	Participe II	
beißen	biss	gebissen	*mordre*
gleichen	glich	geglichen	*ressembler*
gleiten	glitt	geglitten [1]	*glisser*
greifen	griff	gegriffen	*saisir*
kneifen	kniff	gekniffen	*pincer*
leiden	litt	gelitten	*souffrir*
pfeifen	pfiff	gepfiffen	*siffler*
reißen	riss	gerissen [2]	*arracher / déchirer*
reiten	ritt	geritten [2]	*aller à cheval*
scheißen	schiss	geschissen	*chier*
schleichen	schlich	geschlichen [1]	*se faufiler*
schleifen	schliff	geschliffen	*aiguiser*
schmeißen	schmiss	geschmissen	*jeter violemment*
schneiden	schnitt	geschnitten	*couper*
schreiten	schritt	geschritten [1]	*marcher*
streichen	strich	gestrichen [2]	*badigeonner / rayer*
streiten	stritt	gestritten	*lutter / discuter*
weichen	wich	gewichen [1]	*céder*

(1) Se conjugue avec *sein*.
(2) Se conjugue avec *haben* (transifif) ou *sein* (intransitif), voir aussi le paragraphe 26.
Autres sens : – avec *sein* : reißen *(se déchirer)* ; streichen *(vagabonder)*.
– avec *haben* : reiten *(monter (un cheval))* : Ich habe das Pferd müde geritten.

• ei – ie – ie

bleiben / blieb / geblieben
[ai] [i:] [i:]

Infinitif	Prétérit	Participe II	
bleiben gedeihen leihen	blieb gedieh lieh	geblieben (1) gediehen (1) geliehen	*rester* *prospérer* *prêter /* (sich etw. von) *emprunter*
meiden preisen reiben scheiden scheinen schreiben schreien schweigen speien steigen	mied pries rieb schied schien schrieb schrie schwieg spie stieg	gemieden gepriesen gerieben geschieden (2) geschienen geschrieben geschrie(e)n geschwiegen gespie(e)n gestiegen (1)	*éviter* *vanter / louer* *frotter* *quitter / (se) séparer* *paraître / briller* *écrire* *crier* *se taire* *cracher* *monter / descendre* (selon le préverbe)
treiben verzeihen weisen zeihen	trieb verzieh wies zieh	getrieben (2) verziehen gewiesen geziehen	*pousser (devant soi)* *pardonner* *indiquer / montrer* *accuser*

(1) Se conjugue avec *sein*.
(2) Autres sens : – avec *sein* : scheiden *(se séparer)* ; treiben *(dériver)*.

NB : – Liste alphabétique des verbes forts (*cf.* p. 303) ; + forme vieillie.
– À l'indicatif, la 3e personne du singulier du présent n'est mentionnée que lorsque le verbe change de voyelle radicale (2e / 3e personne du présent, 2e personne de l'impératif).

• ie (i) – o – o

biegen / bog / gebogen
[i:] [o:] [o:]

Infinitif	Prétérit	Participe II	
biegen bieten fliegen	bog bot flog	gebogen (2) geboten geflogen (2)	*courber* *offrir* *voler (dans les airs) /* *piloter*
fliehen fließen frieren genießen gießen	floh floss [ɔ] fror genoss [ɔ] goss [ɔ]	geflohen (2) geflossen (1) [ɔ] gefroren genossen [ɔ] gegossen [ɔ]	*s'enfuir* *couler* *geler* *jouir de* *verser*
glimmen [ɪ] klimmen [ɪ]	glomm [ɔ] / glimmte klomm [ɔ] / klimmte	geglommen [ɔ] geklommen (1) [ɔ]	*brûler (sans flamme)* *grimper / escalader*
kriechen riechen schieben schießen schließen sieden sprießen triefen verdrießen verlieren wiegen (3) ziehen	kroch [ɔ] roch [ɔ] schob schoss [ɔ] schloss [ɔ] sott [ɔ] / siedete spross [ɔ] troff + [ɔ] / triefte verdross [ɔ] verlor wog zog	gekrochen (1) [ɔ] gerochen [ɔ] geschoben geschossen (2) [ɔ] geschlossen [ɔ] gesotten [ɔ] gesprossen (1) [ɔ] getroffen + [ɔ] / getrieft verdrossen [ɔ] verloren gewogen gezogen (2)	*ramper* *sentir (odorat)* *pousser / déplacer* *tirer (arme) / s'élancer* *fermer / clore / conclure* *bouillir* *bourgeonner* *ruisseler (de)* *contrarier* *perdre* *peser* *tirer qc / aller en groupe*

(1) Se conjugue avec *sein*.
(2) Autres sens : – avec *sein* : biegen *(tourner)* ; schießen *(s'élancer)* ; ziehen *(aller en groupe)*.
– avec *haben* : fliegen *(piloter)* ; fliehen *(fuir qq.)*.
(3) Autre sens : wiegte / gewiegt *(bercer)*.

• e – o – o

heben / hob / gehoben
[e:] [o:] [o:]

Infinitif	Présent 3e pers. sing.	Prétérit	Participe II	
bewegen +		bewog	bewogen	engager à / inciter
dreschen [ɛ]	drischt	drosch [ɔ]	gedroschen [ɔ]	battre (le grain)
fechten [ɛ]	ficht	focht [ɔ]	gefochten [ɔ]	combattre, faire de l'escrime
flechten [ɛ]	flicht	flocht [ɔ]	geflochten [ɔ]	tresser
heben		hob	gehoben	soulever
melken [ɛ]		molk [ɔ] / melkte	gemolken [ɔ] / gemelkt	traire
quellen [ɛ]	quillt	quoll [ɔ]	gequollen (1) [ɔ]	sourdre / jaillir
scheren		schor	geschoren	tondre
schmelzen (2) [ɛ]	schmilzt	schmolz [ɔ]	geschmolzen (2) [ɔ]	fondre
schwellen (2) [ɛ]	schwillt	schwoll [ɔ]	geschwollen (2) [ɔ]	(se) gonfler
weben		wob / webte	gewoben / gewebt	tisser

(1) Se conjugue avec *sein*.
(2) Autres sens avec *haben* : schmelzen / schmelzte / geschmelzt *(faire fondre)* ; schwellen / schwellte / geschwellt *(faire gonfler)*.

• **Divers**

Infinitif	Présent 3e pers. sing.	Prétérit	Participe II	
stehen		stand [a]	gestanden [a]	*être debout*
saufen saugen	säuft	soff [ɔ] sog	gesoffen [ɔ] gesogen	*boire (animaux)* *sucer*
gären erwägen		gor / gärte erwog	gegoren / gegärt erwogen	*fermenter* *considérer / supputer*
erlöschen (2) schwören	erlischt	erlosch [ɔ] schwor	erloschen (1) [ɔ] geschworen	*s'éteindre* *faire serment*
lügen trügen		log trog	gelogen getrogen	*mentir* *tromper*

(1) Se conjugue avec *sein*.
(2) Autre sens : löschen *(éteindre qc., effacer)* est faible : löschte / gelöscht.

Type ABA

Le radical de l'infinitif est le même que celui du participe II, mais diffère de celui du prétérit.

• **a – ie (i) – a**

blasen / blies / geblasen
[a] [i:] [a:]

Infinitif	Présent 3e pers. sing.	Prétérit	Participe II	
blasen braten	bläst brät	blies briet	geblasen gebraten	*souffler* *rôtir*
fallen [a] fangen [a] halten [a] lassen [a]	fällt fängt hält lässt	fiel fing [ɪ] hielt ließ	gefallen (1) [a] gefangen [a] gehalten [a] gelassen [a]	*tomber* *attraper* *tenir* *laisser / faire*
raten schlafen	rät schläft	riet schlief	geraten geschlafen	*conseiller / deviner* *dormir*

(1) Se conjugue avec *sein*.

• a – u – a

fahren / fuhr / gefahren
[aː] [uː] [aː]

Infinitif	Présent 3e pers. sing.	Prétérit	Participe II	
backen [a]	bäckt	buk +/ backte	gebacken [a]	*cuire au four*
fahren	fährt	fuhr	gefahren (2)	*aller (en voiture)*
graben	gräbt	grub	gegraben	*creuser*
laden	lädt / ladet	lud	geladen	*charger / inviter*
schaffen (3) [a]		schuf	geschaffen [a]	*créer*
schlagen	schlägt	schlug	geschlagen	*frapper / battre*
tragen	trägt	trug	getragen	*porter*
wachsen [a]	wächst	wuchs	gewachsen (1) [a]	*croître / grandir*
waschen [a]	wäscht	wusch	gewaschen [a]	*laver*

(1) Se conjugue avec *sein*.
(2) Autre sens avec *haben* : fahren *(conduire)*. Er hat mich nach Wien gefahren.
(3) Autre sens : schaffen est faible au sens de *travailler, accomplir.*

• e – a – e

geben / gab / gegeben
[eː] [aː] [eː]

Infinitif	Présent 3e pers. sing.	Prétérit	Participe II	
essen [ɛ]	isst	aß	gegessen	*manger*
fressen [ɛ]	frisst	fraß	gefressen	*manger (animaux)*
geben	gibt	gab	gegeben	*donner*
genesen		genas	genesen (1)	*guérir / se rétablir*
geschehen	geschieht	geschah	geschehen (1)	*arriver / se produire*
lesen	liest	las	gelesen	*lire*
messen [ɛ]	misst	maß	gemessen	*mesurer*
sehen	sieht	sah	gesehen	*voir*
treten	tritt [ɪ]	trat	getreten (2)	*marcher (sur)*
vergessen [ɛ]	vergisst	vergaß	vergessen	*oublier*

(1) Se conjugue avec *sein*.
(2) Autre sens avec *haben* : treten au sens de *fouler, entraîner (avec le pied).*

• Divers

Infinitif	Présent 3e pers. sing.	Prétérit	Participe II	
hauen (3)		hieb	gehauen	*frapper*
laufen	läuft	lief	gelaufen (1)	*courir*
heißen		hieß	geheißen	*s'appeler*
kommen		kam	gekommen (1)	*venir*
rufen		rief	gerufen	*appeler / crier*
stoßen	stößt	stieß	gestoßen (2)	*heurter*

(1) Se conjugue avec *sein*.
(2) Autre sens avec *sein* : stoßen *(se heurter à)* : Sie ist auf Schwierigkeiten gestoßen.
(3) hauen : le prétérit est faible le plus souvent : Er haute mir auf die Schulter.

Type ABC

Aucun radical n'est semblable.

• **i – a – u**

binden / band / gebunden
[ɪ] [a] [u]

Infinitif	Prétérit	Participe II	
binden	band	gebunden	*lier*
dringen	drang	gedrungen (2)	*pénétrer*
finden	fand	gefunden	*trouver*
gelingen (impers.) (3)	gelang	gelungen (1)	*réussir (il réussit à)*
klingen	klang	geklungen	*retentir*
ringen	rang	gerungen	*lutter*
schlingen	schlang	geschlungen	*avaler / enlacer*
schwingen	schwang	geschwungen	*brandir / balancer*
singen	sang	gesungen	*chanter*
sinken	sank	gesunken (1)	*s'enfoncer*
springen	sprang	gesprungen (1)	*sauter*
stinken	stank	gestunken	*puer*
trinken	trank	getrunken	*boire*
verschwinden	verschwand	verschwunden (1)	*disparaître*
winden	wand	gewunden	*tourner / tordre*
zwingen	zwang	gezwungen	*contraindre*

(1) Se conjugue avec *sein*.
(2) Autre sens avec *haben* : dringen *(insister)*.
(3) Es gelingt mir *(je réussis)*.

• **i – a – o**

beginnen / begann / begonnen
[ɪ] [a] [o]

Infinitif	Prétérit	Participe II	
beginnen	begann	begonnen	*commencer*
gewinnen	gewann	gewonnen	*gagner*
rinnen	rann	geronnen (1)	*couler / s'écouler*
schwimmen	schwamm	geschwommen (2)	*nager*
sinnen	sann	gesonnen	*réfléchir*
spinnen	spann	gesponnen	*filer*

(1) Se conjugue avec *sein*.
(2) Autre sens avec *haben* : schwimmen *(nager un certain temps)*.

• **e – a – o**

befehlen / befahl / befohlen
[eː] [aː] [oː]

Infinitif	Présent 3e pers. sing.	Prétérit	Participe II	
befehlen	befiehlt	befahl	befohlen	*commander*
bergen [ɛ]	birgt	barg [a]	geborgen [ɔ]	*cacher / abriter*
bersten [ɛ]	birst	barst [a]	geborsten [ɔ] (1)	*éclater*
brechen [ɛ]	bricht	brach	gebrochen [ɔ]	*briser / cueillir*
empfehlen	empfiehlt	empfahl	empfohlen	*recommander*
erschrecken (2) [ɛ]	erschrickt	erschrak	erschrocken [ɔ] (1)	*s'effrayer*
gelten [ɛ]	gilt	galt [a]	gegolten [ɔ]	*valoir*
helfen [ɛ]	hilft	half [a]	geholfen [ɔ]	*aider*
nehmen	nimmt	nahm	genommen [ɔ]	*prendre*

(1) Se conjugue avec *sein*.
(2) erschreckte / erschreckt *(effrayer qqn)*.

Infinitif	Présent 3e pers. sing.	Prétérit	Participe II	
schelten [ɛ]	schilt	schalt [a]	gescholten [ɔ]	*injurier / traiter de*
sprechen [ɛ]	spricht	sprach	gesprochen [ɔ]	*parler*
stechen [ɛ]	sticht	stach	gestochen [ɔ]	*piquer*
stehlen	stiehlt	stahl	gestohlen	*dérober*
sterben [ɛ]	stirbt	starb [a]	gestorben [ɔ] (1)	*mourir*
treffen [ɛ]	trifft	traf	getroffen [ɔ]	*atteindre*
verderben [ɛ]	verdirbt	verdarb [a]	verdorben [ɔ] (1)	*se gâter*
werben [ɛ]	wirbt	warb [a]	geworben [ɔ]	*briguer / faire de la publicité*
werfen [ɛ]	wirft	warf [a]	geworfen [ɔ]	*jeter / lancer*

(1) Se conjugue avec *sein*.

Infinitif	Présent 3e pers. sing.	Prétérit	Participe II	
bitten [ɪ] liegen sitzen [ɪ]		bat lag saß	gebeten gelegen gesessen [ɛ]	*prier (de faire)* *être couché* *être assis*
gehen [e:]		ging [ɪ]	gegangen [a] (1)	*aller (à pied)*
hängen [ɛ]		hing [ɪ]	gehangen [a]	*être suspendu*
gebären [ɛ:]		gebar	geboren	*mettre au monde*

(1) Se conjugue avec *sein*.

45 La voix passive *(gerufen werden)*

- Le verbe ***rufen*** au passif action (auxiliaire **werden**) :

gerufen werden *(être appelé)*

INDICATIF	SUBJONCTIF I
Présent *(je suis appelé)* ich werde gerufen du wirst gerufen er wird gerufen wir werden gerufen ihr werdet gerufen sie werden gerufen	**Présent** ich (werde gerufen) (1) du werdest gerufen er werde gerufen wir (werden gerufen) ihr (werdet gerufen) sie (werden gerufen)
Parfait *(j'ai été appelé)* ich bin gerufen worden du bist gerufen worden er ist gerufen worden wir sind gerufen worden ihr seid gerufen worden sie sind gerufen worden	**Passé** ich sei gerufen worden du sei(e)st gerufen worden er sei gerufen worden wir seien gerufen worden ihr seiet gerufen worden sie seien gerufen worden

(1) Entre parenthèses : forme du subjonctif I pouvant se confondre avec l'indicatif.

INDICATIF	SUBJONCTIF I
Futur I *(je serai appelé)* ich werde gerufen werden du wirst gerufen werden er wird gerufen werden wir werden gerufen werden ihr werdet gerufen werden sie werden gerufen werden	**Futur I** ich (werde gerufen werden) du werdest gerufen werden er werde gerufen werden wir (werden gerufen werden) ihr (werdet gerufen werden) sie (werden gerufen werden)
Prétérit *(j'étais appelé)* ich wurde gerufen du wurdest gerufen er wurde gerufen wir wurden gerufen ihr wurdet gerufen sie wurden gerufen	SUBJONCTIF II **Présent** (1) ich würde gerufen du würdest gerufen er würde gerufen wir würden gerufen ihr würdet gerufen sie würden gerufen
Plus-que-parfait *(j'avais été appelé)* ich war gerufen worden du warst gerufen worden er war gerufen worden	**Passé** (2) ich wäre gerufen worden du wärest gerufen worden er wäre gerufen worden
Futur II *(j'aurai été appelé)* ich werde gerufen worden sein IMPÉRATIF werde gerufen! *(sois appelé)*	**Futur I** (1) ich würde gerufen werden du würdest gerufen werden er würde gerufen werden wir würden gerufen werden ihr würdet gerufen werden sie würden gerufen werden
INFINITIF I gerufen werden *(être appelé)*	**Futur II** (2) ich würde gerufen worden sein
INFINITIF II gerufen worden sein *(avoir été appelé)*	PARTICIPE II gerufen worden *(été appelé)*

(1) Conditionnel présent : *je serais appelé* → ich würde … gerufen / ich würde… gerufen werden.
(2) Conditionnel passé : *j'aurais été appelé* { ich wäre… gerufen worden. / ich würde… gerufen worden sein.

46 L'emploi du passif

Définition

Die Maurer bauen **einen Schuppen.**
(Les maçons construisent un hangar.)

- On peut exprimer cette action en faisant de *Schuppen* le sujet :

Ein Schuppen wird von den Maurern gebaut.
(Un hangar est [en train d'être] construit par les maçons.)

Indicatif	présent prétérit futur parfait plus-que-parfait	Ein Rathaus **wird** gebaut. Ein Rathaus **wurde** gebaut. Ein Rathaus **wird** gebaut werden. Ein Rathaus **ist** gebaut worden. Ein Rathaus **war** gebaut worden.	*(est construit)* *(était construit)* *(sera construit)* *(a été construit)* *(avait été construit)*
Infinitif I Infinitif II		**gebaut werden** **gebaut worden sein**	*(être construit)* *(avoir été construit)*

- L'auxiliaire permet d'indiquer le temps du passif.

Le passif action et le passif état

- Le passif action formé avec ***werden*** indique que l'action est, était ou sera juste en train de se faire :

  Der Tisch wird gedeckt. *[= action de mettre la table]*

- Le passif état formé avec ***sein*** indique que l'action est, était ou sera déjà faite :

  Der Tisch ist gedeckt. *[= la table est (déjà) mise]*
  Das Feld war mit Schnee bedeckt. *[= la neige était sur le champ]*

Image animée → **action**	Image fixe → **état**
Der Laden **wird** geschlossen.	Der Laden **ist** geschlossen.

Le complément du passif

- Le complément d'agent se construit avec ***von*** + **datif** *(par, de)*.
  Il représente une personne ou une chose personnifiée :

  Das Kind wird **von** der Mutter gewaschen.
  (L'enfant est lavé par sa mère.)
  Der Baum wurde **vom** Blitz getroffen.
  (L'arbre fut touché par la foudre.)

- Le complément introduit par ***durch*** + **accusatif** représente l'intermédiaire (cause, moyen) :

  Die Nachricht ist **durch** die Presse verbreitet worden.
  (La nouvelle a été diffusée par la presse.)
  Ich wurde **von** ihm **durch** einen gemeinsamen Freund eingeladen.
  [agent] (von ihm) *[intermédiaire]* (durch einen gemeinsamen Freund)

- Le complément introduit par ***mit*** + **datif** représente l'instrument :

  Der Brief wurde **mit** einem Bleistift geschrieben.
  (La lettre fut écrite avec un crayon.)

Emplois divers du passif

- Le **passif impersonnel** s'emploie pour les verbes n'ayant pas de complément d'objet à l'accusatif, comme ***helfen***, ***lachen***, ***sprechen*** … Il traduit souvent le « **on** » français.

  On riait et on plaisantait. Es wurde gelacht und gescherzt.
  Il t'a été pardonné. Es ist dir verziehen worden.

- ***Es***, mot vide de sens, **ne peut occuper que la première place**. Il disparaît dans la phrase interrogative, dans la subordonnée, dans la phrase commençant par un complément :

  Hier wird deutsch gesprochen. Auf dem Fest wurde gelacht und gescherzt.
  Ich weiß, dass Tag und Nacht gearbeitet wurde.

- Le passif traduit certains verbes pronominaux français :

  Eier werden dutzendweise verkauft.
  (Les œufs se vendent à la douzaine.)

- On rencontre souvent :

Verbe de modalité + Infinitif du passif
Hier **darf** geraucht **werden**. *(Ici, il est permis de fumer.)* Die Jugend **will** verstanden **werden**. *(La jeunesse veut être comprise.)*

EXERCICES

Paragraphe 34

Corrigés p. 350

A Mettre au parfait de l'indicatif et au futur I du subjonctif II.

> Sie hört ein schönes Lied im Radio.
> → Sie **hat** ein schönes Lied im Radio **gehört**.
> Sie **würde** ein schönes Lied im Radio **hören**.

1. Du hörst einen neuen Schlager im Radio.
2. Der Holzfäller fällt einen Baum im Wald.
3. Der Autofahrer blendet mich mit seinen Scheinwerfern.
4. Im Herbst pflügen und säen die Bauern auf dem Feld.
5. Ein bellender Hund erschreckt mich immer.
6. Der Bundeskanzler bestimmt die Richtlinien der Politik.

B Traduire.

1. *Tu apprends / apprenais / apprendras / apprendrais.*
2. *Il a demandé / avait demandé / aura demandé / aurait demandé.*
3. *Qu'elle écoute.* (zu-hören) / *Qu'elle veuille m'excuser.* (entschuldigen)
4. *Obéis. / Obéissez. / Ouvre. / Ouvrez la porte. / Écoute.*
5. *Nous aurions dessiné. / J'aurais suivi ton conseil.* (*2 formes*)
6. *Elle mettrait la table. / Nous effrayerions le bébé.* (das Baby)
7. *Elle avait demandé à son oncle s'il n'allait pas en ville.* (fahren)
8. *S'il n'y avait pas eu la bataille de Poitiers en 732, les Arabes auraient occupé une grande partie de notre pays.* (statt-finden) (besetzen)
9. *Les voyageurs ont fait une halte au beau milieu de la forêt pour prendre quelque nourriture.* (rasten) (mitten in)
10. *Après le repas, les invités dansèrent jusqu'à minuit.* (die Mahlzeit)

VOCABULAIRE

Autour de la préposition ***bei* (+ datif)** :

- dicht **bei** der Fabrik — *(tout près de l'usine)*
- die Schlacht **bei** Leipzig — *(la bataille de Leipzig)*
- Wir sind noch **bei** Tisch. — *(Nous sommes encore à table.)*
- **beim** Frühstücken — *(en déjeunant)*
- **bei** meiner Ankunft — *(lors de mon arrivée)*
- **bei** Sonnenaufgang — *(au moment du lever du soleil)*
- **bei** schönem Wetter — *(par beau temps)*
- Geld **bei** sich haben — *(avoir de l'argent sur soi)*
- **bei** diesem Anblick — *(à cette vue)*
- **bei** Strafe verboten — *(interdit sous peine d'amende)*
- **beim** besten Willen — *(malgré la meilleure volonté)*
- Er ruft ihn **bei** seinem Namen. — *(Il l'appelle par son nom.)*

Paragraphes 35 à 39

Corrigés p. 350

A Mettre au futur I de l'indicatif, puis au futur I et II du subjonctif II.

1. Der Junge zeichnet einen Elefanten.
2. Die Mutter beobachtet das Baby und lächelt.
3. Diese Armbanduhr kostet 50 Mark.
4. Der Briefträger steckt eine Zeitung in den Kasten.
5. Die goldene Abendsonne leuchtet am Horizont.
6. Dieser böse Junge misshandelt einen kleinen Hund.
7. Die Polizei um'stellt das Haus des Terroristen.
8. Ich ra'siere mich jeden Morgen.

B Employer la 2e personne du singulier du présent et de l'impératif.

baden → du bad**est** – bad**e**!

1. antworten
2. zeichnen
3. beobachten
4. beten
5. wissen
6. heizen
7. tauschen
8. abwischen
9. nicht zweifeln
10. nicht lächeln
11. sich setzen
12. sich ankleiden

C Transposer au plus-que-parfait.

Ich ra'siere mich. → Ich **hatte** mich **ra'siert**.

1. Wer be'zahlt den 'Kaffee?
2. Es intere'ssiert mich sehr.
3. Du missver'stehst mich ganz.
4. Du rea'gierst falsch.
5. Warum ent'schuldigst du dich nicht?
6. Es ge'fällt mir keineswegs.

D Traduire.

1. *Avec cette calculatrice de poche, je calcule vite et juste.* (der Taschenrechner)
2. *Sur la planète Mars, le satellite Mariner a découvert un paysage étrange.* (der Sate'llit (-en))
3. *Souris un peu, et ne fais pas cette triste figure.* (solch ein ...)
4. *Au mois d'août, Inge se baigne tous les jours.*

VOCABULAIRE

Autour de la préposition ***aus* (+ datif)** :

- von hier **aus** — *(d'ici)*
- **aus** den Augen verlieren — *(perdre de vue)*
- **aus** Berlin — *(de, originaire de)*
- **aus** einem Glas trinken — *(dans)*
- **aus** dem Gedächtnis — *(de mémoire)*
- **aus** der Hand geben — *(se dessaisir)*
- **aus** der Nähe / aus der Ferne — *(de près / de loin)*
- **aus** Versehen — *(par mégarde)*
- **aus** Seide = seiden — *(de soie)*
- **aus** Liebe — *(par amour)*
- **aus** diesem Grund — *(pour cette raison)*
- **aus** Gewohnheit — *(par habitude)*
- **ein** und **aus** gehen — *(entrer et sortir)*
- Was kann man **daraus** schließen? — *(Que peut-on en conclure ?)*

5. *Karl a regardé un film passionnant à la télévision* (spannend) (sich an-schauen)
6. *Par habitude, ce paysan fait sonner son réveil à 5 h.* (der Wecker (-))
7. *À sept heures, j'ai pris une douche et je me suis habillé.*
8. *J'ai acheté un magnétoscope hollandais. Il m'a coûté 300 marks.* (das Tonbandgerät)

Paragraphe 40

Corrigés p. 351

A Mettre à la 3e personne du singulier du présent de l'indicatif et indiquer si la voyelle est longue ou brève.

1. wollen
2. treten
3. lassen
4. weben
5. fangen
6. bersten
7. sprechen
8. befehlen

B Transposer au prétérit et au parfait de l'indicatif, puis au présent et au futur I du subjonctif II.

1. Sie sieht den Postboten jeden Tag um 11 Uhr.
2. Liese bricht eine weiße Rose im Garten.
3. Wir empfehlen dir diesen tüchtigen Zahnarzt.
4. Uwe trifft den Nagel auf den Kopf.
5. Der Betriebsleiter nimmt Uwes Vorschlag an.
6. Das ganze Kabinett tritt zurück.
7. Vom Fernsehturm siehst du am besten den Alexanderplatz.

C Traduire.

1. *Elle donne, donnait / mangera, a mangé / tu lisais / tu étais assise.*
2. *Nous vîmes, verrions* (2 formes) */ avions lu, aurions lu* (2 formes).
3. *Mesure, mesurez / oublie, oublions / commande.*
4. *Ils m'aidèrent, tu m'avais aidé / ils jetteraient / auraient jeté* (2 formes).
5. *Vous avez soulevé / aurez couru / eussiez couru.*
6. *N'avance surtout pas, car tu pourrais tomber. Donne-moi ta valise.*

VOCABULAIRE

Autour de la préposition ***um* (+ accusatif)** :

- **um** die Ecke biegen — *(tourner au coin)*
- die Reise **um** die Welt — *(le tour du monde)*
- Mir ist schwer **ums** Herz. — *(J'ai le cœur gros.)*
- jd **um** etwas bitten — *(demander qc à qn)*
- **um** Hilfe rufen — *(appeler au secours)*
- **um** ein Haar — *(il s'en est fallu de peu)*
- **Um** wie viel Uhr?
- **Um** Mitternacht — *(à minuit)*
- **um** das Jahr 600 — *(aux environs de)*
- **um** die Wette — *(à qui mieux mieux)*
- Wor**um** geht es? — *(De quoi s'agit-il ?)*
- **um** Gottes willen — *(pour l'amour de)*
- **um** die Hälfte teurer — *(moitié plus cher)*
- Wie steht es **um** ihn? — *(Où en est-il ?)*
- **um** so besser — *(tant mieux)*

je (+ comp.)…, ***umso*** (+ comp.)… — *(plus… plus…)*

7. *De quoi s'agit-il ? Quand le ballon éclata, le bébé fut effrayé.*
8. *En cousant un tablier déchiré, je me suis piquée au doigt.* (sich in den Finger stechen)
9. *Si j'avais eu le temps, j'aurais accepté votre invitation.*
10. *Malgré les efforts des diplomates, il s'en est fallu de peu que la guerre éclate.*
11. *Jette cette pierre et approche-toi.*

Paragraphe 41

Corrigés p. 352

A Transposer au prétérit et au parfait de l'indicatif.

1. Dieser Amerikaner bläst wunderbar Saxophon.
2. Er fährt heute heim.
3. Der Chauffeur des Hotels fährt ihn zum Bahnhof.
4. Sein schwerer Koffer fällt auf den nassen Boden.
5. Der Kunststoff lässt kein Wasser durch.
6. Der Amerikaner steigt in Kassel um.
7. Zu Hause angekommen, lädt er seinen Freund zum Tee ein.

B Traduire.

1. *Il tombe / attrape / porte / lave / croît.*
2. *Elle tenait / courut / dormit / frappait / creusait.*
3. *Nous sommes tombés / nous avons couru / nous avons grandi.*
4. *Il conseillerait / soufflerait / chargerait / inviterait* (2 formes).
5. *Vous auriez emporté* (mitnehmen) */ couru / grandi* (2 formes).
6. *Vous seriez tombé / vous vous seriez endormi / vous auriez déguerpi.*
7. *Inviteriez-vous ma correspondante allemande si elle devait me rendre visite à Noël ?* (die Brieffreundin)
8. *Cette écolière de 15 ans a grandi trop vite.*

VOCABULAIRE

Autour de la préposition ***auf* (+ accusatif / datif)** :

– **auf** der Stelle	*(sur le champ)*
– **auf** der Insel	*(dans l'île)*
– **auf** der Straße	*(dans la rue)*
– **auf** und **ab**	*(de long en large)*
– **auf** die Post / **auf** die Schule gehen	*(aller à la poste / à l'école)*
– **auf** der Suche nach (+ datif)	*(à la recherche de)*
– bis **auf** einen	*(à l'exception d'un seul)*
– von Kind **auf**	*(depuis l'enfance)*
– Sie ist noch **auf**.	*(Elle veille encore.)*
– **auf** dem Laufenden sein	*(être au courant)*
– **Auf** deine Gesundheit!	*(À ta santé !)*
– **aufs** Land fahren	*(aller à la campagne)*
– Er kommt **auf** mich zu.	*(Il vient vers moi.)*
– **auf** morgen!	*(à demain)*
– Liebe **auf** den ersten Blick	*(coup de foudre)*
– **auf** gut Glück	*(au petit bonheur)*
– **auf** diese Weise	*(de cette manière)*
– **auf** Besuch	*(en visite)*
– **auf** Bitten von (+ datif)	*(à la demande de)*
– Das kommt **auf** dich an.	*(Cela dépend de toi.)*

9. *Après être entrés dans le grand hall de l'opéra, les deux Allemands ont déposé leurs manteaux au vestiaire.* (die Vorhalle) (ab-geben) (die Garde'robe)
10. *Ce sportif de la R.F.A. aurait-il participé plutôt à la course de 100 m qu'à celle de 400 m ?* (die Bundesrepublik) (der Hundertmeterlauf)

C Mettre à la 3e personne du singulier au prétérit et indiquer si la voyelle est longue ou brève.

1. messen
2. treiben
3. nehmen
4. wachsen
5. schreiten
6. sitzen
7. leihen
8. treffen

Paragraphes 42 à 43

Corrigés p. 352

A Transposer à la 2e personne du singulier du présent et de l'impératif.

nicht fallen → Du **fällst** nicht.
Fall nicht!

1. schneiden
2. essen
3. nachdenken
4. zuschließen
5. die Post bringen
6. nicht fallen
7. nicht beißen
8. nicht laufen
9. nicht schweigen
10. nach Hause kommen

B Transposer au prétérit, parfait et au futur I de l'indicatif.

Eine Einladung

1. Unterwegs treffen wir Kurt.
2. Mutter lädt ihn zum Essen ein.
3. Er kommt gerne mit uns nach Hause.
4. Wir waschen uns schnell die Hände.
5. Zum Mittagessen gibt es Braten, Rotkohl und Kartoffeln.
6. Hinterher spielt Vater eine Partie Schach mit Kurt.
7. Kurt gewinnt und Vater ist nicht zufrieden.
8. Um 14 Uhr hören wir die Nachrichten.
9. Dann dankt Kurt für das gute Mittagessen und geht.

C Transposer au prétérit et au parfait de l'indicatif.

Feuer

1. Hans bringt mir eine schlechte Nachricht.
2. Du kennst das Haus der Familie Bergmann in der Gartenstraße.
3. Heute Mittag brennt das Haus.
4. Fritz Bergmann rennt sofort zur Polizei.
5. Die Polizei sendet schnellstens die Feuerwehr.
6. Und schon wendet sich alles zum Guten.
7. Jeder denkt daran, tatkräftig zu helfen.

D Traduire et expliquer les emplois des 6 subjonctifs du texte.

Eine schwierige Schulaufgabe

Als ich wieder an die Arbeit ging, saß sie im Garten über ihren Schulaufgaben. Sie nickte mir zu, und ich grub weiter ... Ihre Mutter ging in den Garten. Ich

hörte, wie Charly erzählte, sie **hätten** (1) so blöde Stilaufgaben **aufbekommen**, zum Beispiel **werde gefragt** (2), was an dem Satz „Sie taten, als **kennten** (3) sie sich nicht" falsch **sei** (4), und was **sollte** (5) denn daran falsch sein?
„Weiß nicht", sagte ihre Mutter, „vielleicht muss es kannten, nicht kennten heißen. Aber lass doch, frag heute Abend deinen Vater".
„Heute Abend hab ich Steno", sagte das Mädchen.
Ihre Mutter murmelte: „Dann weiß ich auch nicht", und ging fort.
Ich wartete, dann rief ich: „Es muss einander heißen, nicht sich".
Sie drehte sich herum und fragte: „Wieso?"
Ich setzte mich auf den Rand des Loches und erklärte ihr:
„Ist ganz einfach! Es geht doch darum, dass die beiden so tun, als **kenne** (6) der eine den anderen nicht – dass sie sich selbst kennen, ist doch anzunehmen. Einer den anderen, das heißt einander".
„Prima", sagte sie, „das schreibe ich".

H. Kant, *Ein bisschen Südsee.*

E Traduire.

1. *Elle fit comme si elle ne le connaissait pas* [subj. I présent] *et ne l'avait jamais vu* [subj. I passé].
2. *S'il était plus grand, il sauterait* [subj. II futur] *par-dessus ce large fossé.*
3. *Cette nageuse n'avait pas pu participer au 200 m brasse. Elle envoya un télégramme pour s'excuser.* (das Brustschwimmen)
4. *J'avais pensé que notre ami canadien nous écrirait* [subj. II futur I] *au moins une ou deux lettres sur les jeux olympiques.*
5. *Croyez-vous qu'elle pensera* [présent] *à rapporter de la viande du boucher ?* (mit-bringen)
6. *L'apprenti se coupa au doigt.* (sich in den Finger schneiden) *Il a couru jusqu'à la pharmacie.*
7. *Ce matin j'ai brûlé beaucoup de vieux papiers.* (ver'brennen)
8. *Pourquoi n'as-tu pas fait demi-tour avant d'entrer sur l'autoroute ?* (wenden)

Paragraphe 45

Corrigés p. 353

A Transposer au passif.

Anna schreibt einen Brief.
→ Der Brief **wird** von Anna **geschrieben**.

Der Brief
Sie steckt ihn in einen Umschlag. Sie schreibt die Anschrift und schließt den Brief. Sie klebt eine Briefmarke auf den Brief. Sie trägt ihn zum Briefkasten. Sie steckt ihn ein.

Jörn hat den Fernseher angestellt.
→ Der Fernseher **ist** von Jörn **angestellt worden**.

Am Fernseher
Er hat das erste Programm eingeschaltet. Die ganze Familie hat den Kulturfilm gesehen. Ein Forscher hat den Film in Afrika gedreht. Eingeborene haben ein erlegtes Tier getragen. Die Jäger haben die Dorfbewohner herbeigerufen. Man hat Lieder gesungen.

B Traduire.

1. *Il fut vaincu / il a été vaincu / il sera vaincu / il serait vaincu.* (besiegen)
2. *Il ne sera pas invité / il n'aurait pas été invité.* (ein-laden)
3. *J'ai été blessé. L'automobiliste a été arrêté.* (verletzen) (verhaften)
4. *J'ai été transporté à l'hôpital où j'ai dû être opéré.* (fahren) (operieren)
5. *Les députés du Bundestag sont élus directement tous les quatre ans.* (unmittelbar)
6. *La Loi fondamentale a été promulguée le 8 mai 1949.* (das Grundgesetz) (ver'abschieden)
7. *Un candidat a été proposé par le SPD comme chancelier.* (vor-schlagen)
8. *Le nouveau gouvernement a été constitué par le parti qui a obtenu le plus grand nombre de voix.* (bilden) (die Stimme (-n))
9. *Les grandes lignes de la politique sont fixées par le chancelier.* (die Richtlinien) (be'stimmen)

C Mettre à la 3e personne du singulier du prétérit et indiquer si la voyelle est longue ou brève.

1. sehen
2. wiegen
3. nehmen
4. schwimmen
5. helfen
6. trinken
7. wachsen
8. fließen
9. rufen

Paragraphe 46

Corrigés p. 354

A Transposer au passif.

1. Der Kunde bezahlt die Rechnung.
2. Das Reisebüro hat eine Gesellschaftsreise organisiert.
3. Der Angestellte hatte die Fahrkarten bestellt.
4. Aber er hat uns nicht rechtzeitig benachrichtigt.
5. Die Sekretärin brachte mir die Zeitung und die Post.
6. Der Chef lud uns zum Abendessen ein.
7. Er wird uns sicher nach Hause begleiten.

VOCABULAIRE

Autour de la préposition ***von* (+ datif)** :

- **von** da **an** *(dès lors)*
- **von** diesem Fenster **aus** *(de, depuis cette fenêtre)*
- **vom** Turm **herab** *(du haut de la tour)*
- **von** zehn Mark **an** *(à partir de 10 marks)*
- **von** morgens **bis** abends *(du matin au soir)*
- **von** weitem *(de loin)*
- **von**seiten der Gegenpartei *(de la part de)*
- **von** jeher *(depuis toujours)*
- **vom** Feind zerstört *(détruit par)*
- schön **von** Gestalt *(de belle stature)*
- ein Freund **von** mir *(un de mes amis)*
- **von** ganzem Herzen *(de tout cœur)*
- Das Menuett ist **von** Mozart.
- der Zug **von** Köln
- **von** Zeit zu Zeit (= ab und zu) *(de temps en temps)*

8. Das Arbeitsamt schickte den Lehrling zu uns.
9. Er fragte mich nach deiner neuen Adresse.
10. Im Treppenhaus darf man keinen Lärm machen.

B Utiliser le passif avec ***werden*** (= passif action), ou avec ***sein*** (= passif état).

Passif action avec ***werden***	Das Volk wählt den Abgeordneten. → Der Abgeordnete **wird** vom Volk **gewählt**.
Passif état avec ***sein***	Unkraut überwuchert den Acker. → Der Acker **ist** von Unkraut **überwuchert**.

1. Ein dichter Schneeteppich bedeckte die Erde.
2. Eine dicke Eisschicht überzog die Wasserfläche des Sees.
3. Mittags deckten wir den Tisch.
4. Der Polsterer überzog den Sessel mit grünem Stoff.
5. Ein niedriger Zaun umgibt den Garten.

C Raconter à l'actif, puis au passif (indicatif présent) :

> Rucksack herausholen :
> 1. Ich **hole** den Rucksack **heraus.**
> 2. Der Rucksack **wird herausgeholt.**

Ich mache mich zu einem Ausflug fertig.
Zelt zusammenrollen. Trainingsanzug, Kleidungs- und Wäschestücke in den Rucksack packen. Kaffee in eine Thermosflasche füllen. Brot streichen. Wanderkarten mitnehmen.

D Transformer les phrases suivantes en employant ***sich lassen***.

> Das kann leicht gemacht werden. → Das **lässt sich** leicht **machen**.

1. Das kann nicht geändert werden.
2. Andere Beispiele können leicht gefunden werden.
3. Das Haus kann leicht umgebaut werden.

E Traduire.

1. *En avril, toute la prairie est parsemée de fleurs.* (be'säen)
2. *Cette poésie a été écrite par le poète peu de temps avant sa mort.*
3. *L'enfant fut sauvé par un vaccin qui avait été découvert par un savant anglais.* (der Impfstoff (-e)) (der Forscher)

VOCABULAIRE

Autour de la préposition ***durch*** **(+ accusatif)** :

- **durch** den Wald gehen — *(traverser)*
- **durch** das Fernrohr sehen — *(regarder avec la longue-vue)*
- **durchs** Examen fallen — *(échouer)*
- das ganze Jahr hin**durch** — *(pendant toute l'année)*
- **durch** seine Vermittlung — *(par son entremise)*
- die Entdeckung Amerikas **durch** Kolumbus

4. *Dans quelques ports de pêche français, le poisson se vend à la criée.* (öffentlich ver'steigern)
5. *Après les vendanges, on mange, on boit et on chante. Toute la soirée on danse.* (die Weinlese)
6. *Elle voudrait être admise ce mois-ci dans un club de natation.* (auf-nehmen (a / o))

F Traduire.

Der alte Käpt'n

Er trank Bier und Korn (1), und über ihm hing eine Kapitänsmütze.
Wir kamen ins Gespräch. Ich fragte, ob er viel erlebt hätte.
„Gewaltige Wellen, was Stürme ? Auch mal einen Untergang?"
— „Wie's eben so zugeht ...", brummte er. Ich bestellte für ihn Bier und Korn.
„Hawaii ? Kap der Guten Hoffnung?", fragte ich.
Er sah mich aus hellblauen Seemannsaugen an.
„Gewaltig", sagte er. „Enorme Gegenden...".
Ich sagte : „Muss großartig sein". Ich bestellte noch einmal.
„Hören Sie", sagte ich. „Ich bin kein Seemann. Vielleicht stelle ich dumme Fragen. Aber auf welchen Schiffen sind Sie gefahren? "
Er starrte mich an. „Oh, oh ... ", brummte er. „Keine Ahnung von der Seefahrt! Schlimm ist das, schlimm ..." Er leerte sein Bierglas, kippte den Korn, stand auf und schüttelte meine Hand.
Dann griff er die Kapitänsmütze, setzte sie auf die weißen Haare und stapfte hinaus.
Schade, dachte ich, so ein Mann könnte etwas erzählen.
Der Wirt kam.
„Ein großer Schweiger, der Kapitän, was?" fragte ich.
Der Wirt grinste. „Das schon", meinte er. „Aber nur Fremden gegenüber".
War übrigens früher unser Briefträger hier in der Gegend. Die Mütze hat er mal gefunden ...".

(1) *eau-de-vie de grain.*

3 LES PARTICULES VERBALES (OU PRÉVERBES)

Inséparable, la particule verbale, appelée aussi « préverbe », est toujours inaccentuée. Séparable, elle est accentuée.

47 Les particules inséparables

- ***be-***, ***emp-***, ***ent-***, ***er-***, ***ge-***, ***miss-***, ***ver-***, ***zer-***, sont des particules inséparables.
- Ces particules ne sont pas accentuées. L'accent tonique est sur le radical verbal : *be'go**nnen** – emp'**fa**ngen – ent'**ha**lten*

  Der Film hat soeben be'go**nnen**. *(Le film vient de commencer)*
- Comme pour les verbes en ***'-ieren***, le participe II se forme **sans *ge-*** :

  Nachdem ich telefo'niert hatte, habe ich das Geld er'halten.
  Das Dach war mit Schnee be'deckt.

Dans *ge'fallen* (plaire, plu), le ***ge-*** fait partie du verbe :

Es gefällt mir. → Es hat mir ge'fallen.

be-	peut rendre le verbe transitif	bedecken, begießen, bekleiden Wer wohnt in diesem Haus? → Wer bewohnt dieses Haus?
emp(+ f)-	dans 3 verbes seulement	empfangen, empfehlen, empfinden
ent-	peut marquer l'éloignement l'origine	Der Feind ist entflohen. *(L'ennemi s'est enfui.)* Der Rhein entspringt in den Alpen. *(Le Rhin prend sa source dans les Alpes.)*
er-	peut rendre le verbe transitif ou marquer le résultat d'une action	Ich warte auf dich. → Ich erwarte dich um 11 Uhr Er hat zwei Sprachen erlernt.
ge-		Es ist mir gelungen. *(J'ai réussi.)* Der Film hat mir gefallen. *(...m'a plu.)*
miss-	sens péjoratif (dé-, mé-, mal-). échec	Es missfällt mir. *(Cela me déplaît.)* Es ist mir misslungen. *(J'ai échoué.)*
ver-	transformation, disparition, erreur peut rendre certains verbes transitifs	Du hast dein Haus verschönert. Ich hatte mich im Wald verlaufen. spotten über (+ acc.) = jn verspotten.
zer-	destruction, dispersion	Warum zerreißt du den Brief?

48 Les particules séparables

aus-, bei-, mit-, nach-, zu-, fort-, vorbei-, ab-, auf-, ein-, zurück-, ...

- Fortement accentuées, ces particules portent l'accent principal :

aus-gehen
- Heute gehen wir '**aus**. *(Aujourd'hui nous sortons.)*
- Gestern sind wir '**aus**gegangen. *(Hier, nous sommes sortis.)*
- Wenn wir heute '**aus**gehen, / Um heute **aus**zugehen, → nehmen wir die U-Bahn.

- Ces particules sont séparées de la forme conjuguée du verbe :
  - à l'indicatif présent et au prétérit : Er läuft (lief) '**fort**. *(Il se sauve / se sauva.)*
  - au subjonctif I et II présent : Er laufe (liefe) '**fort**. *(Qu'il se sauve ! / Il se sauverait.)*
  - à l'impératif : Lauf '**fort**! *(Sauve-toi !)*
  - mais jamais dans la subordonnée dont le verbe est en dernière position : Als er '**fort**lief, ... *(Lorsqu'il se sauva, ...)*

- À l'infinitif, ***zu*** s'intercale entre la particule et le verbe :

  Vergiss nicht, mich an**zu**rufen! *(N'oublie pas de me téléphoner.)*

- Précédés de deux particules, certains verbes forts sont faibles :

  beantragen *(demander)* / beantragte / beantragt
  veranlassen *(ordonner qc.)* / veranlasste / veranlasst

hin- / her-

- Par rapport à un témoin (personne qui parle ou dont on parle) :
  - ***hin-*** marque un éloignement : Dort steht eine Bank. Geh **hin**! *(Vas-y !)* Nein, ich werde nicht **hin**gehen.
  - ***her-*** marque un rapprochement : Komm bitte **her**! *(Viens (ici) !)* Hans blickte zu mir **her**.

- Pour préciser le sens du mouvement, on associe ***hin-*** ou ***her-*** à des prépositions ou des adverbes :
  - ***hin-*** Sie steigt die Treppe **hin**auf. *(Elle monte l'escalier.)*
    ≠ Sie steigt die Treppe **hin**ab. *(Elle descend l'escalier.)*
  - ***her-*** Komm hier**her**! *(Viens ici !)*
    Wirf den Ball zu mir **her**über! *(Envoie-moi la balle !)*
    Ich lasse den Vorhang **her**unter. *(Je baisse le rideau.)*
    Er kam zu mir **her**auf. *(Il monta vers moi.)*

Principales particules séparables

ab-	descente éloignement imitation séparation	(hin-)absteigen abfahren abschreiben abschneiden
an-	rapprochement – habiller – attaquer – regarder montée début	ankommen ankleiden angreifen anschauen ansteigen anfangen
auf-	montée ouverture achèvement	(hin-)aufgehen aufmachen aufhören

aus-	sortie achèvement	(her-)austreten austrinken
auseinander-	dispersion	auseinanderlaufen
bei-	assister	beiwohnen
ein- **empor-** **entgegen-** **entzwei-**	entrée montée rencontre opposition en deux	(hin-)eintreten emporkommen entgegengehen entgegentreten entzweischlagen
fort- / weg-	éloignement	fortlaufen
heim-	retour	heimkehren
los-	détacher action subite	loslassen losstürzen
mit-	accompagner	mitlaufen
nach- **nieder-**	suivre descente	nachblicken niederstürzen
vor- **voran-** **vorbei-** } **vorüber-** }	avancer en tête passer auprès	vorgehen voranreiten vorbeigehen
zu- **zurück-** **zusammen-**	fermeture retour réunion	zumachen zurückfliegen zusammenfließen

- Les verbes composés avec ***bei-***, ***entgegen-***, ***nach-*** (1) demandent un complément au datif :

  Er kam **mir** entgegen. *(Il vint à ma rencontre.)*
  Ich gehe **meiner Arbeit** nach. *(Je me consacre à mon travail.)*

- Noter l'emploi de ***an*** + datif avec ***vorbei-***, ***vorüber-*** :

  Er ging **an mir** vorbei. *(Il passa près de moi.)*

- Avec les verbes de modalité (***können*** / ***dürfen*** ; ***wollen*** / ***mögen*** ; ***müssen*** / ***sollen***), le verbe de mouvement (**gehen**, **fahren**...) peut être sous-entendu :

  Ich musste fort. *(J'ai dû partir.)*

Expressions verbales

- À plusieurs termes : ***nach Hause gehen – zu Mittag essen***
- À un seul terme : ***teilnehmen – stillstehen – davonlaufen***

Le nom, l'adjectif, l'adverbe peuvent se souder au verbe (infinitif / participe II) :

teilnehmen *(participer)* / er nahm teil / er hat teilgenommen.

(1) Quelques verbes composés avec ***nach-*** régissent l'accusatif : **eine Arbeit** nachsehen / nachprüfen *(contrôler un travail)*

49 Les particules mixtes

durch-, über-, unter-, um-, voll-

- **Inséparables**, en général, au sens figuré :

  Ich **unter'schreibe** den Brief. *(Je signe la lettre.)*
  Ich habe den Brief **unter'schrieben**. *(J'ai signé la lettre.)*

La particule n'est pas accentuée. Le participe se forme **sans *ge-***.

- **Séparables**, souvent au sens propre :

  Die Sonne **geht** im Westen **'unter**. *(Le soleil se couche à l'ouest.)*
  Die Sonne ist **'untergegangen**. *(Le soleil est couché.)*

La particule est accentuée. Le participe II se forme **avec *ge-***.

hindurch- ; hinüber- / herüber- ; hinunter- / herunter- ; herum-

Ces particules sont **séparables**.

Der Skiläufer saust den Hang **hinunter**. *(Le skieur dévale la pente.)*

durch-	
Inséparable : Verbes transitifs (= traverser)	Séparable (= aller d'un bout à l'autre)
– durch'wandern *(parcourir)* – durch'bohren *(transpercer)* Ich durch'wandere den Wald.	– 'durchfallen *(échouer à l'examen)* – 'durchlassen *(laisser passer)* Er ist im Examen 'durchgefallen.
über-	
Généralement inséparable	Séparable (= passer de l'autre côté)
– über'fahren *(écraser en voiture)* – über'holen *(dépasser en voiture)* – über'leben *(survivre à)* – über'raschen *(surprendre)* – über'fliegen *(survoler)* – über'queren *(franchir)* Er hat den Artikel über'setzt. *(Il a traduit l'article.)*	– 'überlaufen *(déborder, déserter)* – 'übersetzen *(passer d'une rive à l'autre)* Die Milch war 'übergelaufen. *(Le lait avait débordé.)*
unter-	
Inséparable au sens figuré ou affaibli	Séparable (= placer dessous)
– unter'suchen *(examiner)* – unter'brechen *(interrompre)* – unter'nehmen *(entreprendre)* – unter'scheiden *(distinguer)* – unter'stützen *(soutenir)* – unter'zeichnen *(signer)* Der Arzt unter'sucht den Kranken.	– 'unterbringen *(ranger, placer)* – 'untergehen *(disparaître à l'horizon)* – 'untertauchen *(plonger)* Ich bringe mein Gepäck 'unter. *(Je range mes bagages.)*

um-	
Inséparable (= entourer, aller autour)	Séparable (= changer, renverser)
– um'armen *(embrasser)* – um'fassen *(englober)* – um'gehen *(contourner)* Der Sohn um'armte seine Eltern.	– 'umsteigen *(changer de train)* – 'umwerfen *(renverser)* – 'umkehren *(faire demi-tour)* – sich 'umziehen *(se changer)* In Aachen steige ich 'um.
voll-	
Inséparable (= achèvement) avec cinq verbes	
– voll'enden *(achever)* – voll'bringen *(accomplir)* – voll'führen *(faire)* – voll'ziehen *(effectuer)* – voll'strecken *(exécuter)* Ich habe meine Arbeit voll'endet.	

Remarque :
- wieder *(de nouveau, re-)* n'est inséparable que dans wieder'holen *(répéter)*.
- hinter'lassen *(léguer)*, hinter'gehen *(duper)* sont inséparables.
- wider'sprechen *(contredire)*, wider'stehen + D *(résister)* sont inséparables.
- Certains adjectifs jouent le rôle de particules séparables.

Ich sehe **fern.** / Ich habe **fern**gesehen. / ..., um **fern**zusehen.

EXERCICES

Paragraphes 47 à 49

Corrigés p. 355

A Employer le verbe sans la particule ***be-***.

> Hast du die Vorfahrt **beachtet**?
> → Hast du auf die Vorfahrt **geachtet**?

1. Wir bewohnen ein modernes Reihenhaus.
2. Möchtest du mit mir den Aussichtsturm besteigen?
3. Wolltest du nicht ganz Österreich bereisen?
4. Er möchte mit dir diese Angelegenheit besprechen.

B Compléter par la particule ***ver-*** ou ***zer-***. Traduire.

Pech.

1. Ich habe mich bei der Arbeit ..sehen, beim Austeilen ..zählt, bei der Antwort ..sprochen.
2. Ich habe mein Heft ..gessen, mein Buch ..legt.
3. Ich habe mich in der Stadt ..laufen.

Vorwürfe.

Du hast das Heft ..rissen, das schöne Bild ..fetzt, dein Buch ganz und gar ..kritzelt, dein Blatt Papier ..knittert, diese Blume ..treten.

C Remplacer les verbes intransitifs par des verbes transitifs.

> Warte hier auf mich! Ich möchte mit dir über etwas sprechen.
> → **Erwarte** mich hier! Ich möchte mit dir etwas **besprechen**.

1. Wir sprachen über die Unruhen im Fernen Osten.
2. Wir warten schon lange auf Post von Familie Schröter.
3. Warum antwortet Frau Schröter nicht auf unsere letzten Briefe?
4. Sie muss für ihre Kinder und ihre kranke Mutter sorgen. (versorgen)
5. Sie wohnt mit ihrer Familie in einer kleinen Stadt an der Grenze.
6. Schwere Artillerie schoss vorgestern auf diese Stadt.

D Transposer les phrases obtenues de l'exercice C au parfait.

> Ich bespreche mit dir etwas.
> → Ich **habe** mit dir etwas **besprochen**.

E Exprimer par des particules séparables l'action de : a) monter / descendre ; b) entrer / sortir ; c) approcher / s'éloigner.

Geh! Geh **hinauf** / **hinab**! Geh **hinein** / **hinaus**!	mais : Komm { **her!** / **heran!** } Geh { **hin!** / **weg!** }

1. fahren 2. laufen 3. springen

F Traduire.

1. *Bien qu'il eût découvert une partie du continent américain, Colomb ne rencontra qu'ingratitude.* (auf Undank stoßen)
2. *L'an dernier, Hilde et sa cousine Maria ont passé les vacances dans l'île de Sylt à Westerland.*
3. *L'empereur Napoléon Ier fut accueilli par des notables de Berlin lors de son entrée dans la ville en 1806.* (die Honorati'oren) (der Einzug)
4. *Vendredi nous assisterons à une représentation au cirque.* (bei-wohnen)
5. *Il entra dans la pièce et enleva son manteau.* (ab-legen)
6. *Le garçon flanait le long de la rivière et regardait les pêcheurs. L'un d'eux réussit à prendre un brochet.* (schlendern) (zu-sehen (+ D)) (der Hecht (-e))
7. *Retourne à la maison et emmène ton frère !* (mit-nehmen)
8. *Quand la fusée aura décollé, les ingénieurs la suivront dans l'espace sur leur écran.* (starten) (der Bildschirm)

G ***hin*** ou ***her*** ? Compléter.

Ich gehe (zu ihm) 	**hi'n**aus, **hin**auf, **hin**ein, **hin**über.
Er kommt (zu mir) 	**he'r**aus, **her**auf, **her**ein, **her**über.

1. Komm mal hier..! Reiche mir das Buch ..über!
   Wirf ihn ..aus! Als es klopfte, rief er: „..ein!"
   „Warum gingst du nicht in das Geschäft ..ein?"
   Ich rufe ..unter, er möge schnell ..aufkommen.
2. „Komm ..ein! Geh ..aus!" Jemand kommt ..auf.
   Er geht die Treppe ..unter.
   Wir gehen in den Saal, wir gehen ..ein.
   Er steigt die Leiter ..auf. „Komm ..unter!"
3. Der Lehrer kommt ..ein. Die Schüler begrüßen ihn. Der Lehrer holt ein Heft ..aus und beginnt zu diktieren. Dem Lehrer fällt der Bleistift aus der Hand. Ein Schüler springt ..zu, um ihn aufzuheben.
   Nach dem Diktat wird ein Schüler ..ausgeschickt, um Kreide zu besorgen.
   Als einige Schüler zum Fenster ..ausschauen, ermahnt sie der Lehrer: „Schaut hier..!"

H Transposer au parfait et au futur I de l'indicatif.

1. Hans fuhr am Rathaus vorbei.
2. Er sah zur Turmuhr empor. 8 Uhr 45!
3. Es war höchste Zeit, dass er seinen Freund Jens abholte.
4. Endlich fuhr der Zug ein.
5. Als Hans Jens sah, lief er ihm entgegen.
6. Sein Hund riss sich von der Leine los.
7. Dann fuhr der Zug wieder ab.
8. Traurig blickte eine Frau dem Zug nach.
9. Beide Freunde gingen die Treppe hinauf.
10. Hans fuhr spät nach Hause zurück.

I ***ein-*** / ***aus-*** / ***zu-*** / ***auf-*** / ***ab-*** / ***an-*** / ***vor-*** / ***nach-*** ? Compléter par la particule appropriée.

1. das Buch ..schlagen.
2. das Paket ..schnüren.
3. den Deckel des Kastens ..klappen.
4. das Gedicht ..sagen.
5. das Lied ..singen.
6. das Lesestück ..schreiben.
7. den Kaffee ..gießen.
8. das Geld bei der Sparkasse ..zahlen.
9. den Lohn ..zahlen.
10. das Brett ..sägen.
11. die Wohnung ..schließen.
12. über die Aufgabe ..denken.

J Réécrire le texte ci-dessus à la 1re personne / singulier du présent de l'indicatif.

> Ich **schlage** das Buch **auf**, ich **schnüre** das Paket **zu** …

K Traduire.

1. *Peter, mets ce roman policier de côté et écoute-moi.* (bei seite-legen)
2. *Tu as bien raison. Ce livre n'est pas très intéressant. Écoute donc cet extrait : « En passant devant la porte de la mansarde mystérieuse, le garçonnet prit peur. Un homme étrange se dirigeait vers lui pour l'attaquer ».* (der Auszug ("e)) (die Dachkammer) (sonderbar)
3. *Je te propose de regarder avec moi la télévision.* (fern-sehen)
4. *D'accord ! Regarde ce qu'il y a sur la deuxième chaîne.* (nach-sehen) (das Fernsehprogramm)
5. *Si tu veux, nous assisterons à la finale de la coupe européenne de tennis.* (das Endspiel) (die Europa-Meisterschaft)
6. *Un instant ! Il faut que je mette mes lunettes. N'oublie pas que je suis myope.* (kurzsichtig)

L Traduire.

1. *Repose-toi bien. Enlève tes chaussures.* (aus-ziehen)
2. *Allume le gaz avec cette allumette. Ferme la porte à clé.* (an-zünden)
3. *Le soleil s'est levé à 6 heures. Je me suis levé une heure après.*
4. *Lorsque la pluie a cessé, j'ai pu faire de la bicyclette.* (auf-hören)
5. *Pendant qu'il pleuvait, j'ai regardé le match à la télévision* (sich an-sehen)
6. *Je suis arrivé trop tard à la gare, mon train venait de partir.*
7. *Quand partira le prochain train pour Munich ?*
8. *J'ai préféré retourner à la maison. Je partirai demain matin.*
9. *Si tu avais longé le canal, tu serais arrivé plus tôt à la gare.* (entlang-fahren)
10. *Invite quelques amis à notre réception.* (der Empfang)
11. *Ferme la radio, nous allons regarder la télévision. Regarde avec nous ce film policier.* (ab-stellen) (der Krimi (s))

M Transposer à la 1re personne du singulier du présent et du parfait de l'indicatif (les verbes sont ici séparables).

> sich 'umdrehen → Ich **drehe** mich **um**.
> Ich **habe** mich **'umgedreht**.

1. Meinen Mantel 'überziehen.
2. In die U-Bahn 'umsteigen.
3. Einen Freund im Hotel 'unterbringen.

4. Sich vor dem Essen 'umziehen.
5. In der Menge 'untertauchen.
6. Wegen des schlechten Wetters 'umkehren.
7. Den Brief 'durchlesen.

N Utiliser la 1re personne / pluriel du présent et du parfait de l'indicatif (les verbes sont ici non séparables).

eine Reise unter'nehmen. →	Wir **unter'nehmen** eine Reise. Wir **haben** eine Reise **unter'nommen**.

1. Die Insel mit einem Boot um'fahren, halb Europa durch'wandern.
2. Den Pol über'fliegen, die Wälder durch'streifen.
3. Die Verantwortung über'nehmen, eine Nachricht über'bringen.
4. Die Fahrt unter'brechen, eine Arbeit voll'enden.
5. Einen Vertrag unter'zeichnen, ein Hindernis um'gehen.
6. Unsere Freunde über'raschen.
7. Am Anfang des Monats die Miete (*loyer*) über'weisen.

O Traduire.

1. *Le soleil n'est pas encore couché. Sortons une heure.*
2. *As-tu traduit en allemand la lettre que tu as reçue ce matin ?* (er'halten)
3. *Je n'ai pas pu mener à bien ce travail et je le regrette.* (voll'enden)
4. *Sais-tu traduire tout le texte ?*
5. *Lis cette lettre d'un bout à l'autre pour bien comprendre.* ('durch-lesen)
6. *Je vais réfléchir à ce que tu m'as dit.* (über'legen)
7. *Tu as oublié de signer la lettre. Elle te sera retournée.* (unter'schreiben)
8. *Ton neveu a pris l'affaire en main.* (das Geschäft über'nehmen)
9. *Il a trop entrepris et n'a pas réussi.* (zu viel) (es schaffen)
10. *Tu n'aurais pas dû doubler cette voiture.* (über'holen)
11. *Elle parcourt rapidement (des yeux) les premières pages de ce nouveau roman.* (durch'lesen)

EXPRESSIONS

– etwas in Hülle und Fülle haben	(*avoir en abondance*)
– das Kind mit dem Bade ausschütten	(*rejeter l'essentiel avec l'accessoire*)
– wie ein Blitz aus heiterem Himmel	(*totalement inattendu*)
– kein Blatt vor den Mund nehmen	(*dire ouvertement, ne pas mâcher ses mots*)
– von der Hand in den Mund leben	(*vivre au jour le jour*)
– die Rechnung ohne den Wirt machen	(*oublier le principal intéressé*)
– Er hat es faustdick hinter den Ohren.	(*Il a plus d'un tour dans son sac.*)
– die Hände in den Schoß legen	(*rester les bras croisés*)
– leeres Stroh dreschen	(*dire des choses inutiles*)

4 L'EMPLOI DES TEMPS ET DES MODES

Les temps les plus utilisés dans la langue parlée sont : le présent et le prétérit, le parfait et le plus-que-parfait de l'indicatif avec une préférence pour les temps simples.

50 L'indicatif

- L'**indicatif** marque l'affirmation, la constatation d'un fait, la certitude, alors que le subjonctif est le mode du discours indirect (subjonctif I) ou de l'irréel, des énoncés conditionnels ou hypothétiques (subjonctif II).

- L'**indicatif** s'emploie plus largement en allemand qu'en français, car la plupart **des mots de subordination** sont suivis de ce mode.

NB : Contrairement au français, l'indicatif s'emploie après :
– ***bevor*** / ***ehe***, ***obwohl*** / ***obgleich***, ***bis***, ***ohne dass*** …
– un superlatif relatif : Das schönste Bild, das er je gesehen hat!
(le plus beau tableau qu'il ait jamais vu !)

A. Le **présent** sert à exprimer :

1. une action actuellement en cours :
   Wohin **gehst** du (jetzt)? – Ich **gehe** nach Hause.
2. une observation d'ordre général :
   Zwei mal vier **ist** acht. *(Deux fois deux font huit.)*
3. un passé « réactualisé » :
   Im Jahre 49 v. Chr. **überschreitet** Cäsar den Rubikon.
   (En 49 av. J.-C. César franchit le Rubicon.)
4. une action programmée à l'avance (avec indication temporelle facultative) :
   Wir **treffen** uns (morgen) am Bahnhof. *(Nous nous rencontrerons demain à la gare.)*
5. Le futur prochain (avec ***bald***, (so)***gleich***…)
   Sie **kommt** gleich. *(Elle va venir.)*

B. Le **prétérit** correspond à une action située dans le passé :

Sie **studierte** Chemie in Kiel. *(Elle a étudié la chimie à K.)*
Im Jahre 1989 **fiel** die Berliner Mauer. *(Le mur de Berlin est tombé en 1989.)*

C. Le **futur I** sert à affirmer :

1. une certitude pour l'avenir (pronostic, promesse) :
   Ich **werde** pünktlich **sein**. *(Je serai ponctuel.)*
   In der Nacht **wird** es **regnen**. *(Il pleuvra cette nuit.)*
2. ou une supposition :
   Sie **wird** wahrscheinlich **kommen**. *(Elle viendra vraisemblablement.)*

   NB : Le futur est d'un emploi limité. On utilise le présent lorsqu'il n'y a pas de doute possible.
   Er **kommt** bestimmt. *(Il viendra certainement.)*

D. Pour présenter un fait comme étant **accompli, terminé** :

1. par rapport au **moment présent**, on emploie le **parfait** :
   Es **hat geregnet**. Ich **bin** spät **aufgestanden**.
   Gestern **haben** wir die „Zauberflöte" **gehört**.
   (Hier nous avons entendu la « Flûte enchantée ».)
2. par rapport à un point de repère situé **dans le passé**, on emploie le **plus-que-parfait** :
   Als er kam, **war** seine Freundin schon **gegangen**.
   (Lorsqu'il arriva, son amie était déjà partie.)
3. par rapport à un point de repère situé dans l'avenir, on emploie le **futur II** :
   Bis Montag **werde** ich die Arbeit **beendet haben**. *(D'ici lundi j'aurai terminé le travail.)*

   NB : le **futur II** peut exprimer une supposition :
   Sie **wird** krank **gewesen sein**. *(Elle aura (sans doute) été malade.)*

51 L'expression du passé

- Le **prétérit** peut être accompagné d'une indication temporelle :
  (gestern, neulich, im vorigen Jahr, 1990 ...) :
  Der Brief, den ich gestern **erhielt**, war wichtig.
  (La lettre que j'ai reçue hier était importante.)

  Le prétérit est le temps du récit, du compte rendu (article de presse) où l'on décrit de façon neutre des situations, des états de fait du passé :
  Der Brand **wurde** von der Feuerwehr **gelöscht**.
  (L'incendie a été éteint par les pompiers.)

- Le **parfait** rapporte en général des situations qui ont une incidence sur le moment présent. Il est notamment employé dans la conversation :
  Vater **ist** von seiner Reise **zurückgekehrt**. Er **hat** jetzt **gegessen**.
  (Père est rentré de voyage. Il vient de manger.)
  Mein kleiner Bruder **ist eingeschlafen**. (= Er schläft jetzt.)
  (Mon petit frère s'est endormi.)

- Le **présent** dit « historique » ou de « narration » remplace le prétérit ou le parfait pour donner plus de vigueur au récit :
  1939 **beginnt** der Zweite Weltkrieg.
  Neulich **treffe** ich eine frühere Schulfreundin.
  (Dernièrement j'ai rencontré une ancienne camarade de classe.)

- Le **parfait** ou le **présent** dans la subordonnée peuvent correspondre à un futur français si le verbe de la phrase est au futur :
  Wenn du das Buch **gelesen hast**, wirst du es mir leihen.
  (Lorsque tu auras lu le livre, tu me le prêteras.)
  Wenn er **anruft**, werde ich schon weggefahren sein.
  (Lorsqu'il téléphonera, je serai déjà parti.)

- **Passé proche** :
  Der Regen **hat** soeben **aufgehört**. *(La pluie vient de cesser.)*

- **Forme progressive** :
  Ich war **gerade dabei**, das Frühstück einzunehmen.
  (J'étais en train de prendre mon petit déjeuner.)

52 L'expression du futur

- Le **futur** formé avec ***werden*** exprime une **supposition**, qui, estime-t-on, sera confirmée. Cette supposition concerne l'**avenir** (futur prophétique) :

  Er **wird** noch heute **kommen**.
  Er **wird** einmal anders **denken**! *(Il changera d'avis, vous verrez !)*

- ***werden*** + **infinitif** permet aussi d'exprimer une supposition concernant
  – le **présent** :

  Er hört das Klingeln nicht, er **wird** (wohl) [(1)] **schlafen**.
  (Il n'entend pas la sonnerie, il doit dormir.)

  – le **passé** :

  Er **wird** (gewiss) [(1)] den Zug **verpasst haben**.
  (Il aura raté [= il a dû rater] *le train.)*

- Si la situation ne prête pas à confusion, on emploie non pas *werden* + infinitif, mais le **présent** :

  Morgen **fahre** ich nach Berlin. *(Demain, je partirai pour Berlin.)*
  Sobald ich Geld **habe, bezahle** ich die Miete.
  (Dès que j'aurai de l'argent je paierai le loyer.)

- Le futur d'obligation, à valeur d'impératif, peut s'exprimer par ***sollen*** + **infinitif** :

  Du **sollst** nicht **töten**. *(Tu ne tueras point.)*

Wollen / ***sollen*** peuvent indiquer qu'une action *(er schreibt)* ou un processus *(es schneit)* n'ont pas encore commencé par rapport à un moment du présent :

  Er **will** schreiben. Es **soll** morgen schneien.
  (Il va, dit-on, neiger demain.)
  Jetzt **wollen** wir den Text lesen!
  (Maintenant nous allons lire le texte.)

53 L'impératif

Auxiliaires			Verbes faibles
sei! seien wir! seid! seien Sie!	habe! haben wir! habt! haben Sie!	werde! werden wir! werdet! werden Sie!	suche! suchen wir! sucht! suchen Sie!

À la **2e personne du singulier** :

- Les verbes forts en **-a-** ne prennent pas l'inflexion.

Verbes forts	
fahr(e)! fahren wir! fahrt! fahren Sie!	gib! geben wir! gebt! geben Sie!

(1) En employant des adverbes comme ***wohl*** / ***sicher*** (***-lich***) / ***vermutlich*** / ***wahrscheinlich*** / ***gewiss*** / ***bestimmt***, le locuteur peut nuancer le degré de certitude de sa supposition.

- Ceux qui changent de voyelle à l'indicatif présent ne prennent pas de **-e** final :
  nimm! *(prends !)* **gib!** *(donne !)* **lies!** *(lis !)* sauf : **werde!** *(deviens !)*

- Le point d'exclamation est obligatoire sauf pour un renvoi dans un livre :
  Iss mehr Obst und du bleibst gesund!
  (Mange davantage de fruits et tu resteras en bonne santé !)

  mais : si**ehe** Seite 81 (s. S. 81) *(voir page…).*
  vergleiche § 54 (vgl. § 54).

- L'impératif singulier se forme souvent sans **-e** :
  Ruf doch mal an! *(Téléphone un de ces jours !)*
  Hol mir die Zeitung! *(Va chercher le journal !)*
  Mach schnell! Lauf doch! *(Fais vite ! Cours donc !)*
  Hab Dank für deine Freundlichkeit! *(Je te remercie de ton amabilité.)*

NB : Attention à la **prononciation** de :
habe! → [ha:bə]
hab! → [ha:p].

54 Les autres formes de l'impératif

- ***sollen*** (obligation morale) :
  Du sollst nicht töten. *(Tu ne tueras point.)*

  NB : Du sollst wissen *(Sache ! tu sauras.)*
  Du musst wissen *(Il faut que tu saches.)*

- Le **subjonctif présent** (3e personne du singulier) :
  Man beachte den Schluss des Briefes!
  (Tenez compte de la fin de la lettre !)

  – notamment pour les recettes de cuisine :
  Man nehme (1) zwei Eier, 100 g Butter! *(Prenez deux œufs…)*

  – les problèmes de mathématiques :
  A sei ein Punkt auf der Geraden X. *(Soit A un point sur la droite X.)*

- ***lassen***
  Lass ihn eintreten! *(Fais-le entrer.)*

- L'**infinitif**
  Aufpassen! *(Attention !)* Einsteigen! *(Montez !)* Setzen! *(Assis !)*
  Nicht drängeln! *(Ne poussez pas !)* Zurücktreten! *(Reculez !)*
  Einfahrt freihalten! *(Dégagez l'entrée !)* Alle herhören! *(Écoutez tous !)*
  Bei Gefahr Scheibe einschlagen! *(En cas de danger briser la vitre.)*

- Le **participe II**
  Stillgestanden! *(Fixe !)* Eingestiegen! *(En voiture !)*
  Parken verboten! *(Stationnement interdit !)* Rauchen verboten!

- Une **particule séparable**, un **substantif**, un **adjectif** :
  Hierher! *(Par ici !)* Bücher zu! *(Fermez les livres !)* Weiter! *(Continuez !)*
  Hände hoch! *(Haut les mains !)* Hände weg! *(Ne touchez pas !)*
  Ins Wasser mit ihm! *(Jetez-le à l'eau !)*

(1) L'**impératif** ou l'**infinitif** sont cependant d'un emploi plus fréquent.

55 Le subjonctif

Subj. I	Présent Passé Futur I Futur II	er spiele er habe gespielt er werde spielen er werde gespielt haben	er komme er sei gekommen er werde kommen er werde gekommen sein
Subj. II	Présent Passé Futur I Futur II	er spielte er hätte gespielt er würde spielen er würde gespielt haben	er käme er wäre gekommen er würde kommen er würde gekommen sein

L'allemand possède deux subjonctifs en quelque sorte parallèles (voir aussi le paragraphe 38) :

Le subjonctif I

Le **subjonctif I** indique que l'action est **réalisable** (potentielle) :

Ich rufe ihn an, damit er mich **mitnehme**.
[résultat incertain, mais possible].
(Je lui téléphone afin qu'il m'emmène.)

Le **subjonctif I** présent est formé sur le radical de l'infinitif I :

Er mache / wolle / laufe / gebe ...

Le subjonctif II

Le **subjonctif II** indique qu'une action est **irréalisable** (irréelle) :

Wenn du mich mitnähmest, wäre ich froh.
*(Si tu **m'emmenais** maintenant...* = présent irréel*)*

Le **subjonctif II** présent est formé sur le radical du prétérit de l'indicatif :

Er machte / wollte / liefe / gäbe ...

56 Le subjonctif I présent

- **Souhait réalisable** (avec ou sans ***mögen***)
  Es lebe die Freiheit! *(Vive la liberté !)*
  Möge er kommen! *(Puisse-t-il venir !)*
- **Ordre** ou **défense**
  Sie komme herein! *(Qu'elle entre !)*
  Er gehe nicht weg! *(Qu'il ne parte pas !)*
- **Supposition**
  A **sei** ein Punkt auf dem Kreis.
  (Soit A un point du cercle.)
- **Concession**
  Wer es auch **sei**, er (1) möge eintreten!
  (Qui que ce soit, qu'il entre.)
  Was er auch wünsche, es (1) wird erfüllt.
  (Quoi qu'il désire, ce sera exaucé.)

On pourrait utiliser une périphrase avec *mögen* à l'indicatif :

Was er auch wünschen **mag**, es (1) wird erfüllt.

- **Incertitude** avec : **damit** / **auf dass** / **ohne dass** (voir aussi le paragraphe 62) :
  Sie gibt ihm 8 Mark, damit er ein Buch **kaufe**.

(1) Après cette subordonnée de concession, le sujet est placé avant le verbe principal.

- Il exprime le **présent** au **discours indirect**, mais – dans la pratique – seulement à la **3e personne du singulier** (voir aussi le paragraphe 65) :

  Sie behauptet, dass ihr Sohn gut zeich**ne**.
  (Elle prétend que son fils dessine bien.)

57 Le subjonctif I passé

- Il exprime le **passé** au **discours indirect**, mais – dans la pratique – seulement à la **3e personne du singulier** pour les verbes se conjuguant avec ***haben***. On l'utilise à toutes les personnes pour les verbes employés avec ***sein*** (voir aussi le paragraphe 65) :

  Sie sagte uns, dass sie viel Glück **gehabt habe**.
  (Elle nous dit qu'elle avait eu beaucoup de chance.)
  Er telegrafierte, dass alle gut **angekommen seien**.
  (Il télégraphia qu'ils étaient tous bien arrivés.)

58 Le subjonctif I futur I

- Il exprime le **futur** au **discours indirect**, mais – dans la pratique – seulement à la **3e personne du singulier** (voir aussi le paragraphe 65) :

  Sie schrieb mir, dass sie nach Berlin **fliegen werde**.
  (Elle m'a écrit qu'elle irait en avion à Berlin.)

59 Le subjonctif II présent

- **Souhait irréalisable** (1) : (avec ou sans ***wenn***)

  Hätten wir **doch** ein Haus! (wir haben aber keins)
  (Si seulement nous avions une maison !)
  Wäre ich bloß bei dir! (ich bin es aber nicht)
  (Si seulement j'étais auprès de toi !)
  Wenn er **nur** mit uns **käme**! (er kommt aber nicht)
  (Si seulement il venait avec nous !)

- Le subjonctif II présent correspond au **conditionnel présent français** :

  – Avec les verbes forts usuels : *wäre / hätte / würde / käme / gäbe / ginge / liefe …*

  Sie **gäbe** ihm die Hand. *(Elle lui donnerait la main.)*
  Ich **wüsste** nicht, was jetzt zu geschehen **hätte**.
  (Je ne saurais dire ce qui devrait arriver à présent.)

  – Plus rarement avec les verbes forts dont le subjonctif II présent est ressenti comme archaïque (formes en **-ö-** ou **-ü-**) : *flöge / hülfe / stünde…* ou se confond avec le prétérit de l'indicatif *(wir schrieben …)*.

  Er **bliebe** daheim. *(Il resterait à la maison.)*
  Sie **schwömmen** hinüber. *(Ils traverseraient à la nage.)*

Ces formes relèvent du style soutenu. Comme pour les verbes faibles, on emploie de préférence une construction avec ***würde*** (voir aussi le paragraphe 61) :

  Ich **würde** gern zu Hause **bleiben**. *(Je resterais volontiers à la maison.)*
  Würden Sie das **tun**? (au lieu de : Täten Sie das?) *(Le feriez-vous ?)*

---

(1) On renforce par *doch / nur / bloß*.

– Avec les six verbes de modalité : ***ich könnte / dürfte*** ; ***wollte / möchte*** ; ***müsste / sollte*** :

Könnten Sie mir helfen? *(Pourriez-vous m'aider ?)*
Dürfte ich Sie um Feuer bitten? *(Pourrais-je vous demander du feu ?)*

Pour éviter une confusion, on emploie au lieu de ***ich wollte*** → ***ich möchte*** :

Ich **möchte** Sie gerne sprechen. *(Je voudrais vous parler.)*

- Le subjonctif II présent est en principe **obligatoire après** : ***wenn*** (*si*) alors qu'en français le verbe serait à l'imparfait de l'indicatif (voir aussi le paragraphe 64) :

Wenn ich reich **wäre** ... *(Si j'étais riche...)*

als ob / ***als wenn*** / ***wie wenn*** (comme si) + subjonctif II (ou moins souvent subjonctif I) (voir aussi le paragraphe 62) :

Er tat, **als ob** er **schliefe (schlafe)**. *(Il fit semblant de dormir.)*

- Le subjonctif II présent exprime le **présent** au **discours indirect** et remplace le subjonctif I présent, pratiquement à toutes les personnes sauf à la 3e personne du singulier (voir aussi le paragraphe 65) :

Er meinte, dass ich ein Geschenk **bekäme**. (au lieu de : bekomme)
(Il pensait que je recevrais un cadeau.)

60 Le subjonctif II passé

- **Regret** :

Wären wir doch daheim **geblieben**!
(Que ne sommes-nous restés chez nous !)
Hätte ich den Fehler nur nicht **gemacht**! (ich habe ihn aber gemacht)
(Si seulement je n'avais pas fait cette faute !)

- Il correspond au **conditionnel passé français** et s'emploie avec tous les verbes :

Ich **hätte** dich **gegrüßt**. *(Je t'aurais salué.)*
Du **wärest** 'fortgegangen. – Ich **hätte** es nicht **gedurft**.
(Tu serais parti.) *(Je n'en aurais pas eu l'autorisation.)*

- Employé avec ***fast*** / ***beinahe***, il exprime un fait qui a **failli** se produire :

Er wäre **beinahe** über'fahren worden. *(Il a failli être écrasé.)*

- Tout comme le subjonctif II présent il sert à **confirmer** qu'un objectif a été enfin atteint :

Da **wären** wir endlich! *(Nous voici enfin !)*
Das **hätten** wir **geschafft**! *(Voilà qui est fait !)*

- Il est **obligatoire après** : ***wenn*** (*si*) et ***als wenn*** / ***als ob*** (comme si) alors qu'en français le verbe serait au plus-que-parfait de l'indicatif (voir aussi le paragraphe 64) :

Wenn er **gekommen wäre**, ... *(S'il était venu)*
Er lief, **als ob** die Polizei hinter ihm her **gewesen wäre**.
(Il courait comme si la police avait été à ses trousses.)

- Il exprime le **passé** au **discours indirect** et remplace le subjonctif I passé, pratiquement à toutes les personnes sauf à la 3e personne du singulier (voir aussi le paragraphe 65) :

Er behauptete, dass alle schön **gesungen hätten**.
(Il prétendit qu'ils avaient tous bien chanté.)

61 Le subjonctif II futur

Futur I : *ich würde* + infinitif I

- Avec tous les verbes faibles et forts (sauf les six verbes de modalité : *er könnte / dürfte* ; *er wollte / möchte* ; *er müsste / sollte*) ce temps sert à rendre, surtout dans la langue parlée, le **conditionnel présent français** :

    Ich **würde** meine Aufgaben **machen**. *(Je ferais mes devoirs.)*
    Wir **würden schreiben**. *(Nous écririons.)*
    Selbst wenn ich es wüsste, **würde** ich nichts **sagen**.
    (Même si je le savais, je ne dirais rien.)

- Il peut exprimer un **souhait irréalisable** :

    Würdest du doch in der Schule besser **aufpassen**!
    (Ah ! si seulement tu faisais mieux attention à l'école !)

- Il sert à exprimer le **futur** au **discours indirect** et remplace le subjonctif I futur I là où les formes sont identiques à celles de l'indicatif, c'est-à-dire pratiquement à toutes les personnes sauf à la 3e personne du singulier (voir aussi le paragraphe 65) :

    Er sagte uns, wir **würden** Geld **bekommen**.
    (au lieu de : wir werden … bekommen)
    (Il nous dit que nous allions recevoir de l'argent.)

Futur II : *ich würde* + infinitif II

Ich **würde** meine Pflicht **erfüllt haben**. *(J'aurais accompli mon devoir.)*

- Ce temps sert à rendre le **conditionnel passé français**, mais on préfère utiliser le subjonctif II passé :

    Ich **hätte** meine Pflicht **erfüllt**.

- Il sert à exprimer le **futur II** au **discours indirect** et remplace le subjonctif I futur II, pratiquement à toutes les personnes sauf à la 3e personne du singulier (voir aussi le paragraphe 65) :

    Er schreibt, sie **würden verreist sein**, wenn wir kämen.
    (au lieu de : sie werden verreist sein)
    (Il écrit qu'ils seront partis lorsque nous arriverons.)

62 Les mots de subordination avec le subjonctif

- ***als wenn*** / ***als ob*** (comme si)
  - Seuls ***als wenn*** / ***als ob*** demandent toujours le subjonctif (voir le paragraphe 59).
  - On emploie le **subjonctif II** présent ou passé :

    Er spricht Deutsch, **als ob** er ein Deutscher **wäre**.
    (Il parle allemand comme s'il était un Allemand.)
    Er tat, **als ob** er nicht **gehört hätte**. *(Il fit comme s'il n'avait pas entendu.)*

  En français, le verbe serait à l'indicatif.

  - On emploiera le **subjonctif I** présent ou passé pour exprimer une prise de position hypothétique, sans garantie :

    Er sieht aus, **als ob** er krank **sei**. *(Il a l'air d'être malade.)*
    Es war ihr, **als ob** sie all das schon **erlebt habe**.
    (Il lui semblait avoir déjà vécu tout cela.)

– **als** peut s'employer seul dans la subordonnée. Le verbe est alors en 2e position :

Er tat, als **wäre** er unzufrieden. *(Il fit semblant d'être mécontent.)*
Sie sprach, als **hätte** sie den Film **gesehen**.
(... comme si elle avait vu le film.)

- **Finalité** : ***damit*** / ***auf dass*** (afin que, pour que)
  – certitude → indicatif :
  Sag es ihr, **damit** sie es endlich **weiß**. *(Dis-le lui afin qu'elle le sache enfin.)*
  – incertitude → subjonctif I présent :
  Ich gab ihm Geld, **(auf) dass** er sich etwas **kaufe**.
  (Je lui donnai de l'argent pour qu'il s'achète qc.)
  – irréel → subjonctif II présent :
  Ich schenkte ihr Briefpapier, **damit** sie uns **schriebe**.
  (Je lui offris du papier à lettre afin qu'elle nous écrivît.)

- **Conséquence** : ***so ..., dass*** ou ***(so)dass*** (de sorte que, si bien que) :
  – fait réel → indicatif :
  Sie schreit **so** laut, **dass** man es überall **hört**.
  (Elle crie si fort qu'on l'entend partout.)
  Er arbeiteteTag und Nacht, **sodass** er krank wurde.
  (Il travaillait jour et nuit de sorte qu'il tomba malade.)
  – fait irréel → subjonctif II présent ou passé :
  Sie hustete **so** stark, **dass** sie fast **erstickt wäre**.
  (Elle toussait si fort qu'elle a failli s'étouffer.)
  – souhait → subjonctif I présent :
  Handle **so**, **dass** dein Werk von Dauer **sei**.
  (Agis de telle façon que ton œuvre soit durable.)

- ***ohne dass*** (sans que) + subjonctif II présent ou passé :
  Ich tat es, **ohne dass** er mich darum **gebeten hätte**.
  (Je le fis sans qu'il me l'eût demandé.)
  – Fait réel → indicatif :
  Ich verlasse nie das Haus, **ohne dass** ich es **abschließe**.
  (Je ne quitte jamais la maison sans la fermer.)

- ***zu*** + (adjectif / adverbe), ***als dass*** (trop... pour que) + subjonctif II présent ou passé [fait irréel] :
  Es ist **zu** schön, **als dass** es wahr sein **könnte**.
  (C'est trop beau pour pouvoir être vrai.)
  Es regnete **zu** stark, **als dass** ich **hätte** ausgehen **können**.
  (Il pleuvait trop fort pour que j'eusse pu sortir.)

63 Concession

- ***obgleich*** / ***obwohl*** / ***obschon*** + Indicatif (bien que / quoique + subj. !)
  Obgleich er krank **war**,... *(Bien qu'il fût malade...)*

- ***wer*** ... ***auch*** (qui... que) / ***was*** ... ***auch*** (quoi... que)
  wo(hin) ... ***auch*** (où... que)
  wie ... ***auch*** (quel... que) / ***wenn*** ... ***auch*** (bien que, même si)...

- ***und wenn*** ... ***auch*** / ***und*** + verbe... ***auch*** (quand bien même)...

- ***es sei denn, (dass)*** (à moins que) :
  Ich komme, **es sei denn, dass** es regnet ...
  (Je viendrai à moins qu'il ne pleuve.)

Wer es **auch sei**, **ich** empfange (1) niemand. *(Qui que ce soit, je ne recevrai personne.)* **Was auch geschehe**, / **Was auch** geschehen **möge** (2), — **ich** fahre ab. *(Quoi qu'il arrive, je partirai.)* **Wenn** es **auch** kalt **ist**, **ich** ziehe keinen Mantel an. *(Bien qu'il fasse froid, je ne mets pas de manteau.)* **Ist** es auch kalt, **so** ziehe ich doch keinen Mantel an. **So** sehr er **auch** bettelte, **ich** gab nicht nach. *(Il avait beau quémander, je ne cédai pas.)*
Und wenn er **auch** wenig Zeit **hat**, er besucht (1) mich. *(Et même si…)* **Und hat** er auch wenig Zeit, **so** besucht er mich doch.

(1) La concessive introduite par *wer … auch* (qui que ce soit qui) ; *was … auch* (quoi que + subj.) ; *wenn … auch* (même si), etc. n'influe pas sur la construction de la phrase. On pourra avoir les constructions suivantes. Remarquer la place du sujet ***niemand***.

⓪	①	②	
Wenn es **auch** spät war,	**niemand**	wollte	gehen.
War es **auch** spät,	so	wollte	doch **niemand** gehen.

(Bien qu'il fût tard, personne ne voulait partir.)

En résumé :

- Fait réel → indicatif : **Wenn** es **auch** kalt **ist**, …
- Hypothèse possible → subjonctif I présent : **Wie** tüchtig er **auch sei**, …
- Hypothèse impossible → subjonctif II présent ou passé :
  Und wäre er der Tüchtigste … *(Quand bien même il serait le plus capable.)*

64 Comment exprimer la condition ?

Conditionnel français

würde + infinitif I / II

- **Conditionnel présent :** *Je viendrais* → **ich würde … kommen**

Ich würde … / du würdest … / er / sie / es würde … → kommen	wir würden … / ihr würdet … / sie / Sie würden … → kommen

Was würdest du dazu sagen? *(Qu'en dirais-tu !)*

– On peut remplacer cette forme en ***würde*** par le **subjonctif II présent**, lorsqu'il s'agit d'un **verbe fort** :

Ich würde … geben = ich **gäbe** *(je donnerais)*
Ich würde … kommen = ich **käme** *(je viendrais)*
Ich würde … tragen = ich **trüge** *(je porterais)*

– On emploie de préférence le **subjonctif II présent** avec les **auxiliaires** et les six **verbes de modalité** :

Ich **wäre** *(je serais)* – ich **hätte** *(j'aurais)*
Ich **könnte / dürfte** *(je pourrais)* – ich **möchte / wollte** *(je voudrais)*
Ich **sollte / müsste** *(je devrais / il faudrait que)*

- **Conditionnel passé** : *(je serais venu)* *(j'aurais porté)* → Ich **würde** … **gekommen sein** / **getragen haben**

– On remplace le plus souvent cette forme par le **subjonctif II passé** :

Ich **wäre ...** **gewesen** *(j'aurais été)* – ich **hätte ... gehabt** *(j'aurais eu)*
Ich **wäre ...** **gekommen** *(je serais venu)*
Ich **hätte ...** **getragen** *(j'aurais porté)*
Ich **hätte ...** { **gekonnt / gedurft** *(j'aurais pu)*
gemocht / gewollt *(j'aurais voulu)*
gesollt / gemusst *(j'aurais dû)*

NB : Attention au « double infinitif » avec les six verbes de modalité !

→ Heute **hätte** ich um 6 Uhr **aufstehen sollen.**
(Aujourd'hui j'aurais dû me lever à 6 h.)

	Subj. II	Verbe faible	Verbe fort	Verbe de modalité
Action au présent	Présent		er gäbe	könnte
	Futur I	er würde fragen	würde geben	
		(il demanderait)	*(il donnerait)*	*(il pourrait)*
Action au passé	Passé	er hätte gefragt	hätte gegeben	hätte gekonnt
	Futur II	er würde gefragt haben	würde gegeben haben	
		(il aurait demandé)	*(il aurait donné)*	*(il aurait pu)*

La phrase conditionnelle avec ou sans *wenn* (si)

• La **condition** est donnée comme **réalisable** ou **réalisée** :

S'il ne vient pas, nous partirons sans lui.

Wenn (1) er nicht kommt,	(so) fahren wir ohne ihn.
Kommt (2) er nicht,	(so) fahren wir ohne ihn.

Si le verbe principal est à l'indicatif, celui de la subordonnée sera lui aussi à l'indicatif.

• La **condition** est donnée comme non **réalisable** ou **non réalisée** :

a. Dans le **présent** ou l'**avenir** :

Si tu venais, nous irions à Berlin.

Wenn du kämest,	(so) führen wir nach Berlin.
Kämest du,	so würden wir nach Berlin fahren.

– Si le verbe de la subordonnée est au **subjonctif II présent *(kämest)***, le verbe principal sera :
– soit au **subjonctif II présent *(führen)*** pour les verbes forts et les verbes de modalité,
– soit au **subjonctif II futur I** (***würde*** **+ infinitif**). Cette forme est la plus fréquemment utilisée avec tous les verbes sauf avec les six verbes de modalité.

---

(1) La subordonnée peut être introduite par ***wenn / falls*** (*si*), ***wofern*** (*si toutefois*), ***vorausgesetzt dass*** (*à condition que).*
(2) Construction sans ***wenn*** avec le verbe en tête !

– Ce subjonctif II futur I avec **würde** permet de marquer une succession des actions dans le temps *(Si tu viens, nous irons...).*

– Pour les verbes faibles, il évite une confusion avec le prétérit de l'indicatif :

→ Er **würde** heute noch **leben**, wenn er auf uns gehört hätte.
(au lieu de : Er lebte noch heute, wenn...)
(Il serait encore en vie s'il nous avait écoutés.)

b. La **condition** est donnée comme **non réalisée dans le passé** :

Si tu étais venu, tu serais parti avec nous.

Wenn du gekommen wärest,	(so) wärest du mitgefahren.
Wärest du gekommen,	so würdest du mitgefahren sein.

Cette fois, pour le verbe principal la forme la plus fréquente est celle du **subjonctif II passé** *(**wärest** du **mitgefahren**)*. La forme avec ***würde*** + **infinitif** est rare.

INDICATIF	Présent	Wenn er sie jetzt sieht, nimmt er sie mit. *(S'il la voit maintenant, il l'emmènera.)*
SUBJONCTIF II	Présent Futur I	Wenn er sie sähe, nähme er sie mit. → würde er sie mitnehmen. *(S'il la voyait, il l'emmènerait.)*
	Passé Futur II	Wenn er sie gesehen hätte, hätte er sie mitgenommen. → würde er sie mitgenommen haben. *(S'il l'avait vue, il l'aurait emmenée.)*

– La **langue parlée** utilise la forme avec ***würde*** dans la subordonnée :

Wenn du uns **helfen würdest**, würden wir uns freuen.
(Si tu nous aidais, nous nous réjouirions.)
Wenn er mehr **arbeiten würde**, hätte er mehr Geld.
(S'il travaillait davantage, il aurait plus d'argent.)

– Dans la **subordonnée** sans ***wenn***, le verbe conjugué se met **en tête** :

Wenn sie Zeit **hätte**, / **Hätte** sie mehr Zeit, → so würde sie mich begleiten.
(Si elle avait plus de temps, elle m'accompagnerait.)

65 Le discours indirect

• Un narrateur rapporte à un interlocuteur les paroles, pensées ou sentiments d'un tiers.

DISCOURS DIRECT	DISCOURS INDIRECT
Jürgen schrieb mir: „**Ich habe mir** ein Haus **gekauft**. **Ich wohne** mit der Familie darin. **Mir gefällt** es **hier** gut. In zwei Wochen **werde ich meinen** Geburtstag **feiern**. **Wir würden uns** sehr **freuen**, wenn **du** zu **uns kämest**. **Hast du** schon Urlaub **gehabt**? **Antworte** bitte per Fax! **Gib an**, wann **du eintriffst**. **Grüße deine** Eltern herzlich."	Jürgen schrieb mir, **er habe sich** ein Haus **gekauft**; **er wohne** mit der Familie darin; **ihm gefalle** es **dort** gut; in zwei Wochen **werde er seinen** Geburtstag **feiern**; **sie würden sich** sehr **freuen**, wenn **ich** zu **ihnen käme**; **ob ich** schon Urlaub **gehabt hätte**; **ich solle** (**möge**) per Fax **antworten**; **ich solle angeben**, wann **ich einträfe**; **ich solle meine** Eltern herzlich **grüßen**.

- Le discours indirect est souvent introduit par un **verbe déclaratif** comme :

– **sagen**	(*dire*)	– **erwidern**	(*répliquer*)
– **behaupten**	(*affirmer / prétendre*)	– **vorwerfen**	(*reprocher*)
– **versichern**	(*assurer*)	– **meinen**	(*penser*)
– **erklären**	(*expliquer*)	– **erzählen**	(*raconter*)
– **fragen**	(*demander*)	– **beifügen**	(*ajouter*)
– **antworten**	(*répondre*)	– **telefonieren**	(*téléphoner*)
– **lesen**	(*lire*)	– **vermuten**	(*supposer*)
– **schreiben**	(*écrire*)	– **denken**	(*penser*)
– **melden**	(*annoncer*)	– **mich dünkt**	(*il me semble que*)
– **mitteilen**	(*communiquer*)		

Ce verbe principal peut d'ailleurs être sous-entendu.

NB : Le discours indirect peut aussi dépendre d'un substantif à valeur déclarative comme ***die Antwort*** (la réponse), ***die Behauptung*** (l'affirmation), ***die Frage*** (la question)...

Passage du discours direct au discours indirect

- **Pronoms personnels et possessifs**

Les pronoms se mettent à la 3e personne, sauf si le narrateur ou l'interlocuteur sont concernés :

... **er** habe **sich** ein Haus gekauft...
mais : ... **ich** solle **meine** Eltern herzlich grüßen.

- Les indications de **temps** et de **lieu** tiendront éventuellement compte du point de vue du narrateur :

Anna schrieb aus Rom: „Ich will erst **morgen** von **hier** abfahren."

Discours indirect :

sie wolle erst **am folgenden** Tag von **dort** abfahren.

- **Propositions**

En règle générale, elles deviennent des subordonnées avec ou sans ***dass*** :

... er wohne mit der Familie darin...
ou bien ... **dass** er mit der Familie darin wohne...

Les subordonnées du discours direct au subjonctif *(wenn du zu uns kämest)* ne modifient éventuellement que la personne du verbe :

... sie würden sich sehr freuen, wenn **ich** zu ihnen käme.

L'interrogation globale (*Hast du schon Urlaub gehabt?*) se rend par une subordonnée au subjonctif introduite par ***ob*** :

Er fragte, **ob** ich schon Urlaub **gehabt habe**.
(Il demanda si j'avais déjà eu mon congé.)

- **Verbes**

a. En règle générale, les verbes, qui, au discours direct, étaient à l'indicatif présent, passé ou futur, seront aux temps correspondants du **subjonctif** :

Indicatif	→ **Discours direct**	**Subjonctif I** (ou subj. II [1])	→ **Discours indirect**
Présent	Ich wohne ...	Présent	er wohne...
Prétérit Parfait Plus-que-parfait	Ich kaufte ... Ich habe gekauft Ich hatte gekauft	Passé	er habe gekauft
Futur	Ich werde feiern	Futur	er werde feiern

(1) Si la forme du subjonctif I est identique à celle de l'indicatif, on utilisera le subjonctif II.
Le **passé** du subjonctif I ou II est employé pour rendre le prétérit, le parfait ou le plus-que-parfait de l'indicatif du discours direct.

NB : En utilisant soit l'indicatif, soit le subjonctif pour rapporter des faits, le narrateur en confirme ou en met en doute le bien-fondé :

- Indicatif : (Er sagt mir,) → dass er kein Geld **hat**.
  (= fait considéré comme réel).
- Subjonctif I : (Er sagt mir,) → dass er kein Geld **habe**.
  (= fait considéré comme possible).
- Subjonctif II : Einige sagen, er wäre 100 Jahre alt (aber ich glaube es nicht).
  (= fait considéré comme peu probable).
  (Certains disent qu'il est centenaire.)

b. Le fait rapporté est **réel**. C'est une **certitude** : → le verbe reste à l'**indicatif**. Cela se produit surtout lorsque le verbe principal (*sagen / schreiben*...) est au présent.

... Er schreibt, dass er ein Haus **kauft**. / **gekauft hat**. / **kaufen wird**.

c. Le fait rapporté est **possible**, mais **on ne veut pas prendre position** : → le verbe sera au **subjonctif**. Avant tout, il faut que le **subjonctif apparaisse nettement**. Si la forme du subjonctif I est identique à celle de l'indicatif, on utilisera la forme correspondante du subjonctif II.

- Subjonctif I pour la 3e personne du singulier, la 2e personne du singulier et pluriel (1) :

Er schrieb mir, **er** wohne im neuen Haus. (Subj. I présent)
Er sagte, **ihr habet** (1) Neujahr in Bern **gefeiert**. (Subj. I passé)
(Il disait que vous aviez passé le Nouvel An à Berne.)

- Subjonctif II pour la 1re personne du singulier, les 1re et 3e personnes du pluriel :

Er fragte, ob **ich** bald **käme**. (Subj. II présent)
Er sagte, dass **wir** Urlaub **gehabt hätten**. (Subj. II passé)
Sie meinte, **sie würden wegfahren**. (Subj. II futur I)
(Elle pensait qu'ils partiraient.)

d. Formes du subjonctif les plus utilisées au discours indirect :

Tragen, verbe fort se conjuguant avec ***haben*** :

SUBJONCTIF		
Présent	Passé	Futur
ich trüge du trügest (tragest) (1) er **trage** wir trügen ihr trüget (traget) (1) sie trügen	ich hätte du hättest (habest) (1) er **habe** wir hätten ihr hättet (habet) (1) sie hätten } **getragen**	ich würde du würdest (werdest) (1) er **werde** wir würden ihr würdet sie würden } **tragen**

(1) Les formes entre parenthèses sont peu utilisées.

(1) Dans la pratique on ne retiendra du subjonctif I que la **3e personne du singulier**. Les formes de la 2e personne du singulier et du pluriel du subjonctif I (*du habest / ihr habet*) étant désuètes, on les remplace par celles du subjonctif II (*du hättest / ihr hättet*).

Kommen, verbe fort se conjuguant avec ***sein*** :

SUBJONCTIF		
Présent	Passé	Futur
ich käme du kämest (kommest) (1) er **komme** wir kämen ihr kämet (kommet) (1) sie kämen	ich **sei** du **seist** er **sei** wir **seien** ihr **seiet** sie **seien** } **gekommen**	ich würde du würdest (werdest) (1) er **werde** wir würden ihr würdet sie würden } **kommen**

(1) Les formes entre parenthèses sont peu utilisées.

... Sie erzählten, **sie seien** vorgestern nach Berlin **gefahren**.
(Ils racontaient qu'ils s'étaient rendus avant-hier à Berlin.)

Les verbes se conjuguant avec ***sein*** emploient le subjonctif I passé à toutes les personnes, mais pour la 2e personne du singulier / pluriel on préfère aujourd'hui dans le langage courant utiliser le subjonctif II (***du wärest*** / ***ihr wär(e)t gekommen***).

NB : Si, en utilisant le subjonctif II présent, la forme du verbe se confond avec celle de l'indicatif prétérit (*wir gingen* / *sie schrieben* / *sie machten*...), on emploiera dans la langue parlée le plus souvent le subjonctif II futur I (***würde*** **+ infinitif I**) :

Er erklärte: „Wir verhandeln noch mit unserem Partner.
Wir schreiben Ihnen bald."
Er erklärte, sie **würden** noch mit ihrem Partner **verhandeln**,
sie **würden** uns bald **schreiben**.
(Il déclara qu'ils négociaient encore avec leur partenaire et qu'ils nous écriraient bientôt.)

- **Transposition des phrases impératives et interrogatives**

Ordre ou **prière** → subordonnée au **subjonctif**	
– avec ***sollen*** (ordre) :	Er schrieb mir, ich **solle** antworten. *(Il m'écrivit de répondre.)*
– avec ***mögen*** (prière) :	Sie bat ihn, er **möge** sie aufsuchen. *(Elle le pria de lui rendre visite.)*
Interrogation → subordonnée au **subjonctif**	
– avec ***ob*** (si), ***wann*** (quand), ***wo*** / ***wohin*** (où), ***wie*** (comment), ***wo(r)*** + préposition... :	Er fragte, **ob** ich schon Urlaub **gehabt hätte**. *(Il demanda si j'avais déjà eu mes vacances.)* Sie wollte erfahren, **wann** mein Freund **komme**. *(Elle voulut savoir quand mon ami viendrait.)*

Attention ! Il faut se demander quel était le temps employé au discours direct. Au contraire du français, il n'y a pas de concordance des temps entre le verbe principal (*sagte* / *hat gesagt*...) et celui de la subordonnée !

Er sagt,
sagte,
hat gesagt,
{ dass er keine Zeit **habe**.
er **habe** keine Zeit.

66 Le participe I

Formation

Infinitif I + -d → spielend *(jouant)* / tragend *(portant)* / wissend *(sachant)*

Emploi

- Utilisé comme **épithète**, il se décline (voir aussi les paragraphes 94-97) :
  das spielende Kind – mit wachsendem Interesse
- Employé comme **substantif**, il conserve sa déclinaison d'épithète.
  Ce substantif adopte un genre logique :
  der Reisend**e** *(le voyageur)* / die Reisend**e** *(la voyageuse)* /
  ein Reisend**er** / eine Reisend**e** / die Reisend**en** / viele Reisende
  Sitzpläze für Schwerbeschädigt**e** *(places assises pour mutilés)*
- Employé comme **adverbe de manière**, souvent sans compléments, il est **invariable** :
  Lächelnd grüßte er uns. *(Il nous salua en souriant.)*
  Freundlich **lächelnd**
- Précédé de ***zu***, il marque une obligation ou une tâche :
  Die **zu lösende** Aufgabe war schwer. *(Le problème à résoudre...)*

67 Comment traduire le participe présent français ?

Subordonnée

- Cause
  Da ich kein Geld hatte, blieb ich zu Hause.
  (N'ayant pas d'argent, je restai à la maison.)
- Condition
  Wenn du hier bleibst, kannst du arbeiten.
  (En restant ici, tu pourras travailler.)
- Moyen
  Ich benachrichtigte ihn, **indem ich ihn anrief**.
  (Je l'ai prévenu en lui téléphonant.)
- Temps, etc.
  Als ich ins Kino ging, wurde ich vom Regen überrascht.
  (En allant au cinéma, je fus surpris(e) par la pluie.)

Phrase coordonnée

- Simultanéité ou bien :
  „Komm!" sagte sie **und** nahm Uwe an die Hand.
  „Komm!" sagte sie, **indem sie Uwe an die Hand nahm**.
  (en prenant Uwe par la main.)

Infinitif substantivé complément de temps

beim (lors de) / ***im*** (pendant) + Inf. substantivé : **beim Lesen** *(en lisant)* / **im Vorbeigehen** *(en passant)*

beim Kaufen eines Kleides *(en achetant une robe)*

Relative

Ich suche eine Sekretärin, **die Englisch kann**. *(sachant l'anglais)*

68 Le participe II

(Der Soldat wurde) **verwundet**. *(Le soldat fut) blessé.*

→ der **Verwundete** *(le blessé)*, der **Abgeordnete** *(le député)*

- Tout comme le participe I, il peut être **épithète** ou **substantif**. Il se décline comme l'adjectif épithète (voir aussi les paragraphes 94-97) :

  Nach dem Krieg kehrten die Gefangenen heim.
  (Après la guerre les prisonniers rentrèrent chez eux.)

der gefangen**e** Soldat der / die Gefangen**e**	ein Gefangen**er**	die Verlobte *(la fiancée)*
alle Gefangen**en**	(viele) Gefangen**e**	das Gesagte *(ce qui a été dit)*

- En tant qu'**adverbe**, il est **invariable** :

  Interessiert hörte er mir zu.

- Avec le verbe ***kommen***, le **participe II d'un verbe de mouvement** indique la **manière** dont se fait le mouvement :

  Das Kind kam **herbeigelaufen**. *(... arriva en courant)*
  [= Das Kind kam herbei. Es lief.]

- Avec les verbes ***bekommen*** / ***erhalten*** *(recevoir)* le participe II a un **sens passif** :

  Ich **bekam** das Geld **ausgezahlt**. *(On m'a versé l'argent.)*

69 Le groupe participial

En juxtaposition

Herzlich lachend, kam er auf mich zu.
In Kiel angekommen, suchten wir ein Hotel.

- Le participe I ou II, précédé de ses compléments, peut former un groupe à part, généralement séparé du reste de la phrase par une virgule pour assurer une meilleure compréhension.

- Il se rapporte au sujet. Il est moins employé qu'en français. On préfère utiliser une subordonnée, surtout avec les verbes de mouvement :

  Als die Jungen übers Feld liefen, stöberten sie einen Hasen auf.
  (En courant à travers champs, les jeunes garçons levèrent un lièvre.)

En épithète

der **von der Universität kommende** Student
(l'étudiant venant de l'université)
die **gestern von mir bezahlte** Rechnung ...
(la facture payée par moi hier...)

- Epithète, le participe I ou II peut avoir un ou plusieurs compléments.
- Ces compléments le précèdent :

Article	Compléments	Epithète	Nom
Der		**abfahrende**	Zug
Der	von Bern	**abfahrende**	Zug
Der	um 8 Uhr von Bern	**abfahrende**	Zug

Cette construction équivaut à une relative :
→ Der Zug, der um 8 Uhr von Bern abfährt, ist voll besetzt.

(Le train partant à 8 h de Berne est complet.)

On peut passer du groupe participial à une relative et réciproquement :

Der Apfel, **der vom Baum gefallen war**, war reif.
Der **vom Baum gefallene** Apfel war reif.

- **Constructions particulières :**

a. Avec les verbes de position, on utilise le **participe I** : ***stehend*** (debout), ***liegend*** (étendu), ***sitzend*** (assis), ***hängend*** (suspendu) :

der am Fenster **stehende** Junge *(le garçon debout à la fenêtre)*
der auf dem Teppich **liegende** Hund *(le chien couché sur le tapis)*

mais (situation géographique) :

das in der Ebene **gelegene** Dorf *(le village situé dans la plaine)*

b. Sans participe :

der 2 m tiefe Graben – das 3 m hohe Zimmer

c. Le groupe nominal comporte déjà une épithète :

das am Fluss stehende, weiße Haus *(la maison blanche située près de la rivière)*

d. La transposition peut se faire avec un relatif à l'accusatif :

– Actif : Der Computer, **den** ich **kaufte**,
– Passif : Der Computer, **der** von mir **gekauft wurde**,
→ Der **von mir gekaufte** Computer
(groupe participial)

} kam aus den USA.

EXERCICES

Paragraphe 50 à 52

Corrigés p. 358

A Mettre les verbes suivants à la 3e personne du singulier de l'indicatif présent / parfait, prétérit / plus-que-parfait.

> singen → er **singt** – er **hat gesungen**
> er **sang** – er **hatte gesungen**

1. an-kommen
2. ab-trocknen
3. wiederholen
4. fotografieren
5. laufen
6. sich setzen
7. nehmen
8. holen
9. bitten
10. werden
11. helfen
12. sagen
13. bringen
14. sein
15. ab-schießen

B Exprimer les faits suivants au passé, puis traduire.

1. Wir … die Arbeit wieder …, als der Streik zu Ende war. (die Arbeit auf-nehmen)
2. 1866 … Österreich von Preußen bei Königgrätz …. (besiegen)
3. Ich … gerade einen Brief an einen Freund, als es klingelte. (schreiben)
4. Nachdem wir … …, lernten wir Englisch. (essen)
5. Voriges Jahr … dieser Forscher den Nobelpreis. (bekommen)
6. Die Reisenden … schon lange …, denn der Zug ist vor 20 Minuten angekommen. (aus-steigen)

C Exprimer les faits suivants au futur, puis traduire.

1. Übermorgen … die Feriengäste nach Rhodos. (fliegen)
2. In der Bibel steht geschrieben: … deine Eltern ehren!
3. Ich … euch jetzt das Märchen von Schneewittchen erzählen.
4. Sooft das Kind eine Blume …, bringt es sie seiner Mutter. (pflücken)
5. Es … wohl etwas dazwischen gekommen ….
6. Du … einmal einsehen, dass ich Recht habe.

D Traduire (futur).

1. **Morgen** hole ich meinen Bruder vom Bahnhof ab.
2. Ich stehe früh auf, trinke schnell Kaffee und fahre zum Bahnhof.
3. Ich suche den richtigen Bahnsteig.
4. Der Zug kommt pünktlich und vom Abteilfenster sieht mein Bruder mich vielleicht.
5. Der Zug hält, mein Bruder springt heraus und begrüßt mich.

E Traduire.

1. *En arrivant en Gaule, César trouve partout des peuplades hostiles.* (ziehen) (der Stamm (¨-e)) (treffen) ('feindlich gesinnt)
2. *J'étais en train de me bronzer au soleil, lorsqu'on sonna à la porte. J'allais ouvrir quand le téléphone sonna.* (sich sonnen)
3. *Je vais maintenant vous montrer comment on se sert de l'appareil photo. Nous pouvons sortir. La pluie vient de s'arrêter.* (mit etwas 'um-gehen)
4. *Ma sœur m'a dit : « Va chercher le pain ». Je courus chez le boulanger.* (holen) *Mon père m'a dit d'acheter le journal en passant devant le kiosque.*
5. *Dès que ta sœur sera de retour, téléphone-moi, s'il te plait.* (zu'rück-kommen)
6. *Elle aura sans doute rencontré une amie en chemin.* (unter'wegs)

F Mettre les verbes au prétérit et indiquer si la voyelle est longue ou brève.

1. schwören
2. fliegen
3. beginnen
4. speien
5. trinken
6. bieten
7. gleiten
8. fechten
9. bitten

G Traduire.

1. Un jour que Charles XII (1682-1718), assiégé (1) dans Stralsund, dictait à son secrétaire des lettres pour la Suède, une bombe tomba sur la maison, perça (2) le toit et éclata (3) près de la chambre du Roi.
La moitié du plancher tomba en pièces (4). Mais par bonheur aucun des éclats (5) n'entra dans ce cabinet, dont la porte était ouverte.
Au fracas (6) de la maison qui semblait s'effondrer (7), la plume échappa de la main du secrétaire.
– Qu'y-a-t-il donc ? lui dit le Roi d'un air tranquille. Pourquoi n'écrivez-vous pas ? Celui-ci ne put répondre que ces mots :
– Ah ! Sire ! La bombe ! – Eh bien ! reprit le roi, qu'a de commun la bombe avec la lettre que je vous dicte ! Continuez d'écrire !
Voltaire (1694-1778)

2. Es **war** sehr früh am Morgen, die Straßen rein und leer, ich **ging** zum Bahnhof. Als ich eine Turmuhr mit meiner Uhr **verglich**, **sah** ich, dass es schon viel später **war**, als ich geglaubt hatte, ich **musste** mich sehr beeilen ... Ich **kannte** mich in dieser Stadt noch nicht sehr gut **aus**, glücklicherweise **war** ein Schutzmann in der Nähe, ich **lief** zu ihm und **fragte** ihn atemlos nach dem Weg. Er **lächelte** und **sagte**: „Von mir willst du den Weg erfahren?" „Ja", **sagte ich**, „da ich ihn sonst nicht finden kann." „Gib's auf, gib's auf", **sagte** er und **wandte** sich mit einem großen Schwunge **ab**, so wie Leute, die mit ihrem Lachen allein sein wollen.
F. Kafka (1883-1924)

H Mettre au parfait de l'indicatif.

> Ich war auf dem Markt. Mein Rad war verschwunden.
> (stehlen) → Jemand **hat** es **gestohlen**.

1. Karl sucht seinen Schlüssel. Er kann ihn nicht finden. -(verlieren) Er ....
2. Ich habe Rugby trainiert. Ich kann nicht mehr gehen. Mein Fuß ist in Gips. -(brechen) Ich ....
3. Peter wog 80 Kilo. Er wiegt jetzt 75 Kilo. -(abnehmen) Er ....
4. Mein Haar war schmutzig. Jetzt ist es sauber. -(waschen) Ich ....

I Traduire.

1. *Finalement notre excursion à Potsdam a été plus réussie que je ne l'avais pensé.* (vor-stellen)
2. *Nous avons visité le château de Sanssouci qui a été construit sous Frédéric II de 1745 à 1747.*
3. *Il est considéré comme un sommet du style rococo.*
4. *Lorsque nous sommes arrivés, la visite avait déjà commencé. Il nous a fallu attendre.*
5. *Comme l'Allemagne la Corée sera peut-être réunifiée un jour.*
6. *Après que tous les orateurs eurent parlé, la discussion commença.*

---

(1) belagern
(2) durch'brechen
(3) zerplatzen
(4) zersplittern
(5) der Splitter (–)
(6) das Krachen
(7) einstürzen

 Corrigés p. 360

A Indiquer la 2e personne du pluriel et la forme de politesse des verbes suivants.

essen → **iss**! **esst**! **essen Sie**!

1. helfen → hilf!
2. messen miss!
3. lesen lies!
4. sehen sieh!
5. nicht erschrecken erschrick nicht!
6. treten → tritt!
7. sprechen sprich!
8. nehmen nimm!
9. geben gib!
10. werfen wirf!

B Transposer le texte ci-après à l'impératif (2e personne du singulier et du pluriel).

vorsichtig sein → **Sei** vorsichtig!
Seid vorsichtig!

Straßenverkehr

Sich nach links und rechts umsehen; warten, bis die Wagen vorbei sind; schnell den Fahrdamm überqueren; auf das Verkehrszeichen achten; nicht auf die fahrende Straßenbahn springen; warten, bis der Wagen hält; einsteigen.

C Employer la forme de politesse.

sich Zeit nehmen → **Nehmen Sie sich** Zeit!

Tips zur Sicherheit im Verkehr.

1. Für andere mitdenken. – Sich die Frage stellen: „Was kann als Nächstes passieren?"
2. Sich nicht provozieren lassen. – Ein gutes Vorbild sein.
3. Mit angepasstem Tempo fahren.
4. Abstand halten – umso mehr Zeit haben Sie zum Reagieren.
5. Nie im Zweifel überholen.
6. Vorfahrt beachten. – Immer mit den Fehlern anderer rechnen, lieber auf das Vorrecht verzichten.
7. Hände weg vom Alkohol.

D Utiliser d'autres formes de l'impératif.

3-mal klingeln → **Klingle** 3-mal!
Du sollst 3-mal **klingeln**.

1. Motor abstellen!
2. Hier anmelden! Ausweis vorzeigen!
3. Nur nach Aufforderung eintreten!
4. Du bleibst hier! Wirst du still sein!
5. Aufpassen! Nicht öffnen!
6. Hier darf man nicht angeln!
7. Nächste Haltestelle bitte anhalten!
8. Vor dem Baden duschen!

E Traduire.

1. *Sois donc raisonnable. Ne parle pas la bouche pleine.* (vernünftig) (mit vollem Mund)
2. *Ne remplis pas trop ton verre. Te tairas-tu ?* (still sein)
3. *Ne tirer la poignée qu'en cas de danger.* (der Griff)
4. *Défense de pénétrer sur le chantier. Danger de mort !* (die Baustelle)
5. *Attention ! Ne vous penchez pas au-dehors.* (hi'naus-lehnen)
6. *Qu'on ne croit surtout pas ce que cet homme raconte.*
7. *Dehors ! En avant ! Entrez. Montez.* (hi'naus! (fam. 'raus!))
8. *Tout le monde descend.*
9. *On dort à présent ! [passif]*
10. *Qui m'aime me suive !*

Paragraphes 55 à 58

Corrigés p. 360

A Mettre au présent du subjonctif I.

er (mitkommen)
→ **er komme mit**

1. du (fragen)
2. ihr (reden)
3. sie (zeichnen)
4. ihr (schweigen)
5. er (entzweischlagen)
6. sie (tun)
7. ihr (schlafen)
8. du (nennen)
9. du (heben)
10. er (aufstehen)

B Employer le subjonctif I présent : ***Man nehme ...***

Rezept für einen Kalbsbraten

Ein Stück Kalbfleisch nehmen, es salzen und pfeffern, es in Fett legen und auf beiden Seiten braten lassen, es mit Fett über'gießen, mit saurer Sahne anrichten.

C Compléter les phrases suivantes avec les verbes entre parenthèses.

1. Er zieht die Vorhänge zu, damit niemand (hineinsehen).
2. Ich bin zu jung, als dass ich alles verstehen (können).
3. Wie reich er auch (sein), ich möchte nicht mit ihm tauschen.
4. Sie ruft den Arzt, damit er das Kind (untersuchen).
5. Was auch (kommen), ich führe es durch.

D Modifier les phrases (souhait réalisable).

Wir wünschen, dass du bald kommst.
→ **Mögest** du bald **kommen**!

1. Wir wünschen, dass du die Stellung bekommst.
2. Wir wünschen, dass sie ihr Examen besteht.
3. Wir wünschen, dass der Dieb ertappt wird.
4. Wir wünschen, dass der Deich bei der nächsten Sturmflut hält.
5. Wir wünschen, dass die beste Mannschaft gewinnt.

E Utiliser le subjonctif I présent / parfait / futur dans le discours indirect.

Er behauptet,	die Produktion **steige**. die Produktion **sei gestiegen**. die Produktion **werde steigen**.

Der Betriebsleiter behauptet :

1. Der Absatz steigt ständig.
2. Die Belegschaft arbeitet tüchtig.
3. Die Löhne werden regelmäßig erhöht.
4. Es gibt keine Entlassung.
5. Der Betrieb beschäftigt viele Gastarbeiter.
6. Ein neues Werk wird in Brasilien gebaut.

F Traduire et indiquer le sens du subjonctif I : souhait, ordre, supposition, concession, incertitude.

1. Das sei für heute genug! Ein jeder tue seine Pflicht!
2. Man nehme dreimal täglich eine Tablette.
3. Ich bleibe hier, komme, was da wolle.
4. Seien Sie herzlich willkommen! Das junge Paar lebe hoch!
5. Wie dem auch sei … Das sei fern von mir!
6. Das möge / wolle Gott verhüten!
7. Gegeben sei das Dreieck ABC …
8. Seien wir froh, dass alles vorbei ist!
9. Seien wir doch vernünftig!
10. Das bleibe dahingestellt! Er rühme sich dessen nicht.
11. Edel sei der Mensch, hilfreich und gut! (Goethe)
12. Sie gab ihm einen Ring, damit er sie nicht vergesse.
13. Mögest du nie in eine ähnliche Situation geraten.
14. Wer gibt, der gebe gern! Sein Wille geschehe!

G Traduire.

1. *Sois le bienvenu dans notre ville.* (willkommen sein)
2. *Puisse-t-il vivre heureux au milieu des siens.*
3. *Je lui donne des conseils afin qu'il obtienne le poste qu'il désire. Il ne s'en vante pas.* (die Stellung)
4. *Qu'il ne franchisse plus jamais le seuil de ma maison.* (die Schwelle)
5. *Quoi qu'elle dise, je ne la croirai pas.* (jm glauben)
6. *Il prétend qu'elle travaille bien en classe.* (be'haupten)
7. *Il affirme que son club de football gagnera le match.* (das Spiel)

Paragraphes 59 à 60

Corrigés p. 362

A Utiliser le subjonctif II.

Wünsche: → Wenn ich doch genug Geld **hätte**!

1. Wenn ich doch (eine gute Zensur bekommen)!
2. Wenn ich doch (in den Ferien segeln können)!
3. Wenn ich doch (einen neuen Anzug bekommen)!
4. Wenn ich doch (schon selbständig sein)!

Bedauern: (helfen) → Wenn du mir nur **geholfen hättest**!

1. Wenn ich nur den Brief ...! (schreiben)
2. Wenn ich nur meine Aufgaben ...! (machen)
3. Wenn ich nur feste Schuhe ...! (kaufen)
4. Wenn du nur die Adresse ...! (notieren)
5. Wenn ich nur meine Notizen ...! (wiederfinden)

B Utiliser soit le subjonctif II présent, soit la construction avec ***würde***.
Traduire le texte.

Zurück zur Natur!

Wenn ich reich (sein), dann (lassen) ich mir auf dem Hang eines Hügels ein kleines Landhaus bauen, weiß mit grünen Fensterläden. Obgleich ein Strohdach das Beste (sein), (mögen) ich doch lieber ein Ziegeldach; denn Ziegel sehen sauberer und freundlicher aus, und sie ... mich ein bisschen an die Zeit meiner Kindheit (erinnern).
Ein Hühnerhof (müssen) natürlich dabei sein und ebenso ein Stall voll Kühe, damit es mir nie an Milch (fehlen). Ich (haben) auch ein paar Gemüsebeete und einen hübschen Obstgarten. Mein Gärtner ... die Früchte weder zählen noch pflücken, sie (stehen) allen zur Verfügung, die (vorbeikommen).
Dann ... ich dort eine Schar von Freunden um mich (versammeln), die gern vergnügt sind. Die Stadtluft (sein) vergessen und in diesem ländlichen Leben (finden) wir eine Fülle von Freuden. Das tätige Leben ... uns gesund und hungrig (machen), jede Mahlzeit (sein) ein Festessen; denn Heiterkeit, ländliche Arbeit und fröhliche Spiele sind immer die besten Köche der Welt.

nach Jean-Jacques Rousseau.

C Transposer le texte ci-dessus au passé.

→ Wenn **Rousseau** reich **gewesen wäre**, **hätte er sich** ...

D Remplacer le subjonctif II présent par une forme avec ***würde***.

(Subj. II présent) sänge → (Subj. II Futur I) **würde singen**

1. sänke
2. schlänge
3. wände
4. flöhe
5. flösse
6. gösse
7. schösse
8. verdürbe
9. hülfe
10. stürbe
11. würfe

E Former des subordonnées de comparaison à l'aide des phrases entre parenthèses.

→ Er tut, { **als ob** er nicht bis 3 zählen **könnte**. **als könnte** er nicht bis 3 zählen.

1. Er sieht aus, als ... (Er hat die ganze Nacht nicht geschlafen.)
2. Du benimmst dich, als ... (Dir gehört das ganze Haus.)
3. Er tut so, als ob ... (Er ist unentbehrlich.)
4. Du kommst daher, als ... (Du bist der Schah von Persien.)
5. Er läuft, als wenn ... (Der Teufel ist hinter ihm her.)

F Traduire.

1. *Si seulement il me laissait en paix !* (in Ruhe lassen)
2. *J'ai failli gagner le gros lot.* (das große Los)
3. *Si nous étions à votre place, nous ne l'accepterions pas.* (sich etwas ge'fallen lassen)
4. *Si tu écrivais, je viendrais. Si tu avais écrit, je serais venu.*
5. *Je déclarai à l'agent de police que je ne savais rien.*
6. *Il prétendit que lui et sa sœur avaient eu la grippe.*
7. *Si tu n'avais pas tant tardé, tu aurais eu le tramway.* (warten)

Paragraphes 61 à 62

Corrigés p. 363

A Remplacer le subjonctif II futur I par le subjonctif II présent.

1. Wenn morgen schönes Wetter (sein würde), könnten wir einen Ausflug machen.
2. Und wenn mein Freund Zeit (haben würde), könnte er mitkommen.
3. Aber wenn dein Freund (mitkommen würde), hätten wir nicht genug Platz im Wagen.
4. Und was (würdest du davon halten), wenn wir einen Ausflug zu Fuß machen würden?
5. Dein Vorschlag (würde gut sein), wenn der Weg nicht so weit wäre.

B Remplacer le subjonctif II futur II, qui s'emploie rarement en allemand, par le subjonctif II passé.

→ ich **hätte** ... + **participe II** du verbe.

1. Ich **würde** dich **gefragt haben**, wenn ich es gewagt hätte.
2. Aber warum **würdest** du es nicht **gewagt haben**, wenn du doch Vertrauen zu mir hast?
3. Warum **würdest** du deine Sorgen für dich **behalten haben**, wenn du doch weißt, dass ich dir helfe?

C Traduire.

1. Ich wäre bestimmt zu dir gekommen, wenn ich Zeit gehabt hätte.
   Ja, aber du wärst vielleicht zu müde gewesen.
2. Er wäre wohl einverstanden gewesen, wenn du ihn gefragt hättest.

D Remplacer le subjonctif II passé de l'exercice précédent par le subjonctif II présent :

→ Ich **käme** bestimmt zu dir, wenn ich ...

E Utiliser le subjonctif II passé.

Heute war ich so müde, als ob ich (krank sein).
→ als ob ich krank **gewesen wäre**.

1. Meine Beine waren so schwer, als ob sie (aus Blei sein).
2. „Ich (froh sein)", sagte meine Mutter, „wenn der Arzt gleich (kommen)."
3. Ich antwortete: „Wenn es (gehen), (mögen) ich mich am liebsten wieder ins Bett legen."
4. Mutter seufzte: „Wenn der Arzt jetzt (kommt), ... ich (beruhigt sein)."

F Relier les phrases entre elles avec ***als ob***.

> Das Kind schreit; es hat sich vielleicht verletzt.
> → Das Kind schreit, **als ob** es sich **verletzt hätte**.

1. Mein Vetter sah auf den Boden; er schämte sich vielleicht.
2. Der Lehrer sieht meinen Vetter an; er ist ihm vielleicht böse.
3. Mein Bruder zitterte; er war vielleicht erschrocken.
4. Er machte eine böse Bemerkung; er war vielleicht schlecht gelaunt.
5. Mein Onkel hörte mir unwillig zu; er war vielleicht ungeduldig.

G Réécrire les phrases suivantes sans ***ob***.

1. Mein Nachbar tut, als ob er mich nicht verstanden hätte.
2. Er tat, als ob er diese Sprache nicht kennte.
3. Er handelte, als ob er von der Gefahr nichts wüsste.
4. Die Sekretärin tat, als ob sie viel gearbeitet hätte.

H Traduire.

1. *Si seulement tu m'avais écouté ! Tu ne serais pas parti.* (auf jn hören)
2. *Nous pensions qu'ils se marieraient bientôt.* (heiraten)
3. *Dépêchons-nous pour que ton cousin arrive à la gare à l'heure.* (sich be'eilen) (rechtzeitig)
4. *Dans ce compartiment chaque couchette a une petite lampe pour que le voyageur puisse lire la nuit.* (der Liegeplatz)
5. *Puissions-nous arriver à temps ! Cet avion n'a jamais de retard.*
6. *Le soleil m'éblouit de sorte que je ne vois rien.* (blenden)

Paragraphe 63

Corrigés p. 363

A Former des subordonnées concessives d'après l'exemple suivant.

> Obwohl es kalt ist, ziehe ich keinen Pullover an.
> → **Wenn** es **auch** kalt ist, { **ich** ziehe keinen Pullover an. / **so** ziehe ich **doch** keinen Pullover an. }
> → **Mag** es **auch** kalt sein, **ich** ziehe keinen Pullover an.

1. Obwohl ich von Musik wenig verstehe, gehe ich gern ins Konzert.
2. Obwohl er erkältet war, ging er ins Büro.
3. Obwohl sie begabt ist, muss sie die Prüfung vorbereiten.
4. Obwohl er sich beeilt hatte, verpasste er den Zug nach Augsburg.

B Former des subordonnées concessives d'après l'exemple suivant.

> Trotz der vorgeschrittenen Zeit wollte ich nicht ins Bett gehen.
> **Wenn** die Zeit **auch** vorgeschritten war, **ich** wollte nicht ins Bett gehen.

1. Trotz des schlechten Wetters fuhren wir an die See.
2. Trotz des starken Regens wurde das Handballspiel fortgesetzt.
3. Trotz ihrer Erkältung ging sie zum Training.
4. Trotz unserer Ermahnungen fuhr sie per Anhalter nach Italien.

C Traduire.

1. *Quoi qu'il en soit, je n'ouvrirai pas la porte.* (wie dem auch sei,)
2. *Qui que ce soit, réponds poliment.* (höflich)
3. *Où que tu ailles, je te retrouverai.*
4. *J'étais trop impatient pour attendre le facteur à la maison.*
5. *Quelle que soit la superficie de ton appartement, il faut qu'il ait de grandes fenêtres pour laisser entrer la lumière.* (groß) (hell sein)
6. *Quand bien même tu m'offrirais 5 000 marks, je ne te vendrais pas ma collection de timbres.* (an-bieten) (wenn … auch) (die Briefmarkensammlung)
7. *Votre proposition sera adoptée par le comité directeur, à moins que plusieurs collègues ne fassent des objections.* (der Vorstand) (Einwände machen)
8. *Le chien aboyait si fort que nous n'arrivâmes plus à dormir.* (es ge'lingt (mir))

D Traduire.

1. Der Lehrstoff war zu umfassend, als dass ich ihn in so kurzer Zeit hätte bewältigen können.
2. Sie kommt gern, es sei denn, dass sie selbst Besuch bekommt.
3. Er kehrte aus dem Ausland zurück, ohne dass er sein Studium beendet hatte.
4. Wir nahmen Platz, ohne dass wir gefragt hätten.
5. Auf dem Fußballplatz stieß ein Stürmer einen Verteidiger, so dass beide das Gleichgewicht verloren.
6. Mein Bart wächst so schnell, dass ich mich zweimal am Tag rasieren muss.
7. Er gab sich große Mühe, obgleich er sich für die Arbeit wenig interessierte.
8. So sehr sie sich beeilte, sie erreichte ihren Zug nicht.
9. Wie morgen das Wetter auch sei, wir müssen abfahren.
10. Wen ich auch fragte, niemand wusste den Weg.

Paragraphe 64

Corrigés p. 364

A Mettre le texte au conditionnel.

> Was **würdest** du **tun**, **wenn** du das große Los **gewonnen hättest**?
> → Ich **würde** meine Eltern **unterstützen**, ich **gäbe** …

Mein Vetter hat das große Los gewonnen.

Er unterstützt seine Eltern, er gibt eine größere Summe für die Forschung, er baut sich ein Haus, er schafft sich einen Wagen an, er fährt sonntags an die See, er macht große Reisen, er lässt sich Möbel anfertigen, er kauft sich Bücher.

B Remplacer le complément circonstanciel par une subordonnée introduite par ***wenn***.

> **Beim Überqueren der Straße** / **Wenn man die Straße überquert,** → soll man vorsichtig sein.

1. **Bei täglichem Spaziergang** bleibt man gesund. (Wenn man … spazieren geht)
2. **Bei Nichtgefallen** kann der Artikel umgetauscht werden. (nicht gefallen)
3. **Bei unerlaubtem Betreten des Gebäudes** wird die Alarmanlage ausgelöst. (Passiv)
4. **Beim Besuch eines Museums** muss man Eintritt bezahlen. (besuchen)
5. **Bei guten Vorkenntnissen** kann man sich zu diesem Kursus eintragen. (Wenn man … hat)

C Relier les phrases suivantes entre elles avec ou sans ***wenn***.

> Du sprichst zu leise. Wir können dich nicht verstehen.
> → **Wenn** du zu leise **sprichst**, können wir dich nicht verstehen.
> **Sprichst** du zu leise, (**so**) können wir dich nicht verstehen.

1. Er lernt nicht genug. Er wird nicht versetzt.
2. Der Taxifahrer fährt zu schnell. Er muss Strafe zahlen.
3. Du willst nicht mitkommen. Ich gehe allein ins Konzert.
4. Das Experiment misslingt. Wir verzeihen es dir nicht.
5. Wir sehen uns nicht mehr. Ich mache die Bestellung selbst.
6. Der Film fängt erst um 9 Uhr an. Ich kann noch vorher essen.

D Transposer, selon le cas, au subjonctif II présent ou au subjonctif II futur I.

> Bitte, **darf** ich Sie begleiten? → **Dürfte** ich Sie begleiten?
> Bitte, **warten** Sie! → **Würden** Sie bitte **warten**?

Höflichkeitsfragen

1. Darf ich Ihnen den Mantel abnehmen?
2. Darf ich mich zu Ihnen setzen?
3. Darf ich Sie um die Zeitung bitten?
4. Können Sie mich heute noch anrufen?
5. Komm' mal her! Hilf mir!
6. Erklären Sie mir das mal!
7. Können Sie mir die genaue Uhrzeit sagen?
8. Leihen Sie mir Ihr Fahrrad?
9. Bitte, geben Sie mir Ihre Telefonnummer!
10. Darf ich Sie um den nächsten Tanz bitten?

E Traduire.

1. *Si tu veux, nous irons en ville.*
2. *Si vous permettez, je vais fermer la fenêtre.*
3. *S'il pleut, n'oublie pas de prendre un parapluie.*
4. *S'il fait beau demain matin, nous irons nous promener dans la forêt.*
5. *Si elle ne vient pas, nous partirons sans elle à Linz.*

F Répondre aux questions suivantes en utilisant ***fast***.

> Bist du gestolpert? → **Fast wäre** ich **gestolpert**.
> *(As-tu trébuché ?)* *(J'ai failli trébucher.)*

1. Ist Ingrid zu spät gekommen?
2. Hat sie dich nicht wieder erkannt?
3. Habt ihr den Zug erreicht?
4. Hast du dich in den Finger geschnitten?
5. Hat sie ihren Job verloren?
6. Hat er sein Geschäft aufgeben müssen?

G Former des subordonnées conditionnelles.

> Ich wäre gekommen, aber ich hatte keine Zeit.
> → **wenn ich Zeit gehabt hätte.**

1. Ich hätte dich benachrichtigt, aber ich kannte deine Adresse nicht.
2. Ich hätte dich angerufen, aber ich hatte deine Telefonnummer nicht.

3. Ich hätte dich gern begleitet, aber wir erwarteten Besuch.
4. Sie hätte gern geholfen, aber sie wurde zur Nachbarin gerufen.
5. Sie wäre gerne auf den Ball gegangen, aber sie besaß kein Kleid.

H Traduire.

1. Der Opa singt seinem Enkel ein Schlaflied vor. Nach einer Weile meint der Kleine: „Opa, **wenn** du endlich **aufhören würdest**, **könnte** ich einschlafen!"
2. „Gut, dass es Kopfschmerzen gibt, sonst **wüssten** manche Leute gar nicht, dass sie einen Kopf haben". (G.C. Lichtenberg).
3. Ralf und seine Freundin Ute picknicken im Wald. Ute fragt: „Was würde wohl **die Eiche** sagen, **wenn** sie sprechen **könnte**?" Darauf antwortet Ralf: „Ich bin eine **Buche**."

I Traduire.

1. *Elle te préviendrait si...* (benachrichtigen)
2. *J'aurais téléphoné si... Je t'aurais ouvert si...*
3. *Pourriez-vous m'indiquer l'heure exacte ? Auriez-vous du feu ?*
4. *Je serais heureux si mon parrain m'offrait un lecteur-CD.* (der CD-Player)
5. *Si j'avais eu plus de travail, j'aurais dû rester au bureau.*
6. *S'il n'avait pas fait froid, nous aurions joué dehors.*
7. *Si j'étais riche, j'aurais une belle maison au bord de la mer.*
8. *Si tu n'étais pas venue, je t'aurais écrit.*
9. *Si le village n'avait pas été si loin, j'aurais pu y aller à pied.*
10. *Un jeune homme est assis dans le métro en face d'une vieille dame. Il mâche du chewing-gum. Et sa voisine de lui dire bientôt : « Si vous parliez un peu plus fort, je comprendrais ce que vous me dites ! »* (das Kaugummi).

Paragraphe 65

Corrigés p. 365

A Mettre au discours indirect

Erich schrieb mir: „Ich bin wieder gesund."	Erich schrieb mir, **er sei** wieder gesund.

Klaus schrieb mir:

1. „Ich hatte Fieber."
2. „Ich werde noch zu Hause bleiben."
3. „Hast du an mich gedacht?"
4. „Wann rufst du mich an?"
5. „Besuche mich bald!"
6. „Ich würde mich sehr freuen."

Pour rapporter les paroles ou les pensées de quelqu'un, on emploie le subjonctif. On garde le temps du discours direct (présent / futur ou passé). Si les formes du subjonctif I se confondent avec l'indicatif, on utilise le subjonctif II.

B Mettre au discours indirect.

→ Ich fragte ihn, **ob er** ...

1. Ich fragte ihn:
„Haben Sie noch ein Zimmer frei! Was kostet es?
Können wir vor der Abreise frühstücken?
Kann ich die Rechnung haben?"
2. Herr Carstens hat vorhin im Hotel angerufen. Er sagte:
„Ich nehme das Zimmer im 1. Stock. Wir wollen voraussichtlich drei Tage bleiben. Wir haben das letzte Mal hier gut geschlafen. Wir waren sehr zufrieden."

3. Hans erzählte uns:
„Ich bin gestern auf der Eisbahn gewesen. Es war brechend voll. ch bin auch hingefallen. Aber jetzt kann ich ordentlich laufen. Nächste Woche gehe ich wieder hin."
4. Der Arzt sagte zu der Mutter:
„Ihr Sohn ist nicht sehr krank. Er hat sich erkältet und muss im Bett bleiben. Vielleicht bekommt er noch höheres Fieber, aber in drei Tagen darf er wieder aufstehen."

C Transposer le texte suivant au discours indirect.

Der Mann neben mir sah zufrieden aus. Ich fragte ihn, ob er sich oft in fröhlicher Gesellschaft aufhalte. Das sei selten der Fall, sagte er. Ob er oft ins Kino ginge, erkundigte ich mich, Er gehe nie ins Kino, entgegnete er. Das se eigenartig, sagte ich, aber er sei bestimmt ein Mann, der gern ein Pfeifcher rauche. Er sagte bedauernd, dass ihm dieses von seinem Arzt verboten worden sei. Ich lachte und meinte, dass er dann und wann ein Gläschen nicht verachten würde. Auch das sei nicht der Fall, gab er mir zu verstehen, sein Herz vert-age keinen Alkohol. Erstaunt erkundigte ich mich, was er denn unternehme, ur Freude am Leben zu haben. Da verriet er mir, dass es ihm einen großen Spaß bereite, seine Mitmenschen zu beobachten.

D Transposer les textes ci-après au discours indirect.

1.

→ Ich fragte. **ob er** schon lange hier **sei** …

Ich fragte:
„Sind Sie schon lange hier?
Wollen Sie bald abreisen?
Brauchen Sie ein Taxi?
Suchen Sie ein ruhiges Hotel?
Wann möchten Sie geweckt werden?
Essen Sie auf dem Zimmer oder im Speisesaal?"

2.

→ Er sagte, wenn **er stehe**, dann …

Ein erfahrener Mann wurde gefragt, warum er trotz seiner vielen Bescr äftigungen immer so gesammelt (*concentré*) sein könne. Er sagte:
„Wenn ich stehe, dann stehe ich.
Wenn ich gehe, dann gehe ich.
Wenn ich sitze, dann sitze ich.
Wenn ich esse, dann esse ich.
Wenn ich spreche, dann spreche ich."
Da fielen ihm die Fragenden ins Wort und sagten:
„Das tun wir doch auch."
Er aber sagte zu ihnen: „Nein,
wenn ihr sitzt, dann steht ihr schon;
wenn ihr steht, dann lauft ihr schon;
wenn ihr lauft, dann seid ihr schon am Ziel."

3. Ich fragte meinen Freund: „Bist du noch Verkäufer in einem Lebensmittelgeschäft?"
Er antwortete: „Ich war es, leider wurde ich entlassen."
Ich fragte: „Wie ist das gekommen?"
Er erwiderte:
„Als ich die Stellung antrat, sagte der erste Verkäufer zu mir:
‚Hören Sie gut zu, wenn ich Verkaufsgespräche führe, damit Sie es bald lernen!'
Kurz darauf trat eine Kundin in den Laden, um Trauben zu kaufen. Der Verkäufer begrüßte sie und sagte: ‚Ich habe frische Ware bekommen. Sehen Sie diese Trauben an. Sie strömen noch den natürlichen Duft der Weinberge aus.'

Ich merkte mir diese Worte.
Als bald darauf eine Frau Schweinefüßchen in Büchsen verlangte, öffnete ich eine Büchse und sagte: ‚Sehen Sie diese wunderbaren Schweinshaxen an. Sie strömen noch den natürlichen Geruch der Schweineställe aus.' "

E Traduire.

1. *Anna lui demanda pourquoi il était arrivé si tôt.*
2. *Mon ami m'a écrit avant-hier qu'il était malade.*
3. *Klaus m'a dit qu'il avait oublié son rapport chez lui et qu'il me l'apporterait. Mais il n'a certainement pas dit la vérité.*
4. *Elle ne savait pas si Pia viendrait la chercher à l'aéroport.* (jn 'ab-holen)
5. *Il demanda à l'hôtelier s'il pouvait avoir une chambre avec douche.*
6. *Je lui demande s'il pouvait m'accompagner à la piscine.* (das Schwimmbad)
7. *Il voulut savoir s'il ne faisait pas trop froid pour aller se baigner.*
8. *Le douanier prétendit qu'il était trop occupé et qu'il ne pouvait pas répondre à nos questions.* (der Zollbeamte)
9. *Je croyais que mes camarades battraient l'autre équipe.*
10. „Das ist ja wunderbar, dass du kommst", sagt die kleine Inge zu ihrer Tante. „Wir freuen uns alle sehr!"
– „Wirklich?" fragt die Tante. – „Ja wirklich", antwortet Inge. „Vati hat erst heute Morgen gesagt, du hättest ihm gerade noch zu seinem Glück gefehlt."

F Compléter par le subjonctif I ou II.

Der Taxifahrer in New York fragt nach meiner Nationalität, und als ich ihm sage, dass ich Schweizer (sein) (1), sagt er, er (haben) (2) eine Schwester in Stockholm. Stockholm (sein) (3) in Schweden, sage ich. Das (wissen) (4) er, sagt er. Schweden und die Schweiz (liegen) (5) weit auseinander, sage ich.
Das (wissen) (6) er, sagt er, aber er (haben) (7) eine Schwester in Schweden und ich (kommen) (8) doch aus der Schweiz und das (sein) (9) doch in Schweden.

Peter Bichsel

G Transposer les textes ci-après au discours indirect.

Hans erzählte, Fritz und **er seien** ins Café **gegangen. Sie hätten** …

1. „Fritz und ich gingen gestern ins Café. Wir legten beide Hut und Mantel an dem Garderobenständer ab. Wir suchten einen Platz am Fenster. Ich trank gemütlich mein Bier. Fritz blickte wie gebannt nach dem Garderobenständer hin."
– „Warum siehst du denn immer nach dem Garderobenständer hin?" sagte ich. „Du machst mich nervös! Ich sehe doch nicht immer dahin!"
– „Du hast es auch nicht mehr nötig!" antwortete Fritz. „Dein Hut und dein Mantel sind nämlich schon weg!"
2. In seinem Vortrag sagte der Redner: „Bertolt Brecht war ein guter Schüler. Er liebte es, seine Aufsätze mit Goethe-Zitaten zu belegen, um seinen Aufsätzen Nachdruck zu verleihen. Die Zitate erfand er selbst. Trotzdem fiel es nie auf, weil der Lehrer nicht zugeben wollte, dass ihm ein Goethe-Wort unbekannt war."

H Transposer au discours indirect.

a. Der Hotelbesitzer sagte zu uns:
„Bringen Sie diese Stühle in den Empfangssaal! Stellen Sie die Heizung an! Saugen Sie die Teppiche sorgfältig! Wechseln Sie in allen Zimmern die Bettwäsche!"

b. Der Schaffner trat ins Abteil und fragte: „War hier noch jemand zugestiegen?"

c. Als ich endlich an der Reihe war, sagte der Beamte:
„Mittagspause! Verlassen Sie bitte mein Büro!"

I Former des phrases comme suit.

> Er bat mich, meinen Namen zu wiederholen.
> → Er bat mich, **ich möge** meinen Namen wiederholen.

1. Die Rechtsanwältin bat ihren Klienten, ihr alles zu erklären.
2. Der Zollbeamte bat die Reisenden, die Zollformulare auszufüllen.
3. Der Polizist bat mich, den Unfall genau zu beschreiben.
4. Mein Vater bat uns, den Weg, den wir gegangen waren, auf der Karte zu zeigen.
5. Die Beamtin bat uns, unsere Ausweise vorzuzeigen.

J Traduire.

1. *Elle m'a demandé si je venais aujourd'hui au cours.* (die Vorlesung)
2. *Je lui ai demandé à qui elle avait rendu visite.* (besuchen)
3. *Elle me pria de venir à la clinique.*
4. *Elle m'a assuré que nos invités pouvaient être logés à l'hôtel.*
5. *Il m'a promis que tu allais travailler au projet.*
6. *« Décidez-vous rapidement ! » me dit-elle.* (sich entscheiden)
   Elle me demanda de me décider rapidement.
7. *Le ministre déclara que la crise ne pourrait être surmontée qu'avec l'aide de tous les partis.* (überwinden)
8. *Il nous demanda si le directeur était arrivé et à quelle heure il partirait.*

Paragraphes 66 à 68

Corrigés p. 367

A Modifier les phrases selon les exemples suivants.

1.
> → Wir freuen uns über **die blühenden Blumen**, über …

Im Sommer. Die Bäume rauschen, die Blumen blühen, die Vögel singen, die Wolken ziehen, die Kühe grasen, die Bienen summen.

2.
> → Ich sehe **die züngelnden Flammen**, …
> Ich höre **die knisternden Balken**, …

Brennendes Bauernhaus. Die Flammen züngeln, das Dach raucht, die Balken knistern, die Funken sprühen, das Wasser zischt, die Schafe blöken, die Rinder brüllen.

3.
> → das **ausgebrannte** Haus, …

Nach dem Brande. Das Haus ist ausgebrannt. Die Balken sind verkohlt. Die Möbel sind beschädigt. Der Garten ist verwüstet.

B Compléter à l'aide du participe I ou II des verbes entre parenthèses.

1. Ich sah ihn … an.	(fragen / ab-warten / lächeln)
2. Ich stimmte … seiner Meinung zu.	(zögern / mit dem Kopf nicken)
3. Ich ging … vor der Tür auf und ab.	(sich auf-regen) (1)
4. Ich hörte … zu.	(sich interessieren / sich langweilen) (1)
5. Er erhielt ein winziges Zimmer ….	(zuteilen)

(1) Le participe II des verbes réfléchis se forme sans ***sich***.

C Modifier comme suit.

	reisen	→	der **Reisende**
(sich)	betrinken	→	ein **Betrunkener**
	lernen	→	das **Gelernte**

1. Der Unfallwagen hat den … ins Krankenhaus gebracht. (verletzen)
2. Ich habe einen … auf der Straße liegen sehen. (betrinken)
3. Der … wollte im Gepäcknetz schlafen. (betrinken)
4. Der Zollbeamte kontrollierte das Gepäck des …. (reisen)
5. Ein … hat seine Fahrkarte verloren. (reisen)
6. Ich denke an die … Wir gedenken der …. (töten / fallen)
7. Die Polizei verhaftete die …. (streiken)
8. Ich wiederhole das …. (lernen)
9. Ich bekam das … nicht. (wünschen)
10. Ich erinnere mich weder an das … noch an das …. (lesen / hören)

D Traduire.

1. *La leçon à apprendre. Les mesures à prendre.* (Maßnahmen er'greifen) *Des applaudissements sans fin.* (nicht enden wollen)
2. *Ayant déposé mon manteau au vestiaire, j'achetai un programme à l'ouvreuse.* (die Platzanweiserin)
3. *Vous faites toujours la même faute en lisant.* (beim)
4. *J'arrivai en courant. Il me suivait en pleurant.*
5. *Nous les avons rencontrés en sortant du métro.* (die U-Bahn)
6. *Ne parlez pas en écrivant !*
7. *J'apprends ma leçon en la lisant attentivement plusieurs fois.* (aufmerksam)
8. *L'air ennuyé elle regardait par la fenêtre.*
9. *Je lui ai remis ton livre en passant.* (im …)
10. *Je trouvai ma sœur en train d'écrire une lettre à notre frère qui étudie aux USA.* (als …)
11. *J'espère que vous vous plairez ici, dit-il en me tendant la main.* (es ge'fällt mir) *Soyez le bienvenu !*
12. *Mon chef de service a engagé une nouvelle secrétaire connaissant la sténo et le traitement de texte.* (jn ein-stellen) (die Kurzschrift / die Textverarbeitung beherrschen)
13. *Je l'ai vue sortant de la mairie. Elle est notre députée.* (wie … / die Abgeordnete)
14. *Le repas fini, nous prîmes congé les uns des autres.* (sich ver'abschieden)

Paragraphe 69

Corrigés p. 367

A Former des groupes participiaux.

> Ich war kaum angekommen; ich empfing einen Kunden.
> → **Kaum angekommen**, empfing ich einen Kunden.

1. Der Berg ist mit Schnee bedeckt; er sieht wunderbar aus.
2. Einige Sportler sind mit Schiern ausgerüstet; sie fahren mit der Seilbahn bergauf.
3. Sie erreichen den Gipfel; sie bewundern die Aussicht.
4. Die Schiläufer sind endlich angekommen; sie sausen hinab.
5. Ich arbeite an einem Referat; ich denke nicht ans Schilaufen.
6. Ilse sitzt auf der Couch; sie blättert in einer Modezeitschrift.

> Weil das Seil allzu straff gespannt war, riss es.
> → **Allzu straff gespannt**, riss das Seil.
> *(Trop tendue, la corde se rompit.)*

7. Obwohl mein Bruder von uns gewarnt worden war, segelte er.
8. Sobald er im Hafen eingetroffen war, sandte er ein Fax.
9. Indem er ein Lied vor sich hin pfiff, ging er auf sein Hotel zu.
10. Nachdem wir durch ein Fax über seinen Verbleib informiert waren, gingen wir beruhigt zum Abendessen.
11. Wenn man es genau nimmt, war es ein gewagtes Spiel. (*à dire vrai*)

B Modifier comme suit.

> Alle, die da waren, → **alle Anwesenden**

1. Unter den Gästen waren mehrere, die ich kannte.
2. Derjenige, der vortrug, sah mich plötzlich an.
3. Alle, die vorübergingen, sagten „Guten Morgen".
4. Alle, die nicht da waren, wurden aufgeschrieben. (abwesend)

> ein von der Jugend gern gelesenes Buch
> → ein Buch, **das von der Jugend gern gelesen wird.**

5. falsch geschriebene Sätze – ein kalter, aus Norden blasender Wind
6. ein an der Küste stehendes Haus – der heute erschienene Roman
7. das um Hilfe schreiende Kind – die wegen Bauarbeiten gesperrte Straße

C Former des groupes participiaux à partir des relatives.

1. Die Sonne, die hoch über uns stand, brannte heiß.
2. Ein Zug, der von zwei Lokomotiven gezogen wurde, lief ein.
3. Der alte Mann, der vor dem Kaufhaus saß, war der Pförtner.
4. Hast du die Frau erkannt, die das Kaufhaus verließ?
5. Meinst du die blonde Frau, die mit Paketen beladen war?

D Traduire

1. *Arrivés en bout de piste, les skieurs détachèrent leurs skis.* (ab-schnallen / der Schiläufer)
2. *En apercevant mon ami dans la neige, j'ai ri de bon cœur.* (herzlich)
3. *Ce barrage construit il y a deux ans alimente la vallée en électricité [relative et participiale].* (der Staudamm / ver'sorgen mit (+ datif) / der e'lektrische Strom)
4. *Si nous avons de la chance, nous nous en sortirons vivants.*
5. *Les derniers arrivés dormiront à l'auberge de jeunesse.*
6. *Entouré de ses amis, il prit congé de ses parents.* (Abschied nehmen)
7. *Debout sur le quai, nous attendions le départ du train.* (der Bahnsteig)
8. *Assis près de la fenêtre, il nous fit signe.* (winken (+ datif))
9. *Étendu sur la banquette du compartiment, son fils dormait.* (das Abteil)

TESTEZ VOS CONNAISSANCES

Paragraphes 25 à 54

Corrigés p. 369

A Mettre le texte au présent et au parfait de l'indicatif.

Im Supermarkt

Die Frau schob einen Einkaufswagen durch einen der sehr engen Durchgänge des Supermarktes, wo man in eine Seitengasse ausweichen musste, wenn einem jemand entgegenkam. Es klirrte von leeren Einkaufswagen, die von einem Angestellten zusammengeschoben wurden; dazu rasselten die Kassen …

In einer stilleren Gasse wurde sie von Franziska angesprochen, die einen Caddie hinter sich herzog. Franziska sagte: „Ich gehe sonst immer in meinen Krämerladen an der Ecke, auch wenn die Salatköpfe dort oft halb verwelkt sind. Aber den ganzen Monat lang kann man sich eine solche Menschenfreundlichkeit nicht leisten".

Peter Handke, *Die linkshändige Frau.*

B Transposer le 2e paragraphe de l'exercice précédent au discours indirect.

→ Die Frau erzählte, in einer stilleren Gasse …

C Compléter par le présent, le parfait et le futur I de l'indicatif.

1. Das Eis …. (schmelzen)
2. Das Kind …. (wachsen)
3. Er … an Rheumatismus. (leiden)
4. Das … zum ersten Mal. (geschehen)
5. Der Postbote … an der Tür. (klingeln)
6. Sie … ein Tuch um den Hals. (binden)
7. Er … sich an der Tischkante. (stoßen)
8. Er … mit Tomaten. (werfen)

D Mettre les phrases suivantes au prétérit et au parfait de l'indicatif.

1. Treibst du Sport? Auf dem Sportplatz wird trainiert.
2. Einige Sportler laufen, andere springen oder üben sich im Kugelstoßen.
3. Mädchen spielen Handball. Wir sehen dem Spiel zu.
4. Während des Trainings soll der Sportler ein geregeltes Leben führen.
5. Jedes Jahr wird die deutsche Fußballmeisterschaft ausgetragen. Wer dem Endspiel nicht beiwohnen kann, sieht es im Fernsehen.

E Compléter par l'auxiliaire qui convient ***haben*** ou ***sein***.

1. Vorgestern … ich nach Dortmund gefahren, wo ich mich mit Geschäftsfreunden unterhalten …. Ich … früh schlafen gegangen.
2. Der Nachtportier … mich um 7 Uhr geweckt.
3. Ich … telefoniert und ein Taxi bestellt. Der Taxifahrer … mich zum Flugplatz gefahren. Ich … nach Stuttgart geflogen.
4. Es … Frühling gewesen. Die Blumen … überall geblüht.
5. Die Kirschbäume … schon verblüht.

F Décrire en quelques lignes ce qui arrive au voyageur de la bande dessinée.

G Traduire.

« **Si l'on vous dit** :
Ils peuvent bien dire de moi tout ce qu'ils veulent, cela ne me touche pas !
Je vous ai pourtant écrit une longue lettre, je suis allé moi-même la mettre à la poste, et vous n'avez rien reçu ? Bizarre !
Je donnerai tout ce que j'ai pour …
S'ils croient que cela me fait peur, ils se trompent. J'en ai vu d'autres, allez ! Je n'ai de leçon à recevoir de personne …
Prenez ça, ça va avec tout, et vous serez toujours à la mode.
Monsieur, c'est la première fois qu'on nous fait une réclamation de ce genre.
Je ne suis pas exigeant, tout le monde vous le dira.
*… **n'en croyez rien** !* »

Pierre Daninos, *Le jacassin.*

H Transposer au passif.

Das Arbeitsamt vermittelt mir einen Arbeitsplatz. → **Ein Arbeitsplatz wird** mir **vom** Arbeitsamt **vermittelt**.

1. Die Arbeitsvermittlung schickte mich zu einer Firma.
2. Ein Angestellter führte mich in einen Prüfungssaal.
3. Dort empfing mich eine junge Sekretärin.
4. Man wartete, bis alle Bewerber eingetroffen waren.
5. Dann hat uns der Personalchef begrüßt.
6. An alle Bewerber verteilte man Fragebogen.
7. Der Personalchef bat uns, den Fragebogen auszufüllen.
8. Wir beantworteten alle Fragen sorgfältig.
9. Die Sekretärin sammelte alle Fragebogen ein.
10. Man wird uns später benachrichtigen.
11. Die Firma wird drei neue Arbeitskräfte einstellen.
12. Man hat mich zur Probe angenommen.

I Réécrire les phrases selon l'exemple suivant.

Die Ware wird geliefert.	(sollen) → Die Ware **soll geliefert werden**.

1. Die Bestellung wird angenommen.
2. Die Sendung wird zugestellt.
3. Der Kunde wird verständigt.
4. Die Ware ist abgeladen worden.
5. Die Lieferung ist in Empfang genommen worden.

J Transposer les phrases suivantes à la voix active.

> Der Briefkasten wird täglich geleert.
> → Man **leert** täglich den Briefkasten.

1. Durch die Post werden Briefe, Zeitungen und Pakete befördert, Zahlungen weitergeleitet und Telefongespräche übertragen.
   Diese Aufgabenbereiche sind durch neue Telekommunikationsdienste erweitert worden.
2. Die Maschinen können überallhin transportiert werden.
3. Viele Straßen in der Innenstadt wurden zu Fußgängerstraßen erklärt.
4. Haupt- und Nebensätze werden durch ein Komma getrennt.
5. Zitate werden in Anführungszeichen gesetzt.

K ***durch*** (+ accusatif) ou ***von*** (+ datif) ? Compléter par la préposition qui convient.

1. Mehr soziale Gerechtigkeit wird ... Bundeskanzler versprochen.
2. Die Kirchensteuer wird ... das Finanzamt eingezogen.
3. Der Antrag wird gewiss ... Parlament angenommen werden.
4. Der Verkehrsstau ist ... einen Unfall verursacht worden.
5. Der Vertrag ist ... Bundespräsidenten unterzeichnet worden.
6. Die Überschwemmung wurde ... ein Unwetter ausgelöst.
7. Die Ernte ist ... Hagelschlag vernichtet worden.
8. Ein großer Sachschaden wurde ... den Zusammenstoß angerichtet.

L Traduire.

1. *Être opéré – avoir été opéré. Il sera opéré par le médecin-chef.* (der Chefarzt)
2. *Le colis a été apporté, il y a deux jours, par un coursier.* (der Bote)
3. *Ce roman anglais, interdit plusieurs années, a été publié.* (veröffentlichen)
4. *Les taux d'intérêt ont été relevés par la Bundesbank.* (der Zinssatz / erhöhen)
5. *Des informations seront données par le nouveau ministre.*

M Former des phrases sur les modèles ci-après.

> Man baut hier ein Clubhaus.
> → Es **wird** hier ein Clubhaus **gebaut**.
> Hier **wird** ein Clubhaus **gebaut**.
> Ich glaube, **dass** hier ein Clubhaus **gebaut wird**.

Stadtsanierung

1. Man renovierte die historischen Gebäude.
2. Man hat letztes Jahr das alte Krankenhaus abgerissen.
3. Man hat die Innenstadt durch eine Fußgängerzone neu gestaltet.
4. Man wird am Stadtrand eine Siedlung errichten.
5. Man hat im Süden der Stadt einen Park angelegt.
6. Man pflanzte im Herbst Bäume und Sträucher.
7. Man vergrößert dieses Jahr den Sportplatz.
8. Man hat vor einem Monat ein neues Hallenbad eingeweiht.
9. Man achtet heute mehr als früher auf Umweltschutz.

> Ihm hilft niemand. → **Ihm** wird von niemandem geholfen.
> **Es** wird ihm von niemandem geholfen.

1. Überall sucht man nach dir.
2. Dieses Jahr hat man mit vielen Messebesuchern gerechnet.
3. Im Interesse der Hotelgäste bittet man um Ruhe auf den Gängen.
4. Auf der letzten Sitzung redete man nur um das Problem herum.
5. Heute hat man von derselben Angelegenheit gesprochen.

N Former les phrases à l'aide de ***können*** + passif.

Das Wort „gemütlich" →	lässt sich nur schwer übersetzen. **kann** nur schwer **übersetzt werden**.

1. Das Fenster lässt sich nicht öffnen.
2. Der Gasofen ließ sich noch reparieren.
3. Dieser Fleck auf dem Tischtuch wird sich entfernen lassen.
4. Der Betrag hat sich folgendermaßen errechnen lassen.
5. Die Kosten der Krankenversicherung lassen sich senken.

O Former des phrases à l'impératif (2e personne du singulier, forme de politesse).

> Motor abstellen.
> → **Stell** den Motor **ab**! **Stellen Sie** den Motor **ab**!

Regeln nach einem Unfall

1. Zur Seite fahren.
2. Warndreieck aufstellen.
3. Sich um Verletzte kümmern. Erste Hilfe leisten.
4. Polizei und Krankenwagen anrufen.
5. Adressen von Zeugen aufschreiben.
6. Mit dem Unfallpartner einen Unfallbericht ausfüllen.

> Ware nicht berühren.
> → **Berühre die** Ware nicht. **Berühren Sie die** Ware nicht.

Schilder

1. Rasen nicht betreten.
2. Bei Gefahr Scheibe einschlagen.
3. Ausweis vorzeigen.
4. Hier sprechen.
5. Bitte dreimal klingeln.

P ***Sein*** ou ***haben*** ? Mettre les phrases suivantes au parfait.

1. Er sieht nicht ein, warum er die Arbeit allein verrichten soll.
2. Er fiel bei der Prüfung durch. Er wiederholte sie und bestand sie.
3. Unsere Kinder blieben diesen Winter von der Grippe verschont.
4. Gefällt dir das Theaterstück? Wir stehen an der Kasse Schlange.
5. Dieser Entschluss fällt mir schwer.

Q Traduire.

Quand je sors de chez moi, je donne toujours à ma porte deux tours de clef. Je la trouvais simplement tirée et cela me frappa. Je supposais qu'on m'avait monté des lettres dans la soirée. (zweimal / ab-schließen (o/o) / zu-ziehen (o/o) / herauf-bringen)
J'entrai. Mon feu brûlait encore et éclairait même un peu l'appartement. (erhellen)
Je pris une bougie pour aller l'allumer au foyer, lorsqu'en jetant les yeux devant moi, j'aperçus quelqu'un assis dans mon fauteuil, et qui se chauffait les pieds en me tournant le dos. (die Kerze (-n) / das Kaminfeuer)

Guy de Maupassant.

Paragraphes 55 à 69

Corrigés p. 371

A Utiliser selon le cas, l'infinitif avec ou sans ***zu***.

> Du hast gut reden.

1. Du solltest das Rauchen (einstellen).
2. Er braucht nur ein Wort (sagen).
3. Ich war außer mir, solche Unwahrheiten (hören).
4. Das brauche ich mir nicht gefallen (lassen).
5. Eine Gehaltserhöhung war nicht (erwarten).
6. Ich wagte nicht, ihn hinaus- (werfen).
7. Der Schwimmer versuchte, das Ufer (erreichen).
8. Der Antrag hätte am 1. März vorliegen (sollen).
9. Das musst du auf jeden Fall (tun).

B Traduire.

1. *Nous n'avons pas eu besoin de tes conseils.*
2. *Il te faudra une journée pour peindre la clôture.* (an-streichen (i / i))
3. *Nous n'avons plus besoin de les attendre.* (auf jn warten)
4. *Combien de temps te faudra-t-il encore ?*
5. *Tu n'aurais pas eu besoin de me le dire.*

C Former des subordonnées introduites par ***als*** ou ***wenn***.

> Er möchte **beim Lesen** nicht gestört werden.
> → Er möchte nicht gestört werden, **wenn er liest**.

1. Er erkältete sich beim Baden.
2. Ich will dir beim Kochen helfen.
3. Beim Klettern habe ich mir den Fuß verstaucht.
4. Beim Überqueren der Straße muss man auf die Verkehrszeichen achten.
5. Beim Abschreiben habe ich mehrere Fehler gemacht.

D Traduire.

1. ein Rezept zum Schlankwerden – auf Biegen und Brechen.
2. Ich weiß es vom Hörensagen. – Es ist zum Totlachen.
3. Er war in tiefes Nachdenken versunken.
4. Er ist vor lauter Arbeit nicht zum Essen gekommen.
5. nach Inkrafttreten des Vertrags.
6. Schwarzfahren kommt teuer!
7. Das Aussteigen auf freier Strecke ist untersagt.

E ***als / da / obgleich / sobald / wenn*** ? Utiliser le subordonnant approprié.

1. Der Morgen kam, die Sonne ging über den Hügeln auf und es wurde wieder etwas wärmer. Dann verließen wir das Dorf.
2. Es hörte auf zu regnen. Die Sonne trat hinter den Wolken hervor.
3. Der Rasen war noch zu nass. Das Tennisspiel fiel aus.
4. Die Verkehrsampel ist rot. Wir dürfen die Straße nicht überqueren.
5. Der Hörfunk hat zwar viele Hörer verloren, seine Informationen erfreuen sich jedoch großer Beliebtheit.

F Retrouver l'ordre approprié des éléments de la phrase.

1. Es die Straße zu erforderlich ist sperren ihres Zustands wegen.
2. Ich durch die Tür gehen habe sehen jemanden.
3. Hat als Dolmetscherin sie gearbeitet beim Verkehrsverein.
4. Er mit dem Motorrad auf der Autobahn einen Unfall verursacht hat.

G Traduire le texte. Mettre le premier paragraphe au discours indirect.

→ Susanne **habe gesagt, sie möchte...**

Zu leicht gemacht

„Ich möchte Anzeige erstatten", sagte Susanne. Es war abends 22 Uhr. Der Beamte saß ganz allein in seiner Polizeidienststelle. „Mein Fahrrad ist gestohlen worden." – „Oh, das ist ja mal was ganz Neues", sagte der Beamte.
„Ein grünes Damenfahrrad mit verchromter Luftpumpe." – „Haben Sie eine Fahrradversicherung?" – „Ja, aber was hat das mit dem Diebstahl zu tun? Es standen so viele Fahrräder an der S-Bahn, und ausgerechnet meins wird gestohlen. Ich hänge an dem Rad ..."
Der Beamte fragte: „War das Fahrrad angeschlossen?" – „Nein. Ich konnte mir einfach nicht vorstellen, dass direkt an der S-Bahn-Haltestelle ..."

„Die Versicherung erstattet nämlich keinen Ersatz, wenn das Fahrrad nicht angeschlossen war", sagte der Beamte.
„Ja, tut mir leid. Es war aber nicht angeschlossen."
Der Beamte seufzte. „Ich möchte Ihnen ja auch nur sagen: Wenn es angeschlossen gewesen wäre – oder wenn Ihnen nun plötzlich einfallen würde, dass es doch angeschlossen war, so würden Sie von der Versicherung wenigstens die Schadenersatzsumme erhalten."

Susanne sah den Beamten an. „Aber das wäre ja Betrug", sagte sie. Der Beamte räusperte sich. „Also: nicht angeschlossen. Hatte das Rad irgendwelche besonderen Kennzeichen?" – „Ich hatte noch von einer Demonstration einen Aufkleber hinten auf's Schutzblech geklebt."
– „Was stand drauf auf dem Aufkleber!" – „Eigentum ist Diebstahl!" Einen Augenblick stutzte der Beamte. Dann stand er auf und sagte: „Nun versetzen Sie sich in die Lage des Diebes. Erstens: Er sieht, ihr Fahrrad ist nicht angeschlossen. Nun steht er da und zweifelt und fragt sich: Soll ich oder soll ich nicht? Da fällt sein Blick auf Ihren Aufkleber, und er liest: Eigentum ist Diebstahl! Dem armen Mann blieb ja gar nichts anderes mehr übrig als Ihr Fahrrad zu stehlen."

Susanne war so verwirrt, dass sie auf die Anzeige verzichtete.

(typisch Scheibner)

H Transposer le texte suivant au discours direct.

Die Ärztin sagte zum Patienten, er solle tief einatmen und die Luft anhalten. Sie fragte ihn, wo er Schmerzen gehabt habe, ob er andere Beschwerden habe, wie oft diese Beschwerden aufgetreten seien, ob er Medikamente einnehme, ob er schon einmal operiert worden sei.
Dann fuhr sie fort, sie werde ihm Tabletten verschreiben, er möge sie in einer Woche wieder anrufen und ihr sagen, wie diese Tabletten gewirkt hätten.

I Réécrire au discours indirect.

→ Es wurde gemeldet, Unbekannte ...

Unbekannte haben gestern in den Morgenstunden einen Supermarkt überfallen. Die Täter, die durch ein Fenster eingedrungen waren, überwältigten den Filialleiter und entkamen mit etwa 40 000 Mark.
Von den Tätern fehlt jede Spur.

J Traduire.

1. Am Morgen lag Schnee. Man hätte sich freuen können. Man hätte Schneehütten bauen können oder Schneemänner, man hätte sie als Wächter vor das Haus getürmt. Der Schnee ist tröstlich, das ist alles, was er ist – und er halte warm, sagt man, wenn man sich in ihn eingrabe.
Aber er dringt in die Schuhe, blockiert die Autos, bringt Eisenbahnen zum Entgleisen und macht entlegene Dörfer einsam.
Peter Bichsel

2. *S'il neigeait comme l'hiver dernier, notre village serait enseveli sous la neige. Les voitures seraient bloquées sur la route et le train ne pourrait plus avancer. Les villageois seraient obligés de dégager les chemins. Seuls les enfants seraient heureux : ils feraient des bonshommes de neige.*

(im Schnee begraben (u / a)) (weiter-fahren (u / a)) (frei-schaufeln.)

K Utiliser le subjonctif.

Wenn es nach mir (gehen), (verbringen) ich nächsten Sommer die Ferien im Gebirge. Wenn ich das aber meinen Kindern, Hans und Elke, (vorschlagen), (sein) sie nicht zufrieden. Wie vorigen Sommer (wollen) sie ans Meer fahren, Hans (können) dann jeden Tag segeln, während seine Schwester (schwimmen) oder Tennis (spielen). Nächstes Jahr (müssen) ich sie beide zu einem Sprachkurs anmelden.

L Former des phrases à l'aide de ***als ob*** / ***als*** (+ subjonctif II).

1. (Er hat die Prüfung bestanden.) Ich habe den Eindruck, als ob ...
2. (Sie weiß nichts davon.) Sie verhält sich so, als ob ...
3. (Ich wurde beobachtet.) Mir war so, als ...
4. (Es wird noch ein schweres Unwetter geben.) Es sieht so aus, als ...
5. (Er wollte mich begrüßen.) Der Hund sprang mich an, als ob ...

M Former des relatives ou des groupes participiaux.

das Haus, **das am See liegt**	⇄	das **am See liegende** Haus

1. Der Beamte, der meinen Antrag bearbeitet hat, hat mich gut beraten.
2. Vorschriften, die nicht mehr beachtet werden, sollten außer Kraft gesetzt werden.
3. Neu in Behandlung tretende Patienten werden um Ausfüllung dieses Formulars gebeten.
4. Der Polizist weckte einen auf einer Bank schlafenden Bettler.
5. Die Stadt wurde durch angelegte Fußgängerzonen attraktiv gestaltet.
6. Die Deutsche Lufthansa, die 1926 gegründet wurde, nahm erst 1955 nach dem Krieg ihren Liniendienst wieder auf.

N Former des relatives à partir des gérondifs.

die **zu erwartende** Nachricht
→ die Nachricht, **die erwartet werden kann.**
  die Nachricht, **die zu erwarten ist.**

1. das zu bearbeitende Material
2. die zu erhoffende Wahlbeteiligung
3. ein nicht zu umgehender Fehler
4. ein nicht wieder gutzumachendes Unrecht
5. Die Zahl der aufzunehmenden Asylanten stieg noch an.

O Traduire.

1. *A peine arrivé à Fribourg, il m'a téléphoné.*
2. *En repassant le linge, il écoutait la radio.* (bügeln / die Wäsche)
3. *Je vous ai apporté des fleurs cueillies ce matin.*
4. *Quoi qu'il en soit, il faut l'aider. Puisse-t-il guérir !*
5. *Il est trop tard pour que tu puisses leur rendre visite, à moins que tu n'aies un motif important.* (der Grund (¨-e))

P Mettre au discours indirect.

Der Regierungssprecher sagte vor der Presse (1):

1. Der Kanzler ist mit dem Ergebnis der Wahl zufrieden.
2. Die Regierung ist an einer raschen Lösung des Streiks interessiert gewesen, die Gewerkschaften zeigten sich wenig kompromissbereit.
3. Die Lage ist ernst, aber nicht aussichtslos. Die Regierung wird die nötigen Maßnahmen ergreifen.
4. Wenn man die Konjunktur beleben will, muss man die Kaufkraft stärken.
5. In der Einschätzung der Finanzlage kann man dem Finanzminister nur Recht geben.

Q Indiquer la forme qui convient.

1. … drei Jahren prognostizierte die Weltbank eine schwere Krise.
   a) in b) vor c) innerhalb
2. … wir unsere Preise senkten, haben wir unseren Absatz gesteigert
   a) indem b) damit c) obwohl
3. Dieses Tal gehört … wärmsten Gebieten Europas.
   a) den b) in die c) zu den
4. Haben Sie lange auf ihn …?
   a) zu erwarten. b) gewartet c) erwartet
5. Er fragte sich, wie lange noch der Redner …
   a) gesprochen werde. b) gesprochen wurde. c) sprechen würde.

R Traduire.

1. *Lorsque les hirondelles volent bas, le temps change.* (die Schwalbe)
2. *S'il pleut dans la soirée, il pleuvra toute la nuit.*
3. *À ta place je ne serais pas venu en voiture.*
   Si tu avais pris le ICE, tu serais moins stressé. (gestresst)
4. *À ta place je m'excuserais.*
5. *Elle m'a dit qu'un sourire ne coûtait rien, mais qu'il mettait la joie au cœur et enrichissait celui qui le recevait, sans appauvrir celui qui le donnait.*
6. *L'hôtel est trop cher pour que tu puisses y rester un mois.*
7. *Même s'il avait plu, nous aurions fait l'excursion.*
8. *Pour réussir l'examen, il aurait fallu qu'il soit plus appliqué.* (fleißig)
9. *On dit qu'il a été reçu par le ministre de l'intérieur.* (der Innenminister)
10. *Plusieurs députés ont déclaré que si le gouvernement proposait une augmentation du prix de l'essence ils voteraient contre.*

---

(1) Dans un compte rendu de presse on emploie le discours indirect (sans ***dass***), le plus souvent après une phrase d'introduction.

TROISIÈME PARTIE

LE GROUPE NOMINAL

1

LES DÉTERMINATIFS ET LES PRONOMS

L'article ou le déterminatif signale le genre et le nombre, ainsi que la valeur définie ou indéfinie du groupe.

- L'allemand a trois genres (masculin (M), féminin (F), neutre (N)), un singulier et un pluriel.
- Selon sa fonction dans la phrase (sujet, complément...), le groupe nominal (GN) peut être à l'un des cas suivants : nominatif (N), accusatif (A), datif (D), génitif (G).
- Le cas est indiqué par la présence ou l'absence de désinence (marque ø).

70 Marques de cas des déterminatifs se déclinant comme *dieser* (1)

Singulier	Masculin	Féminin	Neutre	**Pluriel**
Nominatif	dies-**er**	dies-**e**	dies-**es**	dies-**e**
Accusatif	dies-**en**			
Datif	dies-**em**	dies-**er**	dies-**em**	dies-**en**
Génitif	dies-**es**		dies-**es**	dies-**er**

(1) L'article défini ***der*** se rattache à ce modèle si l'on ne considère que la dernière lettre (***der*** / ***dieser***, ***die*** / ***diese***, ***das*** / ***dieses***).

		Pronom	Adjectif
Interrogatifs	**wer?** (1) **welcher?**	*qui ?* *lequel ?*	 *quel .. ?*
Pronoms relatifs	**der** (2) / **welcher** **wer**	*qui / lequel* *celui qui*	
Démonstratifs	**der** (2) **dieser / jener** **solcher**	*celui-ci* *celui-ci / celui-là* *(un) tel*	 *ce... -ci / ce... -là* *tel*
Indéfinis Sing. Sing. et Plur. Plur.	**jeder** **mancher** **viele** **mehrere** **einige / wenige**	*chacun* *maint* *beaucoup* *plusieurs* *quelques-uns*	*chaque* *plus d'un* *beaucoup de* *plusieurs* *quelques / peu de*
	alle	*tous*	*tous les*

(1) ***wer***? → Génitif ***wessen***?
(2) pronom relatif ***der*** → Génitif ***dessen*** ou ***deren***, Datif pluriel ***denen*** ;
pronom démonstratif ***der*** → Génitif pluriel ***derer*** (antécédent d'une relative, voir aussi le paragraphe 76).

71 Marques de cas des déterminatifs se déclinant comme *ein* / *kein*

<table>
<tr><th>Singulier</th><th>Masculin</th><th>Féminin</th><th>Neutre</th><th>Pluriel</th></tr>
<tr><td>Nominatif</td><td>(k)ein-ø</td><td rowspan="2">(k)ein-e</td><td rowspan="2">(k)ein-ø</td><td rowspan="2">kein-e</td></tr>
<tr><td>Accusatif</td><td>(k)ein-en</td></tr>
<tr><td>Datif</td><td>(k)ein-em</td><td rowspan="2">(k)ein-er</td><td>(k)ein-em</td><td>kein-en</td></tr>
<tr><td>Génitif</td><td>(k)ein-es</td><td>(k)ein-es</td><td>kein-er</td></tr>
</table>

- Se déclinent ainsi :
  - Article indéfini : ***ein*** / ***eine*** / ***ein***, qui n'a pas de pluriel.
  - Article négatif : ***kein*** (ne pas un, aucun).
  - Adjectifs possessifs : ***mein***, ***dein***, ***sein*** / ***ihr*** (mon, ton, son...).
    unser[1], ***euer***[1], ***ihr***, ***Ihr*** (pol.)

- Comparée à la déclinaison de ***dieser***, celle de ***kein*** est incomplète au singulier (nominatif masculin / neutre, accusatif neutre) → absence de marque (**ø**) :
  - Dies**er** Hund
  - Mein(**ø**) Hund

  ⟩ ist treu.

  - Jed**es** Kind muss zur Schule.
  - Sie hat ihr(**ø**) Kind lieb.

72 Les pronoms et les adjectifs interrogatifs

Wer? Was? (qui ? que ?)

	M + F	N
Nominatif	**wer?**	**was?**
Accusatif	**wen?**	**was?**
Datif	**wem?**	
Génitif	**wessen?**	

Wer hat heute gefegt?
(Qui a balayé aujourd'hui ?)
Wen hast du damit beauftragt?
(Qui en as-tu chargé ?)
Wem gehört dieser Besen?
(À qui appartient ce balai ?)
Wessen Besen ist das?
(De qui est-ce le balai ?)

- ***Wer***? concerne un être animé, au masculin ou au féminin.
- ***Was***? concerne une chose.
- ***Wessen***? (génitif saxon) → le nom déterminé n'a pas d'article.

- ***Wer***? ***Was***? accompagnés d'une **préposition** (+ datif ou accusatif)
  - Pour un être animé : préposition { + ***wen***? / + ***wem***? }
  - Pour une chose : ***wo(r)*** + préposition ?

Für **wen** ist die Uhr?
Mit **wem** sprachst du?
(Avec qui parlais-tu ?)

Woraus trinkt er?
(Dans quoi boit-il ?)

Exception : ***ohne was***?

(1) ***-er*** dans ***unser*** / ***euer*** est une finale et non une marque de cas.

Welcher? (quel ? lequel ?)

Masculin	Féminin	Neutre	Pluriel
welcher?	**welche?**	**welches?**	**welche?**

- Adjectif ou pronom, ***welcher*** se décline comme ***dieser*** :

  Welchen Anorak möchtest du? **Welchen** kaufst du?

  Génitif : welch**es** Studenten? (avec masculins dont le génitif est **-en** / **n**).
  mais welch**en** Staates? / welch**er** Frau? Génitif pluriel : welch**er** Studenten?

- Employé comme attribut, ***welches*** est au neutre singulier, même si le sujet est au pluriel :

  Welch**es** ist der beste Ausdruck?
  (Quelle est l'expression la meilleure ?)
  Welch**es** sind die besten Ausdrücke?
  (Quelles sont les meilleures expressions ?)

Was für ein ...? Was für ...? (quelle sorte de... ?)

- Avec l'article indéfini : *Kaufe einen Toaster, eine Tasche, ein Radio!*

  Was für einen Toaster? | **Was für eine** Tasche? | **Was für ein** Radio?
  Was für einen? | **Was für eine**? | **Was für eins**?

  Pluriel → **Was für** Apparate? **Was für welche**?

- Sans article :
  Il y a une nuance partitive : *Ich möchte etwas Käse und Obst kaufen.*

  Was für Käse? — **was für welchen**?
  Was für Obst? ... et dans la langue parlée — **was für welches**?
  Was für Zigaretten? — **was für welche**?

- Dans les interjections : Was für ein Unsinn! = Welch ein Unsinn!
  (Quelle absurdité !)

- **was für** ne modifie pas ce qui suit.
  Le cas du groupe nominal est déterminé par sa fonction :

  mit was für ein**em** (1) Apparat ...
  + datif

73 Pronoms personnels

	1re personne		2e personne		3e personne sing.			3e personne plur.	
	Sg	Pl	Sg	Pl	M	F	N		Pol.
N	**ich**	**wir**	**du**	**ihr**	**er**	**sie**	**es**	**sie**	**Sie**
A	**mich**	**uns**	**dich**	**euch**	**ihn**	**sie**	**es**	**sie**	**Sie**
D	**mir**	**uns**	**dir**	**euch**	**ihm**	**ihr**	**ihm**	**ihnen**	**Ihnen**
G	**meiner**	**unser**	**deiner**	**eurer**	**seiner**	**ihrer**	**seiner**	**ihrer**	**Ihrer**

Ich gratuliere **dir** zum Geburtstag.
(Je te souhaite un bon anniversaire.)

Ich wünsche **euch** alles Gute.
(Je vous adresse mes meilleurs vœux.)

(1) Ici le datif est réclamé par la préposition ***mit***.

Emploi

- Le génitif, qui a donné les adjectifs possessifs (***mein*** (mon) / ***dein*** (ton) / ***sein*** (son)...) ne s'emploie plus qu'avec **certains verbes** et **adjectifs** (voir aussi le paragraphe 112) :

  Herr, erbarme dich **seiner**.
  (Seigneur, aie pitié de lui.)

- Employé **sans préposition** et faiblement accentué, le pronom complément se place **près du verbe** :

  Sie hat **ihm** die Hand gegeben.
  (Elle lui a donné la main.)

- Dans la subordonnée, il se place **près du début** :
  – après le **pronom** sujet : Der Füller, den er **mir** schenkte, war teuer.
  (Le stylo qu'il m'a offert était cher.)

  – avant ou après le **substantif** sujet : Der Füller, den < **mir** Vater / Vater **mir** > schenkte, ...

- Le pronom à l'accusatif précède le pronom au datif. C'est le contraire lorsque les deux compléments sont des noms :

  Sie vermietet dem Studenten **ein Zimmer**.
  (Elle loue une chambre à l'étudiant.)
  Sie vermietet **es** ihm.
  (Elle la lui loue.)

- Dans l'apostrophe, on utilise fréquemment : ***ich, du, ihr, Sie :***

  Ich Armer! *(Pauvre de moi !)* Du Esel (du)! *(Espèce d'âne !)*
  Du Ärmster! *(Mon pauvre !)* Sie Faulpelz! *(Espèce de paresseux !)*

- ***Ich selbst*** (moi-même) – ***du selbst*** (toi-même)...
  mais : Ich werde **selbst** (1) kommen. *(Je viendrai moi-même.)* (1)

- *C'est moi (qui)...* ich bin es, der / die (2) ...
  C'est toi (qui)... du bist es, der / die ...
  C'est nous (qui)... wir sind es, die ...

74 Le pronom réfléchi *sich* et le pronom réciproque

Sich

Er hat kein Geld bei **sich**. *(Il n'a pas d'argent sur lui.)*

Man hat keine Minute für **sich**. *(On n'a pas une minute à soi.)*

- Au datif et à l'accusatif, ***sich*** traduit le français « lui, eux, elles, soi, vous (politesse) », lorsque ces termes représentent la même personne que le sujet :

  Sie denkt nur an **sich** (selbst). *(Elle ne pense qu'à elle [-même].)*

  mais : Sie denkt nur an **ihn**. *(Elle ne pense qu'à lui.)*

(1) En allemand, on ne répète pas le pronom personnel.
(2) Toutefois l'allemand préfère marquer la forme emphatique par l'intonation :
'**Sie** haben es gesagt! *(C'est vous qui l'avez dit.)*
'**Ihm** schrieb sie den Brief. *(C'est à lui qu'elle a écrit cette lettre.)*

Einander

- Pronom réciproque ***einander*** :

  Sie lieben **einander**. *(Ils s'aiment.)*
  Helft **einander**! *(Aidez-vous les uns les autres !)*

- Pour la réciprocité (*l'un l'autre*), on utilise le pronom invariable ***einander*** ; ***einander*** peut se combiner avec une préposition (***mit- / für- / gegen-*** ...) :
  - miteinander *(ensemble)*
  - durcheinander *(pêle-mêle)*
  - hintereinander *(à la queue leu leu)*
  - nebeneinander *(côte à côte)...*

  → Wir sitzen **nebeneinander**. *(Nous sommes assis l'un à côté de l'autre.)*

75 Les pronoms relatifs

Der (qui)

	Masculin	Féminin	Neutre	**Pluriel**	
Nominatif	**der**	**die**	**das**	**die**	*qui*
Accusatif	**den**	**die**	**das**	**die**	*que*
Datif	**dem**	**der**	**dem**	**denen**	*à qui*
Génitif	**dessen**	**deren**	**dessen**	**deren**	*dont*

- Le génitif ***dessen*** / ***deren*** (dont) indique généralement la possession :

  Der Dom, **dessen** Turm hundert Meter hoch ist, → steht vor uns.
  Der Dom, **dessen** hohen Turm wir erblicken, → steht vor uns.

  antécédent, ***dessen*** + objet possédé (sans article)

- Avec une préposition :

  Das Haus, auf **dessen** Dach eine Fahne wehte, ...
  (La maison, sur le toit de laquelle flottait un drapeau...)

- Attention au français **dont** n'exprimant pas la possession (voir aussi le paragraphe 140) :

  Der Sohn, **auf den** er stolz (1) ist, ...
  (Le fils dont il est fier...)
  Das Einzige, **woran** er sich erinnert (1), ...
  (La seule chose dont il se souvienne...)

Welcher (qui, lequel)

	Masculin	Féminin	Neutre	**Pluriel**
Nominatif	welch**er**	welch**e**	welch**es**	welch**e**
Accusatif	welch**en**	welch**e**	welch**es**	welch**e**
Datif	welch**em**	welch**er**	welch**em**	welch**en**
Génitif	**dessen**	**deren**	**dessen**	**deren**

(1) ***stolz*** se construit avec ***auf*** + accusatif ; **sich erinnern** avec ***an*** + accusatif.

- Le relatif ***welcher*** s'emploie peu. Au génitif, on utilise ***dessen*** / ***deren***.

  Die Dame, **welcher** er Blumen schenkte, war elegant.
  Der Roman, von **welchem** wir sprachen, ist ein Bestseller.
  mais : eine Fußballmannschaft, von **deren** Spiel alle beeindruckt waren, ...
  Die Taten, **deren** er sich rühmt, ... *(les actions dont il se vante...)*

Der (ou *welcher*) accompagnés d'une préposition

- **Cas général** : préposition + ***den*** / ***die*** / ***das*** / ***dem*** / ***der*** / ***denen***

  Das Haus, **in das** sie einzieht, ...
  (La maison dans laquelle elle emménage...)
  Der Hund, **mit dem** er spielt, ...
  (Le chien avec lequel il joue...)

- L'antécédent est un nom de chose : ***wo(r)*** + préposition (*cf.* paragraphe 132.)

  Die Couch, **auf der** / **worauf** er schläft, ...

  (Le divan sur lequel il dort, ...)

- Comme pour les interrogatifs correspondants, cette dernière tournure est exclue pour ***ohne*** et ne s'emploie guère avec ***neben***...

  Die Villa, **neben** der ein Garten liegt, ...
  (La villa à côté de laquelle se trouve un jardin...)

Wer (celui qui, quiconque) / *was* (ce qui, ce que)

Wer A sagt, muss B sagen. *(Quand le vin est tiré, il faut le boire.)*
Wer zuletzt lacht, (**der**) lacht am besten. *(Rira bien qui rira le dernier.)*
Wer einmal lügt, **dem** glaubt man nicht.
(Le menteur n'est jamais cru, même quand il dit la vérité.)

- ***was*** remplace le relatif ***das*** :
  – après un superlatif : das Schönste, **was** er sah, ...
  – après : ***das Einzige*** / ***das wenigste*** / ***manches*** :

  Da war manches, **was** ungeklärt blieb.
  (Il y avait bien des choses qui restaient inexpliquées.)

- ce qui, ce que → ***was*** — Wiederhole bitte, **was** du gesagt hast!
  tout ce qui, tout ce que → ***alles***, ***was*** ... — Sag **alles**, **was** du weißt!
  (Dis tout ce que tu sais !)

Derjenige, der ... (celui qui)

- ***Derjenige*** se décline comme ***der gute***, mais s'écrit en un seul mot.

	Masculin	Féminin	Neutre	**Pluriel**
Nominatif	**der**jenige	**die**jenige	**das**jenige	**die**jenig**en**
Accusatif	**den**jenig**en**	**die**jenige	**das**jenige	**die**jenig**en**
Datif	**dem**jenig**en**	**der**jenig**en**	**dem**jenig**en**	**den**jenig**en**
Génitif	**des**jenig**en**	**der**jenig**en**	**des**jenig**en**	**der**jenig**en**

Die Polizei sucht **denjenigen, der** [1] den Wagen gestohlen hat.
(La police recherche celui qui a volé la voiture.)

(1) ***derjenige*** est le démonstratif (= celui) et ***der*** le relatif [= qui]
Cette expression est plus précise que ***wer*** et sert à insister.

• ***derjenige*** peut être suivi d'un substantif :

Diejenigen Kinder, die mit dem Wagen abgeholt werden, ...
(Les enfants qu'on vient chercher en voiture...)

76 Les pronoms et les adjectifs démonstratifs

Dieser (ce... -ci, celui-ci)

Wem gehört **dieser** Wagen? **Dieser** (Wagen) gehört mir.

	Masculin	Féminin	Neutre	**Pluriel**
Nominatif	dies**er**	dies**e**	dies**es** (1)	dies**e**
Accusatif	dies**en**			
Datif	dies**em**	dies**er**	dies**em**	dies**en**
Génitif	dies**es**		dies**es**	dies**er**

• ***Dieser*** est soit adjectif, soit pronom.

• Le pronom ***dieser*** ne peut être suivi ni d'un complément, ni d'une relative.

Jener (ce... -là, celui-là)

• ***Jener*** se décline comme ***dieser***.

• ***Jener*** s'emploie par comparaison avec ***dieser*** :

'**Dieser** Wagen gehört mir und **jener** gehört ihm.
(Cette voiture-ci m'appartient et celle-là lui appartient.)

Dans la langue parlée on utilisera plutôt : ***dieser*** (***hier***)..., ***der da*** :

Dieser hier gehört mir, und **der da** gehört ihm.

• ***Jener*** renvoie à une réalité éloignée : zu **jenen** Zeiten *(en ces temps-là).*
ou exprime l'emphase : **Jene** berühmte Rede, die ... *(ce fameux discours qui...)*

'*Der*, '*die*, '*das*, (celui, celui-ci, ceci)

• C'est un pronom souvent fortement accentué.

'**Das** ist schön. *(Voilà qui est beau.)*

• On l'emploie (et non pas ***dieser***!) devant un complément ou une relative :

Dieser Wagen ist grün und '**der** vor dem Haus ist grau.
(Cette voiture est verte et celle-ci devant la maison est grise.)
Hätten Sie doch '**den** meines Bruders gesehen!
(Si seulement vous aviez vu celle de mon frère !)
Das ist genau '**der**, den ich mir wünsche.
(C'est exactement celle que je me souhaite.)

• Il se décline comme le pronom relatif ***der*** (voir aussi le paragraphe 75) :

... nur für Mitglieder und **deren** Angehörige
(réservé aux membres et à leurs proches [= de ceux-ci]).

Génitif singulier	**dessen / deren / dessen**
Datif pluriel	**denen**

(1) La forme non fléchie ***dies*** est utilisée au nominatif / accusatif neutre :
Dies ist richtig. *(C'est exact.)* / dies Kind *(cet enfant)*

- Au génitif pluriel, on emploie la forme ***derer*** si ce pronom est antécédent d'une relative :

  Wir gedenken '**derer, die uns verlassen haben**.
  (Nous évoquons la mémoire ***de ceux qui*** *nous ont quittés.)*

Solcher (tel, un tel)

- Il se décline comme ***dieser*** :

  Solche Leute grüße ich nicht.
  (Ces gens-là, je ne les salue pas.)

- Précédé de ***ein***, il se décline comme ***ein guter***… :

  Was denken Sie von **einer solchen** Geschichte?
  (Que pensez-vous d'une telle histoire ?)

- ***solch ein*** … s'emploie dans la phrase exclamative :

  Solch ein Gauner! *(Quel fripon !)*

Derjenige (celui…)

- Pronom, il se décline comme ***der gute***.

- Il s'emploie surtout devant un génitif et devant une relative (voir aussi le paragraphe 75) :

  Welch schönes Motorrad! *(Quelle belle moto !)*
  Hast du **dasjenige** meines Bruders (= '**das** meines Bruders) gesehen?
  (As-tu vu celle de mon frère ?)

- Il peut être suivi d'un nom :

  Nimm **dasjenige** Kleid, das dir gefällt!
  (Prends la robe qui te plaît.)

Derselbe (le même…)

- Il se décline comme ***der gute*** et s'écrit en un seul mot :

  Ich bin neulich mit **demselben** Zug wie heute gefahren.
  (J'ai pris dernièrement le même train qu'aujourd'hui.)
  Wir kommen aus **derselben** Stadt. *(Nous venons de la même ville.)*

  NB : Wir wohnen **im selben** Haus (= **in demselben** Haus).
  (Nous habitons dans la même maison.)

- Ne pas confondre avec : ***der gleiche*** [=*semblable*]

  Wir tragen **das gleiche** Kleid. *(Nous portons la même robe.)*

Da(r) + préposition : ***damit / darüber / darauf / daran / dahinter…***

- ***dar-*** devant voyelle (voir aussi le paragraphe 132).

- Ce démonstratif adverbial désigne une chose ou une notion abstraite :

  Nein, es bleibt **dabei**! *(Nous en resterons là.)*

- Il traduit souvent le français « **en** » ou « **y** » (voir aussi le paragraphe 140) :

  Ich denke nicht **daran**. *(Je n'y pense pas.)*

- Il peut annoncer un groupe à l'infinitif ou une subordonnée introduite par ***dass*** :

  Ich denke nicht **daran**, nach Hause zu fahren!
  (Loin de moi la pensée de rentrer à la maison !)
  Ich wundere mich (**darüber**) (1), dass du mir nichts gesagt hast.
  (Je m'étonne que tu ne m'aies rien dit.)

---

(1) Suivi de ***dass***, le démonstratif adverbial peut être supprimé.

77 Les pronoms et les adjectifs indéfinis

Pronoms et adjectifs se déclinant comme *dieser*

- ***Jeder** von uns* (chacun de nous), ***jedes** Mädchen* (chaque jeune fille), ***alle** Vögel* (tous les oiseaux) :

	Adjectif	Pronom
jeder **mancher**	*chaque* *maint*	*chacun* *plus d'un*
viele **mehrere** **einige**	*beaucoup de* *plusieurs* *quelques*	*beaucoup* *plusieurs* *quelques-uns*

	Adjectif	Pronom
sämtliche	*tous les*	
wenige **alle** **beide**	*peu de* *tous les* *tous (les) deux*	*peu* *tous* *les deux* *(l'un et l'autre)*

- ***etliche*** = ***mehrere*** (plusieurs, un certain nombre) – ***gewisse*** (certains).
- ***viele*** et ***wenige*** peuvent s'employer comme épithètes :

  die **vielen** Kinder *(les nombreux enfants)*
  die **wenigen** Leute *(le peu de gens)*

- ***viele***, ***wenige***, ***einige*** et ***alle*** ne s'emploient guère au singulier :

  Vielen Dank! – **Vieles** *(bien des choses)* ist mir unklar.

  – ***viel*** *et* ***wenig*** deviennent fréquemment des adverbes :

  viel Geld – **wenig** Glück – von **wenig** guter Qualität.

  – ***aller*** / ***alle*** / ***alles*** (tout) :

  alles oder nichts – in **aller** Frühe *(de grand matin)*
  Aller Anfang ist schwer. *(Il n'y a que le premier pas qui coûte.)*

  – ***einiger*** / ***einige*** / ***einiges*** (quelque…) :

  nach **einiger** Zeit *(quelque temps après)*
  Es hat mir **einige** Mühe bereitet. *(Cela m'a coûté quelque peine.)*

Pronoms *einer* (un, on) et *keiner* (aucun, nul)

	Masculin	Féminin	Neutre	**Pluriel**
Nominatif	(k)ein**er**	(k)ein**e**	(k)ein**es**	kein**e**
Accusatif	(k)ein**en**	(k)ein**e**	(k)ein**es**	kein**e**
Datif	(k)ein**em**	(k)ein**er**	(k)ein**em**	kein**en**
Génitif	(k)ein**es**	(k)ein**er**	(k)ein**es**	kein**er**

- Ces pronoms se déclinent comme ***dieser*** :

  Eines der Kinder hat sich verletzt. *(L'un des enfants s'est blessé.)*
  Hast du ein Auto? Nein, ich habe **kein(e)s**. *(Je n'en ai pas.)*

  Ne pas confondre avec les articles ***ein*** et ***kein*** (voir aussi le paragraphe 71).

- L'expression ***der eine*** …, ***der andere*** (*l'un… l'autre*) comporte deux termes qui se déclinent comme ***der gute*** … :

  Die einen spielen, **die anderen** arbeiten.
  (Les uns jouent, les autres travaillent.)

- ***irgendeiner (-eine / -eines)***, pl. ***irgendwelche*** (quelqu'un)

  Irgendeiner muss es doch getan haben! *(Quelqu'un a bien dû le faire.)*

- ***irgendein (-eine / -ein),*** pl. ***irgendwelche*** (un… quelconque) est un adjectif :

  Gib mir **irgendein** Handtuch! *(Donne-moi n'importe quelle serviette.)*

Man (on, vous)

- À l'accusatif, on emploie ***einen*** ; au datif, ***einem*** (à vous).

Nominatif	**man** (=**einer**)
Accusatif	**einen**
Datif	**einem**

Wie **man** sich bettet, so liegt **man**.
(Comme on fait son lit, on se couche.)
Man weiß nie, was **einem** passieren kann.
(On ne sait jamais ce qui peut vous arriver.)

Jemand (quelqu'un) et ***niemand*** (personne ne…)

- Ces deux pronoms ne prennent plus guère qu'un **-s** au génitif.
- On trouve aussi les formes ***jemanden*** et ***jemandem*** :

  Er kennt **jemand(en)** im Dorf. *(Il connaît quelqu'un au village.)*

- Attention ! Pas de double négation !

  In der Woche sieht man hier **nie jemand**.
  (En semaine, on ne voit jamais personne ici.)

Etwas (quelque chose) et ***nichts*** (ne… rien)

Möchten Sie **etwas** trinken? Nein, danke.
Da kann man **nichts** machen. *(On ne peut rien y faire.)*
Das macht **nichts**. *(Cela ne fait rien.)*
Von **nichts** kommt **nichts**. *(De rien, rien ne sort.)*

- NB : ***etwas Gutes*** – ***nichts Neues***, mais : ***mit*** *nichts Neu****em***

  nichts **Ü**berraschendes
  (rien de surprenant)

mais : nichts **a**nderes *(rien d'autre)*

- Attention ! Pas de double négation :

  Ich sah **nie etwas** Schöneres.
  (Je n'ai jamais rien vu de plus beau.)

Jedermann (tout le monde)

- Ce pronom prend un **-s** au génitif :

  Es ist nicht **jedermanns** Sache.
  (Ce n'est pas l'affaire de tout le monde.)

78 Les pronoms et les adjectifs possessifs

Les adjectifs possessifs

	Masculin	Féminin	Neutre	
ich du er / es sie	**mein** **dein** **sein** **ihr**	**meine** **deine** **seine** **ihre**	**mein** **dein** **sein** **ihr**	*mon, ma* *ton, ta* *son, sa* *son, sa*
wir ihr sie Sie (pol.)	**unser** **euer** **ihr** **Ihr**	**uns(e)re** **eure** **ihre** **Ihre**	**unser** **euer** **ihr** **Ihr**	*notre* *votre* *leur* *votre*

- Au singulier, les adjectifs possessifs suivent la déclinaison de l'article ***ein***. Ils ne prennent donc pas de désinence (marque **ø**) au nominatif masculin singulier et au nominatif/accusatif neutre singulier :

  Sein Hut fiel auf den Boden. *(Son chapeau tomba sur le sol.)*
  Er hat **sein** Motorrad in Köln gekauft. *(Il a acheté sa moto à Cologne.)*

- Au pluriel, ils se déclinent comme ***dieser*** :

  Unsere Möbel sind modern. *(Nos meubles sont modernes.)*

- À la 3ᵉ personne du singulier, le choix de ***sein*** ou de ***ihr*** dépend du genre du possesseur :

Masculin	Heinz	→	**sein** Mantel,	**seine** Jacke,	**sein** Rad
Féminin	Hilda	→	**ihr** Mantel,	**ihre** Jacke,	**ihr** Rad
Neutre	das Kind	→	**sein** Mantel,	**seine** Jacke,	**sein** Rad

- Pour éviter une ambiguïté, on remplace ***sein*** et ***ihr*** par ***dessen*** ou ***deren*** :

  Er sah Hilda, ihren Bruder und **dessen** Freund *[= l'ami du frère].*
  Sie grüßte **Gisela** und **deren** Freundin *[= l'amie de celle-ci].*

- Les attributs, **mein / dein / sein**... sont invariables, mais peu utilisés :

  Diese Brieftasche ist **mein.** [= Sie gehört mir.]
  (Ce portefeuille est à moi.)

- NB : – **Ihr** Herr Vater *(Monsieur votre père)* – **Ihre** Frau Mutter
  Ihre Majestät *(Votre Majesté)* – Guten Tag, **meine** Herren!
  – Der Apparat kostet **seine** 500 Euro.

Les pronoms possessifs

	Première forme	Deuxième forme	
ich du er / es sie	**der / die / das meine** **der / die / das deine** **der / die / das seine** **der / die / das ihre**	**meiner / meine / meines** **deiner / deine / deines** **seiner / seine / seines** **ihrer / ihre / ihres**	*le mien* *le tien* *le sien* *le sien*
wir ihr sie Sie (pol.)	**der / die / das uns(e)re** **der / die / das eure** **der / die / das ihre** **der / die / das Ihre**	**uns(e)rer / unsre / unsres** **eurer / eure / eures** **ihrer / ihre / ihres** **Ihrer / Ihre / Ihres**	*le nôtre* *le vôtre* *le leur* *le vôtre*

- ***der / die / das meine*** se décline comme ***der gute***.
- ***meiner / meine / meines*** suit la déclinaison de ***dieser*** :

  Sein Stuhl stand neben { **dem meinen.** / **meinem.** }

  (Sa chaise était à côté de la mienne.)
- On emploie moins souvent : ***der meinige***, ***der deinige***...

79 L'article

	Masculin	Féminin	Neutre	**Pluriel**
Article défini	**der**	**die**	**das**	**die**
Article indéfini	**ein**	**eine**	**ein**	**(ø)**
[Article zéro]	**(ø)** (1)	**(ø)**	**(ø)**	**(ø)**
(négation)	**kein**	**keine**	**kein**	**keine**

(1) (**ø**) absence d'article.

Das war [ø] Milch, das ist [ø] Bier.
(C'était du lait, c'est de la bière.)
Das ist **kein** Tee, das ist Kaffee.
(Ce n'est pas du thé, c'est du café.)
Das sind **keine** Kirschen, sondern Erdbeeren.
(Ce ne sont pas des cerises, mais des fraises.)

80 Les cas de non-emploi de l'article

- Génitif saxon :

  Wessen Haus ist das? { **Goethes** Haus. / **Meines Vaters** Haus. }

  Der Herr, **dessen** Sohn ... *(dont le fils...)*
  Die Frau, **deren** Tochter ... *(dont la fille...)*
- Avec ***folgend*** (souvent sans article) :

  Er erzählte folgende Geschichte. *(Il raconta l'histoire suivante.)*
- Après ***alle*** :

  alle Leute, alle Deutschen
- Noms de fêtes :

  Weihnachten, Neujahr, Ostern, Allerheiligen *(la Toussaint)*
- Noms neutres de pays, de continents, accompagnés de **ganz** ou **halb** :

  Deutschland, Asien, Südamerika
  ganz Europa *(toute l'Europe)*,
  halb Spanien *(la moitié de l'Espagne.)*
- ***vorig*** ... / ***nächst*** ... / ***letzt*** ... (compléments de temps) :

  vorige Woche, nächsten Monat,
  letzten Sonntag *(dimanche dernier)*
- Valeur partitive :

  dichter Nebel *(du brouillard épais)*
  Ich brauche Geld. *(J'ai besoin d'argent.)*

- Marque du pluriel :

  (ø) fröhliche Kinder. Es waren (ø) Franzosen.
  (des enfants joyeux. C'étaient des Français.)

- Pluriel pris dans un sens général :

  zwei Drittel der Abgeordneten *(les deux tiers des députés)*
  Franzosen und Deutsche sind Freunde.

- Manchettes de journaux, télégrammes, petites annonces :

  Mehr Hilfen für Arbeitslose
  (Davantage d'aides pour les chômeurs)
  Zimmer gesucht.

- Groupe prépositionnel contenant un nombre cardinal :

  nach Artikel 9 dieses Gesetzbuches
  (d'après l'article 9 du présent Code)
  In Kapitel III *(au chapitre III)*

- *Herr, Frau* ou *Fräulein* (+ titre ou nom de famille) :

  Ist Herr Doktor zu Hause?
  Ja, Frau Schulze.

- Noms propres précédés d'un titre :

  Kaiser Napoleon III.
  Bundeskanzler Schröder

- Expressions et proverbes :

  Hilfe! *(À l'aide !)* Feuer! *(Au feu !)*
  Er hat Fieber. *(Il a de la fièvre.)*
  bei Sonnenaufgang *(au lever du soleil)*
  vor Einbruch der Nacht *(avant la tombée de la nuit)*
  Wir haben Zeit, wir spielen Karten.
  (Nous avons le temps, nous jouons aux cartes.)
  Sie führten Krieg. *(Ils firent la guerre.)*
  Sie schlossen Frieden. *(Ils conclurent la paix.)*
  von Kopf bis Fuß *(de la tête aux pieds)*
  von Anfang an *(dès le début)*
  Armut ist keine Schande. *(Pauvreté n'est pas vice.)*
  Lügen haben kurze Beine. *(Le menteur ne va pas loin.)*
  Morgenstunde hat Gold im Munde.
  (Le monde appartient à ceux qui se lèvent tôt.)

- Compléments de manière avec épithète :

  mit lauter Stimme *(d'une voix forte)*
  leichten Herzens *(d'un cœur léger)*
  bei geschlossenem Fenster *(la fenêtre fermée)*

81 Emploi de l'article défini contrairement au français

- Apposition (qualité unique) :

  Wien, **die** Hauptstadt Österreichs, ...
  (Vienne, capitale de l'Autriche, ...)

- Avec ***ernennen / krönen / machen / wählen*** :

  Er machte ihn zu**m** Abteilungsleiter.
  Er wurde zu**m** Direktor ernannt.
  Sie ist zu**r** Präsidentin gewählt worden. *(Elle a été élue présidente.)*

mais, sans article :

Er wird Direktor.
Das mache ich zu Geld (partitif).
Das Wasser wird zu Eis.

- ***heilig*** (comme épithète) :

der heilige Petrus (= Sankt Petrus)

- Mois, saisons, années :

im Mai, **im** Herbst, **im** Jahre 2003.

- Prénoms (sens familier) :

der Emil, **die** Liese

- Patronyme terminé par **-s** ou désignant une femme :

das Ei **des** Columbus
die Gedichte **der** Bachmann (Ingeborg Bachmann)

- Noms abstraits au génitif :

mit einem Gefühl **der** Angst *(avec un sentiment de crainte)*
ein Professor **der** Philosophie

- Sens possessif ou démonstratif :

Zieh **den** Mantel aus! *(Enlève ton manteau !)*
Setz **den** Hut auf! *(Mets ce chapeau !)*
Iss **das** Brot! *(Mange ce pain !)*

- Expressions usuelles :

zum Beispiel – in **der** Klasse – **im** Krieg
mit **dem** Auto – Sie wohnt in **der** Stadt.
Wovon ist hier **die** Rede? *(De quoi est-il question ici ?)*
Mir reißt **die** Geduld. *(Je perds patience.)*
Ich bedarf **der** Ruhe. *(J'ai besoin de repos.)*

82 Emploi de l'article indéfini contrairement au français

- Apposition (qualité non unique) :

Bad Ems, **ein** Kurort bei Koblenz, ...
Er fährt nach Sylt, **einer** friesischen Insel.
Herr Ohl, **ein** Werkmeister im Betrieb, ...
(M. Ohl, contremaître dans l'entreprise, ...)

- Qualités physiques ou morales (le verbe utilisé étant **haben**) :

Das Mädchen hat (ø) blaue Augen. *(les yeux bleus)*
Der Onkel hat **eine** hohe Stirn. *(le front haut)*

- Expression sous forme négative de la nationalité :

Ich bin **kein** Deutscher, ich bin Däne.

– de la profession :

Ich bin **kein** Professor, **kein** Arzt.

– de l'appartenance politique :

Er ist **kein** Sozialdemokrat.

- Expressions usuelles :

Welch **ein** Held! *(Quel héros !)*
Er stand im Rang **eines** Majors. *(Il avait le grade de commandant.)*
Sie lieferten **eine** Schlacht. *(Ils livrèrent bataille.)*

83 Les noms propres géographiques

Continents, pays, provinces et villes

Griechenland und Italien liegen in Südeuropa.
Halb Europa – ganz Frankreich – ganz Russland.

- La majorité de ces noms sont du **neutre**, mais employés seuls ou avec ***ganz*** et ***halb***, ils ne prennent pas l'article ***das***.
- Déterminés par un adjectif, un complément ou une relative, ils prennent l'article ***das*** :

das sonnige Spanien – die Museen des heutigen Wien(s)
das Wien der zwanziger Jahre *(la Vienne des années 20)*
Das Wien, das ich gekannt habe. *(la Vienne que j'ai connue)*

- Habitants et nationalités :

Continents	Eu'ropa	der Euro'päer	euro'päisch
Pays	Deutschland	der Deutsche	deutsch
Province	Bayern	der Bayer	bay(e)risch
Ville	Hamburg	der Hamburger	hamburgisch

Prennent l'article

- Pays du genre féminin :

die Schweiz — der Schweizer — schweizerisch
die Gemeinschaft Unabhängiger Staaten (= die GUS)
die Ukra'ine — der Ukra'iner — ukra'inisch
die Tür'kei — der Türke — türkisch

NB : Pays du genre masculin : der Iran – der Irak – der Libanon.

- Pays au pluriel :

die Niederlande — der Niederländer — niederländisch
die US'A — der Ameri'kaner — ameri'kanisch
(die Ver'einigten Staaten)

- Provinces du genre neutre :

das Elsass — der Elsässer — elsässisch
das Rheinland — der Rheinländer — rheinländisch
das Saarland — der Saarländer — saarländisch
mais : die Pfalz — der Pfälzer — pfälzisch

- Provinces françaises :

die Bretagne – die Normandie – das Elsass
mais : Lothringen – Burgund

Noms de nationalité

- La plupart se terminent par ***-er*** :

der Engländer – der Europäer

- Un certain nombre, terminés en ***-e***, sont des noms faibles :

der Fran'zose – der Portu'giese – der Russe
ein Fran'zose – ein Portu'giese – ein Russe
viele Fran'zosen

mais : der Deutsche – die Deutschen / ein Deutscher – viele Deutsche
Cet adjectif substantivé a conservé sa déclinaison d'épithète.

- Au féminin, les noms de nationalité se terminent par ***-in*** :

 die Polin, die Dänin.

 sauf : die Deutsche *(l'Allemande)*

- Ne pas confondre :

 das Deutsch(e) *[= la langue allemande]*
 deutsch (adv.) *[= en langue allemande]*

 Der Redner hat **d**eutsch (nicht englisch) gesprochen.
 Ich verstehe kein **D**eutsch. *(Je ne comprends pas l'allemand.)*

NB : Im **D**eutschen sagt man „Auf Wiedersehen!"
 Wir unterhalten uns auf **D**eutsch.

Pays

Griechenland	der Grieche / die Griechin	griechisch
Großbri'tannien	der Brite / die Britin	britisch
Indien	der Inder / die Inderin	indisch
Irland	der Ire / die Irin	irisch
Israel	der Isra'eli / die Israeli	isra'elisch
Kanada	der Ka'nadier / die Kanadierin	ka'nadisch
Japan	der Ja'paner / die Japanerin	ja'panisch
Kuba	der Ku'baner/die Kubanerin	ku'banisch
Luxemburg	der Luxemburger / die Luxemburgerin	luxemburgisch
Ma'rokko	der Maro'kkaner / die Marokkanerin	maro'kkanisch
Mexiko	der Mexi'kaner / die Mexikanerin	mexi'kanisch
Österreich	der Österreicher / die Österreicherin	österreichisch
Polen	der Pole / die Polin	polnisch
Portugal	der Portu'giese / die Portugiesin	portu'giesisch
Ru'mänien	der Ru'mäne / die Rumänin	ru'mänisch
Russland	der Russe / die Russin	russisch
Schweden	der Schwede / die Schwedin	schwedisch
Ungarn	der Ungar / die Ungarin	ungarisch

Provinces

Ha'nnover	der Hannove'raner	
Lothringen	der Lothringer / die Lothringerin	lothringisch
Preußen	der Preuße / die Preußin	preußisch
Sachsen	der Sachse / die Sächsin	sächsisch
Schwaben	der Schwabe / die Schwäbin	schwäbisch

84 Le genre des substantifs

Masculins

- Êtres de sexe masculin :

der Vater	der Sohn	der Arzt
der Hund	der Hahn *(le coq)*	der Schneider

mais : die Biene *(abeille)*, das Pferd, das Schwein

- Jours, mois, saisons :

der Montag	der April	der Winter

- Météorologie :

der Norden	der Regen *(la pluie)*	der Sturm *(la tempête)*

- Géologie :

der Stein	der Kalk *(la chaux)*	der Lehm *(l'argile)*

- Monnaies :

der Dollar	der Pfennig	der Euro

mais : die Mark, die Krone, das Pfund

- Véhicules :

der Mer'cedes	der Opel	der Fiat

- Suffixes : ***-ich*** / ***-ig*** / ***-ling*** :

der Teppich *(le tapis)*	der Honig *(le miel)*	der Lehrling *(l'apprenti)*

- Dérivés de verbes forts :

der Schlaf *(le sommeil)*	der Wurf *(le lancer)*	der Schritt *(le pas)*

Féminins

- Êtres de sexe féminin :

die Frau die Kuh *(la vache)*	die Tochter die Gans *(l'oie)*	die Ärztin die Stute *(la jument)*

mais : das Huhn *(la poule)*

- Arbres, fleurs :

die Eiche *(le chêne)* die Tulpe *(la tulipe)*	die Buche *(le hêtre)* die Nelke *(l'œillet)*	die Birke *(le bouleau)* die Rose

mais : der Apfelbaum *(le pommier)* der Ahorn *(l'érable)* der Flieder *(le lilas)*

- Cours d'eau :

die Donau	die Elbe	die Seine

mais : der Rhein, der Main, der Neckar.

- Chiffres :

die Null	die Eins	die Acht

- Bateaux, avions, motos :

die Bremen die Deutschland	die BMW die Kawazaki	die Boeing die Concorde

mais : der Airbus

- Suffixes :
  -ei / -in / -ion :

die Metzge'rei	die Köchin	die Nation

-heit / -keit / -schaft / -ung :

die Krankheit	die Freundschaft	die Zeitung

Neutres

- Petits des êtres vivants :

das Lamm *(l'agneau)*	das Kalb *(le veau)*	das Kind *(l'enfant)*

- Diminutifs en ¨***-chen*** et ¨***-lein*** :

das Mädchen das Fräulein	das Männchen das Hündlein	das Tischlein

- Métaux :

das Eisen	das Gold	das Erz *(le minerai)*

mais : der Stahl *(l'acier)*, die Bronze

- Couleurs :

das Rot	das Eigelb *(le jaune d'œuf)*	das Lila

mais : die Röte *(la rougeur)*, die Blässe *(la pâleur)*

- Fractions :

das Drittel (1/3)	das Fünftel (1/5)	das Dreißigstel (1/30)

mais : die Hälfte (1/2)

- Collectifs formés avec **Ge-** :

das Ge'müse *(les légumes)*	das Ge'schrei *(les cris)*	das Ge'birge *(les montagnes)*

- Suffixes : ***-icht*** / ***-tum*** :

das Dickicht *(le taillis)*	das Eigentum *(la propriété)*	das Wachstum *(la croissance)*

mais : der Irrtum *(l'erreur)*, der Reichtum *(la richesse)*

- Substances chimiques en ***-in*** :

das Ben'zin *(l'essence)*	das Niko'tin	das Penizil'lin

- Remarques :

– Les masculins et féminins à suffixes français conservent souvent leur genre d'origine :

der Chau'ffeur	der Pat'ient	die Ma'terie

– Genre par analogie avec l'allemand :

die Tour de France [= die Reise]
der Broadway [= der Weg]

Mots substantivés

das Lachen	das Parken	das Üben

- Infinitif (neutre singulier) :

Das Abladen von Schutt ist hier verboten. *(Décharge interdite.)*

- Adjectifs et participes (genre logique) :

der Kranke	die Kranke	das Kranke
der Abgeordnete *(le député)*	die Abgeordnete *(la députée)*	

Nichtzutreffendes streichen. *(Rayer ce qui ne convient pas.)*

EXERCICES

Paragraphes 70 à 71 Corrigés p. 374

A Mettre au nominatif et au datif avec l'une des prépositions suivantes : ***aus / in / mit / nach / von***.

quel supermarché ? →	*Nominatif :*	welch**er** Supermarkt?
	Datif :	(in) welch**em** Supermarkt?

1. *quelle vendeuse ? / cette boîte-ci ? / maint article ?*
2. *beaucoup de gens ? / peu de journaux ?*
3. *un veau ? / leur chat ? / aucune feuille ? / son frère (celui de Hilda) ?*
4. *ton veston ? / notre parapluie ? / vos gants* (Pol.) *?*
5. *toutes les villes ? / pas de vacances ? / les deux sœurs ?*

B Mettre à l'accusatif et au génitif.

1. *ce répondeur-ci* (der Anrufbeantworter) */ chaque habitant / tous les chemins*
2. *mon mouchoir / votre moto* (Pol.) */ aucun train / tes amies*
3. *plusieurs objets / son couteau et ses outils (ceux de Klaus)*
4. *quelques clous / plusieurs écrous / ta scie / tous mes outils*
5. *plusieurs aiguilles / sa machine à coudre (celle de Ute)*

C Ajouter les marques de cas.

1. durch dies.. Wald — durch welch.. Fenster — zu dies.. Bahnhof
   mit welch.. Jungen? — gegen manch.. Feind — seit dies.. Krieg
   nach solch.. Herbst — ohne jed.. Hilfe
2. Ziehe dein.. Schuhe aus! Ich habe mein.. Schuhe schon ausgezogen.
3. Hans hat sein.. Pullover verloren. Erich leiht ihm ein.. Jacke.

VOCABULAIRE

Autour de la préposition ***an*** **(+ accusatif / datif)** :

– Ich klopfe **an** die Tür.	*(Je frappe à la porte.)*
– Ich trete **ans** Fenster.	*(Je vais à la fenêtre.)*
– Ich setze mich **ans** Fenster.	
– Ich sitze **am** Fenster.	
– **an** der Straßenecke wohnen	*(habiter au coin de la rue)*
– Tür **an** Tür	*(porte à porte)*
– dicht **am** Wald	*(tout près de)*
– **von** 6 Euro **an**	*(à partir de)*
– **von** heute **an**	
– **an** jenem Tag	*(ce jour-là)*
– **am** Tage darauf	*(le jour suivant)*
– **An** die Arbeit!	*(Au travail !)*
– **an** die 7 Mark	*(dans les 7 marks)*
– Du bist **an** der Reihe.	*(C'est ton tour.)*
– Du kommst **an** die Reihe.	
– Was liegt Ihnen dar**an**?	*(Que vous importe ?)*
– Freude **am** Spiel	*(plaisir pris au jeu)*
– Frankfurt **am** Main	*(Francfort-sur-le-Main)*

4. D.. Wagen unser.. Nachbar.. ist neu.
5. Dein.. Freundin hat dies.. Hund mehrer.. Knochen hingelegt.
6. Jed.. Monat überweise ich per Scheck mein.. Miete.
7. Viel.. Deutsche reisen während d.. Ferien in d.. Türkei.

D Traduire.

1. *Chaque écolière a-t-elle son cahier sur la table ?* (das Heft)
2. *Quelques feuilles ont été arrachées à ce cahier.* (he'raus-reißen aus + *datif*)
3. *Notre professeur examina les devoirs de plusieurs écolières et donna à chacune une note.* (kontrollieren / die Zen'sur)
4. *L'attaché-case de ton voisin est tombé par terre.* (der Aktenkoffer)
5. *Ce village pittoresque plaît beaucoup à ces touristes.* (malerisch)
6. *La ferme de ton oncle se trouve près d'un ruisseau.*
7. *Ce matin nous n'avons vu aucun lapin dans le grand pré.* (das Kaninchen)

Paragraphe 72

Corrigés p. 375

A Quelles sont les questions que pose le vendeur ?
Einkäufe

a) Ich möchte ein Fahrrad kaufen. → **Was für eins?**

1. Ich möchte eine Schallplatte.
2. Ich möchte eine Pflanze.
3. Ich möchte ein Paar Schuhe.
4. Ich möchte ein Hemd.
5. Ich möchte einen Anzug.
6. Wir möchten Hemden.
7. Wir möchten Krawatten.
8. Wir möchten ein Zelt.
9. Wir möchten Blusen.
10. Wir möchten Schrauben.

b) Ich möchte 1/4 Pfund Wurst. → **Was für** Wurst **bitte?**
Was für welche?

1. Ich möchte ein Stück Käse.
2. Ich möchte 10 Eier.
3. Ich möchte eine Flasche Wein.
4. Ich möchte 1/2 Pfund Butter.
5. Ich möchte 1 Pfund Zucker.

B Compléter.

1. **Ein Telefongespräch**
– „Guten Tag, Klaus, wie geht es d..? Warum hast du m.. nicht angerufen?"
– „So, du warst krank? Das tut m.. aber Leid. W.. hat d.. gefehlt? Besuche m.. doch, sobald du wieder gesund bist!"
– „Vielleicht treffe ich d.. vorher auf dem Sportplatz."
– „Bis dahin wünsche ich d.. gute Besserung. Auf Wiederhören!"

2. **Ein Kunstmaler zu ein.. Kolleg..:**
„Die einzig.. Bilder, die man s.. hier in d.. Ausstellung ansehen kann, sind dein.."
– „Danke für d.. Kompliment."
„Ja, vor d.. anderen drängeln s.. immer so viel.. Leute."

C Traduire.

1. *Que désirez-vous ?* (Pol.) *Puis-je vous montrer le chemin ?*
2. *Quelle sorte de chambre désirez-vous ? Avec douche ou avec salle de bain ?*
3. *De quelle ville venez-vous ? Êtes-vous français ou allemand ?*
4. *À qui est cette carte d'identité ?*
5. *Qui a téléphoné il y a une heure ? Qui a pris la communication ?*
6. *À qui dois-je donner la clé ? À quelle heure désirez-vous être réveillé ?*

7. *Qui paiera la chambre et le petit déjeuner ?*
8. *Quel hôtel agréable ! Quelle excellente cuisine !*
9. *Quel artiste ! Quel talent ! – Oui, mais quels prix !*
10. *À qui est ce poste de télévision ?*

Paragraphe 73

Corrigés p. 376

A Compléter les textes.

> Ich kenne die Sprache nicht. → Es ist eine **mir** fremde Sprache.

1. Er kennt die Sprache nicht. Es ist eine … fremde Sprache.
2. Wir kennen die Sprache nicht. Es ist eine … fremde Sprache.
3. Die Leute kennen die Sprache nicht. Es ist eine … fremde Sprache.

Was sagt der **Pechvogel**?

> → Es geht **mir** schlecht. Es …

1. Es geht ihm gut.
2. Es gefällt ihm.
3. Es schmeckt ihm.
4. Es glückt ihm.
5. Das Essen bekommt ihm.
6. Ihm fehlt nichts.

B Conjuguer.

> Ich wasche **mich**. Ich wusch **mir** die Hände.

C Compléter.

> Er hat … vorgestellt. (ich)
> → Er hat **mich** vorgestellt.

1. Der Gastgeber hat … vorgestellt. (wir)
2. Ihr habt … geirrt. (ihr)
3. Ich begegnete … auf der Straße. (du)
4. Die Kinder haben … geschlagen. (pronom réfléchi)
5. W.. hat dir meine Adresse gegeben?
6. Mit w.. Hilfe hast du deine Aufgabe gemacht? (Génitif)
7. Welch.. ist der sechste Monat des Jahres?

VOCABULAIRE

Autour de la préposition ***seit* (+ datif)** :

- **seit** wann? *(depuis quand ?)*
- **seit** kurzem *(depuis peu)*
- **seit** dem 15. Juli
- **seit** damals *(depuis ce temps-là)*
- **seit** Adam und Eva
- **seit** alters (her) *(de tout temps)*
- Es ist nicht erst **seit** heute, dass … *(Ce n'est pas depuis aujourd'hui que…)*
- **seit** dem Tage, da … *(depuis le jour où…)*
- **seitdem** er hier ist … *(depuis qu'il est ici…)*
- **Seitdem** ist er hier. *(Depuis lors il est ici.)*

D Traduire.

1. *Nous te félicitons. Nous vous félicitons.* (jn be'glückwünschen)
2. *Je ne te crois pas. Lui non plus ne te croit pas.*
3. *Excusez-moi et aidez-moi.*
4. *Qui a parlé ? C'est lui. Lève-toi et dépêche-toi.*
5. *À qui dois-je donner les livres que vous avez commandés ? À lui.* (be'stellen)
6. *Ne venez pas ensemble. C'est toi que je veux voir le premier.*
7. *Comment vas-tu ? Très bien et toi ?* (ausgezeichnet)
8. *La mobylette que mon père m'a offerte m'est fort utile.* (das Moped)
9. *Espèce d'âne ! Tu ne pouvais pas y songer plus tôt !* (eher)
10. *Quant au paysage, tu verras toi-même en venant ici.* (hierher)
11. *Tu nous écris que vous êtes en bonne santé ; j'en suis ravi.* (sich freuen)
12. *Ce sont eux qui devront faire le travail.* (ver'richten)
13. *Ce n'est pas moi qui prétendrais le contraire.* (be'haupten)

Paragraphes 74 à 75

Corrigés p. 376

A Traduire.

Vom Vorstellen

Immer soll der Herr der Dame, der Jüngere dem Älteren vorgestellt werden. Selten stellt man sich selbst vor; man wird gewöhnlich von einem Dritten, etwa mit den Worten: „Darf ich bekannt machen?" vorgestellt.
Die beiden Vorgestellten reichen einander die Hände, verbeugen sich mit den Worten: „Freut mich, Sie kennen zu lernen" oder „Sehr erfreut".

B Compléter par ***sich*** ou ... ***einander***.

1. Viele kleine Kinder spielen mit.. auf dem Rasen.
2. Einige ziehen einen Wagen hinter ... her.
3. Andere waschen ... die Hände und kämmen ....
4. In der Sandkiste liegt alles durch....
5. Ein junges Mädchen singt leise vor ... hin.

C Compléter par un pronom relatif.

1. Der Junge, d.. du dein Fahrrad geliehen hast, ist unvorsichtig.
2. Das Haus, ... wir bewohnen, ist in schlechtem Zustand.
3. Ilse hat den Ring sehr gern, ... sie von ihrem Freund bekam.
4. Die alte Dame, ... die Villa gehört, ist sehr freundlich.
5. Das Haus, ... Vorgarten voller Tulpen ist, gehört unserem Arzt.

D Relier les phrases entre elles comme suit.

> Das Diktiergerät ist beschädigt. Es steht auf dem Tisch.
> → Das Diktiergerät, **das auf dem Tisch steht**, ist beschädigt.

1. Karl liest eine Illustrierte; er wartet im Vorzimmer.
2. Der Arzt ist beschäftigt; Karl will ihn aufsuchen.
3. Die Sprechstundenhilfe schreibt langsam; sie nimmt ein Diktat auf.
4. Karl wird ungeduldig; er wartet schon eine halbe Stunde.
5. Die Sprechstundenhilfe lässt Karl eintreten; sie ist mit dem Diktat fertig.

E Traduire.

1. *Le vieux chêne dont l'ombre est agréable ...*
2. *Le vieux saule à l'ombre duquel je m'assieds ...* (die Weide)

3. *La prairie dont l'herbe a été fauchée hier ...* (mähen)
4. *La voiture dont le conducteur n'avait pas de permis ...* (der Fahrer / der Führerschein)
5. *Le village dont je vois les premières maisons ...*
6. *N'est-ce pas le roman dont nous avons parlé hier ?*
7. *La machine à écrire dont je me sers est celle de mon père.* (be'nutzen)
8. *Le médecin dont il s'agit ...* (sich handeln um + *accusatif*)
9. *Les murs dont le parc était entouré ...* (um'geben von + *datif*)
10. *La petite chambre d'hôtel dont je me contente ...* (sich be'gnügen mit + *datif*)
11. *Les tuiles dont le toit est couvert sont rouges.*
12. *Les nuages dont le ciel se couvre ...* (sich über'ziehen mit + *datif*)
13. *La question dont tu t'occupes ...* (sich be'fassen mit + *datif*)
14. *Le gros chien dont tu as peur ...*
15. *Si je l'avais su à temps, j'aurais visité le vieux château-fort dont tu m'as parlé dans ta dernière lettre.* (er'zählen von + *datif*)
16. *Un des marins était descendu à terre. Les ruelles étaient pleines de gens inconnus qui regardaient les devantures des magasins et dont il ne comprenait pas la langue.* (an Land gehen / das Schaufenster)
17. *À qui devait-il s'adresser pour retrouver son chemin ?* (sich wenden an + *accusatif*)

Paragraphe 75

Corrigés p. 377

A Relier les phrases entre elles sur le modèle suivant.

Der Löffel ist aus Holz; ich rühre die Soße damit um.
→ Der Löffel, { **womit** ich die Soße umrühre, ist aus Holz. / **mit dem / mit welchem** ...

1. Die Eisenbahnbrücke wurde letzten Monat für den Verkehr eröffnet; Züge fahren alle 20 Minuten **darüber**.
2. Das Altenheim ist modern; dieses alte Ehepaar wohnt **darin**.
3. Der hohe Baum ist eine Buche; eine Krähe sitzt **darauf**.
4. Siehst du die grünen Abhänge; Kühe weiden **darauf**.
5. Mein Freund hat Verspätung; ich hatte mich **mit ihm** hier verabredet.

VOCABULAIRE

Autour de la préposition ***hinter* (+ accusatif / datif)** :

– Stelle den Spaten **hinter** die Hecke!	*(Mets la bêche derrière la haie.)*
– **hinter** meinem Rücken	*(à mon insu)*
– Er lief **hinter** mir her.	*(Il courait derrière moi.)*
– Er steht **hinter** mir.	*(fig. soutenir quelqu'un)*
– die erste Station **hinter** Köln	*(la première station après Cologne)*
– einer **hinter** dem andern – Sie gehen **hinter**einander.	*(à la queue leu leu)*
– Er brachte ihn **hinter** Schloss und Riegel.	*(Il le mit sous les verrous.)*
– Es steckt etwas da**hinter**.	*(Il y a quelque chose là-dessous.)*
– das **hinter**e Zimmer	*(la pièce de derrière.)*

B Compléter.

1. W.. nicht für mich ist, ist wider mich. W.. wagt, gewinnt!
2. Was einen nicht interessiert, d.. vergisst man schnell wieder.
3. W.. will, d.. kann! Ich wusste nicht, w.. es sich handelte.
4. Der Eisschrank, ... ich meine Vorräte aufbewahre, hat 500 DM gekostet.
5. Wir können schwerlich ... vertrauen, die uns einmal betrogen haben.
6. Ich weiß nicht, ... das bedeuten soll.
7. ..., der die Schweiz kennt, fährt gern auf Urlaub dorthin.
8. Der Kaufmann sieht den Kunden gern, ... viel kauft und sofort zahlt
9. ... du dieses Bild verkaufst, ... wird ein gutes Geschäft machen.
10. Das Land, ... wir sprechen, besitzt reiche Bodenschätze.

C ***Das*** ou ***was*** ? Compléter par le pronom approprié.

1. Zahle zurück, ... du schuldest.
2. Gib das Buch zurück, ... du dir geliehen hast.
3. Wir haben gekocht, ... Sie gern mögen.
4. Besten Dank für dein Schreiben, ... ich rechtzeitig erhalten habe.

D Traduire.

1. *Quoi ? C'est tout ce que vous savez ?*
2. *Nous ne pouvons pas toujours faire ce que nous voulons.*
3. *Il m'a fallu vendre tout ce que j'avais.*
4. *Celui qui vous a fait ce cadeau est généreux.* (großzügig)
5. *La chaise sur laquelle elle était assise était recouverte de velours vert.* (überzogen mit (+ *datif*) / der Samt)
6. *Quiconque touchera à ce chat aura affaire à moi.* (es mit jm zu tun haben)
7. *Malheur à celui qui fait du mal aux bêtes !* (quälen)
8. *Avez-vous reçu ce que je vous avais promis la dernière fois ?* (ver'sprechen)
9. *La fenêtre d'où l'on voit le parc se trouve derrière.* (hin'aus-blicken auf (+ *accusatif*))

Paragraphe 76

Corrigés p. 377

A Compléter par ***der*** ou ***dieser***.

1. Welches Kleid möchtest du? ... hier oder ... da?
2. Ich finde dein Kleid schöner als ... meiner Freundin.
3. Welches sind seine Schuhe? ... hier oder ... da?
4. Welchen Wagen ziehst du vor? ... hier oder ... da?
5. ... hier ist ein Volkswagen, ... da ist ein Ford.

B Traduire.

1. *Les lunettes : celles de ton ami Heinz.*
2. *La mobylette : celle de mon meilleur camarade.*
3. *Les outils : ceux de votre plombier.*
4. *La brouette : celle de son jardinier (= à lui).*
5. *La machine à coudre : celle de sa voisine (= à elle).*

C Compléter.

1. Solch ein.. gut.. Anzug trägt man nicht jeden Tag!
2. Solch ein.. wunderbar.. Aussicht hat man selten!
3. Er hat schon viel.. solch.. Erfahrungen gemacht.
4. Solch.. herrlich.. Ferien wird sie nie vergessen.

D ***Der*** **ou** ***derjenige*** ? Compléter par le pronom qui convient.

1. Kennst du ..., der dich hintergangen hat.
2. Am Totensonntag gedenken wir ..., die gestorben sind.
3. Es waren nicht ..., die sie vorher gesehen hatte.
4. Kann man ... gefallen, die voreingenommen sind?

E ***Deren / denen*** ou ***derer*** ? Utiliser la forme appropriée.

1. Ich erinnere mich d.., die mir im letzten Sommer geholfen haben.
2. Unter ihnen sind mehrere, d.. Namen ich nicht kenne.
3. Wie gerne möchte ich auch ... danken!

F Compléter par un pronom démonstratif.

1. Glücklich ..., der nicht viele Wünsche hat!
2. Traue ... nicht, die dir schmeicheln!
3. Folge dem Rat ..., die es gut mit dir meinen!
4. Verlasse ... nicht, die deiner Hilfe bedürfen!

G Traduire.

1. *Pourrais-tu me prêter tes grands ciseaux ? Ceux de ma sœur coupent (le) tissu moins bien que (le) papier.* (der Stoff)
2. *J'ai acheté au marché ces deux beaux tissus en pure laine ; celui-ci est marron clair, celui-là bleu marine.* (dunkelblau)
3. *Tu ne trouveras nulle part un aussi bon tissu et une aussi solide doublure.* (haltbar / das Futter)
4. *Avec le vendeur nous avons parlé de choses et d'autres. Il se souvient encore de ceux qui l'ont payé avec un faux billet l'an dernier.* (sich erinnern ... / der Geldschein)
5. *Celles des (parmi les) clientes qui ne font pas attention à (la) qualité sont souvent déçues.* (ent'täuscht sein)

Paragraphes 76 à 77

Corrigés p. 378

A ***Derselbe*** ou *der* ***gleiche*** ? Compléter par le terme approprié.

1. Es war ... Reiseleiter, wie vor einem Jahr.
2. Er wählte ... Route. Wir fuhren mit ... Bus wie auf der Hinfahrt.
3. Es war ... Ort, nur von Süden gesehen. Wir kauften ein paar Ansichtskarten zu ... Preis. Wir wohnten in ... Hotel wie das letzte Mal.
4. Hat dich gestern eine andere Verkäuferin bedient? Nein, es war ....
5. Ich habe fast ... Fernsehapparat gekauft wie du.

PHONÉTIQUE

– **b**, **d**, **g**, se prononcent [p], [t], [k] en finale.

– *ab* [ap] – *Bad* [ba:t] – *lag* [la:k]

Die**b** / Diebe	Han**d** / Hände	Zu**g** / Züge
Bil**d** / Bilder	Wal**d** / Wälder	Ber**g** / Berge

Geh in den Wal**d**! Hast du Gel**d** genu**g**?

Da kommt jeman**d**. Es ist hal**b** eins.

B Répondre conformément au modèle ci-après.

> Bist du mit deiner Aufgabe fertig?
> → Ja, ich bin **damit** fertig.

1. Hast du an die Zeitung gedacht?
2. Bist du mit dem Geld ausgekommen?
3. Hast du auf den Verkehr geachtet?
4. Hast du dich bei Frau Ohl für den Kuchen bedankt?
5. Hat sie sich über die Blumen gefreut?

C Traduire.

> → **da(r)** + préposition

1. *Je te rappelle que ton train part dans une demi-heure.*
2. *Je te suis très reconnaissant de me l'avoir rappelé.* (dass du mich ...)
3. *Il ne songe plus à rentrer à la maison aujourd'hui.*
4. *Je m'étonne que tu ne nous aies rien dit de ton projet.*
5. *N'en parlons plus ! Plus d'un retraité vit pauvrement.* (der Rentner)

D Compléter.

1. Es ist besser, man hat wenig.. gut.. Freunde als viel.. schlecht.. .
2. Ich habe dir nur wenig Gut.. zu berichten.
3. Mit dem Wenig.., was ich verdiene, kann ich nicht leben.
4. Ich denke gar nicht ..., jetzt schon nach Hause zu fahren.
5. O, wenn er nur wiederkäme! Alles gäbe ich ...!
6. Ich mache dich ... aufmerksam, dass das Baden hier verboten ist.
7. Ich habe nichts ... einzuwenden, dass du uns bald besuchst.
8. Haben Sie irgend.. getragene Kleidung für Bedürftig..? *(nécessiteux)*

E Compléter et traduire en français par « **en** » ou « **y** ».

1. Hier ist ein Sofa! Setz dich ...!
2. Da steht ein hübsches Haus; kennst du ... Besitzer?
3. In diesem Bächlein fließt klares Wasser; darf man ... trinken?
4. Ich möchte so gern einen Apfel essen. Hast du noch ...?
5. Siehst du den Ball dort? Gehe ... und hole ihn!
6. Endlich findet er ein Wirtshaus und tritt ...
7. Gehe du auch einmal ...! Ich komme gerade ...
8. Haben Sie Postkarten von Bonn? Ja, ich habe ...

F Compléter.

1. Alles war an d.. Strand. Die ein.. lagen in d.. heiß.. Sonne, d.. ander.. tummelten sich in d.. blau.. Meer.
2. Viel.. jung.. Badegäste spielten Volleyball.
3. Einig.. dunkl.. Wolken zeigten sich am Horizont.
4. Viel.. vorsichtig.. Badegäste zogen sich an.
5. All.. welk.. Blüten wurden von d.. Wind abgeschüttelt.
6. D.. wenig.. Badegäste, die am Strand blieben, wurden vom plötzlich.. Gewitter überrascht.
7. Kein.. d.. viel.. Fahrzeuge hielt an, um sie mitzunehmen.

G Traduire.

1. *À la réception d'hier, j'ai rencontré plusieurs touristes danois qui ne connaissaient pas le Sud de l'Alsace.* (gestrig / der Empfang / das Oberelsass)
2. *L'été dernier, ils ont visité toutes les églises célèbres de la Suisse, mais seulement quelques petits musées.*

3. *Chaque jeune Français, chaque jeune Allemand devrait passer quelques semaines dans le pays voisin.*
4. *Plusieurs associations franco-allemandes s'efforcent de promouvoir le rapprochement franco-allemand.* (die Ge'sellschaft / deutsch-französisch / fördern)

H Compléter avec ***einer* / *eine* / *ein(e)s***.

Es gibt überall Briefkästen; bei uns ist auch **einer**.

1. Es gibt viele Haltestellen; in unserer Nähe ist auch ....
2. Unsere Bekannten haben ein Landhaus; wir bauen auch ....
3. Du hast viele Äpfel gekauft; gib mir bitte ....
4. Kann ich von deinen Pfirsichen auch ... bekommen?
5. Von deinen Briefmarken ist ... auf den Fußboden gefallen.
6. Was ... nicht interessiert, das vergisst man schnell wieder.
7. Man weiß nicht, was ... zustoßen kann.
8. Man soll sich nicht um das kümmern, was ... nichts angeht.
9. Was ... nicht angenehm ist, das tut man nicht gerne.

I Compléter.

1. Der Nebel ist so dicht, dass d.. ein.. d.. ander.. nicht sieht.
2. Kennst du den Roman von Remarque „Im Westen nichts Neu...?
3. Beide Jungen lasen: d.. ein.. einen Roman, d.. ander.. eine Novelle.
4. Le Havre ist e.. der größten französischen Häfen.
5. Tue recht und scheue n...
6. N.. will es gesehen haben.

J Traduire.

1. Ingendwann wird ein Wunder geschehen.
2. Irgendwie muss das Problem gelöst werden.
3. Haben Sie irgendwas zu fragen?
4. Er hat es irgendwie erfahren.
5. Nichtzutreffendes streichen.
6. Nimm irgendein Buch zur Hand und lies mir etwas vor!
7. Alt werden will jeder, aber älter werden will keiner.

K Traduire.

1. *Ce qui plaît aux uns ne plaît pas aux autres.* (jm gefallen)
2. *Jamais personne n'avait entendu rien de plus beau.*

VOCABULAIRE

Autour de la préposition ***unter* (+ accusatif / datif)** :

- **unter** uns gesagt — *(entre nous soit dit)*
- **unter** Freunden — *(entre amis)*
- **unter** anderem — *(entre autres)*
- **unter** den Gästen — *(parmi les invités)*
- **unter** freiem Himmel — *(en plein air)*
- mitten **unter** ihnen — *(parmi eux)*
- **unter** diesen Umständen — *(dans ces circonstances)*
- **unter** lautem Beifall — *(sous les applaudissements)*
- **unter** dem Meeresspiegel — *(au-dessous du niveau de la mer)*
- **unter** der Bedingung, dass — *(à condition que)*
- Was verstehst du **unter** ...? — *(Qu'entends-tu par...)*
- fünf Grad **unter** Null — *(5 degrés au-dessous de zéro)*
- jm **unter** die Augen treten — *(se présenter à qn)*

3. *Comment confectionner un cerf-volant ? Rien de plus simple ! Il suffit de prendre un peu de papier coloré, quelques baguettes flexibles, une quelconque ficelle et un peu de colle.* (der Drachen / der Stab / biegsam / die Klebe)
4. *J'y suis allé, mais de champignons, je n'en ai trouvé aucun.* (der Pilz(-e))
5. *On vous marche sur les pieds et on ne s'excuse même pas.*
6. *L'une des deux cigognes avait une bague à la patte gauche.* (das Bein)
7. *Quand on ne va pas bien, il vaut mieux rester à la maison.* (cf. es geht mir gut)

Paragraphe 78

Corrigés p. 379

A Modifier les phrases suivantes sur le modèle ci-après.

> Dort steht das Fahrrad **von dir**.
> → Dort steht **dein** Fahrrad.

1. Hans trägt den Koffer der Mutter.
   → Hans trägt … Koffer zur Bahn.
2. Dort warten Gäste von uns.
   Dort warten … Gäste.
3. Auf dem Tisch liegt der Brief von ihr.
   Auf dem Tisch liegt … Brief.
4. Hier ist das Fax von ihm.
   Hier ist … Fax.

B Compléter par le pronom possessif approprié.

1. Frau Berger spricht lange mit … ausländischen Gästen.
2. Der Ober bringt jedem … Glas.
3. „Gnädige Frau, wie geht es … Sohn?"
4. „Er ist mit … Onkel nach England geflogen."
5. Die Gäste haben viel von … Aufenthalt in Wolfsburg gesprochen.

C Compléter.

1. Ich lese in mein.. Zeitung von dem Unfall vor unser.. Rathaus.
   Was steht denn in ihr.. darüber?
2. Unser jung.. Nachbar pfeift einen Schlager vor s.. hin.
3. Die Absätze dein.. Schuhe sind schief! Zieh dein.. neu.. Schuhe an.
4. Du hast dein.. Kugelschreiber verlegt. Ich leihe dir … .
5. Haben Sie Karl, sein.. Bruder und d.. Frau gesehen?
6. Die Villa gehört mir nicht. Es ist nicht …, wir haben sie nur gemietet.
7. Das Buch? Es ist m.. . Der Filzstift? Er ist m.. Diese Hose? Sie ist m...

D Traduire.

1. *Un de ses peignes* [*à Klara*]. *Une de ses chemises* [*à Bruno*].
2. *Grete est venue avec sa meilleure camarade et l'amie de celle-ci.*
3. *Cette gomme n'est pas à toi. Rends-la moi.* (der Radiergummi)
4. *C'est un de nos meilleurs chevaux qui va sauter une haie.* (die Hürde)
5. *Voici mon imperméable. Le tien est resté à la maison. Si tu veux, je puis te prêter le mien jusqu'à demain matin.*
6. *J'ai mon livre de mathématiques. N'avez-vous pas oublié le vôtre ?*
7. *Avez-vous votre cahier ? Non, je ne l'ai pas.*
8. *Il manque une fourchette. En as-tu pris une ?*

Paragraphes 79 à 82

Corrigés p. 380

A Compléter.

1. Napoleon …, d.. Sohn in Schönbrunn lebte, starb im Jahre 1821.
2. Ich traf Inge, d.. Tochter mit Hans verlobt ist.
3. Dies.. älter.. Herr trinkt kein.. Tee, sondern Kaffee.

4. Hilda.. Großmutter erzählte uns folgend.. Geschichte.
5. Ich möchte Herr.. Professor sprechen.
6. Vorig.. Monat bekam ich Wilfried.. Brief.
7. ... wird am 1. Januar gefeiert.

B Répondre aux questions suivantes.

1. Was für Feste feiern wir im November und im Dezember?
2. Was liegt oft im Herbst über Stadt und Land?
3. Wer gewann die Schlacht bei Austerlitz? bei Trafalgar?
4. Was sagt man von der Morgenstunde?

C Expressions avec l'article zéro **(ø)**. Traduire.

1. Man soll mit offenen Augen durch die Welt gehen.
   Arbeit ist die Grundlage des Erfolgs.
2. Es wurde Winter. Die Polizei schöpfte Verdacht gegen ihn.
   Bei Nacht und Nebel verließ er Frau und Kind, Haus und Hof.
   Baum und Strauch waren mit Reif bedeckt.
3. Nach getaner Arbeit kehrten wir nach Hause zurück.
   Es war schon Abend, als wir zu Hause eintrafen.
   Sonn- und feiertags wird nicht gearbeitet.
4. Die Segelregatta soll auf der Ostsee stattfinden. Mitzubringen sind: Zelt und Schlafsack, Waschzeug, Besteck, aber kein Kofferradio.
5. Die Franzosen trinken gern Wein und lieber Kaffee als Tee.

D Traduire.

1. *L'avion, un Boeing, avait quitté l'Irlande. Nous volions maintenant vers l'Est. Ma voisine était une étudiante canadienne. Elle avait les cheveux blonds et les yeux bleus foncés.*
2. *« La semaine dernière », me dit-elle, « j'ai fêté mon anniversaire. Ce voyage à Berlin est mon cadeau d'anniversaire. Je parle un peu l'allemand, mais j'espère faire des progrès puisque je resterai en Allemagne jusqu'à la Pentecôte. Je connais des Allemands qui sont venus au Canada pour apprendre l'anglais et le français, mais sans succès. Ils ont perdu patience. Je suis d'avis qu'il faut prendre quelques leçons avant de partir pour l'étranger. »*
3. *« Oui, c'est aussi mon avis ! Mais les méthodes ne sont pas toutes parfaites. J'ai dû apprendre des phrases bien étranges et je me demande si je les utiliserai un jour. Écoutez donc.*
   - *La Toussaint est un jour férié.*
   - *Soyez le bienvenu. J'ai la fièvre. Il me faut rester au lit.*
   - *Je me lave tous les matins à l'eau froide et au savon de Marseille.* (die Kernseife)
   - *Au secours ! s'écria-t-il d'une voix forte.*
   - *Le médecin reviendra la semaine prochaine, mardi vers les 10 heures.*
   - *Pendant la guerre les ménagères durent souvent faire la queue devant les magasins d'alimentation.* (Schlange stehen)
   - *Le samedi soir, nous avions l'habitude de jouer aux cartes ou aux échecs.* (Schach spielen)
   - *Après avoir réussi l'examen, il but du champagne avec sa fiancée.* (der Sekt) »
4. *« Voici les phrases que j'ai dû traduire pour apprendre à utiliser l'article :*
   - *Il me regarde avec une expression de crainte.*
   - *Ne perds pas courage. Mets ton manteau et suis-moi.*
   - *En mai, nous quitterons l'Alsace pour faire un voyage en Italie.*
   - *En automne, nous serons peut-être aux Pays-Bas ou en Suède.*
   - *Aimes-tu mieux vivre en ville qu'à la campagne ?*
   - *Londres, capitale de l'Angleterre, est située sur la Tamise.*
   - *Dans ce récit il est question de sainte Elisabeth (1207-1231) et de Frédéric II.*
   - *Saint-Pierre fut le premier pape de l'Église.*

– *Frédéric II fut couronné roi de Prusse en 1740. Il mourut à Potsdam, petite ville située à 20 km au sud-ouest de Berlin, en 1786.*
– *Nous connaissons le nom de Gutenberg, inventeur de l'imprimerie.*
– *La Loi Fondamentale* (das Grundgesetz), *constitution de la RFA, est entrée en vigueur* (in Kraft treten) *le 23 mai 1949.*
– *Les deux tiers des députés approuvent le projet* (den Vorschlag billigen). »

E Traduire en utilisant les expressions suivantes.

je suis d'avis que	*perdre courage*	*tirer d'embarras*
faire fausse route	*tenir tête à*	*faire mystère de*
avoir tendance à	*perdre patience*	

1. Vorigen Sonntag habe ich mit Hans einen Ausflug in die Lüneburger Heide gemacht.
2. Wir haben aber **den falschen Weg eingeschlagen**. Nach zwei Stunden hatten wir beinahe **den Mut verloren**. Hans **hat die Tendenz**, gleich **die Geduld zu verlieren**.
3. **Ich war der Ansicht**, dass wir nach Süden gehen sollten. **Er bot mir die Stirn**.
4. Wir trafen einen Jäger. Ich **machte** aus unserer Ratlosigkeit **kein Hehl**. Er **zog** uns **aus der Verlegenheit**, indem er uns den Weg zeigte.

F Compléter.

1. Ich habe … neues Fahrrad gekauft. … Fahrrad hat … Sportlenker, . . Klingel, … Rücktrittbremse und … Gangschaltung. Ich habe mit … neuen Fahrrad gleich … Tour gemacht. Es stellte sich heraus, dass … Gangschaltung beim Einlegen … zweiten Ganges klemmte. Mit Schmieröl habe ich … Schaden behoben.
2. Es war einmal … armer Fischer. Der Fischer lebte in … Hütte. In . . Hütte gab es nur … Stube und … Küche.
3. … kleine Junge wartete ungeduldig auf … Vater.
4. Dies … Forscher hat ganz … Afrika und halb … Amerika bereist.
5. … Herbst und … Frühling bestellt der Bauer sein Feld.
6. Er ist … Lügner. Ich nenne ihn ein.. Schurken.
7. Schiller wurde 1759 in Marbach, … klein.. Stadt am Neckar, geboren.
8. Mein Vater stand im Rang … Hauptmanns.

G Répondre aux questions ci-après.

1. Beschreiben Sie das Gesicht eines Kindes! (Haar, Nase, Augen, Stirn, Mund, Ohren, usw.).
2. Wann werden die Kirschen, die Pflaumen, die Äpfel reif?
3. Was war Einstein? Und Pasteur?
4. Was wurde Karl der Große im Jahre 800?
5. War Gagarin ein amerikanischer Astronaut?
6. Wovon ist in der Bibel die Rede? (Geschichte Israels.)
7. Was kann ein tüchtiger Arbeiter werden? (Werkmeister / Ingenieur).

Paragraphe 83

Corrigés p. 381

A Compléter le dialogue suivant.

(A) „Neulich habe ich einen komischen Artikel gelesen.
Darin wird behauptet, dass die Spanier in Spanien wohnen und Span.. sprechen."
(B) „Das hat mich interessiert. Man sagt, dass die Italiener Ital.. sprechen."
(C) „Interessant! Wo wohnen die Ung.. und was sprechen sie?"

(A) „Die Ungarn wohnen in Ung.. und sprechen ...“
(B) „Wirklich? Und wo wohnen die Brasilianer?“
(C) „Ich weiß, dass sie in B.. wohnen und Portug.. sprechen.“

B Traduire.

1. *Notre congrès a lieu cette année en Suisse.* (die Tagung)
2. *Le dernier congrès réunissait aux Pays-Bas 70 personnes venues de 16 pays différents.* (ver'sammeln / aus + *datif*)
3. *La délégation française était la plus nombreuse.* (die Abordnung)
4. *Dix Allemands, quatre Américains, trois Anglais, douze Suisses, cinq Algériens, deux Marocains, dix Russes et quatre Tchèques étaient logés dans un grand hôtel de Zurich.* ('unter-bringen)
5. *Les discours furent prononcés soit en allemand, soit en anglais.* (eine Rede halten)
6. *Nous avons bu de la bière de Munich, car il y avait plusieurs Bavarois à notre table.* (sitzen)
7. *Nous avons fait la connaissance d'une Allemande et d'une Norvégienne au cours d'une excursion.* (auf einem Ausflug)
8. *J'ai dû traduire le discours d'un Français en allemand.* (ins Deutsche)
9. *Cette Allemande était assise entre un Anglais et un Espagnol.*
10. *« Pourriez-vous me traduire cette phrase en espagnol ? » m'a-t-elle demandé avec un sourire.*

Paragraphe 84

Corrigés p. 382

A Compléter.

1. Mein.. Tante ist Ärzt... In d.. Ferien fährt sie in d.. Harz.
2. Vor ihr.. Haus steht ein.. Schild: d.. Parken d.. Auto.. ist verboten.
3. In ihr.. Garten wachsen ein.. Birke, ein.. Kiefer und ein.. Tanne.
4. Wenn d.. Mai kommt, leuchten d.. Farben: d.. Blau d.. Hyazinthe und d.. Vergissmeinnicht.., d.. Weiß und d.. Gelb d.. Narzissen und das Violett d.. Flieders.
5. Weiter hinten im Garten wächst d.. Gemüse, und d.. Kinder haben ein.. klein.. Sandkiste zum Spielen und ein niedrig.. Reck zu.. Turnen.
6. D.. Eisen d.. Gartentür ist schwarz angestrichen.
7. Nach d.. Arbeit liest man dort gern d.. Zeitung oder ein interessant.. Buch.

INTERLUDE

- „Herr Ober, jetzt habe ich schon zehnmal Eisbein mit Sauerkraut bestellt und immer noch nichts bekommen!“
  – „Bedaure, mein Herr, aber bei solchen Mengen dauert es immer ein bisschen länger.“
- „He, Herr Ober, sollen wir hier sitzen, bis wir verhungert sind?“
  – „Das geht leider nicht, wir schließen um zehn Uhr.“
- „Es stört mich nicht“, sagt der Redner, „wenn die Zuhörer ständig auf ihre Uhr gucken. Kritisch wird es erst, wenn sie sie an ihr Ohr halten!“
- Fragt der Zollbeamte den zerstreuten Professor am Grenzübergang: „Kognac? Whisky? Zigaretten?“
  – „Nein, danke sehr“, sagt der Professor, „aber wenn ich vielleicht ein Gläschen Milch bekommen könnte?“

8. In d.. Ferne erblickt man ein hoh.. Gebirge, das zu ein.. Drittel mit Wald bewachsen ist.
9. Mein Onkel verbringt d.. Hälfte d.. Freizeit im Garten.
10. Die ganz.. Familie genießt d.. Schönheit dies.. Landschaft.

B ***Der*** / ***die*** ou ***das*** ? Indiquer l'article défini qui convient.

Reichtum → der Reichtum

1. ... Gold
2. ... Irrtum
3. ... Drittel
4. ... Gemüse
5. ... Nelke
6. ... A
7. ... Eisen
8. ... Zeitung
9. ... Junge
10. ... Katze
11. ... Mädchen
12. ... Rose
13. ... Flieder
14. ... Elbe
15. ... Rhein
16. ... Oder
17. ... Y
18. ... Bäckerei
19. ... Salz
20. ... Kampf
21. ... Sache
22. ... Sonne
23. ... Birke
24. ... Fünf
25. ... Tannenbaum
26. ... Buche
27. ... Vergissmeinnicht
28. ... Stahl
29. ... Ruhe
30. ... Metall
31. ... Insekt
32. ... Mittel
33. ... Rechnung
34. ... Einsamkeit
35. ... Landschaft
36. ... Hälfte
37. ... Gebirge
38. ... Dickicht
39. ... Blei
40. ... Tanzen
41. ... Mond
42. ... Schneider
43. ... Hotel
44. ... Hagebutte *(fruit de l'églantier)*

C Former des phrases sur le modèle suivant.

Ein Mann, der in Köln wohnt, ist ein **Kölner**. Er spricht Deutsch.
Eine Frau, die in Köln wohnt, ist eine **Kölnerin.** Sie spricht Deutsch.

1. Rom
2. Genf
3. Prag
4. Moskau
5. Athen
6. London
7. Tokio
8. Wien
9. Oslo
10. Warschau
11. Kopenhagen
12. Dresden
13. Stettin
14. New York

D Former des adjectifs se terminant par ***-er*** ou ***-isch***.

Butter aus Dänemark → **dänische** Butter

1. der Hafen von Rostock
2. die Messe in Leipzig
3. der Zwinger in Dresden
4. das Erz aus Schweden
5. Bier aus Pilsen
6. Wein aus dem Elsass
7. Seide aus China
8. Bratwürste aus Thüringen
9. Porzellan aus Meißen
10. der Pumpernickel aus Westfalen

NB : Ich trinke Münchn**er** Bier und esse Schweiz**er** Käse.
Les adjectifs en ***-er*** formés sur des noms de villes et de certaines provinces restent invariables.

E Traduire.

1. *Les Rhénans sont fiers de leur fleuve qui prend sa source comme le Rhône au Mont Saint-Gothard.* (ent'springen / auf dem St Gotthard)
2. *Au théâtre hier soir, la pâleur de l'actrice principale frappa les spectateurs. On lui a offert un bouquet de roses.* (die Hauptdarstellerin / die Blässe / auf-fallen)
3. *Quel vacarme assourdissant dans cette trop petite salle !* (be'täubend)
4. *Ce qui a été demandé leur sera remis dès que possible.* (über'geben)
5. *Si seulement tu savais le (= un) quart de ton livre !* (im Kopf haben)
6. *Il m'a reçu à bras ouverts.*

2 LA DÉCLINAISON DU NOM

En allemand, il y a trois genres : le masculin, le féminin et le neutre.

- La plupart des noms suivent la **déclinaison forte,** dans laquelle des marques spécifiques indiquent la fonction dans la phrase. La marque du génitif singulier des masculins et des neutres est **-(e)s** *(des Mann**s**).*
- Un nombre restreint de masculins suivent la **déclinaison faible** (voir aussi le paragraphe 91). Ils prennent la marque ***-n*** ou ***-en*** à tous les cas, sauf au nominatif singulier (*der Mensch → des Mensch**en***).

85 La déclinaison forte des masculins

Déclinaison

Génitif singulier : + **-s**
Datif pluriel : + **-n**

	Singulier	Pluriel
Nominatif	der Baum	die Bäume
Accusatif	den Baum	die Bäume
Datif	dem Baum	den Bäume**n** (2)
Génitif	des Baum**(e)s** (1)	der Bäume

(1) (**e**) est euphonique (voir aussi le paragraphe 90) : *des Fuchs**es** / des Fuß**es***.
(2) Au datif pluriel, les noms communs ont ou prennent un **-n**, sauf lorsque le nominatif pluriel se termine par un **-s** : *(mit) den Schecks*.

Pluriel

- **Règle générale** : ¨-e

der Stuhl → die Stühle

Pas d'inflexion sur *-i-* et *-e-* :

der Tisch → die Tische

Ne prennent pas l'inflexion :

der Schuh → die Schuhe

der Akt	*acte*	Monat	*mois*
Apparat	*appareil*	Mond	*lune*
Arm	*bras*	Ort	*endroit*
Beruf	*profession*	Pakt	*pacte*
Besuch	*visite*	Pfad	*sentier*
Dolch	*poignard*	Pfau	*paon*
Dom	*cathédrale*	Punkt	*point*
Erfolg	*succès*	Ruf	*cri, appel*
Fasan	*faisan*	Schuft	*fripon*
Gemahl	*époux*	Star	*sansonnet*
Grad	*grade*	Stoff	*étoffe*

der Halm	*tige*	Tag	*jour*
Huf	*sabot*	Thron	*trône*
Hund	*chien*	Verlust	*perte*
Kuckuck	*coucou*	Versuch	*essai*

- Noms en : ***-el*** / ***-en*** / ***-er*** (*ne changent pas au pluriel).* — der Kuchen → die Kuchen

Environ 20 noms prennent l'inflexion : der Mantel → die M**ä**ntel

der Acker	*champ*	Laden	*boutique*
Apfel	*pomme*	Mangel	*défaut*
Boden	*sol*	Nagel	*clou, ongle*
Bruder	*frère*	Ofen	*poêle*
Faden	*fil*	Sattel	*selle*
Garten	*jardin*	Schaden	*dommage*
Graben	*fossé*	Schnabel	*bec*
Hafen	*port*	Schwager	*beau-frère*
Hammer	*marteau*	Vater	*père*
Kasten	*caisse, boîte*	Vogel	*oiseau*

- Environ 10 noms : **¨-er** — der Mann → die M**ä**nn**er**

der Geist	*esprit*	Strauch	*arbrisseau*
Gott	*dieu*	Wald	*forêt*
Leib	*corps*	Wurm	*ver*
Mann	*homme*	Irrtum	*erreur*
Rand	*bord*	Reichtum	*richesse*
Ski / Schi	*ski*		

- Environ 15 noms : ***-(e)n*** — der Schmerz → die Schmerz**en**

der Bauer	*paysan*	Schmerz	*douleur*
Dorn	*épine*	See	*lac*
Mast	*mât*	Staat	*état*
Muskel	*muscle*	Stachel	*aiguillon*
Nachbar	*voisin*	Strahl	*rayon*
Nerv	*nerf*	Vetter	*cousin*

Certains masculins en ***-or*** : der Di'rektor → die Direk'to**ren**

Peuvent s'employer au nominatif singulier sans leur **-n** final :

der Friede(n)	*paix*	Gedanke(n)	*pensée*
Name(n)	*nom*	Schade(n)	*dommage*
Funke(n)	*étincelle*	Glaube(n)	*foi*
Same(n)	*semence*	Wille(n)	*volonté*

86 La déclinaison des féminins

Déclinaison

Singulier : invariable
Datif pluriel : + **-n**
-in den Nächte**n**

	Singulier	Pluriel
Nominatif / Accusatif	die Frau	die Frau**en**
Datif	der Frau	den Frau**en**
Génitif	der Frau	der Frau**en**

Pluriel

- **Règle générale : *-en*** — die Frau → die Frau**en**
  - Noms en ***-e*** / ***-el*** / ***-er*** → ***-n*** : die Straße → die Straße**n**; die Feder → die Feder**n**
  - Noms en ***-in*** → ***-nen*** : die Fürstin → die Fürstin**nen**
  - Noms en ***-nis*** → ***-se*** : die Kenntnis → die Kenntnis**se**
  - die Mutter → die M**ü**tter ; die Tochter → die T**ö**chter
- Environ 40 noms : ***¨-e*** — die Hand → die H**ä**nd**e**

die Auskunft	*renseignement*	Laus	*pou*
Angst	*peur*	Luft	*air*
Axt	*hache*	Lust	*joie*
Bank	*banc*	Macht	*puissance*
Braut	*fiancée*	Magd	*servante*
Brust	*poitrine*	Maus	*souris*
Faust	*poing*	Nacht	*nuit*
Frucht	*fruit*	Not	*détresse*
Gans	*oie*	Nuss	*noix*
Gruft	*crypte*	Schnur	*ficelle*
Hand	*main*	Stadt	*ville*
Haut	*peau*	Wand	*mur*
Kluft	*crevasse*	Wurst	*saucisse*
Kraft	*force*	Zunft	*corporation*
Kuh	*vache*	Zusammenkunft	*réunion*
Kunst	*art*		

87 La déclinaison des neutres

Déclinaison

Génitif singulier : + **-s**
Datif pluriel : + **-n**

	Singulier	Pluriel
Nominatif / Accusatif	das Brot	die Brote
Datif	dem Brot	den Brote**n**
Génitif	des Brot**(e)s**	der Brote

Pluriel

- **Règle générale : -e** — das Brot → die Brot**e**
- Noms en ***-e*** / ***-el*** / ***-er*** / ***-chen*** / ***-lein*** *(ne changent pas au pluriel).*

  das Knie → die Knie
  das Rätsel → die Rätsel
  das Fenster → die Fenster
  das Mädchen → die Mädchen

  Exception : das Kloster → die Kl**ö**ster

- Environ 60 noms : ***¨-er*** — das Haus → die H**ä**us**er**

das Amt	*fonction*	Huhn	*poule*
Bad	*bain*	Kalb	*veau*
Band	*ruban*	Kind	*enfant*
Bild	*image*	Kleid	*robe (pl. habits)*
Blatt	*feuille*	Korn	*grain*
Brett	*planche*	Kraut	*herbe*
Buch	*livre*	Lamm	*agneau*
Dach	*toit*	Land	*pays*
Dorf	*village*	Licht	*lumière*
Ei	*œuf*	Lid	*paupière*
Fach	*compartiment*	Lied	*chanson*
Fass	*tonneau*	Loch	*trou*
Feld	*champ*	Mahl	*repas*
Geld	*argent*	Mal	*marque*
Gemach	*appartement*	Nest	*nid*
Gemüt	*sensibilité*	Pfand	*gage*
Geschlecht	*sexe, race*	Rad	*roue*
Gesicht	*visage*	Reis	*brindille*
Gespenst	*fantôme*	Rind	*bovin*
Gewand	*vêtement*	Schild	*enseigne*
Glas	*verre*	Schloss	*serrure* / *château*
Glied	*membre*	Schwert	*épée*
Grab	*tombe*	Tal	*vallée*
Gras	*herbe*	Tuch	*drap*
Gut	*bien*	Volk	*peuple*
Haupt	*tête*	Weib	*femme*
Holz	*bois*	Wort	*mot (écrit)*
Horn	*corne*		

ainsi que les noms en ***-tum*** : das Königtum → die Königt**ümer**

- Environ 7 noms : ***-(e)n*** — das Hemd → die Hemd**en**

das Auge	*œil*	Insekt	*insecte*
Bett	*lit*	Leid	*souffrance*
Ende	*fin*	Ohr	*oreille*
Hemd	*chemise*		

ainsi que les noms en ***-um / ium*** : das Museum → die Muse**en**
das Gymnasium → die Gymnasi**en**

- Déclinaison de ***das Herz***

traurig**en** Herz**ens** *(le cœur triste)*

	Singulier	Pluriel
Nominatif / Accusatif	das Herz	die Herz**en**
Datif	dem Herz**en**	den Herz**en**
Génitif	des Herz**ens**	der Herz**en**

88 Les pluriels particuliers

- Pluriels différents

die Bank → die Bänke *(bancs)* / die Banken *(banques)*	der Rat → die Räte *(conseillers)* / die Ratschläge *(conseils)*
der Stock → die Stöcke *(cannes)* / die Stockwerke *(étages)*	der Strauß → die Sträuße *(bouquets)* / die Strauße *(autruches)*
das Wort → die Wörter *(les mots isolés)* → das Wörterbuch / die Worte *(les paroles)* → die Worte des Propheten	

- Pluriel de ***-mann***
  - → ***-leute*** (pour désigner une catégorie) :
    der Kaufmann / Kaufleute *(commerçant)*
    der Fachmann / Fachleute *(spécialiste)*
  - → ***-männer*** (pour désigner des individus) :
    der Schneemann / Schneemänner *(bonhomme de neige)*

- Pluriels divers

der Neubau / Neubauten	der Regen / Regenfälle
der Saal / Säle	der Schnee / Schneemassen
der Sporn / Sporen (*éperon*)	der Sport / Sportarten
das Drama / Dramen	die Butter / Buttersorten
das Epos / Epen (*épopée*)	der 'Kaffee / 'Kaffeesorten
das Kleinod / Klein'odien (*joyau*)	der Tee / Teesorten
das Klima / die Kli'mate / die 'Klimas	das Deck / Decks (*pont du bateau*)
das Prin'zip / Prin'zipien	das Wrack / Wracks (*épaves*)

der Block :
– aus Stein / Holz / Metall → Pl. **(¨-e)** : Holzblöcke / Eisen-, Felsblöcke
– Pl. **(-s)** : die Abreißblocks / Notizblocks ; Häuser-, Wohnblocks
– Wirtschaftsblöcke ou -blocks ; Machtblöcke ou -blocks.

- Pluriel en ***-s*** pour abréviations et noms de famille : Müllers *(les Müller)*

der Per'sonen,kraftwagen	= der Pk'w → die Pk'ws
die Ge'sellschaft mit beschränkter 'Haftung	= die Gmb'H → die Gmb'Hs
die 'Technische 'Hochschule	= die T'H → die THs
der Profi → die Profis der Sozi (Sozialdemokrat) → die Sozis das Moped → die Mopeds	

89 Les changements de sens selon le genre

der Band (¨-e)	*volume*	das Band { die Bänder / die Bande	*(ruban)* / *(lien)*
der Bauer (-n)	*paysan*	das Bauer (-)	*cage (d'oiseau)*
der Erbe (-n)	*héritier*	das Erbe (die Erbschaft)	*héritage*
der Flur (-e)	*corridor*	die Flur (-en)	*champ (poétique)*
der Gehalt (-e)	*contenu*	das Gehalt (¨-er)	*salaire, traitement*
der Heide (-n)	*païen*	die Heide (-n) → die Lüneburger Heide	*lande*
der Kiefer (-)	*mâchoire*	die Kiefer (-n)	*pin*
der Kunde (-n)	*client*	die Kunde (-n)	*nouvelle (poétique)*
der Leiter (-)	*chef, conducteur*	die Leiter (-n)	*échelle*
der Reis	*riz*	das Reis (-er)	*rameau*
der Schild (-e)	*bouclier*	das Schild (-er)	*enseigne, panneau*
der See (-n) → der Bodensee	*lac*	die See (pl. die Meere) → die Nordsee	*la mer*
die Steuer (-n)	*impôt*	das Steuer (-ruder)	*gouvernail*
		das Steuer (-rad)	*volant (auto)*
der Tor (-en)	*fou (poétique)*	das Tor (-e)	*porte (cochère)*
der Tau	*rosée*	das Tau (-e)	*grosse corde*
der Verdienst (-e)	*gain*	das Verdienst (-e)	*mérite*

NB : **der** Teil *(partie)*, mais **das** Gegenteil *(contraire)*
der Kaffee *(boisson)*, **das** Café *(établissement)*.
['kafe, ka'fe:] [ka'fe:]

90 Récapitulation

		Masculin	Féminin	Neutre	**Pluriel**
Nominatif	**Wer?**	der Mann	die Frau	das Kind	die Leute
Accusatif	**Wen?**	den Mann	die Frau	das Kind	die Leute
Datif	**Wem?**	dem Mann	der Frau	dem Kind	den Leute**n**
Génitif	**Wessen?**	des Mann**(e)s**	der Frau	des Kind**(e)s**	der Leute

- Génitif singulier masculin et neutre : ***-s*** → die Farbe des Mantel**s** ;
  -es si la prononciation l'exige, après ***-s***, ***-ß***, ***-z***, ***-tz*** : des Haus**es** / des Blitz**es**.
- Le datif singulier masculin et neutre des monosyllabiques se termine parfois par ***-e*** (avec les compléments de lieu et de temps) : im Jahr**e** 2002 – auf dem Land**e** – zu Haus**e**.
- Le datif pluriel se termine par ***-n*** : → mit den starken Männer**n**
  Exceptions : – Noms d'origine étrangère formant leur pluriel en ***-s*** :

Nominatif pluriel	die Hotel**s** / die Auto**s**
Datif pluriel	den Hotel**s** / den Auto**s**

– Familier : die Mädels *(les jeunes filles)*
die Fräuleins *(les demoiselles)*
die Kumpels *(les copains)*

91 La déclinaison faible des masculins

• **(-e)n** partout sauf au nominatif singulier

	Singulier	Pluriel
Nominatif	der Franzos**e**	die Franzose**n**
Accusatif	den Franzose**n**	die Franzose**n**
Datif	dem Franzose**n**	den Franzose**n**
Génitif	des Franzose**n**	der Franzose**n**

	Singulier	Pluriel
Nominatif	der Herr	die Herr**en**
Accusatif	den Herr**n**	die Herr**en**
Datif	dem Herr**n**	den Herr**en**
Génitif	des Herr**n**	der Herr**en**

• Tous les noms d'êtres vivants masculins en **-e**

der Affe	*(singe)*	Kollege	*(collègue)*	Neffe	*(neveu)*
Gatte	*(époux)*	Kunde	*(client)*	Sklave	*(esclave)*
Geselle	*(compagnon)*	Löwe	*(lion)*	Zeuge	*(témoin)*
Junge	*(garçon)*	Matrose	*(marin)*		

• Environ 15 noms

der Ahn	*aïeul*	Held	*héros*	Narr	*bouffon*
Bär	*ours*	Hirt	*pâtre*	Oberst [1]	*colonel*
Bauer [1]	*paysan*	Lump	*fripouille*	Prinz	*prince*
Bub	*garçon*	Mensch	*être humain*	Spatz	*moineau*
Fürst	*prince (régnant)*	Nachbar [1]	*voisin*	Tor	*fou, sot*
Graf	*comte*				

(1) Peuvent suivre au singulier la déclinaison forte : *des Bauers / Nachbars / Obersts*

• Certains noms de nationalité

der Chinese Däne	Finne Grieche	Ire Pole	Russe Ungar

• Beaucoup de noms d'origine étrangère

der Abitu'rient Archi'tekt Christ	Ele'fant Kame'rad Katho'lik	Para'graf Philo'soph Pia'nist	Pla'net Poli'zist Prote'stant

- **Remarques**
  - Masculin faible : der / ein Franzose → die Franzos**en** (mais : die / eine Französ**in** → die Französin**nen**)
  - Adjectif substantivé :

Singulier	Pluriel
der Deutsch**e** / ein Deutsch**er** die Deutsch**e** / eine Deutsch**e** der Beamt**e** / ein Beamt**er**	die Deutsch**en** (ø) Deutsch**e** die Beamt**en** / Beamt**e**

→ wir Deutsch**en** *(nous autres Allemands, nous les Allemands).*

92 Les noms d'origine étrangère

Les noms masculins ou neutres, d'origine **française** ou **anglo-saxonne**, suivent au singulier, la déclinaison **forte** ou **faible**, avec, pour certains, la marque du pluriel d'origine ***-s***.

Noms masculins

- Germanisés

a. Déclinaison forte

– (Génitif singulier : ***-s***) Pluriel → ***¨-e*** der Ka'nal / Ka'n**äle**

der Abt Admi'ral Al'tar	Bass Bischof Cho'ral	Gene'ral (¨-e ou -e) Ka'plan Kardi'nal	Pa'last Propst Redak'teur

– (Génitif singulier : ***-s***) Pluriel → ***-e*** der Re'kord / Re'kord**e**

der Akkusa'tiv Akt Appa'rat	Bibliothe'kar Fri'seur Kapi'tän	Kon'trast Li'kör Plural	Pros'pekt Sekre'tär Trans'port

der Bus (Busses) / Busse ; der Kongress (Kongresses) / Kongresse
Déplacement de l'accent → der Cha'rakter / Charak'tere

– (Génitif singulier : ***-s***) Pluriel → **(ø)** der Onkel / Onkel

der Krater	Mi'nister	Roboter	Titel

– (Génitif singulier : ***-s***) Pluriel → ***-en*** der Mast / Mast**en**

der 'Autor (1) 'Doktor (1)	'Motor (1) Konsul (-n)	Muskel (-n) Pantoffel (-n)	Nerv Pro'fessor (1)

(1) Déplacement de l'accent **'*-oren*** au pluriel → *der Di'rektor / Direk'toren*.
Les noms accentués sur **'*-or*** ont un pluriel en ***-e*** : *der Ma'jor / Ma'jore*.

b. Déclinaison faible der Stu'dent (-**en**) / Stu'dent**en**

der Adju'tant Advo'kat Auto'mat	Ban'dit Chi'rurg Diri'gent	Gen'darm Ko'met Pi'lot	Präsi'dent Re'bell Sol'dat

et des noms formés avec les suffixes : ***-ant***, ***-at***, ***-ent***, ***-graf***, ***-graph***, ***-ist***, ***-loge***...

- Pas encore germanisés

– (Génitif singulier : **-s**) Pluriel → ***-s*** der Streik / Streik**s**

der Chef Bon'bon	Bankier [baŋ'kje:] Gag [gɛk]	Kai (-s ou -e) Park (-s ou -e)	Scheck Trend

Noms neutres

- Germanisés

– (Génitif singulier : **-s**) Pluriel → ***-e*** das Ar'chiv / Ar'chiv**e**

das Ba'llett Doku'ment Inse'rat	Kar'tell Kla'vier Kon'tor	Kon 'zert Magneto'phon Pla'kat	Pro'blem Pro'dukt Substan'tiv

– (Génitif singulier : **-s**) Pluriel → **(ø)** das Re'gister / Re'gister

das Or'chester	The'ater	Pa'laver	Pulver

– (Génitif singulier : **-s**) Pluriel → ***(i)en*** das Datum / Dat**en**

das Drama Epos	Kapi'tal (-ien) Mate'rial (-ien)	Sta'tut Thema	Tex'til (-ien) Verb

- Pas encore germanisés

– (Génitif singulier : **-s**) Pluriel → ***-s*** das Ho'tel / Ho'tels

das Ca'fé Chan'son	Genie [ʒe'ni:] Dia	Komi'tee Ko'mmando	Mo'tel Te'rrain

et les noms terminés par ***-o*** → das Auto, Foto, Radio (sauf : das Konto / Konten).

EXERCICES

Paragraphe 85

Corrigés p. 383

A Mettre : a) au génitif singulier ; b) au nominatif pluriel.

der Name	Génitif singulier :	**des Namens**
	Nominatif pluriel :	**die Namen**

1. der Monat
2. der Hafen
3. der Untertan
4. der Wald
5. der Apfel
6. der Wille
7. der Nachbar
8. der Krieg
9. der See
10. der Motor
11. der Punkt
12. der Kopf
13. der Schlüssel
14. der Markt
15. der Arbeiter
16. der Vater

B Mettre au pluriel.

1. der Name des Sees
2. der Direktor des Betriebs
3. der Graben um den Garten
4. ein Irrtum bei manchem Versuch
5. der Motor des Wagens
6. der Friedensschluss nach dem Krieg
7. der Nagel in dem Kasten
8. der Ski des Sportlers
9. Der Richter vernimmt den Zeugen.
10. Der Kunde fragt den Verkäufer.

C Compléter.

1. Mit sein.. spitz.. Schnabel fängt d.. Vogel viel.. Würm...
2. Längs dies.. sandig.. Pfad.. läuft ein tief.. Graben.
3. Ein rot.. Sonnenstrahl trifft d.. Giebel des Fachwerkhauses.
4. D.. ungeschickt.. Lehrling ließ ein.. schwer.. Hammer fallen.
5. Ein französisch.. Autoschlosser hat d.. Motor d.. Wagen.. repariert.

VOCABULAIRE

Autour de la préposition ***außer* (+ datif)** :

- niemand **außer** mir (= ich allein)
- Ich bin **außer** mir. (= empört)
- **außer** Acht lassen *(négliger)*
- **außer** Atem sein *(hors d'haleine)*
- **außer** Betrieb sein *(en dérangement)*
- **außer** Dienst (a.D.) *(à la retraite)*
- **außer** Gefahr sein *(hors de danger)*
- **außer** Kraft setzen *(déclarer sans effet)*
- **außer** wenn es regnet *(excepté s'il pleut)*
- **außerdem** *(en outre)*
- **außer** Reichweite sein *(hors d'atteinte)*
- **außerstande** sein *(être incapable de)*
- **außerhalb** (+ génitif) *(à l'extérieur de)*
- **außer**ordentlich / **außer**gewöhnlich *(extraordinaire)*
- **außer** Rand und Band sein *(être déchaîné)*

D Traduire.

1. *Le Petit Poucet retrouva son chemin grâce aux cailloux qu'il avait jetés sur les sentiers de la forêt.* (der Däumling / der Kieselstein / der Waldpfad (-e))
2. *À qui allons-nous offrir ces magnifiques bouquets de fleurs ?* (über'reichen)
3. *Avez-vous déjà fait plusieurs expériences semblables dans votre laboratoire ?* ('durch-führen)
4. *Quelles professions te plairaient ?*
5. *Les ennemis ont subi de lourdes pertes dans les combats de la semaine dernière.* (Verluste er'leiden)
6. *À cause des épines, il est difficile de cueillir des églantines.* (die Heckenrose)
7. *Dans les entreprises les chefs de service prennent part de temps à autre à des stages de perfectionnement.* (der Ab'teilungsleiter / der Fortbildungslehrgang)

Paragraphes 86 à 87

Corrigés p. 383

A Remplacer ***die*** par ***diese***. Former le nominatif pluriel.

die Hand	→	**diese** Hand
	Nominatif pluriel	**diese** Hände

1. die Flasche
2. die Nadel
3. die Wohnung
4. die Lehrerin
5. die Jahreszeit
6. die Straße
7. die Macht
8. die Kenntnis
9. die Mutter
10. die Wolke
11. die Familie
12. die Wand

B Remplacer ***das*** par ***ein***. Former ensuite le nominatif pluriel.

das Land / **ein** Land
Nominatif pluriel : Länd**er**

1. das Gemälde
2. das Feuer
3. das Pferd
4. das Huhn
5. das Insekt
6. das Theater
7. das Ziel
8. das Fahrrad
9. das Bild
10. das Messer
11. das Bier
12. das Motorrad

C Compléter par l'article défini. Former le génitif singulier et le nominatif pluriel.

Gebäude → das Gebäude
Génitif singulier : **des** Gebäude**s**
Nominatif pluriel : **die** Gebäude

1. Gewitter
2. Fluss
3. Zug
4. Licht
5. Woche
6. Stoff
7. Paket
8. Laden
9. Arzt
10. Wagen
11. Zeitung
12. Ring
13. Schatten
14. Mauer
15. Haar
16. Herz

D Former le pluriel.

1. der Spiegel
2. die Schachtel
3. der Stiefel
4. der Pantoffel
5. der Schlüssel
6. die Kugel
7. das Rätsel
8. der Nagel
9. die Nähnadel
10. die Schüssel
11. der Hobel
12. der Löffel

E Mettre les phrases suivantes au pluriel.

1. Der Ofen raucht sehr.
2. Ein Dachziegel fällt herab.
3. Mein Buch ist auf diesem Regal.
4. Er sah aus wie ein Gespenst.
5. Hänge das Kleid auf den Bügel!
6. Die Bäuerin rupft ein Huhn.
7. Ich wasche ein buntes Hemd.
8. Ein weiches Ei darf nur 4 Minuten kochen.

F Indiquer la marque du pluriel pour les mots suivants.

1. Stuhl
2. Volk
3. Bügel
4. Mädchen
5. Kind
6. Tochter
7. Wolke
8. Bett
9. Kloster
10. Nacht
11. Gas

G Traduire.

1. *Le Schleswig-Holstein est une région riche en lacs pittoresques, en forêts profondes et en collines verdoyantes.* (malerisch)
2. *Dans les forêts de hêtres, le soleil traverse à peine le feuillage.* (dringen durch + *accusatif*)
3. *L'été, les campeurs et le bétail sont importunés par des insectes, mouches et moustiques.* (der Zeltler/stören/die Schnacke)
4. *En 1842, plusieurs vieux quartiers de Hambourg ont été détruits par un gigantesque incendie.* (der Brand)
5. *Dans les ruelles on n'aperçoit plus les curieuses enseignes des anciennes corporations.* (eigenartig / die Zunft ("e))
6. *Grâce à l'appui de Louis II de Bavière, Richard Wagner a pu faire construire à Bayreuth le théâtre du Festival, qui a été inauguré en 1876.* (das Festspielhaus / ein-weihen)

Paragraphes 88 à 89

Corrigés p. 384

A Compléter.

1. Heute wurde d.. Märzgehalt aller Angestellt.. der Firma ausgezahlt.
2. Kernseife hat ein.. hohen Fettgehalt.
3. Hast du d.. zweit.. Band von Bölls Werken zu Ende gelesen?
4. Ihr Kleid war mit viel.. Bänd.. geschmückt.
5. D.. ganz.. Erbe wurde unter die Hinterbliebenen aufgeteilt.

B Ajouter les articles et les désinences qui manquent. Traduire.

1. Klaus ist d.. tüchtige Leiter einer Baufirma; er hat ein gut.. Gehalt.
2. Von d.. Erbe seines Onkels hat er sich nach Abzug d.. Steuern ein klein.. Haus in der Lüneburger Heide gekauft.
3. Es liegt, von Kiefer.. umgeben, in der Nähe ein.. klein.. See...
4. Morgens liegt d.. Tau auf den Wiesen.
5. Klaus erteilt seinen Mitarbeitern gut.. Ratschl...
6. Es ist sein eigen.. Verdienst, wenn die Firma bekannt ist.
7. Der größt.. Teil der Verantwortung ruht auf ihm.
8. Er hat Neubau.. nach modern.. Prinzip.. errichten lassen und sorgt für ein angenehm.. Betriebsklima. Auf den Fluren seines Betriebes stehen Bänk.. und Blumensträuß...
9. Von allen Sportart.. bevorzugt er Jogging und Segeln.

C Mettre au pluriel.

1. die Hypothekenbank
2. die Ofenbank
3. die Datenbank
4. die Sandbank
5. das Haarband
6. der Einband
7. die Verbrecherbande
8. die Tochter
9. der Notizblock
10. der Felsblock
11. die Butter
12. der Tee
13. die GmbH
14. der Pkw

D Compléter d'après le modèle suivant.

> Ich öffne (Fenster) → Ich öffne **das** Fenster / Ich öffne **die** Fenster.
> Fenster (Haus) → **das** Fenster **des** Haus**es** / **die** Fenster **der** Häus**er**

1. Sie saugt ab (Flur).
2. Sie bedient (Kunde).
3. Er ergreift (Tau).
4. Er überweist (Gehalt).
5. Er hilft (Abteilungsleiter).
6. Sie kauft (Blumenstrauß).
7. Sie erblickt das Schild (Arzt).
8. Du holst die Leiter (Gärtner).
9. Ich zahle (Steuer).

E Indiquer les articles et les désinences.

1. Erzähle mir … Inhalt … Epos!
2. Erzähle mir … Handlung … Drama…!
3. Singe mir … Melodie … Lied…!
4. Das ist … Stimme … Herz….
5. Das ist … Wille … Volk….

F Compléter.

1. **(Band)** Die … sind schmale Streifen aus Stoff oder aus Metall.
   Ich nehme Musik auf … auf. Ich besitze zwei Gedicht… von Heine.
2. **(Schild)** D.. Schild ist eine Schutzwaffe.
   D.. Schild bezeichnet eine Aushängetafel wie d.. Firmenschild, d.. Messingschild des Arztes, die Hinweis- und Verbotsschild… im Verkehr.
3. **(Wort)** Ein Satz besteht aus W.. . Man kann die W.. einer Sprache erklären.
   Man kann W.. zählen, buchstabieren, einsetzen oder streichen.
   Die W.. „Jazz" und „Beat" sind aus dem Englischen entlehnt.
   In wenigen W.. informierte er mich über den Verlauf seiner Reise.

G Traduire.

1. *De nos jours (les) exportateurs doivent être des spécialistes de l'économie.* (der Ex'portkaufmann)
2. *Quand les entreprises deviennent trop importantes, elles forment souvent des SARL* (groß / die GmbH)
3. *Le samedi, les banques sont fermées et leurs clients ne peuvent retirer de l'argent que des billetteries.* (Geld ab-heben / der Geldautomat (en))
4. *Des constructions nouvelles ont été prévues : des blocs d'immeubles de six étages chacun, trois terrains de jeux pour les enfants, deux lycées et deux banques.* (etwas vor-sehen / der Kinderspielplatz)
5. *Après la guerre, on a dû retirer de l'Elbe de nombreuses épaves.* (ent'fernen)

Paragraphes 90 à 91

Corrigés p. 385

A Compléter avec les substantifs entre parenthèses.

1. Ich sprach mit (Onkel, Neffe, Pole, Engländer, Nichte, Mann).
2. Ich fragte (ein Student, der Junge, der Bayer, ein Deutscher).

3. Ich bedanke mich bei (der Pilot, der Kunde, der Advokat).
4. Ich helfe den drei (der Russe, der Soldat, der Polizist, der Kunde).
5. Ich vergaß den Namen des tapferen (der Soldat, der Offizier).

B Compléter.

Hörer / Mitglieder / Leser Benutzer / Besucher / Gäste

a) 1. Ein Arzt hat **Patienten**.
2. Ein Professor hat ....
3. Eine Zeitung hat ....
4. Ein Konzert hat ....
5. Ein Gastwirt hat ....
6. Eine Bibliothek hat ....
7. Eine Partei hat ....

b) 1. „Gut.. Tag, Lotte, wie geht es dir? Gibt es etwas Neu..?"
2. „Nein, Anne, nichts Besonder... aber komm doch herein!"
3. „Welch herrlich.. Aussicht auf eur.. Garten!"
4. „Darf ich dir etwas Gut.. anbieten?
Was sagst du zu ein.. Glas Portwein?"
5. „Danke, gern! Ich kann mir nichts Besser.. denken."
6. „Ich habe ein.. gut.. Idee! Komm doch morgen mit dein.. Kinder...
In den groß.. Bäum.. sind noch viel.. reif.. Äpfel."

c) 1. Ein groß.. Haus neben d.. Schule brannte gestern plötzlich.
2. Bevor die Feuerwehr kam, verstrich manch.. bang.. Minute.
3. Auf der Terrasse standen mehrere alt.. Stühle, zwei modern.. Sessel, ein rund.. Tisch, eine leer.. Gießkanne.
4. Viele kräftig.. Männer retteten die notwendigst.. Ding...
5. Welcher traurig.. Anblick, als noch ein fein.. Regen einsetzte!
6. Alle unser.. Bekannt.. sprachen von nichts ander...

d) 1. wegen der schlecht.. Verhältnisse, wegen schlecht.. Verhältnisse;
2. mit solch.. schönen Kleid, mit solch einem alt.. Kleid;
3. im groß.. Betrieb, in groß.. Betrieb..;
4. zum fröhlich.. Spiel, zu fröhlich.. Spiel.

C Transformer les phrases suivantes selon les exemples 1 et 2.

Uwe will verreisen.

Er wäscht Hemden und Unterwäsche, plättet die Oberhemden, bügelt seine Hose, reinigt den Pullover, putzt die Schuhe.

1. Jetzt ist alles fertig: **die Hemden sind gewaschen**, ... 2. Uwe packt alles in den Koffer: **die gewaschenen Hemden**, ...

D Compléter la notice de presse suivante.

Der Streik in d.. Metallindustrie ... Württemberg, der ... Montag früh in acht Werk.. begann, soll an diesem Dienstag auf 73 weiter.. Betrieb.. ausgedehnt werden. Dies geht ... einem Flugblatt d.. IG Metall hervor, das ... Montag in d.. bestreikt.. Betrieb.. verteilt wurde.

E Traduire.

1. *Tous les chrétiens, catholiques, protestants ou orthodoxes.*
2. *D'après Frédéric II les princes ne sont que les premiers serviteurs de leurs États.* (der Fürst)

3. *On entendait les chants des marins, c'étaient des Grecs.*
4. *Le colonel demanda à un jeune soldat de noter les noms des étrangers. On compta 5 Allemands, 2 Danois et 1 Hongrois.* (auf-schreiben)
5. *Quelques-uns durent montrer leur carte d'identité à l'agent de police.* (der Ausweis)
6. *Après le baccalauréat beaucoup de bacheliers s'inscrivent comme étudiants à l'université. Ils veulent devenir médecins, avocats, architectes, ingénieurs, diplomates, chimistes, chercheurs, professeurs de lycée. Les bachelières ont les mêmes possibilités.* (der Rechtsanwalt / der Studienrat / der Forscher)

Paragraphe 92

Corrigés p. 386

A Former le nominatif singulier et le nominatif pluriel.

'Studium → **das** 'Studium / **die 'Studien**

1. Ingenieur
2. Firma
3. Professor
4. Doktor
5. Datum
6. Lazarett
7. Patient
8. Ministerium
9. Dia
10. Chef
11. Bus
12. Hotel
13. Klubhaus
14. Klub
15. Villa
16. Trend
17. Zentrum
18. Restaurant
19. General
20. GmbH
21. Praktikum
22. Privileg
23. Prospekt
24. Genie
25. Sanatorium

VOCABULAIRE

Autour de la préposition ***zu* (+ datif)** :

– **zu** gleicher Zeit	*(en même temps)*
– **zum** Arzt gehen ≠ **beim** Arzt sein	
– aus Liebe **zu** ihr …	*(par amour pour elle)*
– **zum** Bahnhof bringen	
– **zu** Bett gehen	*(aller se coucher)*
– **zu** Mittag essen	*(déjeuner)*
– **zu** Hause bleiben ≠ **nach** Hause gehen	
– sich **zu** Herzen nehmen	*(prendre à cœur)*
– **zum** Fenster hinaussehen	*(par)*
– **zu** Weihnachten	*(à Noël)*
– **zum** Beispiel	*(par exemple)*
– **zum** Leutnant ernennen	*(nommer sous-lieutenant)*
– **zu** meinem Erstaunen	*(à mon étonnement)*
– **zum** Wohl!	*(à la vôtre !)*
– **zu** seinen Gunsten	*(en sa faveur)*
– **zum** Essen einladen	*(inviter à manger)*
– Er hat keine Zeit **zum** Schreiben.	
– **zu** Fuß / zu Pferd	*(à pied, à cheval)*
– **zum** Glück	*(par bonheur)*
– **zu** Hunderten	*(par centaines)*
– Sie kommt wieder **zu** sich.	*(Elle revient à elle.)*
– **zu** Eis werden	*(se congeler)*

B Répondre aux questions suivantes.

1. Was ist der DGB? das BGB? die NATO? die SPD? die CDU?
2. Was ist ein Lkw? ein Pkw? ein Moped?
3. Warum dürfen Lkws nicht immer auf der Autobahn fahren?
4. Vorteile und Nachteile der Geldautomaten?

C Former des phrases.

1. Der Ingenieur, müssen, Arbeit, sich beeilen.
2. Der Zeitungsredakteur, sich freuen, nächst, Weihnachtsferien.
3. Die Studentinnen, wollen, sich aneignen, gut, Kenntnisse, Deutsch.
4. Er, können, neu, Regenmantel, dieser Monat, kein, sich kaufen.
5. Der Chirurg, müssen, sich waschen, Hände, vor, die Operation.
6. Sie, sich ärgern, Unpünktlichkeit, ihr Chef.

INTERLUDE

- Friseur: „Zu Besuch hier?" – Kunde: „Nein, zum Haareschneiden."
- Der Reporter bittet einen Politiker um ein Interview.
  „Ich habe nichts zu sagen", antwortet dieser barsch *(d'un ton bourru)*.
  – „Das ist allen bekannt", meint der Reporter trocken, „doch wir sollten es wenigstens versuchen."
- Ist das nicht unerhört? Jetzt lässt mich mein Freund schon über eine Stunde warten. Dabei hat er erst gestern zu mir gesagt, er würde für mich um die Welt gehen." – „Vielleicht ist er schon unterwegs!"
- Fragt der Wirt den Gast : „Ihr Glas ist leer, mein Herr, wollen Sie noch eins?"
  – „Nein, was soll ich mit zwei leeren Gläsern?"

3 L'ADJECTIF QUALIFICATIF

Attribut, l'adjectif est invariable. Épithète, il se place devant le nom qu'il qualifie et participe à la flexion du groupe nominal.

93 L'adjectif attribut

- Il est introduit par les verbes :

  sein / werden / bleiben / scheinen / aussehen …

- Il est invariable (genre, nombre, cas) :

  Die Sessel sind **neu**. *(Les fauteuils sont neufs.)*
  Die Möbel sehen **neu** aus. *(Les meubles ont l'air neufs.)*
  Sport erhält uns **jung**. *(Le sport nous maintient jeunes.)*

94-97 L'adjectif épithète

- Il **précède** le nom et se **décline** :

  Siehst du dort den alt**en** Mann?
  Dort geht unser lieb**er** Onkel.
  Wir waren gut**er** Dinge. *(Nous étions de bonne humeur.)*

- L'épithète prendra des marques différentes suivant qu'elle est précédée ou non d'un déterminatif.
  On aura une fois la **déclinaison forte** (marque du cas) :
  – soit au déterminatif,
  – soit, si ce dernier est absent, à l'adjectif épithète.

94 Adjectif sans déterminatif (déclinaison forte)

	Masculin	Féminin	Neutre	**Pluriel**
Nominatif	gut**er** Wein	gut**e** Milch	gut**es** Bier	gut**e** Getränke
Accusatif	gut**en** Wein			
Datif	gut**em** Wein	gut**er** Milch	gut**em** Bier	gut**en** Getränk**en**
Génitif	gut**en** Wein**s**		gut**en** Bier**s**	gut**er** Getränke

- Sauf au génitif singulier masculin et neutre (→ ***-en***), l'adjectif prend la **marque** que prendrait **l'article défini** correspondant. C'est la déclinaison forte.

- L'adjectif se décline ainsi :

Au partitif	Er trinkt neu**en** Wein *(du vin nouveau)*
Avec un pluriel indéfini	Leni isst reif**e** Birnen.
Avec un numéral (invariable)	Drei klein**e** Buben spielen dort.
Avec ***allerlei*** / ***ein Paar*** / ***viel*** / ***wenig*** / ***genug*** …	Man findet allerlei reif**es** Obst. Sie kauft ein Paar elegant**e** Schuhe.
Avec ***viele*** / ***mehrere*** / ***einige*** / ***wenige*** / ***manche*** (sauf ***alle***) mais :	viele welk**e** Blätter *(beaucoup de feuilles mortes)* der Stil einiger russisch**er** Romane **alle** blond**en** Kinder *(tous les enfants blonds)*
Après ***manch*** / ***solch*** / ***welch*** invariables	Welch (ein) schön**er** Park! *(Quel beau parc !)*
Après le génitif saxon	**mit** Schillers letzt**em** Drama *(avec le dernier drame de Schiller)*
Après ***dessen*** / ***deren*** (= génitif saxon)	Böll, dessen letzt**er** Roman verfilmt wurde, …
Après un pronom personnel au singulier, mais :	Du dumm**er** Junge! *(Petit nigaud !)* Wir arm**en** Menschen! *(Pauvres que nous sommes !)*

- NB : L'adjectif employé seul après ***etwas*** / ***genug*** / ***nichts*** / ***viel*** / ***wenig*** est au **neutre**. Il s'écrit avec une majuscule et se décline :

> von nichts **Be**sonder**em** *(de rien de particulier)*
> mais : nichts **an**der**es** *(rien d'autre)*

95 Adjectif précédé d'un déterminatif du groupe *der*

- Après ***der***, ***dieser*** / ***jener***, ***jeder*** (chaque), ***mancher*** (sing.), ***solcher***, ***welcher***, et après les pluriels ***alle***, ***beide*** / ***sämtliche***, la déclinaison est **faible**, car le déterminatif porte les marques du cas. L'adjectif porte une marque faible, soit ***-e***, soit ***-en***.

	Masculin	Féminin	Neutre	**Pluriel**
Nom.	der gut**e** Wein	die gut**e** Milch	das gut**e** Bier	die gut**en** Getränke
Acc.	den gut**en** Wein			
Dat.	dem gut**en** Wein	der gut**en** Milch	dem gut**en** Bier	den gut**en** Gertränk**en**
Gén.	des gut**en** Weins		des gut**en** Biers	der gut**en** Getränke

- L'adjectif prend ***-e*** aux trois nominatifs et accusatifs du singulier (sauf à l'accusatif masculin). Partout ailleurs on a ***-en*** :

Der jung**e** Mann → kaufte [die / diese / alle / solche] rot**en** Hefte.
Die jung**e** Frau →

Das nett**e** Mädchen gab < jedem / jenem brav**en** Kind ein Bild.

96 Adjectif précédé d'un déterminatif du groupe *ein*

- Après ***ein*** / ***kein, mein, dein, sein*** / ***ihr, unser, euer, ihr*** / ***Ihr***, au nominatif masculin et au nominatif / accusatif neutre où le déterminatif n'a pas de marque, l'épithète prend les **marques** du cas.

	Masculin	Féminin	Neutre
Nominatif	ein gut**er** Wein	eine gut**e** Milch	ein gut**es** Bier
Accusatif	einen gut**en** Wein		
Datif	einem gut**en** Wein	einer gut**en** Milch	einem gut**en** Bier
Génitif	eines gut**en** Wein**s**		eines gut**en** Bier**s**

- Le pluriel indéfini correspondant à l'article ***ein*** est :
  Nominatif / accusatif : gut**e** Getränke *(de bonnes boissons)*
  Datif : gut**en** Getränk**en**
  Génitif : gut**er** Getränke

- Le pluriel avec ***kein***, ***mein***, ***sein*** / ***ihr***, ***unser***, ***euer***, ***ihr*** / ***Ihr*** est celui du groupe ***der*** : partout **-en**.
  Neutre / accusatif : keine gut**en** Getränke
  Datif : keinen gut**en** Getränk**en**
  Génitif : keiner gut**en** Getränke

Ne pas confondre le nominatif du pronom *unser**er*** / *unser**e*** / *unser**es*** (= le nôtre) et l'adjectif possessif :

Nominatif	unser (1) gut**er** Wein	unsere gut**e** Milch	unser (1) gut**es** Bier
Génitif	unseres guten Weins	unserer guten Milch	unseres guten Biers

(1) **-er** dans *unser* ou *euer* fait partie du radical ; ce n'est pas une désinence.

NB : Les adjectifs en ***-er*** formés sur les noms de ville ne se déclinent pas :
in der Berlin**er** S-Bahn – (on a aussi der Schweiz**er** Käse)

97 Les marques des cas du groupe nominal

	MASCULIN SINGULIER			FÉMININ SINGULIER		
Cas	Déterminatif	Épithète	Nom	Déterminatif	Épithète	Nom
Nominatif	**-er**	**-e**	**(-ø)**	**-e**	**-e**	**(-ø)**
	(-ø)	**-er**				
Accusatif	**-en**	**-en**	**(-ø)**			
Datif	**-em**	**-en**	**(-ø)**	**-er**	**-en**	**(-ø)**
Génitif	**-es**	**-en**	**-s**			

	NEUTRE SINGULIER			**PLURIEL**			
Cas	Déterminatif	Épithète	Nom	Déterminatif	Épithète	Nom	
Nominatif et Accusatif	**-(e)s**	**-e**	**(-ø)**	**-e**	**-en**		
	(-ø)	**-es**				Marque du Pluriel	
Datif	**-em**	**-en**	**(-ø)**	**-en**	**-en**		**+ n**
Génitif	**-es**	**-en**	**-s**	**-er**	**-en**		

Transfert des marques des cas

- Principe

der	neue	Wein
-er	**-e**	**-ø**

– La succession des trois marques permet d'identifier ce groupe nominal comme : masculin, singulier, nominatif.

– L'un des éléments doit porter la **marque principale** du cas. En général c'est le déterminatif, c'est-à-dire le 1er élément. En cas de défection, ce sera l'épithète qui prendra cette marque.

Singulier		
Nominatif	d**er** neue Wein	ein neu**er** Wein neu**er** Wein
Accusatif	d**en** neu**en** Wein	neu**en** Wein
Datif	(mit) d**em** neu**en** Wein	(mit) neu**em** Wein
Génitif	d**es** neu**en** Wein**s**	neu**en** Wein**s**
Pluriel		
Nominatif et Accusatif	die neu**en** Weine	neu**e** Weine

– Obligatoirement la marque principale est à la première place.
Une seule exception : Au génitif singulier masculin/neutre, le nom indique le cas.
neu**en** Wein**s** / dunkl**en** Bier**s**

- **Transfert** des marques du déterminatif à l'**épithète**

– Après un déterminatif (-ø) { – Partitif : hell**es** Bier – aus gelb**em** Leder
– Pluriel indéfini : blau**e** Augen

– Après un mot invariable { – Numéral : zwei alt**e** Bettler *(deux vieux mendiants)*
– Adverbe : allerlei reif**e** Kirschen *(toutes sortes de cerises mûres)*

– Après un pronom personnel au singulier : Ich arm**er** Mensch! *(Pauvre que je suis !)*
mais au pluriel on aura : Wir arm**en** Menschen! *(Pauvres que nous sommes !)*

- Avec ***viele*** / ***mehrere*** / ***einige*** / ***wenige*** / ***manche*** (sauf ***alle***) : einige jung**e** Mädchen
manche älter**e** Leute
(mainte personne d'un certain âge)

mais : alle jung**en** Mädchen

- Avec ***ein*** / ***kein*** / ***mein*** / ***dein*** / ***sein*** … unser sauber**er** Hof
ihr treu**er** Hund

(Nominatif masculin singulier
et nominatif accusatif neutre singulier) sein neu**es** Rad

- Après un adjectif (ou participe) substantivé : ein Angestellt**er** *(employé)*
zwei Erwachsen**e** *(adultes)*

98 Les degrés de comparaison de l'adjectif

Positif		Er ist alt.
Comparatif – Égalité : – Infériorité : – Supériorité :	*(eben)so … wie …* (aussi… que) *nicht so … wie …* (moins… que) *weniger … als …* *(¨er) als …* (plus… que)	Er ist **so** alt **wie** ich. Er ist **nicht so** alt **wie** ich. Er ist **weniger** begabt als du Er ist **älter als** ich.
Superlatif – Absolu : – Relatif :	*recht* / *gar* / *sehr* (très) *äußerst* / *höchst* (extrêmement) a) Épithète : *der* / *die* / *das (¨)ste* (le plus) b) Attribut / adverbe : *am (¨)sten* (le plus)	Er ist **sehr** alt. Er ist **äußerst** klug. Wer ist **der älteste** Schüler? Herzlich**sten** Dank! Er läuft **am** schnell**sten**.

In der Antarktis ist es **am kältesten**.
(C'est dans l'Antarctique qu'il fait le plus froid.)

- Prennent l'inflexion (***a o u*** → ***ä ö ü***) au comparatif de supériorité et au superlatif :

alt, arg, arm, hart, kalt, krank, lang, nah, scharf, schwach, schwarz, stark, warm, grob, groß, hoch, rot, dumm, gesund, jung, klug, kurz

- Prennent un ***-e*** intercalaire au superlatif les adjectifs terminés en : ***-d***, ***-t***, ***-s***, ***-ß***, ***-sch***, ***-tz***, ***-x***, ***-z :***

der heiß**este** Monat *(le mois le plus chaud)*
die kürz**este** Nacht *(la nuit la plus courte)*

mais ***groß*** → der **größte**.

- Les adjectifs en ***-el*** / ***-en***, ceux en ***-er*** (après diphtongue) perdent le ***-e-*** inaccentué au comparatif.

dunkel / **dunkler** / der dunkelste
edel / **edler** / der edelste
trocken / **trockner** / der trockenste

Deine Wohnung ist **teurer** als meine.
(Ton appartement est plus cher que le mien.)

- Complément du superlatif :
  - au datif avec ***von*** / ***unter*** ;
  - au génitif.

Die Rose ist die schönste **von** allen Blumen.
die schönste **unter** allen Blumen.
die schönste all**er** Blumen.

- Le comparatif de supériorité et le superlatif relatif peuvent être :
  - épithètes : Sie wählt eine **kleinere** Größe. *(= une taille plus petite)*
    die **kleinste** Größe. *(= la taille la plus petite)*
  - attributs : Das Obst wird **billiger**. *(Les fruits sont moins chers.)*
    Es ist im Sommer **am billigsten.** *(= le moins cher en été.)*

- Après ***wie*** ou ***als***, le cas employé est celui qu'aurait le nom ou le pronom dans une phrase complète :

  Er begrüßte **mich** so herzlich wie ein**en** alt**en** Freund.
  (Il me salua aussi cordialement qu'un vieil ami.)

- Autres formes du superlatif.

eilig**st** *(en toute hâte)* herzlich**st** *(bien cordialement)*	jüng**st** *(dernièrement)* möglich**st** *(si possible)*
aufs (¨)ste **aufs** herzlich**ste** *(très cordialement)*	Er empfing uns **aufs** freundlich**ste**. *(très…)*
höchst**ens** *(tout au plus)* meist**ens** *(la plupart du temps)*	Er besucht uns nächst**ens**. *(prochainement)*

99 Irrégularités

gut / wohl	besser	der beste	am besten	bestens	*(au mieux)*
viel / sehr	mehr	der meiste	am meisten	meistens	*(le plus souvent)*
gern / lieb	lieber	der liebste	am liebsten		
hoch	höher	der höchste	am höchsten	höchstens	*(tout au plus)*
nah	näher	der nächste	am nächsten	nächstens	*(prochainement)*
wenig	weniger	der wenigste	am wenigsten	wenigstens	*(au moins)*
	minder	der mindeste	am mindesten	mindestens	*(au moins)*
bald	eher	–	am ehesten	ehestens	*(au plus tôt)*
–	–	der erste	–	erstens	*(en premier lieu)*
		der letzte	–	letztens	*(dernièrement)*

- Quand on compare une personne ou un objet à **plusieurs** autres, on emploie le **superlatif relatif** :

  Du bist **der beste** in der Klasse. *(Tu es le meilleur de la classe.)*
  Dieser Berg ist **der höchste**. *(Cette montagne est la plus haute.)*

- S'il s'agit de **degrés** dans la qualité, on emploie : **am (¨)sten** :

  Du arbeitest **am besten**. *(C'est toi qui travailles le mieux.)*

100 Emplois particuliers

gern	lieber	am liebsten
(aimer bien)	*(aimer mieux)*	*(aimer le mieux)*
	↖ *(préférer)* ↗	

- ***gern haben*** + Nom :

Je t'aime bien.	Ich **habe** (mag) dich **gern**.
Je préfère Charles.	Ich **habe** (mag) Karl **lieber**.
C'est Rolf que j'aime le plus.	**Am liebsten** habe (mag) ich Rolf.

- Verbe (quelconque) + ***gern*** :

	Ich **esse** (habe) Kirschen **gern**.
	Ich **trinke** (habe) **lieber** Apfelsaft.
J'aime jouer aux échecs.	Ich **spiele gern** Schach.
J'aime mieux jouer aux cartes qu'aux échecs.	Ich **spiele lieber** Karten **als** Schach.
Ce que je préfère, c'est jouer au skat.	**Am liebsten spiele** ich Skat.

101 Nuances du comparatif

- Comparatif de **supériorité** en ***(¨)er*** :

  a. Il s'emploie lorsqu'on ne compare que deux personnes ou deux choses :
  die **stärkere** Hand *(la plus forte des deux mains)*
  der **ältere** Bruder *(le frère aîné)*

  b. Il peut remplacer le positif dans certaines locutions :
  das **reifere** Alter *(l'âge mûr)*
  die **oberen** Klassen *(les classes supérieures)*

  c. Comme épithète, il se traduit quelquefois par **assez**, un **certain** :
  längere Zeit *(un certain temps)*

- Si l'on compare différentes qualités de la même personne ou du même objet, on utilisera

au lieu du comparatif →	**mehr** (*plus*) / **eher** (*plutôt*)	+ positif
	weniger / **minder** (*moins*)	

Sie ist **weniger** traurig **als** beleidigt. *(Elle est moins triste que vexée.)*

Zu viele Medikamente sind	mehr	schädlich als nützlich.
	eher	*(… plutôt nuisibles qu'utiles)*

- On n'écrira pas ***als als*** mais ***denn als*** :
  Er ist bekannt**er als** Dichter **denn als** Maler.
  (Il est plus connu comme poète que comme peintre.)

- Pour le superlatif des participes I / II on utilise ***meist*** + positif :

Le tableau est vendu ***au plus*** *offrant.*	Das Gemälde wird **meist**bietend versteigert.
Le CD ***le plus*** *demandé.*	Die **meist**gefragte CD-Platte.

moins… que…	**nicht so … wie** **weniger … als**	Er ist **nicht so** geschickt **wie** du. Er ist **weniger** geschickt **als** sie.
le moins	**(der) am wenigsten …**	das **am wenigsten** feuchte Klima
plus… que	**mehr** (+ adj.) **als** (+ adj.) **mehr** (+ nom) **als** (+ nom) **mehr als** (+ nom)	Er ist **mehr** tot **als** lebendig. Er ist **mehr** Künstler **als** Lehrer. Er liebt dich **mehr als** mich. *(Il t'aime plus qu'il ne m'aime.)*
le plus… (de tous)	**der aller-** (+ superlatif)	**der allerschönste** Monat
plutôt… que	**eher** (+ verbe) **als** (+ verbe)	**Eher** leiden **als** sterben! *(Plutôt souffrir que mourir !)*

102 Proportionnalité et parallélisme

Expressions comparatives

assez – suffisamment : – passablement :	***genug*** (postposé) ***ziemlich*** (+ adj.)	Sie ist alt **genug**. Heute ist es **ziemlich** warm.
(bien) trop bien plus	***(viel) zu*** (+ adj.) ***viel*** (+ comparatif)	Dieser Mantel ist **(viel) zu** lang. Er wartet schon **viel länger** als wir.
jamais (après superlatif)	***je*****(mals)** (+ verbe à l'indicatif)	die schönste Gegend, die ich **je sah** ... *(la plus belle contrée que j'aie jamais vue)*
de plus en plus	***immer*** (+ comparatif)	Es wird im Mai **immer wärmer**. Sie arbeitet **immer mehr**.
d'autant plus... que	***umso*** + comp., ***als*** ...	Der Vorfall ist **umso** bedauerlicher, **als** er meinem Ruf schadet. *(L'incident est d'autant plus regrettable qu'il nuit à ma réputation.)*
trop (+ adj.) pour que...	***zu*** (+ adj.), ***als dass*** ... (voir aussi le paragraphe 62)	Er ist **zu** ehrlich, **als dass** er lügen könnte. *(trop honnête pour pouvoir mentir.)*

Expressions symétriques

plus... plus	***je*** + comparatif..., **Je älter** der Wein,	***desto*** + comparatif... **desto (umso)** besser wird er.
(sans adjectif)	***je*** + ***mehr*** ..., **Je mehr** ich verdiene, *(Plus je gagne,*	***desto*** + comparatif... **desto mehr** kann ich sparen. *plus je peux économiser.)*
moins... moins	***je weniger*** ... **Je weniger** es regnet, *(Moins il pleut,*	***desto*** + comparatif... **desto** schlechter ist die Ernte. *moins la récolte est bonne.)*
autant... autant	***so*** + adjectif ... + verbe, **So** groß sein Plan war, *(Autant son plan était grandiose,*	***so*** + adjectif + verbe **so** kläglich war das Resultat. *autant le résultat était pitoyable.)*
de même que... de même...	***wie*** ..., **Wie** du deiner Mutter hilfst, **Wie** man sich benimmt, Subordonnée	***so*** ... **so** helfe ich meinem Vater. **so** wird man beurteilt. *(On est jugé selon son comportement.)*

Autres expressions de la gradation

– répétition : eine lange, lange Nacht
Er hat sich sehr, sehr gefreut.

– mots composés : bildschön grundfalsch hochmodern *(ultramoderne)*
blitzschnell hellblau weltweit *(mondial)*

103 Adjectifs non susceptibles de gradation

Diese Zeitschrift erscheint **wöchentlich**.
(Cette revue paraît chaque semaine.)
das **hiesige** Theater [= das Theater von hier]
die **gestrige** Zeitung [= die Zeitung von gestern]

- Ce sont des déterminants. Ils correspondent :
  – soit à un groupe prépositionnel :

  das physikalische Institut [= das Institut für Physik]

  – soit à un génitif possessif :

  die ärztliche Praxis *(le cabinet médical)* [= die Praxis des Arztes]

- Excluent également la gradation :
  – Les adjectifs :

sterblich	blind [1]	nackt	rund	mündlich
tot	stumm [1]	parallel	viereckig	schriftlich

  – Les adjectifs de couleur non déclinables [2] : **beige**, **rosa**, **lila**, **bleu**...

  ein rosa Kleid *(une robe rose)* eine beige Tasche die lila Hüte ...

  – Des termes comme :

stündlich	hiesig	morgig	link-
täglich	dortig	gestrig	recht-
unrettbar	unteilbar	blutjung	kinderlos
unverlierbar	undefinierbar ...	steinreich	obdachlos ...

ou exprimant une gradation : *maximal, minimal, total, absolut, erstklassig ...*

- Pour une comparaison, on emploiera ***mehr / eher*** ... ***als*** / ***weniger***

Il était plus mort que vif.	Er war **mehr** tot **als** lebendig.
Roule davantage à gauche !	Fahr **mehr** nach links!
La robe était plutôt lilas que bleue.	Das Kleid war **eher** lila **als** blau.

104 Nombres cardinaux

0	null	10	zehn	20	zwanzig
1	ein**s**	11	elf	21	einundzwanzig
2	zwei [3]	12	zwölf	22	zweiundzwanzig
3	drei	13	dreizehn	30	drei**ß**ig
4	vier	14	vierzehn	40	vierzig
5	fünf	15	fünfzehn	50	fünfzig
6	sechs	16	se**ch**zehn	60	sechzig
7	sieben	17	sie**b**zehn	70	siebzig
8	acht	18	achtzehn	80	achtzig
9	neun	19	neunzehn	90	neunzig

100	(ein)hundert	100 000	hunderttausend
101	(ein)hundertein**s**	1 000 500	ein**e** Million fünfhundert
111	(ein)hundertelf	2 000 000	zwei Millionen (2 Mio.)
200	zweihundert	1 000 000 000	ein**e** Milliarde (1 Mrd.)
1 000	(ein)tausend		
2 000	zweitausend		

(1) Sauf à certains sens figurés.
(2) L'adjectif formé avec ***-farben*** se décline : ein rosafarbene**s** Kleid.
(3) Au téléphone, on emploie souvent ***zwo*** pour différencier de ***drei***.

- Invariables, les nombres s'écrivent en un seul mot jusqu'à **999 999**.
- ***eins*** perd son ***-s*** final, lorsqu'il est suivi d'un substantif ou d'un nombre :

  Es ist **eins**. *(Il est une heure.)* mais ***einunddreißig*** – Es ist **ein** Uhr.

- Lorsqu'on dépasse l'unité, le substantif est au pluriel : 1,2 Million**en**

  1,5 = anderthalb (ou eineinhalb)
  4,5 = viereinhalb

  Ich wartete **anderthalb** Stunde**n**.
  (J'attendis une heure et demie.)

- ***zwei***, ***drei*** employés sans article se déclinent au génitif et au datif :

  das Haus zwei**er** verwandter Familien
  (la maison de deux familles apparentées)
  zu zwei**en**, zu drei**en** *(par groupes de deux, de trois)*

  Noter les expressions : ***zu zweit***, ***zu dritt*** ... (à deux, à trois...)

  Wir kommen **zu zweit** und nicht **zu dritt**.
  (Nous viendrons à deux, non à trois.)
  auf allen Vieren kriechen *(marcher à quatre pattes)*

- Adverbes en **-erlei** : zweier**lei** Weine *(deux sortes de...)*
  Multiplicatifs en **-fach** : ein**fach** *(simple)*, vier**fach** *(quadruple)*
  Adverbes en **-mal** : ein**mal** *(une fois)*, hundert**mal**
- ***Dutzende, Hunderte, Tausende*** (des douzaines, des centaines, des milliers de) sont des substantifs neutres :

  Tausende von Gefangenen das **D**utzend Eier

- ***beide*** (ou ***die beiden***) désigne deux éléments formant une paire :

  Ich habe zwei Schwestern, **beide** verheiratet.
  (...toutes les deux mariées.)

  Noter : *die beide**n** klein**en** Kinder; beid**e** klein**en** Kinder.*

- *im Jahre 1999* se lit : im Jahre neunzehnhundertneunundneunzig
  mais 1999 : eintausendneunhundertneunundneunzig
- *die fünfzig**er** Jahre* (les années 50).

  L'adjectif en ***-er*** formé sur un nom de nombre est invariable.
  mais : der Fünfzig**er** / die Fünfzig**erin** : *l'homme / la femme de 50 ans*
  in den Fünfzig**ern** sein : *avoir 50 ans passés*

105 Nombres ordinaux

der erste *(le premier)*	der sechste	der achtzehnte	der hundertste
der zweit**e** *(le deuxième)*	der siebte	der neunzehnte	der tausendste ...
der dritte *(le troisième)*	der achte	der zwanzig**ste**	
der vierte *(le quatrième)*	der neunte	der einundzwanzigste	
der fünfte *(le cinquième)*	der zehnte	der dreißigste	

- Les nombres ordinaux se déclinent comme l'adjectif épithète :

  das zweit**e** Semester die letzt**en** Resultate

- On forme ces adjectifs en ajoutant au nombre cardinal :

  -te de 2 à 19 : der zweit**e**, der elf**te**
  (mais : der **drit**te, der **sieb**te, der **ach**te)

  -ste à partir de 20 : der zwanzig**ste** (der 20. / der 20ste)

  Ne pas oublier le point : der 11.(= der elfte); der 101.(= der hunderteinste)

- **Emploi** : date, numéro d'ordre (noms de souverains, chapitre, page, etc.) :

  Berlin, den 21. Mai. — Ich komme am 21. Mai.
  Karl V. (= der Fünfte) — fünftes Kapitel, dritter Teil, vierter Akt.

- Sur les nombres ordinaux on forme :
  – des nombres de **fraction** au neutre en ***-el*** : (1/4) das Viert**el** – (1/20) das Zwanzigst**el**.
  – des **adverbes** de classement en ***-ens*** : erst**ens** *(premièrement)*, zweit**ens** ...

106 Opérations numérales

10 + 3 = 13	10 und 3 ist 13.	a + b = c	a plus b gleich c
12 – 4 = 8	12 weniger 4 ist 8.	a = c – b	a gleich c minus b
3 × 6 = 18	3 mal 6 ist 18.	$5^2 = 25$	5 hoch 2 ist 25. / 5 im Quadrat gleich 25.
14 : 7 = 2	14 durch 7 ist 2. / geteilt durch...	$5^3 = 125$	5 hoch 3 gleich 125.
		$\sqrt{49} = 7$	(Quadrat)wurzel aus 49 gleich 7.
0,5	null Komma fünf	$\sqrt[3]{27} = 3$	Kubikwurzel aus 27 gleich 3.

- **je zweimal** *(chacun deux fois)* : Sie erhielten **je** drei Mark. *(Chacun reçut 3 marks.)*
  (sens distributif) → in Schachteln zu **je** zwanzig Stück *(par paquets de 20)*
- **jeder zweite** *(un sur deux)*
- **jeder dritte** ... *(un sur trois)*
- a' = a **Strich** *(a prime)*
- 10° 9' 3" = zehn Gra**d**, neun Minuten, drei Sekunden.
- **doppelt** (= zweifach)
- 8,5 % = acht **Komma** fünf Prozent
- (a + b) = Klammer auf, a plus b, Klammer zu.

EXERCICES

Paragraphes 93 à 94

Corrigés p. 387

A Compléter.

1. Er schreit aus voll.. Halse (*à tue-tête*)
2. bei einbrechend.. Nacht
3. mit vereint.. Kräften (*tous ensemble*)
4. bei all.. Achtung (*malgré tout le respect…*)
5. bei gut.. Gesundheit (*en bonne santé*)
6. bei schön.. Wetter
7. bei solch.. Not (*étant donné pareille détresse*)
8. mit gewaltig.. Kraft
9. mit der link.. Hand
10. mit knapp.. Not (*à grand peine*)

B Compléter.

1. mit rein.. Gewissen
2. mit laut.. Stimme (*à haute voix*)
3. unter frei.. Himmel (*en plein air*)
4. von ganz.. Herzen (*de tout cœur*)
5. zu meiner groß.. Überraschung
   zu meinem groß.. Erstaunen
6. Ich bin auf dem Laufend..
7. nach lang.. Nachdenken
8. einige treu.. Freunde
9. etliche fremd.. Sprachen
10. Bös.. Menschen haben kein.. Lieder.

C Compléter.

1. Sein letzt.. Werk war sein best...
2. Wir bestellen Wein. Trinken Sie lieber Weiß.. oder Rot..?
3. Wir bestellen Bier. Ich trinke lieber Hell.. als Dunkl...
4. Der neue Lehrling hatte grau.. Aug.. und blond.. Haar.
5. aus rot.. und blau.. Stoff.
6. Lieb.. Kind!
7. Ach! Wir Arm..!
8. Frisch.. Nüsse schmecken bitter.
9. Er drischt leer.. Stroh. (*Il dit des choses inutiles.*)
10. Ich komme mit einem blau.. Auge davon. (*Je m'en tire sans trop de mal.*)

D Compléter.

Im Restaurant

1. Zwei gut.. Freunde trafen sich in ein.. vornehm.. Restaurant.
   Der ein.. bestellte gut.. Moselwein.
   „Welch gut.. Wein!" sagte er, als er ihn probiert hatte.
   Der ander.. trank lieber kühl.. Dortmunder Bier.
   „Bei schön.. Wetter trinke ich immer Bier", meinte er.
2. Der eine erzählte von seines Bruders erfolgreich.. Geschäftsreise nach Berlin. Der andere meinte: „Lieb.. Freund! Ich möchte auch dorthin fahren. Aber nicht geschäftlich, sondern zu mein.. Vergnügen. Ich würde die viel.. berühmt.. Museen besichtigen und mir modern.. Theaterstücke ansehen".

E Compléter, puis traduire.

Bratwürste vom Rost

In heiß.. Wasser vorgewärmt.. Bratwürste abtrocknen. Auf den heiß.. Rost legen und knusprig braten. Grob.. Bratwurst brät sich besser.

 Corrigés p. 388

A Compléter.

Hamburg ist ein.. der sechzehn deutsch.. Bundesländer. Es ist ein.. schön.. groß.. Stadt in Norddeutschland. Es zählt 1,7 Millionen Einwohner.
Leider ist das Wetter dort oft schlecht, aber deshalb gibt es auch viel.. grün.. Anlagen, hoh.. Bäume, ruhig.. Parks und Wiesen.
Die breit.. Elbe fließt im Süden, und der rund.. Alstersee liegt in der Mitte Hamburgs wie eine ruhig.., graubraun.. Wasserfläche, auf der viel.. weiß.. Segelboote hin- und herziehen.
U-Bahnen und moderne Busse bringen kauflustig.. Damen in die geschäftig.. Innenstadt vor reich beladen.. Schaufenster und müd.. Herren nach anstrengend.. Dienst in hoh.. Bürohäusern in die stiller.. Vorstädte.
Abends leuchten Tausend.. von bunt.. Lichtern und spiegeln sich im dunkl.. Wasser.

B Compléter.

1. In jed.. großen Stadt gibt es einig.. Straßen, in denen ein einladend.. Geschäft neben dem ander.. liegt.
2. Feine, geschmackvoll.. Artikel kann man unter weniger schön.. Sachen finden.
3. Am einfachst.. ist es, wenn man die bunt.. Farben der Schaufenster auf sich wirken lässt.

C Compléter.

1. Einige flach.. Teller.
2. Mit einigen treu.. Freunden.
3. Mit laut.. Schrei.
4. Mit steigend.. Alter.
5. Bei klar.. Wetter,
6. Bei passend.. Gelegenheit.
7. Eine Reihe interessant.. Projekte.
8. Groß.. Gott!
9. Von ganz.. Herzen.
10. Teur.. Vaterland!
11. Lieb.. Kind!
12. Lieb.. Kinder!
13. Mit frisch.. Mut.
14. Alle letzt.. Filme.
15. Trotz angestrengt.. Nachdenkens.
16. Es gibt frisch.. Fische.
17. Ferienjobs in deutsch.. Firma gesucht.

D Traduire.

1. *Un climat rude.*
2. *Un hiver rigoureux.*
3. *Un bleu tendre.*
4. *Des actions admirables.*
5. *Une lettre affectueuse.*
6. *Une excellente mémoire.*
7. *Une question essentielle.*
8. *Des fleurs délicates.*
9. *Les beaux-arts.*
10. *Un livre de valeur.*
11. *La meilleure preuve.*
12. *Une vue splendide.*
13. *Un goût excellent.*
14. *Toutes les nouvelles importantes.*
15. *Notre dernière voiture.*
16. *De belles paroles.*
17. *Dans tous les chemins de fer espagnols.*
18. *J'étais assis sur un banc de pierre.*
19. *Un événement inattendu.*
20. *Dans des circonstances particulières.*
21. *Plusieurs professeurs connus.*
22. *Dans notre journal d'hier.*
23. *Des chaises malcommodes.*
24. *Des nouvelles effrayantes.*

E Compléter.

Nach dem Zweit.. Weltkrieg entstanden 1949 zwei deutsch.. Staaten mit verschieden.. politischen System..: ... Bundesrepublik Deutschland und die Deutsch.. Demokratisch.. Republik. Die Bundesrepublik Deutschland gehört zur Europäisch.. Union (EU) seit 1993. Die Deutsch.. Demokratisch.. Republik gehörte bis zur Wiedervereinigung im Jahre 1990 zum Ostblock.

Paragraphe 97

Corrigés p. 388

A Compléter.

1. Ein amerikanisch.. Hubschrauber flog über unser.. Köpfe hinweg.
2. Wir stiegen in einen gelb.. Bus ein. Ich setzte mich hinter d.. deutschen Fahrer neben unser.. nett.. Dolmetscherin.
3. Ihre blau.. Uniform und ihr klein.. Hut gefielen mir sehr.
4. Wir fuhren an dem ausgedehnt.. Messegelände vorbei.
5. „Welcher deutsch.. Architekt hat dies.. hoh.. Fernsehturm gebaut?", fragte ich mein.. freundlich.. Nachbarn.
6. „Ich weiß es nicht", antwortete der jung.. Mann. „Beim nächst.. Fremdenverkehrsverein erhalten Sie näher.. Auskunft".

B Compléter.

Meistbietend zu verkaufen!

1. eine komplett.. Kücheneinrichtung
2. fünf modern.. Schreibmaschinen
3. gebraucht.. japanisch.. Motorrad
4. drei Vorhänge aus rot.. Samt
5. zwei gut.. Tennisschläger
6. etlich.. alt.. Jazzplatten
7. 5 Meter gelb.. Rohseide
8. neu.. Campingausrüstung

C Compléter.

1. bei offen.. Fenster schlafen
2. ein schön.. Erholungsort
3. mit voll.. Erfolg
4. keine groß.. Verluste
5. zu günstig.. Preis
6. durch gefährlich.. Straßen
7. bei passend.. Gelegenheit
8. unter der jetzig.. Regierung
9. mit freundlich.. Grüßen
10. aus braun.. Baumwolle
11. mit höflich.. Worten
12. mit groß.. Geduld
13. bei schlecht.. Wetter
14. gegen hoh.. Belohnung

D Traduire.

1. *De l'autre côté de cette rivière profonde.*
2. *Il était suivi de deux employés.*
3. *Deux des trois cyclistes blessés.*
4. *La vente de tous les vins espagnols.*

VOCABULAIRE

Autour de la préposition ***für* (+ accusatif)** :

– meinen besten Dank **für** … *(pour)*
– **für** sein Alter *(à son âge)*
– Er hat es **für** gut befunden. *(trouver bon)*
– Ich halte es **für** besser, dass … *(je préfère que…)*
– **für** den Husten *(contre la toux)*
– ich **für** mein(en) Teil *(quant à moi)*
– Wort **für** Wort über'setzen *(traduire mot à mot)*
– Tag **für** Tag *(jour après jour)*
– ein **für** allemal! *(une fois pour toutes !)*
– Schritt **für** Schritt *(pas à pas)*
– das ist eine Sache **für** sich *(à part)*
– Nichts **für** ungut! *(Ne m'en veux pas !)*
– Er isst **für** drei. *(Il mange pour quatre.)*
– Es ist alles **für** die Katz! (fam. „umsonst")
– Was **für** ein Esel! *(Quel âne !)*
– **an** und **für** sich *(au fond)*

5. *De belles pêches jaunes.*
6. *Pour nos fidèles collaboratrices.*
7. *Dans le cadre de l'Union européenne.*
8. *Toutes sortes de cadeaux utiles* (allerlei).
9. *Nous étions assis à la terrasse ensoleillée du célèbre « Café Kranzler » à Berlin près de l'Église du Souvenir.* (auf (+ datif) / die Gedächniskirche)
10. *Deux dames d'un certain âge avaient pris place à la table voisine où les attendait un adolescent.* (jugendlich)
11. *Le serveur empressé avait déposé sur leur table un grand plat avec toutes sortes de fruits succulents.* (die Schale / das Obst)
12. *Quant à moi, j'avais commandé une grande coupe de glace.* (ich aber / der Becher)

Paragraphe 98

Corrigés p. 389

A Compléter avec ***wie*** ou ***als***.

1. Was ist so klein ... ein Stecknadelkopf? (*tête d'épingle*)
2. Tadeln ist leichter ... Bessermachen. (*blâmer*)
3. Er ist munter ... ein Fisch.
4. Ein kleiner Fisch auf dem Tisch ist besser ... ein großer im Teich.
5. Du bist mir genau so lieb ... dein Bruder.
6. Der Rhein ist länger ... die Elbe, aber nicht so lang ... die Donau.
7. Sprich so laut ... vorhin! Sprich nicht so laut ... sie!
8. Ich verlange nicht mehr ... mir zusteht (*revenir à*)
9. Er ist größer ... Fritz. Hans verdient mehr ... ich.
10. Er hat vier Mark weniger ... du.
11. Ich habe dieselben Sorgen ... du.
12. Ich kann das ebenso ... Sie.

B Comparer les indications ci-après entre elles en vous inspirant des exemples.

a)

> Dresden ist **groß**. Köln ist **größer**.
> Berlin ist **am größten**.

1. (schnell) das Schiff, die Eisenbahn, das Flugzeug
2. (hell) die Kerze, das elektrische Licht, Neon
3. (lang) die Tage im April, Mai, Juni
4. (kalt) der Winter in Frankreich, Dänemark, Schweden
5. (hoch) der Kilimandscharo (5 390 m), der Nanga Parbat (8 120 m), der Mount Everest (8 882 m)

b)

> Ich möchte einen **warmen** Pullover. → Haben Sie keinen **wärmeren**?
> Nein, das ist **der wärmste**, den wir haben.

Ich möchte ...

1. ein kleines Kofferradio.
2. ein Paar bequeme Schuhe.
3. einen billigen Schlafsack.
4. ein haltbares Zelt.
5. ein gutes Sicherheitsschloss.

C Remplacer le superlatif formé avec ***aufs (¨)ste*** par un superlatif se terminant par ***-ens***.

> aufs beste → best**ens**.

1. Es ist **aufs strengste** verboten.
2. Sie wurde **aufs wärmste** begrüßt.

3. Man rief ihn **aufs schnellste** zurück.
4. Sie war, **aufs tiefste** betroffen.
5. Der Vorfall wurde **aufs schärfste** kritisiert.

D Traduire.

1. Jede **leiseste** Anspielung war mir **aufs höchste** zuwider. (*allusion*)
2. Wir verzeichneten eine **höchst** günstige Entwicklung der Wirtschaftslage.
3. Mit **besten** Grüßen verbleibe ich dein Freund Kurt.
4. Es grüßt euch **aufs herzlichste** von Haus zu Haus euer Harald.
5. Sie zeigte mir ein **äußerst** gutes Abgangszeugnis.

E Traduire.

1. *Pierre est plus fort que nous deux, c'est le plus fort de la classe.*
2. *Nous sommes deux frères. Je suis le plus jeune.*
3. *Ce fut le plus violent orage de l'année. C'est vers 7 h 1/2 que le vent fut le plus violent.*
4. *Tu arrives une demi-heure trop tard. Non, j'avais promis d'arriver au plus tôt vers huit heures et au plus tard vers neuf heures. Il est tout au plus 8 h 20. Je suis venu au plus vite.*
5. *Les monuments baroques dont la ville de Dresde était extrêmement fière ont été détruits en 1945. Du moins, le Zwinger et la Hofkirche ont pu être restaurés.*

Paragraphes 99 à 101

Corrigés p. 390

A Utiliser le superlatif avec ***aufs (¨-)ste***.

1. Ich war **angenehm** überrascht. Wir wurden **herzlich** empfangen.
2. Alles war für den Empfang der Gäste **schön** vorbereitet.

B Utiliser des superlatifs absolus ***(am (¨-)sten)***.

1. Wer **schnell** lief, **hoch** sprang und den Speer **weit** warf, wurde Sieger.
2. An sonnigen Hängen gedeihen die Trauben **gut**.
3. Von allen Geschenken freut mich deines **sehr**.
4. Was man **gut** kann, das tut man **gern**.
5. Wenn man **hungrig** ist, schmeckt das Essen **gut**.
6. Schnelle Hilfe ist **wirksam**.

C Traduire.

1. eine jüngere Dame
2. seit längerer Zeit
3. eine größere Summe
4. größere Verluste
5. ein besseres Hotel
6. eine größere Bestellung
7. die neuere Zeit
8. ein höherer Beamter
9. ein älteres Modell

VOCABULAIRE

Autour de la préposition ***zwischen* (+ accusatif / datif)** :

- Sie setzte sich **zwischen** ihre Gäste. *(Elle s'assit entre ses invités.)*
- der Abstand **zwischen** den Punkten A und B *(la distance entre A et B)*
- **Zwischen** ihnen gab es Streit. *(Entre eux il y eut une dispute.)*
- **zwischen** Parteien vermitteln *(servir de médiateur)*
- **zwischen** Weihnachten und Neujahr
- **zwischen** zwei und drei Uhr
- **zwischen** Furcht und Hoffnung schweben
- ein Mann **zwischen** dreißig und vierzig
- **inzwischen** *(entre-temps)*
- **zwischendurch** *(dans l'intervalle)*

D Compléter par des expressions comparatives.

1. Ich halte Ingmar für (klug) ... seinen Freund Rüdiger.
2. Harald wird bald ebenso (frech) ... sein älterer Bruder.
3. Auf dem (oben) Bild sehen wir eine Gebirgslandschaft.
4. Das (unten) Bild zeigt einen einsamen Bauernhof in der Heide.
5. Die (vorn) Kette der Alpen nennt man die Voralpen.
6. Im (innen) des Vulkans ist Lava.
7. Ich habe immer (wenig) Geld auf dem Postscheckkonto ... auf der Bank.
8. Das (reif) Alter bringt nicht immer Weisheit mit sich.
9. Er war mehr Künstler ... Handwerker.
10. Der (wenig) Zufriedene war sein Vater.
11. Otto hat zwei Schwestern; die (alt) studiert Jura in Jena.

E Traduire.

1. *J'aime bien la bière ; je préfère le vin, mais ce que j'aime le plus, c'est le champagne.*
2. *Tu vas souvent au cinéma, plus encore au théâtre, mais le plus souvent au concert.*
3. *Cet appartement est trop petit pour moi. Le vôtre est trop cher pour nous.*
4. *Tu as bien plus de soucis que moi. Tu dépenses bien trop d'argent.*
5. *J'aime bien la chimie ; j'aime mieux la physique, mais je préfère les mathématiques.*
6. *J'aime bien courir ; j'aime mieux marcher* (wandern) *dans la forêt ; ce que je préfère, c'est me promener dans la montagne.*
7. *Il est plus téméraire* (tollkühn) *que courageux.*
8. *Le gourmet* (der Feinschmecker) *aime bien boire et bien manger.*

Paragraphe 102

Corrigés p. 390

A Compléter.

1. Je (schnell) du fährst, desto (groß) ist die Gefahr.
2. Je (viel) Autos verkehren, desto (vorsichtig) soll man sein.
3. Am Äquator wird der Urwald (...) (dicht).
4. Er ist der (schlau) Kerl, dem ich je begegnet bin.
5. Der Kranke wird (...) schwächer, je (wenig) er isst.
6. Er war zu unzuverlässig, (...) (...) man ihm hätte vertrauen können.
7. Die Sonne brennt immer (heiß), die Hitze wird (...) (unerträglich).

B Relier les phrases entre elles selon le modèle suivant.

> Ich esse viel, ich werde dick.
> → **Je mehr** ich esse, **desto** dick**er** werde ich.

1. Du sprichst laut; man hört dir wenig zu.
2. Er hat viel; er will mehr.
3. Das Obst ist billig; man verkauft viel davon.
4. Die Bedienung ist höflich; die Kunden sind zufrieden.
5. Die Verkäuferin schwatzt viel mit ihrem Kollegen; sie arbeitet schlecht.
6. Neue Besen kehren gut. Der alte Wein ist der beste.
7. Der Sand am Strand ist fein; es ist angenehm für die Badegäste.

C Traduire.

1. bildschön	4. grundfalsch	7. kerngesund	10. wortwörtlich
2. blitzblank	5. felsenfest	8. blitzschnell	11. meilenweit
3. stockdunkel	6. tollkühn	9. hochmodern	12. turmhoch

D Traduire.

1. *Il habite une ville* ***relativement grande****, où la vie devient* ***de plus en plus chère****.*
2. ***Plus*** *il gagne,* ***plus*** *il fait de dépenses.* (ver'dienen)
3. ***Plus*** *il devient vieux,* ***plus*** *il devient avare.* (geizig)
4. ***Plus*** *on s'approche,* ***plus*** *les contours de la montagne deviennent distincts.* (der Umriss / deutlich)
5. ***Plus*** *on pense clairement,* ***mieux*** *on s'exprime.* (klar)
6. *Je suis* ***d'autant plus pressée*** *qu'il me faut encore aller voir plusieurs clients importants.* (es eilig haben / auf-suchen)
7. *C'est* ***trop*** *beau* ***pour*** *être vrai.*
8. *Je lui en suis* ***d'autant plus*** *reconnaissante* ***qu'****il ne me devait absolument rien.* (überhaupt / schulden)
9. ***Plus*** *on travaille,* ***plus*** *le temps passe vite.* (vergehen)
10. *Tu es* ***trop*** *jeune* ***pour*** *pouvoir comprendre.*

Paragraphes 103 à 104

Corrigés p. 391

A Former des adjectifs à l'aide des modèles ci-après.

damals → dama**lig**	die Kunstgeschichte → kunstgeschicht**lich**
die Stunde → stünd**lich**	die Che'mie → 'chemi**sch**

1. einst / jetzt / damals / heute / gestern / morgen / hier / dort
2. die halbe Stunde / der Tag / die Woche / der Monat / das Vierteljahr
3. das Kunstgewerbe / die Wirtschaftswissenschaft / der Zahnarzt
4. die Geolo'gie / die Biolo'gie / die Bo'tanik / die Philoso'phie / die Mathema'tik
5. Verkehrsunfälle entstehen dadurch, dass die Menschen **von heute** auf den Straßen **von gestern** den Wagen **von morgen** mit dem Tempo **von übermorgen** fahren.

B Compléter en utilisant une des expressions suivantes :
link- / jährlich / heutig / gestrig / rettungslos / vierteljährlich / eher … als (3 fois).

1. Eine Versammlung, die alle Jahre stattfindet, ist eine … Versammlung.
2. Er konnte nicht mehr gerettet werden; er war … verloren.
3. Dieser Politiker steht … rechts … links.
4. Eine Zeitschrift, die alle drei Monate erscheint, ist eine … Zeitschrift.
5. Dein Mantel ist … beige … gelb.
6. Die … Tageszeitungen berichten über die … Landtagswahlen.
7. Der Linkshänder benutzt hauptsächlich die … Hand.

VOCABULAIRE

Autour de la préposition ***gegen*** **(+ accusatif)** :

- **gegen** alle Erwartung *(contre toute attente)*
- **gegen** meinen Willen *(malgré moi)*
- mit zehn **gegen** zwei Stimmen *(par 10 voix contre 2)*
- **gegen** Husten *(contre la toux)*
- **gegen** alle Vernunft *(contraire à la raison)*
- **gegen** den Strom schwimmen *(à contre-courant)*
- **gegen** Abend *(vers le soir)*
- **gegen** Ende des 19. Jahrhunderts
- **gegen** Quittung *(contre quittance)*
- **gegen** Barzahlung *(au comptant)*
- Er ist **dagegen**; ich aber habe nichts **dagegen**.

C Répondre aux questions.

a) **Fahrzeiten eines Zuges von München nach Würzburg.**

München Hbf. ab 13.06 – 61,9 km – Augsburg an 13.46, ab 13.47 – 75,4 km – Treuchtlingen an 14.38, ab 14.46 – 140,2 km – Würzburg Hbf. an 16.23.

- Wie lange fährt dieser Zug von München nach Würzburg?
- Wie viel km legt er zurück?

b) **Welche Windstärke hat man,**

1. wenn Ziegel von den Dächern fallen?
2. wenn die Stämme der Bäume sich biegen?
3. wenn die Zweige sich bewegen?
4. Was geschieht bei Sturm? bei schwerem Sturm? bei heftigem Wind?

Windstärke	bis ca. km/St	Bezeichnung	Wirkung
0	2	Stille	Rauch senkrecht
1	6	leis	Rauch schief
2	11	leicht	eben fühlbar
3	19	schwach	Blattbewegung
4	25	mäßig	Zweigbewegung
5	35	frisch	Astbewegung
6	45	stark	Heulen
7	55	heftig	Baumbewegung
8	65	fast Sturm	Stämme biegen
9	77	Sturm	Ziegel fallen
10	90	starker Sturm	Bäume brechen

Paragraphes 105 à 106

Corrigés p. 392

A Compléter en utilisant une des expressions suivantes :
allerlei / beide / am 8. Mai 1945 / Vierziger / Tausende von / zu dritt / 1990 / der 3. Oktober.

1. Hans, Helga und Inge überqueren … … die Straße.
2. „Siehst du diese zwei kleinen Jungen? … gehen schon zur Schule."
3. In dies.. Selbstbedienungsladen finden wir … Lebensmittel.
4. Der Geschäftsführer war ein Mann in d.. Vierzig …
5. … … … … nahm der Zweite Weltkrieg ein Ende.
6. Im … … erfolgte die Wiedervereinigung. … … ist der Tag der deutschen Einheit.
7. … … Demonstranten zogen durch die Straßen der Stadt.

B Traduire.

1. ***À l'hôtel.*** *Le 17 janvier, j'ai retenu* (bestellen) *une chambre dans un hôtel de Francfort pour le 23-2. Mais j'ai dû modifier mon projet* (der Plan) *et je suis arrivé le 19 avec une heure et demie de retard. Il était une heure de l'après-midi. J'étais pour la première fois à Francfort. L'employé de l'hôtel me déclara qu'il n'y avait plus de chambre de libre au premier et au deuxième étage. Il m'a donné la chambre 33 au troisième étage. Par bonheur, il y avait un ascenseur ! J'ai dû payer 155 marks 50 pfennigs par jour.*
   Aussitôt arrivé, j'ai téléphoné trois fois, une fois à la maison, deux fois au bureau.

2. ***L'excursion*** *a eu lieu le 19 juin. Le train partait à 7 h 12 de la voie 4. À 8 heures nous étions à Trèves. Nous avons attendu un quart d'heure l'express pour Sarrebruck. Nous étions à six dans le compartiment. Ce trajet a duré environ une heure et demie.*

C Écrivez les opérations en toutes lettres.

1. 24 × 7 = ?
2. 0,001 + 0,08 = ?
3. 11° 8' + 23° 53' 5" = ?
4. 100 : 5 = ?
5. 6^2 = ?
6. 189 – 89 = ?
7. 4 + 7 + 11 = ?

D Traduire.

1. *Quel est le sixième de quarante-huit et le cinquième de cent quatre-vingts ?*
2. *Quelle est la racine carrée de 225 ?*
3. *Hier nous étions* (haben) *mardi, le 25 mars.*
4. *Le 24 mars, dès 9 heures du matin, le représentant de commerce est venu me trouver* (jn aufsuchen) *pour me réclamer le chèque que je lui devais*
5. *Un paysan* (der Landwirt) *sur quatre obtint 80,4 % de la somme* (der Betrag) *demandée.*
6. *Tous deux cueillirent des douzaines de noisettes et des centaines de mûres* (die Brombeere).
7. *Primo, tu ne comprends absolument* (überhaupt) *rien à la technique ; secundo, l'ordinateur n'est pas encore installé.*
8. *À Francfort, le Römer servait à la fois d'hôtel de ville et de palais du couronnement des empereurs à l'époque du Saint Empire romain germanique.*

- **Jahreszahlen**
  1983 = neunzehnhundertdreiundachtzig (mais pour les années entre 1000 et 1099 on lira normalement : 1041 = (ein)tausendeinundvierzig).
- 1,1 (eins Komma eins) Millionen
  2,2 (zwei Komma zwei) Milliarden
- Er hat dir hundertmal versprochen, …
  Sei tausendmal gegrüßt!

TESTEZ VOS CONNAISSANCES

Paragraphes 70 à 97

Corrigés p. 393

A Compléter, puis traduire.

Wir hatten in **d..** Bahnhofswirtschaft nur ein Zimmer im **erst..** Stock gemietet, meine Großmutter kochte, wahrscheinlich hatten wir nicht das Geld, um in **d..** Wirtsstube unten zu essen. Mein Großvater, den ich über **all..** liebte, war hier auf einmal der städtisch **gekleidet..** Herr mit dem Spazierstock, **d..** man neugierig, gleichzeitig argwöhnisch begegnete. Ein Romanschreiber, ein Denker! Die Verachtung, **d..** er auf sich zog, war größer als die Bewunderung. Der Herr hatte nicht einmal das Geld, um in **d..** Wirtsstube essen zu gehen. Sie arbeiteten, er ging spazieren.

Meine Mutter fand auf **d..** Hippinggut, hoch über Seekirchen, Arbeit; sie hütete die Kinder, half beim Wäschewaschen. Sie war in **all..**, was sie anpackte, tüchtig, sie war bald angefreundet. Sie verdiente so viel; dass wir existieren konnten. Ihre Nähkunst, die immer von **all..** bewundert worden war, konnte sich auf dem Hippinggut voll entfalten. Sie war in **kurz..** Zeit so beliebt, dass auch der Schriftsteller, der Spaziergänger, der Denker davon profitierte. Auf einmal waren wir in Seekirchen **geachtet..** Leute.

Thomas Bernhard, *Ein Kind* (1985)

B Transposer ce texte au discours indirect jusqu'à *spazieren.*

Thomas erzählte, ...

C Choisir la marque du pluriel (**e**, **"e**, **"er**, **(e)n**, **"**, **(ø)**, **s**) pour les mots suivants.

1. Bahnhof
2. Denker
3. Friedhof
4. Herr
5. Arbeit
6. Auskunft
7. Mutter
8. Schwester
9. Wirtschaft
10. Gasthaus
11. Gut
12. Interesse
13. Kino
14. Problem

(ø) = absence de marque.

D Former le pluriel.

1. der Band (*volume*)
2. das Band (*ruban*)
3. der Bus
4. der Videorecorder
5. der Demonstrant
6. das Dia
7. das Examen
8. der Fachmann
9. das Fass (*tonneau*)
10. das Girokonto
11. das Gymnasium
12. der Jurist
13. die Kiefer (*pin*)
14. der Punkt
15. der Reisescheck
16. der See (*lac*)
17. der Spazierstock
18. das Stipendium
19. der Staat (*état*)
20. die Stadt (*ville*)

E Compléter.

1. 300 Firm.. aus d.. In- und Ausland stellen ihr.. neuest.. Erzeugnis.. aus.
2. Bei frühzeitig.. Anmeldung und auf besonder.. Wunsch vermittelt die Leitung der Fremdsprachenkurs.. Unterbringung mit Frühstück in ein.. nahe gelegen.. Hotel für d.. gesamt.. Kursdauer.

F Traduire.

Je me rappelle mon arrivée à Marseille comme si elle avait marqué[1] un tournant décisif.
J'avais laissé ma valise à la consigne[2]... Sur l'avenue de la gare[3], à droite et à gauche, il y avait des restaurants aux terrasses abritées par de hautes verrières[4]. Contre une de ces vitrines[5] j'aperçus un écriteau : « chambre à louer ». Ce n'était pas une chambre selon mon cœur : un lit volumineux[6], des chaises et une armoire ; mais je pensais que la grande table serait commode et la patronne[7] me proposait un prix de pension qui me convenait. J'allais chercher ma valise... Sans connaître Marseille, déjà j'y habitais.

Simone de Beauvoir, *La Force de l'âge*

G Compléter par les marques de cas.

1. Führen Sie ein gesund.. Leben! Machen Sie lang.., ruhig.. Spaziergänge bei gut.. und bei schlecht.. Wetter!
2. Waschen Sie sich oft mit kalt.. Wasser!
3. Schlafen Sie bei offen.. Fenster! Seien Sie oft an d.. frischen Luft!
4. Zu stark.. Kaffee ist zu vermeiden. Trinken Sie alkoholisch.. Getränke so wenig wie möglich!
5. Essen Sie frisch.. Gemüse! Ziehen Sie allzu fett.. Speisen und kalorienreich.. Süßigkeiten vitaminreich.. Obst vor!

H Compléter.

Im nördlich.. Grenzgebiet zwischen Deutschland und Polen, an d.. unter.. Oder, liegt ein einzigartig.. Naturschutzgebiet. D.. letzt.. intakt.. Flussmündung Mitteleuropa.. bietet zahlreich.. Vogelarten ideal.. Bedingungen zur ungestört.. Überwinterung und Brut. Vom Aussterben bedroht.. Fische und Weichtiere haben in geschützt.. Auen und Mooren Zuflucht gefunden.

I Compléter.

1. Auf der letzt.. Ausstellung habe ich kein.. neu.. Modelle gesehen.
2. Ich war mir kein.. einzig.. Fehler.. bewusst.
3. Es bedarf kein.. groß.. Worte.
4. Lass dir darüber kein.. grau.. Haare wachsen.
5. Alle Reisend.. haben aussteigen müssen.
6. Er war von all.. gut.. Geist.. verlassen.
7. Das Einkommen all.. Angestellt.. wurde um 5 Prozent erhöht.
8. Diejenig.., d.. sich für das Turnier eintrugen, werden benachrichtigt.
9. Sämtlich.. anwesend.. Vereinsmitglieder stimmten für den Vorschlag.
10. Sie beschloss die Erneuerung sämtlicher beschädigt.. Fenster.
11. Die Eltern beider jung.. Mädchen haben sich bei der Lehrerin bedankt.

J Compléter.

1. In der Nähe der hiesig.. Universität gibt es mehrer.. gut.. Buchhandlungen, wo man zahlreich.. deutsch.. und ausländisch.. Romane, aber nur wenig.. wissenschaftlich.. Werke findet.
2. Mit zwei Kolleg.., die sich wie ich für Jura interessieren, bin ich in ein.. bekannt.. Fachbuchhandlung gegangen. Eine jung.. Verkäuferin machte uns auf einig.. neu.. Veröffentlichungen über das Grundgesetz und auf mehrer.. juristisch.. Zeitschriften aufmerksam. Statt unzählig.. mehr oder minder gut.. Artikel ist es besser, einig.. grundlegend.. Abhandlung.. zu lesen.

---

(1) *bedeuten.*
(2) *die Gepäckaufbewahrung.*
(3) *die Bahnhofstraße.*
(4) *die Glaswand.*
(5) *die Glasscheibe.*
(6) *riesengroß.*
(7) *die Wirtin.*

K Compléter par ***ein***.. ou ***kein***.. et traduire.

1. Geld hat er k.. – Es dauert k.. fünf Minuten. – Es ist noch k.. Jahr her.
2. „Du kaufst dir immer neue Kleider." – „Du hast Recht, erst gestern habe ich mir wieder … gekauft." – „Möchtest du noch ein Glas Bier?" – „Ja gern, ich trinke noch … ."
3. K.. weiß das besser als er. Sie kann kein.. Englisch.
4. Ich beteilige mich auf kein.. Fall an diesem Geschäft.
5. unter kein.. Umständen. – in kein.. Weise. – zu kein.. Zeit.
6. Da gibt es kein.. Unterschied. – Er ist kein.. bös.. Gedankens fähig.
7. Er ist kein schlecht.. Angestellt.. – Ich kenne kein.., der das tut.
8. Hat jemand vielleicht ein Zweimarkstück? – Ja, ich habe …

L Écrire en toutes lettres.

1. 1/5	3. $101 + 77 = 178$	5. 10^3	7. 6,6 kg	9. im Jahre 50 v. Chr.
2. 1,5	4. $18 : 2 = 9$	6. $\sqrt{36}$	8. DM 150	10. im Jahr 1999.

11. D.. Wievielt.. haben wir heute? Heute haben wir d.. 17. Mai.
12. Ihren Brief vom 7.6. haben wir dankend erhalten.

M Compléter la marque des cas.

1. Lieb.. Kurt,
   zu mein.. 30. Geburtstag möchte ich d.. recht herzlich einladen. Kannst du am Montag, d.. 5. Mai, gegen 18 Uhr in mein.. neu.. Wohnung kommen? Ich freue mich auf ein baldig.. Wiedersehen.
   Mit d.. best.. Grüß.. verbleibe ich dein.. Freund Gerd
2. Ein plötzlich ausbrechend.. Feuer im Hafen hat erheblich.. Sachschaden verursacht. Dicht.. Qualm drang aus ein.. brennend.. Halle. Meterhoh.. Flammen loderten aus ein.. groß.. Tanker.
3. Unser.. heutig.. Kunden lieben leicht.. knitterfrei.. Stoffe.
   Mit groß.. Interesse habe ich von Ihr.. neu.. Produktionsverfahren gehört. Unser.. zuständig.. Vertreter wird Sie in d.. nächst.. Tag.. wegen d.. anstehend.. Preisverhandlungen aufsuchen.
4. Heute Vormittag bin ich zum Fotograf.. gegangen, um d.. für den Führerschein verlangt.. Passbilder abzuholen. Ich ließ zehn Fotokopie.. à zwanzig Pfennig.. anfertigen.
5. Vorige Woche war in mehrer.. größer.. Warenhäuser.. unserer klein.. Stadt Ausverkauf. In d.. mitten in der Innenstadt liegend.. Kaufhaus holte ich für mein.. beid.. Kinder weiß.. Tennishemd.., neu.. Tennisschuh.. und gelb.. Tennisball.. .
   Ich kaufte außerdem für mich ein.. wetterfest.. Regenmantel. Hätte ich mehr Zeit gehabt, so hätte ich mir die neuest.. Farbfernseher.., Videorecorder.. und Fernsehkamera.., d.. besonders preiswert sein sollen, angesehen.
6. ein rosa.. Kleid – ein orangefarben.. Schal – eine prima.. Ware – die schwarzrotgolden.. Fahne – mit ein.. grüngelb.. Hemd.
7. „Hallo Herbert. Wie geht es d..? Was machst du beruflich?"
   – „Ich verkaufe Möbel!" – „Donnerwetter. Dann geht es dir sicher prima?"
   – „Wie man es nimmt – es sind mein.. eigen.. Möbel!"

N Former des phrases sur le modèle suivant.

Kauf mir	einen Anzug! **Was für einen**? Strümpfe! **Was für welche**?

1. … einen Schal / … eine Hose /
2. … Tennisbälle / … Socken /
3. … einen Elektroherd / … ein Motorrad.

O Traduire.

Dans la salle à manger d'un hôtel, un soir de semaine.
La moitié des tables sont occupées. Les clients dînent silencieusement. Des hommes seuls, tous représentants de commerce. (1)
Deux convives (2) *sont assis face à face. Ils semblent s'ignorer.*
L'un jette un œil distrait sur le plafond, les gravures.
L'autre est plongé dans un hebdomadaire (3) *tout en avalant lentement un morceau de poulet froid en gelée.* (4)
Un bruit de chaise, un dîneur a fini, il s'en va. Peut-être ira-t-il garer sa voiture pour la nuit avant d'aller dormir, à moins qu'il (5) *ne préfère se plonger dans des comptes.*
Demain, quelques-uns seront encore là. Assis à la même place.
D'autres seront à 100 kilomètres ou plus, dans un autre hôtel devant un autre poulet froid, mais quelle chance pour eux, le cadre aura changé.

M.-C. Vallet

P Compléter, si nécessaire, par l'article approprié.

1. … Berlin der zwanziger Jahre. / … moderne Österreich.
2. Heute Nacht hatten wir 10 Grad … Kälte.
3. Nach … Feierabend sind wir … Ingrids Eltern begegnet.
4. Kennst du … Olafs Freund? – Nein, … dessen Freund kenne ich nicht. Ich glaube, er ist … erfolgreicher Kaufmann.
5. Ich möchte … Arzt werden. Mein Bruder ist … Ingenieur.
6. Er ist … Pole. Ich bin … Deutscher. Sie ist … Deutsche. Hast du dich mit … Spanier und … Russin dort verabredet?
7. … Friesen trinken gern Tee. Wir trinken … Kaffee.
8. Südlich … Sahara fängt … sogenannte Schwarzafrika an.
9. Von … Gesamtfläche … Schweiz werden rund 6 % als Ackerland genutzt.
10. Seit … 3. Oktober 1990 besteht … Bundesrepublik Deutschland aus 16 Bundesländern. –
    … vereinigte Deutschland zählte 78,7 Millionen Einwohner.
    An … 2. Dezember 1990 fanden … ersten gesamtdeutschen Wahlen nach … Zweiten Weltkrieg statt.

Q Compléter à l'aide des exemples.

Frankreich → französisch	der Franzose (G. des Franzosen) die Französin	die Franzosen die Französinnen
Afrika → afrikanisch	der Afrikaner (G. des Afrikaners) die Afrikanerin	die Afrikaner die Afrikanerinnen

1. Asien – Südamerika – Australien – Europa.
2. China – Dänemark – Griechenland – Schweden – die Türkei.
3. Ägypten – Belgien – Indien – der Iran – Israel – Japan – Libyen.
4. Berlin – Bremen – Hessen – Preußen – das Rheinland – Deutschland.

(1) der Handelsvertreter.
(2) der Gast (¨e).
(3) die Wochenzeitung.
(4) Huhn in Gelee.
(5) es sei denn, dass …

R Mettre au pluriel. Où se trouve l'accent tonique ?

das Se'mester	→	die Se'mester
der 'Doktor	→	Dok'toren

1. der Professor / die Professorin
2. der Dozent / die Dozentin
3. der Lektor / die Lektorin
4. der Stundenplan
5. der Ausweis
6. der Hörsaal
7. die Prüfung
8. die Vorlesung
9. die Klausur
10. das Studium
11. das Seminar
12. das Referat

S Compléter.

1. Einige englisch.. Studentin.., die Germanistik studieren wollen, haben sich an d.. Münchn.. Universität immatrikuliert. Sie sind im dritt.. Studienjahr.
2. Wegen plötzlich.. Erkrankung eines Solisten fällt das angekündigt.. Konzert aus.
3. Tausende von streikend.. Arbeiter.. forderten ein.. höher.. Lohn.
4. Es kommt kein.. ander.. Haus außer dies.. in Frage.
5. Unser sechzigjährig.. Nachbar muss sich ein.. ärztlich.. Eingriff unterziehen.
6. Das letzt.. Angebot unserer ostdeutsch.. Lieferant.. war preisgünstig.
7. „Mit was für ein.. Wagen fährst du das frisch.. Gemüse auf d.. Markt?"
   – „Mit ein.. klein.. Lieferwagen, d.. ich vor ein.. halb.. Jahr gekauft habe."
8. Welch.. Kleid ziehst du morgen an? Welch.. Schuhe passen dazu?
9. Welch schön.. Tag ist das heute!
10. Ich habe kein.. Streichhölzer. Hast du w..?

T ***der* / *derjenige***. Former des phrases sur le modèle ci-après.

> Weh dem, der lügt.
> → Weh **demjenigen**, der lügt.

1. Wer sich nach der Decke streckt, dem bleiben die Füße unbedeckt.
2. Wer gibt, der gebe gern! Wer zuletzt lacht, lacht am besten.
3. Wer zwei Dinge auf einmal tut, dem geraten selten beide gut.

U Répondre aux questions en employant des pronoms personnels.

> Hast du deinem Freund das Fahrrad geliehen?
> → Ja, ich habe **es ihm** geliehen.

1. Hat der Kaufmann dem Kunden die Ware angeboten?
2. Hat er seiner Kundin die bestellten Artikel eingepackt?
3. Hat die Sekretärin die Rechnung ausgeschrieben?
4. Hat er dir seine Briefmarkensammlung gezeigt?
5. Habt ihr die Theaterkarten unter den Studenten verteilt?

V Compléter.

> **was / wofür / wogegen / womit / worauf / worüber / worum**

1. W.. habt ihr euch unterhalten? W.. handelte es sich?
2. Sie bat um Aufschub, w.. niemand etwas einzuwenden hatte.
3. Ich werde dir sagen, w.. ich ihn halte. Ich bin mit vielem, w.. du sagst, einverstanden.
4. Das ist etwas, w.. ich keine Antwort weiß.
5. Er gab mir den Schlüssel, w.. ich die Tür öffnen konnte.

W Compléter avec le pronom relatif ou démonstratif.

> die Leistung **derer, die** einen Preis bekamen

1. Die Zahl d.., d.. noch in das Stadion drängten, war sehr groß.
2. Alle Angestellten, d.. die Betreuung von Gästen anvertraut ist, müssen Englisch sprechen.
3. Ich gehörte zur Gruppe d.., d.. mit dem ersten Bus fuhren. (*de ceux qui...*)
4. Er erzählte einen Witz, d.. schon jeder kannte, über d.. man aber immer wieder lachen konnte.
5. Der Fahrer, d.. Auto in der Einfahrt steht, möge sich bitte melden.
6. Er hat einen Freund, auf d.. er sich verlässt und d.. er viel verdankt.
7. Anbei finden Sie unseren Katalog, in d.. alle Artikel aufgeführt sind.

X Former des relatives.

> Ich frage Herrn Ott. **Sein** Sohn arbeitet in der Firma.
> → Ich frage Herrn Ott, **dessen Sohn** in der Firma arbeitet.

1. Das Haus gehört einem Arzt. Vor der Tür des Hauses steht ein Wagen.
2. Die Dame ist eine Bekannte meiner Mutter. Ich saß neben der Dame.
3. Der Regisseur ist weltberühmt. Ich habe seinen letzten Film gesehen.
4. Alle Jugendlichen sind in der Badeanstalt. Ihre Fahrräder stehen hier.
5. Die Waren trafen heute Morgen ein. Wir warteten auf ihre Lieferung.
6. Dort kommt Ilse. Von ihren Eltern haben wir uns eben verabschiedet.

Y Traduire.

1. *Un sentiment de peur.*
2. *Tu as besoin de repos.* (bedürfen (+ G))
3. *Tant mieux.*
4. *Je préfère le café au thé.* (vor-ziehen (o / o))
5. *(les) deux fonctionnaires.*
6. *Tous nos employés.*
7. *Quelles belles photos !*
8. *Eux tous ; nous deux.*
9. *Travaillons à deux toute la journée !*
10. *Nos pères et nos mères.*
11. *Un député sur trois est une femme.*
12. *Il mange de moins en moins.*
13. *Je n'en étais pas sûr. De quoi s'agissait-il ?*
14. *J'ai deux fils. Le plus jeune s'appelle Ralph. Il étudie la médecine.*
15. *Il a couru d'autant plus vite. Nous nous aiderons mutuellement.*
16. *La victoire de l'équipe d'Italie a été d'autant plus surprenante que l'équipe adverse menait par 2 buts à zéro jusqu'à la 60e minute. C'est l'avant-centre qui a marqué le plus de buts.* (die Nationalmannschaft / der Mittelstürmer (-) / ein Tor schießen (o / o))
17. *Le chancelier fédéral a séjourné à Erfurt, capitale de la Thuringe.*
18. *(Les) céréales constituent le principal produit d'exportation.* (das Getreide)
19. *Elle partit en vacances avec sa tante et son amie (= de celle-ci).*
20. *Je ne voudrais en parler à personne, à part toi.* (außer (+ D))
21. *Tu dessines bien. Olga dessine mieux que toi. Mais c'est Maria qui dessine le mieux de vous trois.*
22. *Il y avait ce matin des centaines de curieux devant la mairie.*
23. *À qui viens-tu de parler ? – À notre 50e client étranger.*
24. *Elle habite à deux pas d'ici. C'est une étrangère, car sa prononciation n'est pas celle d'une Allemande* (die Aussprache)
25. *As-tu emprunté à la bibliothèque universitaire tous les ouvrages importants dont nous avons besoin pour notre prochain exposé ?* (aus-leihen (ie / ie))

26. *Tu l'as souvent dit toi-même : « Autant le Hambourgeois est économe de ses deniers, autant il est économe de ses paroles ».* (sparsam (mit + D))
27. *Rira bien qui rira le dernier. Qui ne risque rien n'a rien.* (wagen / gewinnen (a /o))
28. *Moins tu en parleras, mieux cela vaudra.*
29. *La capitale de la Bavière est trop riche en curiosités culturelles pour que l'on puisse tout voir en quelques heures.* (die Sehenswürdigkeit (-en))

Paragraphes 98 à 106

Corrigés p. 397

A Compléter.

a) Comparatif

1. Selten habe ich ein aufregend.. Buch gelesen.
2. Um keinen Ärger zu bekommen, stellen wir das Radio leis.. .
3. Zur Messe fahren viele Kaufleute lieb.. mit dem Zug als mit dem Wagen.
4. Ich habe zwei Töchter: die alt.. ist Ärztin, die jung.. Kindergärtnerin.

b) Superlatif

1. Der Äquator ist der lang.. Breitengrad.
2. Das sind die elegant.. Schuhe, d.. ich gesehen habe.
3. Wie weit ist es von ihrer Wohnung zum (nah).. Flughafen?
4. Mit einer Fläche von 926 km^2 ist Rügen die groß.. deutsche Ostseeinsel. Das beliebt.. Ausflugsziel ist der Königstuhl, ein Kreidefelsen, d.. 122 m über dem Meer emporragt.
5. ein viel diskutiertes Thema – eine nahe liegende Vermutung – ein hoch gelegenes Dorf.
6. Berlin (3,4 Mio. Einwohner) ist die groß.. Stadt der Bundesrepublik Deutschland, Hamburg (1,7 Mio.) ist die zweitgroß.., München (1,3 Mio.) die drittgroß.., Köln (1 Mio.) die …, Frankfurt (0,6 Mio.) die … .
7. Leider kommen diese Fälle am häufig.. vor.
8. Von den drei Zügen nach Rom fährt der 8-Uhr-Zug am schnell.. .

B Superlatifs adverbiaux.

(hoch) → **höchst** interessant

1. (billig) Selbstgepflücktes Obst … abzugeben.
2. (schleunig) Ich machte mich … davon.
3. (höflich) Wir bitten … um eine schnelle Antwort auf unseren Brief.
4. (möglich) Ich brauche einen … großen Umschlag.

(gut) → **aufs beste**

5. Sie begrüßte uns (überaus freundlich).
6. Wir waren (sehr angenehm) überrascht.
7. Ich dankte ihr (besonders herzlich) für die Einladung.

C Compléter avec ***als*** ou ***wie***.

Ich bin **mehr** tot **als** lebendig. Das ist **so** gut **wie** sicher.

1. Er verdient doppelt so viel … vorher. Er kennt nichts anderes … Arbeit.
2. Die Geschäftslage ist besser … im vorigen Jahr.
3. Bitte liefern Sie die Ware so schnell … möglich.
4. Der Test fiel nicht so günstig aus, … ich erwartet hatte.

D ***Je** ..., **desto** ...* Former des phrases sur le modèle suivant.

> Sie trainiert hier oft; sie läuft schnell.
> → **Je öfter sie hier trainiert, desto** schnel**ler** läuft sie.
> └—(Subordonnée)—┘

1. Du arbeitest schon lange. Bist du müde? – Ja, ...
2. Die Lektorin hat langsam gesprochen. Verstehst du sie gut? – Ja, ...
3. An der Reise nehmen viele Studenten teil. Ist die Reise billig? – Ja, ...
4. Bei höherem Einkommen nimmt die Steuerprogression zu.
5. Wir betrachten das Gemälde genau. Wir entdecken viele Einzelheiten.

E ***Sich*** ou ... ***einander***? Compléter.

1. Er hat ... und uns geschadet.
2. Er arbeitete zehn Stunden hinter..
3. Man soll die Schuld zuerst bei ... selbst suchen.
4. Nach dem Vortrag hat er den Referenten zu ... eingeladen.

F Traduire.

1. Geht bitte **zu zweien** über die Straße.
2. Wir fuhren **zu zweit**.
3. eine grundfalsche Einstellung.
   - die allerneuesten Nachrichten.
4. spottbillige Artikel.
5. jammerschade.
6. Draußen war es bitterkalt.
7. Der Stein flog haarscharf vorbei.
8. Ich begegnete ihm tagtäglich.
9. Die Lage ist bitterernst.
10. Die Tür stand sperrangelweit offen.
11. Was mein ist, ist auch dein.

VOCABULAIRE

Autour des prépositions **neben** (+ accusatif / datif),
ohne (+ accusatif), **wider** (+ accusatif)

dicht **neben** der Post	*(tout à côté de la poste)*
Neben ihm bist du nichts.	*(A côté de lui tu n'es rien.)*
neben anderen Möglichkeiten	
neben das Ziel treffen	*(mettre à côté du but)*
rechts **neben** der Tür	*(à droite de la porte)*
ohne allen Zweifel	*(sans aucun doute)*
ohne mein Wissen	*(à mon insu)*
Ohne Gruß ging er fort.	*(Il partit sans saluer.)*
ohnehin	*(de toute manière)*
ohne weiteres	*(sans plus)*
ohne dass	*(sans que)*
ohne ... zu (+ infinitif)	
wider Willen	*(malgré soi)*
wider das Gesetz handeln	*(contrevenir à la loi)*
wider alle Vernunft	*(contre toute logique)*
widerwillig	*(à contrecœur)*

QUATRIÈME
PARTIE

LES FONCTIONS DU GROUPE NOMINAL ET DES ADVERBES

1 L'EMPLOI DES CAS ET DES PRÉPOSITIONS

Le cas exprime la fonction du groupe nominal par rapport au verbe ou à un autre groupe nominal.

107 Les quatre cas

- La **fonction** du groupe nominal (GN) est indiquée par un cas précis : nominatif, accusatif, datif ou génitif.
  Les **marques** portées par le groupe nominal indiquent la définitude (*der* / *ein*), le nombre (singulier / pluriel), le cas et le genre (masculin / féminin / neutre).

Datif	(Ich wohne in) de**m** nächste**n** Dorf	**-m**	**-en**	**(-ø)**
Accusatif	(Ich gehe in) da**s** nächst**e** Dorf	**-s**	**-e**	**(-ø)**

(-ø) = absence de marque.

-

Mein Freund	schenkt	seinem Sohn	ein Fahrrad.
Wer?		**Wem?**	**Was?**
		Es ist das Fahrrad	des Sohnes.
			Wessen?

- Un **expéditeur** (Nominatif, *(sujet)*) adresse à un **destinataire** (Datif, *(compl. d'attribution)*) un **objet** (Accusatif, *(compl. direct)*).

  Ce destinataire en devient **le possesseur** (Génitif, *(compl. de nom)*).

- Le cas toutefois ne correspond pas toujours à une valeur sémantique.

108 L'emploi du nominatif

Le nominatif répond à la question ***Wer?*** / ***Was?***

- Sujet réel :

  Der Bus hält. *(Le bus s'arrête.)*

- Sujet apparent → ***es*** (explétif) :

  Es steig**en** einige Fahrgäste ein.

  – Le verbe s'accorde avec le sujet réel.

– ***es*** (explétif) ne s'emploie que devant le verbe et disparaît dans la subordonnée :

Nachdem die Fahrgäste eingestiegen waren, fuhr der Bus ab.
(Après que les usagers furent montés, le bus démarra.)

> NB : Es ist / steht / sitzt / liegt / hängt … / Es sind / stehen / sitzen / liegen / hängen } + Nominatif
>
> Dans les exemples suivants ***es*** a pour fonction de remplir une place devant le verbe, sinon il disparaît.
>
> Es steht ein hoher Baum im Park. — Im Park steht ein hoher Baum.
> Es stehen hohe Bäume im Park. — Im Park stehen hohe Bäume.
>
> ***Es*** peut aussi être **sujet réel**, notamment avec
> es gibt *(il y a / il existe)* + accusatif :
> es regnet / es schneit / es hagelt / es stürmt …
>
> Es gibt einen Brunnen im Garten. Im Herbst hagelt es oft.

- Attribut du sujet :

– Avec ***sein***	Ist das dein Wagen? Nein, das ist **seiner**.
werden	Er ist **ein berühmter Arzt** geworden.
bleiben	Du bist und bleibst **mein bester Freund**.
heißen	Ich will **ein Schuft** heißen, wenn das nicht wahr ist.
scheinen	Er scheint mir der rechte Mann dafür (zu sein). *(Il me semble être l'homme de la situation.)*

– Cet attribut peut être précédé :
de ***als*** (en qualité de) :

Ich sprach zu ihm **als** sein bester Freund.

ou de ***wie*** (à la manière de) :

Er sieht aus **wie** ein junger Künstler.
(Il ressemble à un jeune artiste.)

109 L'emploi de l'accusatif

Sans préposition

L'accusatif s'emploie pour :

- Le complément d'objet direct : Ich suche **die Post**.
(Je cherche le bureau de poste.)
- L'attribut du complément direct : Er nennt mich **seinen Freund**.
(Il m'appelle son ami.)
Sie betrachten ihn als **einen Gegner**.
- Le complément des adjectifs indiquant la mesure, l'âge, la valeur :

alt entfernt schwer breit hoch tief dick lang weit wert

Der Tisch ist **einen Meter** breit.
Mein Neffe ist **einen Monat** alt.
Diese Arbeit ist **keinen Pfennig** wert.

- Le complément de temps (voir aussi les paragraphes 120 et 121) :

– durée : Sie bleibt **einen Tag** länger.
– date : Emden, **den 4. April**.
– répétition : Ich treibe **jeden Morgen** Frühsport.

- Le double accusatif avec ***lehren*** / ***kosten*** / ***abfragen***, quelquefois ***fragen*** :

Qui t'a appris ce tour de passe-passe ?	Wer lehrte **dich** diesen Trick?
Le voyage lui a pris du temps.	Die Reise hat **ihn** Zeit gekostet.
Il m'a demandé toutes sortes de choses.	Er fragte **mich** dies und das.
Je l'interroge sur les mots appris.	Ich frage **ihn** die Vokabeln ab.

- Il y a = ***es gibt*** (voir aussi le paragraphe 108) : Wo gibt es **einen Friseur**?
- Complément des verbes suivants (intransitifs en français) :

an-rufen	téléphoner à	***kennen lernen***	faire la connaissance de
aus-lachen	se moquer de	***missbrauchen***	abuser de
brauchen	avoir besoin de	***sprechen***	avoir un entretien
genießen	jouir de	***überleben***	survivre à

Ich möchte **den Klassenlehrer** sprechen.
(Je voudrais parler au professeur principal.)
Ich habe **ihn** in Wien kennen gelernt.
(J'ai fait sa connaissance à Vienne.)

NB : ich frage **ihn**, ob ... mais : Ich frage ihn nach dem Weg.
ich bitte **ihn ...** Ich bitte ihn um Feuer.
(personne) (chose)

Avec préposition

durch	par, à travers	Ich schaue **durchs** Fenster.
für	pour	Er arbeitet **für** eine Exportfirma.
gegen	contre, vers	Wir segelten **gegen** den Wind.
ohne	sans	**ohne** mich – **ohne** jeden Zweifel
um	autour de, à	Die Erde dreht sich **um** die Sonne.
um ... herum	autour de	Die Kinder tanzen **um** den Baum herum.
bis ⟨ ***an*** / ***auf, in ...***	jusqu'à	Ich bin nass **bis auf** die Haut.
... entlang (postposé !)	le long de	Wir gingen die Straße **entlang**.

- ***wider*** (contre) est peu employé.
  wider das Gesetz *(contre la loi)*
- ***bis*** est employé seul devant :
  – un nom de ville, un adverbe, un nombre, un complément de temps
  bis Köln, **bis** morgen, von 5 **bis** 7
  – une autre préposition si le nom est accompagné d'un déterminatif :
  Ich gehe **bis zur** Post, aber nicht weiter.
  (... jusqu'à la poste, mais pas plus loin.)
- Contractions : *durch das* = ***durchs*** für das = ***fürs***
  um das = ***ums***

110 L'emploi du datif

Sans préposition

Il s'emploie pour :

- Le **complément d'objet second** (= attribution) :
  Er gibt **diesem Bettler** eine Mark. *(Il donne un mark à ce mendiant.)*

Le datif indique souvent le destinataire, c'est-à-dire la personne qui reçoit, au propre comme au figuré (question ***Wem?***) :

Mein Freund schenkt **seinem Vetter** ein Buch.
[= le cousin reçoit un livre]

Der Junge dankt **dem Vater**.
[= le père reçoit le remerciement]

• Le complément des **verbes** suivants :

begegnen	rencontrer	***helfen***	aider
danken	remercier	***misstrauen***	se méfier de
dienen	servir	***sich nähern***	s'approcher de
drohen	menacer	***raten***	conseiller
folgen	suivre	***schaden***	nuire à
gefallen	plaire à	***schmeicheln***	flatter
gehören	appartenir à	***trotzen***	braver
gehorchen	obéir à	***vertrauen***	se méfier de
glauben	croire (qn)	***voraus-gehen***	précéder
gleichen	égaler	***widersprechen***	contredire
gratulieren (zu)	féliciter	***zürnen***	en vouloir à

Ich gratuliere **meinem Freund** zu seinem Geburtstag.
Ich helfe **dir** beim Autowaschen.
(Je t'aide à laver la voiture.)
Wir nähern uns **dem Bahnhof**.
(Nous nous approchons de la gare.)

• Le complément de certains **adjectifs** :

ähnlich	semblable à	***nötig***	nécessaire à
angenehm	agréable à	***nützlich***	utile à
dankbar	reconnaissant à	***schädlich***	nuisible à
eigen	propre à	***schwer***	difficile
gleich	égal à	***treu***	fidèle à
nah	proche de	***willkommen***	bienvenu

L'adjectif se place **après** son complément.

Es ist **ihm** unangenehm. *(Cela lui est désagréable.)*

• Le complément de **verbes** formés avec ***bei-*** / ***entgegen-*** / ***nach-*** / ***zu-*** / ***ent-*** / et de certains avec ***aus-*** et ***ein-*** :

Warum hörst du **ihm** nicht zu? *(Pourquoi ne l'écoutes-tu pas ?)*

bei-stehen	aider qn	***ein-fallen***	venir à l'esprit
bei-wohnen	assister à	***nach-geben***	céder à
entgehen	échapper à	***zu-sehen***	regarder
entgegen-kommen	aller à la rencontre de	***entkommen***	échapper à

Sie blickte **dem Flugzeug** nach. *(Elle suivait l'avion des yeux.)*

• **Locutions** :

Wie geht es **dir?**	*Comment vas-tu ?*
Mir ist, als ob …	*Il me semble que…*
Es gelingt **mir** …	*Je réussis à…*
Es misslingt **mir** …	*J'échoue…*

Prépositions avec datif

aus	hors de, en, de dans	Übersetze **aus** dem Französischen! Ich trinke **aus** einem Glas.
bei	chez *(non directif)* lors de près de	Ich wohne **bei** meiner Tante. **bei** meiner Abreise **beim** Bahnhof
mit	avec	Er verbringt die Ferien **mit** uns.
nach	à, en *(villes, pays) (directif)* après	Ich fahre **nach** Genf. **Nach** 5 kommt 6.
seit	depuis *(durée)*	**seit** voriger Woche
von	de par *(complément d'agent)*	**von** Genf nach Paris Ich wurde **vom** Direktor empfangen.
zu	vers, chez *(directif)*	Ich fahre **zu** meinem Onkel
außer ***binnen*** ***dank*** (+ dat. / gén.)	excepté, sauf dans l'espace de *(temps)* grâce à	**Außer** mir war niemand zu Hause. **binnen** 2 Monaten, **binnen** kurzem **dank** seinem Fleiß / seines Fleißes

- ***nächst*** (près de) et ***nebst*** (ainsi que) s'emploient peu :

  Nächst dem Hause steht ein Baum. *(Près de la maison il y a un arbre.)*
  Herr Meyer **nebst** Familie. *(M. Meyer et sa famille.)*

- Les **postpositions** se placent après le complément :

entgegen	contre au devant de	allen Erwartungen **entgegen** *(contre toute attente)* einer ungewissen Zukunft **entgegen**
gegenüber	en face de	Wer saß mir **gegenüber**?
gemäß		dem Wunsch des Direktors **gemäß**
zufolge	conformément à	seinem Wunsch **zufolge**
nach	selon	meiner Meinung **nach** *(à mon avis)*

- **Circumpositions :**

  von diesem Balkon **aus** (1)

an … ***entlang*** (2) ***an*** … ***vorbei*** ***an*** … ***vorüber***	le long de devant à côté de	**am** Bach **entlang** *(le long du ruisseau)* Ich gehe **an** der Post **vorbei**. Er ging **an** mir **vorüber**.
an der Mauer ***entlang*** ***von*** Morgen ***ab***	le long de… à partir de	**von** jetzt **an** — *désormais* **von** hier **aus** — *d'ici* **von** Osten **her** — *(venant) de l'Est*

NB : Les prépositions ***vor*** / ***hinter*** / ***neben*** + datif peuvent être employées avec ***her*** pour marquer le déplacement de deux participants dans le même sens et à la même vitesse :

Il court comme s'il a le diable à ses trousses.
Er läuft, als sei der Teufel **hinter** ihm **her**.
Le garçon courait à côté de son frère.
Der Junge lief **neben** seinem Bruder **her**.
Il a marché devant moi. Er ist **vor** mir **her**gegangen.

---

(1) Deux éléments séparés entourent le complément circonstanciel.
(2) ***entlang*** est ici adverbe.
um … herum (autour de) demande l'accusatif : ***um*** *die Stadt* ***herum***.

111 Les prépositions suivies de l'accusatif ou du datif

• *an*, *auf*, *hinter*, *in*, *neben*, *über*, *unter*, *vor*, *zwischen*

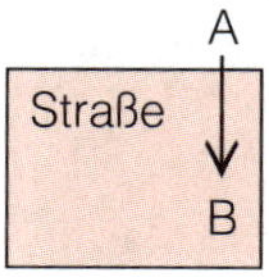

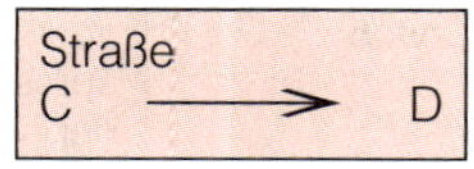

Ich gehe (von C nach D) auf **der** Straße.
Position ou déplacement dans un même (mi)lieu

Ich gehe (von A nach B) auf **die** Straße.
Changement de (mi)lieu

		Accusatif [Directif] ⟶ **Wohin?**	**Datif** [Locatif] X **Wo?**
an	*à, tout contre* (avec contact)	Häng das Bild **an die** Wand!	Die Leiter steht **an der** Wand.
auf	*sur* (avec contact)	Setz dich **auf den** Stuhl!	Ich sitze **auf dem** Stuhl.
hinter	*derrière*	Lauf **hinter das** Haus!	Die Garage liegt **hinter dem** Haus.
in	*dans, à*	Geh **in die** Küche!	Ich gehe **in der** Küche hin und her.
neben	*à côté de*	Stell dich **neben mich**! Setz dich **neben mich**!	Ich stehe **neben dir**. Du sitzt **neben mir**.
über	*au-dessus de* (sans contact)	Wirf den Ball **über das** Netz!	Die Lampe hängt **über dem** Tisch.
unter	*sous*	Tauch den Kopf **unters** Wasser!	Der Hund schläft **unter dem** Tisch.
	parmi		**Unter den** Touristen war ein Däne.
vor	*devant*	Tritt **vor die** Tür!	Er wartet **vor der** Tür.
zwischen	*entre*	Stell dich **zwischen uns beide**!	Er steht **zwischen** dir und **mir**.

Verbes de mouvement (directif) [faibles] + **accusatif**		**Verbes de position** [forts] + **datif**	
Mettre (dans telle ou telle position)		**Être** (dans telle ou telle position)	
mettre debout	**stellen** / *stellte* / *gestellt*	être (debout)	**stehen** / *stand* / *gestanden*
asseoir	**setzen** / *setzte* / *gesetzt*	être (assis)	**sitzen** / *saß* / *gesessen*
coucher	**legen** / *legte* / *gelegt*	être (allongé)	**liegen** / *lag* / *gelegen*
suspendre	**hängen** / *hängte* / *gehängt*	être (suspendu)	**hängen** / *hing* / *gehangen*
Er schreibt **an die** Tafel, **ins** Heft. Er klopft **an die** Tür. Ich schaue dir **in die** Augen.		Er verbirgt sich **hinter dem** Baum. Er erscheint **auf der** Terrasse. Wir landen **auf dem** Flugplatz. Ich steige in **einem** Hotel ab.	

kommen in (+ accusatif)	**an-kommen** in (+ datif)
Er kommt in **die** Stadt.	Er kommt in **der** Stadt an.

- Pour exprimer le déplacement vers un lieu (***wohin***?), on emploie l'**accusatif**.
- Pour exprimer le séjour en un lieu (***wo***?), on emploie le **datif**.

NB : Quand il ne s'agit pas d'un complément de lieu, on aura :
 – ***an*** / ***hinter*** / ***in*** / ***neben*** / ***unter*** / ***vor*** / ***zwischen*** + **datif** : **an** einem Montag
 Er hält sie **am** Arm. Sie fürchtet sich **vor** ihm.
 (Il la tient par le bras. Elle a peur de lui.)
 mais : *denken an* (+ accusatif), *glauben an* (+ accusatif)...
 – ***auf*** / ***über*** + **accusatif**
 Auf wen warst du böse? *(À qui en voulais-tu ?)*
 Ich denke **über** deine Worte nach. *(Je réfléchis à tes paroles.)*

112 L'emploi du génitif

Sans préposition

Le génitif s'emploie pour former :

- Le **complément de nom** (possession, appartenance) :
 Kennst du das Haus **meiner** Tante?
 Die Frau **unseres Hauswarts** ist krank.
 (La femme de notre gardien est malade.)
- Le complément de certains **verbes** (emploi souvent littéraire) :
 Ich kann mich **des Lachens** nicht enthalten.
 (Je ne peux m'empêcher de rire.)

an-klagen	accuser (de)	***sich entsinnen***	se souvenir (de) (1)
beschuldigen		***gedenken***	
sich bedienen	se servir (de)	***sich erbarmen***	avoir pitié (de)
bedürfen	avoir besoin (de)	***sich erfreuen***	jouir de (santé, richesse)
sich bemächtigen	s'emparer (de)	***sich rühmen***	se vanter (de)
sich bewusst sein	être conscient (de)	***sich schämen***	avoir honte (de)
sich enthalten	s'abstenir (de)	***verdächtigen***	soupçonner (de)

(1) « Se souvenir de » se traduit plutôt par : *sich erinnern an* (+ accusatif).

- Le complément de quelques **adjectifs** :
 Das ist **seiner** nicht würdig. *(Ce n'est pas digne de lui.)*
 Die Sache ist **der Mühe** wert. *(L'affaire en vaut la peine.)*

bewusst	conscient	***schuldig***	coupable
sicher, gewiss	sûr	***verdächtig***	suspect
müde	las	***wert / würdig***	digne

NB : ***voll*** est suivi du génitif si son complément est accompagné d'un adjectif épithète :
 ein Fass **voll roten Weins** *(un tonneau plein de vin rouge)*
 mais : ein Fass **voll Wein**

- Le complément de temps indéterminé :
 Eines Tages wird er kommen. *(Un jour il viendra.)*
- Le complément du superlatif :
 das größte (Geschäft) **des Dorfs** *(le plus grand (magasin) du village)*
- Le complément du pronom indéfini :
 einer **meiner besten Freunde** *(un de mes meilleurs amis)*

- Le complément du pronom démonstratif ***der / die / das*** :

  Nimmst du das Rad deines Vaters oder **das deines Bruders**?
  (Prends-tu le vélo de ton père ou celui de ton frère ?)

NB : À la place du génitif, la langue parlée peut utiliser ***von*** + datif :

  das Haus **von** meinem Lehrer.

Avec préposition

diesseits	de ce côté-ci de...	**diesseits** des Rheins
jenseits	de l'autre côté de...	**jenseits** der Alpen
längs (1)	le long de...	**längs** des Ufers
statt (anstatt)	au lieu de...	**Statt** des Vaters kam die Mutter.
trotz (1)	en dépit de...	Sie kam **trotz** des Regens.
während (1)	pendant...	**während** des Sommers
wegen (1)	à cause de...	**wegen** technischer Schwierigkeiten

außerhalb	à l'extérieur de	***oberhalb***	au-dessus de
≠ innerhalb	à l'intérieur de	***≠ unterhalb***	au-dessous de
angesichts	en face de	***mittels***	au moyen de
anlässlich	à l'occasion de	***unfern***	non loin de
inmitten	au milieu de	***um ... willen***	pour l'amour de
mangels	faute de		

(1) ***längs / trotz / während / wegen*** sont parfois suivis du datif.

- Germanismes : Ich gehe **meines Weges**. *(Je passe mon chemin.)*
  Ich bin **guter** Laune. *(Je suis de bonne humeur.)*
  Ich bin **der** Meinung, dass ... *(Je suis d'avis que...)*

113 Le génitif saxon

Spaniens Flüsse führen oft wenig Wasser.
(Les rivières d'Espagne ont souvent un faible débit.)

Formation

- Le complément de nom au génitif peut se placer **avant le nom** qu'il détermine. **Ce dernier perd son article** (= ø).

  das alte Haus unseres Gärtners *(la vieille maison de notre jardinier)*
  → **unseres Gärtners** (ø) **altes** (1) Haus

le célèbre Faust de Goethe	**Goethes** berühmt**er** Faust
l' Inachevée de Schubert	**Schuberts** „Unvollendete"
les célèbres valses de Chopin	**Chopins** berühmt**e** Walzer
les proches parents de Paul	**Pauls** nah**e** Verwandte

Emploi

- Avec les noms propres :

  Helg**as** Familie

(1) L'adjectif épithète suit la déclinaison forte.

- Rarement avec les noms communs (style soutenu, proverbes) :
  Jeder ist **seines Glückes** Schmied. *(Chacun est l'artisan de son bonheur.)*
- Le génitif saxon s'emploie seulement quand on a, en français, l'article défini :
  Paul**s** Eltern = die Eltern Pauls *(**les** parents de Paul)*

  Il est donc impossible pour : einige Lieder von Schubert

  Pour éviter deux génitifs successifs, on tournera par : ***von*** + datif :
  der Reifen **von** Peters **Wagen**. *(le pneu de la voiture de Pierre)*

Génitif des noms propres

- ***-s*** pour les masculins et les féminins :
  Schiller**s** Dramen – Bertha**s** Vater
  (les drames de Schiller – le père de Berthe)

  La terminaison en ***-ens*** pour les prénoms en ***-s***, ***-x***, ***-z*** et les féminins en ***-e*** est archaïque :
  Iphigenie**ns** Tod – Hans**ens** Schwester.
  On dira : die Schwester **von** Hans – der Hut **von** Fritz.
- Pour les noms propres en ***-s***, ***-ß***, ***-x***, ***-z***, on emploie ***von*** ou **l'article** (lorsqu'il s'agit de personnages célèbres) :
  die Werke **von** Leibnitz – „Das Kapital" **von** Marx
  der Tod **des** Sokrates – die Operetten **von** Strauss.

  Antéposés (génitif saxon), ces noms sont suivis d'une **apostrophe** :
  Sokrates' Tod.
- Noms précédés d'un **titre** :
  – avec article :
  der Besuch des Bundeskanzler**s** Schröder in Moskau.
  → Le nom propre reste invariable, le titre se décline.

  – sans article :
  Ich wohne in **Professor Müllers** Haus.
  Da kommt gerade **Herrn Doktor Schulzes** Bruder.
  (Voilà justement le frère du Docteur Schulze.)
  → Le nom propre est au génitif, *Herr* se décline aussi.
- Après les noms de souverains on emploie un **nombre ordinal** :

Nominatif	Wilhelm II.	**Wilhelm der Zweite**
Accusatif	Wilhelm II.	**Wilhelm den Zweiten**
Datif	Wilhelm II.	**Wilhelm dem Zweiten**
Génitif	Wilhelm**s** II.	**Wilhelms des Zweiten**

114 Les compléments du nom autres que le génitif

- S'il existe entre le complément et le nom qu'il détermine un autre rapport que la possession ou l'appartenance, on emploie non pas le génitif, mais un complément introduit par la préposition (souvent ***von***) qui est exigée par le rapport exprimé :
  die Wellen **auf dem Meer** ≠ die Wellen **des Meeres**
  Lieu — Appartenance

Position	**an / auf / in**	das Leben **an** der See / **auf** dem Land / **in** der Stadt
	von / bei	das Rathaus **von** Kiel – die Schlacht **bei** Leipzig
Adverbe		der Tisch **dort** – die Straße **rechts**
Provenance	**aus / von**	Tiere **aus** Afrika – die Königin **von** England
Adverbe		der Großvater **mütterlicherseits** (du côté maternel)
Direction	**nach / zu**	die Autobahn **nach** Lübeck – der Weg **zur** Schule
	in	die Reise **in** die Schweiz – die Tür **zum** Garten
Adverbe		der Weg **dorthin** – der Weg **zurück**
Association	**mit**	ein Eis **mit** Sahne
Passage	**durch / über**	die Fahrt **durch** den Kanal – die Brücke **über** die Elbe
Mesure / âge	**von**	ein Brett **von** drei Meter Länge
Composition	**aus**	ein Tisch **aus** Holz – ein Ausschuss **aus** 5 Mitgliedern
Dénomination	**zu**	das Gasthaus **zu** den drei Eichen
Partie	**von**	Tausende **von** Menschen – einer **von** ihnen

– Si on n'insiste pas sur le rapport exprimé, on emploie un **nom composé** :

die Meereswellen – das Landleben – die Elbbrücke
les vagues de la mer – la vie à la campagne – le pont de l'Elbe

– Avec les noms de ville, on peut former des déterminants en ***-er*** invariables :

die Lübeck**er** Autobahn – die Leipzig**er** Schlacht *(la bataille de Leipzig)*

- Certains noms appellent la même préposition que les verbes ou adjectifs correspondants :

denken **an** (+ accusatif)	der Gedanke **an** die Freiheit
sich erinnern **an** (+ accusatif)	die Erinnerung **an** diesen Tag
sich fürchten **vor** (+ datif)	die Furcht **vor** der Krankheit
sich sehnen **nach** (+ datif)	die Sehnsucht **nach** der Heimat
stolz sein **auf** (+ accusatif)	der Stolz **auf** den Erfolg
interessiert sein **an** (+ datif)	das Interesse **an** dem Beruf

115 L'apposition

Nominatif	Das ist Ursula, **eine gute Freundin.**
Accusatif	Wir warten auf Ursula, **eine gute Freundin.**
Datif	Wir helfen Ursula, **einer guten Freundin.**
Génitif	Hier ist die Adresse Ursulas, **einer guten Freundin.**

- L'apposition est **au même cas que le nom** auquel elle se rapporte. Elle est précédée de **l'article défini** ou **indéfini** (voir aussi les paragraphes 81 et 82).

- Si l'apposition est un nom de mois, un nom propre (personne, ville, pays), un complément partitif, elle **se juxtapose** au premier nom :

die Stadt Koblenz *(la ville (de) Coblence).*
das Königreich Preußen (*génitif* : des Königreiches Preußen)
die Bundesrepublik Deutschland
ein Stück Brot, ein Tropfen Wasser *(un morceau de pain, une goutte d'eau)*
ein **P**aar (= 2) Schuhe (*mais* : ein **p**aar Blumen = einige Blumen)
im Monat Juli, Ende Juli (= am Ende des Monats Juli)
acht Millionen Menschen (*mais* : Millionen von Menschen).

- Les **masculins** et **neutres** désignant des **unités de mesure** sont **invariables** :
  zwei Sa**ck** Zement – zwei Gla**s** Wasser – zwanzig Gra**d** Wärme

Les féminins (sauf ***die Mark***) prennent la marque du pluriel :
zwei Dos**en** Ölsardinen – elf Flasch**en** Wein
mais : dreißig Mar**k** Zinsen *(30 marks d'intérêts)*

EXERCICES

Paragraphes 107 à 108 Corrigés p. 398

A Indiquer la marque de cas appropriée.

	Wer?	Wem?	Wen? / Was?
1.	D.. Fremd.. fragt		ein.. Polizist...
2.	D.. Polizist antwortet	d.. Fremd...	
3.	Dies.. Frau verdankt	d.. Arzt	d.. Leben.
4.	Mein.. Tochter schrieb	ihr.. Freundin	ein.. Brief.
5.	Unser.. Onkel schenkte	unser.. Kindern	ein.. Eisenbahn.
6.	D.. Werkmeister erteilt	d.. Lehrlingen	gut.. Unterricht.

B Former, si cela est possible, des phrases sans ***es***.

Es warten viele Menschen an der Haltestelle. **Es** regnet. **Es** laufen zwei Männer über die Straße. Die Ampel zeigt rot. **Es** sind Ausländer. **Es** wird gepfiffen. **Es** bleiben Leute stehen. **Es** war zum Glück nichts geschehen. Das Auto hat rechtzeitig gehalten.

C Compléter.

1. Dieser anmutige Fluss ist d.. Neckar.
   Es lieg.. viele berühmt.. Städte daran. Darunter d.. bekannt.. Heidelberg.
   Als zehnjährig.. Kind kam Heinrich nach Heidelberg.
   Er ist ein erfolgreich.. Kaufmann geworden.
   Zuerst wollte er ein groß.. Künstler werden und benahm sich wie ein angehend.. Schauspieler. Er dünkte sich ein groß.. Mann.
   Als sein best.. Freund sprach ich zu ihm und überzeugte ihn von sein.. Irrtum.
2. Ein jung.. Berliner sieht schon eine ganz.. Weile einem älter.. Mann zu, der in d.. Brandung etwas sucht.
   „Wonach halten Sie Ausschau?" fragt er ih..
   –„Meine Brille ist mir in die Elbe gefallen."
   „In d.. Elbe? Sie sind hier an d.. Nordsee!"
   –„Nordsee? Da könn.. Sie mal sehen, wie es ein.. ergeht, wenn man seine Brille verlor.. hat!"

D Traduire.

1. *Prenez-vous du vin blanc avec cet excellent poisson ?* (Weißwein / vortrefflich)
2. *Je ne bois pas de vin, je bois de l'eau minérale.*
3. *Garçon, apportez pour mon invité de l'eau minérale et pour moi une bière danoise.*
4. *N'avez-vous pas de parents en Sarre ?* (der Verwandte)
5. *Lorsque la deuxième guerre mondiale a éclaté en 1939, mon grand-père a dû quitter la Sarre.* (das Saargebiet)
6. *Quand j'étais enfant, j'habitais à Coblence, une ville de moyenne importance au confluent du Rhin et de la Moselle.* (mittlere Stadt)
7. *Mon grand-père maternel était vigneron. Il possédait un important vignoble à proximité de Traben dans le Palatinat.* (mütterlicherseits / das Weingut / die Pfalz)

E Traduire.

1. *Ma sœur travaille comme infirmière dans une clinique.* (die Krankenschwester)
2. *Cette jeune Allemande est infirmière comme elle.*
3. *Son jeune frère veut devenir un bon médecin.*

4. *Il restera mon meilleur ami. J'ai l'intention de devenir architecte.* (vor-haben)
5. *D'après son accent, elle paraît être une étrangère.* (die Aussprache)
6. *Personne n'avait voulu être le responsable.* (ver'antwortlich)
7. *J'ai donné à notre voisine les clés de notre appartement.*
8. *En France, le facteur apporte à chaque famille un calendrier.* (der Ka'lender)

Paragraphe 109

Corrigés p. 399

A Compléter.

a)
1. Man nennt ihn d.. Vater dieser Wissenschaft.
2. Er hält dich für ein.. Verschwender.
3. Der Lehrer fragte i.. das Einmaleins ab. (*table de multiplication*)
4. Die Ferien kosteten m.. viel Geld.
5. Der Nachbar hat m.. d.. Schachspiel gelehrt.
6. Er hieß m.. ein.. Lügner. Ich schimpfte i.. ein.. Dummkopf.

b)
1. Verzeihen Sie, gibt es hier in d.. Nähe ein.. gut.. Zeltplatz?
2. Ich glaube ja, doch fragen Sie d.. Polizisten nach d.. Weg.
3. Verzeihung, kennen Sie hier ein.. Zeltplatz?
4. Ja, natürlich! Sie brauchen nur dies.. Weg hinaufzufahren, ein.. Kilometer weit.
5. Ich blieb ein.. Monat lang dort, und meine Freunde beneideten m.. um mein.. Ferien.

c)
1. Walter arbeitet für ein.. Großgarage.
2. Durch ein.. Freund hatte er diese Stellung erhalten.
3. Seit langer Zeit sparte er für ein.. H-Jolle. (*dériveur*)
4. Letzt.. Montag wurde er ihr glücklich.. Besitzer.
5. Seine Freunde baten i.. um eine Probefahrt.
6. Alle beneideten i.. um sein.. neu.. Besitz.
7. Er segelte vorsichtig d.. Küste entlang.
8. Einmal musste er gegen d.. Wind segeln.
9. Die Jolle kenterte. Seine Freunde lachten … aus. (*chavirer*)
10. Alle waren nass bis auf d.. Haut. (*trempés*)

B Compléter.

1. Wir gehen **durch** d.. Feld (*querfeldein*), **durch** d.. Tor, d.. Schnee, d.. Wald, **über** d.. Straße (*traverser la chaussée*), **über** d.. Wiese (*herbe courte*).
2. Verkehrsunfälle entstehen durch sträflich.. Fahrlässigkeit, schlecht. Bereifung, eilig.. Überqueren des Fahrdammes, vereist.. Straßen, zu hoh.. Ladegewicht, unübersichtlich.. Kreuzungen.
3. **für** : Wir arbeiten für d.. Vater, d.. Mutter, d.. Fabrik.
   gegen : Der Ball flog gegen d.. Mauer, d.. Scheibe, d.. Wand.
   ohne : Er kam ohne d.. Tasche, d.. Mantel, d.. Hut, d.. Buch.
   Er ging an die Arbeit ohne ein.. Ziel, d.. geringst.. Überlegung, jed.. Aussicht auf Lohn, d.. geringst.. Eifer.
   um : Wir laufen um d.. Kirche (herum), um d.. Haus, d.. Baum, d.. Teich.
   wider : Er handelt wider d.. Gesetz, besser.. Wissen, d.. Recht.
   Bist du für oder wider m..?

C Traduire.

1. *Nous voulons longer le Danube.* (entlang-fahren). *Demande la route à ce paysan.*
2. *Ne traversez pas le bois après la tombée de la nuit.* (der Einbruch)
3. *Sans ses lunettes le jeune homme ne voyait plus le chemin.*
4. *Il se heurta contre un arbre et tomba dans un fossé.*
5. *L'imprudent était dans l'eau jusqu'au cou.* (unvorsichtig)

6. *Deux cyclistes longèrent le fossé après avoir franchi un pont.*
7. *Il ne faut jamais agir contre la nature.*
8. *Tous pour un et un pour tous !*

Paragraphe 110

Corrigés p. 400

A Compléter.

1. Günter sieht sein.. Vater ähnlich.
2. Er ist d.. meist.. sein.. Bekannt.. angenehm.
3. Er ist ihn.. immer willkommen.
4. Er ist sein.. Eltern dankbar.
5. Ein außerordentliches Gedächtnis ist … eigen. (er)
6. Ein täglicher Spaziergang würde … gut tun. (er)
7. Der Lärm der Großstadt ist sein.. Nerven schädlich.
8. Die Konzentration auf seine Arbeit fällt … schwer. (er).
9. Etwas Gymnastik könnte … nützlich sein. (er)

B Traduire.

1. *Le malade va mieux. À Noël, il a reçu de très beaux cadeaux.*
2. *Les jours de pluie j'aimerais bien rester au lit.*
3. *La météo annonça qu'il ferait beau le lendemain.* (der Wetterdienst)

C Indiquer le régime du verbe : **cas** (gén., dat., acc.) ou **préposition** (an, auf, für, mit, über).

1. sich beschäftigen
2. folgen
3. sich bedienen
4. entgehen
5. verfügen
6. gratulieren
7. danken
8. sich wenden
9. antworten
10. raten
11. denken
12. lachen
13. kennen lernen

D Compléter.

1. Ich begegnete … Hauswirt. – „Guten Tag", sagte ich. „Wie geht es Ih …?"
2. Er dankte m.. kaum für meinen Gruß.
3. Er sagte : „Ich rate I.., schaffen Sie Ihr.. Hund ab!"
4. Ich konnte i.. schmeicheln, er wollte m.. nicht entgegenkommen.
5. Jedesmal, wenn ich mich i.. näherte, drohte er m... .
6. Wie kann man ein.. so lieb.. Tier nur zürnen?
7. Das wäre m.. niemals eingefallen.
8. Schließlich musste ich i.. nachgeben.
9. Niemand konnte oder wollte m.. helfen.

E Traduire.

1. *Ce matin nous avons rencontré notre ingénieur en chef.*
2. *Il m'a félicité pour mon premier prix dans la compétition de natation.* (der Schwimmwettkampf)
3. *« Malheureusement, je n'ai pas pu assister à cette fête sportive. J'espère que vous réussirez à monter dans l'équipe nationale. Remerciez votre entraîneur et restez-lui fidèle ».* (auf-steigen in (+ acc.) / der Trainer)

F Compléter.

1. ***aus*** : Ich komme aus … Fabrik, … Dorf, … Garten, … Ferien, … Stadt, … Bäckerei, … Metzgerei.
2. ***bei*** : Wir treffen uns bei … Rathaus, … Schule, … Haltestelle, … Post, … Brunnen, … Denkmal, … Kunsthalle.
   Ich segle bei jed.. Wetter, bei bewegt.. See, bei flau.. Wind, bei stark.. Sturm, bei klatschend.. Regen.

3. ***mit*** : Ich arbeite mit ... Schaufel, ... Spaten, ... Säge, ... Hammer, ... Beil, ... Hobel, ... Zange.
Zu verkaufen sind: ein Schreibtisch mit ein.. drehbar.. Sessel, ein Computer mit divers.. Zubehör.
4. ***nach*** : Wir fahren ... Haus, ... Italien, ... Übersee, ... links, ... Insel Helgoland.
In Lübeck erkundige ich mich nach d.. Marienkirche, d.. Dom, d.. Rathaus; in Braunschweig nach d.. Denkmal Heinrich.. d.. Löwen; in Hannover nach d.. Schloss Herrenhausen; in Wolfsburg nach d.. Volkswagenwerk; in Potsdam nach d.. Schloss Sanssouci.
5. ***seit*** : Ich sah ihn seit ... Ausflug, ... Pfingsten, d.. erst.. Februar nicht mehr.
6. ***von*** : Die Leute sprechen von d.. streng.. Winter, d.. neu.. Fahrplan, d.. groß.. Trockenheit.
7. ***zu*** : Willst du mit zu.. Apotheke, ... Briefkasten, ein.. gut.. Bekannt..?

G Compléter et traduire les expressions suivantes.

1. Du musst bei d.. Stange bleiben.
2. Ich nehme dich bei.. Wort.
3. Du musst bei d ... Wahrheit bleiben.
4. Er legt sich leicht mit jed.. an.
5. Er kommt mit ein.. blau.. Auge davon.
6. Es ist schwer mit ih.. auszukommen.

H Compléter.

1. Ein.. nach d.. andern verlässt den Saal.
2. Wenn ein.. d.. andern den Vortritt lassen will, sagt er: „Bitte, ... Ihnen!"
3. Meine dänisch.. Freundin kommt gerade aus ... Schwarzwald.
4. Hast du wieder ... dein.. Tante gewohnt?
5. Natürlich; und ich habe jeden Tag ... mein.. Onkel und mein.. Kusine Kaffee getrunken.
6. Hast du auch einen Ausflug ... Stuttgart unternommen?
7. Du weiß ja, seit mehrer.. Jahr.. machen wir eine Fahrt dorthin.
8. Sehr geehrt.. Herr Köster,
dank Ihr.. tatkräftig.. Unterstützung konnten wir das Gelände an.. Elbufer erwerben. Da wir uns unser.. Partner gegenüber unser.. Abmachungen gemäß verhielten, ist die Angelegenheit zu ein.. gut.. Abschluss gelangt.
Hochachtungsvoll — Dr. Heinrich Müller, Rechtsanwalt

I Traduire en utilisant les termes suivants : ***von ... an*** / ***von ... auf*** / ***von ... aus*** / ***von ... herab*** / ***neben ... her***.

1. *J'ai suivi ce joli ruisseau depuis sa source.*
2. *À partir de maintenant, nous nous tutoierons.* (duzen)
3. *De ma fenêtre j'aperçois la montagne voisine.*
4. *Considère les choses de ce point de vue.* (der Standpunkt)
5. *Dès l'enfance, je me suis intéressé aux mathématiques.*
6. *Ne continue pas à marcher ainsi à côté de moi !* (weiter)

J Traduire en utilisant les termes suivants : ***bei*** / ***entgegen*** / ***gegenüber*** / ***gemäß*** / ***an ... entlang*** / ***zu***.

1. *Ma cousine vint à la rencontre de ma sœur.*
2. *En face de la maison il y avait un grand pré.*
3. *Conformément aux termes de la loi, vous ne pouvez pas faire construire votre villa à cet endroit-là.* (der Wortlaut)
4. *Elle courut le long du train.*
5. *Pour l'instant j'habite chez des amis, mais par la suite j'irai chez mon oncle qui doit rentrer de Turquie.* (ziehen)

Paragraphe 111

Corrigés p. 401

A Former des phrases.

a) ***an*** :
1. Ich stelle die Leiter an … (wohin?).
2. Die Leiter steht an … (wo?)
   Haus, Mauer, Pfahl, Baum, Zaun, Gitter.

b) ***auf*** :
1. Ich lege das Buch auf … (wohin?).
2. Das Buch liegt auf … (wo?)
   Tisch, Stuhl, Couch, Pult, Fensterbank, Regal.

c) ***hinter*** :
1. Der Ball fliegt hinter … (wohin?).
2. Der Ball liegt hinter … (wo?)
   Ofen, Sofa, Bücherschrank, Busch, Zaun.

d) ***in*** :
1. Ich lege die Äpfel in … (wohin?).
2. Die Äpfel liegen in … (wo?)
   Kasten, Korb, Schale, Kiste.
   Das Bier liegt in d.. Eisschrank. Wer hat es in d.. Eisschrank gelegt?

B Compléter avec l'accusatif ou le datif.

1. Es klingelte an d.. Tür.
2. Ich öffnete und ließ die Gäste in.. Zimmer treten.
3. Mein Bruder brachte ihren Wagen in d.. Garage.
4. Die Gäste nahmen in d.. Sesseln und auf d.. Sofa Platz.
5. Hinter m.. auf d.. Tisch stand eine Flasche.
6. Ich trat zurück, und die Flasche fiel auf d.. Teppich.
7. Alle waren über d.. Vorfall erschrocken.
8. Ich lief in d.. Küche und holte Besen und Schaufel.
9. Ich saß in.. Park auf d.. Bank.
10. Plötzlich setzte sich jemand neben m...
11. Ich legte mein Buch auf d.. Bank und wollte gehen.
12. „Dein Buch liegt noch auf d.. Bank", sagte eine bekannte Stimme.
13. Er stellte sich vor m.., ich stand vor …, es war mein Vetter.

C Compléter.

1. ***über*** : Die Wolke steht über … Stadt, … Berg, … Tal, … See *(lac)*.
   → Die Wolke zieht **über** ….
2. ***zwischen*** : Die Maus saß zwischen … Sack und … Wand, dann huschte sie zwischen … Körbe und verschwand zwischen … Zeitungsbündeln. Hinter … Kiste haben wir das Mauseloch entdeckt.

D Compléter.

Was wir auf dem Ausflug sahen :

1. Die Hühner liefen über … Straße.
2. Die Schwalbe flog in … Nest. Die Enten schwammen auf … Teich.
3. Der Bauer spannte ein Pferd vor … Wagen. Die Kühe grasten auf … Weide.
4. Die Schweine wurden in … Stall getrieben. Die Katze sonnte sich vor … Tür.
5. Wir gingen über … Brücke. Auf … Brücke blieben wir stehen.

E Compléter.

1. Ich sitze neben m.. Mutter. Der Löffel liegt neben ... Teller.
   Das Glas steht neben ... Flasche. Der Senf steht neben ... Käse.
2. Setze dich neben dein.. Mutter! Lege den Löffel neben ...!

F Indiquer les prépositions qui conviennent.

1. Hanno wohnt ... der Hummelstraße. Er wohnt ... seinen Eltern.
2. Heute Nachmittag fahre ich ... ihm. Ich klopfe ... die Tür.
3. Ich trete ... sein Zimmer. Hanno sitzt ... seinem Schreibtisch.
4. Er liest ... einem Buch.
5. „Kommst du mit ... Kino?"
6. – „Nein, ich bin müde, ich komme gerade ... Arzt."
7. „Darf ich ... dir bleiben?" –„Gern, aber bleibe ... Essen!"
8. Um 19 Uhr steht das Essen ... dem Tisch.
9. ... Essen fragte mich Hannos Vater: „Fahren Sie dieses Jahr ... die Schweiz?"
10. Ich antwortete: „Nein, ich fahre nur eine Woche ... Paris."

G Traduire.

1. *L'hirondelle vole par-dessus le toit du voisin.*
2. *Il dort sous le grand chêne de notre jardin.*
3. *Je me place derrière eux à côté de l'échelle.*
4. *La fillette avait peur du loup la nuit.*
5. *Elle n'était pas jalouse de sa voisine.*
6. *L'écrivain parle de son dernier roman paru en mai.*
7. *Entre les deux frères il y avait souvent des disputes.* (der Streit)
8. *Le chanteur quitta la scène et alla parmi les spectateurs.* (die Bühne)

Paragraphe 112

Corrigés p. 402

A Compléter les phrases à l'aide des termes ci-après.

1. der Unterricht, die Feier, die Pause, der Vortrag.
   → Er kam erst **während** ....
2. Schlechtes Wetter, starker Frost, dringende Arbeit, leichte Grippe, heftige Kopfschmerzen, ungünstiger Verkehr.
   → Er konnte nicht kommen **wegen** schlechten Wetters, ...
   wegen des schlechten Wetters, ...
3. Hamburger Aalsuppe, Lübecker Marzipan, Harzer Käse, Pfälzer Wein, Bremer Zigarren, Nürnberger Lebkuchen, Münchener Bier, Kieler Sprotten, Westfälischer Pumpernickel, Thüringer Bratwürste, Berliner Weiße, Dresdener Stollen.
   → Hamburg ist bekannt **wegen** seines Hafens und ....

B Indiquer les marques des cas.

1. Wegen d.. hohen Grundstückspreise innerhalb d.. Stadt kaufte Herr Weidner sich außerhalb d.. Stadt jenseits d.. Flusses einen Bauplatz.
2. Bald war in der Nähe ein.. dicht.. Tannenwald.. ein Landhaus errichtet.
3. Wegen d.. gut.. Luft und d.. Ruhe besuchten seine Freunde ihn oft.
4. Da las man ein.. Tag.. einen Anschlag. Innerhalb ein.. Jahr.. sollte hier längs d.. Grundstück.. ein Flugplatz gebaut werden.
5. Um Himmel.. willen! sagte Herr Weidner.

C Verbes suivis du génitif.

1. Wir gedenken dies.. herrlich.. Festtages.
2. Ich gedenke mein.. Freund.., mein.. Eltern. Gedenke mein..!

3. Der Kranke bedarf d.. Schonung. Der Gesunde bedarf d.. Arzt.. nicht.
4. Er enthält sich d.. Rauchen.. und Trinken.. aus gesundheitlichen Gründen.
5. Dieser Politiker erfreut sich d.. Vertrauen.. der Wähler.
6. Er erbarmt sich d.. hungernden Vögel.
7. Er entsann sich d.. Bericht.. über den Fall der Berliner Mauer.
8. Er bedient sich ein.. Lexikons beim Bearbeiten dies.. Text..

D Traduire.

1. *Pourquoi es-tu de si bonne humeur ?*
   Depuis un mois et demi je ne fume plus à cause de ma santé.
2. *Un beau jour, je fus d'avis que je n'avais plus besoin de cigarettes.* (etwas brauchen)
3. *Es-tu si sûr de toi ? Voici des cigarettes anglaises et américaines. Ce sont celles de mon frère.*
4. *Prends donc une de ces cigarettes ou bien un cigare.* (die Zigarre)
5. *Je sais, tu es conscient de ma faiblesse. Ce n'est pas digne de toi.*
6. *Pour l'amour du ciel, passe ton chemin. Aie pitié de moi.*
7. *Voici une corbeille pleine de pommes mûres. Prends en une.*

Paragraphe 113

Corrigés p. 403

A Utiliser le génitif saxon.

> die Umgebung von Berlin → **Berlins** Umgebung

1. die Vororte von Mannheim
2. die neuen Kleider des Kaisers
3. der Faust von Goethe
4. die Pastorale von Beethoven
5. das Forellenquintett von Schubert
6. die Räuber von Schiller

B Utiliser le génitif saxon.

1. Heute Abend sollte ich mit Müllers, **der Familie von Inge**, ins Theater gehen.
2. Es wurde **„Der zerbrochene Krug" von Kleist** gegeben.
3. Während ich noch **mit der Mutter von Inge** plauderte, holte Hans, **der Bruder von Inge**, den Wagen aus der Garage.
4. „Wir holen noch **die Tochter von Herrn Dr. Schmidt, die Freundin von Inge**, ab!" sagte Herr Müller.

C Modifier comme suit.

> in **des Gartens** dunkl**er** Laube
> → in **der** dunkl**en** Laube **des Gartens**

1. Cäsars Ermordung.
2. Elisabeths Verwandte.
3. Horazens Satiren.
4. Johann Sebastian Bachs Musik.
5. Wolfram von Eschenbachs „Parzival".
6. in Ciceros berühmten Reden.
7. Bundeskanzler Kohls Regierungszeit.
8. Professor Kaysers Sprechstunde.
9. in meiner Kindheit sorgenloser Zeit.

D Utiliser, lorsque cela est possible, le génitif saxon.

1. die Götter (Griechenland)
2. der blaue Himmel (Italien)
3. die Ruinen (Troja)
4. die Kriege (König Friedrich II.)
5. die Dramen (Shakespeare)
6. die Gedichte (Hölderlin)
7. die ersten Werke (Max Frisch)
8. das Requiem (Mozart)
9. der Main, ein Nebenfluss (der Rhein)
10. die Schönheit (Venus von Milo)
11. das berühmte Ei (Kolumbus)
12. die Sprechstunde (Herr Doktor Jung)

E Traduire.

1. Zehn Abgeordnete enthalten sich **der Stimme**.
2. Ich besann mich **eines Besseren**.
3. Er hat sich **meiner** angenommen.
4. Ich wehrte mich **meiner Haut**.
5. Er starb **eines natürlichen Todes**.
6. Es wurde **der Gefallenen** gedacht.
7. Ich entledigte mich **meines** Auftrags.
8. Dieser Vorwurf entbehrt **jeder Grundlage**.
9. Es bedarf **keines Beweises**, dass …
10. Sie würdigte mich **keines Blickes**.
11. *Chez nos voisins, les Ziegler, il y avait hier soir une grande réception.*
12. *Des hommes d'un certain âge parlaient de la politique étrangère de l'empereur Guillaume II, tandis que d'autres critiquaient la mise en scène de « La mort de Wallenstein » de Schiller.* (die Außenpolitik / „Wallensteins Tod")
13. *Quant aux amis de Pierre et de Kurt, ils parlaient de la dernière voiture de Paul, une Porsche noire.*

Paragraphes 114 à 115

Corrigés p. 403

A Compléter.

1. Denkst du noch an dein.. Reise nach d.. schön.. Island?
2. O ja, ich erinnere mich noch gut an d.. damalig.. Ausflüge.
3. Hoffst du auf ein baldig.. Wiedersehen mit dein.. Freund.. dort?
4. Ich fürchte mich vor d.. beschwerlich.. Schiffsreise dorthin, aber ich sehne mich nach dies.. außerordentlich.. Land.
5. Die Erinnerung an d.. hell.. Nächte im Sommer ist unvergesslich.

B Indiquer les marques des cas pour les appositions.

1. Helga, komm doch heute mit Hans, dein.. Bekannt.., zu mir!
2. Du findest Sabine, dein.. früher.. Studienfreundin, bei uns.
3. Sabine, ein.. jung.. Zeichenlehrerin, wohnt für eine Woche bei uns.
4. Sie hat diesen Beruf auf den Ratschlag ihres Lehrers, ein.. bekannt.. Pädagog.., erwählt.

C Indiquer les substantifs dérivés des verbes indiqués ci-après.

etwas ändern an → **die Änderung an** (+ datif)

1. anfangen mit
2. antworten auf
3. arbeiten an
4. beginnen mit
5. berichten über
6. bitten um
7. einführen in
8. sich ekeln vor
9. fragen nach
10. sich erfreuen an
11. greifen nach
12. herrschen über
13. hoffen auf
14. klagen über

D Traduire.

1. *Une foule de personnes s'étaient rassemblées devant l'hôtel de ville.*
2. *La ville de Londres ne doit pas être confondue avec la Cité.* (verwechseln)
3. *Le mois de juin est orageux et pluvieux cette année.*
4. *Nous avons bu deux verres de vermouth et deux bouteilles de vin rouge.*
5. *Ils nous ont acheté une paire de chaussures noires.*
6. *Connaissez-vous M. Röhrig, le nouveau directeur de notre société ?*
7. *L'empereur Charles Quint vint rendre visite au roi de France, François Ier.* (besuchen)

E ***Ein Paar*** ou ***ein paar*** ? Compléter.

1. Kinder
2. Handschuhe
3. Ohrringe
4. Strümpfe
5. Bekannte
6. Zigaretten
7. Ich kaufe mir ein ... Rollschuhe.
8. Die Tänzer traten ...weise an.
9. Klaus und Ingrid sind nun ein ... geworden.

F Traduire.

1. *100 grammes*
2. *trois livres de sucre*
3. *une armée de 50 000 hommes*
4. *3 verres de bière*
5. *ces trois quintaux de pommes de terre coûtaient 40 marks 30 pfennigs*
6. *plus de 40 degrés de chaleur*
7. *5 degrés au-dessous de zéro.*
8. *La ville de Mannheim*
9. *La République fédérale d'Allemagne*
10. *2,5 millions d'habitants*
11. *1 heure et demie*
12. *1,1 million de tonnes*
13. *2 litres et demi*

G Traduire.

1. *(Les) Autrichiens et (les) Russes furent vaincus à la bataille d'Austerlitz le 2 décembre 1805.* (be'siegt werden)
2. *Quand Goethe entreprit-il son voyage en Italie ?* (unter'nehmen) *De 1786 à 1788.*
3. *Pouvez-vous m'indiquer le chemin de la gare ?*
4. *Selon la légende, Barberousse* (v. 1122-1190) *serait assis à une table de marbre dans la montagne du Kyffhäuser.* (die Sage / sollen)
5. *Aimez-vous les oranges d'Espagne et les dattes d'Afrique du Nord ?* (die Dattel)
6. *L'entrepreneur a construit cette maison de six étages.* (der Bauunternehmer)
7. *Le roi de Suède Gustave Adolphe fut tué en 1632 à la bataille de Lützen pendant la Guerre de Trente Ans.*

2 LES COMPLÉMENTS CIRCONSTANCIELS

Dans le groupe prépositionnel le cas dépend de la préposition choisie.

116 Les compléments de lieu *(wohin?, wo?, woher?)*

Wohin? *(vers où ?)*	**Wo?** *(ou ?)*	**Woher?** *(d'où ?)*
Directif	Locatif	Origine
• **Relations avec des personnes** ***zu*** Ich gehe zum Arzt.	***bei*** Ich warte beim Arzt.	***von*** Ich komme vom Arzt.
• **À la maison** ***nach Hause*** Ich gehe nach Hause.	***zu Hause*** Bist du zu Hause?	***von zu Hause*** Ich komme von zu Hause.
• **Villes, Pays** ***nach*** (chemin) (***in*** devant un article) Ich fahre nach Paris. / nach Spanien. / in die Schweiz.	***in*** Ich lebe in Paris. / in Spanien. / in der Schweiz.	***aus*** (origine) ***von*** (chemin) Er kommt aus Peru. von Paris nach Köln.
• **Surface** ***auf*** Ich stelle die Vase auf den Tisch	***über*** ***auf*** ***unter*** Sie steht auf dem Tisch.	***von*** Ich nehme sie vom Tisch.
• **Espace limité** in Geh in das Zimmer! Häng das Bild an die Wand!	an an von an von Das Bild hängt an der Wand.	aus Er geht aus dem Zimmer. Das Bild fällt von der Wand.

- ***An / auf / hinter / in / neben / über / unter / vor / zwischen*** demandent :
  - L'accusatif lorsqu'il y a changement de (mi)lieu : ***Wohin?***
    Stelle die Leiter neben die Tür. (*Place l'échelle à côté de la porte.*)
  - Le datif lorsqu'il y a position ou déplacement dans un même (mi)lieu : ***Wo?***
    Wir tanzen auf dem Flur. (*Nous dansons dans le couloir.*)

117 Les compléments de lieu avec *an / auf / in*

- Ces trois prépositions, d'un usage courant, régissent :
  - l'**accusatif** pour un déplacement d'un lieu à un autre (***Wohin***?),
  - le **datif** si l'action se déroule à l'intérieur d'un même lieu (***Wo***?),

Contact vertical	Appui sur une surface	À l'intérieur d'un volume
Ich stelle das Rad **an die** Mauer.	Ich lege das Buch **auf den** Tisch.	Ich gieße Wasser **in den** Eimer.
Das Rad steht **an der** Mauer.	Das Buch liegt **auf dem** Tisch.	Das Wasser ist **im** Eimer.

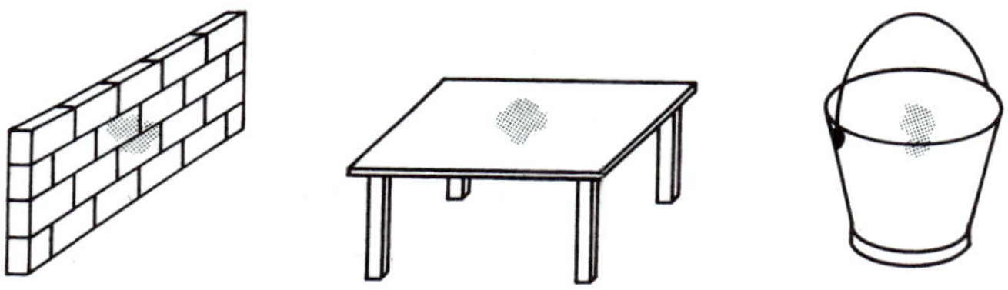

- Remarques :
  - Das Kind spielt **auf** der Wiese. (*L'enfant joue* { *sur le pré.* / *dans le pré.*)
    Sie ist im Theater. (*Elle est* { *au théâtre* / *dans le théâtre.*)
  - ***an-kommen*** / ***verschwinden*** / ***verstecken*** (**in** + datif) :
    Wir kommen in der Stadt an. *(Nous arrivons dans la ville.)*
    Sie verschwindet im Wald. *(Elle disparaît dans la forêt.)*
    Sie versteckt Ostereier im Garten. *(Elle cache des œufs de Pâques dans le jardin.)*

118 Expressions locatives

Avec changement de lieu	Er fährt **aufs Land.**
auf den Boden fallen *(tomber à terre)* ans Fenster gehen *(aller à la fenêtre)* nach Hause gehen *(aller à la maison)* zu Tisch gehen *(aller à table)* zum Arzt gehen *(aller chez le médecin)* nach Italien, in die Schweiz fahren	nach Sylt fahren *(se rendre à l'île de Sylt)* auf die Bank, auf die Universität gehen nach Paris fahren in die Höhe springen *(sauter en l'air)* in die Stadt fahren *(se rendre en ville)*

Sans changement de lieu	Er wohnt **auf dem Land.**
am Fenster stehen zu Hause = daheim *(à la maison)* bei Tisch *(à table)* beim Arzt *(chez le médecin)* zu meinen Füßen *(à mes pieds)* auf Rügen *(à (l'île de) Rügen)*	auf dem Dorf *(au village)* auf der Universität auf dem Postamt *(à la poste)* um den Baum herum *(autour de l'arbre)* vom Turm herab *(du haut de la tour)* vom Fenster aus *(de la fenêtre)*

119-123 Les compléments de temps

119 Indication exacte

Plus de 24 h	**In**	– semaine – mois – saison – année – siècle	in der letzten Woche im Mai, im Monat Mai im Frühling im Jahre 1999 (*ou* : 1999 *tout court*) im 21. Jahrhundert, im Mittelalter
24 h ou moins de 24 h	**An**		am Abend, am Mittwoch an einem schönen Sommermorgen am 1. Mai (*mais* : in der Nacht)
Heures	**Um**		um wie viel Uhr? um 18 Uhr um Mittag, um Mitternacht
Fêtes (+ Zeit / Stunde / Mal)	**Zu**	*En Allemagne du Sud :*	zu Weihnachten, zu Pfingsten zur selben Stunde, zum ersten Mal zur Zeit Karls des Großen an Weihnachten, an Ostern

- Ces compléments répondent à la question ***wann***?

  Wann beginnt das Jahr? ... **am** 1. Januar.

> **Den Wievielten** haben wir heute? ... **den** 1. Januar.
> Montag, **den** 2. Mai

- On emploie l'accusatif au début d'une lettre et dans les expressions :

  jeden Tag *(chaque jour)* ; vorigen Winter *(l'hiver dernier)* ;
  nächstes Jahr *(l'an prochain)* ; diesen Sommer *(cet été)*...

- Indication **imprécise** :
  – génitif sans préposition : **eines Tages** *(un [beau] jour)*
  – génitif adverbial en ***-s*** : **sonntags** *(le dimanche)* – **nachts** *(la nuit)*
  – génitif avec l'article défini : **des Abends** *et même* : **des Nachts**.

120 Répétition, approximation, simultanéité

Répétition

- accusatif sans préposition : Sie geht fast **jeden** Tag ins Schwimmbad.
  (Elle va presque tous les jours à la piscine.)
- génitif adverbial en ***-s*** : **Nachts** sind alle Katzen grau.
  (La nuit tous les chats sont gris.)

Indication approximative

gegen	heure	gegen 2 Uhr *(vers 2 h)*
	moment de la journée	gegen Mittag *(vers midi)*
um	jour, fêtes	um Weihnachten *(vers Noël)*
	année	um 1900 *(aux environs de 1900)*

Simultanéité

bei (lors de, au moment de)	bei Anbruch des Tages *(à la pointe du jour)* bei Einbruch der Nacht *(à la tombée de la nuit)* beim Essen *(en mangeant)* bei dieser Gelegenheit *(à cette occasion)*
während (pendant)	während der Fernsehsendung *(pendant l'émission de télévision)*

121 Expression de la durée

- Les compléments de temps exprimant la durée se construisent avec l'**accusatif** sans préposition :
  Sie arbeitete **den ganzen Tag**, ich nur **vier Stunden**.
- Ils répondent à la question ***Wie lange?***
  Wie lange bleibst du in Kiel? ... **einen Monat**.
- On peut les renforcer par... ***lang*** ou... ***über*** :
  Er hat **sein Leben lang** gearbeitet. *(Il a travaillé toute sa vie.)*
  Die Tante blieb **den Winter über** bei uns.
  (La tante resta tout l'hiver chez nous.)
- **Locutions**

tagsüber *(durant la journée)* – tagelang *(des jours durant)*	
seit mehreren Wochen *(depuis plusieurs semaines)*	
bis (sans article) :	bis heute Abend *(d'ici ce soir)* bis zuletzt *(jusqu'à la fin)* – bis 8 Uhr *(jusqu'à 8 h)* bis nächsten Montag - von morgens bis abends
bis zu (+ article) : *mais* : bis in die Nacht.	bis zum letzten Augenblick *(jusqu'au dernier moment)* vom Morgen bis zum Abend *(du matin au soir)*

122 Expression de l'antériorité ou de la postériorité

• Antériorité	***vor*** (+ datif)	**Vor dem Essen** trank er einen Aperi'tif. Er starb **vor vier Jahren**. *(il y a quatre ans)*
• Postériorité	***nach*** (+ datif)	**nach den Ferien** *(après les vacances)*
	in (+ datif)	**In einer Woche** fahre ich ans Meer.
• Expressions :		übe**rs** Jahr / nächst**es** Jahr *(dans un an)*

123 Expressions temporelles

gestern Abend *(hier soir)* ≠ morgen früh *(demain matin)* heute Morgen / heute früh *(ce matin)* ≠ heute Nacht *(cette nuit)* vergangene Woche *(la semaine dernière)* vorigen Montag *(lundi dernier)* kurz vorher *(peu auparavant)* ≠ kurz nachher *(peu après)* Tag für Tag *(jour après jour)* / tagsüber *(durant la journée)*
stundenlang *(des heures entières)* / nächtelang *(des nuits entières)* heute in acht Tagen *(aujourd'hui en huit)* einen Tag vorher / nachher *(un jour avant / après)* am Tage darauf / am folgenden Tag *(le lendemain)* binnen drei Wochen *(en l'espace de trois semaines)* längere Zeit *(un certain temps)*
(im Jahre) 1945 *(en 1945)* / von Jahr zu Jahr *(d'une année à l'autre)* am Anfang ≠ am Ende (*mais* : Anfang März, Mitte Mai, Ende Juni) vom 1. bis zum 15. August geschlossen *(fermé du 1er au 15 août)*

- Comment traduire ?
  - **Il y a** (sens temporel) → ***vor*** (+ datif) :
    vor *einer Woche (≠* **in** *einer Woche)*
  - **alors** : ***da*** (à ce moment-là) ≠ ***da*** (étant donné que),
    : ***dann*** (ensuite, un instant après) ≠ ***denn*** [= car],
    : ***damals*** (à cette époque-là).
  - **l'heure** : ***Uhr*** (invariable) pour un moment précis de la journée
    Wie spät ist es? / Wie viel Uhr ist es? > Es ist 8 Uhr. *[= à la montre]*
    : ***die Stunde (-n)*** pour une durée de 60 minutes :
    Wie lange bleibst du? Ich bleibe eine halbe **Stunde**.

124 Les autres compléments circonstanciels

Manière (*wie*?)

- ***mit*** (+ datif) : mit leeren Händen *(les mains vides)*
  mit großem Eifer *(avec grande ardeur)*
- ***zu*** (+ datif) : zu Fuß *(à pied)* – zu Pferd *(à cheval)*
  per (+ accusatif) : per Schiff / per Bahn *(par bateau, par chemin de fer)*
  per eingeschriebenen Brief *(par lettre recommandée)*
- ***in*** (+ datif) : in Hemdsärmeln *(en bras de chemise)*
- ***auf*** (+ accusatif)… ***Weise*** auf folgende Weise *(de la manière suivante)*
  auf diese Weise *(de cette manière)*
- L'ancien **génitif de manière** subsiste dans quelques tournures :
  stehend**en** Fuß**es** *(séance tenante)*
  schnell**en** Schritt**es** *(d'un pas rapide)*
  gut**en** Mut**es** *(de bonne humeur)*
  unverrichtet**er** Sache zurückkehren *(revenir bredouille)*
  Ich bin gut**er** Laune. *(Je suis de bonne humeur.)*

Cause (*warum*? *weshalb*?)

- ***aus*** (+ datif) : aus diesem Grund *(pour cette raison)* – aus Mitleid
  aus ehrlicher Überzeugung *(par conviction sincère)*

- ***vor*** (+ datif) : vor Angst *(de peur)* – vor Freude *(de joie)*
  Sie zitterte vor Kälte. *(Elle tremblait de froid.)*
- ***an*** (+ datif) : an einer Krankheit sterben *(mourir d'une maladie)*
  an den Masern erkrankt *(atteint de la rougeole)*
- ***bei*** (+ datif) : bei schlechtem Wetter *(par mauvais temps)*
  bei seiner Schüchternheit *(étant donné sa timidité)*

Moyen (*wodurch*? *womit*?)

- ***durch*** (+ accusatif) : durch Eilboten *(par exprès)*
  Er benachrichtigte mich durch ein Telegramm.
  Das Haus wurde durch Bomben zerstört.
- ***mit*** (+ datif) : mit Luftpost *(par avion)* – mit der Axt *(avec la hache)*
  mit einer Zange *(avec des pinces)*

But (*wozu*? *wonach*? *wohin*?)

- ***zu*** (+ datif) : zur Preisverteilung *(pour la distribution des prix)*
  Er lädt mich zum Essen ein. *(Il m'invite à déjeuner.)*
  der Stoff zum Kleid *(l'étoffe pour la robe)*
- ***nach*** (+ datif) : nach der Scheibe schießen *(tirer sur la cible)*
  die Fahrkarte nach Berlin *(le billet pour Berlin)*
  in (+ accusatif) : in die Ferne schweifen *(courir le monde)*

Partie

- ***bei*** (+ datif) : bei der Hand nehmen *(prendre par la main)*
  an (+ datif) : Er hielt mich am Arm fest. *(Il me retint par le bras.)*

Transformation

- ***zu*** (+ datif) : zu Eis werden *(devenir de la glace)*
  zum Direktor ernannt werden *(être nommé directeur)*

Accompagnement

- ***mit*** (+ datif) : mit seinem Vater *(en compagnie de son père)*

Locutions

– Ich leide **unter** dem Klima, **unter** der Kälte.
[circonstances extérieures]
– Ich leide **an** einer Krankheit, **an** Kopfschmerzen.
[maladies de plus ou moins longue durée]

Paragraphe 116

Corrigés p. 405

A Compléter. Traduire en allemand les phrases en français.

Wo?

1. Wo bauen wir unser Zelt auf? An d.. Ufer, auf d.. Wiese, in d.. Wald, an ein.. ruhig.. See, zwischen groß.. Stein.., auf d.. Lichtung, hinter ein.. hoh.. Hecke, neben d.. Bauernhof.
   Dichte Nebel liegen über d.. Wasser. Ein Hubschrauber kreist über d.. Dorf.
2. *La jeune fille nagea 1 000 mètres dans le bassin olympique.* (das O'lympiabecken)
3. *Ne reste pas trop longtemps chez ta tante, car elle est âgée et se fatigue rapidement.* (er'müden)
4. *La station d'essence la plus proche se trouve à 2 km d'ici sur la route fédérale à la sortie de la ville.* (die Ausfahrt)
5. *Un gros chat dort sous le banc devant la maison.*
6. *Elle était restée chez ses parents parce qu'elle n'avait pas trouvé d'emploi de secrétaire.*

B Compléter. Traduire en allemand les phrases en français.

Wohin?

1. Wohin stellen wir unser Zelt? An d.. Ufer, auf d.. Wiese, in d.. Wald, an ein.. ruhig.. See, zwischen groß.. Stein.., auf d.. Lichtung, hinter ein.. hoh.. Hecke, neben d.. Bauernhof.
   Dichte Nebel schieben sich über d.. Wasser. Eine Lerche steigt auf und fliegt hoch in d.. Luft. Ein Flugzeug fliegt über d.. Dorf hinweg.
2. *L'eau limpide coulait par-dessus les blocs rocheux.* (der Felsblock)
3. *Une fois par mois, mes parents vont au théâtre.*
4. *Mène-moi vite à la gare, car mon train part dans une demi-heure. Y a-t-il loin d'ici à Heilbronn?* (weit)
5. *Les manifestants lancèrent des pierres contre la vitrine.*
6. **Wohin** mit den Möbeln und Sachen? Der Läufer soll **auf den Flur**, der Kleiderschrank (Schlafzimmer), das Bild (Wand), der Schreibtisch (Fenster), der Sessel (Ecke), die Kleiderbügel (Kleiderschrank), die Geschirrspülmaschine und der elektrische Kocher (Küche), der Besenschrank (Abstellraum).

C Traduire

Woher?

1. *À midi, il rentre de l'école pour manger.*
2. *Beaucoup d'oranges viennent de Jaffa.* (die Apfel'sine)
3. *Elle sortit de la pièce en courant.*

Wodurch? Worüber?

4. *La voiture est passée sur le pont, puis elle a roulé vers le centre commercial.* (das Einkaufszentrum)
5. *Le lièvre courut à travers le champ, les chiens derrière lui.*
6. *Les jeunes scouts traversèrent le village en chantant, puis campèrent dans la clairière de la forêt voisine.* (der Pfadfinder / die Lichtung)

Paragraphes 117 à 118

Corrigés p. 405

A Compléter.

a) **An** :

1. an d.. Eltern schreiben
2. an d.. Ziel gelangen
3. an d.. See fahren
4. a.. Fluss wohnen
5. a.. Bahnhof warten
6. a.. Fenster sitzen
7. an d.. Tür klopfen
8. an d.. Wand hängen
9. sich an d.. Wand lehnen

b) **Auf** :

1. auf d.. Bühne erscheinen
2. auf d.. Dach steigen
3. auf d.. Uhr blicken,
4. auf d.. Teppich liegen
5. sich auf ein.. Stock stützen
6. auf d.. Feld gehen

c) **In** :

1. in.. Konzert gehen
2. in d.. Höhe steigen
3. i.. Wald verschwinden
4. in.. Zimmer treten
5. i.. Wasser schwimmen
6. in d.. Stadt ankommen
7. in d.. Tiefe stürzen
8. in d.. Berge fahren
9. in ein.. Restaurant speisen

B Répondre en formant des phrases.

1. **Wo** warst du heute Nachmittag?
2. **Wohin** gehst du morgen früh?

Keller, Köln, Land, Arzt, Haus, Straße, Theater, meine Freundin, Küche, das alte Postamt, Fernsehturm.

C Compléter à l'aide des prépositions appropriées.

1. Beim Baden ist meine Brille ... Wasser gefallen.
2. Der Dieb verließ den Fahrstuhl, lief ... Straße und verschwand ... Menschenmenge.
3. Wir fahren ... Sommer ... Land.
4. Du darfst nicht ... Straße gehen!
5. Schreib dieses Wort ... die Tafel!
6. Das Auto steht ... Straße.
7. Ein Polizist steht ... Straßenecke.
8. Heute bleiben wir ... Hause. Morgen gehen wir ... Freunden.
9. Zum Glück sind wir bald ... Ziel!

D ***an-kommen*** ou ***kommen*** ? Utiliser le verbe qui convient.

1. Heute Morgen bin ich mit dem Zug in Hamburg ....
2. „K.. gleich in mein Geschäft!" hatte mir Franz gesagt.
3. „Ich kann leider um diese Zeit nicht zum Bahnhof ..."
4. Leicht gesagt, schwer getan, denn kaum war ich auf der Treppe ..., als sich mein Koffer öffnete und meine Sachen auf den Boden fielen.
5. Mehrere Leute ... auf mich zu, um mir zu helfen.

E Traduire.

a)

1. Er schläft in der Scheune.
2. Sie arbeitet auf der Bank.
3. Er arbeitet an seiner Doktorarbeit.
4. Er kehrt in die Heimat zurück.
5. Er wirft den Ball in die Luft.
6. Er war auf Wanderschaft.
7. Sie fällt mir auf die Nerven.
8. An dieses Dorf erinnert er sich oft.
9. Sie fuhr an den Bodensee.
10. Er kam nie ans Ziel.

b) **In** :

1. im Durchschnitt – ein Reisender in Wein, in Stoffen.
2. In acht Tagen reise ich ab.
3. Er fällt mir immer wieder in die Rede.

4. Dieser Export-Kaufmann steckt tief in Schulden.
5. Ich kam um 8 Uhr in Hamburg an. → Meine Ankunft in Hamburg.
6. In einem Monat wird alles fertig sein.
7. Die Broschüre wird alles in allem 35 Seiten betragen.
8. Die Kosten erheben sich insgesamt auf 500 Euro.
9. Er steckte das Geld in die Tasche.
10. Ich willigte in alles ein, denn ich war in sie verliebt.

F Traduire.

1. *à Chypre (aller à) – à Naples (vivre) – à Ste-Hélène (mourir) – au bois (se rendre) – au bal (danser) – à la belle étoile (dormir).* (Zypern / Ne'apel)
2. *dans le champ (travailler) – dans le Midi (voyager) – en scène (être) – en Turquie (séjourner) – en guerre (partir).* (der Süden)
3. *Arrivés au sommet de la montagne, les excursionnistes admirèrent le panorama.* (die Aussicht)
4. *Ils étaient restés une heure et demie au château.*
5. *Le soir même, ils se rendirent au bal et décidèrent de passer le jour suivant près du lac.*

Paragraphes 119 à 120

Corrigés p. 406

A Traduire les panneaux suivants.

1. **Geschäftszeit** von 9 bis 12.30 Uhr,
sonnabends durchgehend von 9 bis 13 Uhr.
Vorübergehend bis Dienstag, den 3. Mai
geschlossen!
2. **Parken** auf eigene Gefahr
werktags von 7 bis 19 Uhr,
sonnabends von 7 bis 15 Uhr
gestattet nur 30 Minuten.
3. **Rufen Sie uns an!**
rund **um** die Uhr – **an** 365 Tagen **im** Jahr.
Das heißt: auch **an** Sonn- und Feiertagen.

B Compléter le texte suivant avec ***im*** / ***am*** / ***um*** / ***zu***.

Eine Verabredung

1. Letzt.. Montag … 10 Uhr traf ich meine frühere Klassenkameradin Helga.
2. „Guten Tag, Helga, wie geht es dir? Wann haben wir uns z.. letzt.. Mal gesehen?"
3. „O, Inge, das muss … Jahr 1996 gewesen sein. Es war … Mai … die Mittagszeit."
4. „Ja, du warst z.. erst.. Mal bei deinen zukünftigen Schwiegereltern eingeladen."
5. „… folgenden Monat, … 30 Juni, heirateten wir.
6. Vorletzt.. Sommer haben wir einen Sohn bekommen.
7. Besuch uns doch ein.. Tag..! Bist du nächst.. Mittwoch frei?"
8. „Ja, aber erst … 4 Uhr."
9. „Gut, dann bist du … nächst.. Mittwoch herzlich eingeladen und wir können uns bis abend.. in Ruhe unterhalten."

C Traduire.

1. *Il n'ira pas au lycée ce matin, car il a de la fièvre. Toute la nuit durant, il s'est plaint de maux de tête.* (Kopfschmerzen)
2. *Il y a huit jours, une couche de neige recouvrait la place. Un accident a eu lieu dans l'après-midi vers 16 heures.* (der Unfall)
3. *Deux États allemands ont vu le jour en 1949.* (entstehen)
4. *Tous les ans à la même époque, cette usine ferme ses portes pour un mois.* (das Tor)
5. *Le samedi, le magasin est ouvert de 9 h à 13 h et fermé le lundi.*

A Traduire.

1. „Morgen, morgen, nur nicht heute",
   sagen alle faulen Leute.
2. „Verschlafe nicht die Morgenstunde,
   versäume nicht das frühe Glück!
   Es macht nur einmal seine Runde
   und kehrt gewiss nicht mehr zurück."
3. vor langen Jahren – in grauer Vorzeit – vor Christi Geburt.
4. von früh bis spät – im selben Augenblick.

B **Uhr** ou **Stunde** ?

1. Mein Vater hat eine goldene ....
2. Seine ... geht nach.
3. Meine ... geht richtig.
4. Wie viel ... ist es jetzt?
5. Es ist jetzt 3 ....
6. Die Turn ... beginnt um 4 ....
7. Wir haben noch eine ... Zeit.

C Compléter.

1. Der Zweite Weltkrieg (1939-1945) dauerte sechs Jahre ....
2. Unsere Großmutter ist d.. ganz.. Sommer bei uns geblieben.
3. Dieser Diplomat hielt sich länger.. Zeit in Wien auf.
4. Der jung.. Pianist übte stunden.. an einer Sonate von Beethoven.
5. Das Murmeltier (*marmotte*) schläft d.. ganz.. Winter ... .
6. ... vier Wochen feiern wir Weihnachten.
7. ... fünf Monaten bekam ich einen Brief aus Amerika.
8. Die Grille (*grillon*) zirpte ... Morgen bis ... Abend.

D Remplacer les compléments de temps par des subordonnées.

Vor / Bei / Nach	Sonnenaufgang machte ich mich auf den Weg.
→ **Bevor**	die Sonne **aufging**, ...
Als	die Sonne **aufging**, ...
Nachdem	die Sonne **aufgegangen war**, ...

1. Vor / Bei / Nach dem Rasieren pfeife ich einen Schlager.
2. Vor / Bei / Nach Einfahrt des Zuges schrieb ich noch eine Postkarte.
3. Vor / Bei / Nach Dunkelwerden erreichte ich den Kurort.
4. Vor / Bei / Nach dem Abendessen sehe ich fern.
5. Vor / Bei / Nach Beginn der Sendung herrscht Stille im Zimmer.

E Répondre aux questions suivantes.

1. Wie lange dauerte das Zweite Reich? die Weimarer Republik? das Dritte Reich?
   (1871-1918 / 1919-1933 / 1933-1945)
2. Wann war der Dreißigjährige Krieg? (1618-1648)
3. Bis wann blieb der Dieb im Gefängnis? (die Entlassung)
4. Von wann bis wann waren Sie gestern in der Schule? (14-16.30 Uhr)
5. Wann lebten die Menschen in Höhlen?
6. Was geschah 1648? am 11.11.1918? am 8.5.1945?
   (bedingungslose Kapitula'tion)
7. Wann fand die Fußballweltmeisterschaft in Paris statt? (Sommer 1998)

F Traduire.

1. *Il y a 100 ans, la vie était plus pénible qu'aujourd'hui. À cette époque, on n'avait pas encore l'électricité. L'hiver, les paysans ne pouvaient pas travailler tard le soir, car il faisait alors trop sombre.*
2. *De nos jours, les citadins peuvent prendre des vacances au milieu de janvier ou début février. Ils passent souvent une semaine aux sports d'hiver. En ville, les magasins sont fermés les jours fériés, au Nouvel An, à Pâques et à la Pentecôte, et souvent du 1er au 15 août.*

Paragraphe 124

Corrigés p. 407

A Chercher l'expression qui convient.

(*à un moment donné*)	(1) Es sieht nach Regen aus.
(*à qui mieux mieux*)	(2) im übrigen
(*au demeurant*)	(3) Wie heißt sie noch?
(*vaille que vaille*)	(4) Ob man will oder nicht.
(*je ne demande pas mieux*)	(5) funkelnagelneu
(*tout flambant neuf*)	(6) Er hört nur mit halbem Ohr zu.
(*bon gré mal gré*)	(7) ich persönlich
(*si le cœur vous en dit !*)	(8) heutzutage
(*le vin est tiré, il faut le boire*)	(9) Wer A sagt, muss auch B sagen.
(*par les temps qui courent*)	(10) So gut es eben geht.
(*le temps est à la pluie*)	(11) Wenn Sie Lust haben.
(*moi qui vous parle*)	(12) um die Wette
(*il n'écoute que d'une oreille*)	(13) zu einem bestimmten Zeitpunkt
(*comment s'appelle-t-elle déjà ?*)	(14) Nichts, was ich lieber täte.

B Compléter par le complément circonstanciel approprié.

1. … … … fliegt man in 50 Minuten nach Berlin	zur Erholung (4)
2. Der Schaden ist … … … passiert.	an Krebs ( )
3. Schickst du das Paket … … oder … …?	bei der Verpackung ( )
4. Die Kinder fuhren … … in die Berge.	vor Schreck ( )
5. Kommst du mit dem Wagen oder … … …?	mit dem Flugzeug ( )
6. Diese Frau ist … … gestorben.	per Bahn oder per Post ( )
7. Dieser Schütze schießt … … …	mit der Eisenbahn ( )
8. … … ließ sie den Teller fallen.	nach der Scheibe ( )

C Traduire.

1. *avec le marteau*
2. *par pitié*
3. *Nous étions de bonne humeur.*
4. *de joie*
5. *à voix basse*
6. *par temps pluvieux*
7. *en compagnie de ses amis*
8. *en téléphérique*
9. *Je l'ai prise par la main.*
10. *J'envoie cette lettre par avion.*

D Répondre aux questions suivantes.

1. Wodurch wurde die Fabrik im Krieg zerstört? (Bomben)
2. Wozu dient die Telefonzelle? (Telefo'nieren)
3. Wie stand der Junge am ersten Ferientag auf? (gut gelaunt)
4. Mit wem verbrachte Uwe den Abend? (Freunde)
5. Womit fuhren die Schiläufer bergauf? (Drahtseilbahn)

E Traduire.

1. *J'ai agi non pas par intérêt personnel mais par conviction.* (handeln)
2. *Par ce temps de neige je n'avais pas pu me rendre en ville comme prévu. J'ai prévenu mes amis par télégramme.* (wie vorgesehen)
3. *D'un pas rapide je suis rentrée chez moi. Je tremblais de froid.*
4. *Mon voisin m'a déclaré qu'il venait d'être nommé chef de rayon dans le magasin où il travaille depuis plus de 5 ans.*
5. *Il était de si bonne humeur qu'il m'a invitée à déjeuner.* (jn ein-laden)
6. *Je souffrais de maux de tête. Pour cette raison je n'ai pas accepté son invitation.* (an-nehmen)

F Décrire ce qui est arrivé dans cette bande dessinée.

Der Apfel

e. o. plauen, *Vater und Sohn*, © Südverlag GmbH, Konstanz.

G

Wann fährst du ab?		**Wie viel Uhr** ist es?
Offizielle Zeitangabe		**Umgangssprache**
11.00	11 Uhr	Es ist 11 (Uhr).
11.05	11 Uhr 5	5 (Minuten) nach 11
11.15	11 Uhr 15	(ein) Viertel nach 11 / viertel 12
11.25	11 Uhr 25	5 vor halb 12.
11.30	11 Uhr 30	halb 12 (Uhr).
11.35	11 Uhr 35	5 nach halb 12.
11.40	11 Uhr 40	20 vor 12.
11.45	11 Uhr 45	(ein) Viertel vor 12 / drei viertel 12
0.25	null Uhr 25	5 vor halb eins
* Ich arbeite bis 12 Uhr **mittags**.		** Es ist **ein** Uhr. Es ist eins.

3 LES ADVERBES

L'adverbe peut exprimer la qualité ou la manière, l'intensité ou la quantité, l'affirmation ou la négation, le temps, le lieu, l'interrogation.

125 Qualité / manière

- Ces adverbes répondent aux questions ***Wie? Auf welche Weise?***.
- Tout **adjectif qualificatif** peut s'employer comme **adverbe** :

  Der Motor funktioniert **einwandfrei**. *(... impeccablement.)*
- Le **comparatif** est celui de l'adjectif : hart → **härter** *(dur → plus dur)*
- Le **superlatif** a la forme ***am (¨)sten*** : **am härtesten** *(le plus dur)*
- Suffixes permettant de former des adverbes :

  -halber : vorsichts**halber** *(par mesure de précaution)*
  -lich : bekannt**lich** *(comme on sait)*
  -lings : blind**lings** *(aveuglément)*
  -maßen : einiger**maßen** *(passablement)*
  -weise : glücklicher**weise** *(heureusement)*
  beispiels**weise**, teil**weise** *(par exemple, partiellement)*
- Locutions au **génitif** :

  schwer**en** Herz**ens** *(le cœur lourd)*,
  trocken**en** Fuß**es** *(à pied sec)*
- **Adverbes** :
  so (ainsi), ***wie*** (comme), ***also*** (donc), ***geradezu*** (vraiment), ***anders*** (autrement), ***gern*** (volontiers), ***zusammen*** (ensemble), ***ebenfalls*** / ***gleichfalls*** (également), ***umsonst*** / ***vergebens*** (en vain) :

  Ich denke darüber **anders** als Sie.
  (Je pense sur ce point autrement que vous.)

126 Intensité / quantité

- Ces adverbes répondent aux questions ***Wie sehr? Wie viel?***.

sehr [intensité] ***viel*** [quantité]	Das gefällt mir **sehr**. Danke **sehr**. Er trinkt **viel**. **Viel** Vergnügen!

- Avec un verbe réfléchi on emploiera ***sehr*** :

  Er mag sich noch so **sehr** bemühen ... *(Il a beau se donner du mal...)*
  Sie hat sich **sehr** verändert. *(Elle a beaucoup changé.)*
- ***viel*** fait au comparatif ***mehr*** et au superlatif ***am meisten***.

- Le contraire de ***viel*** est ***wenig***, d'où : *zu wenig* (*trop peu*).
- ***genug*** (assez, suffisamment)
  - toujours après l'adjectif : Er ist alt **genug**. *(il est assez âgé.)*
  - après ou avant le substantif : Brot **genug** / **genug** Brot
- ***ziemlich*** (assez, passablement) : Es ist **ziemlich** spät.
- ***erst*** (ne... encore que, pas avant) indique un point dans le temps, une étape (restriction provisoire) et s'oppose à ***schon*** :

  Ich bin **erst** 16 Jahre alt.
  Ich war **erst** um 21 Uhr im Kino. Der Film hatte **schon** begonnen..
- ***nur*** / ***bloß*** / ***lediglich*** (ne... que, seulement) s'emploient pour une quantité ou une durée considérée comme quantité :

  Da ich **nur** 100 Mark hatte, konnte ich **nur** 2 Tage bleiben.
- ***nur noch*** (*ne... plus que*) :

  Ich habe **nur noch** 50 Pfennig.

127 Affirmation

- On **affirme** simplement : ***ja*** (*oui*) / ***doch*** (*si*)

  Kommst du nicht? **Doch.**
- On veut **atténuer** une affirmation ou exprimer un **doute** :
  - Verbes de modalité → ***mögen*** / ***können*** / ***müssen*** / ***werden*** :

    Er **mag** Recht haben. *(Il peut avoir raison.)*
  - **Es scheint, als ob** ... *(il semble que, on a l'impression que)*
    Es kann sein, dass ... *(il est possible que)*
    Es ist möglich, dass ... *(il se peut que)*
  - Adverbes :
    vielleicht *(peut-être)* – **wahrscheinlich** *(vraisemblablement)*
    sicher *(certainement)* – **sicherlich** *(assurément)*
    anscheinend *(apparemment)* – **wohl** *(sans doute)*
- On veut **renforcer** une affirmation :
  - **Es steht fest, dass** ... *(c'est un fait que)*
    Es ist klar / **sicher** / **offenkundig, dass** ... *(il est clair, sûr, avéré que)*
    Es liegt auf der Hand, dass ... *(il est évident que)*
  - Adverbes :
    selbstverständlich *(bien entendu)* – **natürlich** *(naturellement)*
    zweifellos *(sans aucun doute)* – **ja (doch)** *(certes)* – **bestimmt** *(sûrement)*
    Dasselbe habe ich **ja** behauptet. *(N'ai-je pas affirmé la même chose ?)*
- On **ne veut pas s'identifier** à l'énoncé :
  - Verbes de modalité → ***sollen*** / ***wollen*** : Er soll reich sein. *(On dit que)*
  - **Es wird behauptet** / **erzählt, dass** ... *(on prétend, raconte que)*
    Es heißt, dass... *(on dit que)* / **Es ist die Rede, dass**... *(le bruit court que)*
  - Adverbes :
    angeblich / **vorgeblich** / **vermeintlich** *(soi-disant, à ce qu'on prétend)*
- On exprime son **sentiment personnel** sur l'énoncé :
  - **hoffen** / **bedauern, dass** ... *(espérer, regretter que)*
    der Hoffnung Ausdruck geben, dass ... *(nourrir l'espoir que)*
    Es ist zu hoffen / **zu bedauern, dass** ... *(nous espérons, regrettons que)*
    Es ist bedauerlich, dass ... *(il est regrettable que)*

– Adverbes / expressions :
hoffentlich *(espérons que)* – **leider / bedauerlicherweise** *(hélas)*
glücklicherweise / zum Glück *(par bonheur)* – **Gott sei Dank / gottlob**

128 Négation

- On nie simplement par ***nein*** (non) :

  Wird er kommen? **Nein**, ich glaube nicht.
  (Viendra-t-il ? Non, je ne le crois pas.)

- On peut **atténuer** en employant ***beinahe*** / ***fast*** (presque) ***kaum*** (à peine) :

  Ich wäre **beinahe** überfahren worden.
  (J'ai failli être renversé.)

- On veut indiquer une **probabilité** par ***wohl*** (sans doute, bien) :

  Er kommt **wohl** noch.
  (Il finira bien par venir.)

- On veut **renforcer** la négation :

  gar nicht *(pas du tout)* – **überhaupt nicht** *(absolument pas)*
  keinesfalls / keineswegs *(nullement)* – **scheinbar** *(apparemment)*
  Ich bin **nicht** deiner Meinung und kann dir **keinesfalls** Recht geben.
  (Je ne suis pas de ton avis et ne puis aucunement te donner raison.)

Autres nuances

- Interrogation : ***denn***, ***wohl***, ***nun***, ***etwa***, ***bloß***, ***nur***, ***da*** ...

  Wie geht es dir **denn**?
  (Comment vas-tu donc ?)
  Was ist ihm **bloß (wohl / nur)** passiert?
  (Que lui est-il donc arrivé ?)
  Ob er **etwa** kein Geld bei sich hat?
  (Si d'aventure il n'a pas d'argent sur lui ?)

- Invitation : ***schon*** — Nun komm schon! *(Mais viens donc !)*

- Souhait : ***doch***, ***wenn doch***, ***dass doch*** — Sprich doch nicht so laut! *(Ne parle donc pas si fort !)*

- Mise en garde : ***ja***, ***nur***, ***bloß***, ***mal*** — Sei **ja** ruhig! *(Calme-toi donc !)* Nun hör **mal** zu! *(À présent, écoute-moi bien.)*

- Concession : ***nur***, ***ruhig***, ***halt***, ***mal*** — Ich wollte **nur** feststellen, dass .. Macht **ruhig** weiter! *(Continuez !)*

- Dans la langue parlée on emploie souvent **plusieurs adverbes** :

  Ich bin **schon** da! → Ich bin **ja schon** da!
  (Me voilà ! Mais je suis déjà là !)
  Das ist **ja nun** die Höhe!
  (C'est vraiment le comble !)
  Was will er **denn nun schon** wieder!
  (Que veut-il encore !)

129 Temps

- Ces adverbes répondent aux questions ***Wann? Wie lange? Wie oft?***

à la fin	**zuletzt, endlich**
à cette époque-là	**damals**
à l'instant	**soeben**
alors	**da**
après	**nachher**
à présent	**jetzt / gegenwärtig**
aujourd'hui	**heute**
aussitôt	**(so)gleich / sofort**
autrefois, jadis	**einst / früher**
avant, auparavant	**vorher**
avant-hier	**vorgestern**
bientôt	**bald**
combien de fois	**wie oft**
d'abord	**zuerst**
déjà	**schon**
de nouveau	**wieder**
depuis (ce temps)	**seither**
depuis longtemps	**schon lange**
de temps en temps	**dann und wann / ab und zu**
d'habitude	**gewöhnlich / sonst**
en attendant	**bis dahin**
encore (toujours)	**immer noch**
en dernier (lieu)	**zuletzt**
enfin	**endlich**
en même temps	**zugleich**
ensuite, puis	**dann / danach / darauf**
fréquemment	**häufig / öfters**
immédiatement	**sofort / auf der Stelle**
jamais, quelquefois	**je** *(positif)*
jusqu'à présent	**bis jetzt / bis dahin**
la plupart du temps	**meistens**
longtemps	**lange**
naguère	**neulich**
ne… jamais	**nie(mals)**
ne… pas encore	**noch nicht**
ne… plus	**nicht mehr / kein … mehr**
parfois, quelquefois	**manchmal**
peu à peu	**allmählich / nach und nach**
peu (de temps) après	**kurz darauf**
plus tard	**später / nachher**
récemment	**kürzlich / vor kurzem /**
soudain	**plötzlich**
souvent	**oft**
tard	**spät**
tôt, de bonne heure	**früh**
toujours	**immer / stets**
tout à l'heure, à l'instant	**vorhin**
une fois, un jour	**einmal / einst**

130 Lieu

	Wo? (lieu où l'on est)	**Wohin?** (lieu où l'on va)	**Woher?** (lieu d'où l'on vient)
ici	**hier**	hierhin	von hier
là	**da**	dahin	von da / daher
là-bas	**dort**	dorthin	von dort / dorther
dehors	**draußen**	hinaus	heraus
dedans	**drinnen**	hinein	herein
là-haut	**droben**	hinauf	herauf
en bas	**drunten**	hinunter	herunter
devant	**vorn**	nach vorn / vorwärts	von vorn
derrière	**hinten**	nach hinten / rückwärts	von hinten
à droite	**rechts**	nach rechts	von rechts
à gauche	**links**	nach links	von links
à la maison	**zu Hause**	nach Hause	von zu Hause
ailleurs	**anderswo**	anderswohin	anderswoher
quelque part	**irgendwo**	irgendwohin	irgendwoher

131 Traduction en français

- **L'adverbe** se traduit souvent en français par des tournures verbales ou des locutions.

bald	**Bald** kommt der Frühling..	*Le printemps **ne tardera pas** à venir.*
dauernd	Er schreit **dauernd**.	*Il **ne fait que** crier.*
eben / gerade	Er ist **eben** heimgekommen.	*Il **vient de** rentrer.*
endlich	**Endlich** schliefen sie ein.	*Ils **finirent par** s'endormir.*
fast / beinahe	**Fast** wäre sie hingefallen.	*Elle **a failli** tomber (elle a manqué de…)*
(gerade) dabei	Er ist **(gerade) dabei**….	*Il **est en train de**…*
gleich	Ich komme **gleich**.	*Je **vais** venir.*
noch so	Er mag **noch so** reich sein.	*Il **a beau** être riche.*
noch … übrig	Es bleiben mir **noch** 2 Mark **übrig**.	*Il ne **me reste** que 2 marks.*
nur noch	Er hat **nur noch** 5 Tage Ferien.	*Il **n'a plus que** 5 jours de vacances.*
schon	Sie werden **schon** kommen.	*Ils **finiront par** arriver.*
sogar	Sie ruft **sogar** den Arzt an.	*Elle **va jusqu'à** appeler le médecin.*
sonst	Sei lieb, **sonst** bekommst du kein Eis!	*Sois gentil, **sinon** tu n'auras pas de glace!*
weiter	Arbeite **weiter**!	***Continue de** travailler !*

132 Adverbes interrogatifs, relatifs, démonstratifs

Les adverbes interrogatifs et relatifs

- Les adverbes **interrogatifs** introduisent une question (***W-Frage***) portant sur un point précis :

Causalité	**Warum**? **Weshalb**? **Wieso**?	*Pourquoi ?* *Comment se fait-il que... ?*
Finalité	**Wozu**?	*Dans quel but ?*
Lieu	**Wo**? **Wohin**? **Woher**? **Wodurch**?	*Où ? (locatif)* *Où ? (directif)* *D'où ? (provenance)* *Par où ?*
Manière	**Wie**?	*Comment ?*
Quantité	**Wie viel**?	*Combien ?*
Temps	**Wann**? **Seit wann**? **Bis wann**? **Wie oft**? **Wie lange**?	*Quand ?* *Depuis quand ?* *Jusqu'à quand ?* *Combien de fois ?* *Combien de temps ?*

- Germanismes : **Wie alt** bist du? *Quel est ton âge ?*
  Wie groß bist du? *Quelle est ta taille ?*
  Wie tief ist der Fluss? *Quelle est la profondeur de la rivière ?*

- Les adverbes **interrogatifs** sont formés pour la plupart par l'association de ***wo(r)-*** (***-r-*** devant voyelle) et d'une préposition (***wo*** + ***vor*** → ***wovor***). Ils renvoient à une chose ou à une notion abstraite.
  Wovor fürchtest du dich? *(De quoi as-tu peur ?)*
  Worüber lachst du? *(De quoi ris-tu ?)*

  – Les formes ***wo(r)-*** + **préposition** peuvent être utilisées comme **relatifs** :
  ein Thema, **worüber** viel diskutiert wurde
  (un sujet sur lequel on a beaucoup discuté)

  On préfère toutefois de plus en plus utiliser le pronom relatif :
  die Welt, **in der** (*plutôt que* **worin**) wir leben
  (le monde dans lequel nous vivons)

Les adverbes démonstratifs

- Les adverbes **démonstratifs** sont formés à l'aide de ***da(r)-*** (***(r)-*** devant voyelle) et d'une préposition ***(da + mit → damit ; da + r + unter → darunter)*** :
  Ich kann nichts **dafür**. *(Je n'y peux rien.)*
  Was meinen Sie **damit**? *(Qu'entendez-vous par là ?)*

– Ils ne peuvent pas être employés pour désigner une personne :
  Sie träumt **davon**. – **Wovon**? – **Von** Mallorca.
  mais : Er träumt **von ihr**. – **Von wem**? – **Von** Klara.

– Exceptions : ***davon / darunter***.
  Touristen, **darunter** (= unter ihnen) 4 Spanier; einer **davon** (= von ihnen) ist krank. *(des touristes, dont 4 Espagnols ; l'un d'eux est malade.)*

– Ces adverbes remplacent un groupe prépositionnel ou une proposition :

Woran denkst du? – **An die Ferien**. Denkst du auch **daran**?
(À quoi penses-tu ? – Aux vacances. Y penses-tu aussi ?)

– L'adverbe démonstratif peut annoncer une subordonnée ou un groupe infinitif :

Sie ist **dafür** bekannt, **dass** sie pünktlich ist.
(Elle est connue pour être ponctuelle.)
Ich hoffe **darauf**, das Examen zu bestehen.
(J'espère réussir l'examen.)
Heute arbeitest du länger. Denk **daran**!
(Aujourd'hui tu travailles plus longtemps. Penses-y !)

Préposition	Adverbe interrogatif ou relatif	Adverbe démonstratif
an	woran	daran
auf	worauf	darauf
aus	woraus	daraus
bei	wobei	dabei
durch	wodurch	dadurch
für	wofür	dafür
gegen	wogegen	dagegen
hinter	wohinter	dahinter
in + datif	worin	darin
in + acc.	worein	darein
mit	womit	damit
nach	wonach	danach
neben	woneben	daneben
über	worüber	darüber
um	worum	darum
unter	worunter	darunter
von	wovon	davon
vor	wovor	davor
zu	wozu	dazu

Formes contractées (fam.) : ***dran, drauf, drin, drum …***

Hier geht alles **drunter und drüber**. *(Ici tout est sens dessus dessous.)*

Remarques :

– L'adverbe **démonstratif** est parfois formé à partir de ***hier-*** (***hierauf*** / ***hiermit*** …) :

Hiermit will ich nichts zu tun haben. *(Je ne veux pas y être mêlé.)*

– Pour la préposition ***ohne***, on utilise ***ohne*** **das**.

– Aux prépositions ***halber*** / ***wegen*** (à cause de) qui régissent le génitif correspondent ***deshalb*** / ***deswegen*** et ***weshalb? / weswegen?*** (pourquoi ?).

EXERCICES

Paragraphes 125 à 132

Corrigés p. 409

A Traduire.

1. *Je me demande quand ton père pourra venir.*
2. *Sais-tu s'il est encore chez lui ?*
3. *Ne voulais-tu pas lui téléphoner ? Si, mais j'ai été dérangée.*
4. *Tu n'es sans doute pas allée à la poste ? Si, mais la poste était fermée.*
5. *Tu as l'air de ne pas être contente.*
6. *Si tu lui avais envoyé un fax, il serait déjà là.*

B Traduire par ***nur*** ou ***erst***.

1. *Nous n'avons que des amis ici.*
2. *Je n'ai pu venir qu'aujourd'hui.*
3. *Je ne pourrai rester que 10 jours.*
4. *Ne me téléphonez que demain soir.*
5. *Le film ne finit qu'à minuit. Je n'ai plus qu'une demi-heure à attendre.*

C Compléter par ***genug*** ou ***ziemlich***.

1. Hast du ... Geld?
2. Meine Zensuren in Deutsch sind ... gut, aber noch nicht gut ....
3. Gestern war es ... warm, aber es war nicht warm ... zum Schwimmen.
4. Ich habe es dir oft ... gesagt.
5. Dieses Zimmer ist nicht groß ....

D Compléter par ***sehr*** ou ***viel***.

a. 1. Wer ... gereist ist, kann ... erzählen.
   2. Ich bedaure ... ; mein Vater ist nicht da.
   3. Du rauchst ..., viel zu...
   4. Wir freuen uns ... auf dein Kommen.
   5. Du weißt, wie ... ich ihn schätze.

b. 1. *Ce matin, j'ai beaucoup travaillé.*
   2. *Je me réjouis beaucoup de te savoir heureux.*
   3. *Tu arrives bien trop tard.*

E Compléter par ***aber*** ou ***sondern***.

1. Das Holstentor in Lübeck ist sehr alt, ... schön.
2. Peter hat mich nicht besucht, ... er hat mir einen Brief geschrieben.
3. Gib das Geld nicht mir, ... deiner Schwester.
4. Karl lernt Englisch, ... er kann noch nicht sprechen.

F Traduire en utilisant les expressions ci-après :

je suppose que	*tenir à*	*s'obstiner à*	*n'allez pas... !*
faillir	*avoir peine à*	*ne cesser de*	*finir par*

Ein Unfall

1. **Vermutlich** hast du einen Schock bekommen.
2. Ja, **fast** wäre ich angefahren worden. Doch möchte ich **nicht unbedingt** ins Krankenhaus.
3. Ich kann **kaum** glauben, dass der Fahrer nichts davon gemerkt hat!
4. **Hartnäckig** leugnete er seine Schuld und sprach **immer wieder** von dem Vorfall.
5. Glauben Sie **ja** nicht, dass er aufrichtig war!
6. **Schließlich** wird er seine Schuld einsehen.

TESTEZ VOS CONNAISSANCES

Paragraphes 107 à 115 Corrigés p. 410

A Indiquer le participe II des verbes suivants avec ou sans *ge-*.

1. entlangfahren
2. entfernen
3. gefallen
4. genießen
5. prophezeien
6. teilnehmen
7. verteilen
8. näher kommen
9. beantragen
10. hinaufsteigen
11. verlangen
12. stattfinden
13. zerstören
14. beifügen
15. widerspiegeln

B Compléter. Mettre le texte au parfait.

Dr. Hensel war Abteilungsdirektor in ein.. groß.. Industriewerk. Er gebot über ein.. beachtlich.. Zahl von Mitarbeiter.., ein.. geräumig.. Vorzimmer mit ein.. Sekretär und genoss das Privileg ein.. eigen... Arbeitsraum..: eine Tür unter viel.. ander.. an ein.. lang.., schmal.. Gang im zweit.. Stock des Verwaltungsgebäud.. . Manchmal verreiste er auf Kosten d.. Firma.

Dr. Hensel nahm sein.. Beruf ernst. Durch Fleiß hatte er in sein.. speziell.. Fach den Ruf eines Fachmanns erworben.

nach Klaus Roehler

C Compléter.

1. Sie schalt ihn ein.. dumm.. Jung...
2. Er behandelt mich wie ein.. Krank...
3. Alle nannten ihn „d.. Dick..".
4. Frau Dr. Leu gilt als gut.. Zahnärztin.
5. Er lehrt mein.. Freund ein Pferd satteln.
6. Ich frage mein.. Bruder das Einmaleins ab.
7. Er erwies sich als zuverlässig.. Arbeiter.
8. Das Haus kostete mein.. Onkel ein Vermögen.

D Former : 1) des phrases avec les verbes appropriés, 2) des groupes nominaux avec le participe I.

> der Mond : 1. Der Mond **geht auf**. 2. der **aufgehende** Mond

1. die Dunkelheit
2. der Sturm
3. der Hagel
4. der Nebel
5. der Regen
6. der Schnee
7. die Sonne
8. der Tau
9. die Nacht
10. der Rauch

untergehen / einbrechen / fallen / auf dem Gras funkeln / unter den Sohlen knirschen / sich lichten / über der Stadt liegen / losbrechen / schmelzen / gegen die Scheiben trommeln.

E Compléter. Transposer le texte au parfait.

1. Zu ein.. dreitägig.. Informationsbesuch hält sich ein.. sächsisch.. Delegation in d.. Hansestadt Hamburg auf.
2. Sie will sich über d.. Ausbaumöglichkeiten d.. Elbschifffahrt informieren.
3. D.. Delegiert.. hoffen auf ein.. Festigung d.. Kontakte zwischen beid.. Bundesländer...

F Traduire.

Depuis 1991, des bateaux descendent et remontent l'Elbe entre Hambourg et Dresde. Depuis sa source, l'Elbe parcourt environ 1 100 km avant de se jeter(1) *dans la mer du Nord. Le fleuve traverse des paysages qui ont échappé à la frénésie de constructions industrielles.*

Partant de Hambourg, on voit successivement Magdebourg et sa cathédrale ; Wittenberg, ville où Luther vécut jusqu'à sa mort, et l'église du château(2) *sur les portes de laquelle il afficha*(3) *ses quatre-vingt-quinze thèses ; Meissen et sa manufacture de porcelaine ; le Zwinger de Dresde et ses collections d'art ; le château d'Auguste-le-Fort*(4) *à Pillnitz et la vieille ville thermale de Bad Schandau dans le massif montagneux gréseux de l'Elbe*(5). *Chaque jour des excursions sont proposées.*

G Compléter avec ***hin*** ou ***her***.

1. Komm ..ein und leg das Buch hier ....
2. Ich will zu den Nachbarn ..übergehen.
3. Ich wage es nicht, an die Leute ..anzutreten.
4. Die Zimmer liegen zum Hof ....
5. Hast du den Koffer allein ..getragen?
6. Fahr hinter mir ..., ich zeige dir den Weg.
7. Bitte einmal Zürich ... und zurück.
8. Er grüßte vom Nachbartisch ..über, denn er kannte uns von der Schule ....
9. Bestell ein Taxi zum Flughafen, ich kann dich nicht ..fahren.

H Mettre les appositions au cas approprié.

1. In einer Woche ist Dienstag, d.. 8. Mai. Wir verlegen den Vortrag auf Dienstag, d.. 15. Mai. Herr Dr. Fügli, d.. Referent, ist Schweizer.
2. Herr Ott, ein.. erstklassig.. Fachmann, leitet den EDV-Lehrgang.
3. Während des Unterrichts, ein.. Mathematikstunde, passte er nicht auf.
4. Im Jahre 1921 fiel der Nobelpreis an Albert Einstein, d.. Begründer der Relativitätstheorie.
5. Die Tagung hat in Lissabon, d.. Hauptstadt Portugals, stattgefunden. Als nächster Tagungsort stehen Athen, d.. Hauptstadt Griechenlands, und Budapest, d.. Hauptstadt Ungarns, zur Wahl.
6. Auf Herrn Wilson, ein.. Engländer, folgte Frau Meyer, ein.. Deutsch.., als Vorsitzende. Man wählte Herrn Legros, ein.. Franzos.., als zweit.. Vorsitzend...
7. Einwände wurden von Herrn Dr. Giese, d.. Direktor, vorgebracht.
8. Nach der Rede des Vorsitzenden, d.. Bundesministers Jehl, gab es Applaus.
9. Am Rhein, d.. größten Wasserstraße Westeuropas, liegen Weinberge.
10. Mein Kind erkrankte an Keuchhusten, ein.. Infektion der Schleimhäute.

I Former : 1) des mots composés (substantif + adjectif) ; 2) des groupes nominaux avec les adjectifs de couleur.

> die Asche → **aschblond** *(blond cendré)*
> **aschblondes** Haar

das Blut	der Himmel	das Moos	der Schnee	der Wein
die Blüte	der Knall	der Rost	das Veilchen	

Adjectif : blau / braun / grau / grün / rot / weiß

Substantif : Augen / Bluse / Gesicht / Haar / Himmel / Kleid / Pullover / Schal / Teppich / Wäsche.

---

(1) münden.
(2) die Schlosskirche.
(3) an-schlagen (u/a)
(4) August der Starke [1670-1733].
(5) das Elbsandsteingebirge.

J Former des adjectifs à partir des adverbes en caractères gras. Utiliser ces adjectifs dans les phrases ci-après.

> der Ausgang **hinten**
> → der **hintere** Ausgang

1. Herr Wolf soll **jetzt** Besitzer des Warenhauses sein.
2. Warten wir die Nachrichten **von morgen** ab!
3. Keiner hat an der Tagung **damals** teilgenommen.
4. Es wird **bald** mit der Annahme des Vorschlags gerechnet.
5. Wir müssen die **auswärts liegenden** Geschäfte beliefern.
6. Mit der Ausstattung des Wagens **von innen** bin ich zufrieden.

K Former des groupes nominaux sur le modèle suivant.

> Brötchen / dänischer Käse
> → **ein Brötchen mit dänischem Käse**

1. der Kartoffelsalat / grüne Gurke
2. die Bockwurst / scharfer Senf
3. die Scholle / zerlassene Butter
4. das Wiener Schnitzel / grüne Bohnen
5. das Kalbsfilet gebraten / frisches Gemüse
6. der Rinderbraten / grüner Salat
7. Frikadelle / pikante Tomatensoße
8. Salzkartoffeln / gekochter Schinken

L Compléter avec ***irgendwann***, ***irgendwas***, ***irgendwer***, ***irgendwie***, ***irgendwo***.

1. Gibt es … eine Apotheke?
2. Schreib mir … in den nächsten Tagen!
3. Wir könnten uns … in der Stadt treffen.
4. … gab mir diesen Rat.
5. … hat den Schlüssel mitgenommen.
6. Man muss ihm … helfen.
7. Den Kindern müsste man … schenken.
8. Bei der Sache ist … faul.

M Transposer au parfait.

> Sie fährt ab. → Sie **ist abgefahren.**

1. Die Gewerkschaft setzt sich für die Verringerung der Arbeitszeit ein.
2. Der Auszubildende verdiente 900. – DM im Monat.
3. Mädchen erreichen ein höheres Ausbildungsniveau als früher.
4. Die meisten jungen Leute absolvieren eine berufliche Ausbildung.
5. Viele ostdeutsche Betriebe bauten unproduktive Arbeitsplätze ab.
6. Er wollte einen höheren Lebensstandard erreichen.
7. Das Ehepaar tauschte 500. – DM in französische Francs um.

N Utiliser le verbe approprié.

> → enden / beenden; dienen / bedienen; laden / beladen; drohen / bedrohen, kämpfen / bekämpfen.

1. Das Fußballspiel war um 16 Uhr …. Es … unentschieden.
2. Mit dieser Auskunft ist mir wenig ….
   Welcher Kellner … hier?
3. „… nichts mehr auf den Lieferwagen. Er ist zu schwer …"
4. Unserem Land … eine Wirtschaftskrise. Die innere Ordnung ist ….
5. Die Regierung … gegen die Arbeitslosigkeit.
   Der Innenminister traf Maßnahmen, um den Terrorismus zu ….

O Souligner les expressions en dialecte berlinois. Indiquer leurs équivalents en allemand standard.

So red't der Berliner

Wenn man sagt, der Berliner verwechsle 'mir' und 'mich', so ist das falsch; die Formen 'mich' und 'dich' sind nicht berlinisch; es herrscht vielmehr die Regel: „Der Berliner sagt immer 'mir', ooch wenn't richtig is."

Ein Gespräch zwischen Mutter und Sohn vor einem Karussel:
Junge: „Mutta, lasste mir mal Karussell fahrn?"
Mutter: „Du sollst nicht 'mir' sagen, es heißt 'mich'."
Junge: „Ach Mutta, lass mir doch mal Karussel fahrn!"
Mutter: „Du sollst 'mich' sagen!"
Junge: „Mutta, wenn ich nu 'mich' sage, lasste mir denn fahrn?"

Aus der Kneipe stolpert Krause, blau und heiter.
Vor der Tür steht sein Freund Scholz.
„Mensch", sagt Scholz, „du hast ja dein' Hut vakehrt uff'm Kopp."
„Wieso denn", entgegnet Krause, „du weeßt doch jar nich, in welche Richtung ick will."

nach H. Müller.

Paragraphes 116 à 132

Corrigés p. 412

A Répondre en utilisant une préposition spatiale ***an***, ***auf***, ***aus***, ***bei***, ***in***, ***nach***, ***von***, ***zu***.

a. **Wo warst du? Ich war ...**
1. der Arzt
2. meine Freundin
3. Herr Professor Jahn
4. der Keller
5. der Metzger
6. das Reisebüro
7. das Blumengeschäft
8. der Friedhof
9. das Postamt

b. **Woher kommst du? Ich komme ...**
1. die Universität
2. zu Hause
3. Wien
4. der Strand

c. **Wohin gehst du? Ich gehe ...**
1. die Stadt
2. mein Zimmer
3. Edith
4. der Bahnhof
5. der Zahnarzt
6. das Kino
7. der Markt
8. die Straße
9. Herr Dr. Jürgen
10. die Haltestelle
11. mein Freund
12. die Garage
13. das Fenster
14. der Gemüsehändler

d. **Wohin fährst du? Ich fahre ...**
1. die Ostsee
2. Klagenfurt
3. das Land
4. meine Bekannten
5. der Genfer See
6. das Gebirge
7. die Türkei
8. Ungarn
9. die Leipziger Messe

e. **Wohin fliegst du? Ich fliege ...**
1. Helgoland
2. Kanada
3. das Mittelmeer
4. die USA

B Compléter.

1. In viel.. Teil.. Deutschland.. sind Weinbau und Weintrinken seit d.. Römerzeit zu Hause. Trotzdem gelten d.. Deutsch.. in all.. Welt als Biertrinker.
2. Dutzend.. von in- und ausländisch.. Fernsehprogramm.. können mit Hilfe einfach.. Parabolantennen empfangen werden.
3. Beliebig.. Telefonverbindungen können zu jed.. Ort der Welt zu jed.. Zeit hergestellt werden.
4. Wegen umfangreich.. Bauarbeiten ist d.. hiesig.. Theater geschlossen.
5. Geteilt.. Schmerz ist halb.. Schmerz. Geteilt.. Freude ist doppelt.. Freude.

C Traduire.

Aujourd'hui, en Europe, la ruée des vacances se fait en août, quand le soleil est le plus chaud. Ne rien faire, particulièrement sur la plage[1]*, à la mer, sous le soleil, devient une des formes de l'art de vivre.*
Dans la mesure où l'art témoigne des temps nouveaux, il serait intéressant de mesurer la croissance du nombre de films qui associent leurs récits d'aventure et d'amour aux charmes de la mer et du soleil.

J Dumazedier

D Compléter.

Auf dem Fernsehturm

1. Ein geräumig.. Fahrstuhl brachte mich auf d.. Terrasse d.. Fernsehturm...
2. Unten auf d.. Straße flutete ein reg.. Verkehr: Auto.., Bus.., Motorrad.., Fahrrad.. .
3. Auf d.. Bürgersteig.. eilten die Fußgänger. Vor d.. rot.. Ampeln stauten sich lang.. Autoschlangen.
4. Dort drüben fuhren Eisenbahnzug.. über ein.. Brücke.
5. An.. Fluss entlang standen hoh.. Pappel...
6. Ich erkannte die meist.. Museen, die einzeln.. Kirchturm.., d.. mächtig.. Rathaus, d.. rot.. Gebäude der Post.
7. An ein.. fern.. Abhang erhoben sich modern.. Wohnblock.. mit ihr.. flach... Dach.. und ihr.. schmuck.. Balkon...
8. Zwischen einig.. vornehm.. Villa.. entdeckte ich einig.. Tennisplatz.. Hinter d.. Vorort.. begannen Feld.. und Wiese..

E Compléter avec ***bei*** / ***über*** / ***zu***.

„Diese Jacke können Sie bestimmt ... jeder Tageszeit tragen", sagte der Verkäufer.
– „Auch ... warmem Wetter?"
– „Natürlich, dann tragen Sie die Jacke eben ... dem Arm!"

F Compléter avec ***an*** / ***aus*** / ***bei*** / ***in*** / ***mit*** / ***nach*** / ***von*** / ***vor*** / ***zu***.

1. Gestern fuhr ich ... Saarbrücken ... meinem Onkel, ein.. Architekt...
2. ... seinem Haus stand mein Vetter. Ich sprach ... ihm.
3. Er erzählte mir ... seiner Arbeit als Chemiker.
4. Ich klingelte ... der Tür. Meine Tante kam ... der Küche.
5. Ich blieb eine halbe Stunde ... meinen Verwandten.
6. Dann ging mein Onkel ... mir ... die Stadt ... Einkaufen.
7. ... Mai fährt er zuerst ... die Schweiz, dann fliegt er ... Brasilien.

G Indiquer les marques des cas et compléter avec la préposition appropriée : ***an*** / ***auf*** / ***bis*** / ***für*** / ***in*** / ***mit*** / ***über*** / ***unter*** / ***zu***.

1. Folgend.. Stellenangebot stand in d.. Zeitung:
„Wir suchen ein.. erfahren.. Sekretärin ... EDV-Praxis. Wir bieten überdurchschnittlich.. Gehalt, Teilnahme ... Fortbildungsveranstaltungen, angenehm.. Betriebsklima, abwechslungsreich.. Tätigkeit."
2. Obdachlos.. haben Anspruch ... eine Unterkunft, ... der sie sich den ganzen Tag ... aufhalten können. Ein Obdachlos.. verklagte eine Stadt, weil sie ihm nur eine Unterkunft ... die Nachtzeit ... 20 Uhr ... 7 Uhr ... Verfügung stellen wollte. Dies sei nicht ausreichend, entschied der Richter. Zudem stelle der Aufenthalt ... freiem Himmel eine Gefahr ... die öffentliche Ordnung dar.

H Commencer la phrase par l'élément en caractères gras.

1. An der Tür hat **es** geklingelt. Es werden **bald** mehr Gäste da sein.
2. Tür zu! Es zieht **auf der Treppe**. Es friert mich **auf einmal**.
3. Bist du es, **Ursula**? Dass sie heute kommt, ist nicht **sicher**.

(1) der Strand ("e).

4. Es sind **Hotelgäste** eingetroffen. Ob er heute kommt, ist **fraglich**.
5. Es hat **jemand** nach dir gefragt. Es möchte dich **eine Frau** sprechen.
6. Es scheint **jetzt** zu regnen. Es lärmen Betrunkene **vor der Wirtschaft**.
7. Es soll **hier** Englisch gesprochen werden. Dieses zu verlangen, ist **unerhört**.
8. Auf der Terrasse wurde **es** dunkel. Es wurde **viel** über den Film gesprochen.
9. Es gibt keinen Beweis **dafür**. Es handelt sich **um finanzielle Probleme**.
10. Es wurde **mir** nicht geglaubt. Ihn zu überreden, **gelang** mir nicht.

I Compléter avec ***an (am) / bei / in (im) / um / von / wegen / zu (zur)***.

Kurzmeldungen

1. … einem Kellerbrand war ein Brandstifter… Werk.
… 23 Uhr gab es einen zweiten Brand.
… einem Haus wurde ein Kind … der Feuerwehr gerettet.
2. … zehn Jahren Freiheitsstrafe hat das Landgericht den … Mordes angeklagten Ralf G. verurteilt. Er hatte … der Tat drei Promille Alkohol … Blut.
3. … Flughafen ist ein Parkhaus … 1 500 Plätzen eingeweiht worden. Jetzt stehen dort insgesamt 6 000 Parkplätze … Verfügung.

Ne confondez pas

> ***um*** marque une différence par rapport à un niveau précédent :
> Die Temperatur stieg **um** 5 Grad.
>
> ***von*** (+ datif) … ***auf*** (+ accusatif) exprime une variation entre deux repères :
> Die Temperaturen sind **von** 15 **auf** 20 Grad gestiegen.

J Compléter avec ***auf / in (im) / um / vor***.

1. … Jahre 1992 lebten 5,4 Milliarden Menschen … der Erde.
… zehn Jahren werden es 6,4 Milliarden sein.
2. Die Zahl der Erwerbslosen sank … April … 80 000 … 1 625 000. Die Zahl der Beschäftigten erhöhte sich … 35 Millionen. Das waren 2,4 Prozent mehr als … einem Jahr.

K Compléter avec ***-s / -ss- / ß***.

> du bi..t / e..en / er a..
> → du bist / essen / er aß.

Gla.. / Fa..; fa..t / pa..t; Ei.. / wei..; bla.. / bla..e; grü..en / kü..en; gro.. / der grö..te; Rei..verschlu..; hei.. / hei..er; A..istent; Ma..e (2 possibilités !); au..er (+ D); Stra..e; la.. en / er lä..t / la..!; zu Mittag e..en / du i..t / i..!

L Former des phrases sur le modèle ci-après.

> Ich kenne meine Möglichkeiten.
> → Ich bin **mir** mein**er** Möglichkeiten bewusst.
> (mir = D ; meiner Möglichkeiten = G)

1. Ihr kennt eure Pflichten.
2. Du kennst die Bedeutung der Firma.
3. Er kennt unsere finanzielle Lage.
4. Wir kennen den Wert der Sammlung.
5. Sie kennen die Größe der Aufgabe.

M Indiquer les marques des cas.

1. „Kommst du d.. Kindern noch gut.. Nacht sagen?" rief die Frau ihr.. Mann zu, als sie um acht Uhr aus d.. Kinderzimmer kam.
„Ja", rief der Mann aus sein.. Arbeitszimmer, „ich muss nur noch d.. Brief zu Ende schreiben." „Er kommt gleich", sagte die Mutter zu d.. Kinder.., d.. beide

noch aufgerichtet in ihr.. Bett.. saßen, weil sie d.. Vater zeigen wollten, wie sie die Stofftier.. angeordnet hatten. Als der Vater mit d.. Brief fertig war und in.. Kinderzimmer trat, schliefen d.. Kind.. schon.

Franz Hohler, *Eine kurze Geschichte*

2. anlässlich d.. heutig.. Tagung / unweit d.. Köln.. Dom.. / außerhalb d.. Stadt / diesseits d.. Rhein.. / um d.. lieb.. Friede.. willen / d.. Einfachheit halber.
3. Ich besann mich ein.. Besser.. – Statt d.. Nachtisch.. trank ich eine Tasse Kaffee.
4. Trotz höher.. Nachfrage blieben die Preise stabil.
5. Infolge ein.. Unfall.. wurde ich arbeitsunfähig. Vonseiten d.. Arbeitsamt.. wurde nachgeprüft. Das spottet jed.. Beschreibung. Ich enthalte mich jeglich.. Kommentar.. .
6. Wegen d.. Rockkonzert.. strömten Tausende Jugendlich.. dem Park zu.
7. Man gedachte dies.. Frau als ein.. Kämpferin für die Gleichberechtigung.
8. Er rennt offen.. Aug.. in sein Verderben.
9. Sie würdigte mich kein.. Blick.. . Ich erinnere mich ihr.. noch sehr gut.
10. Das Kind bedurfte ärztlich.. Hilfe. Trotz d.. stark.. Regen.. kam der Arzt.
11. Ich dankte d.. Arzt. Eine Studentin nahm sich d.. Kind.. an.

N Traduire.

1. *1,6 million d'habitants / la ville de Graz dans les années quatre-vingts / une tour de 25 m de haut / le prix de 5 sacs de blé / 2 paires de gants* (der Weizen)
2. *Quel âge lui donnes-tu ? Je lui donne 30 ans.* (schätzen auf (+ A))
3. *La politique étrangère du chancelier Schröder / la philosophie de Nietzsche.*
4. *Nous avons longé le fleuve en aval du pont.* (unterhalb (+ G))
5. *Il aurait fait, paraît-il, de grands progrès en espagnol.*
6. *Ce n'est que depuis un mois que les Lehmann habitent cette villa.*
7. *J'espère que ma voiture sera réparée avant midi ; sinon je devrai prendre le train, et je ne sais pas quand j'arriverai chez vous.* (ein-treffen (a / o))
8. *Je ne connaissais personne à qui confier ce travail.*
9. *Ce mois-ci, le salaire de ma sœur a été augmenté de 5 %.* (erhöhen)
10. *Quoi que tu puisses penser, je ne participerai pas à ce stage.* (der Lehrgang (¨-e))
11. *Aujourd'hui, il ne s'est traité que peu d'affaires en Bourse.* (ab-schließen (o / o))
12. *Si tu étais venue plus tôt, tu aurais rencontré le directeur.*
13. *Un salarié sur 5 devra être recyclé. Le syndicat ne renoncera à la grève que si les négociations reprennent bientôt.* (um-schulen / die Verhandlung (-en))
14. *Cette firme fait participer ses cadres à son chiffre d'affaires.* (leitende Angestellte)
15. *Nous nous référons à notre dernière lettre. À l'occasion de la foire de Leipzig, nous lançons de nouveaux articles. Nous vous adressons, ci-joint, notre catalogue. Nos marchandises sont payables à la livraison. Nous accordons 3 % d'escompte pour paiement immédiat.* (sich beziehen (o / o) auf (+ A) / anbei / senden / zahlbar / das Skonto)

O Compléter.

1. Er ist der beste Spieler, d.. es gibt.
2. Was gibt es Neu..?
3. In dieser Straße gibt es ein.. gut.. Damenfriseur.
4. Was gibt es da … lachen?
5. W.. gibt es heute im Fernsehen?

P Transposer le discours direct au discours indirect.

Ein Ehepaar, beide berufstätig, hastet kurz vor Weihnachten in ein Spielwarengeschäft und erläutert der Verkäuferin: „Wir sind den ganzen Tag von zu Hause weg und haben eine kleine Tochter. Wir brauchen etwas, das die Kleine erfreut, sie lange beschäftigt und ihr das Gefühl des Alleinseins nimmt." – „Tut mir Leid", lächelt die Verkäuferin. „Eltern führen wir nicht im Sortiment."

aus Publik-Forum

Q Traduire.

Dans un village des Cévennes

– Maman, pourquoi ne pas prendre toujours la même bouteille ?
– Tu as deux commerçants qui vendent deux sortes de gaz, il faut que les deux gagnent leur vie…
Avec ma grand-mère, c'était pareil. On achetait le pain chez un boulanger, la farine chez l'autre, le café chez un épicier, le sucre chez l'autre, et la fois d'après, on inversait les denrées, les courses prenaient un temps fou…
C'était tout le contraire des caddies de supermarché.
En plus, on se cachait pour ne pas vexer ni l'un ni l'autre, on dissimulait le paquet du bifsteck acheté chez Pantel pour aller prendre le boudin chez Vidal.
Je me demande pourquoi, l'un et l'autre savaient parfaitement qu'on agissait ainsi, puisque les bouchers, de leur côté, achetaient la moitié de leurs légumes chez un primeur, l'autre moitié chez un autre…

J.-P. Chabrol, *Contes à mi-voix*

R Décrire la bande dessinée.

S Traduire.

Il y a (§ 123) une semaine, j'étais en République fédérale d'Allemagne (§ 115). Si (§ 64) vous prenez le train de Varsovie (§ 114) à 23 h 25 (§ 119) à la gare de l'Est de Paris, vous arriverez (§ 111) 7 heures (§ 123) plus tard à Francfort, grand centre économique allemand (§ 115), après avoir passé (§ 23) une nuit assez (§ 126, 140) agréable en wagon-couchette.
Au lever du jour (§ 120) vous franchirez le pont du Main.
Quant à moi (= mais *§ 140), je préférerais prendre l'avion (§ 100). Comme (§ 114) nous habitons loin de l'aéroport et que (§ 7) je voyage le plus souvent (§ 98) avec mes jeunes enfants, je suis devenu, bon gré mal gré, un fidèle client (§ 108) des chemins de fer européens.*
Avec un peu de chance vous aurez pour compagnons de voyage (§§ 108, 68) de jeunes Danois ou des Allemands (§ 83), de sorte que vous pourrez discuter soit en anglais soit en allemand. Plus vous vieillirez, plus vous constaterez qu'il est nécessaire de parler au moins une langue étrangère (§ 102).

Suivez mes conseils (§ 88). Arrivé à Francfort (§ 68), louez une voiture. Visitez la Hesse si pittoresque (§ 83). Restez (§ 53) quelques jours à Heidelberg dont (le) château romantique (§ 75) a été célébré (§ 46) par les plus grands poètes.

T Compléter.

1. Hast du ihn gleich … (*erkennen*)? Er hat wie immer … (*übertreiben*).
2. Ich musste gestern … Arzt gehen. Edith hat mich … (*begleiten*).
3. Der Kranke, aus … Zimmer der Arzt kam, hatte hohes Fieber.
4. Das Wunder ist … (*vollbringen*). Er erklärte sich bereit, mir … (*helfen*).
5. Die Linde, in … Schatten ich mich setzen möchte, ist 400 Jahre alt
6. Die Plakate, mit d.. die Stadt geschmückt ist, sind sehr dekorativ.

U Hypothétiques irréelles. Mettre les verbes entre parenthèses à la forme voulue par le contexte.

1. Wenn ich das damals (*begreifen*), dann (*sein*) er heute noch am Leben.
2. (*Sollen*) du morgen frei haben, so (*werden*) wir ins Schwimmbad gehen.
3. Was würdest du dazu sagen, wenn ich zwei Tage länger (*bleiben*)?

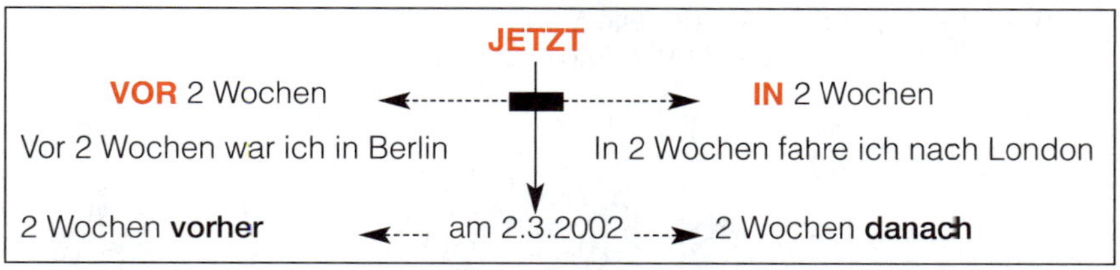

V Traduire.

Béziers, le 21 août

Chère Edith,
Tous mes remerciements pour ta dernière lettre. Je ne l'ai reçue que ce matin. Je vois que tu as passé de bonnes vacances. Tu as pu te reposer, ce qui est le principal. Dans un mois, tu seras à Sarrebruck et tu suivras les cours de l'institut d'interprètes. J'espère que tu viendras nous voir à Noël.
Ici, il n'y a rien de nouveau.
La semaine dernière, j'ai passé un examen. Il fallait traduire les phrases suivantes en allemand :

1. *Viens* ***ici****.*
2. *Elle* ***était assise*** *sous un tilleul.*
3. *T'ai-je effrayé ?*
4. *dans les années 60*
5. *J'****aime*** *jouer au tennis.*
6. *Il a couru* ***à ma rencontre****.*
7. *La maison* ***d'en face***
8. *Si je l'****avais su****, je serais venue.*
9. ***Avant de partir****, achète un journal.*
10. *Ne parle pas* ***en mangeant****.*
11. *Lorsqu'il pleuvait, nous restions à la maison. Nous regardions la télévision.*
12. *Tu* ***m'as réveillée*** *trop tard.*
13. *Elle avait fait,* ***dit-on****, des progrès.*
14. *Nous l'avions vu venir.*
15. *Il arriva* ***en courant****.*
16. ***Il y avait*** *des curieux sur la place.*
17. *1991 ; 2001 ; 16*
18. *une ligne* ***droite****. Il est* ***juste*** *une heure.*
19. *le prix du café*
20. *J'ai* ***changé de train*** *à Leipzig.*
21. *L'autobus* ***s'arrête / s'est arrêté****.*
22. *Comment allez-vous ?*
23. ***À quoi*** *penses-tu ?*
24. *un hôte* ***reçu par le président***
25. ***Il y a*** *cinq ans et deux mois.*
26. *Je suis brisée de fatigue.*
    deux douzaines d'œufs.
27. *Il ne veut se brouiller avec personne.*
28. *Je lui ai dit mes quatre vérités.*
29. *Ne me poussez pas à bout !*
30. *J'ai une prière à vous faire.*

Qu'en penses-tu ? Écris-moi bientôt. Bien le bonjour à tes parents.

W Compléter avec ***bei / in (im) / mit / nach / trotz / über / ums / von / vor / zu (zum)***.

1. Etwa fünf Quadratkilometer Heidelandschaft wurden … Angaben der Polizei … den Flammen vernichtet. 100 Feuerwehrleute bekämpften den Brand … 30 Löschfahrzeugen und Wasserwerfern.
2. … den vergangenen Tagen haben die Regenfälle … Süden Bayerns … Überschwemmungen geführt. Die Flüsse traten … die Ufer.
3. … der Nacht … Montag ist ein Autofahrer … dem Zusammenstoß seines Wagens mit einem Hochgeschwindigkeitszug … Leben gekommen. … des Warnsignals wollte er … einem Übergang die Gleise überqueren.*Elisabeth*

X Décrire la bande dessinée en utilisant le vocabulaire ci-après.

1. die Bushaltestelle / der Straßenrand / der alte Mann / der Stock / der Pfadfinder
   an-sprechen / Hilfe an-bieten / zufrieden
2. die Straße / gefährlich / mehrere Leute / der Hund / der Verkehr
   überqueren / am Arm halten / auf-passen
3. der Bürgersteig / heil und unversehrt / froh / der Pfadfinder
   sich bedanken / gute Tat verrichten / grüßen
4. allein / Straße / das Auto / reger Verkehr / überqueren
5. endlich / der Bürgersteig / erreichen
6. der Ausgangspunkt / der alte Mann / unzufrieden / der Bus
   wollen / nach Hause fahren / Zeit verlieren

INTERLUDE

- Chef: „Warum kommen Sie heute zu spät?"
  – „Na, weil Sie gestern gesagt haben, ich soll meine Zeitung zu Hause lesen!"
- Drei Taschendiebe verlassen einen Juwelierladen.
  „Die prächtige goldene Uhr hätte ich gerne gehabt", sagt der eine.
  „Ich habe sie!" meint darauf stolz der zweite.
  „Du hast sie gehabt", korrigiert ihn der dritte.
- Die Familie schmiedet Ferienpläne.
  Meint der Sohn: „Ich **möchte irgendwohin**, wo ich lange nicht war."
  Darauf der Vater: „Dann geh zum Friseur!"
- „Die Wände in dieser Wohnung sind aber sehr dünn", meint der Interessent zum Vermieter und schaut ihn fragend an.
  – „Aber hören Sie mal, da kommt doch noch Farbe drauf!"

ANNEXES

1 MOTS COMPOSÉS ET DÉRIVÉS

Dans un mot composé le terme final est qualifié ou précisé par le terme qui le précède. Un mot dérivé se forme le plus souvent à l'aide d'un suffixe.

133 Mots composés

Le mot composé se forme à partir d'un mot de base (le **déterminé**) auquel on adjoint un **déterminant** ou un préfixe (1er terme).

die 'Eisen**bahn** – 'riesen**groß** – der 'Ur**wald** – 'un**höflich**

Déterminant + Base

- Le **mot de base** (nom / adjectif / participe / verbe) est le dernier terme.
- Le **déterminant** (nom / numéral / pronom / adjectif / préverbe / verbe) est placé en première position. Un mot surcomposé comprend plusieurs déterminants.
- Le déterminant porte l'accent principal dans la plupart des cas.

• **Schémas de composition**

– **Nom + nom** (ou **adjectif / participe**)

a. Sans élément de liaison :

der Postbote *(facteur)*, der Autofahrer *(automobiliste)*
hilfreich *(secourable)*, wasserdicht *(imperméable)*
postlagernd *(en poste restante)*, hilferufend *(appelant au secours)*
heißgeliebt *(ardemment aimé)*, der Leidtragende *(parent du défunt)*

b. Avec élément de liaison :

Marque de
– pluriel : der Pferdestall *(écurie)*, der Kindergarten
– génitif (*-s* / *-es*) : der Bundeskanzler *(chancelier fédéral)*, die Altersgrenze *(limite d'âge)*
– génitif faible (*-en*) : der Zeugeneid *(serment prêté par un témoin)*, der Löwenzahn *(pissenlit)*

– **Adjectif** (ou **participe**) **+ nom** (ou **adjectif / participe**)

Juxtaposition :

die Pri'vatpension, der Gründonnerstag *(jeudi saint)*
spätgotisch *(gothique flamboyant)*, schwerkrank *(gravement malade)*

– **Pronom** (ou **numéral**) **+ nom** (ou **adjectif / participe**)

das Dreirad *(tricycle)*, der Dreifachstecker *(prise triple)*.
die Selbstsucht *(égoïsme)*, der Meineid *(parjure)*.

– **Verbe** (ou **préverbe / préposition**) **+ nom** (ou **adjectif / participe**)

a. Avec un verbe : der Kaufmann *(commerçant)*, treffsicher *(qui a la main sûre)*, denkfaul *(paresseux d'esprit)*, trinkfest *(qui tient le coup)*.

b. Avec un préverbe (ou préposition) : der Auftakt *(ouverture)*, der Durchbruch *(percée)*, rückgängig *(rétrograde)*.

- **Mots surcomposés**
  - En apparence : die Armbanduhr *(montre-bracelet)*
    die Windschutzscheibe *(pare-brise)*
  - En réalité : das Unter / see / boot *(sous-marin)*
    die Drei / zimmer / wohnung (*mais* : die 3-Zimmer-Wohnung)
  - Sans soudure : die Albrecht-Dürer-Allee,
    der Bahn-Schiff-Verkehr *(trafic par rail et par bateau)*
    die Saure-Gurken-Zeit *(morte-saison)*, die Rote-Kreuz-Schwester
  - NB :
    Attention aux néologismes !
    der Marshallplan, das Berlin-Abkommen *(accords de Berlin)*

    On peut former des substantifs avec les verbes réfléchis :
    das Sich-Vertiefen in ein Buch *([le fait de] se plonger dans un livre)*

- **Nominalisation d'un groupe verbal**
  Briefe tragen → der Briefträger *(facteur / préposé)*

  À partir d'un groupe verbal, on peut former des substantifs présentant la structure **(ab)c** :
  Auto (a) fahren (b) → der Autofahr (a b) er (c) *(automobiliste)* ; Staub saugen → der Staubsauger *(aspirateur)*
  der Arbeitnehmer *(salarié)* ; der Arbeitgeber *(employeur)*

Préfixe + base

- **Noms et adjectifs**
  - ***Un-***
  a. Négation :
  unhöflich *(impoli)*, unzufrieden *(mécontent)*, die Ungeduld *(impatience)*.

  Cette négation est impossible avec des mots qui ont des contraires :
  klein / groß, warm / kalt

  b. Renforcement :
  die Unmenge *(grande quantité)*, die Untiefe *(abîme)*, die Untat *(forfait)*.

  Autres négations utilisées : ***nicht-*** / ***a-*** / ***aber-*** / ***anti-*** / ***in-*** :
  nichtdeutsch, 'atonal, 'abergläubisch *(superstitieux)*
  antidemokratisch, inaktiv, intolerant, illegal

  - ***Ur-***
  a. Origine :
  der Ursprung *(origine)*, der Urwald *(forêt vierge)*,
  der Urgroßvater *(arrière-grand-père)*.

  b. Renforcement :
  uralt *(très vieux)*, urgesund *(d'une santé de fer)*, urplötzlich,
  urkomisch *(d'une drôlerie irrésistible)*.

  - Préfixes étrangers
  a. Noms : die Analyse, die Dissonanz, der Exminister
  der Mikrofilm, die Reproduktion, die Ultrakurzwelle.

  b. Adjectifs : indirekt, infrarot, ultramarin, superklug.

  - ***Erz-*** (en français : archi-) : der Erzbischof *(archevêque)*, der Erzherzog *(archiduc)*

- **Verbes**
  - Préverbes inséparables : ***be- / emp- / ent- / er- / ge- / miss- / ver- / zer- / durch- / über- / um- / -unter- / voll-*** (voir aussi les paragraphes 47 / 49).
    bestrafen *(punir)*, entkommen *(s'échapper)*, missfallen *(déplaire)*, überfliegen *(survoler)*
  - Certains verbes semblent avoir deux préfixes :

  a. inséparables : be'urlauben *(accorder un congé)*, ver'unglücken *(avoir un accident)* ;

  b. séparables (présent, prétérit) : 'anerkennen *(reconnaître)*, 'vorenthalten *(priver)*. Ich erkenne deine Mitarbeit an.

  → Le participe II se forme sans ***ge-*** : 'anerkannt *(reconnu)*.

- **Préfixe *Ge-* + nom**
  - Noms collectifs : das Gebirge *(chaîne de montagnes)*, das Geflügel *(volaille)*.
  - Résultat de l'action : das Geschenk *(cadeaux)*, das Gebäck *([petits] gâteaux)*.
  - Action répétée : das Gebrüll *(hurlements)*, das Gerede *(racontars)*.
  (nuance péjorative) : das Gewimmel *(foisonnement)*, das Gekrächze *(croassements)*.

- *Remarques :*
  - Certains mots peuvent **changer de catégorie** :

  a. Mots **substantivés** à partir d'un infinitif (voir le paragraphe 24), d'un adjectif (voir le paragraphe 84), d'un participe I ou II (voir aussi les paragraphes 66-68) :
  das Essen *(repas)*, der Industrielle, der Reisende *(voyageur)*, der Abgeordnete *(député)*, der Beamte *(fonctionnaire)*

  b. **Préposition** à partir d'un substantif :
  der Dank → dank (+ datif) *(grâce à)*, kraft (+ génitif) *(en vertu de)*
  das Mittel → mittels (+ génitif) *(au moyen de)*,
  um (+ génitif)… willen *(pour l'amour de)*

  - **Genre** et **pluriel** du substantif composé sont ceux du **déterminé** :
  der Bundesstaat / die Bundesstaaten *(l'État fédéral)* — die Staatsbank / die Staatsbanken *(la banque d'État)*
  - **Le mot composé** a souvent un sens plus large ou plus restreint que la somme des termes dont il se compose. Il importe de ne pas former « arbitrairement » des mots composés, mais de vérifier chaque fois le sens dans un dictionnaire :
  Ein Bett für ein Kind, ist nicht immer ein **Kinderbett**.
  Muttersprache ist nicht unbedingt *(= absolument)* die Sprache der Mutter.
  Nicht jede blaue Beere (= *baie*) ist eine **Blaubeere** (= *myrtille*).

134 Marques de liaison du déterminant

Le déterminant peut présenter une marque de liaison :

- ***-e*** – pluriel :
  das Tag**e**blatt *(quotidien)*, die Hund**e**hütte *(niche)* ;
  – nom féminin :
  der Kält**e**grad *(degré de froid)* ;
  – après un radical verbal :
  die Red**e**zeit *(temps de parole)*, der Werb**e**brief *(lettre publicitaire)*, das Säug**e**tier *(mammifère)*, das Les**e**buch *(livre de lecture)*, geb**e**freudig *(généreux)*, les**e**hungrig *(avide de lecture)*, der Werd**e**gang *(évolution / carrière)* ;

mais : der Kirschbaum *(cerisier)*, der Kirchturm *(clocher)*.

• ***-en*** – génitif / masc.(faible) :

der Löwe**n**anteil *(part du lion)*, die Hel**den**tat *(action héroïque)*, das Bäre**n**fell *(peau d'ours)*, der Löwe**n**zahn *(pissenlit)*,

– ancien génitif :

der Sonne**n**schein, das Linde**n**blatt *(feuille de tilleul)*, die Sonne**n**uhr *(cadran solaire)*, der Woche**n**tag, die Auge**n**braue *(sourcil)*.

– marque de liaison pour des féminins en ***-e*** :

die Schokolade**n**fabrik, der Länge**n**grad *(longitude)*, das Treppe**n**haus *(cage d'escalier)*, sorge**n**frei *(sans souci)*.

• ***¨-er*** – pluriel masc. / neutre :

der Hühn**er**stall *(poulailler)*, das Hühn**er**ei *(œuf de poule)*.
das Kind**er**mädchen *(bonne d'enfants)*
die Rind**er**brust *(poitrine de bœuf)*
das Bild**er**buch *(livre d'images)*
mais : der Bildband *(volume illustré)*
der Büch**er**schrank *(armoire-bibliothèque)*
mais : die Buchhandlung *(librairie)*.

• ***-s*** (*-s* de liaison / *'Fugen-s'*) :

– génitif :

erfolg**s**sicher, die Ausdruck**s**weise *(manière de s'exprimer)*, die Jahre**s**zeit, der Betrieb**s**ausflug *(excursion du personnel)*. die Vertrieb**s**abteilung *(service de vente)*, die Wettbewerb**s**bedingungen *(conditions concurrentielles)*, même avec des féminins → der Geburt**s**tag *(anniversaire)*.

– génitif singulier (alors qu'on attendait plutôt un génitif pluriel) :

der Freunde**s**kreis, der Schiff**s**verkehr *(trafic maritime)*, der Hering**s**fang *(pêche au hareng)*.

– génitif de l'infinitif (substantivé) :

die Leben**s**freude, Schlafen**s**zeit *(l'heure d'aller se coucher)*
die Verfahren**s**weise *(procédé)*,
empfehlen**s**wert *(recommandable)*, sehen**s**würdig.

– mots formés avec ***Liebe*** / ***Hilfe*** / ***Geschichte*** :

Liebe**s**gabe, Liebe**s**brief, Liebe**s**erklärung, liebe**s**trunken
mais : lieblos, der Liebreiz *(charme, attraits)*, liebe**be**dürftig, liebe**v**oll.

Hilf**s**arbeiter *(le manœuvre)*, Hilf**s**mittel *(moyen)*
mais : hilflos *(sans défense)*, hilfreich, Hilfeleistung *(assistance)*.

Geschicht**s**buch, Geschicht**s**auffassung *(conception de l'histoire)*, Geschicht**s**forscher, Geschicht**s**schreiber *(historien)*, Geschicht**s**unterricht (= historischer Unterricht)
mais : (au sens de 'Erzählung') → Geschicht**en**erzähler *(conteur)*.

On emploie le **-*s*- de liaison** notamment après ***-ing*** / ***-ling*** / ***-tum*** :

Hering**s**salat, Fasching**s**ball *(bal du carnaval)*, Frühling**s**blume, Lehrling**s**wohnheim *(foyer d'apprentis)*, Eigentum**s**wohnung *(logement en copropriété)*.

On emploie le **-*s*-** de liaison avec les **féminins** terminés par :

– ***-heit*** / ***-keit*** / ***-schaft*** / ***-ung*** / ***-ut*** :

Wahrheit**s**liebe *(amour de la vérité)*
Freundschaft**s**dienst *(service d'ami)*
Nahrung**s**mittel *(produit alimentaire)*
Armut**s**zeugnis *(certificat d'indigence)*

– ***-ion*** / ***-tät***

tradition**s**gebunden, Revolution**s**tribunal,
Qualität**s**erzeugnis, Universität**s**professor.

- **-s-** marque la liaison dans des mots surcomposés :

  Werkzeug *(outil)* → das Handwerk**s**zeug *(outillage)*
  Fahrterlaubnis *(autorisation de circuler)* → die Durchfahrt**s**erlaubnis
  Landgericht *(tribunal de grande instance)* → das Oberlan**des**gericht

- **Remarques :**

– Alors qu'on attendrait le pluriel pour le déterminant, on a un **singulier** pour :

  Baumschule *(pépinière)*, Schulamt *(administration scolaire)*,
  Bischof**s**konferenz *(conférence épiscopale)*.

– On rencontre des formes avec ou sans **-s-** de liaison :

gefühllos gefühl**s**am
Königreich König**s**krone Lammfleisch Lamm**s**geduld *(patience angélique)*
liebevoll Liebe**s**brief Kalbfleisch Kalb**s**schnitzel *(escalope de veau)*
der Landmann *(paysan)* → der Landsmann *(compatriote)*.

– La forme en **-s-** est plus poétique :

  das Wald**es**rauschen *(bruissement de la forêt)*,
  der Wald**es**rand *(lisière de la forêt)*.

– Noter la différence de sens entre le singulier et le pluriel du déterminant :

  der Partei**s**taat *(État fondé sur un parti unique)*
  → Partei**en**staat *(État fondé sur le multipartisme)*

der Hausverwalter *(gérant)*, der **Häuser**makler *(agent immobilier)*,
die Stadtverwaltung *(administration municipale)*, der **Städte**bund *(ligue de villes)*,
der Landtag *(parlement d'un Land)*, das **Länder**spiel *(match international)*,
mausgrau *(gris souris)*, das **Mäuse**gift *(mort-aux-rats)*.

– Disparition du **-e** du féminin : das Schulsystem, die Sachlage *(situation)*.

– Pour certains composés il faudra **tripler** la même consonne ou bien utiliser un **trait d'union** :

  die Schifffahrt / Schiff-Fahrt *(navigation)*
  das Betttuch / Bett-Tuch *(drap de lit)*

– On n'emploie pas le **-s-** de liaison si le déterminé est :

a. un participe :

  kriegführend *(belligérant)*, blutstillend *(hémostatique)*,
  die Vertragschließenden *(parties contractantes)*,

b. un substantif verbal :

  die Kriegführung *(conduite de la guerre)*, der Ratgeber *(conseiller)*
  mais : die Beitrag**s**zahlung *(cotisation)*.

135 Mots dérivés

Noms

- **Dérivation sans suffixe.**

Désignation d'une **abstraction**, d'une **action** ou d'une **chose** :

– dérivation d'un **verbe faible** :

  der Be'richt *(compte rendu)*, der Gruß *(salut)*, der Kauf *(achat)*

– dérivation d'un **verbe fort** :

  der Lauf *(course)*, der Ruf *(appel)*, das Schloss *(serrure, château)*.

- **Dérivation avec suffixe**

-e	die Anzeige *(annonce)*, die Breite, die Größe, die Hilfe, die Kälte.
-el	der Flügel, der Gürtel *(ceinture)*, die Klingel, die Schaufel *(pelle)*.
-er	der Anhänger, der Dampfer, der Seufzer *(soupir)*, der Walzer.
-(er)ei	die Bäcke'rei, die Büche'rei, die Kondito'rei *(pâtisserie)*, die Heuche'lei *(hypocrisie)*, die Liebelei *(amourette)*.
-heit / -keit	die Blindheit *(cécité)*, die Einsamkeit *(solitude)*, die Traurigkeit.
-igkeit	die Kleinigkeit *(futilité)*, die Müdigkeit *(fatigue)*, die Schnelligkeit.
-nis	das Bildnis *(portrait)*, die Er'laubnis, das Er'zeugnis *(produit)*, das Ver'zeichnis *(liste)*.
-sal / -sel	das Schicksal *(destin)*, das Rätsel *(énigme)*, der Stöpsel *(bouchon)*.
-schaft	die Eigenschaft, die Freundschaft, die Ge'sellschaft.
-t	die Fahrt *(trajet)*, die Kunst, die Ver'nunft *(raison)*.
-tel / -tum	das Drittel, das Bürgertum, der Irrtum, der Reichtum.
-ung	die Be'arbeitung *(remaniement [d'un texte])*, die Zeichnung *(dessin)*.
origine étrangère	das Ben'zin, die Kon'taktlinse *(lentille de contact)*, die Konse'quenz, das Mate'rial, der Mar'xismus, das Ven'til *(soupape)*.

– Désignation d'une personne à partir d'un verbe ou d'un nom :

radical + **-er**	der Ber'liner, der Bürger, der Schneider, der Städter *(citadin)*.
-ler / -ner	der Künstler, der Tischler, der Gärtner, der Klempner *(plombier)*.
-ling	der Flüchtling, der Jüngling, der Lehrling, der Liebling *(préféré)*.
-rich / -bold	der Fähnrich *(aspirant)*, der Witzbold *(farceur)*.
origine étrangère	der Aktio'när, der 'Leutnant, der Stu'dent.

– Diminutifs

(¨)-chen	das Häuschen *(maisonnette)*, das Mütterchen, das Städtchen.
(¨)-lein	das Bächlein, das Gärtlein, das Täublein *(petit pigeon)*.

– Féminins en ***-in*** : die Fran'zösin, die Nachbarin, die Sportlehrerin.

Adjectifs

-bar	furchtbar, haltbar, lieferbar, tragbar, unsichtbar.
-en / -ern	golden *(en or)*, seiden, eisern, hölzern, kupfern *(en cuivre)*.
-haft	krankhaft, vorteilhaft *(avantageux)*, zauberhaft *(merveilleux)*, zweifelhaft *(douteux)*.
-ig	dortig, hiesig, eisig, farbig, freudig, hungrig, jetzig, traurig.
-(i)sch	deutsch, fran'zösisch, ka'tholisch, launisch *(lunatique)*, malerisch; die grimmschen Märchen *(contes des frères Grimm)*.
-lich	be'drohlich *(menaçant)*, freundlich, herbstlich, hoffentlich, rötlich.
-los	endlos *(sans fin)*, hoffnungslos, kinderlos, mühelos *(sans peine)*.
-sam	arbeitsam, furchtsam, ge'horsam, einsam, mühsam *(pénible)*.
adjectif	blutarm *(pauvre comme Job)*, be'geisterungsfähig, staubfrei, wahrheitsgetreu, alkoholhaltig, liebevoll *(affectueux)*, kurvenreich, hu'morvoll, ver'trauenswürdig *(digne de confiance)*.
origine étrangère	kultu'rell, natio'nal, posi'tiv, regu'lär, reli'giös.

Adverbes

-s / -ens	allerseits *(à la ronde)*, anders, allerdings *(il est vrai que)*, be'reits *(déjà)*, be'sonders, links, abends, stets *(toujours)*, erstens, bestens, frühestens *(au plus tôt)*.
-wärts	abwärts *(vers le bas)*, rückwärts, vorwärts, westwärts.
-weise	beispielsweise, glücklicherweise, möglicherweise.

Verbes

adjectif / nom	büffeln *(bûcher)*, ent'fernen *(éloigner)*, er'kranken *(tomber malade)*, filmen, ver'längern *(prolonger)*.
-eln / -ern / -igen	funkeln *(étinceler)*, lächeln *(sourire)*, glitzern *(scintiller)*, reinigen *(nettoyer)*.
-schen / -chen / -zen / -ieren	feilschen *(marchander)*, horchen *(écouter)*, faulenzen *(paresser)*. mar'schieren, hau'sieren *(vendre à domicile)*, pro'bieren, ra'sieren.

Mots composés à partir d'un dérivé

Adjectifs : großartig *(grandiose)*, kurzsichtig *(myope)*, schwerhörig *(dur d'oreille)*.

20 ORTHOGRAPHE ET PONCTUATION

On trouvera ci-après les principales dispositions de la réforme de l'orthographe allemande, applicables à partir du 1er août 1998.

136 Orthographe

Majuscule

Prennent une majuscule :

- **Noms propres et noms communs, titres, termes géographiques et historiques :**
  Keine **R**ose ohne **D**ornen. *(Pas de roses sans épines.)*
  Furcht macht **B**eine. *(La peur donne des ailes.)*
  Frau **H**oppe, **L**ehmanns *(les Lehmann)*,
  Karl der **G**roße *(Charlemagne)*, der **D**reißigjährige **K**rieg *(1618-1648)*,
  der **W**estfälische **F**riede *(1648)*, der **Z**weite **W**eltkrieg *(1939-1945)*,
  der **S**tille **O**zean *(océan Pacifique)*, der **B**ayerische **W**ald.

NB : gestern **A**bend, heute **M**orgen *(ce matin)*,
übermorgen **M**ittag *(après-demain midi)*, mais : heute früh.

- **Adjectifs substantivés :**
  ein **D**eutscher *(un Allemand)*, ein **O**bdachloser *(un sans-abri)* ;
  alles beim **A**lten lassen *(tout reste comme par le passé)*,
  und **Ä**hnliches / u.**Ä** *(etc.)*, im **A**llgemeinen *(en général)*.
  → Es ist das **B**este, wenn du gehst. *(Il vaut mieux que tu partes.)*
  Liberale und Grüne stimmten dafür. *(Libéraux et Verts votèrent pour.)*
  Sie war **Z**weite im Hochsprung. *(Elle était seconde au saut en hauteur.)*

Adjectifs substantivés au neutre après ***allerlei*** / ***alles*** / ***etwas*** / ***genug*** / ***nichts*** / ***viel*** / ***wenig*** :

allerlei **S**chönes, etwas **W**ichtiges, nichts **B**esonderes.
→ Ich wünsche dir alles **G**ute. *(Je te souhaite tout le bien possible.)*

NB : On écrira : und **a**nderes mehr (u.a.m.), etwas **a**nderes.

- **Mots substantivés :**
  das **A** und **O** *(l'essentiel)*, das **I**ch, das **H**immelsblau, im **V**oraus *(d'avance)*, das **D**rum und **D**ran *(et tout ce qui s'y rapporte)*,
  nach vielem **H**in und **H**er *(après bien des tergiversations)*.
  → Er ist bei **R**ot gefahren. *(Il a brûlé le feu rouge.)*
  Wo hält die **S**ieben (= Linie 7)?

- **Infinitifs et participes (I / II) substantivés :**
  das **L**esen, das **I**n-den-Tag-hinein-**L**eben *(vivre au jour le jour)*,
  zum **V**erwechseln ähnlich *(ressemblant à s'y méprendre)*.
  der **A**uszubildende / **A**zubi *(apprenti)*.
  → Ich habe **F**olgendes vorgesehen. *(Voici ce que j'ai prévu.)*
  die **A**bgeordneten *(les députés)*.
  → Mein **V**erlobter ist **B**ankangestellter.
  (Mon fiancé est employé de banque.)

- **Adjectifs en *-er* dérivés de noms de ville ou de certaines régions :**
  das **M**ünchener Oktoberfest *(fête de la bière à Munich)*,
  der **K**ölner Karneval *(carnaval de Cologne)*,
  die **W**iener Walzer *(les valses de Vienne)*, der **S**chweizer Käse *(gruyère)*.

- **Le pronom *Sie / Ihnen* et le possessif *Ihr*, formes de politesse :**
  → Was möchten **S**ie? *(Que désirez-vous ?)*
  Wie geht es **I**hnen? *(Comment allez-vous ?)*
  Ich brauche **I**hre Hilfe. *(J'ai besoin de votre aide.)*

Apostrophe

Son emploi est limité aux cas suivants :

- Elision des voyelles **e** (*initiale ou finale*), **i** (*à l'intérieur d'un mot*) ou de plusieurs lettres dans un texte poétique ou une transcription de la langue parlée :
  „Wenn ich ein Vöglein wär' (= wäre) ..."
  's (= Es) ist unmöglich! So'n (= ein) Unsinn!
  Wir gehen in'n (= in den) Wald.

  NB : der Ku'damm (= Kurfürstendamm)

- Génitif (saxon) d'un nom propre terminé par ***-s***, ***-ß***, ***-tz***, ***-z***, ***-x*** :
  Florenz' Geschichte *(l'histoire de Florence)*,
  Perikles' Zeitalter *(le siècle de Périclès)*,
  Grass' Romane *(les romans de Grass)*.

- *Remarques* :
  Ne prennent pas d'apostrophe :
  – *ans* (= *an das*), *aufs*, *ins* ...; *am* (= *an dem*), *beim*, *im* ...;
    hintern (= *hinter den*), *untern* ...; *zur* (= *zu der*) ...
  – l'impératif (2ᵉ pers. / sing.) des verbes les plus courants :
    bleib! *geh*! *iss*! *komm*! *lass*! *trink*! ...
  – les abréviations ***ran***, ***rauf***, ***rein***, ***runter***, ***raus*** ; ***mal*** (= *einmal*), ***was*** (= etwas) :
    Reich mir mal die Flasche rüber!
    Runter vom Tisch! Raus mit dir!
    Hast du noch was zu sagen?

Mots d'emprunt

- Pour les mots d'origine étrangère souvent utilisés, la réforme de l'orthographe de 1998 laisse le choix entre l'ancienne orthographe et une orthographe adaptée à l'allemand :
  Delphin / Delfin — Ketchup / Ketschup
  Exposé / Exposee — Panther / Panter
  Friseur / Frisör — Spaghetti / Spagetti
  Joghurt / Jogurt — Thunfisch / Tunfisch

- ***-ph-*** (suffixes ***-phon*** / ***-graph*** / ***-phie***) peut être remplacé par ***-f-*** (cf. *Telefon*) :
  Diktaphon / Diktafon — Photograph / Fotograf
  Mikrophon / Mikrofon — Bibliographie / Bibliografie
  Saxophon / Saxofon — Geographie / Geografie

  NB : Il importe que dans un texte l'orthographe soit homogène.

- Le substantif germanisé prend une **majuscule** :
  Er mixt sich einen Drink.
  Sie bestellt sich einen Digestif.

S'écrivent en deux mots

– ***Rad fahren*** (sur le modèle de ***Auto fahren***) :
→ Wir sind Rad gefahren.
Ski laufen, Acht geben *(faire attention)*, Maß halten *(garder la mesure)*.

– *sitzen bleiben / liegen bleiben / kennen lernen / spazieren gehen.*
gefangen nehmen / getrennt schreiben / übrig bleiben / verloren gehen.

– *da sein / dabei sein / zusammen sein / los sein / zu sein* :

→ Er ist da gewesen. Sie ist die Sorgen los gewesen.

– *auseinander reißen / gegeneinander stoßen / untereinander stehen / zueinander finden.*
genau genommen / gut gelaunt / kochend heiß / leuchtend rot.

– ein hell leuchtender Stern *(... brillant d'un vif éclat)*,
ein dünn besiedeltes Gebiet *(... faiblement peuplé)*,
der instand gesetzte Motor *(... remis en état de marche)*,
eine rückwärts gewandte Politik *(... rétrograde)*,
ein weich gekochtes Ei *(... à la coque)*.

– Laub tragende Bäume *(arbres à feuilles)* (Laub tragen),
die Erdöl exportierenden Länder *(pays exportateurs de pétrole)*,
Daten verarbeitende Maschinen *(machines de traitement de données)*.

– in Bezug auf Ihr Schreiben *(en référence à votre lettre)* / darauf folgend / dessen ungeachtet *(néanmoins)* / eine Zeit lang.

– ebenso oft / ebenso sehr.

– *wie viel / viel zu viel / viel zu wenig* :

→ Wie viel kostet das? Wie viele Teilnehmer?
mais : das wievielte Mal? Der Wievielte ist heute?

– *so viel / so wenig / so weit wie möglich* :

→ So viel du willst. Ich kann das so wenig wie du.

-ss- ou *-ß-*?

On écrira :

- ***-ß-*** après une voyelle longue :
grüßen, mais küssen (**ü** bref) ; der Fuß (pl. die Füße) ;

  ou après une diphtongue : außerhalb (*à l'extérieur de*), dreißig, Preußen, die Maße *(mesures)*, mais : die Masse (***a*** bref).

  Si l'on écrit le mot en majuscules, ***-ß-*** est remplacé par ***-SS-*** :
Straße / STRASSE, Fußspuren *(traces)* / FUSSSPUREN *ou* FUSS-SPUREN.

- ***-ss-*** après une voyelle brève :
dass, lass! iss! der Fluss (pl. die Flüsse),
das Esszimmer, sesshaft *(sédentaire)*,
Flussschiffer *(marinier)* / Fluss-Schiffer.

Trait d'union

- On écrira avec un trait d'union *(der Bindestrich)* :
3/4-Takt (Dreivierteltakt), 80-Pfennig-Briefmarke, 5 %-Klausel, 15-jährig, 30-prozentig, 5-mal, Tbc-krank, 4-Zimmer-Wohnung.

- Les mots composés présentant une **consonne triplée** et les emprunts à la langue anglaise s'écrivent, pour une meilleure compréhension, avec un trait d'union :
Bett + Tuch → Betttuch / Bett-Tuch *(drap de lit)*,
Schiff + Fahrt → Schifffahrt / Schiff-Fahrt *(navigation)*,
Kaffee + Ersatz → Kaffeeersatz / Kaffee-Ersatz,
Fußball + Länderspiel → Fußballländerspiel / Fußball-Länderspiel.
Fulltimejob / Full-Time-Job; Knockout / Knock-out; Layout / Lay-out;
Shoppingcenter / Shopping-Center; Swimmingpool / Swimming-Pool.

- Le trait d'union permet d'**éviter la répétition** d'un terme commun dans des mots composés reliés par ***und*** :
auf- und zumachen *(ouvrir et fermer)*, Ein- und Ausgang *(entrée et sortie)*,
Industrie- und Handelskammer.

Coupure de syllabes

- La coupure de syllabes en fin de ligne se fait d'après la prononciation.
  Une seule consonne est attribuée à la ligne suivante (y compris le ***-h-*** indiquant une voyelle longue) :
  Fin-ger / nä-hen / füh-len / dunk-le / kämp-fen (*mais* : kämpf-te) / Wie-se / Was-ser / Grü-ße / Städ-te / Rit-ter / Kat-zen / Wes-pe *(guêpe)* / Wes-ten / Küs-te / er brems-te *(il freina)*.
- On évitera de séparer une voyelle isolée : O-fen *(poêle)* / U-hu *(grand-duc)*.
- On ne sépare pas ***-ck***, ***-ch***, ***-sch***, ni ***-ph***, ou ***-th*** dans les mots d'emprunt :
  Bü-cher / ba-cken / Zu-cker / Fla-sche
  Pro-phet / ka-tholisch
- On ne dissocie pas une diphtongue : Kai-ser / Räu-ber / bei-ßen / Eu-le *(hibou)*.
- On sépare un mot composé selon ses composants :
  be-treten / Ver-gnügen / Diens-tag / Kleider-schrank / Feier-abend / Des-interesse / Trans-aktion.

137 Ponctuation

La virgule

La virgule *(das Komma)* **sépare** :

- **Les termes d'une énumération :**
  Ich kaufe Brot, Butter, Fleisch und (1) Gemüse.

NB : On mettra une virgule avant ***nämlich*** / ***und zwar*** (à savoir), ***d.h.*** *(das heißt)*, ***z.B.*** *(zum Beispiel)* :
Ich fahre später, nämlich erst nach 21 Uhr.
Ich habe den Sänger oft gehört, z.B. als Lohengrin.

- **Les propositions ou les termes reliés par :**
  – ***aber*** (mais), ***denn*** (car), ***sondern*** (mais au contraire), ***(je) doch*** (toutefois) :
  Arm, aber glücklich; nicht schön, doch sehr intelligent.
  Er macht Licht, denn es wird dunkel.
  Das ist kein Bett, sondern eine Couch.
  – Les locutions ***bald ..., bald*** *(tantôt ..., tantôt)* / ***einerseits ..., andererseits*** *(d'une part ..., d'autre part)* / ***halb ..., halb*** *(moitié ..., moitié)* / ***nicht nur ..., sondern auch*** *(non seulement ..., mais aussi)* / ***ob ..., ob*** *(que ..., ou que)* / ***teils ..., teils*** *(en partie ..., en partie)* :
  Sie spielt nicht nur Tennis, sondern auch Squash.
  Ob arm, ob reich, vor dem Gesetz sind alle gleich.
- ***ja, nein, doch, danke,*** **du reste de la phrase :**
  Ja, er ist zu Hause.
  Danke, es ist sehr freundlich von Ihnen.
- **La subordonnée, l'incise ou le discours direct du reste de la phrase :**
  Hunde, die bellen, beißen nicht.
  „Nein, Nein!", rief sie.
  Er liest, um keine Zeit zu verlieren, auf der Straße.

---

(1) Les deux derniers termes sont reliés par ***und*** ou ***oder***.

- **L'apposition, l'apostrophe et l'interjection du reste de la phrase :**

  Diesel, ein deutscher Ingenieur, ist in Paris geboren.
  Nachher, Sabine, wollen wir spielen.
  Sonntag, den 1. März, um 8 Uhr.
  Ach, das ist schade!

- **Remarques :**

  – On **ne met pas de virgule** entre des groupes verbaux indépendants reliés par ***und*** ou ***oder :***

  Tue recht und scheue niemand! *(Fais ce que dois, advienne que pourra !)*
  Der Schnee schmolz dahin und bald ließen sich die ersten Blumen sehen.

  NB : On peut mettre une virgule pour insister sur l'articulation de la phrase :

  Wir stiegen in den Zug (,) und die Kinder weinten, weil sie ihre Freunde verlassen mussten.

  – Le complément circonstanciel n'est pas séparé du reste de la phrase par une virgule :

  Nach der Vorstellung gingen wir nach Hause.

  – On ne sépare pas deux adjectifs, lorsque le dernier adjectif se rapporte étroitement au nom qui suit :

  an der schönen blauen Donau *(sur les bords du beau Danube bleu)*

  (= die blaue Donau ist schön)

  Comparer avec : schöne, breite Fenster [= die Fenster sind schön **und** breit]

  Ici les deux adjectifs sont placés sur le même plan.

  – On ne met pas de virgule devant un **infinitif** sans complément :

  Er fing an zu spielen.

  ni après ***pflegen*** *(avoir l'habitude de)* : Er pflegt um 7 aufzustehen.
  scheinen *(sembler)* : Er scheint gut gelaunt zu sein.
  wissen *(savoir)* : Sie weiß es zu schätzen.
  (nicht) ***brauchen*** *(avoir besoin de)* : Du brauchst nicht zu kommen.

  – La virgule n'est pas obligatoire devant le **groupe infinitif** ou après le **groupe participial** :

  Ich bitte dich (,) diesen Auftrag schnell zu erledigen.
  (Je te prie d'exécuter rapidement cette commande.)
  Herzlich lachend (,) begrüßte er mich.
  (Riant de tout cœur, il me salua.)

  NB : Une virgule est possible si l'on veut mettre en valeur la structure de la phrase :

  Einmal angebrochen, hält sich die Konserve nur kurze Zeit.
  (Une fois ouverte, la conserve ne se garde que peu de temps.)

  ou éviter un malentendu :

  Ich empfehle, ihm nichts zu sagen.
  (Je recommande de ne rien lui dire.)
  Ich empfehle ihm, nichts zu sagen.
  (Je lui recommande de ne rien dire.)

  – On mettra une virgule si le groupe infinitif est **annoncé** ou **repris** par un « pronom relais » comme ***es, das, darum*** …

  Darüber, eine Familie zu gründen, dachte er nach.
  Eine Familie zu gründen, das war sein größter Wunsch.
  Sein größter Wunsch war es, eine Familie zu gründen.

Guillemets

- Les guillemets *(das Anführungszeichen)* se notent le plus souvent **„..."** :

  Auf die Frage „Wem?" steht der Dativ, auf die Frage „Wen?" der Akkusativ.
  Sokrates sagte: „Ich weiß, dass ich nichts weiß."

  À l'intérieur d'un texte entre guillemets, on utilisera les signes **‚...'** :

  „Läuft heute der Film ‚Vom Winde verweht' zum letzten Ma ?", fragte er.

  NB : Autres signes utilisés »...« (guillemets inversés) et, dans un texte entre guillemets, >...<.

- Une **virgule** sépare la citation entre guillemets du texte suivant, même si elle se termine par un point d'interrogation ou d'exclamation, mais le point final disparaît :

  „Das weiß ich nicht", antwortete er.
  Er sagte: „Ich komme morgen!", und verabschiedete sich.
  „Es ist möglich", sagte sie, „dass ich morgen verreise."

  NB : Pas de point final après les derniers guillemets.

- Ich arbeite in der Redaktion des Magazins „Der Spiegel".
  L'article peut être décliné, mais il doit rester en dehors des guillemets :

  Ich arbeite in der Redaktion des „Spiegels".

Point

Le point *(der Punkt)* indique la fin d'une phrase. Il se place aussi après les abréviations suivantes :

- **Abréviations** entièrement prononcées :

  Dr. (= Doktor), Frl. (= Fräulein), Frankfurt a. Main (= am Main),
  d.h. (= das heißt) *c'est-à-dire (c.-à-d.),*
  z.B. (= zum Beispiel) *par exemple,*
  usw. (= und so weiter) *etc.*
  Mio. (= Million), Mrd. (= Milliarde).

  – Exceptions :
  unités de mesure : ***m, km, kg, l*** ...

  über 4 m hoch *(plus de 4 mètres de hauteur).*
  die 90**er** Jahre (die neunzig**er** Jahre) *(les années 90).*

- **Adjectifs ordinaux** (date, titre) écrits en chiffres :

  Friedrich II. (= der Zweite), König von Preußen
  Heute haben wir den 3. Mai (= den dritten).
  im 21. Jahrhundert (= im einundzwanzigsten ...).

  Le point note l'abréviation de la marque ***-t*** (2. → 19.) ou ***-st*** (20. →) de l'adjectif ordinal.

  NB : der ers**te** (1.), der sieb**te** (7.), der ach**te** (8.).

  Remarque :
  Pas de point après le titre d'un livre ou d'un article de journal :

  Duden, Rechtschreibung der deutschen Sprache
  Euro ist genau 1,95583 Mark wert *(Die Welt)*

Deux points

Majuscule après les deux points (*„der Doppelpunkt"*) introduisant le discours direct ou un énoncé, sinon minuscule :

Sie sagte: "**D**as hast du gut gemacht."
Das Sprichwort lautet: **A**ller Anfang ist schwer.
(Le proverbe dit : Il n'y a que le premier pas qui coûte.)

mais : Rechnen: **a**usreichend *(calcul : passable).*
Ende des Konzerts: **g**egen 23 Uhr.
Diagnose: **c**hronische Bronchitis.
Ich benötige noch: **b**unte Stifte, Papier und eine Schere.
(Il me faut encore : des crayons de couleur, du papier et des ciseaux)

Tiret

- Le tiret (*der Gedankenstrich*) peut servir de parenthèse :

  Eines Tages – es war im Frühling – schneite es.
  Obst – besonders Äpfel und Birnen – esse ich gern.

- Il peut marquer une pause :

  Plötzlich – ein Hilferuf. *(Brusquement, un appel à l'aide.)*
  Auf die Plätze – fertig – los! *(À vos marques ! Prêts ? Partez !)*
  Der Wald, die Wiesen, der See – all das gehört dem Gut.
  (Le bois, les prairies, le lac, tout cela appartient au domaine.)

- Il peut indiquer le changement d'interlocuteur :

  „Komm bitte mal her!" – „Ja, gleich!"
  (« Viens s'il te plaît ! » – « Oui, tout de suite. »)

3 ÉLÉMENTS DE PHONÉTIQUE

Fautes à éviter : liaison erronée, accentuation inexacte, confusion entre voyelles longues et brèves, intonation calquée sur l'intonation française.

138 Voyelles et diphtongues, consonnes

Prononciation des voyelles et des diphtongues

A-	bref long	[a] [a:]	Stadt Staat	[ʃtat] [ʃta:t]
E-	fermé ouvert long bref atone	[e] [ɛ] [ə]	Ehre wähle hätte halte	['e:rə] ['vɛ:lə] ['hɛtə] ['haltə]
I-	fermé ouvert non syllabique	[i] [ɪ] [i̯]	Kiel viel still Fisch Studie	[ki:l] [fi:l] [ʃtɪl] [fɪʃ] ['ʃtu:di̯ə]
O-	fermé ouvert	[o] [ɔ]	Boot Post	[bo:t] [pɔst]
U-	fermé ouvert	[u] [ʊ]	klug Mutter	[klu:k] ['mʊtɐ]
	ei- / ai- (1) **au-** **eu- / äu-**	[ai̯] [au̯] [ɔy̯]	Meister Main Laube Heu Europa	['mai̯stɐ] [mai̯n] ['lau̯bə] [hɔy̯] [ɔy̯'ro:pa]
Ö-	fermé ouvert	[ø] [œ]	Öl plötzlich	[ø:l] ['plœt͡slɪç]
Ü-	fermé ouvert	[y] [Y]	Hüte Brücke	['hy:tə] ['brYkə]

(1) Le premier élément de la diphtongue est plus accentué que le second.

Consonnes

Nasales			
m	[m]	Mond	[mo:nt]
syllabique	[m̩]	großem	['gro:sm̩]
n	[n]	nass	[nas]
syllabique	[n̩]	baden	['ba:dn̩]
ng	[ŋ]	eng	[ɛŋ]
		lang	[laŋ]
Fricatives			
f sourd	[f]	Fass	[fas]
w sonore	[v]	Wein	[va͜in]
s sourd	[s]	Hast	[hast]
s sonore	[z]	Hase	['ha:zə]
sch sourd	[ʃ]	schön	[ʃø:n]
sch sonore	[ʒ]	Etage	[e'ta:ʒə]
ch sourd (d'avant) → **'Ich-Laut'**	[ç]	ich frech	[ɪç] [frɛç]
sonore (d'avant)	[j]	ja	[ja:]
ch sourd (d'arrière) → **'Ach-Laut'**	[x]	ach	[ax]

l	[l]	Last	[last]
syllabique	[l̩]	Nebel	['ne:bl̩]
r	[r]	recht	[rɛçt]
non syllabique	[ɐ]	Uhr	[u:ɐ]
h 'Hauchlaut'	[h]	hell anhalten	[hɛl] ['anhaltn̩]
z	[t͜s]	Zahl	[t͜sa:l]
Occlusives			
– sourde **p**	[p]	Pakt	[pakt]
sonore **b**	[b]	Ball	[bal]
– sourde **t**	[t]	Tal	[ta:l]
sonore **d**	[d]	du	[du:]
– sourde **k**	[k]	kalt	[kalt]
sonore **g**	[g]	gut	[gu:t]

[p] [t] [k] : À l'initiale, ces consonnes sont plus explosives qu'en français. On les prononce avec un bruit de souffle : [pʰ, tʰ, kʰ].

Remarques :

- Accent principal ["] ['] leben ['le:bn̩]
  Accent secondaire ['] ou [ˌ] Bahnhofstraße ["ba:nho:fʃtra:sə]
  Nasalisation de voyelle [~] Abonnement [abɔnə'mã:]

  Les voyelles nasales dans les mots empruntés au français sont allongées.

- Voyelle non syllabique [̯] Nation [na't͜si̯o:n]
  Consonne syllabique [̩] [|] Büffel ['bʏfl̩]
  Absence de liaison [|] Theater [te|'a:tɐ]
  Dreieck ['dra͜i|ɛk]

- [‿] s'emploie pour une diphtongue : (ei, ai, au, eu) : weit [va͜it]
  ou pour une affriquée : Zar [t͜sa:ɐ], Lotse ['lo:t͜sə], Katze ['kat͜sə]

- Attaque dure *(Knacklaut)* [|] abändern ['ap|ɛndɐn]

- **Voyelle longue** [:] Staat [ʃta:t]
  Une voyelle est longue,
  – dans une syllabe ouverte, accentuée ou en position finale : Ware ['va:rə] Ufer ['u:fɐ] ja [ja:] wo [vo:]
  – lorsqu'elle est double : Schnee [ʃne:] Boot [bo:t]
  – suivie d'un *h* muet : Bahn [ba:n] Kuh [ku:]
  ou d'une consonne simple Tag [ta:k] Ruf [ru:f]
  – devant **-ß-** intervocalique : grüßen ['gry:sn̩] Maße ['ma:sə]

• **Voyelle brève** ab [ap] bis [bɪs] es [ɛs] man [man] ob [ɔp] ver- [fɛɐ] weg- [vɛk] zum [tsʊm] an das in mit um von wes bin des hin -nis un- was zer-
• Il n'y a pas de liaison en allemand, mais un enchaînement : der|Abend → pas de liaison entre -r et A- er|'eilen über|'all Be|'tragen ver|'alten libe|'ral be|'antworten
• Dans la langue familière on peut avoir une assimilation du pronom personnel non accentué placé après le verbe : Hörst du (prononcé : Hörstu) ? – das hat-er.
• vollends, warum, herauf, hinein. Ces mots composés sont ressentis comme formant une unité. La consonne est liée à la voyelle.
• 'Erb|se ['ɛrpsə] 'ab|brennen ['apbrɛnən] 'Nord|deich ['nɔrtdaɪç] weg [vɛk] → 'weg|gehen ['vɛkge:ən] En fin de syllabe et en contact avec d'autres consonnes, ***b***, ***d***, ***g*** se prononcent respectivement ***p***, ***t***, ***k***. : → ab [ap] und [ʊnt] Weg [ve:k] ***-gd*** se prononcera ***-kt-*** : Jagd [ja:kt] ***-bt-*** ***-pt-*** : gibt [gi:pt] ***-gt-*** ***-kt-*** : gesagt [gə'za:kt]
• **-ig** se prononce [iç] – à la fin du mot : ewi**g** ['e:viç] ou devant consonne : er predi**g**t *(il prêche)* – à la fin du radical devant suffixe : der Dreiß**ig**ste Ew**ig**keit *(éternité)* On prononce toutefois [ik] si la syllabe suivant contient le son [ç] : kön**ig**lich → ['kø:nikliç].
• **-s** se prononce [ʃ] – à l'initiale : **Sp**ort, **Sp**iel – après un préfixe : fe**st**stellen – Bei**sp**iel ou dans un mot composé : das Fussball**sp**iel (mais : Last [last] *(charge)* Muster ['mʊstɐ] *(modèle)*

139 Accentuation des mots

'Butter → "Butter'brot + – + – + Germa'nistik zu'letzt – – + – – +

• **Mots simples** d'origine allemande : l'accent est mis sur la première syllabe.
'Vater 'arbeiten 'Monat

Exceptions :

die Fo'relle	die Hor'nisse	le'bendig	der Ho'lunder
(truite)	*(frelon)*	*(vivant)*	*(sureau)*

• **Mots composés** : le premier terme (le déterminant) porte l'accent fort.
"Post'amt *(bureau de poste)*, "Hand'tasche *(sac à main)*.

• **Exceptions** :

– Agglomérés :

	aller'dings *(à vrai dire)*	(die)	Mutter'gottes	Vater'unser
	aller'liebst *(charmant)*		nachein'ander	vie'lleicht
(die)	Apfel'sine *(orange)*		Nord'west(en)	voll'kommen
	durchein'ander		über'haupt	vor'handen
(das)	Jahr'hundert		unter'dessen	will'kommen
(das)	Lebe'wohl *(adieu)*		unter'wegs	zu'sammen

– Adverbes

da'bei	wo'bei	hi'nauf	he'rauf	so'bald	vo'ran
da'her	wo'her	hi'nunter	he'raus	so'gleich	vor'bei
da'hin	wo'hin	hi'nüber	he'rein	so'gar	vo'raus
da'rum	wa'rum	hin'zu	he'runter	sowie'so	zu'erst

– da'mit *(afin que)*, 'damit *(avec cela)* ; 'tatsächlich *(en effet), à côté de* tat'sächlich.

– Lorsque le mot a plus de deux syllabes, il faudra distinguer l'accent fort de l'accent secondaire :

"haufen'weise *(en foule)*
"abzu'geben *(à remettre)*
"Baube'trieb *(entreprise de construction)*
Ver"kaufsstellen'leiter *(directeur d'un point de vente)*

– Pour les mots composés de trois termes, l'accent fort est parfois sur le terme intermédiaire :

Ober"postdirek'tion / Ober"landesge'richt *(cour d'appel)*

• **Mots d'origine étrangère**

das 'Auto	das Restau'rant
die 'Technik	kon'kret
die Ba'llade	das "Plusquamper'fekt

Il est difficile de prévoir la place de l'accent. Il sera souvent sur la dernière ou l'avant-dernière syllabe :

das Ho'tel, die Mu'sik (mais : der 'Musiker).

– Dernière syllabe
Terminaisons portant l'accent :

-ei	die Par'tei, par'teiisch	-eur	Fri'seur, Ingeni'eur
-ieren	ra'sieren, hal'bieren	-ie	Che'mie
-al	Origi'nal, sozi'al	-ier	Ma'nier
-an	spon'tan	-ion	Na'tion (1)
-ant	extrava'gant	-ist	Rea'list
-ar	Exem'plar, Bibliothe'kar	-iv	kur'siv
-är	Mili'tär	-kret	dis'kret
-ell	for'mell, origi'nell	-ment	Parla'ment
-ent	imperti'nent, Do'zent	-or	Te'nor
-enz	Va'lenz	-ös	ner'vös
-esk	gro'tesk	-tät	Universi'tät
-ett	a'drett	-thek	Biblio'thek
		-ur	Fi'gur

(1) Pour les mots en *-ion* tirés du grec, l'accent sera sur l'avant-dernière syllabe → das 'Stadion.

– Avant-dernière syllabe : der Sozia'lismus – die Apo'theke

-abel -ade -arisch -ester -ik	prakti'kabel Limo'nade exem'plarisch Se'mester 'Technik, Charakte'ristik	-ismus -istisch -ium -oge -or	Rea'lismus rea'listisch, idea'listisch 'Studium Päda'goge Mode'rator, Pro'fessor

– Accent mobile :

der 'Pastor der 'Pro'fessor der 'Doktor	→ die Pas'toren → die Profe'ssoren → die Dok'toren	der Cha'rakter der 'Motor	→ die Charak'tere → die Mo'toren

Exceptions :

der Ma'jor → die Ma'jore *(commandant)*
der Te'nor → die Te'nöre

– Les préverbes ***be-***, ***emp-***, ***ent-***, ***er-***, ***ge-***, ***ver-***, ***zer-*** ne sont pas accentués :

be'ginnen → der Be'ginn *(commencement)*
em'pfangen → der Em'pfang *(réception)*
zer'streuen → die Zer'streuung *(dispersion)*

– ***über-***, ***um-***, ***unter-*** ne sont pas accentués lorsqu'ils sont inséparables du verbe :

über'setzen → die Über'setzung *(traduction)*
um'geben → die Um'gebung *(environs)*
unter'führen → die Unter'führung *(passage souterrain)*

Exceptions :

miss'brauchen *(abuser)* (*mais :* der 'Missbrauch),
miss'gönnen *(envier qc à qn)* (*mais :* die 'Missgunst).

– Abréviations :

a. Lues → accent sur la première syllabe :

die 'NATO
'AStA (Allgemeiner Studentenausschuss) – die 'UNO (*mais :* die U'nesco)
das 'Kilo, Herr 'Ober, das 'Foto (*mais :* das La'bor)
der 'D-Zug, die 'S-Bahn

b. Épelées→accent sur la dernière syllabe :

das Ab'c, der Lk'w, die Gmb'H
die CD'U, der DG'B (der Deutsche Gewerkschaftsbund)
die SP'D, die AE'G (die Allgemeine Elektrizitätsgesellschaft)

– Interjections → accent sur la dernière syllabe :

a'ha, herr'jeh, na'nu
o'ho, o'weh, tra'ra

– Noms géographiques :

'Düsseldorf – 'Hamburg – 'London

mais :	Ber'lin (der Ber'liner)	Pa'ris	Trave'münde
	Ha'nnover	Saar'brücken	West'falen

Noter l'accentuation des prénoms : E'lisabeth, Ma'thilde, Frede'rike

4 COMMENT TRADUIRE ?

„Übung macht den Meister."

140 Du français à l'allemand

Apprendre

enseigner qc à qn	***bei-bringen*** [1]	Schwimmen hat er mir beigebracht. *(Il m'a appris à nager.)* Wie soll ich's ihm nur beibringen? *(Comment vais-je lui apprendre cela ?)*
acquérir des connaissances	***lernen***	Sie lernt Autofahren. *(Elle apprend à conduire.)* Er hat Bäcker gelernt. *(Il a appris le métier de boulanger.)*
apprendre (une nouvelle)	***hören*** ***erfahren*** (u / a / ä)	Ich habe nichts Neues gehört ... *(Je n'ai rien appris de nouveau.)* Ich erfuhr Näheres aus dem Brief. *(J'ai appris les détails par la lettre.)*
faire savoir à qn	***mit-teilen***	Sie teilte mir mit, dass ... *(Elle m'a appris que...)*
instruire qn	***lehren*** (+ accusatif)	Die Geschichte lehrt uns, dass ... *(L'histoire nous apprend que ...)*

(1) sens le plus courant : annoncer quelque chose à quelqu'un.

(S')arrêter

pour le piéton ou une montre	***stehen bleiben*** (ie / ie)	Ich bleibe vor der Tür stehen. *(Je m'arrête devant la porte.)* Meine Uhr ist stehen geblieben. *(Ma montre s'est arrêtée.)*
pour une voiture	***halten*** (ie / a / ä)	Hält der Bus hier? *(Le bus s'arrête-t-il ici ?)*
dans un discours	***inne-halten*** (ie / a / ä)	Ich halte mitten im Satz inne. *(Je m'arrête au milieu de la phrase.)*
arrêter un voleur	***verhaften*** ***fest-nehmen*** (a / o / i)	Der Dieb wurde { verhaftet / festgenommen. *(Le voleur a été arrêté.)*

Assez

genug (suffisamment) après l'adjectif : après ou avant le substantif :	Du bist alt genug. *(Tu es assez âgé.)* Es gibt Brot genug (genug Brot). *(Il y a assez de pain.)*
ziemlich (=passablement)	Es ist schon ziemlich spät. *(Il est déjà assez tard.)*

Au milieu de

mitten suivi de la préposition qui convient : ***in*** *der Nacht /* ***auf*** *der Straße*	mitten in der Nacht *(au milieu de la rue)* Die Kinder spielen mitten auf der Straße. *(Les enfants jouent au milieu de la rue.)*

Beaucoup (avec un verbe)

sehr (intensité)	Das gefällt mir sehr. Danke sehr! *(Cela me plaît beaucoup. Merci bien !)*
viel (quantité)	Er trinkt viel. Viel Vergnügen! *(Il boit beaucoup. Bien du plaisir !)*

Demander

interroger	***fragen*** (+ accusatif)	Fragen Sie den Polizisten! *(Demandez à l'agent de police !)*
solliciter	***bitten um*** (+ accusatif)	Darf ich um Feuer bitten? *(Puis-je vous demander du feu ?)*
demander l'avis	***fragen um*** (+ accusatif)	Darf ich Sie um Rat fragen? *(Puis-je vous demander conseil ?)*
s'informer de	***fragen nach*** (+ datif)	Frag ihn nach dem Weg! *(Demande-lui ton chemin.)*
exiger	***fordern*** / ***verlangen***	Er verlangt 50 Mark von mir. *(Il me demande 50 marks.)*

Dont

complément de nom – ***dessen*** (M / N singulier) : – ***deren*** (F singulier / pluriel) :	der Mann, **dessen** Mantel (1) grau ist,… *(l'homme dont (le) manteau est gris…)* die Frau, **deren** rotes Kleid (1) ich sehe … *(la femme dont je vois (la) robe rouge…)*

(1) Le substantif duquel dépend « dont » se place après ***dessen*** / ***deren***, sans article !

complément de verbe ou d'adjectif : Si l'antécédent est un nom de chose, on peut employer ***wo(r)*** + préposition :	der Mantel, **den** [1] ich brauche,... *(le manteau dont j'ai besoin...)* der Film, über **den** [1] wir sprechen,... *(le film dont nous parlons...)* die Schüler, mit **denen** [1] ich zufrieden bin,... *(les élèves dont je suis satisfait(e)...)* der Film, **worüber** wir sprechen,...
dont (= parmi lesquel(le)s), complément d'un superlatif, d'un pronom indéfini ou d'un adjectif cardinal, se traduit par ***von denen***.	Er hat drei Töchter, **von denen** die jüngste sehr schön ist. *(Il a trois filles dont la plus jeune est très belle.)*
sans l'article défini français :	der Baum, **von dem** zwei Äste abgebrochen sind. *(l'arbre dont deux branches sont brisées.)*

(1) Le pronom relatif est au cas exigé par le verbe ou l'adjectif.

En

als (en qualité de)	Ich spreche **als** Freund. *(Je parle en ami.)*
adv. de lieu : ***daher / dorther*** (de là-bas)	Wir waren im Dorf. Wir kommen **daher**. *(Nous en venons.)*
préposition : – ***aus*** (matière) – ***in*** + datif (temps) (lieu → *Wo*?) – ***nach*** + datif (direction → *Wohin*?) – ***mit*** + datif, etc.	 ein Ring **aus** Gold (= ein goldener [1] Ring) *(un anneau en or)* **im** Mai, **im** Jahre 2002 Ich wohne **in** Bayern. *(J'habite en Bavière.)* Ich fahre **nach** Bayern. *(Je vais en Bavière.)* (*mais* : Ich fahre **in** die Schweiz.) **mit** dem Auto, **mit** dem Flugzeug *(en voiture, en avion)*
démonstratif ***dessen / deren***	Ich bin **dessen** [2] sicher. *(J'en suis sûre.)* Er schämt sich **dessen** [2]. (*Il en a honte.*)
da(r) + préposition	Ich schließe **daraus** [3]. *(J'en conclus.)* Erinnerst du dich **daran**? *(T'en souviens-tu ?)*
partitif : ***davon*** ***welcher / -e / -es*** (une certaine quantité)	Gib mir ein Stück { vom Kuchen! / **davon**! *(Donne-m'en !)* } Hast du Zigaretten? Ich habe **welche**. *(J'en ai.)*
avec ***wie viel / genug / mehrere / einige / einer / keiner*** ... ne se traduit pas :	Wie viele hast du? Ich habe noch vier. *(Combien en as-tu ? J'en ai encore quatre.)* Gib mir eine, bitte! *(Donne-m'en une, s'il te plaît !)*
en + participe présent (voir aussi les paragraphes 17 et 67)	

(1) Les adjectifs de matière (suffixe ***-en / -ern*** : *golden, eisern, hölzern* ...) ne s'emploient pas comme attributs : eine goldene Uhr, *mais* : Diese Uhr ist aus Gold.
(2) Complément de nom, ou d'un adjectif, ou d'un verbe demandant le **génitif**.
(3) Complément d'un verbe demandant une **préposition**.

Il y a

es gibt (il existe) + accusatif (le lieu n'est pas précisé) ***es*** (1) ***ist*** / ***es*** (1) ***sind*** (avec un nombre) ***es*** (1) ***steht*** / ***es*** (1) ***stehen*** (on précise la position) ***es*** (1) ***liegt*** / ***es*** (1) ***liegen***, etc.	Was gibt es zu essen? *(Qu'est-ce qu'il y a à manger ?)* Was gibt es Neues? *(Qu'est-ce qu'il y a de nouveau ?)* **Es** sind 8 Personen. **Es** ist kein Platz mehr. *(Il y a 8 personnes. Il n'y a plus de place.)* Was steht in der Zeitung? *(Qu'est-ce qu'il y a dans le journal ?)* **Es** liegt viel Schnee auf dem Weg. *(Il y a beaucoup de neige sur le chemin.)* Liegt (1) viel Schnee auf dem Weg?
vor + datif (sens temporel) (action achevée)	vor einem Monat *(il y a un mois)* vor einiger Zeit *(il y a quelque temps)*
seit + datif (depuis) L'action commencée dans le passé se continue dans le présent au moment du récit.	Ich wohne seit einem Monat hier. *(Il y a un mois que j'habite ici.)*

(1) ***es*** n'apparaît pas dans l'interrogation.

Mais

aber s'emploie après une phrase affirmative ou négative. Après une phrase négative, ***aber*** ne modifie en rien la négation précédente. ***aber*** peut porter sur un membre de phrase ; il se place après celui-ci (style soutenu) ou devant.	Es weht stark, **aber** es regnet nicht. *(Le vent est fort, mais il ne pleut pas.)* Der Tee ist nicht billig, **aber** er ist ausgezeichnet. *(Le thé n'est pas bon marché, mais il est excellent.)* Karl spielt, ich **aber** lerne. *(Karl joue ; quant à moi, j'apprends.)*
Une opposition moins forte se rendra par ***zwar*** (certes) ..., ***aber*** ... :	Er kann **zwar** Deutsch, **aber** er spricht es schlecht. *Certes, il sait l'allemand, mais il le parle mal.*
sondern (= mais au contraire) ne s'emploie qu'après une négation et apporte une rectification.	Er ist nicht im Büro, **sondern** im Café.
nicht nur ..., sondern auch ... (= non seulement ... mais aussi)	Ich spiele **nicht nur** Fußball, **sondern auch** Handball. *(Je joue non seulement au football, mais aussi au handball.)*

Ne ... que

erst (ne ... que) indique un point dans le temps, une étape	Der Film begann **erst** um 16 Uhr. *(Le film ne commença qu'à 16 h.)* Ich bin **erst** 16 Jahre alt. *(Je n'ai que 16 ans.)*
nur / ***bloß*** / ***lediglich*** (seulement) s'emploient pour une quantité ou une durée considérée comme quantité.	Da ich **nur** 50 Euro habe, bleibe ich **nur** 2 Tage. *(Comme je n'ai que 50 euros, je ne reste que 2 jours.)*
nur noch (ne ... plus que)	Ich habe **nur noch** 50 Pfennig. *(Je n'ai plus que 50 pfennigs.)*
schon (dès, déjà)	**Schon** mit 55 wurde sie pensioniert. *(Elle n'avait que 55 ans lorsqu'elle prit sa retraite.)*

Tout

ganz (tout entier)	ganz Deutschland *(toute l'Allemagne)*
jeder (chaque)	jeder Deutsche / jede Deutsche *(tout Allemand / toute Allemande)*
alle (tous)	alle Deutschen *(tous les Allemands)*

Trop

zu (devant adjectif ou adverbe)	Du fährst **zu** schnell! Das ist **zu** gefährlich! *(Tu roules trop vite ! C'est trop dangereux !)*
zu viel (quantité) avec un substantif ou un verbe	Iss nicht **zu viel** Kuchen! *(Ne mange pas trop de gâteaux !)* Trink nicht **zu viel**! *(Ne bois pas trop !)*
zu sehr (intensité)	Du verwöhnst ihn **zu sehr**. *(Tu le gâtes trop.)*

Y

adverbe de lieu : – ***hier*** / ***da*** / ***dort*** (lieu où l'on est → *Wo?*) – ***hin*** / ***dahin*** / ***dorthin*** (lieu où l'on va → *Wohin?*)	**Hier** bin ich, und **hier** bleibe ich. *(J'y suis, j'y reste.)* **Dorthin** führt der Weg. *(Le chemin y mène.)*
démonstratif adverbial : – pour les choses → ***da(r)*** + préposition – pour les personnes (rare) → pronom personnel (avec les verbes : penser, se fier, songer...)	Ich war **dabei**. *(J'y étais.)* Ich habe mich **daran** gewöhnt. *(Je m'y suis habitué.)* Ich denke **daran**. *(J'y pense.)* Denken Sie an mich! Ich denke an Sie. *(Pensez à moi. J'y pense.)*
einschließlich (+ Génitif) (y compris)	**einschließlich** der Zinsen *(intérêts compris)*

141 De l'allemand au français

Da

là (lieu)	He, Sie **da**! *(Vous, là-bas !)* Ist Post für mich **da**?
alors (temps)	**Da** fragte er: „Was möchten Sie?"
étant donné que	**Da** (1) er krank war, konnte er nicht kommen. *(Comme il était malade, il ne pouvait venir.)*

(1) Subordonnée → Verbe en position finale ; l'intonation est différente !

Denn

car	Sie freut sich, **denn** sie hat Ferien. *(Elle se réjouit, car elle a des vacances.)*
donc (dans une interrogation) Le français « donc » peut se rendre par ***doch*** (après un impératif) ***also*** / ***folglich*** (= par conséquent)	Was hast du **denn** gemacht? *(Qu'as-tu donc fait ?)* Komm **doch** nach Hause! *(Viens donc à la maison !)* Ich denke, **also** bin ich. *(Je pense, donc je suis.)*

Jetzt

Les voilà qui arrivent.	**Jetzt** kommen sie.
Alors ils vinrent. On traduit par « alors », car le verbe est au passé. « Maintenant » ne s'applique qu'au présent.	**Jetzt** kamen sie.

Sonst

sinon	Arbeite, **sonst** bin ich nicht zufrieden. *(Travaille, sinon je ne serai pas content(e).)*
d'habitude	Er ist nicht wie **sonst**. *(Il n'est pas comme d'habitude.)*
par ailleurs	Haben Sie **sonst** noch Wünsche? *(Et avec cela ?)*

Voll

voll (+ complément) suit le substantif : On emploie aussi ***voller*** (+ complément) :	ein Koffer **voll** Wäsche *(une valise pleine de linge)* Der Tisch lag **voll**(er) Zeitungen. *(la table était couverte de journaux)*
voll (+ génitif) si un adjectif accompagne le complément :	ein Baum **voll** reif**er** Äpfel *(un arbre rempli de pommes mûres)*
voll von (+ datif) Cette forme tend à se répandre.	**voll von** gutem Willen *(plein de bonne volonté)*

Zwar

à vrai dire, certes ***zwar..., aber (doch) ...***	**Zwar** weiß ich viel, **doch** möcht' ich alles wissen. (Goethe, Faust) *(Certes je sais beaucoup de choses, mais je voudrais tout savoir.)*
und zwar (à savoir)	Ich komme morgen, **und zwar** um 9 Uhr. *(Je viendrai demain, (à savoir) à 9 heures.)*

142 Corrélatifs

bald ... bald ... tantôt ... tantôt ...	**Bald** lacht sie, **bald** weint sie. *(Tantôt elle rit, tantôt elle pleure.)*
entweder ... oder ... soit ... soit ...	Er ist **entweder** im Büro **oder** im Geschäft. *(Il est soit au bureau, soit au magasin.)*
sowohl ... als auch ... aussi bien ... que ...	Ich spreche **sowohl** Englisch **als auch** Deutsch. *(Je parle aussi bien l'anglais que l'allemand.)*
weder ... noch ... ni ... ni ...	Ich spreche **weder** Englisch **noch** Deutsch. *(Je ne parle ni l'anglais ni l'allemand.)*
Je + comparatif..., ***desto*** + comparatif... plus..., plus...	**Je** länger ich ihn kenne, **desto** mehr schätze ich ihn. *(Plus je le connais, plus je l'apprécie.)*
kaum ..., da / als... à peine ... que	Kaum hatte er Platz genommen, { **da** begann der Film. / **als** der Film begann. } *(À peine avait-il pris place que le film commença.)*

143 Cas particuliers

- On pourra parfois rendre un adjectif neutre ou un démonstratif adverbial allemand par un substantif français :

daraus erklärt sich, dass...	*cette situation explique que...*
Folgendes ist zu berücksichtigen:	*Il faut tenir compte des éléments suivants :*
bis dahin / dementsprechend	*jusqu'à cette date / dans cette optique...*

- À la différence de l'allemand, le substantif français au pluriel peut être suivi de plusieurs adjectifs au singulier :

die untere und die obere Grenze in wirtschaftlicher und sozialer Hinsicht auf dem Gebiet des Handels, der Industrie und des Handwerks...
les limites inférieure et supérieure sur les plans économique et social dans les domaines commercial, industriel et artisanal...

- En français, plusieurs substantifs au singulier peuvent être déterminés par un adjectif au pluriel :

die englische Sprache, Kultur und Literatur
la langue, la culture et la littérature anglaises

144 Expressions et proverbes

Er hat sich **müde** gelaufen. Wir hatten uns **tot** gelacht.	*Il s'est fatigué à force de courir.* *Nous étions morts de rire.*
Man kann **es** nicht **allen gerecht machen**. Wir wollen **es dabei bewenden lassen**. Ich habe ihn zur **Rede gestellt**.	*On ne peut pas plaire à tout le monde.* *Restons-en là.* *Je l'ai mis au pied du mur.* *Je lui ai demandé des explications.*
an etwas **Anschluss haben** (Deutsche Bahn) **sich zu helfen wissen** sich **aus der Verlegenheit ziehen** (o / o) sich **abwartend** verhalten (ie / a / ä)	*avoir la correspondance (avec)* *se débrouiller* *se tirer d'embarras* *se tenir sur sa réserve*
Das **ändert** nichts an der Sache. Das **passt** dir vortrefflich. Er ist ein wenig **übergeschnappt**. Es ist **höchste Zeit**. Das **lasse ich mir gefallen**!	*Cela ne change rien à la chose.* *Cela te va comme un gant.* *Il a un grain de folie.* *Il est grand temps.* *À la bonne heure !*

- Pour traduire un **proverbe**, on recherchera dans la langue cible l'expression proverbiale ayant même signification, mêmes emploi et valeur stylistique :

Jeder ist sich selbst der Nächste.
(Charité bien ordonnée commence par soi-même.)

Aller guten Dinge sind drei.
(Jamais deux sans trois.)

Bellende Hunde beißen nicht.
(Chien qui aboie ne mord pas.)

Aufgeschoben ist nicht aufgehoben.
(Partie remise n'est pas perdue.)

Wenn es am besten schmeckt, soll man aufhören.
(Il faut savoir s'arrêter au bon moment.)

Vom Wort zum Werk ist ein weiter Weg.
(Il y a loin de la parole à l'action.)

145 Ne confondez pas !

<table>
<tr><td colspan="2">– bitten (a / e) : prier quelqu'un
(demander à quelqu'un de faire quelque chose)
→ die Bitte (-n) la prière, la demande
– bitten um (+ accusatif) : solliciter</td><td>Ich bitte dich, mich zu begleiten.
(Je te prie de m'accompagner.)
Ich bitte um Verzeihung.
(Je demande pardon.)</td></tr>
<tr><td colspan="2">– beten zu (+ datif) : dire sa prière
(betete / gebetet)
→ das Gebet (-e) la prière, l'oraison</td><td>Ich bete zu Gott.
(Je fais une prière à Dieu.)</td></tr>
<tr><td colspan="2">– bieten (o / o) : offrir, présenter
– an-bieten : offrir à quelqu'un</td><td>Das bietet keine Schwierigkeit.
(Cela n'offre pas de difficulté.)
Ich biete dir meine Hilfe an.
(Je t'offre mon aide.)</td></tr>
<tr><td>• darin / worin (locatif) :
darin (dedans, y) / worin correspondent à in + datif.
• darein / worein (directif) :
(style littéraire)
darein (dedans / y) / worein correspondent à in + accusatif.</td><td colspan="2">Ich habe darin [= in dem Haus] gewohnt.
(J'y ai habité.)
das Haus, worin [= in dem] ich gewohnt habe, …
(la maison dans laquelle j'ai habité…)
Stell das Glas darein [= in den Schrank]!
Mets-y le verre [= dans l'armoire]!
Du musst dich darein [= in diese Aufgabe] vertiefen!
Tu dois t'y plonger [= dans cette tâche].
das Papier, worein [= in das] ich Geld gewickelt hatte …
(le papier dans lequel j'avais enveloppé de l'argent…)</td></tr>
<tr><td rowspan="2">• brauchen (+ A)</td><td>(= nötig haben)</td><td>Ich brauche eine Brille.
Du brauchst einen Steuerberater.</td></tr>
<tr><td>(= verbrauchen)</td><td>Dieses Gerät braucht wenig Strom.</td></tr>
<tr><td colspan="2">• brauchen (+ zu + inf.)
→ uniquement avec négation ou restriction</td><td>Ich brauche heute nicht zu arbeiten.
Du brauchst es uns nur zu sagen.</td></tr>
<tr><td colspan="3">Précédé d'un infinitif, brauchen, aux temps composés, a la forme de l'infinitif :
Musstest du kochen? – Nein, ich habe nicht zu kochen brauchen.</td></tr>
<tr><td colspan="3">Dans l'absence d'une négation ou d'une restriction, on emploie müssen :
Er muss sich eine Woche ausruhen. (Il a besoin de se reposer une semaine.)</td></tr>
</table>

5 MÉMENTO

„Wer will, der kann."

146 Verbes forts et verbes faibles irréguliers (1)

La 3e personne / singulier du subjonctif II présent est indiquée lorsque la voyelle radicale présente une inflexion.

Infinitif (Présent / 2e singulier)	Prétérit (Subjonctif II)	Participe II	
Backen du bäckst / backst	backte (2)	hat gebacken	*faire cuire (au four)*
befehlen du befiehlst	befahl er beföhle / befähle	hat befohlen	*commander*
beginnen	begann er begänne / begönne	hat begonnen	*commencer*
beißen	biss	hat gebissen	*mordre*
bergen du birgst	barg er bärge	hat geborgen	*abriter / cacher*
bersten du birst	barst er bärste	ist geborsten	*éclater*
bewegen (3)	bewog er bewöge	hat bewogen	*engager / inciter*
biegen	bog er böge	hat / ist gebogen	*courber / tourner (trans.)*
bieten	bot er böte	hat geboten	*offrir*
binden	band er bände	hat gebunden	*lier*
bitten	bat er bäte	hat gebeten	*prier (de faire)*
blasen du bläst	blies	hat geblasen	*souffler*
bleiben	blieb	ist geblieben	*rester*
braten du brätst	briet	hat gebraten	*faire rôtir*
brechen du brichst	brach er bräche	hat / ist gebrochen	*briser*
brennen	brannte er brennte	hat gebrannt	*brûler*
bringen	brachte er brächte	hat gebracht	*apporter*
Denken	dachte er dächte	hat gedacht	*penser*

(1) (voir aussi le paragraphe 44).
(2) ancien prétérit : *buk*.
(3) *bewegen* (faible) = mettre en mouvement qqch.

Infinitif (Présent / 2e singulier)	Prétérit (Subjonctif II)	Participe II	
dreschen du drischst	drosch er drösche	hat gedroschen	*battre (le grain)*
dringen	drang er dränge	hat / ist gedrungen	*pénétrer / insister*
dürfen du darfst / er darf	durfte er dürfte	hat gedurft	*pouvoir / avoir l'autorisation de*
Empfangen du empfängst	empfing	hat empfangen	*recevoir*
empfehlen du empfiehlst	empfahl er empföhle / er empfähle	hat empfohlen	*recommander*
erlöschen (1) es erlischt	erlosch es erlösche	ist erloschen	*s'éteindre*
erschrecken (2) du erschrickst	erschrak er erschräke	ist erschrocken	*s'effrayer*
erwägen	erwog er erwöge	hat erwogen	*considérer / peser*
essen du isst	aß er äße	hat gegessen	*manger*
Fahren (3) du fährst	fuhr er führe	hat / ist gefahren	*conduire (trans.) aller (en voiture)*
fallen du fällst	fiel	ist gefallen	*tomber*
fangen du fängst	fing	hat gefangen	*capturer / prendre*
fechten du fich(t)st	focht er föchte	hat gefochten	*faire de l'escrime / combattre*
finden	fand er fände	hat gefunden	*trouver*
flechten du flichtst	flocht er flöchte	hat geflochten	*tresser*
fliegen	flog er flöge	hat / ist geflogen	*voler (dans les airs)*
fliehen	floh er flöhe	ist geflohen	*fuir*
fließen	floss er flösse	ist geflossen	*couler*
fressen du frisst	fraß er fräße	hat gefressen	*manger (animaux)*
frieren	fror er fröre	hat gefroren	*geler*
Gären	gor er göre	hat / ist gegoren	*fermenter*
gebären du gebierst	gebar sie gebäre	hat geboren	*mettre au monde*
geben du gibst	gab er gäbe	hat gegeben	*donner*
gedeihen	gedieh	ist gediehen	*prospérer*
gehen	ging	ist gegangen	*aller (à pied)*
gelingen	gelang er gelänge	ist gelungen	*réussir (à)*
gelten du giltst	galt er gölte / gälte	hat gegolten	*valoir*

(1) *löschen* (éteindre quelque chose, effacer) est faible.
(2) *erschrecken* / *erschreckte* / *erschreckt* (transitif) : effrayer qqn. / ich habe dich erschreckt.
erschrecken / *erschrak* [a:] / *erschrocken* (intransitif) : s'effrayer → er ist erschrocken.
(3) avec *haben* (transitif) : Er hat den Wagen in die Garage gefahren.
ou *sein* (intransitif) (voir aussi les paragraphes 26, 44) : Ich war gestern nach Kiel gefahren.

Infinitif (Présent / 2e singulier)	Prétérit (Subjonctif II)	Participe II	
gen**e**sen	gen**a**s er gen**ä**se	ist gen**e**sen	*(se) guérir*
gen**ie**ßen	gen**o**ss er gen**ö**sse	hat gen**o**ssen	*jouir (de)*
gesch**e**hen es gesch**ie**ht	gesch**a**h es gesch**ä**he	ist gesch**e**hen	*arriver / se passer*
gew**i**nnen	gew**a**nn er gew**ö**nne / er gew**ä**nne	hat gew**o**nnen	*gagner*
g**ie**ßen	g**o**ss er g**ö**sse	hat geg**o**ssen	*verser*
gl**ei**chen	gl**i**ch	hat gegl**i**chen	*ressembler*
gl**ei**ten	gl**i**tt	ist gegl**i**tten	*glisser*
gl**i**mmen (1)	gl**o**mm er gl**ö**mme	hat gegl**o**mmen	*brûler (sans flamme)*
gr**a**ben du gr**ä**bst	gr**u**b er gr**ü**be	hat gegr**a**ben	*creuser*
gr**ei**fen	gr**i**ff	hat gegr**i**ffen	*saisir*
H**a**ben du h**a**st er h**a**t	h**a**tte er h**ä**tte	hat geh**a**bt	*avoir*
h**a**lten du h**ä**ltst	h**ie**lt	hat geh**a**lten	*tenir*
h**ä**ngen	h**i**ng	hat geh**a**ngen	*être suspendu*
h**au**en (1)	h**ie**b	hat geh**au**en	*frapper / cogner*
h**e**ben	h**o**b er h**ö**be	hat geh**o**ben	*lever*
h**ei**ßen	h**ie**ß	hat geh**ei**ßen	*s'appeler / nommer*
h**e**lfen du h**i**lfst	h**a**lf er h**ü**lfe / er h**ä**lfe	hat geh**o**lfen	*aider*
K**e**nnen	k**a**nnte er k**e**nnte	hat gek**a**nnt	*connaître*
kl**i**mmen (1)	kl**o**mm er kl**ö**mme	ist gekl**o**mmen	*gravir / grimper*
kl**i**ngen	kl**a**ng er kl**ä**nge	hat gekl**u**ngen	*retentir*
kn**ei**fen	kn**i**ff	hat gekn**i**ffen	*pincer*
k**o**mmen	k**a**m er k**ä**me	ist gek**o**mmen	*venir*
k**ö**nnen du k**a**nnst / er k**a**nn	k**o**nnte er k**ö**nnte	hat gek**o**nnt	*pouvoir (être capable de)*
kr**ie**chen	kr**o**ch er kr**ö**che	ist gekr**o**chen	*ramper*
L**a**den du l**ä**dst	l**u**d er l**ü**de	hat gel**a**den	*1. charger 2. inviter*
l**a**ssen du l**ä**sst	l**ie**ß	hat gel**a**ssen	*laisser*
l**au**fen du l**äu**fst	l**ie**f	ist / hat gel**au**fen	*courir*
l**ei**den	l**i**tt	hat gel**i**tten	*souffrir*
l**ei**hen	l**ie**h	hat gel**ie**hen	*prêter*
l**e**sen du l**ie**st	l**a**s er l**ä**se	hat gel**e**sen	*lire*
l**ie**gen	l**a**g er l**ä**ge	hat gel**e**gen	*être couché*
l**ü**gen	l**o**g er l**ö**ge	hat gel**o**gen	*mentir*

(1) *glimmen* / *hauen* / *klimmen* existent aussi comme verbes faibles.

Infinitif (Présent / 2e singulier)	Prétérit (Subjonctif II)	Participe II	
Mahlen	mahlte	hat gemahlen	*moudre*
meiden	mied	hat gemieden	*éviter*
melken (1)	molk	hat gemolken	*traire*
du milkst	er mölke		
messen	maß	hat gemessen	*mesurer*
du misst	er mäße		
misslingen	misslang	ist misslungen	*échouer*
	es misslänge		
mögen	mochte	hat gemocht	*vouloir (avoir envie de)*
du magst / er mag	er möchte		
müssen	musste	hat gemusst	*devoir (être contraint de)*
du musst / er muss	er müsste		
Nehmen	nahm	hat genommen	*prendre*
du nimmst	er nähme		
nennen	nannte	hat genannt	*nommer*
	er nennte		
Pfeifen	pfiff	hat gepfiffen	*siffler*
preisen	pries	hat gepriesen	*vanter / louer*
Quellen *(intrans.)*	quoll	ist gequollen	*se gonfler / jaillir*
es quillt	es quölle		
Raten	riet	hat geraten	*conseiller*
du rätst			
reiben	rieb	hat gerieben	*frotter*
reißen	riss	hat / ist gerissen	*arracher*
reiten	ritt	hat / ist geritten	*faire du cheval*
rennen	rannte	ist gerannt	*courir*
	er rennte		
riechen	roch	hat gerochen	*sentir (odorat)*
	er röche		
ringen	rang	hat gerungen	*lutter*
	er ränge		
rinnen	rann	ist geronnen	*couler*
	er ränne		
rufen	rief	hat gerufen	*appeler*
Salzen	salzte	hat gesalzen	*saler*
saufen	soff	hat gesoffen	*boire (animal / ivrogne)*
du säufst	er söffe		
saugen (2)	sog	hat gesogen	*sucer / aspirer*
	er söge		
schaffen (3)	schuf	hat geschaffen	*créer*
	er schüfe		
scheiden	schied	hat/ist geschieden	*(se) séparer*
scheinen	schien	hat geschienen	*paraître / briller*
scheißen	schiss	hat geschissen	*chier*
schelten	schalt	hat gescholten	*réprimander*
scheren	schor	hat geschoren	*tondre*
	er schöre		
schieben	schob	hat geschoben	*pousser / déplacer*
	er schöbe		

(1) *melken* existe aussi comme verbe faible.
(2) *saugen* (faible) : aspirer (avec aspirateur).
(3) *schaffen* (faible) = travailler, accomplir.

Infinitif (Présent / 2e singulier)	Prétérit (Subjonctif II)	Participe II	
schießen	schoss er schösse	hat / ist geschossen	*tirer (fusil)* *pousser (plantes)*
schlafen du schläfst	schlief	hat geschlafen	*dormir*
schlagen du schlägst	schlug er schlüge	hat geschlagen	*frapper / battre*
schleichen	schlich	ist geschlichen	*se faufiler*
schleifen	schliff	hat geschliffen	*polir*
schließen	schloss er schlösse	hat geschlossen	*fermer / conclure*
schlingen	schlang er schlänge	hat geschlungen	*avaler / enlacer*
schmeißen	schmiss	hat geschmissen	*jeter / flanquer*
schmelzen du schmilzt	schmolz er schmölze	ist geschmolzen	*fondre (intrans.)*
schneiden	schnitt	hat geschnitten	*couper*
schreiben	schrieb	hat geschrieben	*écrire*
schreien	schrie	hat geschrien	*crier*
schreiten	schritt	ist geschritten	*marcher*
schweigen	schwieg	hat geschwiegen	*se taire*
schwellen (1) du schwillst	schwoll er schwölle	ist geschwollen	*enfler*
schwimmen	schwamm er schwömme / er schwämme	hat / ist geschwommen	*nager*
schwinden	schwand er schwände	ist geschwunden	*disparaître*
schwingen	schwang er schwänge	hat geschwungen	*brandir / balancer*
schwören	schwor er schwüre / er schwöre	hat geschworen	*faire serment*
sehen du siehst	sah er sähe	hat gesehen	*voir*
sein du bist / er ist	war er wäre	ist gewesen	*être*
senden (2)	sandte er sendete	hat gesandt	*envoyer*
singen	sang er sänge	hat gesungen	*chanter*
sinken	sank er sänke	ist gesunken	*s'enfoncer / sombrer*
sinnen	sann er sänne	hat gesonnen	*réfléchir*
sitzen du sitzt	saß er säße	hat gesessen	*être assis*
sollen du sollst / er soll	sollte	hat gesollt	*devoir (moral)*
spalten	spaltete	hat gespalten	*diviser / fendre*
speien	spie	hat gespien	*cracher*
spinnen	spann er spönne / spänne	hat gesponnen	*filer*
sprechen du sprichst	sprach er spräche	hat gesprochen	*parler*
sprießen	spross er sprösse	ist gesprossen	*bourgeonner*
springen	sprang er spränge	ist gesprungen	*sauter*

(1) *schwellen* (transitif) est faible : Der Wind schwellte die Segel. *(Le vent gonflait les voiles.)*
(2) *senden* (faible) = émettre (radio).

Infinitif (Présent / 2e singulier)	Prétérit (Subjonctif II)	Participe II	
stechen du stichst	stach er stäche	hat gestochen	*piquer*
stehen	stand er stünde / stände	hat gestanden	*être debout*
stehlen du stiehlst	stahl er stähle / er stöhle	hat gestohlen	*voler / dérober*
steigen	stieg	ist gestiegen	*monter*
sterben du stirbst	starb er stürbe	ist gestorben	*mourir*
stieben [1]	stob er stöbe	hat / ist gestoben	*se disperser*
stinken	stank er stänke	hat gestunken	*puer*
stoßen [2] du stößt	stieß	hat / ist gestoßen	*heurter / pousser*
streichen	strich	hat gestrichen	*badigeonner / rayer*
streiten	stritt	hat gestritten	*lutter*
Tragen du trägst	trug er trüge	hat getragen	*porter*
treffen du triffst	traf er träfe	hat getroffen	*atteindre / rencontrer*
treiben [3]	trieb	hat getrieben	*pousser / faire avancer*
treten du trittst	trat er träte	hat / ist getreten	*marcher (sur)*
triefen [1]	troff er tröffe	hat getroffen	*ruisseler*
trinken	trank er tränke	hat getrunken	*boire*
trügen	trog er tröge	hat getrogen	*tromper*
tun	tat er täte	hat getan	*faire (action)*
Verbieten	verbot er verböte	hat verboten	*interdire*
verderben du verdirbst	verdarb er verdürbe	hat / ist verdorben	*pervertir / se gâter*
verdrießen	verdross er verdrösse	hat verdrossen	*contrarier*
vergessen du vergisst	vergaß er vergäße	hat vergessen	*oublier*
verlieren	verlor er verlöre	hat verloren	*perdre*
verzeihen	verzieh	hat verziehen	*pardonner*
Wachsen du wächst	wuchs er wüchse	ist gewachsen	*croître, grandir*
waschen du wäschst	wusch er wüsche	hat gewaschen	*laver*
weben [1]	wob er wöbe	hat gewoben	*tisser*
weichen	wich	ist gewichen	*s'écarter, céder*
weisen	wies	hat gewiesen	*indiquer*
wenden [1]	wandte er wendete	hat gewandt	*tourner (trans.) / s'adresser (à)*

(1) *stieben / triefen / weben / wenden* (faire demi-tour) existent comme verbes faibles.
(2) avec *haben* : transitif : Er hat mich gestoßen. *(Il m'a poussé.)*
ou *sein* (intransitif) : Er ist auf Widerstand gestoßen. *(Il s'est heurté à une résistance).*
(3) Was treibst du da? *(Que fais-tu là ?)*

Infinitif (Présent / 2e singulier)	Prétérit (Subjonctif II)	Participe II	
werben du wirbst	warb er würbe	hat geworben	*faire de la publicité, briguer*
werden du wirst / er wird	wurde er würde	ist geworden	*devenir*
werfen du wirfst	warf er würfe	hat geworfen	*lancer, jeter*
wiegen (1)	wog er wöge	hat gewogen	*peser (intrans.)*
winden	wand er wände	hat gewunden	*tordre*
wissen du weißt / er weiß	wusste er wüsste	hat gewusst	*savoir*
wollen du willst / er will	wollte	hat gewollt	*vouloir*
zeihen	zieh	hat geziehen	*accuser*
zerbersten du zerbirst	zerbarst er zerbärste	ist zerborsten	*voler en éclats*
ziehen	zog er zöge	hat gezogen ist gezogen	*tirer qc* *partir (pour), défiler*
zwingen	zwang er zwänge	hat gezwungen	*contraindre (à)*

(1) *wiegen / wiegte / gewiegt* (= bercer quelqu'un.)

147 Verbes et adjectifs utilisés avec une préposition fixe

abhängig von	Er ist noch von seinen Eltern abhängig.	*tributaire (de)*
achten auf (+ acc.)	Achte auf die Stufe!	*faire attention (à)*
an-fangen mit	Er hat mit nichts angefangen.	*commencer (avec, par)*
angewiesen auf (+ acc.)	Österreich ist auf Einfuhren angewiesen.	*dépendant (de)*
an-sehen für (= als)	Er sah ihn als seinen Freund an.	*considérer (comme)*
an-kommen auf (+ acc.)	Auf dich kommt's an!	*dépendre (de)*
antworten auf (+ acc.)	Antworte gleich auf diesen Brief!	*répondre (à)*
sich ärgern über (+ acc.)	Sie ärgert sich über das Wetter.	*être contrarié (par)*
arm an (+ dat.)	Dänemark ist arm an Bodenschätzen.	*pauvre (en)*
aufmerksam machen auf (+ acc.)	Er macht mich auf den Fehler aufmerksam.	*faire remarquer*
sich aus-geben für	Er gab sich für einen Grafen aus.	*se faire passer (pour)*
bedecken mit	Der Himmel bedeckt sich mit Wolken.	*couvrir (de)*
sich befassen mit	Er befasst sich nicht mit Kleinigkeiten.	*s'occuper (de)*
begeistert von	Ich war von dem Film begeistert.	*enthousiasmé (par)*
beginnen mit	Ein Brief beginnt mit der Anrede.	*commencer (avec, par)*
sich beschäftigen mit	Er beschäftigt sich mit Physik.	*s'occuper (de)*
befreien von	Sie wurde von dieser Arbeit befreit.	*délivrer (de)*
beglückwünschen zu	Ich beglückwünsche dich zum Abitur.	*féliciter (pour)*
bei-tragen zu	Jeder trägt zum Gelingen des Festes bei.	*contribuer (à)*

sich beklagen über (+ acc.)	Er beklagt sich über seinen Chef.	*se plaindre (de)*
jn beneiden um	Er beneidet dich um dein Glück.	*envier qc à qn*
berechtigen zu	Die Karte berechtigt Sie zum Eintritt.	*autoriser (à)*
bereit zu	Wir sind zum Aufbruch bereit.	*prêt (à)*
beruhen auf (+ dat.)	Das beruht auf einem Irrtum.	*reposer (sur)*
besorgt um	Sie war um ihre Gesundheit besorgt.	*inquiet (de)*
sich beschränken auf (+ acc.)	Er beschränkte sich auf eine kurze Rede.	*se borner (à)*
bestehen auf (+ dat.)	Ich bestehe auf meiner Meinung.	*persister (dans)*
aus	Bronze besteht aus Kupfer und Zinn.	*se composer (de)*
in (+ dat.)	Der Unterschied besteht darin, dass …	*consister (en)*
bestimmen zu	Sein Vater bestimmte ihn zum Kaufmann.	*destiner (à)*
betrübt über (+ acc.)	Wir sind über seinen Tod betrübt.	*affligé (de)*
bewachsen mit	Der Weg war mit Unkraut bewachsen.	*couvert (de)*
bewegen (o, o) zu	Was hat dich dazu bewogen?	*pousser (à)*
sich bewerben um	Er bewirbt sich um eine Stellung.	*solliciter*
sich beziehen auf (+ acc.)	Ich beziehe mich auf Ihr Schreiben.	*se rapporter (à)*
bitten (a, e) um	Wir baten den Beamten um Hilfe. Ich bat ihn um Verzeihung.	*demander qc à qn (en priant)*
blass vor (+ dat.)	Sie war blass vor Müdigkeit.	*pâle (de)*
rot vor (+ dat.)	Er war rot vor Zorn.	*rouge (de)*
böse auf (+ acc.)	Auf wen bist du böse?	*irrité (contre)*
dankbar für	Ich bin dir für deine Hilfe dankbar.	*reconnaissant (pour)*
danken für	Ich danke dir für deine Hilfe.	*remercier (de)*
denken an (+ acc.)	Sie dachte oft an ihn.	*penser (à)*
eifersüchtig auf (+ acc.)	Er war auf mich eifersüchtig.	*jaloux (de)*
sich eignen für	Ich eignete mich für diese Arbeit.	*être qualifié (pour)*
Eindruck machen auf (+ acc.)	Er machte einen guten Eindruck auf mich.	*faire impression (sur)*
ein-laden zu	Er lud mich zum Mittagessen ein.	*inviter (à)*
einverstanden sein mit	Ich bin mit deinem Plan einverstanden.	*être d'accord (avec)*
ein-ziehen in (+ acc.)	Wir ziehen in ein neues Haus ein.	*entrer (emménager)*
mich ekelt vor (+ dat.)	Uns ekelt vor dem Schmutz.	*avoir le dégoût (de)*
enden mit	Das Konzert endete mit einer Sonate.	*terminer*
schließen mit	Er schloss den Brief mit herzlichen Grüßen.	
sich entfernen von	Das Boot entfernt sich von der Küste.	*s'éloigner (de)*
entrüstet über (+ acc.)	Ich bin entrüstet über dein Benehmen.	*indigné (de)*
sich ergeben in (+ acc.)	Er hat sich in sein Schicksal ergeben. Er hat sich darein ergeben.	*se résigner (à)*
jn erinnern an (+ acc.)	Wir erinnern dich an dein Versprechen. Ich erinnerte mich an den Vorfall.	*rappeler qc à qn*
erkennen an (+ dat.)	Ich erkannte dich an der Stimme.	*reconnaître (à)*
sich erkundigen nach	Der Arzt erkundigt sich nach dir.	*s'informer (de)*
ernennen zu	Er wurde zum Botschafter ernannt.	*nommer*
erschrecken über (+ acc.) **(erschrak, o, i)**	Wir waren über den Unfall erschrocken.	*s'effrayer*
sich wundern über (+ acc.)	Ich wundere mich über seine Kenntnisse.	*s'étonner (de)*
erstaunen über (+ acc.)	Ich war über diesen Bericht erstaunt.	
essen aus	Der Bettler isst aus einer Schüssel.	*manger (dans)*
es fehlt mir an (+ dat.)	Es fehlt mir an Mut.	*manquer (de)*
fertig werden mit	Sie wird mit allem fertig.	*venir à bout (de)*

folgen auf (+ acc.)	„Auf Regen folgt Sonnenschein."	*succéder (à)*
fragen um	Ich frage dich um Rat.	*demander (en interrogeant)*
fragen nach	Er fragte den Polizisten nach dem Weg.	*s'informer (de)*
sich freuen auf (+ acc.)	Ich freue mich auf dein Kommen.	*se réjouir (d'une chose future)*
sich freuen über (+ acc.)	Ich freue mich über deinen letzten Brief.	*(se réjouir d'une chose présente ou passée)*
freundlich zu	Sie war freundlich zum Kunden.	*aimable (envers)*
froh über (+ acc.)	Ich bin froh über deinen Erfolg.	*joyeux (de)*
füllen mit	Wir füllten die Flasche mit Wein.	*remplir (de)*
gefasst auf (+ acc.)	Er war auf alles gefasst.	*préparé (à)*
gehören zu	Er gehört zu den besten Fußballspielern.	*faire partie (de)*
gelten als (+ nominatif)	Er gilt als Experte.	*passer (pour)*
	Er gilt als ein reicher Mann.	
gelten für (+ acc.)	Er gilt für einen Dummkopf.	
geraten in (+ acc.)	Das Drama war in Vergessenheit geraten.	*tomber (dans)*
	Ich gerate leicht in Zorn.	*se mettre (en)*
sich gewöhnen an (+ acc.)	Man gewöhnt sich an alles.	*s'habituer (à)*
glauben an (+ acc.)	Wir glauben an eine bessere Zukunft.	*croire (en)*
jm gratulieren zu	Ich gratuliere dir zum Geburtstag.	*féliciter (pour)*
grausam gegen	Sei nicht grausam gegen Tiere!	*cruel (envers)*
mir graut vor (+ dat.)	Mir graut vor einem Krieg.	*frémir d'horreur*
greifen an (+ acc.)	Es greift mir ans Herz.	*saisir*
nach	Der Schlosser greift nach seiner Zange.	*tendre la main (vers)*
zu	Die Rebellen greifen zu den Waffen.	*prendre*
halten für	Für wen halten Sie mich?	*prendre (pour)*
	Ich halte Sie für eine gute Ärztin.	*considérer (comme)*
halten von	Was halten Sie von meinem Vorschlag?	*penser (de)*
es handelt sich um	Worum handelt es sich?	*s'agir (de)*
herrschen über (+ acc.)	Karl V. herrschte über die halbe Welt.	*régner (sur)*
hindern an (+ dat.)	Der Lärm hindert mich am Arbeiten.	*empêcher (de)*
hoffen	Ich hoffe auf eine Gehaltserhöhung.	*espérer*
hören } **auf** (+ acc.)	Der Hund hört auf seinen Herrn.	*obéir (à)*
horchen	Er horcht auf die Schläge der Turmuhr.	*écouter*
sich hüten vor (+ dat.)	Hüten Sie sich vor Taschendieben!	*se garder (de)*
sich interessieren für	Er interessiert sich für Malerei.	*s'intéresser (à)*
interessiert an (+ dat.)	Sind Sie an diesem Projekt interessiert?	*intéressé (par)*
kämpfen um	Die Frauen kämpfen um ihre Rechte.	*lutter (pour)*
klagen über (+ acc.)	Die Studenten klagen über zu viel Arbeit.	*se plaindre (de)*
sich kümmern um	Kümmere dich um Alte und Kranke!	*se soucier (de)*
lachen über (+ acc.)	Wir lachten über deine Aussprache.	*se rire (de)*
spotten über (+ acc.)	Alle spotteten über seine Kleidung.	*se moquer (de)*
lauern auf (+ acc.)	Die Katze lauerte auf den Vogel.	*guetter*
leiden an (+ dat.) (i, i)	Er leidet an heftigen Kopfschmerzen.	*souffrir (de)*
leiden unter (+ dat.)	Er leidet unter der Einsamkeit.	*souffrir (moralement)*
mangeln an (+ dat.)	Im Krieg mangelt es an allem.	*manquer (de)*
sich mischen in (+ acc.)	Misch dich nicht darein!	*se mêler (à, de)*
nach-denken über (+ acc.)	Hast du darüber nachgedacht?	*réfléchir (à)*
neidisch auf (+ acc.)	Sei nicht neidisch auf andere!	*envieux (de)*

prahlen mit	Er prahlt gern mit seinen Erfolgen.	*se vanter (de)*
reich an (+ dat.) **richten an** (+ acc.) **auf** (+ acc.) **Rücksicht nehmen auf** (+ acc.) **rufen um**	Die Schweiz ist reich an Wasserfällen. An wen war die Frage gerichtet? Der Lehrer richtet den Blick auf mich. Nimm Rücksicht auf deinen Nächsten! Ich rufe um Hilfe.	*riche (en)* *adresser (à)* *diriger (vers)* *avoir des égards (envers)* *appeler*
sagen zu (etwas) **schließen aus** **schöpfen aus** **schreiben an** (+ acc.) **schuld sein an** (+ dat.) **schützen vor** (+ dat.) **sich sehnen nach** **sicher sein vor** (+ dat.) **siegen über** (+ acc.) **sorgen für** **sprechen mit** **von** **über** (+ acc.) **sterben an** (+ dat.) **vor** (+ dat.) **stolz auf** (+ acc.) **streben nach** **sich streiten über** (+ acc.) **sich streiten um** **sich stürzen auf** (+ acc.) **suchen nach**	Was soll man dazu sagen? Aus deinen Worten schließe ich, dass … Er schöpft aus dem Vollen. Schreib an deine Eltern! Du bist an allem schuld! „Alter schützt vor Torheit nicht!" Er sehnt sich nach der Heimat. Man ist vor nichts sicher. Ich siegte über meine Müdigkeit. Die Polizei sorgt für Ordnung. Kann ich mit dir sprechen? Wir sprachen vom letzten Fußballspiel. Er spricht über die Wirtschaftslage. Er ist an Krebs gestorben. Er ist vor Hunger gestorben. Die Mannschaft war stolz auf ihren Sieg. Ein jeder strebt nach Glück. Sie stritten sich über den Text. Die Familie stritt sich um das Erbe. Die Kinder stürzten sich auf das Essen. Ich suche nach einem passenden Wort.	*dire de qc* *déduire (de), conclure* *puiser* *écrire (à)* *responsable (de)* *protéger (de)* *avoir la nostalgie (de)* *à l'abri (de)* *vaincre* *veiller (à)* *parler (à)* *parler (de)* *(au sujet de)* *mourir (de maladie)* *fier (de)* *aspirer (à)* *se quereller (au sujet de)* *se disputer qc.* *se précipiter (sur)* *chercher*
taub gegen **teil-nehmen an** (+ dat.) **telefonieren mit** **trauern um** **träumen von** **trinken aus** **sich üben in** (+ dat.) **überlegen an** (+ dat.) **übersetzen aus** **in** (+ acc.) **überzeugen von** **übertreffen an** (+ dat.) **umgeben mit** **sich unterhalten über** (+ acc.) **sich verabschieden von**	Er war gegen die Warnungen taub. Nimmst du an diesem Ferienkurs teil? Ich habe mit meinen Eltern telefoniert. Die Mutter trauert um ihr Kind. Ich träume von Glück und Erfolg. Trink nicht aus diesem Glas! Er übt sich im Schwimmen. Der Feind war uns an Stärke überlegen. Der Roman wurde aus dem Französischen ins Deutsche übersetzt. Ich bin von deiner Unschuld überzeugt. Er übertraf uns an Schnelligkeit. Das Haus war mit einer Hecke umgeben. Wir unterhielten uns über den Film. Hast du dich von Hans verabschiedet?	*sourd (à)* *prendre part (à)* *téléphoner (à)* *pleurer (la perte de qn)* *rêver (de)* *boire (dans)* *s'exercer (à)* *supérieur (en)* *traduire (de)* *convaincre (de)* *surpasser (en)* *entourer (de)* *s'entretenir* *prendre congé (de)*
verantwortlich für **verarbeiten zu** **verfügen über** (+ acc.) **verheiratet mit**	Eltern sind für ihre Kinder verantwortlich. Gold wird zu Schmuck verarbeitet. Sie können über Ihr Geld verfügen. Er ist mit meiner Tochter verheiratet.	*responsable (de)* *transformer (en)* *disposer (de)* *marié (à)*

verkehren mit	Verkehre nicht mit diesen Leuten!	*fréquenter*
verlangen nach	Der Direktor verlangt nach Ihnen.	*demander, réclamer*
sich verlassen auf (+ acc.)	Du kannst dich auf mich verlassen.	*compter (sur)*
sich verlieben in (+ acc.)	Der Student verliebte sich in sie.	*tomber amoureux (de)*
verlobt mit	Mit wem ist deine Schwester verlobt?	*fiancé(e) (à)*
verraten an (+ acc.)	Er verriet uns an unsere Feinde.	*trahir qn (à)*
sich verrechnen um	Sie haben sich um eine Mark verrechnet.	*se tromper (de)*
versorgen mit	Die Städter werden mit Gemüse versorgt.	*approvisionner (en)*
verstehen unter (+ dat.)	Was verstehen Sie darunter?	*entendre (par)*
vertrauen auf (+ acc.)	Ich vertraue auf dein Glück.	*avoir confiance (en)*
verurteilen zu	Er war zum Schweigen verurteilt.	*condamner (à)*
verwandeln in (+ acc.)	Alles war in ein Trümmerfeld verwandelt.	*transformer (en)*
verwandt mit	Er ist mit dem Minister verwandt.	*apparenté (à)*
verzichten auf (+ acc.)	Der Arzt verzichtet auf sein Honorar.	*renoncer (à)*
voll von	Er war voll von seinen Ideen.	*plein (de)*
sich vor-bereiten auf (+ acc.)	Ich bereite mich auf die Prüfung vor.	*se préparer (à)*
wählen zu	Man wählte ihn zum Bürgermeister.	*élire, choisir*
warnen vor (+ dat.)	Vor bissigen Hunden wird gewarnt.	*mettre en garde (contre)*
warten auf (+ acc.)	Wir warten auf eine Nachricht von dir.	*attendre (qn ou qc)*
sich wenden an (+ acc.)	Sie wandte sich an die Gewerkschaft.	*s'adresser (à)*
zittern vor (+ dat.)	Ich zitterte vor Kälte.	*trembler (de)*
zornig auf (+ acc.)	Er ist auf seinen Bruder zornig.	*en colère (contre)*
zufrieden mit	Ich bin mit dir zufrieden.	*content (de)*
zweifeln an (+ dat.)	Wir zweifeln an deinem guten Willen.	*douter (de)*
zwingen zu	Du musst dich zu dieser Arbeit zwingen.	*se contraindre (à)*

148 Adjectifs et verbes réfléchis à rection fixe

entsetzt über (+ acc.)	*épouvanté (par)*
misstrauisch gegen (+ acc.)	*méfiant (envers)*
typisch für (+ acc.)	*typique (de)*
auf-fordern zu (+ dat.)	*exhorter (à)*
beharren auf (+ acc.)	*persister (dans)*
folgern aus (+ dat.)	*conclure (de)*
rechnen auf (+ acc.)	*compter (sur)*
werben (a / o) um (+ acc.)	*solliciter*
sich auf-regen über (+ acc.)	*être irrité (par)*
sich ein-setzen für (+ acc.)	*intervenir (pour)*
sich (bei jm) bedanken für (+ acc.)	*remercier (pour)*
sich fürchten vor (+ dat.)	*avoir peur (de)*
sich rächen an (+ dat.) für (etwas)	*se venger (de)*
sich schämen vor (+ dat.)	*avoir honte (de)*
sich verabschieden von (+ dat.)	*prendre congé (de)*
sich wundern über (+ acc.)	*s'étonner (de)*

149 Verbes factitifs

Wir **haben** einen Baum **gefällt**. *(Nous avons abattu un arbre.)*
Er **ist** auf den Boden **gefallen**. *(Il est tombé sur le sol.)*

- Les verbes factitifs sont **transitifs** et **faibles**.
Ils se conjuguent avec l'auxiliaire ***haben***

Verbe fort (intransitif)			**Verbe factitif** correspondant (transitif et faible : **te / t**)	
erschrecken	(a-o-i)	*s'effrayer*	**erschrecken**	*effrayer qn*
Ich erschrak bei diesem Gedanken.			Dieser Gedanke erschreckte mich.	
fallen	(ie-a-ä)	*tomber*	**fällen**	*abattre (un arbre)*
fahren	(u-a-ä)	*aller (en voiture)*	**führen**	*conduire qn*
erlöschen	(o-o-i)	*s'éteindre*	**(aus-)löschen**	*éteindre*
saugen	(o-o)	*sucer*	**säugen**	*allaiter*
sinken	(a-u)	*baisser (intr.)*	**senken**	*baisser qc*
versinken	(a-u)	*sombrer / s'enfoncer*	**versenken**	*envoyer au fond*
springen	(a-u)	*sauter*	**sprengen**	*faire sauter*
trinken	(a-u)	*boire*	**tränken**	*abreuver*
ertrinken	(a-u)	*se noyer*	**ertränken**	*noyer*
verschwinden	(a-u)	*disparaître*	**verschwenden**	*gaspiller*
hängen	(i-a)	*être suspendu*	**hängen** (hängte, gehängt)	*suspendre*
liegen	(a-e)	*être couché*	(sich) **legen**	*(se) coucher*
sitzen	(a-e)	*être assis*	(sich) **setzen**	*(s')asseoir*
stehen	(a-a)	*être debout*	(sich) **stellen**	*(se) mettre debout*

- Les verbes factitifs sont dérivés de verbes forts souvent intransitifs.
Le verbe fort indique en général le résultat de l'action exprimée par le verbe factitif.

- Ne confondez pas !

Man **hat** mich zu spät **geweckt**. *(On m'a réveillée trop tard.)*
Ich **bin** zu spät { **erwacht**. *(Je me suis réveillée trop tard.)* / **aufgewacht.** }

jn wecken (-te, -t) : *réveiller* qqn (trans.)

erwachen (-te, -t) / auf-wachen (-te, -t) (intr.) } *se réveiller*

150 Substantifs utilisés avec une préposition fixe

An (+ acc.)	
das Andenken an die Erinnerung an	le souvenir de
die Bitte an	la prière à
der Gedanke an	la pensée de
die Gewöhnung an	l'accoutumance à
der Glaube an	la foi en

An (+ dat.)	
die Änderung an	la modification de
die Arbeit an	le travail à
die Beteiligung an	la participation à
die Freude an	la joie à
das Gefallen an	le plaisir à
die Kritik an	la critique de
der Mangel an	le manque de
die Rache an	la vengeance contre
der Reichtum an	la richesse en
die Schuld an	la responsabilité de
der Spaß an	le plaisir à
die Teilnahme an	l'intérêt pour
der Verlust an	la perte de
der Zweifel an	le doute sur
Auf (+ acc.)	
die Antwort auf	la réponse à
der Anspruch auf	la prétention à
der Appetit auf	l'appétit de
die Eifersucht auf	la jalousie à l'égard de
der Eindruck auf	l'impression (faite) sur
der Einfluss auf	l'influence sur
die Hoffnung auf	l'espoir de
die Reaktion auf	la réaction à
die Rücksicht auf	la considération de
der Stolz auf	la fierté de
der Verzicht auf	le renoncement à
die Wirkung auf	l'effet sur
Für (+ acc.)	
die Begabung für	le don de
das Beispiel für	l'exemple de
der Dank für	la reconnaissance pour
die Empfänglichkeit für	la sensibilité pour
die Erlaubnis für	la permission de
das Gefühl für	le sentiment de
die Genehmigung für	l'autorisation de
das Interesse für	l'intérêt pour
der Sinn für	le sens de
das Talent für	le talent pour
die Verantwortung für	la responsabilité de
das Verständnis für	le sens de
die Vorliebe für	la préférence pour
die Zeit für	le temps de
Gegen (+ acc.)	
die Abneigung gegen	l'aversion envers
das Bedenken gegen	les doutes au sujet de
der Hass gegen	la haine de
das Misstrauen gegen	la méfiance envers
der Protest gegen	la protestation contre
der Verstoß gegen	le manquement à
Mit (+ dat.)	
der Ärger mit	le dépit (qu'on a) de
die Auseinandersetzung mit	l'explication avec qn
die Bekanntschaft mit	la connaissance de qn
die Beschäftigung mit	l'étude de
der Kontakt mit	le contact avec

der Streit mit die Zufriedenheit mit der Zusammenhang mit	le conflit avec qn la satisfaction de le lien / la relation avec
Über (+ acc.)	
der Bericht über die Freude über die Herrschaft über die Klage über der Schmerz über der Überblick über	le rapport sur la joie de la domination de la plainte au sujet de la douleur de la vue d'ensemble sur
Um (+ acc.)	
die Bemühung um die Bitte um die Sorge um die Trauer um	le mal (qu'on se donne pour) la prière en vue d'obtenir qc le souci de le deuil de
Zu (+ dat.)	
die Eignung zu der Entschluss zu der Glückwunsch zu die Liebe zu die Neigung zu die Pflicht zu die Verurteilung zu der Zugang zu der Zwang zu	la qualification pour la résolution de les félicitations pour l'amour de le penchant pour le devoir de la condamnation à l'accès à la contrainte de

- De nombreux substantifs demandent la même préposition que le verbe ou l'adjectif correspondants :

sich sehnen nach (+ dat.) fragen nach (+ dat.) reisen nach (+ dat.) / in (+ acc.) aus-fahren aus (+ dat.)	die Sehnsucht nach (+ dat.) die Frage nach (+ dat.) die Reise nach Spanien / in die Schweiz die Ausfahrt aus dem Hafen *(la sortie d'un bateau hors du port)*

151 Mots de subordination

als	1. Er ist **älter als** ich (bin).	*que (comp. / supériorité)*
	2. **Als** ich die Fahrkarte löste, war es 9.	*quand (fait unique, passé)*
als ob / als wenn	Er spricht, **als ob** er ein Deutscher wäre.	*comme si*
als (+ verbe au subj.)	**als** wäre er ein Deutscher.	*comme si*
(an)statt dass	**Anstatt dass** du redest, solltest du handeln.	*au lieu de*
(an)statt ... zu (+ infinitif)	**Anstatt zu reden**, solltest du handeln.	
bevor (1)	**Bevor** ich arbeite, frühstücke ich.	*avant que / avant de*
bis	Ich warte, **bis** du kommst.	*(jusqu'à ce) que*

(1) Après *bevor* / *ehe* / *nachdem* utiliser un verbe à une forme personnelle. L'infinitif est impossible : **Bevor ich abreise**, rufe ich dich an. → *Avant de partir, je te téléphonerai.*

da	**Da** er krank war, konnte er nicht kommen.	*comme / puisque*
damit	Sag es ihr noch einmal, **damit** sie es weiß.	*afin que / pour que*
dass	1. Ich glaube, **dass** wir Regen bekommen.	*que*
	2. Sprich laut, **dass** es alle hören.	*afin que*
(so dass)	3. Er hat sich erkältet, **so dass** er nicht sang.	*de sorte que*
es sei denn, dass	Ich komme, **es sei denn, dass** es regnet.	*à moins que*
ehe (1)	**Ehe** sie nach Hause geht, kauft sie ein.	*avant que / avant de*
falls	**Falls** du kommst, lass es mich wissen.	*au cas où*
indem	**Indem** wir üben, lernen wir.	*tandis que / en (+ part. I)*
je (+ comp.)..., **desto** (+ comp.)	**Je länger** er wartet, **desto nervöser** wird er.	*plus... plus...*
je (+ comp.)..., **um so** (+ comp.)	**Je mehr** ich lese, **um so mehr** lerne ich.	
je nachdem (ob / wie)	**Je nachdem,** ob es uns gefällt.	*selon que*
nachdem (1)	**Nachdem** er angerufen hatte, ging er weg.	*après que / après avoir*
ob	Ich weiß nicht, **ob** er heute kommt.	*si (oui ou non)*
ob ... oder...	Er muss sich fügen, **ob** er will **oder** nicht.	*que... ou non*
obwohl / obgleich (+ *indicatif*)	**Obwohl** er mich kennt, grüßt er mich nicht.	*bien que (+ subjonctif)*
ohne dass	Ich tat es, **ohne dass** er mich gebeten hätte.	*sans que*
ohne ... zu (+ infinitif)	Sie ging, **ohne** den Mantel mit**zu**nehmen.	*sans (+ infinitif)*
seit / seitdem	**Seitdem** sie ihn liebt, ist sie wie verändert.	*depuis que*
selbst wenn	Ich könnte nicht, **selbst wenn** ich wollte.	*même si*
so (+ adj)..., **so** (+ adj.)	**So** alt sie ist, **so** unerfahren ist sie.	*autant... autant...*
sobald	**Sobald** die Sonne scheint, ist die Welt schöner.	*dès que*
sofern	Ich werde kommen, **sofern** es dir passt.	*dans la mesure où*
solange	**Solange** ich lebe, helfe ich dir.	*tant que*
sooft	**Sooft** wir können, schreiben wir dir.	*aussi souvent que*
soviel	**Soviel** ich gehört habe, ist er verheiratet.	*autant que*
soweit	**Soweit** ich weiß, geht es ihm gut.	*pour autant que*
sowie	**Sowie** es hell wird, brechen wir auf.	*dès que*
umso (+ comp.), **als**	Er war **umso** dankbar**er**, **als** er nichts erhoffte.	*d'autant plus que*
umso weniger..., **als**	Glaube ihm nicht, **umso weniger, als** er oft lügt.	*d'autant moins que*
um ... zu (+ infinitif)	Er kam, **um** mir **zu** gratulieren.	*pour (+ infinitif)*

(1) Après *bevor / ehe / nachdem* utiliser un verbe à une forme personnelle. L'infinitif est impossible.

während	**Während** du zur Post gehst, kaufe ich ein.	*pendant que / tandis que*
weil	Ich komme spät, **weil** ich den Bus verpasste.	*parce que*
wenn	1. Ist die Katze weg, (**so**) tanzen die Mäuse.	*lorsque / quand*
	2. **Wenn** es regnet, bleiben wir zu Hause.	*toutes les fois que / quand*
	3. **Wenn** du es nicht kannst, mache ich es.	*si*
wenn (+ subj. II)	4. **Wenn** ich Geld hätte, würde ich verreisen.	*si (+ verbe au passé)*
wenn... auch...	Glaube ihm nicht, **wenn** er **auch** die Wahrheit spricht.	*quand bien même*
wie	1. Ich weiß nicht, **wie** er die Aufgabe löste.	*comment*
	2. Nimm die Dinge, **wie** sie kommen.	*comme*
	3. Es war nicht **so** schwer, **wie** ich dachte.	*que (comparaison)*
wie ... auch ...	**Wie** das Wetter **auch** wird, ich bleibe nicht.	*quel... que*
wo ... doch ...	Er raucht, **wo** es **doch** verboten ist.	*alors que*
zu ..., als dass ...	Es ist **zu** schön, **als dass** es wahr sein könnte.	*trop... pour que*
zumal (da)	Schlag es ihr nicht ab, **zumal** sie so nett ist.	*d'autant plus que*

6 ABRÉVIATIONS

Les abréviations non épelées, mais entièrement prononcées (usw. → und so weiter) s'écrivent presque toujours avec un point.

A

Abs. Absender / Absatz
expéditeur / alinéa

a.D. außer Dienst
en retraite

AG Aktiengesellschaft
société par actions

AOK Allgemeine Ortskrankenkasse
Caisse générale locale de maladie

AStA Allgemeiner Studentenausschuss
comité général des étudiants

Aufl. Auflage
édition / tirage

B

betr. / Betr. betreffend / Betreff
objet / concernant

BGB Bürgerliches Gesetzbuch
Code civil

BRD Bundesrepublik Deutschland
République fédérale d'Allemagne (R.F.A.)

b.w. bitte wenden!
tournez (la page), s.v.p.

bzw. beziehungsweise
respectivement / ou bien

C

ca. circa / ungefähr
environ

cbm Kubikmeter

D

DB Deutsche Bahn
Chemins de fer de la R.F.A.

DAAD Deutscher Akademischer Austauschdienst
Service allemand d'échanges universitaires

DDR Deutsche Demokratische Republik
République démocratique allemande (R.D.A.)

desgl. / dgl. desgleichen / dergleichen
de même

DGB Deutscher Gewerkschaftsbund
Fédération des syndicats ouvriers allemands

d.h. das heißt
c'est-à-dire / c.-à-d.

DJH Deutsche Jugendherberge

DFJW Deutsch-Französisches Jugendwerk

DIN Deutsche Industrie-Norm
norme industrielle allemande

DM Deutsche Mark

dpa Deutsche Presse-Agentur

Dr. Doktor (Dr. Ing.; Dr. med.)

Dtzd. Dutzend
douzaine

E

EDV Elektronische Datenverarbeitung
Traitement informatique des données

einschl.	einschließlich y compris
etc.	et cetera / und so weiter
EU	Europäische Union Union européenne
ev.-luth.	evangelisch-lutherisch
e.V.	eingetragener Verein association déclarée

F

f. / ff.	folgende Seite / folgende Seiten page suivante / pages suivantes
Fa.	Firma
Frl.	Fräulein

G

geb.	geboren né
GG	Grundgesetz (23.5.1949) Loi fondamentale
GmbH	Gesellschaft mit beschränkter Haftung S.A.R.L.

H

Hbf.	Hauptbahnhof
Hr. / Hrn.	Herr / Herrn
HGB	Handelsgesetzbuch Code de commerce

I

i.A.	im Auftrage par ordre
i.e.	das ist (lat. id est)
IG	Industriegewerkschaft Syndicat industriel
i.J.	im Jahre
i.R.	im Ruhestand en retraite
i.V.	in Vertretung par délégation

K

Kfz	Kraftfahrzeug véhicule automobile
KG	Kommanditgesellschaft société en commandite
km / h	Stundenkilometer kilomètre / heure
Kto.	Konto compte

L

lfd. Nr.	laufende Nummer numéro d'ordre
Lkw / LKW	Lastkraftwagen camion
lt.	laut / gemäß suivant / conformément à

M

Mio.	Million(en)
Mrd.	Milliarde(n)

N

NATO	OTAN
NB	notabene (merke wohl!)
n. Chr.	nach Christus

O

o.a.	oben angeführt voir plus haut
OFAJ	Office franco-allemand pour la jeunesse

P

Pf	Pfennig
Pfd.	Pfund livre
Pkw / PKW	Personenkraftwagen voiture de tourisme

PS — Postskriptum
Pferdestärke
(CV)

PSchA — Postscheckamt
centre de chèques postaux

Q

qm — Quadratmeter
m^2

R

rd. — rund
environ

röm.-kath. — römisch-katholisch

S

S-Bahn — Schnellbahn

S. — Seite
page

s. — sieh(e)!
voyez (cf.)

s.o. — sieh(e) oben!
voir plus haut

stellv. — stellvertretend

St. — Stück / Sankt (heilig)

Str. — Straße

T

TH — Technische Hochschule

Tsd. — Tausend
mille

U

u.a. — unter anderem / und andere
entre autres / et autres

u.Ä. — und Ähnliches
etc.

u.A.w.g. — um Antwort wird gebeten
répondre s'il vous plaît

U-Bahn — Untergrundbahn
métro

u.dgl. (m.) — und dergleichen (mehr)
etc.

UNO — O.N.U.

usw. — und so weiter
etc.

V

v. Chr. — vor Christus

vgl. — vergleiche!
comparez

v.H. — vom Hundert, %
pour cent

VHS — Volkshochschule
université populaire

Z

z.B. — zum Beispiel
par exemple

z.H. / z.Hd. — zu Händen von
à l'intention de

RETENIR EN PRIORITÉ

1 POINTS IMPORTANTS

152 Déclinaison

- Transfert des marques (§ 94-97) : **der** gute Wein / gut**er** Wein...
- Adjectifs substantivés : der Deutsche / ein Deutscher / Deutsche...
- Noms masculins faibles (§ 91) : der Franzose / des Franzosen...
- Prépositions avec accusatif, datif, accusatif / datif, génitif (§§ 109-117).
- Génitif saxon (suppression de l'article défini § 113) : Peters Familie.
- Place des pronoms personnels (§§ 12 / 73).
- Emploi du pronom réfléchi ***sich*** (§ 74) et de ***sein*** / ***ihr*** (§ 78).
- ***dessen*** / ***deren*** (place du pronom relatif au génitif § 75).
- Attribut du sujet (§ 108) : Er ist mein Freund.
- Appositions (§§ 82 / 115).

153 Verbe

- Auxiliaires ***sein*** / ***haben*** / ***werden*** (§ 25).
- Verbes de modalité : ***du kannst*** / ***darfst*** ; ***willst*** / ***magst*** ; ***musst*** / ***sollst*** (§ 28).
- ***wissen*** (***du weißt*** / ***er weiß***..., § 33).
- Ne pas confondre, ***ich konnte*** / ***könnte*** (§ 28) ; ***ich konnte*** / ***kannte*** (§ 43).
- Parfait avec ***sein*** ou ***haben*** (§ 26).
- Prétérit et participe II des verbes faibles (§ 35).
- ***ge-*** au participe II (§ 36).
  Participe II sans ***ge-*** : verbes inséparables : be'kommen
  : verbes en –***ieren*** (§ 37) : telefo'niert
- Temps primitifs des verbes forts (§ 146).
- Verbes, adjectifs et substantifs avec une préposition fixe (§§ 147 / 148).
- Verbes de position et verbes de mouvement (§ 111) : liegen / legen
- Conjugaison du passif action (***gerufen werden***) (§ 45).
- Emploi du passif action avec ***werden*** (§ 46) : Der Tisch wird gedeckt.
- Infinitif précédé ou non de ***zu*** (§§ 18 / 20).
- Double infinitif (§ 21). Double infinitif « hors construction » (§ 22).
- Expression du futur par le contexte (§ 52).
- Subjonctif dans le discours indirect (§ 65).

154 Mots de subordination

Ne pas confondre :

- ***wenn*** / ***wann*** (§ 16)
- ***wenn*** / ***ob*** (§ 64)
- ***wenn*** / ***als*** (§ 16)
- ***indem*** / ***während*** (§ 17)

155 Syntaxe

- Verbes en 2e position dans une proposition énonciative (§ 3-5).
- Termes ne comptant pas comme 1er élément (***aber*** / ***denn***..., § 4).
- Verbes en dernière position dans la subordonnée (§ 6-7).
- Place de ***nicht*** (§ 13).
- Place des formes non conjuguées du verbe (infinitif / participe...) (§ 10).
- Ponctuation : pas de virgule après le complément de tête (§ 137).

156 Distinguer

- ***dann*** (alors) / ***denn*** (car) (§ 141) : Dann kam er, denn er wollte helfen.
- ***dieser*** (celui-ci...) / ***der*** + génitif (ou ***von*** + datif) (= celui ce...) (§ 76).
- ***ein*** / ***eine*** / ***ein*** (article) – *ein**er*** / *ein**e*** / *ein**es*** (pronom) (§ 77).
- ***es*** sujet réel (Hat es geregnet?) / ***es*** explétif (§ 108).
- ***es gibt*** (+ accusatif) (il existe) / ***vor*** (+ datif) (sens temporel) pour traduire « il y a... » (§ 140).
- ***genug*** / ***ziemlich*** (§ 140).
- ***jener*** (celui... là) / ***jeder*** (chaque) (§§ 76 / 77).
- ***nur*** / ***erst*** (§§ 126 / 140).
- ***-ss*** / ***-ß*** (küssen / grüßen) (§ 136).
- ***viel*** / ***sehr*** (§§ 126 / 140).
- (***ebenso*** groß) ***wie*** (égalité) ; (*grö**ßer***) ***als*** (supériorité) (§ 98).
- avant de (+ inf.) : ***bevor***
  après avoir... : ***nachdem*** (+ verbe à une forme personnelle) (§ 17)
- en 2002 : im Jahre 2002 (ou 2002 sans préposition).

2 DÉCLINAISON DU GROUPE NOMINAL

157 Déclinaison forte

Sans déterminatif ou après *dessen, deren, zwei / einige, ein paar, mehrere, allerlei…*

	Masculin	Féminin	Neutre	**Pluriel**
Nominatif	gut**er** Wein	gut**e** Milch	gut**es** Bier	gut**e** Getränke
Accusatif	gut**en** Wein			
Datif	gut**em** Wein	gut**er** Milch	gut**em** Bier	gut**en** Getränke**n**
Génitif	gut**en** Wein**s**		gut**en** Bier**s**	gut**er** Getränke

158 Déclinaison mixte

Après un déterminatif incomplet du groupe ***ein*** au singulier :
ein (sing.), *kein* (1) *; mein / dein / sein / ihr ; unser / euer / ihr / Ihr* (1)

	Masculin	Féminin	Neutre	**Pluriel** (2)
Nominatif	ein gut**er** Wein	eine gut**e** Milch	ein gut**es** Bier	gut**e** Getränke
Accusatif	ein**en** gut**en** Wein			
Datif	ein**em** gut**en** Wein	ein**er** gut**en** Milch	ein**em** gut**en** Bier	gut**en** Getränke**n**
Génitif	ein**es** gut**en** Wein**s**		ein**es** gut**en** Bier**s**	gut**er** Getränke

(1) Pour l'adjectif précédé de ***kein*** ou d'un **possessif** le pluriel est celui de la déclinaison faible. (nominatif/accusatif pluriel : *kein**e** gute**n** Getränke*).

(2) Le pluriel est le même que pour l'adjectif sans déterminatif.

159 Déclinaison faible

Après un déterminatif complet du groupe ***der*** : *der, dieser / jener, jeder* (chaque), *mancher* (sing.), *solcher, welcher ;* pluriel : *alle, beide, sämtliche...*

	Masculin	Féminin	Neutre	**Pluriel**
Nominatif	der gut**e** Wein	die gut**e** Milch	das gut**e** Bier	die gut**en** Getränke
Accusatif	den gut**en** Wein			
Datif	dem gut**en** Wein	der gut**en** Milch	dem gut**en** Bier	den gut**en** Getränke**n**
Génitif	des gut**en** Wein**s**		des gut**en** Biers	der gut**en** Getränke

NB : Les adjectifs et participes substantivés ont une majuscule, mais continuent à prendre la marque de l'adjectif : *d**er** Krank**e** / ein Krank**er** ; dies**er** Reisend**e** / viel**e** Reisend**e** ; d**ie** Illustriert**e** / dies**e** drei Illustriert**en**. Gibt es etwas **N**eu**es**?*

3 PRÉPOSITIONS

Accusatif	Datif	Acc. / Dat.	Génitif	
durch	**aus**	**an**	angesichts	inmitten
für	außer	**auf**	anläßlich	längs
gegen	**bei**	**hinter**	(an)statt	
ohne	binnen	**in**	außerhalb	oberhalb
um	**mit**	**neben**	innerhalb	unterhalb
wider	**nach**	**über**		
	seit	**unter**	diesseits	trotz
	von	**vor**	jenseits	während
	zu	**zwischen**	hinsichtlich	wegen

CORRIGÉS DES EXERCICES

LE GROUPE VERBAL

1 - 2 Exercices pages 10 à 11

A

1. **Kommt** Karl am Montag?
   Ich glaube, **dass** er am Montag **kommt**.
   Weißt du, **ob** er am Montag **gekommen ist**.
2. **Sind** die Kinder im Garten?
   Ich glaube, **dass** sie im Garten **sind**.
   Weißt du, **ob** sie im Garten **gewesen sind**.
3. **Hat** Gisela Klavier **gespielt**?
   Ich glaube, **dass** sie Klavier **spielt.**
   Weißt du, **ob** sie Klavier **gespielt hat**.
4. **Ist** unser Nachbar mit dem Zug **gekommen**?
   Ich glaube, **dass** er mit dem Zug **kommt**.
   Weißt du, **ob** er mit dem Zug **gekommen ist**.

B

1. **Beachte** (**Beachten Sie**) die Vorschrift genau!
2. **Nimm** (**Nehmen Sie**) den Hörer ab!
3. **Wirf** (**Werfen Sie**) die Münze **ein** oder **schieb** (**schieben Sie**) die Telefonkarte **ein**!
4. **Wähle** (**Wählen Sie**) die gewünschte Nummer!
5. **Sprich**! (**Sprechen Sie**)!
6. **Hänge** (**Hängen Sie**) den Hörer **ein**!

C

1. **Möge er** fröhlich **werden**! (*Puisse-t-il…!*)
2. **Möge sie** gesund **werden**!
3. **Möge es** warm **werden**!
4. **Möge der Regen kommen**!
5. **Wären wir nur** allein! (*Si seulement…!*)
6. **Hätten wir nur** eine Wohnung!

D

1. Wenn wir **nur** dessen sicher wären! / Wären wir **nur** dessen sicher!
2. Wenn ich **nur** mehr Geld hätte! / Hätte ich **nur** mehr Geld!
3. Wenn sie **nur** bald käme! / Käme sie **nur** bald!
4. (Regret = *subj. II passé*)
   Wenn sie **nur** eher gekommen wäre! / Wäre sie **nur** eher gekommen!

E

1. **Ist** das Flugzeug pünktlich **gelandet**? Man **hatte** Verspätung **angesagt**.
2. Ich **glaube** nicht, **dass** unser Freund heute **kommt.**
3. **Weißt du, ob** Ferngespräche nach 20 Uhr billiger sind?
4. **Sagen Sie** mir, warum dieser Sport Sie so sehr **fesselt**, **dass** Sie nicht davor **zurückschrecken**, bei schlechtem Wetter zu segeln.
5. **Rufen Sie** mich vor allem nicht nach 11 Uhr abends **an**!
6. **Wenn** die Ausflügler **nur** auf ihn gehört hätten!
   Hätten die Ausflügler **nur** auf ihn gehört!
   Es **wäre** ihnen sicher kein Unglück **passiert**.
7. **Geben Sie** beim Telefonieren Ihren Namen **an**!
   Ihr Gesprächspartner **wird** dasselbe **getan haben**.

3 - 4 Exercices pages 11 à 12

A

1. **Wir** müssen heute Abend eine Mathematikaufgabe lösen.
2. **Ein Freund, der Ingenieur ist**, wollte uns zuerst helfen.
3. **Er** musste leider plötzlich abreisen.
4. **Man** gab uns zum Glück die entsprechenden Hinweise.
5. **Ich** konnte am nächsten Tag die Arbeit abgeben.

B

1. **Wir** haben zwei Stunden daran gearbeitet.
2. **Ein Freund** wollte uns helfen.
3. **Ein Student** brachte uns auf den richtigen Weg.
4. **Wir** waren gegen 10 Uhr fertig.

C

1. Inge und Hilde fahren in die Stadt, denn sie wollen in einem Warenhaus einkaufen. (B3)
2. „Fahren wir mit dem Bus oder nehmen wir die U-Bahn?" (B8)
3. „Wir nehmen die U-Bahn, so sind wir schneller da". (B2)
4. Beide steigen ein und sie sind bald an Ort und Stelle. (B10)
5. „Verzeihung, wo ist die Abteilung für Damenkonfektion?
   Wir möchten gern ein Sommerkleid kaufen." (B7)
6. „Unsere Damenabteilung ist im 2. Stock, aber Kleider finden Sie auch im Erdgeschoss." (B9)
7. „Vielen Dank, wir wollen zuerst hier etwas Passendes suchen und wir fahren später in den 2. Stock." (B11)
8. „Hilde, sieh mal dieses blaue Kleid: es ist gar nicht teuer." (B4)

9. „Schade, es wird dir nicht passen, es ist nicht deine Größe." (B6)
10. „Ach, ich will es doch mal anprobieren. Schade, es ist zu eng." (B5)
11. „Lass uns doch lieber in den 2. Stock fahren, wir haben dort mehr Auswahl." (B1)

D

1. „Bitte, könnten Sie mir die genaue Uhrzeit angeben, **denn** ich darf den letzten Zug nach München nicht verpassen?"
2. „**Ach**! Es ist nach Mitternacht. **Nur** ein Taxi könnte Sie noch schnell zum Bahnhof bringen."
3. „**Aber** Sie können bis morgen früh bei uns bleiben!"
4. „**Einverstanden**! Ich stehe um 5 Uhr auf und nehme die erste U-Bahn, um rechtzeitig am Bahnhof zu sein."
5. „**Natürlich**, Sie frühstücken mit uns!"
6. „**Danke sehr**, ich nehme mit Freude an."
7. **Kurz**, Ende gut alles gut.

5 Exercices pages 12 à 13

A

1. Da Hanna das Meer liebt, fährt **sie** jedes Jahr an die Nordsee.
2. Den ganzen Morgen bleibt **sie** am Strand.
3. Dann geht **sie** zum Einkaufen.
4. Jeden Nachmittag macht **sie** einen Spaziergang.
5. Zeitig (1) geht **sie** ins Bett.

B

Der andere

Abend**s** steigt ein Herr in Paris in d**en** Schnellzug nach Hamburg.
Er gibt d**em** Schaffner ein gut**es** Trinkgeld und sagt ihm:
„Wecken Sie mich bitte in Köln.
Wenn ich nicht aufwach**e**, setzen Sie mich einfach mit mein**em** Gepäck hinaus!
Ich habe morgen früh eine wichtig**e** Verabredung in dies**er** Stadt."
Der Schaffner verspricht es und der Herr schläft beruhigt ein.
Er wacht in d**er** Morgendämmerung auf, sieht aus d**em** Fenster und stellt fest, dass d**er** Zug eben in den Hamburg**er** Hauptbahnhof einläuft.
Der Reisend**e** springt wütend auf, findet endlich d**en** Schaffner auf d**em** belebt**en** Bahnsteig. Er überschüttet ih**n** mit Schimpfwort**en**.
Als nachher Kolleg**en** d**em** Schaffner Vorwürfe machen, dass er sich das habe gefallen lassen, da lächelt dies**er** und sagt: „Wenn ihr d**en** gehört hätt**et**, d**en** ich in Köln rausgesetzt habe, dann würdet ihr von d**em** hier überhaupt nicht reden!"

L'autre

Dans la soirée un monsieur monte à Paris dans l'express pour Hambourg.
Il donne un bon pourboire au contrôleur en lui disant : « Réveillez-moi, s'il vous plaît, à Cologne. Si je ne me réveille pas, mettez-moi tout simplement dehors avec mes bagages !
Demain matin j'ai un rendez-vous important dans cette ville. »
Le contrôleur lui en fait la promesse, et le monsieur s'endort rassuré.
Il se réveille à l'aube, jette un coup d'œil par la fenêtre pour constater que le train vient d'entrer dans la gare centrale de Hambourg.
Furieux, le voyageur se lève d'un bond, finit par trouver le contrôleur sur le quai animé.
Il l'accable d'injures.
Lorsque, par la suite, le contrôleur se voit reprocher par des collègues d'avoir supporté tout cela sans rien dire, ce dernier leur répond en souriant : « Si vous aviez entendu l'autre que j'ai mis dehors à Cologne, vous ne diriez absolument rien de celui-ci ! »

C

1. Hast '**du** meinen Kugelschreiber benutzt?
2. '**Diesen grauen Anzug** hätte er nicht kaufen wollen.
3. '**Diesen unhöflichen Mieter** hatte die Hauswartsfrau nie besonders gemocht.
   Jetzt grüßte sie ihn nicht einmal mehr.
4. **In den Ferien** wird Herr Müller da er nicht früh aufzustehen braucht, ausschlafen können.
5. **Nicht meinen 'Neffen** hätte ich sehen wollen, **sondern meine 'Nichte**, die gestern Abend aus Berlin zurückkommen sollte.
6. **Zu Weihnachten** hat ihm sein Vater einen Computer geschenkt.

6 - 7 Exercices pages 13 à 14

A

Règles à respecter par le sauveteur

1. *Réfléchis d'abord, puis agis !*
2. *Ne risque pas ta vie à la légère !*
   S'il y a une possibilité d'apporter une aide à partir de la berge, mets-la à profit !
   (tendre des perches, jeter des ballons ou des bouées de sauvetage)
3. *Attire l'attention d'autres personnes sur l'accident afin que, pendant les opérations de sauvetage, on puisse prendre des mesures !*
   (médecin, matériel de sauvetage)
4. *Si tu ne peux atteindre qu'à la nage la personne accidentée, donne-toi le maximum de liberté de mouvement en te déshabillant dans la mesure*

(1) *zeitig* (tôt / de bonne heure).

du possible ; ôte avant tout ta veste et tes chaussures !

5. *Vérifie auparavant s'il y a des moyens de secours à proximité !*
   (embarcation, planche de sauvetage, palmes, etc.)
6. *En nageant ne t'approche pas trop du noyé afin d'éviter qu'il ne s'agrippe à toi, et cherche à le tranquilliser par tes exhortations !*
   Si c'est impossible, saisis-le toujours uniquement par-derrière !

Société allemande de sauvetage

B

1. Du sollst erst überlegen, dann handeln.
2. Du sollst dein Leben nicht leichtsinnig aufs Spiel setzen.
   Besteht die Möglichkeit einer Hilfe, so sollst du sie nutzen.
3. Du sollst andere auf den Unfall aufmerksam machen, ...
4. Kannst du den Ertrinkenden nur durch Schwimmen erreichen, so sollst du dir Bewegungsfreiheit schaffen und dich entkleiden, soweit es geht - vor allem sollst du Rock und Schuhe ablegen.

C

1. Überlege erst, **bevor** du handelst!
2. **Wenn** die Möglichkeit einer Hilfe vom Ufer aus besteht, nutze sie!
3. Mache andere durch Zuruf auf den Unfall aufmerksam, **so dass** während der Rettung schon Weiteres veranlasst werden kann!
4. **Falls** du den Ertrinkenden nur durch Schwimmen erreichen kannst, **so** schaffe dir Bewegungsfreiheit...
5. Überprüfe vorher, **wo** ein Hilfsmittel in der Nähe ist!
6. Schwimme nur so weit an den Ertrinkenden heran, **damit** er dich nicht erfassen kann...
   Wenn dies nicht möglich ist, ergreife ihn immer nur von rückwärts!

D

1. **Obgleich** amerikanische Astro'nauten haben auf dem Mond landen können (1), beschloss die amerikanische Regierung, das Programm Apollo einzustellen.
2. **Solange** die Atomenergie nicht ganz gefahrlos ist, sollte man keine Atomkraftwerke in der Nähe der großen Städte bauen.
3. **Sobald** die Boeing neben einem Airbus auf Position stillstand, durften die Passagiere ihre Sicherheitsgurte abschnallen.

---

(1) En général, on évite d'utiliser une forme aussi lourde que le double infinitif dans la conversation courante. On se servira plus volontiers du prétérit : ***Obgleich*** *Astronauten auf dem Mond landen* ***konnten****, ...*

4. Der Videoclip, **den** du mir auf dem Supermarkt gekauft hast, gefällt mir sehr.
5. Der Videorecorder, **der** mir voriges Jahr verkauft worden ist, geht nicht mehr.

8 - 9 Exercices pages 14 à 15

A

1. Meine Freundin rät mir,
   dass ich nach Spanien fahren solle.
   ich solle nach Spanien fahren.
2. Ein Kollege behauptet,
   dass das Leben dort nicht teuer sei.
   das Leben dort sei nicht teuer.
3. Meine Nachbarin erklärt,
   dass das Wetter dort beständig sei.
   das Wetter sei dort beständig.
4. Sie meint,
   dass ich mich ... erkundigen solle.
   ich solle mich ... erkundigen.
5. Meine Mutter sagt,
   dass ich Einkäufe machen solle.
   ich solle Einkäufe machen.
6. Ich antworte ihr,
   dass ich ... packen müsse.
   ich müsse ... packen.
7. Ich weiß nicht, **ob** man Geld umtauschen **kann**.
8. Ich möchte wissen, **wie viel** Geld man umtauschen **kann**.
9. Ich weiß noch nicht, **wo** ich mein Geld umtauschen **kann**.

B

1. **Sitze ich** endlich im Flugzeug, **so** werde ich beruhigt sein.
2. **Kommen wir** in Spanien an, **so** schreibe ich dir gleich.
3. **Sehen wir** etwas Schönes, **so** werde ich an dich denken.
4. **Bin ich** abends allein, **so** schreibe ich mein Tagebuch.
5. **Komme ich** zurück, **so** erzähle ich dir alles.

C

1. ..., **als gleite** das Flugzeug durch die Luft.
2. ..., **als wolle** es landen.
3. ..., **als käme** langsam der Abend.
4. ..., **als sollte** es noch ein Gewitter geben,

D

1. Dieser Auswanderer hätte seine Heimat nicht verlassen wollen, ohne seine Eltern ein letztes Mal gesehen zu haben.

2. Dieses Jahr sind wir später in Ferien gefahren, weil wir bei unserem kranken Großvater hatten bleiben wollen.
3. Das Haus, das sie letzten Monat hatte verkaufen müssen, hatte sie von ihrem Onkel geerbt.
4. Meine Schwester antwortete mir, sie habe noch keine Zeit gehabt einzukaufen.
5. Wenn die Kinder im (Monat) Juni keine Schule hätten, könnten wir zwei Wochen im Schwarzwald verbringen.
   Hätten die Kinder … keine Schule, so könnten wir … verbringen.
6. Unser Nachbar tat so, als ob er diese ironischen Worte nicht gehört hätte.
   (= als hätte er … nicht gehört.)

LES ÉLÉMENTS DE LA PHRASE

10 Exercices page 22

A

Parfait

1. Wir **haben** die Koffer **mitgenommen**.
2. Wir **haben** ein Taxi **angehalten**.
3. Es **hat** uns zum Bahnhof **gebracht.**
4. Wir **sind ausgestiegen** und **haben bezahlt**.
5. Mia **hat** auf ihre Freundin **gewartet**.
6. Rolf **hat** sich vor dem Schalter **angestellt**.
7. Der Beamte **hat** Kleingeld **herausgegeben**.
8. Er **hat** die Abfahrtszeit des Zuges **mitgeteilt.**
9. Wir **sind** auf den Bahnsteig **gegangen**.
10. Der Zug **ist eingelaufen**.
11. Wir **sind** am Zug **entlanggegangen**.
12. Wir **sind** in ein Abteil 2. Klasse **eingestiegen.**
13. Der Zug **ist abgefahren**.
14. Er ist an unserem Haus **vorbeigefahren.**

Futur

1. Wir **werden** die Koffer **mitnehmen.**
2. Wir **werden** ein Taxi **anhalten**.
3. Es **wird** uns zum Bahnhof **bringen.**
4. Wir **werden aussteigen** und **bezahlen.**
5. Mia **wird** auf ihre Freundin **warten**.
6. Rolf **wird** sich vor dem Schalter **anstellen**.
7. Der Beamte **wird** Kleingeld **herausgeben**.
8. Er **wird** die Abfahrszeit des Zuges **mitteilen**.
9. Wir **werden** auf den Bahnsteig **gehen**.
10. Der Zug **wird einlaufen**.
11. Wir werden am Zug **entlanggehen.**
12. Wir **werden** in ein Abteil 2. Klasse **einsteigen**.
13. Der Zug **wird abfahren**.
14. Er **wird** an unserem Haus **vorbeifahren**.

B

1. Er hat den Schweizer vor einem 'Jahr kennen gelernt.
   C'est l'an dernier qu'il a fait la connaissance du Suisse.

→ Er hat vor einem Jahr einen 'Schweizer kennen gelernt.
Il a fait la connaissance d'un Suisse l'an dernier.

2. Er hatte den Wagen 'letztes Jahr gekauft.
C'est l'année dernière qu'il avait acheté la voiture.
→ Er hatte letztes Jahr einen 'Wagen gekauft.
Il avait acheté une voiture l'année dernière.
3. Sofort hat er den Brief an das Ho'tel in Basel abgeschickt.
C'est à l'hôtel de Bâle qu'il a aussitôt envoyé la lettre.
→ Sofort hat er an das Hotel in Basel einen 'Brief abgeschickt.
Il a aussitôt envoyé une lettre à l'hôtel de Bâle.
4. Er hat den genauen Reiseplan vor zwei 'Wochen festgelegt.
Voilà 15 jours, il a établi l'itinéraire précis du voyage.
→ Er hat vor zwei Wochen einen genauen 'Reiseplan festgelegt.
Il a établi un itinéraire précis du voyage il y a 15 jours.
5. Ich habe die Nachricht erst 'gestern bekommen.
Ce n'est qu'hier que j'ai reçu la nouvelle.
→ Ich habe erst gestern eine 'Nachricht bekommen.
Je n'ai reçu une nouvelle qu'hier.

C

1. Du wirst nie ein so guter Tennisspieler werden **wie er**.
2. Wenn ich euch (Sie) besuche, bringe ich interessante Bücher mit: **einen oder zwei Romane, eine Gedichtsammlung und mehrere Bücher, die einen Literaturpreis erhalten haben.**
3. Der Taxifahrer wird dich zur Villa bringen, **die an der Ausfahrtstraße der Stadt liegt**.
4. Ich gehe bestimmt nicht spazieren **zu so später Stunde.**
5. Wir hatten lange warten müssen **auf ihre Ankunft.**

11 — Exercices pages 23 à 24

A

Ein Geschenk

1. Heidi öffnet **dem Briefträger** die Tür.
2. Der Briefträger bringt ihr **ein Paket**.
3. Der Briefträger verlangt von ihr **eine Unterschrift und Geld**.
4. Heidi gibt ihm **Geld**.
5. Der Briefträger händigt dem Mädchen **das Paket** aus.
6. **Ihre Großmutter** schickte ihr das Paket.
7. Die Großmutter schickt ihr **ein Buch**.
8. Heidi zeigte **ihren Eltern** das Buch.
9. Sie schreibt ihrer Großmutter **einen Brief**.
10. Die Großmutter zeigt **der Nachbarin** den Brief.

B

1. **Haben** wir bei dem Ober bestellt, der uns immer bedient? (*interrogation*)
Bei dem Ober, der uns immer bedient, haben wir bestellt.
Bestellt haben wir bei dem Ober, der uns immer bedient.
2. **Mich** schickt meine Firma für ein Jahr nach Amerika.
Für ein Jahr schickt mich meine Firma nach Amerika.
Nach Amerika schickt mich meine Firma für ein Jahr.
3. **Ich** war im Jahr 1999 bereits einen Monat in den USA.
Bereits einen Monat war ich im Jahre 1999 in den USA.
In den USA war ich im Jahr 1999 bereits einen Monat.
4. **Hat** unsere Fremdsprachenkorrespondentin mir die Flugkarte besorgt? (*interrogation*)
Mir hat unsere Fremdsprachenkorrespondentin die Flugkarte besorgt.
Besorgt hat mir unsere Fremdsprachenkorrespondentin die Flugkarte.
5. **Schon um 8 Uhr** geht das Flugzeug. Leider muss ich mich verabschieden.
6. **Mir** was es(1) ein Vergnügen, Sie wieder zu sehen.
Ein Vergnügen war es(2) mir, Sie wieder zu sehen.

C

1. **Am 27 September 1998**(3) haben Wahlen in der Bundesrepublik Deutschland stattgefunden.
2. **Auf Helgoland**(4) dichtete Hoffmann von Fallersleben im Jahre 1841 das Deutschlandlied.
3. **Heute** habe ich besser Tennis gespielt als vorgestern.
4. Sie sollten sich nicht an den Direktor wenden, sondern an Ihren unmittelbaren Vorgesetzten.
5. **In Saarbrücken** habe ich im Jahre 1998 mein Jurastudium beendet.
6. **Am nächsten Morgen** hat man mich gegen 9 Uhr vom Hotel angerufen, wo ich die vorige Nacht verbracht hatte.

---

(1) *es* annonce ce qui suit : *Sie wieder zu sehen.*
(2) *es* disparaît dans la construction ci-après : ***Sie wieder zu sehen**, war mir ein Vergnügen.* (= sujet réel)
(3) pas de virgule !
(4) un seul complément devant le verbe !

12 Exercices pages 24 à 25

A

1. **Er** bringt **sie ihr.**
2. **Er** holt **sie ihr.**
3. **Sie** sagt **es ihr** auf.
4. **Sie** gibt **es allen**.
5. **Sie** schickt **sie ihnen**.
6. **Sie** kauft **sie ihnen**.
7. **Er** bietet **sie ihm** an.
8. **Sie** zeigt **es ihm**.

B

1. Seit Jahren sehnt **sich** Harald nach seiner Heimat.
   Seit Jahren sehnt **er sich** nach seiner Heimat.
   Da **sich** Harald nach seiner Heimat sehnt, will er … abkürzen.
   Da er **sich** nach seiner Heimat sehnt, …
2. Gestern früh fühlte **sich** meine Schwester nicht wohl.
   Gestern früh fühlte **sie sich** nicht wohl.
   Da **sich** meine Schwester nicht wohl fühlte, blieb sie zu Hause.
   Da sie **sich** nicht wohl fühlte, …

C

1. Der Reihe nach näherten wir **uns ihnen**.
2. **Sag** es **ihm** nicht, denn er wäre nicht zufrieden.
3. Erlauben Sie **mir**, **mich** vorzustellen.
4. Allem Anschein nach denkt dieser Mann nur an **sich**.
5. Sie hatte kein Geld bei **sich**.
6. Erinnerst du dich an unsere letzte Reise nach Berlin?
7. Die Gedächtniskirche ist am Ende des Zweiten Weltkriegs zum Teil zerstört worden. Ich werde **sie dir** zeigen.
8. Seitdem er **ihn ihr** verkauft hat, benutzt sie diesen Wagen jeden Tag.
9. Am Tag nach meiner Ankunft habe ich **mir** eine Videokamera kaufen können.

13 Exercices pages 25 à 26

A

Parfait

1. Du hast mir die Schularbeiten 'nicht gebracht.
2. Du hast 'nicht nach mir gefragt.
3. Du hast dich 'nicht um mich gekümmert.
4. Du hast mir meine Turnhose 'nicht zurückgegeben.
5. Du bist 'niemals ein richtiger Freund gewesen.

Présent (indicatif)

1. Du bringst mir die Schularbeiten 'nicht.
2. Du fragst 'nicht nach mir.
3. Du kümmerst dich 'nicht um mich.
4. Du gibst mir meine Turnhose 'nicht zurück.
5. Du bist 'niemals ein richtiger Freund.

B

1. Nein, sie hat die Wohnung '**nicht** aufgeräumt.
2. Nein, sie hat die Wäsche '**nicht** gewaschen.
3. Nein, sie hat die Teller '**nicht** auf den Tisch gestellt.
4. Nein, er hat das Geschirr '**nicht** abgewaschen.

C

1. Nein, sie hat **nicht** die 'Wohnung aufgeräumt, **sondern** den 'Schrank.
2. Nein, sie hat **nicht** die 'Wäsche gewaschen, **sondern** ein 'Kleid.
3. Nein, sie hat **nicht** die 'Teller auf den Tisch gestellt, **sondern** die 'Gläser.
4. Nein, er hat **nicht** das Ge'schirr abgewaschen, **sondern** die Be'stecke.

D

1. Hat 'Ingrid die Wäsche gewaschen?
   Nein, **nicht** 'Ingrid, **sondern** 'Ursula.
2. Hat Re'nate die Teller auf den Tisch gestellt?
   Nein, **nicht** Re'nate, **sondern** 'ich allein.
3. Hat 'Boris das Geschirr abgewaschen?
   Nein, **nicht** 'Boris, **sondern** 'wir alle zusammen.

E

1. Wir haben dieses Buch 'nicht gelesen.
   Nous n'avons pas lu ce livre.
2. Ich habe nicht 'dieses Buch gelesen.
   Ce n'est pas ce livre que j'ai lu.
3. Ich habe das Buch nicht ge'lesen, sondern ver'schlungen.
   Ce livre, je ne l'ai pas lu, mais dévoré.
4. Ich habe dich 'nicht gefragt. Nicht 'dich habe ich gefragt.
   Je ne t'ai pas interrogé(e). Ce n'est pas toi que j'ai interrogé(e).
5. Nicht was man 'sagt, sondern was man 'tut, ist wichtig.
   Ce ne sont pas les paroles, mais les actes qui comptent.
6. Warum haben Sie das nicht 'früher gesagt? Ich habe das früher 'nicht gewusst.
   Pourquoi ne l'avez-vous pas dit plus tôt ? Je ne le savais pas encore.
7. Er weiß nicht, was er 'will, aber er weiß, was er 'nicht will.
   Il ne sait pas ce qu'il veut, mais il sait bien ce qu'il ne veut pas.

F

1. Nicht 'er hatte das Geld gestohlen, sondern ein 'Kunde. Warum bist du nicht hierher zurückgekommen?
2. Der Schriftsteller blieb in diesem malerischen Dorf nicht mehrere 'Monate, sondern nur einige 'Wochen.
3. Gestern habe ich einen Autounfall gehabt, weil ich die Vorfahrt 'gar nicht beachtet habe.
4. Der andere Autofahrer wollte 'nicht einmal glauben, dass ich ihn 'nicht gesehen hatte. Zum Glück hat es keine Verletzten gegeben.
5. Ich will von dieser Geschichte, die mich nur aufregt, 'nichts mehr hören. – Ich 'auch nicht.

14 Exercices pages 26 à 27

A

1. ein 'Luftballon
2. ein 'Marktplatz
3. ein Philoso'phieprofessor
4. die Eisschnelllauf'weltmeisterin (*championne mondiale de patin sur glace*)

B

1. ein 'Kleinstädter (*provincial*) (1) ist ein Mann, der in einer Stadt mit weniger als 20 000 Einwohnern lebt.
2. ein "Weltraum'fahrer (*astronaute*) (3) ist ein Astronaut, der in einer Rakete den Weltraum durchfliegt.
3. ein 'Leipziger (*habitant de Leipzig*) (1) ist ein Mann, der in Leipzig wohnt.
4. ein 'Dreher (*radical du verbe + -***er**) (4) ist ein Metallarbeiter, der an der Drehbank arbeitet (*tourneur*).
5. ein 'Spätaufsteher (*adverbe + verbe + -***er**) ist jemand, der spät aufsteht (*lève-tard*).
6. ein 'Fensterputzer (*laveur de carreaux*) (2) ist ein Mann, der Fenster putzt.
7. ein Par'kettleger (*parqueteur*) (2) ist ein Handwerker, der Par'kett legt.
8. ein 'Dachdecker (*couvreur*) (2) ist ein Handwerker, der das Dach deckt.
9. ein 'Forscher (*radical du verbe + -***er**) ist ein Mann, der auf einem bestimmten Gebiet (wissenschaftliche) Forschung betreibt (*chercheur*).
10. ein 'Schuhmacher (*cordonnier*) (2) ist ein Handwerker, der Schuhe repariert.
11. ein 'Briefträger (*facteur / préposé des postes*) (2) ist ein Mann, der Briefe austrägt.
12. ein "Dorfschul'lehrer (*instituteur de campagne*) (3) ist ein Mann, der an einer Dorfschule Lehrer ist.
13. ein 'Großstädter (*habitant d'une grande ville*) (1) ist ein Mann, der in einer Großstadt wohnt.
14. ein 'Eisenbahner (*cheminot*) (1) ist ein Angestellter oder ein Beamter, der bei der Eisenbahn arbeitet.
15. ein 'Buchhalter (*comptable*) (2) ist ein Angestellter in einem Geschäft oder in einem Betrieb, der für die Buchführung zuständig ist.

C

1. *le laminoir*
2. *le laminoir pour cuivre*
3. *l'examen (pour l'obtention d'un diplôme) d'État*
4. *le mémoire pour obtenir un diplôme d'État*
5. *le billet de retour pour le week-end*
6. *le pétrole*
7. *l'usine de traitement du pétrole brut*
8. *le building*
9. *la femme de ménage*
10. *la production de biens de consommation courante*
11. *le canif*
12. *la revue féminine*
13. *le point de vue*
14. *la Loi Fondamentale*
15. *l'urbanisme*

D

1. Ich hätte die Einladung gern angenommen, **aber** ich habe leider keine Zeit.
2. Meine Wohnung ist **nicht** billig, **sondern** ziemlich teuer.
3. Der Ausflug war schön, **aber** anstrengend.
4. Mein Bruder will **nicht** studieren, **sondern** sofort in den Beruf gehen.
5. **Zwar** ist es schon März, **aber** es schneit noch oft.

E

1. Warum kaufst du diesen Garten hinter deinem Haus '**nicht**?
2. Ich will diese Zweizimmerwohnung **nicht** 'kaufen, **sondern** 'mieten.
3. Ja, er weiß es. Nein, er weiß es '**nicht**.
4. Warum begleitest du mich '**nicht** zum Tennisspiel?
5. Warum kommt er '**nicht** mit (uns) ins Kino?
6. Er fährt '**nie(mals)** in Ferien. Wir '**auch nicht**.
7. Du hättest '**nicht** hierher kommen sollen, denn es ist sehr gefährlich.
8. **Nicht** 'ich habe ihm die Neuigkeit mitgeteilt.
9. **Nicht** in Ber'lin spielt die Handlung des Films, **sondern** in 'Köln.
   Die Heldin ist **erst** 18 Jahre alt.
10. Wenn er **noch 'nicht** gekommen ist, kommt er '**nicht mehr**.
    Ist er **noch 'nicht** gekommen, so kommt er '**nicht mehr**.
11. Er hat mir '**nicht einmal** guten Tag gesagt.
12. Horsts Brief ist **noch 'nicht** eingetroffen.

LES MOTS DE SUBORDINATION

15 Exercices pages 31 à 32

A

1. Ich freue mich, **dass** morgen Feiertag ist.
2. Ich nehme an, **dass** wir morgen an den Rhein fahren.
3. Ich hoffe, **dass** das Wetter gut ist.

B

Ich weiß nicht, **wie (warum)** ich hierher kam.
Ich weiß nicht, **warum** ich so traurig bin.
Ich weiß nicht, **wann** ich nach Hause komme.
Ich weiß nicht, **wie (warum)** ich das verschuldet habe.
Ich weiß nicht, **worauf** ich mich freuen soll.

C

Als der Morgen graute, brachen wir auf.
Als der Mittag da war, kehrten wir ein.
Als der Abend nahte, gingen wir nach Hause.

D

Nachdem wir drei Stunden **marschiert waren**(1), rasteten wir.

Nachdem wir uns **ausgeruht hatten**, gingen wir weiter.

Nachdem wir uns **verabschiedet hatten**, fuhren wir nach Hause.

E

1. **Da** das Wetter schön war, machten wir einen Ausflug.
   Das Wetter war **so** schön, **dass** wir einen Ausflug machten.
2. **Da** wir zeitig losfuhren, waren wir schon vor Mittag im Wald.
   Wir fuhren **so** zeitig los, **dass** wir schon vor Mittag im Wald waren.
3. **Da** es gegen Abend anfing zu regnen, fuhren wir zurück.
   Gegen Abend fing es an **so** sehr(2) zu regnen, **dass** wir zurückfuhren.

F

1. **Falls die Sonne scheint**, werden wir baden.
2. **Wenn die Ferien beginnen**, fahren wir ans Meer.
3. Wir fahren in die Schweiz, **um uns zu erholen.**
   Um uns zu erholen, fahren wir in die Schweiz.
4. **Als die Sonne unterging**, kamen wir an.
5. **Obgleich die Aufgabe schwierig ist**, werde ich sie lösen.
6. **Während wir den Koffer packten**, wurden wir gestört.
7. Manche Dinge schätzt man erst, **nachdem man sie verloren hat**.

G

1. Wer von euch hat den Wasserhahn nicht abgestellt?
2. Ich weiß nicht, was geschehen ist, aber er war schlecht gelaunt.
3. Nachdem der Landwirt das weite Feld mit seinem neuen Traktor gepflügt hatte, fuhr er zum Mittagessen.
4. Nimm dich sehr in Acht, wenn du diese Blechdose öffnest! (bevor du …)
   Nimm dich beim Öffnen dieser Blechdose sehr in Acht!
5. Falls du nicht da bist(3), lasse ich das Paket bei deiner Nachbarin
   Sobald sie es dir übergeben hat, benachrichtige mich!
6. Auch wenn sie scheitern sollte, würde sie nicht aufgeben.
7. Was du auch tust, **ich** werde dir immer vertrauen
8. Je schöner das Wetter ist, desto glücklicher sind die Urlauber.

16 - 17 Exercices pages 32 à 33

A

1. **Sooft** wir Gelegenheit haben, schreiben wir dir.
2. **Bis** ich die Prüfung ablege, vergehen noch 2 Jahre.
   Ich warte, **bis** du kommst.
3. **Sobald** die Sonne scheint, ist die Welt wie verändert.
4. **Solange** ich lebe, werde ich dir dankbar sein.

B

1. **Als** ich … kam, war mein Onkel … angekommen.
   „Bist du aber groß geworden!

(1) On emploie le plus-que-parfait pour marquer la succession dans le temps.
(2) On emploie ***sehr*** pour marquer l'intensité.
(3) Ici indicatif !

Als ich das letzte Mal bei euch war, konntest du noch nicht über den Tisch sehen.
Und **wenn** ich das nächste Mal komme, wirst du so groß sein wie ich".

Da sagte mein Vater: „**Wenn** du uns so lange … warten lässt, siehst du uns vielleicht nicht mehr. Du warst nicht da, **als** die Kinder geboren wurden und (**als**)[1] 1989 die Mauer fiel.

Wenn du doch öfter kommen könntest oder (**wenn** du)[1] wenigstens öfter schreiben würdest!"

2. „**Seitdem** ich das Geschäft allein führe", antwortete der Onkel, „habe ich wenig Zeit.
Sooft es mir möglich ist, lasse ich von mir hören. Ich habe noch einige schwere Jahre vor mir, **bis** mein Sohn mich entlasten kann.
Sobald er die Firma übernommen hat, komme ich … zurück."
3. **Während** der Onkel sprach, deckte meine Schwester den Tisch.
Doch **bevor** wir mit dem Essen anfingen, klopfte Vater noch an sein Glas und sagte:
„**Nachdem** du uns auf ein Wiedersehen … vertröstet hast, wollen wir … anstoßen."
Nachdem der Onkel einige Tage bei uns verbracht hatte, musste er leider seine Reise fortsetzen.

C

1. Sobald die Sonne untergegangen ist, werden wir mit der Arbeit aufhören.
2. Als ich mein Hemd wusch, stellte ich fest, dass zwei Knöpfe fehlten.
3. Bevor ich mit meiner Schwiegermutter ins Kino gehe, hole ich ein Buch aus der Leihbibliothek.
4. Der Gefangene wurde verhört, bis er alles gestanden hatte.
5. Jedesmal, wenn meine Freundin an diesem Denkmal vorbeigeht, bleibt sie einige Minuten stehen.
6. Wenn du mir schreibst, komme ich sofort.
7. Als sie mit ihrer Kusine telefonierte, vergaß sie nicht, ihr von ihren gemeinsamen Freunden zu erzählen.

(1) Inutile de répéter le subordonnant.

L'INFINITIF ET SON GROUPE

18 Exercices page 39

A

1. Der Redner dachte, **seinen Standpunkt erläutern zu können**.
2. Es scheint **unmöglich zu sein**, alle Arbeit zu rationalisieren.
3. Wir dürfen uns nicht einbilden, **die Besten zu sein**.
4. Es ist notwendig, **dir das Rauchen bald abzugewöhnen**.
5. Ich behaupte, **dich gesehen zu haben**.

B

1. **Wenn** das Wetter schön ist, machen wir gern einen Spaziergang.
2. **Wenn** das Wetter wieder schön wird, gehen wir ins Gebirge.
3. Es war sechs Uhr, **als** ich aufwachte.
4. **Als** ich am Abend nach Hause zurückkam, war ich froh, meine Eltern wieder zu sehen.
5. **Als** Herr Bergmann nach Frankfurt fuhr, besuchte er die Ausstellung.
6. (Früher) **als** ich zur Schule ging, stand ich jeden Morgen um 7 Uhr auf.
7. **Als** ich ihn sah, reichte er mir die Hand und sagte: „Guten Tag! Wie geht es dir?"
8. **Als** ich klein war, war ich oft krank.
9. Als er aus dem Laden trat, sah er sein Fahrrad nicht mehr, das er vor der Tür **hatte stehen lassen.**
10. **Nachdem** er aufgestanden war, ging er in die Schule.
11. **Nachdem** sie einige Tage in dieser Stadt verbracht hatte, kehrte sie nach Mainz zurück.
12. **Wann** feierst du deinen Geburtstag?
13. Hans wünscht, **seinen Jugendfreund bald wieder zu sehen**.
14. Es war schwierig für mich, **den Scheck über 1500 DM einzuziehen**, den du mir gegeben hast.
15. **Zu kaltes Bier zu trinken** ist früh oder spät schlecht für die Gesundheit (= gesundheitsschädigend).
16. Dieser Betriebsleiter verstand es nicht, **das Vertrauen des Personals** (= der Belegschaft) **zu gewinnen**.
17. Es ist Zivilisten verboten, **das Gelände des Forschungszentrums zu betreten**.

19 - 20 Exercices pages 40 à 41

A

1. Ich fahre in die Stadt,
   ohne meine Mutter **zu fragen**, **anstatt zu arbeiten**,
   um meine Schwester **zu besuchen**,
   weil ich meine Schwester besuchen **will**.
2. Hans geht in die Badeanstalt,
   weil er schwimmen **will**, **anstatt zu lernen**,
   um braun **zu werden**,
   weil er trainieren **möchte**.
3. Meine Eltern fahren ins Gebirge,
   um sich zu erholen,
   weil sie Ski laufen **möchten**,
   anstatt ans Meer **zu fahren**,
   ohne uns **mitzunehmen**.
4. Ingrid ergreift einen Beruf,
   weil sie Geld verdienen **möchte**,
   anstatt zu studieren,
   um unabhängig **zu sein**.

B

1. Ich gehe in den Garten, **um** Kartoffeln **zu holen**.
2. Ich nehme einen Spaten mit, **um** damit die Kartoffeln **auszugraben**.
3. Ich nehme einen Sack mit, **um** die Kartoffeln **hineinzusammeln**.
4. Ich nehme eine Schubkarre mit, **um** damit alles nach Hause **zu fahren**.

C

1. Wie kannst du nur den Lärm der Flugzeuge **aushalten**?
   Wie **hast** du.. **aushalten können**?
2. Man muss sich nur daran **gewöhnen**.
   Man **hat** sich … **gewöhnen müssen**.
3. Aber ich habe vor **umzuziehen**.
   Aber ich **habe vorgehabt** umzuziehen.
4. Ich will mir eine Wohnung auf dem Lande **suchen**.
   Ich **habe** … **suchen wollen**.
5. Meine Eltern helfen mir, etwas Passendes **zu finden**.
   Meine Eltern **haben** mir **geholfen**, etwas Passendes zu finden.
6. Leider muss ich … einen weiten Weg **zurücklegen**.
   Leider **habe** ich … **zurücklegen müssen**.
7. Aber dafür gehe ich jeden Tag **spazieren** und (gehe) früh **schlafen**.
   Aber dafür **bin** ich … **spazieren** (gegangen) und früh **schlafen gegangen**.
8. Beabsichtigst du mit dem Zug **zu fahren**?
   Hast du **beabsichtigt** mit dem Zug zu fahren?
9. Nein, ich will den Wagen **nehmen**, …
   Nein, ich **habe** den Wagen **nehmen wollen**, …

D

1. Die Touristen sind früh aufgestanden, um ihren Zug nicht zu verpassen.
2. Anstatt mit ihnen aufzustehen, bin ich im Bett geblieben.
   Ich habe es vorgezogen mich auszuruhen, bevor ich nach Celle fuhr, wo ich meinen deutschen Brieffreund wieder treffen soll.
3. Nachdem ich mich rasiert und angezogen hatte, beschloss ich auf die Post zu gehen, um meinen Freund anzurufen.
4. „Sie wollen hinausgehen, trotz des Regens und ohne etwas gegessen zu haben?" sagte mir der Kellner. „Warum rufen Sie nicht von hier aus an? Sie haben eine Telefonzelle im Erdgeschoss."
5. „Wann wollen Sie wegfahren?" (Wann beabsichtigen Sie wegzufahren?)
   „Heute Nachmittag. Ich möchte mein Zimmer bis heute Mittag behalten."

21 - 22 Exercices pages 41 à 42

A

1. Du brauchst nicht zu[1] kommen.
2. Du brauchst nicht zu[1] arbeiten.
3. Du brauchst nicht an deine Prüfung zu denken.
4. Du brauchst nicht früh aufzustehen.
5. Du brauchst nicht bis elf zu arbeiten.

Subjonctif passé

6. Er hätte nicht an die Prüfung zu[1] denken brauchen.
7. Er hätte nicht zu[1] kommen brauchen.
8. Er hätte nicht so früh aufzustehen[1] brauchen.

B

1. Die Bremer Stadtmusikanten **sind** zum Symbol dafür **geworden**, dass … die Schwachen sich **haben durchsetzen können**.
2. Der Junge **hat** mit seinem Vater nach Bremen **gedurft**.
   Sie **haben** in Köln **umsteigen müssen**.
3. Ich **habe** das Moped **reparieren lassen**.
4. Plötzlich **habe** ich dich **kommen hören**.
5. Du **hast** nicht zu zahlen **brauchen**.
6. **Hast** du ihnen den Brief **übergeben können**?

(1) Le plus souvent, on n'emploiera pas ***zu***… dans la langue parlée avec ***nicht brauchen***.

C

1. Ich glaube, dass sie ihn den Motor abstellen **sah**.
   ... dass sie ihn den Motor **hatte** abstellen sehen.
2. ... dass der Graben nicht verbreitert werden **konnte**.
   ... dass der Graben nicht **hatte** verbreitert werden können.
3. ... dass der Kellner mir eine Flasche Wein bringen **soll**.
   ... dass der Kellner mir eine Flasche Wein **hatte** bringen sollen.
4. ... dass sie telefonieren **will**.
   ... dass sie **hatte** telefonieren wollen.

D

1. Ich habe schon jung **arbeiten müssen**.
2. Wenn ich das hätte **vermeiden können**, hätte ich mehr **lernen können**.
3. So habe ich ... **lernen müssen** und habe ... mein Ziel **erreichen können**.

E

1. Darf ich Sie **nach** der Uhrzeit **fragen**?
   (Darf ich Sie **um** die Uhrzeit **bitten**? / Können Sie mir bitte die genaue Uhrzeit sagen?)
   Meine Uhr ist **stehen geblieben**.
2. Bitte, **bleiben** Sie **sitzen**! Ich hole meine Papiere.
3. Könnten Sie mir helfen, meinen Wagen zu schieben?
   Ich habe hier **halten müssen**, da ich kein Benzin mehr hatte.
4. Ich denke, dass der Tankwart inzwischen den Motor **hat** nachsehen können.
5. Ich **höre** an die Tür **klopfen**: es ist sicher der Briefträger.
   (Ich höre, **wie** an die Tür geklopft wird.)
6. Die Leute, die wir nach Hannover **hätten** mitnehmen wollen, haben nicht kommen können.
7. Du hättest diesen Versuch nie **wagen sollen**, er war zu gefährlich.

23 - 24

Exercices pages 42 à 43

A

1. Sie hat mir 20 Mark gegeben, **damit** ich für sie Fisch **kaufe**.
2. Ich nehme mein Fahrrad, **um** in die Schule **zu fahren**.
3. Sie lernt Deutsch, **um** in Bonn **zu studieren**.
4. Er geht ins Bett, **um** morgen auf den Fischmarkt **zu gehen**.

B

1. **Vor / Nach** der Ankunft des Dozenten begann die Diskussion.
   Bevor der Dozent ankam, begann die Diskussion.
   Nachdem der Dozent angekommen war, begann die Diskussion.
2. **Vor / Nach** Dunkelwerden machen die Geschäfte zu.
   Bevor es dunkel wird, machen die Geschäfte zu.
   Nachdem es dunkel geworden ist, machen die Geschäfte zu.
3. **Vor / Nach** Abflug des Flugzeugs wurde eine Meldung durchgegeben.
   Bevor das Flugzeug abflog, wurde eine Meldung durchgegeben.
   Nachdem das Flugzeug abgeflogen war, wurde eine Meldung durchgegeben.
4. Das Spielen in den Anlagen ist verboten.
5. Das Betreten des Rasens ist verboten.
6. Das Lärmen im Treppenhaus ist verboten.
7. (Das) Betteln und Hausieren ist verboten.
8. Das Anlassen des Motors ist verboten.
9. Das Baden im Rhein ist verboten.

C

Ich hatte Geld zum Reisen, zum Studieren, zum Ausgehen.
(*J'avais de l'argent pour partir en voyage, pour faire des études, pour sortir.*)
Ich hatte Geld, **um zu reisen**, **um zu studieren**, **um auszugehen**.

D

a) durch Üben (*en s'exerçant*) ; durch Verhandeln (*en négociant*) ; fürs Anbringen der Lampen (*pour la pose des lampes*) ; im Vorbeigehen (*en passant*) ; beim Schlafen (*en dormant*) ; vom Arbeiten (*par le travail*) ; zum Totlachen (*à mourir de rire*).

b) *On est prié de ne pas fumer. Il est interdit de s'attarder inutilement dans l'escalier et dans le couloir de l'entrée, ainsi que d'y ranger des bicyclettes.*

c)
1. Wen kann man um Rat fragen? Wem kann man vertrauen? Wohin soll man fliehen? Was soll man jetzt tun?
2. Wir wussten nicht, was wir antworten sollten.
3. Der Chirurg hat der Krankenschwester gesagt, sie solle den Kranken schlafen lassen.
4. Bevor Sie ins Büro fahren, holen Sie mich bitte ab!
5. Nachdem ich angerufen hatte, fuhr ich mit dem Wagen zur Arbeit.
6. Im Halbschlaf hörte der Kranke das Lachen und Rufen der Leute.
7. Im Vorbeigehen habe ich die letzte Ausgabe der Frankfurter Allgemeinen gekauft.
8. Lass dir beim Schneider einen neuen Anzug machen!

Partie I

TESTEZ VOS CONNAISSANCES

1 - 24 Exercices pages 44 à 50

A

1. **Ganz gewiss** ist die Bundesrepublik ein „Reiseland."
2. **Die Mehrheit der Gäste in den Hotels, Pensionen und Privatquartieren** stellen die Deutschen. **Auf Ausländer** entfallen nur 10 % aller Übernachtungen.
3. **Bevorzugte Urlaubsgebiete** sind Mittelgebirge und Alpen.
   Im Winter fahren viele Deutsche zum Schilaufen.
4. **Auf den Besucher** üben Nord- und Ostsee eine große Anziehungskraft aus.
   An der See erholen sich Kinder besonders gut.
   (oder: **Besonders gut** erholen sich Kinder an der See.)
5. **Jeden Sommer** ist die Insel Helgoland ein beliebtes Urlaubsziel. **Dort** erlebt man eine großartige Natur. (oder: **Eine großartige Natur** erlebt man dort.)
6. **In der Jugendherberge** können Jugendliche übernachten.
   (oder: **Übernachten** können ...)
   Dort ist die Unterbringung billig.
   (oder: **Billig** ist ...)
7. **Eine Unterbringung in der Bungalowstadt** ziehen andere Urlauber vor.
   In der Saison können sie baden und angeln.

B

2. Die Deutschen stellen die Mehrheit der Gäste ..., **und** (**denn**) nur 10 % aller Übernachtungen entfallen auf Ausländer.
   Mittelgebirge und Alpen sind ... Urlaubsgebiete, **und** (**denn**) viele Deutsche fahren ... zum Schilaufen.
   (..., **weil** viele Deutsche ... zum Schilaufen fahren.)
4. Nord- und Ostsee üben ... eine große Anziehungskraft aus,
   und (**denn**) Kinder erholen sich ... besonders gut.
   (..., **weil** Kinder sich ... besonders gut erholen.)
5. Die Insel Helgoland ist ... ein beliebtes Urlaubsziel,
   und (**denn**) man erlebt dort eine großartige Natur.
   (..., **weil** man dort eine großartige Natur erlebt.)
6. Jugendliche können in der Jugendherberge übernachten,
   und (**denn**) die Unterbringung ist dort billig.
   (..., **weil** die Unterbringung dort billig ist.)
7. Andere Urlauber ziehen eine Unterbringung in der Bungalowstadt vor,
   und (**denn**) sie können ... baden und angeln.
   (..., **weil** sie ... baden und angeln können.)

C

1. **Wenn** die Arbeitszeit zu Ende **ist**, gehen die meisten Leute nach Hause.
   (**Ist** die Arbeitszeit zu Ende, **so** gehen ...)
2. **Wenn** der Urlaub **beginnt**, fahren meine Eltern an die See.
   (**Beginnt** der Urlaub, **so** fahren ...)
3. **Wenn** ich mit dem Zug **fahre**, lese ich während der Fahrt.
   (**Fahre** ich mit dem Zug, **so** lese ich...)
4. **Wenn** mein Vater einen wichtigen Brief **schreibt**, darf ich ihn nicht stören.
   (**Schreibt** mein Vater einen wichtigen Brief, **so** darf ich ...)
5. **Wenn** ich **telefoniere**, sollt ihr euch nicht so laut unterhalten.
   (**Telefoniere** ich, **so** sollt ihr ...)
6. (Jedesmal) **wenn** es nicht **regnete**, lagen wir am Strand.
   (**Regnete** es nicht, **so** lagen wir ...)
7. **Wenn** ich in die Badeanstalt **will**, nehme ich Handtuch und Badehose mit.
   (**Will** ich in die Badeanstalt, **so** nehme ich ...)
8. **Wenn** das Wetter besonders schlecht **ist**, gehen wir ins Museum.
   (**Ist** das Wetter besonders schlecht, **so** gehen wir ...)
9. **Wenn** dein Brief unterfrankiert **ist**, zahlst du eine Strafgebühr.
   (**Ist** dein Brief **unterfrankiert**, **so** zahlst du ...)
10. **Wenn** du ein Postsparbuch **hast** kannst du ... Geld abheben.
    (**Hast** du ein Postsparbuch, **so** kannst du ...)
11. **Wenn** der Boden intensiv bearbeitet **wird**, liegen die Erträge höher.
    (**Wird** der Boden ... **bearbeitet**, **so** liegen ...)
12. **Wenn** der Wecker **klingelt**, stehen wir sofort auf.
    (**Klingelt** der Wecker, **so** stehen wir ...)
13. **Wenn** ich das Wetter erfahren **will**, schalte ich den Fernseher an.
    (**Will** ich das Wetter erfahren, **so** schalte ich ...)

D

Helgoland

Cuxhaven ist die letzte Stadt an der Elbmündung.
Liegt es hinter uns, so sind wir auf hoher See.
Die Westküste Helgolands, das das Schiff gleichsam von hinten anläuft, um näher zu kommen, ist einzig und allein von der Natur so

steil ausgemeißelt worden. Es kann jedoch nicht am Kai anlegen: Passagiere, Gepäck und Güter werden in Motorboote umgeladen, die sie bis zum Hafen befördern...
Bunte Fischerboote tanzen im kleinen Hafen, und auf dem tiefblauen Seewasser erblickt man eine leuchtend rote Boje.
Auf offener See vor Anker liegend, erwartet uns ein Schiff, das den Namen „Glück auf!" trägt und uns nach Bremerhaven bringen soll.

nach H.J. Duteil, *Visum nach Deutschland.*

E

a) ***Camping à Helgoland***

L'accès au terrain de camping n'est autorisé que sur présentation d'un laissez-passer des services administratifs de la station de cure.
En raison de l'afflux des demandes, ce laissez-passer n'est délivré, après accord écrit et pré-inscription, qu'à des familles ou des personnes ayant 18 ans révolus. Le camping familial est prioritaire (terrain de camping séparé).
Des améliorations ont été apportées au terrain de camping surveillé qui, à proximité du village de bungalows, donne directement sur la plage.
À la taxe de séjour habituelle s'ajoute une redevance pour l'utilisation du terrain de camping.
Possibilité d'acheter des articles de consommation courante.

b) ***Distractions***

***Baignade** :*
sur la dune devant l'île en mer du Nord ;
sur l'île, dans la piscine d'eau de mer, ouverte en plein air pendant toute l'année.

***Gymnastique** : sous la direction d'une monitrice de la station.*

***Salles de lecture** : dans le hall sur la promenade. **Concerts**.*

***Aires de jeu** pour les enfants, **tennis** et **golf miniature**.*

***Sports** : natation, football, handball, athlétisme, tennis de table.*

***Danse** et **distractions** : dans des restaurants agréables et des bars réputés pour leurs grogs.*

F

Lyon, den 16. September

Liebe Edith,
nun bin ich nach einem Monat, **den** ich in Norddeutschland verbrachte, wieder in Frankreich. **Vor einer Woche** war ich noch in Bremen, wo ich den Hafen und die Museen **habe** besichtigen können. Mit meiner deutschen Brieffreundin und zwei anderen Freundinnen habe ich mich zwei Wochen **auf** Helgoland, **einer** klei**nen** Insel **mitten in** der Nordsee, aufgehalten. Für die Gäste, die die See zu kalt finden, gab es ein geheiztes Seewasserschwimmbad. So habe ich jeden Tag **baden können**, auch wenn es stundenlang regnete.
Meine Fortschritte **im** Deutsch**en** waren aufsehenerregend.
Kurz und gut, **ich** habe alle Gelegenheiten wahrgenommen, um **D**eutsch zu sprechen, und es ist mir auch gelungen. Jeden Morgen hörte ich die Nachrichten im Radio und abends sah ich fern. In der Lesehalle standen mir die wichtigsten deutschen Zeitungen zur Verfügung.
Was hast du während der Ferien getan? **Wie geht es dir**? Ich hoffe, dass alle in deiner Familie gesund sind. Grü**ß**e deine Brüder recht herzlich.
Schreib mir bitte bald wieder.

Deine Freundin Anna

G

Inondation catastrophique dans l'estuaire de l'Elbe

Mes parents furent réveillés par un grondement intense. Ils pensèrent tout d'abord que la rupture d'une conduite d'eau en était la cause, mais lorsque ma mère regarda par la fenêtre, toute la campagne était inondée. Mes parents surent alors que c'était une rupture de digue. « Lève-toi, c'est le déluge ! » Ces mots de ma mère me tirèrent de mon sommeil. Terrifiée, je me réveillai en sursaut. Nous voulions sortir et nous enfuir par la route fédérale toute proche, car les voitures pouvaient encore y circuler. Mais nous ne réussîmes pas à sortir par la porte, car il y avait déjà 75 centimètres d'eau dans le corridor, et la pression était bien trop forte. La seule issue était donc de nous échapper par la fenêtre. Dehors l'eau atteignait déjà la fenêtre. Mon père brisa un carreau d'un coup de pied. Une vague énorme se déversa sur nous...
Je passai la première par la fenêtre, grimpai sur l'arbre, puis sur le toit. Ce poirier devant notre fenêtre devait être coupé à la scie depuis bien longtemps. Nous étions tout heureux de nous retrouver tous sur le toit ! Mon père attira à lui l'échelle du ramoneur et nous nous assîmes dessus. Ici, l'ouragan nous sembla souffler avec plus de force encore.
C'est un miracle que nous ayons tout bien supporté...

Compte rendu d'une élève (1962).

H

Ich **bin** als Erste durchs Fenster **gestiegen**, auf den Baum **geklettert** ... Dieser Birnbaum, der vor unserem Fenster **gestanden hat**, **hat** schon lange **abgesägt werden sollen**. Wir **sind** heilfroh **gewesen**, als wir alle auf dem Dach **gestanden haben**. Mein Vater **hat** die Schornsteinfegerleiter **herangeholt** und wir **haben** uns darauf **gesetzt**. Hier **hat** man den Sturm noch stärker **empfunden**.

I

Eine Schülerin erzählt, **ihre** Eltern **seien** von einem starken Brausen **geweckt worden**. Zuerst **hätten sie gedacht**, ein Rohrbruch **sei** die Ursache **gewesen**, aber als **ihre** Mutter aus dem Fenster **gesehen habe**, **sei** das ganze Land **überschwemmt gewesen**. Das Wasser **habe** fast bis zum Fenster **gereicht**. Da **hätten ihre** Eltern **gewusst**, dass es ein Dammbruch **gewesen sei**...

J

1. Er schrieb nach einem Monat einen Brief an seine Freundin. (a, b, c)
2. Wie sollte er sich bei ihr für sein langes Schweigen entschuldigen? (b, c, a)
3. Er musste sich nämlich intensiv auf seine Prüfung vorbereiten. (c, a, b, e, d)
4. Ich habe leider heute Morgen meinen Regenschirm im Bus vergessen. (d, b, c, a)
5. Er stellte gestern Abend auf der Party seinen Freund allen vor. (d, b, c, a)

K

Niemand erwartete mich auf **dem** Bahnsteig... Es war 11 Uhr 50.
Es regnete. Reibungslos fuhr der Zug hinter mein**em** Rücken wieder ab, glitt auf den nassen Schienen davon; er hatte an dies**em** Ort nur mich und Fahrräder zurückgelassen. **Mich** fröstelte. Ich **hätte** einen Regenmantel **mitnehmen sollen**. In Paris war das Wetter schön. Man glaubt immer, dass das Wetter überall gleich ist. **Im** Herbst sollte man sich jedoch vorsehen...
Ich schrieb mir die Rückfahrtzeiten auf. Ich **würde** mich **beeilen**.
Ich würde alles in vierundzwanzig Stunden erledigen und morgen den sehr angenehmen Zug von 18 Uhr 27 benutzen, der mich um 21 Uhr 2 nach Paris bringt. Ich würde Pierre schreiben, **er möge** mich am Bahnhof abholen. Alles war festgelegt.
Ich habe es gern, dass alles vorher **festgelegt wird**.

nach Christiane Rochefort

L

Im Restaurant

1. **Wenn** ich mit einem Kollegen auf Reisen **fahre**, essen wir in einem Restaurant.
2. **Bevor** wir in das Restaurant **eintreten**, sehen wir uns die Speisekarte an.
3. **Während** ich meinen Mantel in der Garderobe **abgebe**, sieht sich mein Kollege nach einem freien Tisch um.
4. **Während** wir **essen**, unterhalten wir uns.
5. **Wenn** wir die Mahlzeit **beendet haben**, trinken wir einen Kaffee.
6. **Bevor** wir das Lokal **verlassen**, zahle ich und bitte um eine Quittung.

M

Um sich Ärger zu ersparen, **haben** viele Gäste auf eine Reklamation **verzichtet.** Und das **ist** falsch **gewesen**.

Ein Gast, der 20 Euro [...] **bezahlt hat**, **hat** einen frischen [...] Fisch **erwarten können**.
Wenn das Fischfleisch auf dem Teller **zerfallen ist** und [...] im Kochwasser **geschwommen hat**, **ist** eine Beschwerde **berechtigt gewesen**.

Ist [...] ein Wiener Schnitzel **geliefert worden**, **hat** der Gast die Speise **ablehnen können**.
Wenn Schweinefleisch [...] **verwendet worden ist**, **ist** es ein Schnitzel „Wiener Art" **gewesen.**

Kein Gast **hat sich gefallen lassen müssen**, dass man ihm [...] eine Tasse mit „durchsichtigem" Kaffee **serviert hat**. Beschwerden, die **erhoben worden sind**, wenn der Teller leer **gegessen gewesen ist**, **hat** natürlich kein Wirt anzuerkennen **brauchen**.

N

1. Es soll morgen gutes Wetter geben.
2. Er bleibt plötzlich stehen.
3. Wir brauchen nicht so früh auf**zu**brechen.
4. Das gab ihm **zu** denken.
5. Du brauchst doch nicht auf**zu**brausen.
6. Ich hatte 500 Mark auf der Sparkasse liegen.
7. Sie führte den Hund spazieren.
8. Darf ich Sie bitten, das Fenster zu**zu**machen.

O

a)

1. Er verließ den Sitzungssaal, **ohne** ein Wort **zu sagen**.
2. Er sprach über seine Erlebnisse, **ohne dass** jemand ihn danach **gefragt hatte**.
3. Sie ging an mir vorbei, **ohne zu grüßen**.
4. Diese Ware darf eingeführt werden, **ohne dass** wir einen Zoll **zahlen müssen**.

b)

1. Anne Grete ging in die Stadt, **um** Besorgungen **zu erledigen**.
2. Mein Nachbar fährt nach Ulm, **um** Geschäftsfreunde **zu treffen**.
3. Ich schickte meinen Sohn zur Post, **damit** er ein Telegramm **aufgab**.

c)

1. **Anstatt** den Abstieg **anzutreten**, blieb der Bergwanderer in der Alphütte.
2. **Anstatt** die Firma **zu übernehmen**, ging er ins Ausland.

P

1. Wir hoffen, wir bekommen bald von Ihnen Nachricht.
   Wir hoffen bald von Ihnen Nachricht zu bekommen.
2. Man beschuldigt ihn, er habe die Vorfahrt nicht beachtet.
   Man beschuldigt ihn, die Vorfahrt nicht beachtet zu haben.

3. Ich hoffe, ich fange bald mit meiner Berufsausbildung an.
   Ich hoffe, bald mit meiner Berufsausbildung anzufangen.
4. Es tut mir Leid, ich muss diese Ware beanstanden.
   Es tut mir Leid, diese Ware beanstanden zu müssen.
5. Ich hoffe, ich bestehe die Fahrprüfung.
   Ich hoffe, die Fahrprüfung zu bestehen.
6. Sie glaubte, sie hätte genug Geld bei sich.
   Sie glaubte, genug Geld bei sich zu haben.
7. Ich befürchte, ich treffe nicht rechtzeitig ein.
   Ich befürchte, nicht rechtzeitig einzutreffen.
8. **Bevor der Bus abfuhr**, schlossen sich die Türen.
9. **Nachdem man stundenlang beraten hatte**, wurde die Konferenz abgebrochen.
10. **Als die Sportler am Bahnhof ankamen**, wurden sie stürmisch begrüßt.
11. **Seit(dem) er zum Direktor ernannt worden ist**, verkehrt er nicht mehr mit uns.
12. **Wenn der Unfall durch Selbstverschulden eingetreten ist**, übernimmt die Versicherung keine Haftung.

Q

1. *« Vos cheveux commencent à grisonner », déclare le coiffeur à sa cliente.*
   – « Cela vous surprend », lui demande-t-elle irritée, « à la vitesse où vous travaillez ? »
2. *Un étudiant télégraphie à son père : « Où est resté l'argent ? »*
   Le père répond : « Ici ! »

R

Der Aufstieg zum höchst**en** Gipfel [...]. Hat es [...] gefroren, so ist größt**e** Vorsicht geboten, da steil**e** Felshänge [...] steinschlaggefährdet sind. Nach einer Frostnacht sollte man die Hänge, **die nach Osten weisen**, meiden, weil das Eis unter d**en** warm**en** Strahlen [...] schmilzt.

Der spätere Abstieg soll rechtzeitig angetreten werden, dass auch **der** langsamst**e** Teilnehmer die Ortschaft [...] erreicht.

Bei normal**en** Bergtouren schafft man [...] bergab 600 m Höhenunterschied in d**er** Stunde.

Ständig muss man die Wolken- und Sichtverhältnisse, **die schnell wechseln**, beobachten.

Nebel, **die plötzlich einfallen**, können jegliche Orientierung unmöglich machen.

Denn [...] weiterzuwandern wäre Leichtsinn, **der nicht zu entschuldigen wäre**.

S

1. **Bevor** die Bewerber [...] zugelassen werden, müssen sie ihren Lebenslauf eingereicht haben.
2. Es regnete, **als ob** es kein Ende nehmen wollte.
3. Ich war **kaum** [...] eingestiegen, **als** ich merkte, **dass** ich kein Geld bei mir hatte.
4. **Obgleich** es Staus gegeben hat, habe ich schnell mein Ziel erreicht.
5. Ich fahre in die Stadt, **da** ich noch etwas besorgen soll.
6. **Da** der Rasen noch zu nass war, fiel das Spiel aus.
7. **Auch wenn** es ihm schwer fiel, hat er eingestanden, **dass** er vorher gelogen hatte.
8. Er wird es nicht tun, **da** er weiß, **dass** er seine Karriere aufs Spiel setzt.
9. Ich könnte etwas für dich tun, **unter der Voraussetzung**, dass du mir nichts verschweigst.

T

1. Die **sich ständig verschärfenden** Umweltprobleme müssen dringend gelöst werden.
2. Wegen der **heute weit ins Erwachsenenleben hineinreichenden** Zeit der Ausbildung lösen sich die Kinder vom Elternhaus oft erst sehr spät.
3. Die **keine elektrische Ladung tragenden** Neutronen bilden mit den Protonen den Atomkern.
4. Der Kunde hat die **nicht von ihm bestellten** Waren an das Versandhaus zurückgeschickt.
5. Nach den letzten **von der Welternährungsorganisation angestellten** Berechnungen sind 1,4 Milliarden Menschen unterernährt.

U

1. Man kann Tomaten enthäuten, **indem** man sie kurz in kochendes Wasser taucht.
2. Man kann Heizkosten sparen, **indem** man Doppelfenster einsetzen lässt.
3. Ich habe den Motor repariert, **indem** ich die Zündkerzen wechselte.
4. Er brachte den Zug zum Stehen, **indem** er die Notbremse zog.
5. Er löschte das Feuer, **indem** er Wasser darüber goss.

V

Montag: Mittags haben Sie ein Arbeitsessen mit zwei wichtigen Kunden..
Sie suchen sich ein gutes Restaurant aus.
Die Rechnung können Sie bar, per Scheck oder mit einer Kreditkarte begleichen.
Mit der Kreditkarte geht es diskreter und schneller.

Dienstag: Es ist der Geburtstag Ihres Vaters. Liest er gern Proust?
Sie können ihm auf einmal „Auf der Suche nach der verlorenen Zeit", und zwar die Gesamtausgabe schenken.
Das ist teuer, da aber die mit der Kreditkarte beglichenen Ausgaben erst im folgenden Monat von Ihrem Konto abgebucht werden, können Sie ihm dieses Geschenk machen.

Mittwoch: Ihre Sekretärin hat ihr Baby bekommen.
Blumen sollen ihr in die Klinik geschickt werden. Begleichen Sie sie mit der Kreditkarte, und die Blumenhändlerin wird Ihnen, wie für alle mit Ihrer Karte beglichenen Käufe eine Rechnung aushändigen. Es ist für Ihre Buchhaltung sehr praktisch.

Donnerstag: Zwischen Mittag und 14 Uhr kaufen Sie eine prächtige Krawatte zu 50 Franc. Selbst für diesen kleinen Betrag stellt Ihnen die Kreditkarte eine Rechnung aus, und am Anfang des folgenden Monats übersendet Ihnen die Bank eine Aufstellung aller Tag für Tag mit ihr beglichenen Ausgaben.

W

„Bist du schon einmal in der Schweiz gewesen?"
– „Ja, ich habe einen Sommer in Genf verbringen können, wo Französisch gesprochen wird. Ich habe auch in Basel ein dreimonatiges Praktikum in einem Labor absolviert; dort musste ich Deutsch können. Für eine Bevölkerung von 6,5 Millionen Einwohnern gibt es nämlich vier offizielle Sprachen. Deutsch wird von 70 % der Schweizer gesprochen, Französisch von 20 %, Italienisch von 10 % und Rätoromanisch von ungefähr 1‰ .
Im Winter kann man in den Alpen und im Jura Ski laufen und in Sommer auf den Seen segeln. Die Alpen bedecken 60 % der Oberfläche des Landes, der Jura 10 ‰.

PARTIE II – CHAPITRE 1

LES AUXILIAIRES ET LES VERBES DE MODALITÉ

26 - 27 Exercices pages 60 à 61

A

Infinitif et parfait de l'indicatif

kommen	- er ist … gekommen
sagen	- er hat … gesagt
sterben	- er ist … gestorben
hinterlassen	- er hat … hinterlassen
verfügen	- er hat … verfügt
bekommen	- er hat … bekommen
sollen	- er hat … gesollt (er hat … *(Infinitif)* sollen)
können	- er hat … gekonnt (er hat … *(Infinitif)* können)
sich einigen	- er hat sich (mit jm) geeinigt
übernehmen	- er hat … übernommen
nach-denken	- er hat … nachgedacht
sehen	- er hat … gesehen
haben	- er hat … gehabt
teilen	- er hat … geteilt
zur Verfügung stehen	- (er hat … zur Verfügung gestanden)
nehmen	- er hat … genommen
zurück-bringen	- er hat … zurückgebracht
übrig bleiben	- er ist … übrig geblieben
sich bedanken	- er hat sich … bedankt
mit-nehmen	- er hat … mitgenommen
sein	- er ist … gewesen
führen	- er hat … geführt
mit-bringen	- er hat … mitgebracht

B

a)
1. Ich **bin** gestern in die Stadt **geradelt**. Ich bin nach Trier **gefahren**.
2. Du **bist** 4 Meter weit **gesprungen**. Ich habe dich **übertroffen.**
3. Er **hat** mich an der Straßenecke **verlassen**.
4. Er **hat** dich zum Sportplatz **gebracht** und **ist** nach Hause **gefahren**.

b) **Im Hotel**
1. Wir **sind** gestern Abend spät im Hotel **eingetroffen**.
2. Die Empfangsdame **hat** uns um unsere Ausweise **gebeten**.
3. Vater **hat** die nötigen Papiere **ausgefüllt**.

4. Mutter **ist** schon mit uns auf unser Zimmer **gegangen**.
5. Wir **haben** uns **ausgezogen** und **gewaschen**.
6. Mutter **hat** unseren kleinen Bruder ins Bett **gebracht**
7. und **hat** ihm noch ein Lied **gesungen**: „Guten Abend, gute Nacht...".

8. / 9.
Später **hat** sie sich **umgezogen** und **ist** mit Vater zum Essen **gegangen**.

10. / 11.
Unser kleiner Bruder **ist** dann **eingeschlafen**. Mitten in der Nacht sind wir aber plötzlich **aufgewacht.**

12. Es **hat** ganz entsetzlich **geblitzt** und **gedonnert**.
13. Es **hat** ins Zimmer **geregnet**.
14. Meine Schwester **hat** schnell das Fenster **geschlossen**.
15. Es **ist** mir **gelungen**, sie zu beruhigen.
16. Wir **sind** kurz danach wieder **eingeschlafen**.

C

1. Ich war / hatte / würde ... werden.
2. Du wirst ... sein / wirst ... haben / wirst ... werden.
3. Er ist ... gewesen / hat ... gehabt / ist ... geworden.
4. Wir würden ... sein / würden ... haben.
5. Sie sind / haben / werden. (Ihr seid / habt / werdet.)
6. Sie sind ... gewesen / haben ... gehabt / er ist ... geworden.
7. Wenn ich ... wäre / wenn ich ... hätte / wenn ich ... würde.
8. Wir wären ... gewesen / du hättest ... gehabt.
9. Sie werden ... geworden sein.
10. Wenn er ... gewesen wäre / wenn er ... gehabt hätte.
11. Sie wird in der Stadt angekommen sein.
12. Er hätte kommen wollen.

28 — Exercices pages 61 à 62

A

Prétérit

1. sollten ... besuchen. / sollte ...?
2. durfte ... unterlaufen. / wollte ...
3. durfte ... vergessen.
4. konnte / musste ... lernen.
5. mochte ... sein / erzählte.
6. Konntet ... finden?
7. durften ... parken.
8. konnte ... ungehen.

Parfait

1. haben ... besuchen sollen. / habe ... gesollt?
2. hat ... unterlaufen dürfen. / habe ... gewollt.
3. habe ... vergessen dürfen.
4. hat ... gekonnt. / hat ... lernen müssen.
5. hat ... sein mögen. / erzählt hat.
6. Habt ... finden können?
7. haben ... parken dürfen.
8. hat ... umgehen können.

B

1. Ich weiß, dass er nie **hat** Besuche haben dürfen. (Besuche haben = *verbe*)
2. dass er ... **hat** verreisen können.
3. dass sie nicht ... **hat** bleiben mögen.
4. dass er mich einmal **hat** heiraten wollen.
5. dass er sie ... **hat** begleiten müssen.

C

1. *Il ne faut pas chanter victoire trop tôt.*
2. *Il faut porter cette lettre à la poste. Si vous voulez bien.*
3. *Vouloir, c'est pouvoir.*
4. *Ne fais pas à autrui ce que tu ne voudrais pas qu'on te fît à toi-même.*
5. *Il avait beau implorer. Pourquoi ces bêtises ! (= Qu'est-ce que cela signifie !)*

1. Meine Großmutter hätte gern **kommen wollen**, aber sie war zu müde.
2. **Kann** ich Sie fragen, ob Sie nach Bonn fahren?
3. Du **wirst** den Widerstand deiner Feinde **brechen müssen**.
4. Wir **möchten** am Starnberger See ein Landhaus mieten.
5. Ich **muss** unbedingt nächsten Monat an dieser Tagung teilnehmen.
6. **Kannst** du Auto fahren?
7. Wenn ja, **kannst** du mich zum Bahnhof fahren? Ich **will** Ski laufen.
8. Sie **hat** die Geschirrspülmaschine **benutzen wollen**. Sie **hat** aber nicht **gekonnt**. Der CD-Player, den sie **hätte** kaufen können, war nicht mehr im Schaufenster.

29 - 30 — Exercices pages 62 à 63

A

1. Er hat die Aufgabe **gekonnt**.
2. Ich habe nicht **kommen können**.
3. Das hätte sie nicht **machen dürfen**.
4. Wir haben es **gedurft**.
5. Er hat sich daran **gewöhnen müssen**.
6. Sie haben **fortgewollt**.

B

1. „Darf ich hereinkommen?"
2. — „Aber gewiss, du **weißt** doch, dass du zu jeder Zeit kommen **darfst**. **Kann** ich dir helfen?"
3. „O ja, wenn du **willst**. Morgen **muss** ich zum Zahnarzt. Ich **weiß** nicht, wo ich meine kleine Schwester lassen **kann**. Ich **darf** sie nicht mitnehmen, denn sie **will** im Sprechzimmer alles anfassen."
4. — „Da **kann** ich dich gut verstehen. Du **kannst** sie mir gern morgen bringen, ich **weiß** sie schon zu beschäftigen."
5. „Vielen Dank auch. Ich **will** dich aber nicht länger stören, denn ich **muss** noch einkaufen."

C

1. *Cette nouvelle robe devrait lui plaire.*
2. *Tu as bien pu perdre cet argent. (Il se peut que tu aies perdu …)*
3. *Même l'homme le plus intelligent peut se tromper. (Il peut se faire que … se trompe.)*
4. *Elle ne sait pas parler le russe, mais le polonais. Elle sait se tirer d'affaire (se débrouiller).*
5. *Puis-je demander à ces messieurs de faire preuve d'indulgence ?*
6. *Les mineurs ne doivent pas faire un pas de plus : il y a danger de grisou.*
7. *Qu'est-ce qui pourrait les tirer d'embarras ?*
8. *Elle ne peut passer devant cette demeure, sans penser à lui.*
9. *Ce soir, il pourrait y avoir un orage.*
10. *Faut-il vraiment que je t'explique tout cela ?*

D

1. **Wollen** Sie mir bitte Ihr Buch leihen?
2. Es **dürfte** ihm / ihr gefallen.
3. Wenn er Tennis spielen **könnte**, würden wir uns jeden Samstagmorgen im Tennisclub treffen.
4. Ich **kann** nichts dafür; ich **kann** diesen Satz nicht übersetzen.
5. Er **musste** laut lachen und kräftig klatschen.
6. **Kann** ich Sie um einen Dienst bitten? Ich werde es nicht vergessen.
7. **Darf / Dürfte** ich Sie begleiten? Selbstverständlich, ich gehe sehr gern mit Ihnen spazieren.

31 - 33 Exercices pages 63 à 64

A

1. Unser Nachbar **will** immer alles besser wissen.
2. Hier **darf** man nicht baden.
3. Du **sollst** vorsichtiger fahren, sonst passiert noch etwas.
4. **Darf** ich noch eine Tasse Kaffee anbieten?
5. Heute gehen wir ins Konzert **möchten / wollen** Sie mit uns kommen?
6. **Darf** ich Sie begleiten? Allein **können** Sie den Weg nicht finden.

B

1. Ich habe hier halten **müssen**, denn ich hatte kein Benzin mehr.
2. Wie viel Uhr / Wie spät **mag** es wohl sein?
3. Es **mag** / **wird** wohl 9 Uhr 5 sein, aber meine Uhr **kann** vorgehen.
4. Mein Onkel **mag** / **wird** wohl in diesem Augenblick zu Hause sein.
5. Er hat mir geschrieben, dass ich ihm einen Tennischläger bringen **soll**.
6. **Willst** du, dass ich ihn anrufe? Du **solltest** mit ihm sprechen.
7. Du **könntest** ihn aber auch besuchen. **Willst** du mich begleiten?
8. Ich **möchte** ihn heute nicht sehen.
9. Ich **möchte** gern wie er im Gebirge wohnen.
10. Sein Landhaus **soll** sehr gemütlich sein.
11. Das stimmt, aber das Leben **soll** im Gebirge hart sein.
12. Letzten Winter **soll** sein ganzer Keller unter Wasser gewesen sein.
13. Ich **muss** sofort aufbrechen.
14. **Könntest** du mir helfen, meinen Wagen zu schieben, damit er anspringt.

C

1. „**Kennen** Sie den Weg zum Hauptbahnhof? **Können** Sie ihn mir zeigen? **Wissen** Sie, ich bin zum ersten Mal in dieser Stadt und habe mich verlaufen."
2. — „Ich **weiß**, wie einem dann zumute ist. Ich helfe Ihnen gern. **Wissen** Sie, wo der Rathausmarkt ist?"
3. — „Ja, den **kenne** ich."
4. — „Von dort aus **können** Sie die Straßenbahn oder die U-Bahn benutzen, es sind nur zwei Haltestellen."
5. — „Danke sehr, jetzt **kann** mir nichts mehr passieren."

D

1. *Elle prétend avoir beaucoup voyagé.*
2. *En règle générale, on ne devrait plus circuler qu'en métro.*
3. *On prétend que le vieux paysan avait beaucoup de fortune.*
4. *Maman vous fait dire de revenir demain.*
5. *Dans la vie ne porte préjudice à personne.*
6. *Il a beau être très gentil envers eux, ils ne font preuve que d'ingratitude.*

7. *Que devait faire l'Europe occidentale contre l'inflation ?*
8. *Où allez-vous ? Vous n'avez pas le droit de passer ici en voiture.*

1. Sie **sollten** abends nicht allein ausgehen.
2. So streng das Gesetz auch **sei**, **es** ist gerecht. So streng das Gesetz auch **sein mag**, **es** ist gerecht.
3. Der Polizist befahl ihm, er **solle** ihm seine Papiere zeigen. Der Polizist befahl ihr, sie **solle** ihm ihre Papiere zeigen.
4. Ich weiß nicht, was all dies bedeuten **soll**.
5. **Weißt** du, wer den Impfstoff gegen Tollwut gefunden hat?
6. Sie **konnte** höchstens fünfzig Jahre alt sein.
7. Die Angestellte bat den Kunden, er **möge** sich einen Augenblick gedulden.

VERBES FAIBLES, FORTS ET IRRÉGULIERS

34 Exercices page 80

A

1. hast ... gehört. / würdest ... hören.
2. hat ... gefällt. / würde ... fällen.
3. hat ... geblendet. / würde ... blenden.
4. haben ... gepflügt und gesät. würden ... pflügen und säen.
5. hat ... erschreckt. / würde ... erschrecken.
6. hat ... bestimmt. / würde ... bestimmen.

B

1. Du lernst / lerntest / wirst lernen / würdest lernen.
2. Er hat gefragt / hatte gefragt / wird gefragt haben / würde gefragt haben (= Er hätte gefragt.)
3. Sie höre zu! / Sie möge mich entschuldigen!
4. Gehorche! / Gehorcht! (Gehorchen Sie!) / Öffne! / Öffnet die Tür! (Öffnen Sie ...!) / Hör zu!
5. Wir würden gezeichnet haben. (= Wir hätten gezeichnet.)

   Ich würde deinem Rat gefolgt sein. (= Ich wäre deinem Rat gefolgt.)
6. Sie würde den Tisch decken. Wir würden das Baby erschrecken.
7. Sie hatte ihren Onkel gefragt, ob er nicht in die Stadt fahre.
8. Wenn die Schlacht bei Poitiers im Jahre 732 nicht stattgefunden hätte, hätten die Araber einen großen Teil unseres Landes besetzt.
9. Die Reisenden haben mitten im Wald gerastet, um etwas zu essen.
10. Nach der Mahlzeit tanzten die Gäste bis Mitternacht.

35 - 39 Exercices pages 81 à 82

A

Futur I (indicatif / subjonctif II)

1. wird (würde) ... zeichnen.
2. wird (würde) ... beobachten und lächeln.
3. wird (würde) ... kosten.
4. wird (würde) ... stecken.

5. wird (würde) … leuchten.
6. wird (würde) … misshandeln.
7. wird (würde) … umstellen.
8. werde (würde) … rasieren.

Futur II (subjonctif II)

1. würde … gezeichnet haben.
2. würde … beobachtet und gelächelt haben.
3. würde … gekostet haben.
4. würde … gesteckt haben.
5. würde … geleuchtet haben.
6. würde … misshandelt haben.
7. würde … umstellt haben.
8. würde … rasiert haben.

B

2e pers. / sing. présent

1. du antwortest
2. du zeichnest
3. du beobachtest
4. du betest
5. du weißt
6. du heizt
7. du tauschst
8. du wischst ab
9. du zweifelst nicht
10. du lächelst nicht
11. du setzt dich
12. du kleidest dich an

2e pers. / sing. impératif

1. antworte!
2. zeichne!
3. beobachte!
4. bete!
5. wisse!
6. heize!
7. tausche!
8. wisch ab!
9. zweifle nicht!
10. lächle nicht!
11. setz dich!
12. kleide dich an!

C

1. Wer hatte den Kaffee be'zahlt?
2. Es hatte mich sehr intere'ssiert.
3. Du hattest mich ganz missver'standen.
4. Du hattest falsch rea'giert.
5. Warum hattest du dich nicht ent'schuldigt?
6. Es hatte mir keineswegs ge'fallen.

D

1. Mit diesem Taschenrechner **rechne** ich schnell und richtig.
2. Auf dem Planeten Mars **hat** der Satellit Mariner eine seltsame Landschaft **entdeckt**.
3. **Lächle** ein wenig und **mache** nicht solch ein trauriges Gesicht!
4. Im (Monat) August **badet** Inge jeden Tag.
5. Karl **hat** sich einen spannenden Film im Fernsehen **angeschaut.**
6. Aus Gewohnheit **lässt** dieser Bauer den Wecker um 5 Uhr **klingeln**.
7. Um sieben Uhr **habe** ich mich **geduscht** und **angezogen**.
8. Ich **habe** ein holländisches Tonbandgerät **gekauft**.
   Es **hat mich** 300 DM (= Mark) **gekostet**.

40 Exercices pages 82 à 83

A

1. er w**i**ll (brève)
2. er tr**i**tt (brève)
3. er l**ä**sst (brève)
4. er w**e**bt (longue)
5. er f**ä**ngt (brève)
6. er b**i**rst (brève)
7. er spr**i**cht (brève)
8. er bef**ie**hlt (longue)

B

Prétérit et parfait (indicatif)

1. s**a**h / hat … ges**e**hen.
2. br**a**ch / hat … gebr**o**chen.
3. empf**a**hlen / haben … empf**o**hlen.
4. tr**a**f / hat … getr**o**ffen.
5. n**a**hm … an / hat … angen**o**mmen.
6. tr**a**t … zurück / ist … zurückgetr**e**ten.
7. s**a**hst / hast … ges**e**hen.

Présent et futur I (subjonctif II)

1. s**ä**he / würde … s**e**hen.
2. br**ä**che / würde … br**e**chen.
3. empf**ö**hlen (auch : empf**ä**hlen) / würden … empf**e**hlen.
4. tr**ä**fe / würde … tr**e**ffen.
5. n**ä**hme … an / würde … ann**e**hmen.
6. tr**ä**te … zurück / würde … zurücktr**e**ten.
7. s**ä**hest / würdest … s**e**hen.

C

1. Sie g**i**bt, g**a**b / w**i**rd essen, hat geg**e**ssen, du l**a**sest / du s**a**ßest.

2. Wir sahen, würden sehen (= sähen) / hatten gelesen, würden gelesen haben (= hätten gelesen).
3. Miss! Messt! (*Pol.*: Messen Sie!) Vergiss! Vergessen wir! / Befiehl!
4. Sie halfen mir, du hattest mir geholfen / sie würden werfen (= sie würfen)
Sie würden geworfen haben (= sie hätten geworfen).
5. Ihr habt gehoben / werdet gelaufen sein / wäret gelaufen.
(*Pol.*: Sie haben gehoben / werden gelaufen sein / wären gelaufen).
6. Geh nur nicht weiter, denn du könntest (hin)fallen! Gib mir deinen Koffer!
7. Worum handelt es sich ? Als der Luftballon platzte, erschrak das Baby sehr.
8. Als ich eine zerrissene Schürze nähte, habe ich mich in den Finger gestochen.
9. Wenn ich Zeit gehabt hätte, hätte ich Ihre Einladung angenommen.
10. Trotz der Bemühungen der Diplomaten wäre der Krieg beinahe ausgebrochen.
11. Wirf diesen Stein weg und komm her!

6. Sie wären gefallen / eingeschlafen / davongelaufen.
7. Würden Sie meine deutsche Brieffreundin einladen, wenn sie mich zu (an) Weihnachten besuchen sollte?
8. Diese fünfzehnjährige Schülerin ist zu schnell gewachsen.
9. Nachdem die beiden Deutschen in die große Vorhalle der Oper eingetreten waren, gaben sie ihre Mäntel in der Garderobe ab.
10. Hätte dieser Sportler aus der Bundesrepublik nicht eher am Hundertmeterlauf als am Vierhundertmeterlauf teilgenommen?

C

1. er maß	(longue)
2. er trieb	(longue)
3. er nahm	(longue)
4. er wuchs	(longue)
5. er schritt	(brève)
6. er saß	(longue)
7. er lieh	(longue)
8. er traf	(longue)

41 Exercices pages 83 à 84

A

Prétérit / (Parfait)

1. Dieser Amerikaner blies wunderbar Saxophon. / (hat ... geblasen.)
2. Er fuhr heute heim. / (ist ... heimgefahren.)
3. Der Chauffeur des Hotels fuhr ihn zum Bahnhof. / (hat ... gefahren.)
4. Sein schwerer Koffer fiel auf den nassen Boden. / (ist ... gefallen.)
5. Der Kunststoff ließ kein Wasser durch. / (hat ... durchgelassen.)
6. Der Amerikaner stieg in Kassel um. / (ist ... umgestiegen.)
7. Zu Hause angekommen, lud er seinen Freund zum Tee ein / (hat ... eingeladen.)

B

1. Er fällt / fängt / trägt / wäscht / wächst.
2. Sie hielt / lief / schlief / schlug / grub.
3. Wir sind gefallen / wir sind gelaufen / wir sind gewachsen.
4. Er würde raten (= er riete) / er würde blasen (= er bliese) /
Er würde laden (= er lüde) / er würde einladen (= er lüde ein).
5. Sie würden mitgenommen haben (= Sie hätten mitgenommen) /
Sie würden gelaufen sein / gewachsen sein (= Sie wären gelaufen / gewachsen).

42 - 43 Exercices pages 84 à 85

A

Présent (indicatif) / Impératif

1. du schneidest / schneide!
2. du isst / iss!
3. du denkst nach / denk(e) nach!
4. du schließt zu / schließ(e) zu!
5. du bringst die Post / bring(e) die Post!
6. du fällst nicht / fall(e) nicht!
7. du beißt nicht / beiß(e) nicht!
8. du läufst nicht / lauf(e) nicht!
9. du schweigst nicht / schweig(e) nicht!
10. du kommst nach Hause / komm(e) nach Hause!

B

Prétérit / (parfait et futur I)

Eine Einladung

1. Unterwegs trafen wir Kurt. / (haben ... getroffen / werden ... treffen)
2. Mutter lud ihn zum Essen ein. / (hat ... eingeladen / wird ... einladen)
3. Er kam gerne mit uns nach Hause. / (ist ... gekommen / wird ... kommen)
4. Wir wuschen uns schnell die Hände. / (haben ... gewaschen / werden ... waschen)
5. Zum Mittagessen gab es Braten, Rotkohl und Kartoffeln. / (hat es ... gegeben / wird es ... geben)

6. Hinterher spielte Vater eine Partie Schach mit Kurt. / (hat … gespielt / wird … spielen)
7. Kurt gewann und Vater war nicht zufrieden. / (hat … gewonnen / ist … gewesen) / (wird … gewinnen / wird … sein)
8. Um 14 Uhr hörten wir die Nachrichten. / (haben … gehört / werden … hören)
9. Dann dankte Kurt für das gute Mittagessen / (hat … gedankt / ist … gegangen).
und ging. / (wird … danken und gehen)

C

Feuer

1. Hans **brachte** mir eine schlechte Nachricht. / (hat … **gebracht**.)
2. Du **kanntest** das Haus der Familie Bergmann in der Gartenstraße! / (hast … **gekannt**!)
3. Heute Mittag **brannte** das Haus. / (hat … **gebrannt**.)
4. Fritz Bergmann **rannte** sofort zur Polizei. / (ist … **gerannt**.)
5. Die Polizei **sandte** schnellstens die Feuerwehr. / (hat … **gesandt**.)
6. Und schon **wandte** sich alles zum Guten. / (hat sich … **gewandt**.)
7. Jeder **dachte** daran, tatkräftig zu helfen. / (hat … **gedacht**.)

D

Un exercice difficile

Lorsque je repris mon travail, elle était assise dans le jardin, penchée sur ses devoirs. Elle me fit un signe de la tête, et moi je continuai à creuser…
Sa mère entra dans le jardin. J'entendis Charly expliquer qu'on leur avait donné à faire des exercices véritablement stupides, par exemple, on leur demandait ce qui était inexact dans la phrase : „Sie taten, als kennten sie sich nicht" (*ils firent semblant de ne pas se connaître*), *mais pourquoi donc cette phrase serait-elle inexacte ?*
« Je ne sais pas », dit sa mère, peut-être que l'on devrait dire „kannten" *et non pas* „kennten".
« Mais laisse donc, tu demanderas ce soir à ton père ».
« Ce soir, j'ai mon cours de sténo », dit la jeune fille.
Sa mère murmura : « Alors moi non plus je ne sais pas ! » et elle s'en alla.
Après avoir attendu un certain temps je m'écriai :
« Il faut dire „einander" et non pas „sich." »
Elle se retourna : « Comment cela ? » demanda-t-elle.
Je m'assis sur le bord du trou pour lui donner une explication : « C'est très simple ! »
Le problème, c'est que chacune de ces deux personnes fait semblant de ne pas connaître l'autre. – On peut admettre que chacune se connaît soi-même. Or « l'une l'autre » se dit „einander." – *« Parfait », dit-elle, « voilà ce que je vais écrire. »*

d'après H. Kant, *Un peu des mers du Sud.*

1. **sie hätten … aufbekommen** : subjonctif II passé, car en employant le subjonctif I passé, on aurait pu confondre avec l'indicatif. Le subjonctif doit être apparent !
2. **werde gefragt**: subjonctif I présent du passif (discours indirect).
3. **Sie taten, als kennten sie**: subjonctif II présent après **als** … / **als ob** (= comme si) et un verbe principal au passé.
4. **sei**: subjonctif I présent (discours indirect).
5. **was sollte** …? subjonctif II présent.
6. **so tun, als kenne**: subjonctif I présent après **als** … / **als ob** et un verbe principal au présent.

E

1. Sie tat, **als ob** sie ihn nicht **kenne** und ihn vorher nie **gesehen habe**.
2. Wenn er größer **wäre**, **würde** er über diesen breiten Graben **springen**.
3. Diese Schwimmerin **hatte** am 200-Meter Brustschwimmen nicht **teilnehmen können**. Sie **sandte** ein Telegramm, um sich zu entschuldigen.
4. Ich hatte **gedacht**, dass unser kanadischer Freund uns wenigstens einen oder zwei Briefe über die olympischen Spiele **schreiben würde**.
5. Glauben Sie, dass sie daran **denkt**, uns Fleisch vom Metzger (Fleischer) **mitzubringen**?
6. Der Lehrling **schnitt** sich in den Finger. Er ist bis zur Apotheke **gelaufen**.
7. Heute Morgen habe ich viele alte Papiere **verbrannt**.
8. Warum hast du nicht **gewendet**, bevor du auf die Autobahn **fuhrst**?

45 Exercices pages 85 à 86

A

Der Brief

Er **wird** von ihr in einen Umschlag **gesteckt**.
Die Anschrift **wird** von ihr **geschrieben** und der Brief von ihr **geschlossen**.
Eine Briefmarke **wird** von ihr auf den Brief **geklebt**.
Er **wird** von ihr zum Briefkasten **getragen**. Er **wird** von ihr **eingesteckt**.

Am Fernseher

Das erste Programm ist von ihm **eingeschaltet worden**.
Der Kulturfilm **ist** von der ganzen Familie **gesehen worden**.

Der Film **ist** von einem Forscher in Afrika **gedreht worden**.
Ein erlegtes Tier **ist** von Eingeborenen **getragen worden**.
Die Dorfbewohner **sind** von den Jägern **herbeigerufen worden**.
Es **sind** Lieder **gesungen worden**. / = Lieder **sind gesungen worden**.

B

1. Er wurde besiegt / er ist besiegt worden / er wird besiegt werden / er würde besiegt werden (*il serait vaincu*).
2. Er wird nicht eingeladen werden. / er würde nicht eingeladen worden sein (= er wäre nicht eingeladen worden).
3. Ich bin verletzt worden. Der Fahrer ist verhaftet worden.
4. Ich bin ins Krankenhaus gefahren worden, wo ich **habe** operiert werden müssen(1)
5. Die Bundestagsabgeordneten werden alle vier Jahre unmittelbar gewählt.
6. Das Grundgesetz ist am 8. Mai 1949 verabschiedet worden.
7. Ein Kandidat ist als Bundeskanzler von der SPD vorgeschlagen worden.
8. Die neue Regierung ist von der Partei gebildet worden, die die meisten Stimmen erhalten hat.
9. Die Richtlinien der Politik werden vom Bundeskanzler bestimmt.

C

1. ges**e**hen (longue)
2. gew**o**gen (longue)
3. gen**o**mmen (brève)
4. geschw**o**mmen (brève)
5. geh**o**lfen (brève)
6. getr**u**nken (brève)
7. gew**a**chsen (brève)
8. gefl**o**ssen (brève)
9. ger**u**fen (longue)

46 Exercices pages 86 à 88

A

1. Die Rechnung **wird** vom Kunden **bezahlt**.
2. Eine Gesellschaftsreise **ist** vom Reisebüro **organi'siert worden**.
3. Die Fahrkarten **waren** vom Angestellten **bestellt worden**.
4. Aber wir **sind** von ihm nicht rechtzeitig **benachrichtigt worden**.
5. Die Zeitung und die Post **wurden** mir von der Sekretärin **gebracht**.
6. Wir **wurden** vom Chef zum Abendessen **eingeladen**.
7. Wir **werden** sicher von ihm nach Hause **begleitet werden**.
8. Der Lehrling **wurde** vom Arbeitsamt zu uns **geschickt.**
9. Ich **wurde** von ihm nach deiner neuen Adresse **gefragt**.
10. Im Treppenhaus **darf** kein Lärm **gemacht werden**.

B

1. Die Erde **war** von einem dichten Schneeteppich **bedeckt**.
2. Die Wasserfläche des Sees **war** von einer dicken Eisschicht **überzogen**.
3. Mittags **wurde** der Tisch von uns **gedeckt**.
4. Der Sessel **wurde** vom Polsterer mit grünem Stoff **überzogen**.
5. Der Garten **ist** von einem niedrigen Zaun **umgeben**.

C

Actif

Ich rolle das Zelt **zusammen**.
Ich **packe** den Trainingsanzug ... in den Rucksack.
Ich **fülle** Kaffee in eine Thermosflasche.
Ich **streiche** das Brot.
Ich **nehme** Wanderkarten **mit**.

Passif

Das Zelt **wird** von mir **zusammengerollt.**
Der Trainingsanzug, Kleidungs- und Wäschestücke **werden** in den Rucksack **gepackt**. Kaffee **wird** in eine Thermosflasche **gefüllt**.
Das Brot **wird gestrichen**.
Wanderkarten **werden mitgenommen**.

D

1. Das **lässt sich** nicht **ändern**.
2. Andere Beispiele **lassen sich** leicht **finden**.
3. Das Haus **lässt sich** leicht **umbauen**.

E

1. Im April **ist** die ganze Wiese mit Blumen **besät**.
2. Dieses Gedicht **ist** von dem Dichter kurz vor seinem Tod **geschrieben worden**.
3. Das Kind **wurde** durch einen Impfstoff **gerettet**, der von einem englischen Forscher **entdeckt worden war**.
4. In einigen französischen Fischereihäfen **wird** der Fisch noch öffentlich **versteigert**.
5. Nach der Weinlese **wird gegessen**, **getrunken** und **gesungen**.

---

(1) On emploiera plus volontiers le prétérit : *„wo ich operiert werden* ***musste****."*

Den ganzen Abend **wird getanzt**.

6. Sie möchte diesen Monat in diesen Schwimmverein **aufgenommen werden**.

F

Le vieux loup de mer

Il buvait sa bière et son eau-de-vie, et, au-dessus de lui, était accrochée une casquette de commandant.

Nous engageâmes la conversation. Je demandai s'il lui était arrivé toutes sortes d'aventures. « Des vagues terribles, des tempêtes ? Une fois aussi un naufrage ? »

– « Il faut bien faire avec », grommela-t-il.

Je commandai pour lui une bière et une eau-de-vie. « Hawaï ? Le Cap de Bonne-Espérance ? », demandai-je.

Il me regarda de ses yeux bleu clair de marin. « Terrible », dit-il, « des régions sensationnelles. »

Je dis : « Ce doit être grandiose ». Je commandai une nouvelle tournée.

« Écoutez », dis-je, « Je ne suis pas un marin. Il se peut que je pose des questions stupides. Mais sur quels bateaux avez-vous navigué ? »

Il me dévisagea. « Oh, oh !... », grommela-t-il. « Aucune notion de la vie en mer. C'est grave, très grave... » Il vida son verre de bière, se leva et me serra la main.

Puis il prit sa casquette de commandant, la posa sur ses cheveux blancs et sortit à pas lourds.

Je me dis « Dommage, voilà un homme qui pourrait raconter bien des choses. »

Le patron s'approcha.

« Quel grand taciturne, votre commandant, n'est-ce pas ? », demandai-je.

Le patron eut un sourire moqueur : « C'est vrai », dit-il, « Mais seulement envers les étrangers. Au demeurant, il a été notre facteur, ici dans le coin ! La casquette, il l'a trouvée... »

LES PARTICULES VERBALES (OU PRÉVERBES)

47 - 49 Exercices pages 94 à 97

A

1. Wir **wohnen in** einem modernen Reihenhaus.
2. Möchtest du mit mir **auf** den Aussichtsturm **steigen**?
3. Wolltest du nicht **durch** ganz Österreich **reisen**?
4. Er möchte mit dir **über** diese Angelegenheit **sprechen**.

B

Pech. 1. Ich habe mich bei der Arbeit **versehen**, beim Austeilen **verzählt**, bei der Antwort **versprochen**. 2. Ich habe mein Heft **vergessen**, mein Buch **verlegt**. 3. Ich habe mich in der Stadt **verlaufen**.

Malchance. *1. Je me suis trompé dans mon travail et dans mon compte en distribuant ; j'ai fait un lapsus en répondant. 2. J'ai oublié mon cahier, j'ai égaré mon livre. 3. Je me suis perdu en ville.*

Vorwürfe. Du hast das Heft **zerrissen**, das schöne Bild **zerfetzt**, dein Buch ganz und gar **zerkritzelt**, dein Blatt Papier **zerknittert**, diese Blume **zertreten**.

Reproches. *Tu as déchiré le cahier, lacéré la belle image, complètement barbouillé ton livre, froissé ta feuille de papier, piétiné cette fleur.*

C

1. Wir **besprachen** die Unruhen im Fernen Osten.
2. Wir **erwarten** schon lange Post ...
3. Warum **beantwortet** Frau Schröter nicht unsere letzten Briefe?
4. Sie muss ihre Kinder ... **versorgen**.
5. Sie **bewohnt** mit ihrer Familie eine kleine Stadt ...
6. Schwere Artillerie **beschoss** ... diese Stadt.

D

1. Wir **haben** die Unruhen im Fernen Osten **besprochen**.
2. Wir **haben** schon lange Post ... **erwartet**.
3. Warum **hat** Frau Schröter nicht unsere letzten Briefe **beantwortet**?

4. Sie **hat** ihre Kinder ... **versorgen** müssen.
5. Sie **hat** mit ihrer Familie eine kleine Stadt ... **bewohnt**.
6. Schwere Artillerie **hat** ... diese Stadt **beschossen**.

E

a)
1. Fahr hinauf! / Fahr hinab!
2. Lauf hinauf! / Lauf hinunter!
3. Spring hinauf! / Spring hinunter!

b)
1. Fahr hinein! / Fahr heraus!
2. Lauf hinein! / Lauf heraus!
3. Spring hinein! / Spring heraus!

c)
1. Fahr heran! / Fahr dahin!
2. Lauf hierher! / Lauf dorthin!
3. Spring hierher! / Spring dorthin!

F

1. Obgleich Columbus einen Teil des amerikanischen Kontinents **entdeckt** hatte, stieß er nur auf Undank.
2. Voriges Jahr haben Hilde und ihre Kusine Maria die Sommerferien in Westerland auf der Insel Sylt **verbracht**.
3. Kaiser Napoleon I. wurde bei seinem Einzug in die Stadt im Jahre 1806 von den Berliner Honoratioren **empfangen**.
4. Freitag werden wir einer Zirkusvorstellung **beiwohnen**.
5. Er **betrat** das Zimmer und **legte** den Mantel **ab**.
6. Der Junge **schlenderte** am Fluss **entlang** und **sah** den Anglern **zu**.
   Einem von ihnen **gelang** es, einen Hecht zu fangen.
7. **Geh** nach Hause **zurück** und **nimm** deinen Bruder **mit**!
8. Wenn die Rakete gestartet ist, werden die Ingenieure sie im Raum auf ihrem Bildschirm **verfolgen**.

G

1. Komm mal **hierher**!
   Reiche mir das Buch **herüber**!
   Wirf ihn **hinaus**! Als es klopfte, rief er: „**Herein**!"
   Warum gingst du nicht in das Geschäft **hinein**?
   Ich rufe **hinunter**, er möge schnell **herauf**kommen.
2. „Komm **herein**! Geh **hinaus**!" Jemand kommt **herauf**.
   Er geht die Treppe **hinunter**.
   Wir gehen in den Saal, wir gehen **hinein**.
   Er steigt die Leiter **hinauf**. „Komm **herunter**!"
3. Der Lehrer kommt **herein**. Die Schüler begrüßen ihn.
   Der Lehrer holt ein Heft **heraus** und beginnt zu diktieren.
   Dem Lehrer fällt der Bleistift aus der Hand.
   Ein Schüler springt **herzu**, um ihn aufzuheben.
   Nach dem Diktat wird ein Schüler **hinausgeschickt**, um Kreide zu besorgen.
   Als einige Schüler zum Fenster **hinausschauen**, ermahnt sie der Lehrer: „Schaut **hierher**!"

H

Parfait (indicatif)

1. ist ... vorbeigefahren.
2. hat ... emporgesehen.
3. ist ... gewesen, ... abgeholt hat.
4. ist ... eingefahren.
5. ... gesehen hat, ist ... entgegengelaufen.
6. hat sich ... losgerissen.
7. ist ... abgefahren.
8. hat ... nachgeblickt.
9. sind ... hinaufgelaufen.
10. ist ... zurückgefahren.

Futur I (indicatif)

1. wird ... vorbeifahren.
2. wird ... emporsehen.
3. wird ... sein, ... abholen wird.
4. wird ... einfahren.
5. ... sehen wird, wird ... entgegenlaufen.
6. wird sich ... losreißen.
7. wird ... abfahren.
8. wird ... nachblicken.
9. werden hinaufgehen.
10. wird ... zurückfahren.

I

1. das Buch **aufschlagen** (**zuschlagen**);
2. das Paket **zuschnüren** (**aufschnüren**);
3. den Deckel des Kastens **aufklappen** (**zuklappen**);
4. das Gedicht **aufsagen**;
5. das Lied **vorsingen**;
6. das Lesestück **abschreiben**;
7. den Kaffee **ausgießen** (**ein- / zugießen**);
8. das Geld bei der Sparkasse **einzahlen**;
9. den Lohn **auszahlen**;
10. das Brett **absägen** (**ansägen**);
11. die Wohnung **abschließen** (**auf- / zu-schließen**);
12. über die Aufgabe **nachdenken**.

J

Ich schlage das Buch auf; ich schnüre das Paket zu; ich klappe den Deckel des Kastens auf; ich sage das Gedicht auf; ich singe das Lied vor; ich schreibe das Lesestück ab; ich gieße den Kaffee aus; ich zahle das Geld bei der Sparkasse ein; ich zahle den Lohn aus; ich säge das Brett ab; ich schließe die Wohnung ab; ich denke über die Aufgabe nach.

K

1. Peter, **leg** diesen Kriminalroman (diesen Krimi) **beiseite** und **hör** mir **zu**!
2. Du hast schon Recht! Dieses Buch ist nicht sehr interessant. **Hör** dir doch diesen Auszug **an** : „Als der kleine Junge an der geheimnisvollen Dachkammer **vorbeiging**, **bekam** er plötzlich Angst. Ein sonderbarer Mann **ging** auf ihn **zu**, um ihn **anzugreifen**..."
3. Ich **schlage** dir **vor**, mit mir **fernzusehen**.
4. **Einverstanden**. **Sieh** mal **nach**, was es im zweiten Fernsehprogramm gibt!
5. Wenn du willst, **sehen** wir uns das Endspiel für die Europa-Tennismeisterschaft **an**.
6. Einen Augenblick! Ich muss meine Brille **aufsetzen**.
   Vergiss nicht, dass ich kurzsichtig bin.

L

1. **Ruh(e)** dich gut **aus**! **Zieh(e)** deine Schuhe **aus**!
2. **Zünde** das Gas mit diesem Streichholz **an**! **Schließ(e)** die Tür **zu**!
3. Die Sonne **ging** um 6 Uhr **auf**. Ich bin eine Stunde später **aufgestanden**.
4. Als der Regen **aufgehört** hat, habe ich Rad fahren können.
5. Während es regnete, habe ich mir die Fernsehübertragung des Fußballspiels **angesehen**.
6. Ich bin zu spät am Bahnhof **angekommen**, mein Zug war soeben **abgefahren**.
7. Wann **fährt** der nächste Zug nach München?
8. Ich bin lieber nach Hause **zurückgekehrt**. Ich **reise** morgen früh **ab**.
   (Ich habe es **vorgezogen**, nach Hause **zurückzukehren**.)
9. Wenn du am Kanal **entlanggefahren** wärest, wärest du eher am Bahnhof **angekommen**.
10. **Lade** einige Freunde zu unserem Empfang **ein**!
11. **Stell** das Radio **ab**, wir wollen **fernsehen**! **Sieh** dir mit uns diesen Krimi **an**!

M

Présent

1. Ich **ziehe** meinen Mantel **'über**.
2. Ich **steige** in die U-Bahn **'um**.
3. Ich **bringe** einen Freund im Hotel **'unter**.
4. Ich **ziehe** mich vor dem Essen **'um**.
5. Ich **tauche** in der Menge **'unter**.
6. Ich **kehre** wegen des schlechten Wetters **'um**.
7. Ich **lese** den Brief **'durch**.

Parfait de l'indicatif

1. Ich habe meinen Mantel **'übergezogen**.
2. Ich bin in die U- Bahn **'umgestiegen**.
3. Ich habe einen Freund im Hotel **'untergebracht**.
4. Ich habe mich vor dem Essen **'umgezogen.**
5. Ich bin in der Menge **'untergetaucht**.
6. Ich bin ... **'umgekehrt**.
7. Ich habe den Brief **'durchgelesen**.

N

Présent

1. Wir um'fahren
   Wir durch'wandern
2. Wir über'fliegen
   Wir durch'streifen...
3. Wir über'nehmen
   Wir über'bringen
4. Wir unter'brechen
   Wir voll'enden
5. Wir unter'zeichnen
   Wir um'gehen
6. Wir über'raschen
7. Wir über'weisen

Parfait de l'indicatif

1. Wir haben ... um'fahren.
   Wir haben ... durch'wandert.
2. Wir haben ... über'flogen.
   Wir haben ... durch'streift.
3. Wir haben ... über'nommen.
   Wir haben ... über'bracht.
4. Wir haben ... unter'brochen.
   Wir haben ... voll'endet.
5. Wir haben ... unter'zeichnet.
   Wir haben ... um'gangen.
6. Wir haben über'rascht.
7. Wir haben ... über'wiesen.

O

1. Die Sonne ist noch nicht **'untergegangen**. Gehen wir eine Stunde **hin'aus**
2. Hast du den Brief, den du heute Morgen **er'halten** hast, ins Deutsche **über'setzt**?
3. Ich habe diese Arbeit nicht **voll enden** können und ich **bedaure** es.
4. Kannst du den ganzen Text **über'setzen**?
5. **Lies** diesen Brief **durch**, um ihn gut zu **ver'stehen**!
6. Ich will das, was du mir gesagt hast, **über'legen**.

7. Du hast **ver'gessen**, den Brief zu **unter'schreiben**. Er wird dir **zu'rückgeschickt** werden.
8. Dein Neffe hat das Geschäft **über'nommen**.
9. Er hat zu viel **unter'nommen** und hat es nicht geschafft.
10. Du hättest diesen Wagen nicht **über'holen** sollen!
11. Sie **durch'liest** schnell die ersten Seiten dieses neuen Romans.

L'EMPLOI DES TEMPS ET DES MODES

50 - 52 Exercices pages 116 à 117

A

Présent (Prétérit), Parfait (Plus-que-parfait)

1. er kommt (kam) an / er ist (war) angekommen
2. er trocknet (trocknete) ab / er hat (hatte) abgetrocknet
3. er wiederholt (wiederholte) / er hat (hatte) wiederholt
4. er fotografiert (fotografierte) / er hat (hatte) fotografiert
5. er läuft (lief) / er ist (war) gelaufen.
6. er setzt (setzte) sich / er hat (hatte) sich gesetzt
7. er nimmt (nahm) / er hat (hatte) genommen
8. er holt (holte) / er hat (hatte) geholt
9. er bittet (bat) / er hat (hatte) gebeten
10. er wird (wurde) / er ist (war) geworden
11. er hilft (half) / er hat (hatte) geholfen
12. er sagt (sagte) / er hat (hatte) gesagt
13. er bringt (brachte) / er hat (hatte) gebracht
14. er ist (war) / er ist (war) gewesen
15. er schließt (schloss) ab / er hat (hatte) abgeschlossen

B

1. Wir **nahmen** (haben) die Arbeit wieder **auf** (aufgenommen), als der Streik zu Ende war.
   *Nous **reprîmes** (avons repris) le travail lorsque la grève fut terminée (une fois la grève terminée).*
2. 1866 **wurde** Österreich von Preußen bei Königgrätz **besiegt**.
   En 1866, l'Autriche a été vaincue par la Prusse à Königgrätz (= Sadowa).
3. Ich **schrieb** gerade einen Brief an einen Freund, als es klingelte.
   J'étais en train d'écrire une lettre à un ami lorsqu'on sonna.
4. Nachdem wir **gegessen haben**, lernten wir Englisch.
   Après avoir mangé, nous apprîmes notre leçon d'anglais.
5. Voriges Jahr **bekam** dieser Forscher den Nobelpreis.
   L'an dernier, ce chercheur a reçu le Prix Nobel.

6. Die Reisenden **sind** schon lange **ausgestiegen**, denn der Zug ist vor 20' angekommen.
Les voyageurs sont descendus du train depuis longtemps, car celui-ci est arrivé il y a 20'.

C

Futur

1. Übermorgen **fliegen** die Feriengäste nach Rhodos.
*Après-demain, les touristes **s'envoleront** pour Rhodes.*
2. In der Bibel steht geschrieben: du **sollst** deine Eltern ehren!
*Il est écrit dans la Bible : **Honore** ton père et ta mère ! (Ton père et ta mère **honoreras** !)*
3. Ich **will** euch jetzt das Märchen von Schneewittchen erzählen.
*Je **vais** vous raconter à présent le conte de Blanche-Neige.*
4. Sooft das Kind eine Blume pflücken wird, **bringt** es sie seiner Mutter.
*Toutes les fois que l'enfant cueillera une fleur, il l'**apportera** à sa mère.*
5. Es **wird** wohl etwas dazwischen gekommen sein.
*Il **a dû** y avoir un contretemps.*
6. Du **wirst** einmal einsehen, dass ich Recht habe.
*Un jour tu te **rendras** compte que j'ai raison.*

D

1. ***Demain**, **j'irai** chercher mon frère à la gare.*
2. *Je me **lèverai** tôt, je **prendrai** rapidement mon café et je me **rendrai** à la gare.*
3. *Je **chercherai** le quai d'arrivée.*
4. *Le train **arrivera** à l'heure, et de la fenêtre de son compartiment mon frère **m'apercevra** peut-être.*
5. *Le train **s'arrêtera**, mon frère **descendra** d'un bond et me **dira** bonjour.*

E

1. Als Cäsar nach Gallien **zog** (kam), traf er überall **auf** feindlich gesinnte Stämme.
2. Ich **war** gerade **dabei** mich zu sonnen, als an der Tür **geklingelt wurde**.
Ich **wollte** die Tür öffnen, als das Telefon **klingelte**.
3. Ich **will** Ihnen jetzt zeigen, wie man mit diesem Fotoapparat **umgeht**.
Wir können hinausgehen. Der Regen hat **soeben** aufgehört.
4. Meine Schwester **sagte** mir: „**Hole** Brot!" Ich **lief** zu dem Bäcker.
Mein Vater **sagte** mir, ich **solle** die Zeitung kaufen, wenn ich am Zeitungskiosk **vorbeigehe**.
5. Sobald deine Schwester **zurückgekommen ist**, **ruf** mich bitte **an**!
6. Sie wird wohl eine Freundin unterwegs **getroffen haben**.

F

1. schw**o**r (longue)
2. fl**o**g (longue)
3. beg**a**nn (brève)
4. sp**ie** (longue)
5. tr**a**nk (brève)
6. b**o**t (longue)
7. gl**i**tt (brève)
8. f**o**cht (brève)
9. b**a**t (longue)

G

1. **Als** Karl XII., in Stralsund belagert, **eines Tages** einem Sekretär Briefe nach Schweden diktierte, fiel eine Bombe auf das Haus, **durchbrach** das Dach und zerplatzte neben dem Zimmer des Königs.
Die Hälfte des Fussbodens zersplitterte. Aber **glücklicherweise** drang kein Splitter in das Kabinett, **dessen** Tür offen stand.
Beim Krachen des Hauses, das einzustürzen schien, fiel dem Sekretär die Feder aus der Hand.
„Was gibt es **denn**?" fragte der König gelassen. „Warum schreiben Sie nicht?"
Dieser konnte nur antworten: – „Ach, Majestät, die Bombe!" – „**Nun**", versetzte der König, „was hat die Bombe mit dem Briefe zu tun, den ich Ihnen diktiere? Schreiben Sie **weiter**!"
2. *C'**était** très tôt le matin, les rues étaient propres et désertes, je me **rendis** à la gare. Lorsque je **comparai** l'heure d'un clocher à celle qu'indiquait ma montre, je **vis** qu'il **était** déjà bien plus tard que je ne l'avais cru, il **fallait** me dépêcher… Je ne **connaissais** pas encore très bien cette ville, par chance **il y avait** un agent de police à proximité, je **courus** vers lui et, hors d'haleine, je lui **demandai** mon chemin. Il **dit en souriant** : « C'est de moi que tu veux connaître ton chemin ? »*
*« Oui, lui **dis**-je, sinon je ne pourrai pas le trouver. » — « Renonces-y, renonces-y ! » **dit-il en se détournant** dans un grand élan comme ces gens qui veulent rester seuls avec leur rire.*

H

1. Er **hat** ihn **verloren**.
2. Ich **habe** ihn **gebrochen**.
3. Er hat **abgenommen**.
4. Ich habe es **gewaschen.**

I

1. Schließlich ist unser Ausflug nach Potsdam gelungener gewesen, als ich angenommen hatte.
2. Wir haben das Schloss Sanssouci besichtigt, das unter Friedrich II. (Friedrich dem Zweiten) von 1745 bis 1747 gebaut worden ist.

3. Es wird als ein Gipfel des Rokokostils angesehen.
4. Als wir ankamen, hatte die Besichtigung schon begonnen. Wir mussten warten.
5. Wie Deutschland wird Korea vielleicht eines Tages wieder vereinigt werden.
6. Nachdem alle Redner gesprochen hatten, begann die Diskussion.

53 - 54 Exercices pages 118 à 119

A

Impératif (2e personne / pluriel et forme de politesse)

1. helft! / helfen Sie!
2. meßt! / messen Sie!
3. lest! / lesen Sie!
4. seht! / sehen Sie!
5. erschreckt nicht! / erschrecken Sie nicht! *(Ne vous effrayez pas!)*
6. tretet! / treten Sie!
7. sprecht! / sprechen Sie!
8. nehmt! / nehmen Sie!
9. gebt! / geben Sie!
10. werft! / werfen Sie!

B

Befehle für den Straßenverkehr

2e personne du singulier

Sieh dich nach links und rechts **um**!
Warte, bis die Wagen vorbei sind! **Überquere** schnell den Fahrdamm!
Achte auf das Verkehrszeichen!
Spring(e) nicht auf die fahrende Straßenbahn!
Warte, bis der Wagen hält!
Steig ein!

2e personne du pluriel

Seht euch nach links und rechts **um**!
Wartet, bis die Wagen vorbei sind!
Überquert schnell den Fahrdamm!
Achtet auf das Verkehrszeichen!
Springt nicht auf die fahrende Straßenbahn!
Wartet, bis der Wagen hält!
Steigt ein!

C

1. Denken Sie … mit! / Stellen Sie sich die Frage :
2. Lassen Sie sich … provozieren! / Seien Sie …!
3. Fahren Sie …!
4. Halten Sie den Abstand!
5. Überholen Sie …!
6. Beachten Sie die Vorfahrt! / Rechnen Sie …! / Verzichten Sie …!
7. Halten Sie die Hände weg vom Alkohol!

D

1. Stelle **den** Motor ab! / Du **sollst** … abstellen.
2. Melden Sie sich bitte hier an! Zeigen Sie bitte **den** Ausweis vor!
   Sie **sollen** sich … anmelden. Sie **sollen den** Ausweis vorzeigen.
3. Treten Sie … ein! / Sie möchten … eintreten.
4. Bleibe hier! / Du **sollst** hier bleiben. / Hier **bleiben**!
   Sei still! / Du **sollst** still sein. / Still sein!
5. Pass auf! Du sollst aufpassen! / **Aufgepasst**!
   Öffne nicht! / Du **sollst** nicht öffnen! / Es **soll** nicht geöffnet werden!
6. Hier **nicht angeln**! / Hier **angeln verboten**! / Hier **darf nicht** geangelt werden!
7. Halten Sie … an! / Sie **möchten** … anhalten.
8. Duschen Sie vor dem Baden! / Man **soll** … duschen.

E

1. Sei doch vernünftig! Sprich nicht mit vollem Mund!
2. Gieß dein Glas nicht zu voll! Wirst du (endlich) still sein!
3. Griff nur bei Gefahr ziehen!
4. Das Betreten der Baustelle ist verboten! Lebensgefahr!
5. Achtung! Nicht hinauslehnen!
6. Man glaube vor allen Dingen nicht, was dieser Mann erzählt!
7. Hinaus! Vorwärts! Herein! (= Kommen Sie herein!) – Herauf! (= Kommen Sie herauf!)
8. Alles aussteigen!
9. Jetzt wird geschlafen!
10. Wer mich liebt, der folge mir!

55 - 58 Exercices pages 119 à 120

A

1. du fragest
2. ihr redet
3. sie zeichnen
4. ihr schweiget
5. er schlage entzwei
6. sie tun
7. ihr schlafet
8. du nennest
9. du hebest
10. er stehe auf

B

Rezept für einen Kalbsbraten

Man **nehme** ein Stück Kalbfleisch, man **salze** und **pfeffere** es. Man **lege** es in Fett und **lasse** es auf beiden Seiten braten. Man **übergieße** es mit Fett. Man **richte** es mit saurer Sahne an.

Remarque : On rencontre le plus souvent l'**infinitif** dans les recettes de cuisine ou les notices indiquant le mode d'emploi d'un appareil.

C

1. Er zieht die Vorhänge zu, **damit** niemand **hineinsehe**.
2. Ich bin **zu** jung, **als dass** ich alles verstehen **könne/könnte**.
3. **Wie reich er auch sei**, **ich** möchte nicht mit ihm tauschen.
4. Sie ruft den Arzt, **damit** er das Kind **untersuche**.
5. **Was auch komme**, **ich** führe es durch.

D

1. **Mögest** du die Stellung **bekommen**!
2. **Möge** sie ihr Examen **bestehen**!
3. **Möge** der Dieb **ertappt werden**!
4. **Möge** der Deich bei der nächsten Sturmflut **halten**!
5. **Möge** die beste Mannschaft **gewinnen**.

E

Subjonctif I / présent

Der Betriebsleiter behauptet,

1. der Absatz **steige** ständig,
2. die Belegschaft **arbeite** tüchtig,
3. die Löhne **werden** regelmäßig **erhöht**,
4. es **gebe** keine Entlassung,
5. der Betrieb **beschäftige** viele Gastarbeiter,
6. ein neues Werk **werde** in Brasilien **gebaut**.

Subjonctif I / Parfait

1. der Absatz **sei** … **gestiegen**,
2. die Belegschaft **habe** … **gearbeitet**,
3. die Löhne **seien** … **erhöht worden**,
4. es **habe** … **gegeben**,
5. der Betrieb **habe** … **beschäftigt**,
6. ein neues Werk **sei** … **gebaut worden**.

Subjonctif I / Futur

1. der Ansatz **werde** … **steigen**,
2. die Belegschaft **werde** … **arbeiten**,
3. die Löhne **werden** … **erhöht werden**,
4. es **werde** … **geben**,
5. der Betrieb **werde** … **beschäftigen**,
6. ein neues Werk **werde** … **gebaut werden**.

F

1. Das **sei** für heute genug! (souhait)
Ce sera tout pour aujourd'hui.
Ein jeder **tue** seine Pflicht! (ordre)
Que chacun fasse son devoir.
2. Man **nehme** dreimal täglich eine Tablette. (ordre)
Prendre un comprimé 3 fois par jour.
3. Ich bleibe hier, **komme**, was da wolle. (supposition)
Je resterai ici, advienne que pourra !
4. **Seien** Sie herzlich willkommen! (souhait)
De tout cœur soyez les bienvenus.
Das junge Paar **lebe** hoch! (souhait)
Vivent les jeunes mariés !
5. Wie dem auch **sei** …. (concession)
Quoi qu'il en soit !
Das **sei** fern(e) von mir! (souhait)
Loin de moi cette idée !
6. Das **möge** / **wolle** Gott verhüten! (souhait)
Dieu m'en préserve !
7. **Gegeben sei** das Dreieck ABC (supposition)
Soit le triangle ABC…
8. **Seien** wir froh, dass alles vorbei ist! (souhait)
Estimons-nous heureux que tout soit fini !
9. **Seien** wir doch vernünftig! (ordre)
Soyons donc raisonnables !
10. Das **bleibe** dahingestellt! (souhait)
Passons (là-dessus) !
Er **rühme** sich dessen nicht. (ordre)
Il n'a pas lieu de s'en vanter.
11. Edel **sei** der Mensch, hilfreich und gut! (souhait) (Goethe, „Das Göttliche", 1783)
Que l'homme soit noble, bon et secourable
12. Sie gab ihm einen Ring, **damit** er sie nicht **vergesse**. (incertitude)
Elle lui donna un anneau afin qu'il ne l'oubliât pas.
13. **Mögest** du nie in eine ähnliche Situation geraten. (souhait)
Puisses-tu ne jamais te trouver dans une situation semblable !
14. Wer gibt, der **gebe** gern! (ordre)
Donner et retenir ne vaut.
Sein Wille **geschehe**! (souhait)
Que sa volonté soit faite !

G

1. **Sei** uns in unserer Stadt willkommen!
2. **Möge** er glücklich unter (mit) den Seinen leben!
3. Ich gebe ihm Ratschläge, **damit** er die Stellung **bekomme**, die er sich wünscht.
Er rühmt sich **dessen** nicht.
4. Er **trete** nie wieder über die Schwelle meines Hauses!
5. Was sie auch **sage**, **ich** glaube ihr nicht.
6. Er behauptet, dass sie in der Schule gut **arbeite**.
7. Er versichert, dass sein Fußballklub das Spiel **gewinnen** werde.

59 - 60 Exercices pages 120 à 122

A

Wünsche

1. Wenn ich doch eine gute Zensur **bekäme**!
2. Wenn ich doch in den Ferien segeln **könnte**!
3. Wenn ich doch einen neuen Anzug **bekäme**!
4. Wenn ich doch schon selbständig **wäre**!

Bedauern

1. Wenn ich nur den Brief **geschrieben hätte**!
2. Wenn ich nur meine Aufgaben **gemacht hätte**!
3. Wenn ich nur feste Schuhe **gekauft hätte**!
4. Wenn du nur die Adresse **notiert hättest**!
5. Wenn ich nur meine Notizen **wiedergefunden hätte**!

B

Zurück zur Natur!

Wenn ich reich **wäre**, dann **ließe** ich mir auf dem Hang eines Hügels ein kleines Landhaus bauen, weiß mit grünen Fensterläden. Obgleich ein Strohdach das Beste **wäre**, **möchte** ich doch lieber ein Ziegeldach, denn Ziegel sehen sauberer und freundlicher aus, und sie **würden** mich ein bisschen an die Zeit meiner Kindheit **erinnern**.
Ein Hühnerhof **müsste** natürlich dabei sein und ebenso ein Stall voll Kühe, damit es mir nie an Milch **fehlen würde**. Ich **hätte** auch ein paar Gemüsebeete und einen hübschen Obstgarten. Mein Gärtner **würde** die Früchte weder **zählen** noch **pflücken**, sie **stünden** allen zur Verfügung, die **vorbeikämen**.
Dann **würde** ich dort eine Schar von Freunden um mich **versammeln**, die gern vergnügt sind. Die Stadtluft **wäre vergessen**, und in diesem ländlichen Leben **fänden** wir eine Fülle von Freuden. Das tätige Leben **würde** uns gesund und hungrig **machen**, jede Mahlzeit **wäre** ein Festessen, denn Heiterkeit, ländliche Arbeit und fröhliche Spiele sind immer die besten Köche der Welt.

nach Jean-Jacques Rousseau

***Retour à la nature** ! Si j'étais riche ...*

« Sur le penchant de quelque colline [...] j'aurais une petite maison rustique, une maison blanche avec des contrevents verts, et quoique une couverture de chaume soit en toute saison la meilleure, je préférerais [...] la tuile, parce qu'elle a l'air plus propre et plus gai [...], et que cela me rappellerait un peu l'heureux temps de ma jeunesse.
J'aurais pour cour une basse-cour et pour écurie une étable avec des vaches, pour avoir du laitage que j'aime beaucoup. J'aurais un potager et un joli verger [...] Les fruits, à la discrétion des promeneurs, ne seraient ni comptés ni cueillis par mon jardinier [...].
Là, je rassemblerais une société [...] d'amis aimant le plaisir. [...] Là, tous les airs de la ville seraient oubliés, et, devenus villageois au village, nous nous trouverions livrés à des foules d'amusements divers. [...]
L'exercice et la vie active nous feraient un nouvel estomac et de nouveaux goûts.
Tous nos repas seraient des festins.[...] La gaieté, les travaux rustiques, les folâtres jeux, sont les premiers cuisiniers du monde. »

J.-J. Rousseau, Émile ou l'éducation

C

Wenn Rousseau reich gewesen wäre, hätte er sich, ein kleines Landhaus **bauen lassen** ... Obgleich ein Strohdach ... das Beste **gewesen wäre**, **hätte er** doch lieber ein Ziegeldach **gemocht**; denn Ziegel sehen sauberer ... aus, und **sie hätten ihn** ... an die Zeit **seiner** Kindheit **erinnert**.
Ein Hühnerhof **hätte** ... dabei **sein müssen** und ebenso ein Stall voll Kühe, damit es ihm nie an Milch **gefehlt hätte** ...
Er hätte ... einen hübschen Obstgarten **gehabt.** **Sein** Gärtner **hätte** die Früchte weder **gezählt** noch **gepflückt**, **sie hätten** allen zur Verfügung **gestanden**, die **vorbeigekommen wären**.
Dann **hätte er** dort eine Schar von Freunden **um sich versammelt** ...
Die Stadtluft **wäre vergessen gewesen**, und in diesem ländlichen Leben **hätten sie** eine Fülle von Freuden **gefunden**. Das tätige Leben **hätte sie** ... hungrig **gemacht**, jede Mahlzeit **wäre** ein Festessen **gewesen**, denn Heiterkeit, ländliche Arbeit und fröhliche Spiele sind ... die besten Köche der Welt.

D

1. würde sinken
2. würde schlingen
3. würde winden
4. würde fliehen
5. würde fließen
6. würde gießen
7. würde schießen
8. würde verderben
9. würde helfen
10. würde sterben
11. würde werfen

E

1. Er sieht aus,
   als ob er ... **geschlafen hätte**.
   (**als hätte** er ... nicht **geschlafen**.)
2. Du benimmst dich,
   als ob dir das ganze Haus gehörte.
   (**als gehörte** dir das ganze Haus.)
3. Er tut so, **als ob** er unentbehrlich wäre.
   (**als wäre** er unentbehrlich.)

4. Du kommst daher,
   als ob du der Schah von Persien wärest.
   (**als wärest** du der Schah von Persien.)
5. Er läuft,
   als wenn der Teufel hinter ihm her **wäre**.
   (**als wäre** der Teufel hinter ihm her.)

F

1. Wenn er mich nur in Ruhe **ließe**! (= **Ließe** er mich nur in Ruhe!)
2. Ich **hätte** beinahe das große Los **gewonnen**!
3. Wenn wir an Ihrer Stelle **wären**, **ließen** wir es uns nicht gefallen.
   Wären wir an Ihrer Stelle, so...
4. Wenn du **schriebest**, **käme** ich. (= **Schriebest** du, so **käme** ich.)
   oder Wenn du **schriebest**, würde ich **kommen**. (= **Schriebest** du, so **würde** ich **kommen**.)
   Wenn du **geschrieben hättest**, **wäre** ich gekommen. (= **Hättest** du **geschrieben**, so ...)
5. Ich erklärte dem Polizisten, dass ich nichts **wüßte**.
6. Er behauptete, dass er und seine Schwester die Grippe **gehabt hätten**.
7. Wenn du nicht so lange **gewartet hättest**, **hättest** du die Straßenbahn **bekommen**.
   Hättest du nicht so lange **gewartet**, so ...

61 - 62 Exercices pages 122 à 123

A

1. Wenn morgen schönes Wetter **wäre**, ...
2. Und wenn mein Freund Zeit **hätte**, ...
3. Aber wenn dein Freund **mitkäme**, ...
4. Und was **hieltest** du davon, wenn ...?
5. Dein Vorschlag **wäre** gut, wenn ...

B

1. Ich **hätte** dich **gefragt**, ...
2. Aber warum **hättest** du es nicht **gewagt**, ...?
3. Warum **hättest** du deine Sorgen für dich **behalten**, ...?

C

1. *Je serais assurément venu te voir si j'avais eu le temps.*
   Oui, mais tu aurais peut-être été trop fatigué.
2. *Il aurait sans doute été d'accord si tu le lui avais demandé.*

D

1. Ich **käme** bestimmt zu dir, wenn ich Zeit **hätte**.
   Ja, aber du **wärest** vielleicht zu müde.
2. Er **wäre** wohl einverstanden, wenn du ihn **fragtest**.

E

1. Meine Beine waren so schwer, **als ob** sie aus Blei **gewesen wären**.
2. „Ich **wäre** froh **gewesen**", sagte meine Mutter, „wenn der Arzt gleich **gekommen wäre**."
3. Ich antwortete: „Wenn es **gegangen wäre**, **hätte** ich mich am liebsten ins Bett legen **mögen**."
4. Mutter seufzte: „Wenn der Arzt jetzt **gekommen wäre**, **wäre** ich beruhigt **gewesen**."

F

1. Mein Vetter sah auf den Boden, **als ob** er sich **schämte**.
2. Der Lehrer sieht meinen Vetter an, **als ob** er ihm böse **wäre**.
3. Mein Bruder zitterte, **als ob** er **erschrocken wäre**.
4. Er machte eine böse Bemerkung, **als ob** er schlecht gelaunt **wäre**.
5. Mein Onkel hörte mir unwillig zu, **als ob** er ungeduldig **wäre**.

G

1. Mein Nachbar tut, **als hätte** er mich nicht **verstanden**.
2. Er tat, **als kennte** er diese Sprache nicht.
3. Er handelte, **als wüsste** er von der Gefahr nichts.
4. Die Sekretärin tat, **als hätte** sie viel **gearbeitet**.

H

1. Wenn du nur auf mich **gehört hättest**! (= **Hättest** du nur auf mich **gehört**!)
   Du **wärest** nicht **weggegangen**.
2. Wir dachten, dass sie bald **heiraten würden**.
   (= Wir dachten, **sie würden** bald **heiraten**.)
3. Beeilen wir uns, **damit** dein Vetter rechtzeitig zum Bahnhof **komme**.
4. In diesem Abteil hat jeder Liegeplaz eine kleine Lampe, **damit** der Reisende in der Nacht lesen **kann**.
5. **Mögen** wir nur rechtzeitig **ankommen**!
   (= Wenn wir nur rechtzeitig ankommen!)
   Dieses Flugzeug hat nie Verspätung.
6. Die Sonne blendet mich, **dass** ich nichts sehen **kann**.

63 Exercices pages 123 à 124

A

1. **Wenn** ich **auch** von Musik wenig **verstehe**, **ich** gehe gern ins Konzert. (= so gehe ich **doch** ...)
   Mag ich **auch** von Musik wenig **verstehen**, **ich** gehe gern ins Konzert.

2. **Wenn** er **auch** erkältet **war**, **er** ging ins Büro. (= **so** ging er ...)
Mochte er **auch** erkältet **sein**, **er** ging ins Büro.
3. **Wenn** sie **auch** begabt **ist**, **sie** muss die Prüfung vorbereiten. (= **so** muss sie ...)
Mag sie auch begabt **sein**, **sie** muss ... vorbereiten.
4. **Wenn** er sich **auch beeilt hatte**, **er** verpasste den Zug ... (= **so** verpasste er ...)
Hatte er sich **auch beeilen mögen**, **er** verpasste den Zug...

B

1. **Wenn** das Wetter **auch** schlecht war, **wir** fuhren an die See.
2. **Wenn** der Regen **auch** stark war, **das Handballspiel** wurde fortgesetzt.
3. **Wenn** sie **auch** erkältet war, **sie** ging zum Training.
4. **Wenn** sie **auch** von uns ermahnt worden (*mise en garde*) war, **sie** fuhr per Anhalter (*autostop*)...

C

1. **Wie** dem **auch** sei, **ich** mache die Tür nicht auf!
2. **Wer** es **auch** sei, antworte höflich!
3. **Wohin** du **auch** gehst, **ich** finde dich wieder!
4. Ich war **zu** ungeduldig, **als dass** ich zu Hause auf den Briefträger **gewartet hätte**.
5. **Wie** groß **auch** deine Wohnung sei, **sie** muss große Fenster haben, damit sie hell ist.
6. **Wenn** du mir **auch** 5000 Mark anbötest, **ich** würde dir meine Briefmarkensammlung nicht verkaufen.
7. Ihr Vorschlag wird vom Vorstand angenommen werden, **es sei denn**, **dass** mehrere Kollegen Einwände machen.
8. Der Hund bellte **so** laut, **dass** es uns nicht mehr gelang einzuschlafen.
(= dass wir nicht mehr einschlafen konnten.)

D

1. *Le programme était trop vaste pour que j'eusse pu en venir à bout en si peu de temps.*
2. *Elle viendra volontiers, à moins qu'elle ait elle-même de la visite.*
3. *Il rentra de l'étranger sans avoir terminé ses études.*
4. *Nous prîmes place sans en avoir demandé l'autorisation.*
5. *Sur le terrain de football un attaquant heurta un arrière, de sorte que tous les deux perdirent l'équilibre.*
6. *Ma barbe pousse si vite qu'il me faut me raser deux fois par jour.*
7. *Il se donna beaucoup de mal bien qu'il ne s'intéressât guère à ce travail.*
8. *Elle avait beau se dépêcher, elle ne réussit pas à avoir son train.*
9. *Quel que soit le temps qu'il fera demain, il faut que nous partions.*
10. *J'avais beau demandé, personne ne connaissait le chemin.*

64 Exercices pages 124 à 126

A

Was würdest du tun, wenn du das große Los gewonnen hättest?

Ich **würde** meine Eltern **unterstützen**, ich **gäbe** eine größere Summe für die Forschung,

ich **würde** mir ein Haus **bauen**, ich **würde** mir einen Wagen **anschaffen**,

ich **führe** sonntags an die See, ich **würde** große Reisen **machen**,

ich **ließe** mir Möbel **anfertigen**, ich **würde** mir Bücher **kaufen**.

B

1. **Wenn man täglich spazieren geht**, bleibt man gesund.
2. **Wenn der Artikel nicht gefällt**, kann er umgetauscht werden.
3. **Wenn das Gebäude unerlaubt betreten wird**, wird die Alarmanlage ausgelöst.
4. **Wenn man ein Museum besucht**, muss man Eintritt bezahlen.
5. **Wenn man gute Vorkenntnisse hat**, kann man sich ... eintragen.

C

1. **Wenn** er nicht genug **lernt**, wird er nicht versetzt.
2. **Wenn** der Taxifahrer zu schnell **fährt**, muss er Strafe zahlen.
3. **Wenn** du nicht mitkommen **willst**, gehe ich allein ins Konzert.
4. **Wenn** das Experiment **misslingt**, verzeihen wir es dir nicht.
5. **Wenn** wir uns nicht mehr **sehen**, mache ich die Bestellung selbst.
6. **Wenn** der Film erst um 9 Uhr **anfängt**, kann ich noch vorher essen.

1. **Lernt** er nicht genug, (**so**) ...
2. **Fährt** der Taxifahrer zu schnell, (**so**) ...
3. **Willst** du nicht mitkommen, (**so**) ...
4. **Misslingt** das Experiment, (**so**) ...
5. **Sehen** wir uns nicht mehr, (**so**) ...
6. **Fängt** der Film erst um 9 Uhr, (**so**) ...

D

1. **Dürfte** ich Ihnen den Mantel abnehmen?
2. **Dürfte** ich mich zu Ihnen setzen?
3. **Dürfte** ich Sie um die Zeitung bitten?
4. **Könnten** Sie mich heute noch anrufen?
5. **Würdest** du mal herkommen?
   Würdest du mir **helfen**?
6. **Würden** Sie mir das bitte erklären?
7. **Könnten** Sie mir die genaue Uhrzeit sagen?
8. **Würden** Sie mir Ihr Fahrrad **leihen**?
9. **Würden** Sie mir Ihre Telefonnummer **geben**?
10. **Dürfte** ich Sie um den nächsten Tanz bitten?

E

1. Wenn du willst, gehen wir in die Stadt.
2. Wenn Sie gestatten, werde ich das Fenster schließen.
3. Wenn es regnet, vergiss nicht, einen Regenschirm mitzunehmen.
4. Wenn das Wetter morgen früh schön ist, gehen wir im Wald spazieren.
5. Wenn sie nicht kommt, fahren wir ohne sie nach Linz.

F

1. Fast wäre Ingrid zu spät gekommen.
2. Fast hätte sie mich nicht wieder erkannt.
3. Fast hätten wir den Zug nicht erreicht.
4. Fast hätte ich mich in den Finger geschnitten.
5. Fast hätte sie ihren Job verloren.
6. Fast hätte er sein Geschäft aufgeben müssen.

G

1. Ich hätte dich benachrichtigt, wenn ich deine Adresse gekannt hätte.
2. Ich hätte dich angerufen, wenn ich deine Telefonnummer gehabt hätte.
3. Ich hätte dich gern begleitet, wenn wir nicht Besuch erwartet hätten.
4. Sie hätte gern geholfen, wenn sie nicht zur Nachbarin gerufen worden wäre.
5. Sie wäre gerne auf den Ball gegangen, wenn sie ein Kleid besessen hätte.

H

1. *Le grand-père chante une berceuse à son petit-fils. Au bout d'un moment l'enfant lui dit : « Grand-père, si tu t'arrêtais enfin de chanter, je pourrais m'endormir. »*
2. *« Encore heureux qu'il existe des maux de tête, sinon bien des gens ne sauraient même pas qu'ils ont une tête. » (G.C. Lichtenberg)*
3. *Ralf et son amie Ute pique-niquent dans la forêt. Ute demande : « Que pourrait bien dire le chêne s'il pouvait parler ? »*
   À quoi Ralf répond : « Je suis un hêtre. »

I

1. Sie würde dich benachrichtigen, wenn ...
2. Ich hätte angerufen, wenn ... Ich hätte dir die Tür geöffnet, wenn ...
3. Könnten Sie mir die genaue Uhrzeit sagen? Hätten Sie Feuer?
4. Ich wäre froh, wenn mein Patenonkel mir einen CD-Player schenken würde.
5. Wenn ich mehr Arbeit gehabt hätte, hätte ich im Büro bleiben müssen.
6. Wenn es nicht kalt gewesen wäre, hätten wir draußen gespielt.
7. Wenn ich reich wäre, hätte ich ein schönes Haus am Meer.
8. Wenn du nicht gekommen wärest, hätte ich dir geschrieben.
9. Wenn das Dorf nicht so entfernt gewesen wäre, hätte ich zu Fuß dorthin gehen können.
10. Ein junger Mann sitzt in der Untergrundbahn einer alten Dame gegenüber.
    Er kaut Kaugummi. Und bald sagt ihm seine Nachbarin :
    „Wenn Sie etwas lauter sprechen würden, würde ich verstehen, was Sie mir sagen!"

65 — Exercices pages 126 à 129

A

Erich schrieb mir,

1. **er habe** Fieber **gehabt**,
2. **er werde** noch zu Hause **bleiben**,
3. **ob ich** an ihn **gedacht hätte**,
4. **wann ich ihn anriefe**,
5. **ich solle/möge ihn** bald **besuchen**,
6. **er würde sich** sehr **freuen**.

B

1. Ich fragte ihn,
   ob er noch ein Zimmer frei **habe**, was es **koste**,
   ob wir vor der Abreise frühstücken **könnten**,
   ob ich die Rechnung haben **könne**.
2. Er sagte,
   dass er das Zimmer im 1. Stock **nehme**,
   dass sie voraussichtlich drei Tage **bleiben wollten**,
   dass sie das letzte Mal hier gut **geschlafen hätten**,
   dass sie sehr zufrieden **gewesen seien**.
3. Hans erzählte uns, **er sei** gestern auf der Eisbahn **gewesen**; es **sei** brechend voll **gewesen**; **er sei** auch **hingefallen**, aber jetzt **könne er** ordentlich **laufen**; nächste Woche **gehe** er wieder **hin**.
4. Der Arzt sagte zu der Mutter, **ihr** Sohn **sei** nicht sehr krank; er **habe** sich **erkältet** und **müsse** im Bett **bleiben**; vielleicht **bekomme** er noch höheres Fieber, aber in drei Tagen **dürfe** er wieder **aufstehen**.

C

Ich fragte ihn: „**Halten Sie** sich oft in fröhlicher Gesellschaft **auf**?"
„Das **ist** selten der Fall", sagte er.
„**Gehen Sie** oft ins Kino?" erkundigte ich mich.
„**Ich gehe** nie ins Kino", entgegnete er.
„Das **ist** eigenartig", sagte ich, „aber **Sie sind** bestimmt ein Mann, der gern ein Pfeifchen **raucht**." Er sagte bedauernd: „**Mir ist** dieses von **meinem** Arzt **verboten worden.**"
Ich lachte und meinte: „**Sie werden** dann und wann ein Gläschen nicht **verachten**!"
„Auch das **ist** nicht der Fall", gab er mir zu verstehen. „**Mein** Herz **verträgt** keinen Alkohol."
Erstaunt erkundigte ich mich: „Was **unternehmen Sie** denn, um Freude am Leben zu haben?" Da verriet er mir: „Es **bereitet** mir einen großen Spaß, **meine** Mitmenschen zu beobachten."

D

1. Ich fragte,
   ob er schon lange hier **sei**,
   ob er bald abreisen **wolle**,
   ob er ein Taxi **brauche**,
   ob er ein ruhiges Hotel **suche**,
   wann er geweckt werden **möchte**,
   ob er auf dem Zimmer oder im Speisesaal **esse**.

2. Er sagte,
   wenn **er stehe**, dann **stehe er**;
   wenn **er gehe**, dann **gehe** er;
   wenn **er sitze**, dann **sitze er**;
   wenn **er esse**, dann **esse er**;
   wenn **er spreche**, dann **spreche er**.

   Da fielen ihm die Fragenden ins Wort und sagten, das **täten sie** doch auch. Er aber sagte zu ihnen, nein, wenn **sie säßen**, dann **stünden sie** schon; wenn **sie stünden**, dann **liefen sie** schon; wenn **sie liefen**, dann **seien sie** schon am Ziel.

3. Ich fragte meinen Freund, **ob er** noch Verkäufer … **sei**. Er antwortete, **er sei** es **gewesen**, leider **sei er entlassen worden**.
   Ich fragte, wie das **gekommen sei**. Er erwiderte, als **er** die Stellung **angetreten habe**, **habe** der erste Verkäufer zu **ihm gesagt**, **er solle** gut **zuhören**, wenn **er** Verkaufsgespräche **führe**, damit **er** es bald **lerne**.
   Kurz danach **sei** eine Kundin in den Laden **getreten**, …
   Der Verkäufer **habe** sie **begrüßt** und **habe gesagt**, **er habe** frische Ware **bekommen**, **sie möge** diese Trauben **ansehen**, sie **strömten** noch den natürlichen Duft der Weinberge **aus**.
   Er habe sich diese Worte **gemerkt**.
   Als bald darauf eine Frau Schweinefüßchen in Büchsen **verlangt habe**, **habe er** eine Büchse **geöffnet** und **gesagt**, **sie möge** diese wunderbaren Schweinshaxen **ansehen**, sie **strömten** noch den natürlichen Geruch der Schweineställe **aus**.

E

1. Anna fragte ihn, warum er so früh **gekommen sei**.
2. Mein Freund hat mir vorgestern geschrieben, dass er krank **sei**.
3. Klaus hat mir gesagt, dass er seinen Bericht zu Hause **vergessen habe** und dass er ihn mir **bringen werde**. Er hat aber sicherlich nicht die Wahrheit gesagt.
4. Sie wusste nicht, **ob** Pia sie am Flughafen **abholen** werde.
5. Er fragte den Hotelbesitzer, **ob** er ein Zimmer mit Dusche **haben könne**.
6. Ich fragte ihn, **ob** er mich zum Schwimmbad **begleiten könne**.
7. Er wollte wissen, **ob** es zum Baden nicht zu kalt **sei**.
8. Der Zollbeamte behauptete, dass er zu beschäftigt **sei** und (dass er) auf unsere Fragen nicht **antworten könne**.
9. Ich glaubte, dass meine Kameraden die andere Mannschaft **schlagen würden**.
10. *« C'est merveilleux que tu sois là », confie la petite Inge à sa tante. « Nous en sommes tous très heureux. »*
    – « Vraiment ? » demande sa tante. – « Oui, vraiment », répond Inge.
    « Papa vient de nous dire ce matin qu'il ne manquait plus que toi pour faire son bonheur. »

F

1. sei	4. wisse	7. habe
2. habe	5. lägen	8. käme
3. sei	6. wisse	9. sei.

G

1. Hans erzählte, **Fritz und er seien** gestern ins Café **gegangen**.
   Sie hätten beide Hut und Mantel an dem Garderobenständer **abgelegt**.
   Sie hätten einen Platz am Fenster **gesucht**. **Er habe** gemütlich sein Bier **getrunken**.
   Fritz **habe** … nach dem Garderobenständer **hingeblickt**.
   Er habe gefragt, warum Fritz … **hinsehe**.
   Er mache ihn ganz nervös. **Er** (selbst) **sehe** doch nicht immer dahin.
   Er habe es auch nicht mehr nötig, **habe** Fritz **geantwortet**.
   Sein Hut und **sein** Mantel **seien** nämlich schon **weg**.
2. Bertolt Brecht **sei** … **gewesen**. Er **habe** es **geliebt**, … Die Zitate **habe** er … **erfunden**. Trotzdem **sei** es nie **aufgefallen**, weil der Lehrer nicht **habe** zugeben wollen, dass ihm ein Goethe-Wort unbekannt **gewesen sei**.

H

a) Der Hotelbesitzer sagte zu uns, **wir sollten** diese Stühle in den Empfangssaal **bringen**, die Heizung anstellen, …

b) Der Schaffner trat ins Abteil und fragte, **ob** noch jemand **zugestiegen sei**.

c) Als ich endlich an der Reihe war, sagte der Beamte, **es sei** Mittagspause, **ich möge** (**möchte**) sein Büro **verlassen**.

I

1. **er möge** ihr alles **erklären**.
2. **sie möchten** die Zollformulare **ausfüllen**.
3. **ich möge** den Unfall genau **beschreiben**.
4. **wir möchten** den Weg, den wir gegangen waren, ... **zeigen**.
5. **wir möchten** unsere Ausweise vorzeigen.

J

1. Sie hat mich gefragt, **ob** ich heute zur Vorlesung **käme**.
2. Ich habe sie gefragt, wen sie **besucht habe**.
3. Sie bat mich, **ich möge** in die Klinik **kommen**.
4. Sie hat mir versichert, dass unsere Gäste im Hotel **untergebracht werden könn(t)en**.
5. Er hat mir versprochen, dass du am Projekt **arbeiten würdest**.
6. „Entscheiden Sie sich schnell!" sagte sie mir. Sie bat mich, **ich möge** mich schnell **entscheiden**.
7. Der Minister erklärte, dass die Krise nur mit Hilfe aller Parteien **überwunden werden könne.**
8. Er fragte uns, **ob** der Direktor **angekommen sei** und um wie viel Uhr er **wegfahre**.

66 - 68 — Exercices pages 129 à 130

A

1. **Im Sommer.** Wir freuen uns über **die rauschenden Bäume**, über **die blühenden Blumen**, über **die singenden Vögel**, über **die ziehenden Wolken**, über **die grasenden Kühe**, über **die summenden Bienen**.
2. **Brennendes Bauernhaus.**
   Ich sehe **die züngelnden Flammen**, **das rauchende Dach**.
   Ich höre **die knisternden Balken**. Ich sehe **die sprühenden Funken**.
   Ich höre **das zischende Wasser**.
   Ich höre **die blökenden Schafe**, **die brüllenden Rinder**.
3. **Nach dem Brand**. Das **ausgebrannte** Haus, die **verkohlten** Balken, die **beschädigten** Möbel, der **verwüstete** Garten.

B

1. Ich sah ihn **fragend** (**abwartend** / **lächelnd**) an.
2. Ich stimmte **zögernd** (mit dem Kopf **nickend**) seiner Meinung zu.
3. Ich ging **aufgeregt** vor der Tür auf und ab.
4. Ich hörte **interessiert** zu.
5. Er erhielt ein winziges (*minuscule*) Zimmer **zugeteilt**.

C

1. den Verletzten
2. einen Betrunkenen
3. Der Betrunkene
4. das Gepäck des Reisenden
5. Ein Reisender
6. die Toten. – Wir gedenken der Gefallenen.
7. die Streikenden
8. das Gelernte
9. das Gewünschte
10. weder an das Gelesene noch an das Gehörte.

D

1. Die **zu lernende** Lektion. – Die **zu ergreifenden** Maßnahmen.
   nicht enden wollender Beifall.
2. **Nachdem ich** meinen Mantel in der Garderobe **abgegeben hatte**, kaufte ich bei der Platzanweiserin ein Programm.
3. Sie machen immer den gleichen Fehler **beim Lesen**.
4. Ich kam **gelaufen**. Er folgte mir **weinend**.
5. Wir haben sie getroffen, **als wir** aus der U-Bahn **stiegen**.
6. Sprechen Sie nicht **beim Schreiben**!
7. Ich lerne meine Lektion, **indem ich** sie mehrere Male aufmerksam **durchlese**.
8. **Gelangweilt** sah sie aus dem Fenster.
9. Ich habe ihm dein Buch **im Vorbeigehen** gegeben.
10. Ich traf meine Schwester an, **als sie** einen Brief an unseren Bruder **schrieb**, der in den USA studiert. (*mais* : ich traf meine Schwester **beim Briefeschreiben** an.)
11. Ich hoffe, dass es Ihnen hier gefallen wird, sagte er **und gab** mir die Hand (=..., **indem er** mir die Hand **gab**). Seien Sie willkommen!
12. Mein Abteilungsleiter hat eine neue Sekretärin eingestellt, **die** die Kurzschrift und die Textverarbeitung **beherrscht**.
13. Ich habe sie gesehen, **wie sie** aus dem Rathaus **kam**. Sie ist unsere **Abgeordnete**.
14. Als die Mahlzeit **beendet war**, verabschiedeten wir uns voneinander.

69 — Exercices pages 130 à 131

A

1. **Mit hohem Schnee bedeckt**, sieht der Berg wunderbar aus.

2. **Mit Schiern ausgerüstet**, fahren einige Sportler ... bergauf.
3. **Den Gipfel erreichend**, bewundern sie die Aussicht.
4. **Endlich angekommen**, sausen die Schiläufer hinab.
5. **An einem Referat arbeitend**, denke ich nicht ans Schilaufen.
6. **Auf der Couch sitzend**, blättert Ilse in einer Modezeitschrift.
7. **Von uns gewarnt**, segelte mein Bruder trotzdem.
8. **Im Hafen eingetroffen**, sandte er sogleich ein Fax.
9. **Ein Lied vor sich hin pfeifend**, ging er auf sein Hotel zu.
10. **Durch ein Fax über seinen Verbleib informiert**, gingen wir ...
11. **Genau genommen** (*à vrai dire*) war es ein gewagtes Spiel.

B

1. Unter den Gästen waren mehrere **Bekannte**.
2. **Der Vortragende** sah mich plötzlich an.
3. **Alle Vorübergehenden** sagten „Guten Morgen".
4. **Alle Abwesenden** wurden aufgeschrieben.
5. Sätze, **die falsch geschrieben worden sind**.
   ein kalter Wind, **der aus dem Norden bläst**.
6. ein Haus, **das an der Küste steht**.
   der Roman, **der heute erschienen ist**.
7. das Kind, **das um Hilfe schreit.**
   die Straße, **die wegen Bauarbeiten gesperrt ist**.

C

1. **Die hoch über uns stehende Sonne** brannte heiß.
2. **Ein von zwei Lokomotiven gezogener Zug** lief ein.
3. **Der vor dem Kaufhaus sitzende alte Mann** war der Pförtner.
4. Hast du **die das Kaufhaus verlassende Frau** erkannt?
5. Meinst du **die mit Paketen beladene blonde Frau**?

D

1. **Am Ende der Piste angekommen**, schnallten die Schiläufer ihre Schier ab.
2. **Meinen Freund im Schnee erblickend**, lachte ich herzlich.
3. Dieser Staudamm, **der vor zwei Jahren gebaut wurde**, versorgt das Tal mit elektrischem Strom. (Dieser **vor zwei Jahren gebaute** Staudamm versorgt ...)
4. Wenn wir Glück haben, kommen wir **lebend** davon.
5. **Die zuletzt Angekommenen** werden in der Jugendherberge schlafen.
6. **Von seinen Freunden umgeben**, nahm er von seinen Eltern Abschied.
7. **Auf dem Bahnsteig stehend**, warteten wir auf die Abfahrt des Zuges.
8. **Am Fenster sitzend**, winkte er uns.
9. **Auf der Bank des Abteils liegend**, schlief sein Sohn.

Partie II

TESTEZ VOS CONNAISSANCES

25 - 54 Exercices pages 132 à 135

A

Présent

schiebt / ausweichen
muss / entgegenkommt / klirrt / zusammengeschoben werden / rasseln …
wird … angesprochen / herzieht / sagt.

Parfait

hat … geschoben / hat ausweichen müssen / … entgegengekommen ist / hat … geklirrt / … zusammengeschoben worden sind / haben … gerasselt …
ist … angesprochen worden / … hergezogen hat / hat … gesagt / bin … gegangen / … gewesen sind / hat … leisten können.

B

Die Frau erzählte, in einer stilleren Gasse **sei** sie von Franziska **angesprochen worden**, die einen Caddie hinter sich **hergezogen habe**. Franziska **habe gesagt**, sie **gehe** sonst immer in ihren Krämerladen an der Ecke, auch wenn die Salatköpfe dort oft halb **verwelkt wären** … Aber den ganzen Monat **habe** man sich eine solche Menschenfreundlichkeit nicht **leisten können**.

C

Présent / parfait / futur I

1. Das Eis schm**i**lzt / ist geschm**o**lzen / wird schm**e**lzen.
2. Das Kind w**ä**chst / ist … gew**a**chsen / wird … w**a**chsen.
3. Er l**ei**det / hat … gel**i**tten / wird … l**ei**den.
4. Das gesch**ie**ht / ist … gesch**e**hen / wird … gesch**e**hen.
5. Der Postbote klingelt / hat … geklingelt / wird … klingeln.
6. Sie b**i**ndet / hat … geb**u**nden / wird … b**i**nden.
7. Er st**ö**ßt sich / hat sich … gest**o**ßen / wird sich … st**o**ßen.
8. Er w**i**rft / hat … gew**o**rfen / wird … w**e**rfen.

D

Prétérit

1. **Triebst** du Sport? Auf dem Sportplatz **wurde trainiert**.
2. Einige Sportler **liefen**, andere **sprangen**. oder **übten** sich im Kugelstoßen.
3. Mädchen **spielten** Handball. Wir **sahen** dem Spiel **zu**.
4. Während des Trainings **sollte** der Sportler ein geregeltes Leben **führen**.
5. Jedes Jahr **wurde** die deutsche Fußballmeisterschaft **ausgetragen**.
Wer dem Endspiel nicht beiwohnen **konnte**, **sah** es im Fernsehen.

Parfait

1. **Hast** du Sport **getrieben**? Auf dem Sportplatz **ist trainiert worden**.
2. Einige Sportler **sind gelaufen**.
andere **sind gesprungen** oder **haben sich** im Kugelstoßen **geübt**.
3. Mädchen **haben** Handball **gespielt**. Wir **haben** dem Spiel **zugesehen**.
4. Während des Trainings **hat** der Sportler ein geregeltes Leben **führen sollen**.
5. Jedes Jahr **ist** die deutsche Fußballmeisterschaft **ausgetragen worden**.
Wer dem Endspiel nicht **hat beiwohnen können**, **hat** es im Fernsehen **gesehen**.

E

1. Vorgestern **bin** ich nach Dortmund **gefahren**, wo ich mich mit Geschäftsfreunden **unterhalten habe**. Ich **bin** früh **schlafen gegangen**.
2. Der Nachtportier **hat** mich um 7 Uhr **geweckt**.
3. Ich **habe telefoniert** und ein Taxi **bestellt**.
Der Taxifahrer **hat** mich zum Flugplatz **gefahren**. Ich **bin** nach Stuttgart **geflogen**.
4. Es **ist** Frühling **gewesen**. Die Blumen **haben** überall **geblüht**.
5. Die Kirschbäume **sind** schon **verblüht.**

F

Ein sonderbarer Portier

Vor dem Ausgang eines Hotels wartet ein Gast auf ein Taxi.
Er hält einen schwarzen Lederkoffer in der linken Hand.
Er hat es eilig, denn er will zum Flugplatz.
Er trägt einen Mantel.
Er verlässt ein vornehmes Hotel, wo die Gäste auf einem Läufer bis zum Straßenrand gehen können und durch einen Baldachin vor dem Regen geschützt werden.
Der Portier steht am Ende des Läufers. Er trägt eine goldbestickte Uniform und die dazu gehörige Mütze.
Als der Gast ankommt, schließt er gerade die Tür eines Taxis.
Er pfeift und winkt sofort ein neues Taxi heran.
Ein Taxi naht schon. Der Gast freut sich. Er denkt, dass er rechtzeitig wegfahren kann und

sein Flugzeug erreichen wird. Was geschieht aber?
Der Portier steigt selbst in das Taxi, macht es sich hinten im Wagen bequem und fährt zufrieden davon, während der Gast verdutzt dem sich entfernenden Taxi nachblickt. Der Portier hatte Feierabend und dachte: „Jeder ist sich selbst der Nächste."

G

Sagt man Ihnen

sie mögen von mir alles sagen, was sie wollen, es berührt mich nicht!
Ich habe Ihnen doch einen langen Brief geschrieben, ich habe ihn selbst zur Post gebracht, und Sie haben nichts erhalten! Sonderbar!
Ich werde alles geben, damit...
Wenn sie glauben, dass dieses mich ängstigt, so irren sie.
Ich habe ganz andere Sachen erlebt, wissen Sie!
Ich brauche mir von niemandem etwas sagen zu lassen...
Nehmen Sie dieses, es passt zu allem, und Sie werden immer modisch gekleidet sein.
Mein Herr, es ist das erste Mal, dass man uns eine solche Beanstandung macht.
Ich bin nicht anspruchsvoll, jeder wird es Ihnen bestätigen.
... glauben Sie es nicht!

nach Pierre Daninos

H

1. Von der Arbeitsvermittlung **wurde ich** zu einer Firma **geschickt**.
2. Von einem Angestellten **wurde ich** in einen Prüfungssaal **geführt.**
3. Dort **wurde ich** von einer jungen Sekretärin **empfangen**.
4. Es **wurde gewartet**, bis alle Bewerber eingetroffen waren.
5. Dann **sind wir** vom Personalchef **begrüßt worden**.
6. An alle Bewerber **wurden** Fragebogen **verteilt**.
7. Vom Personalchef **wurden wir gebeten**, den Fragebogen auszufüllen.
8. Alle Fragen **wurden** von uns sorgfältig **beantwortet**.
9. Von der Sekretärin **wurden** alle Fragebogen **eingesammelt**.
10. Wir **werden** später **benachrichtigt werden**.
11. Von der Firma **werden** drei neue Arbeitskräfte **eingestellt werden**.
12. Ich **bin** zur Probe **angenommen worden**.

I

1. Die Bestellung **soll angenommen werden**.
2. Die Sendung **soll zugestellt werden**.
3. Der Kunde **soll verständigt werden**.
4. Die Ware **soll abgeladen worden sein**.
5. Die Lieferung **soll** in Empfang **genommen worden sein**.

J

1. Die Post **befördert** Briefe..., **leitet** Zahlungen **weiter** und **überträgt** Telefongespräche.
   Neue Telekommunikationsdienste haben diese Aufgabenbereiche **erweitert.**
2. Man **kann** die Maschinen überallhin **transportieren**.
3. Man **erklärte** viele Straßen in der Innenstadt zu Fußgängerstraßen.
4. Ein Komma **trennt** Haupt- und Nebensätze.
5. Man **setzt** Zitate in Anführungszeichen.

K

1. vom Bundeskanzler
2. durch das Finanzamt
3. vom Parlament
4. durch einen Unfall
5. vom Bundespräsidenten
6. durch ein Unwetter
7. durch Hagelschlag
8. durch den Zusammenstoß

L

1. Operiert werden – operiert worden sein. Er wird vom Chefarzt operiert werden.
2. Das Paket ist vor zwei Tagen von einem Boten gebracht worden.
3. Dieser mehrere Jahre verbotene englische Roman ist veröffentlicht worden.
4. Die Zinssätze sind von der Bundesbank erhöht worden.
5. Informationen werden vom neuen Minister gegeben werden.

M

a) **Stadtsanierung**

1. **Es wurden** die historischen Gebäude **renoviert**.
   Die historischen Gebäude **wurden renoviert**.
   Ich glaube, dass die historischen Gebäude **renoviert wurden**.
2. **Es ist** letztes Jahr das alte Krankenhaus **abgerissen worden**.
   Letztes Jahr **ist** das alte Krankenhaus **abgerissen worden**.
   Ich glaube, dass das alte Krankenhaus ... **abgerissen worden ist**.
3. **Es ist** die Innenstadt ... neu **gestaltet worden**.
   Durch eine Fußgängerzone **ist** die Innenstadt neu **gestaltet worden**.
   Ich glaube, dass die Innenstadt ... neu **gestaltet worden ist**.

4. **Es wird** … eine Siedlung **errichtet werden**.
Am Stadtrand **wird** eine Siedlung **errichtet werden**.
Ich glaube, dass eine Siedlung … **errichtet werden wird**.
5. **Es ist** … ein Park **angelegt worden**.
Im Süden der Stadt **ist** ein Park **angelegt worden**.
Ich glaube, dass ein Park … **angelegt worden ist**.
6. **Es wurden** … Bäume und Sträucher **gepflanzt**.
Im Herbst **wurden** Bäume und Sträucher **gepflanzt.**
Ich glaube, dass Bäume und Sträucher … **gepflanzt wurden**.
7. **Es wird** … der Sportplatz **vergrößert.**
Dieses Jahr **wird** der Sportplatz **vergrößert**.
Ich glaube, dass der Sportplatz … **vergrößert wird**.
8. **Es ist** … ein neues Hallenbad **eingeweiht worden**.
Vor einem Monat **ist** ein neues Hallenbad **eingeweiht worden**.
Ich glaube, dass ein neues Hallenbad … **eingeweiht worden ist**.
9. **Es wird** … auf Umweltschutz **geachtet.**
Heute **wird** … auf Umweltschutz **geachtet**.
Ich glaube, dass … auf Umweltschutz **geachtet wird**.

b)

1. **Es wird** überall nach dir **gesucht**. / Überall **wird** … **gesucht.**
2. **Es ist** dieses Jahr … **gerechnet worden**. / Dieses Jahr **ist** … **gerechnet worden**.
3. Es **wird** im Interesse der Hotelgäste … **gebeten**. / Im Interesse der Hotelgäste **wird** … **gebeten**.
4. Es **wurde** auf der letzten Sitzung … **herumgeredet**. / Auf der letzten Sitzung **wurde** … **herumgeredet**.
5. **Es ist** heute … **gesprochen worden**. / Heute **ist** … **gesprochen worden**.

N

1. Das Fenster **kann** nicht **geöffnet werden**.
2. Der Gasofen **konnte** noch **repariert werden**.
3. Dieser Fleck … **wird entfernt werden können**.
4. Der Betrag **hat** … **errechnet werden können**.
5. Die Kosten der Krankenversicherung **können gesenkt werden**.

O

Regeln nach dem Unfall

1. **Fahr** (**Fahren Sie**) zur Seite!
2. **Stell** (**Stellen Sie**) das Warndreieck **auf**!
3. **Kümmere dich** (**Kümmern Sie sich**) um Verletzte! **Leiste** (**Leisten Sie**) erste Hilfe!
4. **Rufe** (**Rufen Sie**) Polizei und Krankenwagen **an**!
5. **Schreibe** (**Schreiben Sie**) Adressen von Zeugen **auf**!
6. **Fülle** (**Füllen Sie**) … einen Unfallbericht **aus**!

Schilder

1. **Betritt** (**Betreten Sie**) den Rasen nicht!
2. **Schlage** (**Schlagen Sie**) … die Scheibe **ein**!
3. **Zeige** (**Zeigen Sie**) den Ausweis **vor**!
4. **Sprich** (**Sprechen Sie**) hier!
5. **Kling(e)le** (**Klingeln Sie**) bitte dreimal!

P

1. Er **hat** nicht **eingesehen**, warum er die Arbeit allein **hat verrichten sollen**.
2. Er **ist** bei der Prüfung **durchgefallen**. Er **hat** sie **wiederholt** und **bestanden**.
3. Unsere Kinder **sind** … verschont **geblieben**.
4. **Hat** dir das Theaterstück **gefallen**? Wir **haben** … Schlange **gestanden**.
5. Dieser Entschluss **ist** mir schwer **gefallen**.

Q

Wenn ich von zu Hause weggehe, schließe ich meine Tür immer zweimal ab.
Ich fand sie nur zugezogen und das fiel mir auf.
Ich vermutete, dass man mir im Laufe des Abends Briefe heraufgebracht hatte.
Ich trat ein. Das Feuer brannte noch und erhellte die Wohnung sogar ein wenig.
Ich nahm eine Kerze, um sie am Kaminfeuer anzuzünden; da bemerkte ich, als ich nach vorn schaute, dass jemand in meinem Sessel saß, der, den Rücken zu mir gewandt, sich die Füße wärmte.

nach Guy de Maupassant

55 - 69 Exercices pages 136 à 139

A

1. Du solltest das Rauchen einstellen.
2. Er braucht nur ein Wort **zu** sagen.
3. Ich war außer mir, solche Unwahrheiten **zu** hören.
4. Das brauche ich mir nicht gefallen **zu** lassen.
5. Eine Gehaltserhöhung war nicht **zu** erwarten.
6. Ich wagte nicht, ihn hinaus**zu**werfen.
7. Der Schwimmer versuchte, das Ufer **zu** erreichen.
8. Der Antrag hätte am 1. März vorliegen sollen.
9. Das musst du auf jeden Fall tun.

B

1. Wir haben deine Ratschläge nicht gebraucht.
2. Du wirst einen Tag brauchen, um den Zaun an**zu**streichen.
3. Wir brauchen nicht mehr auf sie **zu** warten.
4. Wie lange wirst du noch brauchen?
5. Du hättest es mir nicht **zu** sagen brauchen.

C

1. Er erkältete sich, **als er badete**.
2. Ich will dir helfen, **wenn du kochst**.
3. **Als ich kletterte**, ...
4. **Wenn man die Straße überquert**, ...
5. **Als ich den Text abschrieb**, ...

D

1. *Un régime pour maigrir – De gré ou de force -*
2. *Je le sais par ouï dire.- C'est à mourir de rire.*
3. *Il était plongé dans de profondes réflexions.*
4. *Absorbé par son travail, il n'a pas eu le temps de déjeuner.*
5. *Après l'entrée en vigueur du traité.*
6. *Voyager sans billet coûte cher.*
7. *Il est interdit de descendre sur la voie.*

E

1. **Sobald** der Morgen **kam**, die Sonne über den Hügeln **aufging** und es wieder etwas wärmer **wurde**, verließen wir das Dorf.
2. **Als** es zu regnen **aufhörte**, trat die Sonne hinter den Wolken hervor.
3. **Da** der Rasen noch zu nass **war**, fiel das Tennisspiel aus.
4. **Wenn** die Verkehrsampel rot **ist**, dürfen wir die Straße nicht überqueren.
5. **Obgleich** der Hörfunk viele Hörer **verloren hat**, erfreuen sich seine Informationen großer Beliebtheit.

F

1. Es ist erforderlich, die Straße wegen ihres Zustands zu sperren.
2. Ich habe jemanden durch die Tür gehen sehen.
3. Sie hat als Dolmetscherin beim Verkehrsverein gearbeitet.
4. Er hat auf der Autobahn mit dem Motorrad einen Unfall verursacht.

G

Trop facile

« Je voudrais porter plainte », dit Suzanne. C'était le soir à 22 heures.
Le fonctionnaire était assis tout seul dans le commissariat.
« Ma bicyclette a été volée. » — « Oh, voilà en effet une nouveauté ! » s'exclama le fonctionnaire.
« Une bicyclette pour dame, verte avec une pompe à air chromée. »
— « Avez-vous une assurance pour votre bicyclette ? » — « Oui, mais quel est le rapport avec le vol ? Il y avait un si grand nombre de bicyclettes à la station du métro... »
« L'assurance ne rembourse pas si la bicyclette n'était pas attachée », déclara le fonctionnaire.
— « Oui, je regrette, mais elle n'était pas attachée. »
Le fonctionnaire soupira. « Je voudrais seulement vous dire ceci : si elle avait été attachée, — ou si vous vous rappeliez soudain qu'elle était bel et bien attachée, — l'assurance vous rembourserait au moins le dommage subi. »
Suzanne regarda le fonctionnaire. « Mais ce serait une fraude », dit-elle.
Le fonctionnaire toussota. « Donc non attachée. Le vélo avait-il quelques signes distinctifs ? » — « J'avais encore un autocollant d'une manifestation sur le garde-boue arrière. »
— « Qu'y avait-il d'écrit sur l'autocollant ? » — « La propriété, c'est le vol ! »
Un instant le fonctionnaire resta interdit. Puis il se leva en disant : « Mettez-vous à la place du voleur. Premièrement, il voit que la bicyclette n'est pas attachée. Le voilà à hésiter et à se demander s'il doit oui ou non tenter le coup. Son regard tombe sur l'autocollant, où il lit : "La propriété, c'est le vol !" Le pauvre ne peut vraiment rien faire d'autre que de voler votre bicyclette. »
Suzanne fut tellement déconcertée qu'elle renonça à porter plainte.

Discours indirect

Susanne **habe gesagt**, sie **möchte** Anzeige erstatten.
Es **sei** abends ... **gewesen**. Der Beamte **habe** ... in seiner Polizeidienststelle **gesessen**. **Ihr** Fahrrad **sei gestohlen worden**.
Der Beamte **habe gesagt**, das **sei** mal was ganz Neues... **Er habe gefragt**, **ob sie** eine Fahrradversicherung **habe**. **Sie habe** ja **geantwortet**, aber **gefragt**, was das mit dem Diebstahl zu tun **habe**. Es **hätten** so viele Fahrräder ... **gestanden** und ausgerechnet **ihres sei gestohlen worden**. **Sie hänge** an dem Rad...
Der **Beamte habe gefragt**, **ob** das Fahrrad **angeschlossen gewesen sei. Nein, habe sie geantwortet. Sie habe sich** ... nicht vorstellen **können**, dass ...

H

Die Ärztin sagte zum Patienten: „**Atmen Sie** tief **ein** und **halten Sie** die Luft **an**!

Wo **hatten Sie** Schmerzen? **Haben Sie** noch andere Beschwerden?
Wie oft **sind** diese Beschwerden **aufgetreten**? **Nehmen Sie** Medikamente **ein**? **Wurden Sie** schon einmal **operiert**?"

Dann fuhr sie fort: „**Ich werde Ihnen** Tabletten **verschreiben. Rufen Sie mich bitte** in einer Woche wieder **an** und **sagen Sie mir**, wie diese Tabletten **gewirkt haben**."

I

Es wurde gemeldet, Unbekannte **hätten** ... einen Supermarkt **überfallen**. Die Täter, die durch ein Fenster **eingedrungen seien**, **hätten** den Filialleiter **überwältigt** und **seien** ... **entkommen**.
Von den Tätern **fehle** jede Spur.

J

1. *Au matin, il y avait de la neige. On aurait pu se réjouir. On aurait pu construire des iglous ou des bonshommes de neige ; on les aurait entassés comme des gardiens devant la maison. La neige est rassurante, c'est tout ce qu'elle est — et on dit qu'elle tient chaud lorsqu'on s'y enfouit.*
Mais elle pénètre dans les chaussures, bloque les voitures, fait dérailler les trains et isole les villages éloignés.
d'après Peter Bichsel

2. Wenn es wie im letzten Winter **schneien würde**, **wäre** unser Dorf im Schnee **begraben**. Die Wagen **wären** auf der Straße **blockiert**, und die Züge **könnten** nicht mehr **vorwärts kommen.**
Die Dorfbewohner **müssten** die Wege **freischaufeln**. Nur die Kinder **wären** glücklich: sie **würden** Schneemänner **bauen**.

K

Wenn es nach mir **ginge**, **würde** ich ... die Ferien im Gebirge **verbringen**.

Wenn ich das aber meinen Kindern ... **vorschlagen würde**, **wären** sie nicht zufrieden. Wie vorigen Sommer **würden** sie ans Meer **fahren wollen**, Hans **könnte** ... segeln, während seine Schwester **schwimmen** oder Tennis **spielen würde**. Nächstes Jahr **müsste** ich sie beide zu einem Sprachkurs anmelden.

L

1. **als ob** er die Prüfung **bestanden hätte**.
2. **als ob** sie nichts davon **wüsste**.
3. **als würde** ich **beobachtet**.
4. **als würde** es noch ein schweres Unwetter **geben**.
5. **als ob** er mich begrüßen **wollte**.

M

1. Der meinen Antrag bearbeitende Beamte...
2. Nicht mehr beachtete Vorschriften...
3. Patienten, die neu in Behandlung treten,...
4. einen Bettler, **der auf einer Bank schlief**.
5. Fußgängerzonen, **die angelegt worden waren**,...
6. Die 1926 gegründete Deutsche Lufthansa ...

N

1. das Material, **das bearbeitet werden soll**. / das Material, **das zu bearbeiten ist**.
2. die Wahlbeteiligung, **die erhofft werden kann**. / die Wahlbeteiligung, **die zu erhoffen ist.**
3. ein Fehler, **der nicht umgangen werden kann**. / ein Fehler, **der nicht zu umgehen ist**.
4. ein Unrecht, **das nicht wieder gutgemacht werden kann**. / ein Unrecht, **das nicht wieder gutzumachen ist**.
5. Die Zahl der Asylanten, **die aufgenommen werden sollen**, / Die Zahl der Asylanten, **die aufzunehmen sind**,...

O

1. Kaum in Freiburg angekommen, rief er mich an.
2. Während er die Wäsche bügelte, hörte er Radio. / Beim Wäschebügeln hörte er Radio.
3. Ich habe Ihnen Blumen gebracht, die heute Morgen frisch gepflückt worden sind.
4. Wie dem auch sei, **man** muss ihm helfen. Möge er gesund werden!
5. Es ist zu spät, als dass du sie besuchen könntest, es sei denn, dass du einen triftigen Grund hättest (= es sei denn, du hättest ...).

P

1. Der Kanzler **sei** mit dem Ergebnis der Wahl zufrieden.
2. Die Regierung sei ... interessiert **gewesen**, die Gewerkschaften **hätten** sich wenig kompromissbereit **gezeigt**.
3. Die Lage **sei** ernst, aber nicht aussichtslos (*désespérée*).
Die Regierung **werde** die nötigen Maßnahmen **ergreifen**.
4. Wenn man die Konjunktur beleben **wolle**, **müsse** man die Kaufkraft stärken.
5. In der Einschätzung (*évaluation*) der Finanzlage **könne** man dem Finanzminister nur Recht geben.

Q

1. Vor
2. Indem
3. zu den
4. gewartet
5. sprechen würde

R

1. Wenn die Schwalben tief fliegen, ändert sich das Wetter.

2. Wenn es am Abend regnet, wird es die ganze Nacht regnen.
3. An deiner Stelle wäre ich nicht mit dem Auto gekommen.
Wenn du den ICE (Intercityexpresszug) genommen hättest, wärest du weniger gestresst.
4. An deiner Stelle würde ich mich entschuldigen.
5. Sie hat mir gesagt, dass ein Lächeln nichts koste, es aber dem Herzen Freude bereite, den Empfänger bereichere, ohne dem Spender zu schaden.
6. Das Hotel ist zu teuer, als dass du dort einen Monat verbringen könntest.
7. Selbst wenn es geregnet hätte, hätten wir den Ausflug unternommen.
8. Um das Examen zu bestehen, hätte er fleißiger sein müssen.
9. Er soll vom Innenminister empfangen worden sein.
10. Mehrere Abgeordnete haben erklärt, dass sie, falls die Regierung eine Erhöhung des Benzinpreises vorschlage, dagegen stimmen würden.

LES DÉTERMINATIFS ET LES PRONOMS

70 - 71 Exercices pages 162 à 163

A

1. N.
welch**e** Verkäuferin? / dies**e** Dose? / manch**er** Artikel?
D.
(von) welch**er** Verkäuferin? / (in) dies**er** Dose? / (mit) manch**em** Artikel?
2. N.
viel**e** Leute? / wenig**e** Zeitungen
D.
(mit) viel**en** Leut**en**? / (in) wenig**en** Zeitungen?
3. N.
ein Kalb? / ihr**e** Katze? / kein Blatt? / ihr Bruder (d**er** von Hilda?)
D.
(von) ein**em** Kalb? / (von) ihr**er** Katze? / (von) kein**em** Blatt? / (von) ihr**em** Bruder?
4. N.
dein**e** Jacke? / unser Regenschirm? / Ihr**e** Handschuhe?
D.
(in) dein**er** Jacke? / (mit) unser**em** Regenschirm? / (mit) Ihr**en** Handschuhen?
5. N.
all**e** Städte? / kein**e** Ferien? / beid**e** Schwestern?/
D.
(aus) all**en** Städt**en**? / (in) kein**en** Ferien? / (mit) beid**en** Schwestern?

B

1. A.
dies**en** Anrufbeantworter / jed**en** Bewohner / all**e** Wege
G.
dies**es** Anrufbeantworter**s** / jed**es** Bewohner**s** / all**er** Wege
2. A.
mein Taschentuch / Ihr Motorrad / kein**en** Zug / dein**e** Freundinnen
G.
mein**es** Taschentuch**s** / Ihr**es** Motorrad**s** / kein**es** Zug**es** / dein**er** Freundinnen
3. A.
mehrer**e** Gegenstände / sein Messer und sein**e** Werkzeuge (d**ie** von Klaus)
G.
mehrer**er** Gegenstände / sein**es** Messer**s** und sein**er** Werkzeuge

4. A.
einig**e** Nägel / mehrer**e** Schraubenmuttern / dein**e** Säge / all**e** mein**e** Werkzeuge
G.
einig**er** Nägel / mehrer**er** Schraubenmuttern / dein**er** Säge / all**er** mein**er** Werkzeuge

5. A.
mehrer**e** Nadeln / ihr**e** Nähmaschine (d**ie** von Ute)
G.
mehrer**er** Nadeln / ihr**er** Nähmaschine

C

1. durch dies**en** Wald
mit welch**en** Jungen?
nach solch**em** Herbst
durch welch**es** Fenster
gegen manch**en** Feind
ohne jed**e** Hilfe
zu dies**em** Bahnhof
seit dies**em** Krieg
2. Ziehe dein**e** Schuhe aus! Ich habe mein**e** Schuhe schon ausgezogen.
3. Hans hat sein**en** Pullover verloren. Erich leiht ihm ein**e** Jacke.
4. D**er** Wagen unser**es** Nachbar**n** ist neu.
5. Dein**e** Freundin hat dies**em** Hund mehrer**e** Knochen hingelegt.
6. Jed**en** Monat überweise ich per Scheck mein**e** Miete.
7. Viel**e** Deutsche reisen während d**er** Ferien in d**ie** Türkei.

D

1. Hat jede Schülerin ihr Heft auf dem Tisch?
2. Einige Seiten sind aus diesem Heft herausgerissen worden.
3. Unser Lehrer kontrollierte die Aufgaben mehrerer Schülerinnen und gab jeder eine Zensur.
4. Der Aktenkoffer deines Nachbarn ist auf den Fußboden gefallen.
5. Dieses malerische Dorf gefällt diesen Touristen sehr.
6. Der Bauernhof deines Onkels liegt an einem Bach.
7. Heute Morgen haben wir kein Kaninchen auf der großen Wiese gesehen.

72 Exercices pages 163 à 164

A

a)
1. Ich möchte eine Schallplatte.
Was für eine?
2. Ich möchte eine Pflanze.
Was für eine?
3. Ich möchte ein Paar Schuhe.
Was für welche?
4. Ich möchte ein Hemd.
Was für eins?
5. Ich möchte einen Anzug.
Was für einen?
6. Wir möchten Hemden.
Was für welche?
7. Wir möchten Krawatten.
Was für welche?
8. Wir möchten ein Zelt.
Was für eins?
9. Wir möchten Blusen.
Was für welche?
10. Wir möchten Schrauben.
Was für welche?

b)
1. Was für Käse bitte? (Was für welchen?)
2. Was für Eier bitte? (Welche Eier bitte?)
Was für welche? (Welche Sorte?)
3. Was für Wein bitte? (Welchen Wein bitte?)
Was für welchen? (Welche Sorte?)
4. Was für Butter bitte? (Welche Butter bitte?)
Was für welche? (Welche Sorte?)
5. Was für Zucker bitte? (Welchen Zucker bitte?)
Was für welchen? (Welche Sorte?)

B

1. „Guten Tag, Klaus, wie geht es **dir**? Warum hast du **mich** nicht angerufen?"
– „So, du warst krank? Das tut **mir** aber Leid. Was hat **dir** denn gefehlt?
Besuche **mich** doch ..."
– „Vielleicht treffe ich **dich** vorher ..."
– „Bis dahin wünsche ich **dir** gute Besserung."
2. Ein Kunstmaler zu ein**em** Kolle**g**en:
„Die einzigen Bilder, die man **sich** hier in d**er** Ausstellung ansehen kann, sind dein**e**."
– „Danke für d**as** Kompliment."
„Ja, vor d**en** anderen drängeln **sich** immer so viel**e** Leute."

C

1. Was möchten Sie? Darf / Kann / Soll ich Ihnen den Weg zeigen?
2. Was für ein Zimmer möchten Sie? Mit Dusche oder mit Bad?
3. Aus welcher Stadt kommen Sie? Sind Sie Franzose oder Deutscher?
4. Wem gehört dieser Personalausweis?
5. Wer hat vor einer Stunde telefoniert? Wer hat das Telefongespräch angenommen?
6. Wem soll ich den Schlüssel geben?
Um welche Uhrzeit (um wie viel Uhr) möchten Sie geweckt werden?
7. Wer wird das Zimmer und das Frühstück bezahlen?
8. Was für ein angenehmes Hotel! Was für eine ausgezeichnete Küche!
9. Welch ein Künstler! Welch ein Talent!
– Ja, aber was für Preise!
10. Wem gehört dieser Fernsehapparat?

73 Exercices pages 164 à 165

A

1. Es ist eine ihm fremde Sprache.
2. Es ist eine uns fremde Sprache.
3. Es ist eine ihnen fremde Sprache.

1. Es geht **mir** schlecht.
2. Es gefällt **mir** nicht.
3. Es schmeckt **mir** nicht.
4. Es glückt **mir** nicht.
5. Das Essen bekommt **mir** nicht.
6. **Mir** fehlt alles.

B

ich wasche **mich**, ich wasche **mir** die Hände.
du wäschst **dich**, du wäschst **dir** die Hände.
er wäscht **sich**, er wäscht **sich** die Hände.
wir waschen **uns**, wir waschen **uns** die Hände.
ihr wascht **euch**, ihr wascht **euch** die Hände.
sie waschen **sich**, sie waschen **sich** die Hände.

C

1. Der Gastgeber hat **uns** vorgestellt.
2. Ihr habt **euch** geirrt.
3. Ich begegnete **dir** auf der Straße.
4. Die Kinder haben **sich** geschlagen.
5. **Wer** hat dir meine Adresse gegeben?
6. Mit **wessen** Hilfe hast du deine Aufgabe gemacht?
7. **Welches** (1) ist der sechste Monat des Jahres?

D

1. Wir beglückwünschen **dich**. Wir beglückwünschen **Sie**.
   (Wir gratulieren **dir**. Wir gratulieren **Ihnen**.)
2. Ich glaube **dir** nicht. Er glaubt **dir** auch nicht.
3. Entschuldigen Sie **mich** und helfen Sie **mir**!
4. **Wer** hat gesprochen? Er ist **es** gewesen. Steh auf und beeile **dich**!
5. **Wem** soll ich die Bücher geben, die Sie bestellt haben? **Ihm**.
6. Kommt nicht zusammen! **Dich** möchte ich zuerst sehen!
7. Wie geht es **dir**? Ausgezeichnet und **dir**?
8. Das Moped, das mein Vater **mir** geschenkt hat, ist **mir** sehr nützlich.
9. **Du** Esel! Konntest du nicht eher daran denken!
10. Die Landschaft aber wirst du **selber** sehen, wenn du hierher kommst.
11. Du schreibst **uns**, dass es **euch** gut geht; es freut **mich** sehr.
12. '**Sie** werden die Arbeit verrichten müssen.
13. Nicht **ich** würde das Gegenteil behaupten.

(1) neutre !

74 - 75 Exercices pages 165 à 166

A

Comment faire les présentations ?

On présentera toujours le monsieur à la dame, la personne plus jeune à la personne plus âgée. Il est rare qu'on se présente soi-même ; généralement on sera présenté par une tierce personne qui dira par exemple :
« Permettez-moi de faire les présentations ! »
Les personnes présentées se tendent la main et s'inclinent en disant :
« Je suis heureux de faire votre connaissance. » ou bien « Enchanté ».

B

1. miteinander
2. sich
3. sich / sich
4. durcheinander
5. sich

C

1. dem
2. das
3. den
4. der
5. dessen

D

1. Karl, **der im Vorzimmer wartet**, liest eine Illustrierte.
2. Der Arzt, **den Karl aufsuchen will**, ist beschäftigt.
3. Die Sprechstundenhilfe, **die ein Diktat aufnimmt**, schreibt langsam.
4. Karl, **der schon eine halbe Stunde wartet**, wird ungeduldig.
5. Die Sprechstundenhilfe, **die mit dem Diktat fertig ist**, lässt Karl eintreten.

E

1. Die alte Eiche, **deren** Schatten angenehm ist, ...
2. Die alte Weide, in **deren** Schatten ich mich setze, ...
3. Die Wiese, **deren** Gras gestern gemäht worden ist, ...
4. Der Wagen, **dessen** Fahrer keinen Führerschein hatte, ...
5. Das Dorf, **dessen** erste Häuser ich sehe, ...
6. Ist es nicht der Roman, **von dem** wir gestern gesprochen haben?

7. Die Schreibmaschine, **die** ich benutze, ist die meines Vaters.
8. Der Arzt, **um den** es sich handelt, …
9. Die Mauern, **von denen** der Park umgeben war, …
10. Das kleine Hotelzimmer, **mit dem** ich mich begnüge, …
11. Die Ziegel, **mit denen** das Dach bedeckt ist, sind rot.
12. Die Wolken, **mit denen** der Himmel sich überzieht, …
13. Die Frage, **mit der** du dich befasst, …
14. Der dicke Hund, **vor dem** du Angst hast, …
15. Wenn ich es rechtzeitig gewusst hätte, hätte ich die alte Burg besichtigt, **von der** du mir in deinem letzten Brief erzählt hast.
16. Ein**er** der Matrosen war an Land gegangen. Die Gassen waren voll fremder Menschen, **die** die Schaufenster der Läden betrachteten und deren Sprache er nicht verstand.
17. An **wen** sollte er sich wenden, um seinen Weg wieder zu finden?

75 Exercices pages 166 à 167

A

1. Die Eisenbahnbrücke, **worüber** (= **über die** / **über welche**) Züge alle 20 Minuten fahren, wurde letzten Monat für den Verkehr eröffnet.
2. Das Altenheim, **worin** (= **in dem** / **in welchem**) dieses alte Ehepaar wohnt, ist modern.
3. Der hohe Baum, **worauf** (= **auf dem** / **auf welchem**) eine Krähe (*corneille*) sitzt, ist eine Buche (hêtre).
4. Siehst du die grünen Abhänge, **worauf** (= **auf denen** / **auf welchen**) Kühe weiden?
5. Mein Freund, **mit dem** / **mit welchem** ich mich hier verabredet hatte, hat Verspätung.

B

1. Wer / Wer
2. das
3. Wer will, der kann! worum
4. worin (= in dem / in welchem)
5. denjenigen
6. was
7. Derjenige, der
8. der
9. Wem / der
10. wovon (=von dem)

C

1. Zahle zurück, **was** du schuldest.
2. Gib das Buch zurück, **das** du dir geliehen hast!
3. Wir haben gekocht, **was** Sie gern mögen.
4. Besten Dank für dein Schreiben, **das** ich rechtzeitig erhalten habe.

D

1. **Was**? Das ist alles, **was** Sie wissen?
2. Wir können nicht immer tun, **was** wir wollen.
3. Ich habe **alles**, **was** ich besaß, verkaufen müssen.
4. **Derjenige**, **der** Ihnen dieses Geschenk gemacht hat, ist großzügig.
5. Der Stuhl, **worauf** sie saß, war mit grünem Samt überzogen.
6. **Wer** diese Katze berührt, wird es mit mir zu tun haben.
7. Weh **dem**, **der** Tiere quält!
8. Haben Sie **das** bekommen, **was** ich Ihnen das letzte Mal versprochen hatte?
9. Das Fenster, **wodurch** man auf den Park hinausblickt, befindet sich hinten.

76 Exercices pages 167 à 168

A

1. **Dieses** hier oder **das** da?
2. **das** meiner Freundin.
3. **Diese** hier oder **die** da?
4. **Diesen** hier oder **den** da?
5. **Dieser** hier ist ein Volkswagen, **der** da ist ein Ford.

B

1. die Brille: **die** deines Freundes Heinz.
2. das Moped: **das** meines besten Kameraden.
3. die Werkzeuge: **die** Ihres Klempners.
4. die Schubkarre: **die** seines Gärtners (*oder* der Schubkarren: **der** seines Gärtners)
5. die Nähmaschine: **die** ihrer Nachbarin.

C

1. Solch einen guten Anzug
2. Solch eine wunderbare Aussicht
3. viele solche Erfahrungen
4. Solche herrlichen Ferien

D

1. Kennst du **denjenigen**, der dich hintergangen (*trompé*) hat?
2. Am Totensonntag gedenken wir **derer**, die gestorben sind.
3. Es waren nicht **diejenigen**, die sie vorher gesehen hatte.

4. Kann man **denen** gefallen, die voreingenommen sind?
(*Peut-on plaire à ceux qui sont prévenus contre vous ?*)

E

1. Ich erinnere mich **derer**, die mir ... geholfen haben.
2. Unter ihnen sind mehrere, **deren** Namen ich nicht kenne.
3. Wie gerne möchte ich auch **denen** danken!

F

1. Glücklich **der**, der nicht viele Wünsche hat!
2. Traue **denen** nicht, die dir schmeicheln!
3. Folge dem Rat **derer**, die es gut mit dir meinen!
4. Verlasse **die** nicht, die deiner Hilfe bedürfen!

G

1. Könntest du mir deine große Schere leihen?
Die meiner Schwester schneidet Stoff schlechter als Papier.
2. Auf dem Markt habe ich **diese** beiden schönen Stoffe aus reiner Wolle gekauft;
dieser (dieser hier) ist hellbraun, **jener** (der da) dunkelblau.
3. **Solch** guten Stoff und **solch** haltbares Futter wirst du nirgends finden.
4. Mit dem Verkäufer haben wir von **diesem** und **jenem** gesprochen.
Er erinnert sich noch **derer**, die ihn voriges Jahr mit einem falschen Geldschein bezahlt haben.
5. **Diejenigen** unter den Kundinnen, die nicht auf Qualität achten, werden oft enttäuscht.

76 - 77 Exercices pages 168 à 171

A

1. derselbe Reiseleiter
2. dieselbe Route, mit demselben Bus
3. derselbe Ort
zu demselben Preis
in demselben Hotel
4. dieselbe
5. den gleichen Fernsehapparat

B

1. Ja, ich habe **daran** gedacht.
2. Ja, ich bin **damit** ausgekommen.
3. Ja, ich habe **darauf** geachtet.
4. Ja, ich habe mich **dafür** bedankt.
5. Ja, sie hat sich **darüber** gefreut.

C

1. Ich erinnere dich **daran**, dass dein Zug in einer halben Stunde abfährt.
2. Ich bin dir sehr dankbar **dafür**, dass du mich **daran** erinnert hast.
3. Er denkt nicht mehr **daran**, heute nach Hause zurückzukehren.
4. Ich wundere mich **darüber**, dass du uns von deinem Vorhaben nichts gesagt hast.
5. Sprechen wir nicht mehr **darüber**! Mancher Rentner lebt ärmlich.

D

1. ...wenig**e** gut**e** Freunde / viel**e** schlecht**e**.
2. ...wenig Gutes ...
3. Mit dem Wenigen ...
4. Ich denke gar nicht **daran** ...
5. Alles gäbe ich **dafür**!
6. Ich mache dich **darauf** aufmerksam, dass ...
7. Ich habe nichts **dagegen** einzuwenden ...
8. ...irgend**eine** getragene Kleidung für Bedürftig**e**?

E

1. Hier ist ein Sofa! Setz dich **darauf**!
*Voici un sofa ! Prends-**y** place !*
2. Da steht ein hübsches Haus; kennst du **dessen** Besitzer?
*Voilà une jolie maison ; **en** connais-tu le propriétaire ?*
3. In diesem Bächlein fließt klares Wasser; darf man **davon** trinken?
*Dans ce petit ruisseau coule une eau limpide ; peut-on **en** boire ?*
4. Ich möchte so gern einen Apfel essen. Hast du noch **welche**?
*J'aimerais tellement manger une pomme. **En** as-tu encore ?*
5. Siehst du den Ball dort? Geh(e) **dorthin** und hole ihn!
*Vois-tu le ballon là-bas ? Vas- **y** et rapporte-le ! (= va le chercher !)*
6. Endlich findet er ein Wirtshaus und tritt (**hin**)**ein**.
*Trouvant enfin une auberge, il **y** pénètre.*
7. Geh(e) du auch einmal **dorthin**! Ich komme gerade **daher**!
*Vas-**y** donc toi aussi ! Justement, j'**en** viens !*
8. Haben Sie Postkarten von Bonn? Ja, ich habe **welche**.
*Avez-vous des cartes postales de Bonn ? Oui, j'**en** ai.*

F

1. Alles war an d**em** Strand. Die ein**en** lagen in d**er** heiß**en** Sonne, d**ie** ander**en** tummelten sich in d**em** blau**en** Meer.

2. Viel**e** jung**e** Badegäste spielten Volleyball.
3. Einig**e** dunkl**e** Wolken zeigten sich am Horizont.
4. Viel**e** vorsichtig**e** Badegäste zogen sich an.
5. All**e** welk**en** Blüten wurden von d**em** Wind abgeschüttelt.
6. D**ie** wenig**en** Badegäste, die am Strand blieben, wurden vom plötzlich**en** Gewitter überrascht.
7. Kein**es** der viel**en** Fahrzeuge hielt an, um sie mitzunehmen.

G

1. Auf dem gestrigen Empfang habe ich **mehrere** dänisch**e** Touristen getroffen, die das Oberelsass nicht kannten.
2. Vorigen Sommer haben sie **alle** berühmt**en** Kirchen der Schweiz, aber nur **einige** kleine Museen besichtigt.
3. **Jeder** junge Franzose und **jeder** junge Deutsche sollte **einige** Wochen im Nachbarland verbringen.
4. **Mehrere** deutsch-französisch**e** Gesellschaften bemühen sich darum, die deutsch-französische Verständigung zu fördern.

H

1. eine	4. einen	7. einem
2. eines	5. eine	8. einen
3. einen	6. einen	9. einem

I

1. Der Nebel ist so dicht, dass **der eine den anderen** nicht sieht.
2. Kennst du den Roman von Remarque „Im Westen nichts **Neues**"?
3. Beide Jungen lasen: **der eine** einen Roman, **der andere** eine Novelle.
4. Le Havre ist **einer** der größten französischen Häfen.
5. Tue recht und scheue **niemand**! (*Fais ce que dois, advienne que pourra!*)
6. **Niemand** will es gesehen haben.

J

1. *Un beau jour, un miracle se produira.*
2. *D'une façon ou d'une autre, il faudra bien résoudre le problème.*
3. *Avez-vous une question à poser ?*
4. *Il en a eu connaissance (il l'a su) d'une manière ou d'une autre.*
5. *Rayer la mention inutile.*
6. *Prends n'importe quel livre et lis-moi quelque chose !*
7. *Tout le monde veut vivre vieux, mais personne ne veut vieillir.*

K

1. Was **den einen** gefällt, gefällt nicht **den anderen**.
2. Niemals hatte **jemand etwas** Schöner**es** gehört.
3. Wie kann man einen Drachen herstellen? **Nichts** Einfacher**es** als das!
Man nehme nur **etwas** buntes Papier, **einige** biegsame Stäbe, **irgendeinen** Bindfaden und **etwas** Klebe.
4. Ich bin hingegangen, aber Pilze habe ich **keine** gefunden.
5. Man tritt **einem** auf die Füße und entschuldigt sich nicht einmal.
6. **Einer** der beiden Störche hatte einen Ring am linken Bein.
7. Wenn es **einem** nicht gut geht, soll man lieber zu Hause bleiben.

78 Exercices page 171

A

1. Hans trägt **ihren** Koffer zur Bahn.
2. Dort warten **unsere** Gäste.
3. Auf dem Tisch liegt **ihr** Brief.
4. Hier ist **sein** Fax.

B

1. …mit **ihren** ausländischen Gästen
2. …**sein** Glas
3. **Ihrem** Sohn?
4. mit **seinem** Onkel
5. von **ihrem** Aufenthalt

C

1. Ich lese in mein**er** Zeitung von dem Unfall vor unser**em** Rathaus.
Was steht denn in Ihr**er** darüber ?
2. Unser jung**er** Nachbar pfeift einen Schlager vor **sich** hin.
3. Die Absätze dein**er** Schuhe sind schief!
Zieh dein**e** neu**en** Schuhe an!
4. Du hast dein**en** Kugelschreiber verlegt. Ich leihe dir **meinen**.
5. Haben Sie Karl, sein**en** Bruder und **dessen** Frau gesehen?
6. Die Villa gehört mir nicht. Es ist nicht **meine** …
7. Das Buch? Es ist **meines**. Der Bleistift? Er ist **meiner**. Diese Hose? Sie ist **meine**.

D

1. Einer **ihrer** Kämme. Eines sein**er** Hemden.
2. Grete ist mit **ihrer** besten Kameradin und **deren** Freundin gekommen.

3. Dieser Radiergummi gehört **dir** nicht (= ist nicht **dein**).
Gib ihn mir bitte zurück!
4. Es ist eines **unserer** besten Pferde, das gerade über eine Hürde springen wird.
5. Hier ist **mein** Regenmantel. Du hast deinen zu Hause gelassen.
Wenn du willst, kann ich dir **meinen** bis morgen früh leihen.
6. Ich habe **mein** Mathematikbuch. Haben Sie **Ihres** nicht vergessen?
7. Haben Sie **Ihr** Heft? Nein, ich habe es nicht.
8. Es fehlt eine Gabel. Hast du **eine** genommen?

79 - 82 Exercices pages 171 à 173

A

1. Napoleon **I**. (= **der Erste**), **dessen** Sohn in Schönbrunn lebte, …
2. Ich traf Inge, **deren** Tochter mit Hans verlobt ist.
3. Dies**er** älter**e** Herr trinkt kein**en** Tee …
4. Hilda**s** Großmutter erzählte uns folgend**e** Geschichte.
5. Ich möchte (den) Herr**n**(1) Professor sprechen.
6. Vorig**en** Monat bekam ich Wilfried**s** Brief.
7. **Neujahr** wird am 1. Januar gefeiert.

B

1. Im November feiern wir Allerheiligen (1. November), Allerseelen (2. November); im Dezember feiern wir Advent (beginnend mit dem 4. Sonntag vor Weihnachten) und Weihnachten (25. Dezember).
2. Im Herbst liegt oft Nebel über Stadt und Land.
3. Frankreich gewann 1805 die Schlacht bei Austerlitz, England 1805 die Seeschlacht bei Trafalgar.
4. „Morgenstund' hat Gold im Mund"
(*Heure du matin, heure du gain.*)

C

1. *Il faut traverser le monde les yeux grands ouverts.*
Le travail est le fondement du succès.
2. *L'hiver vint. La police conçut des soupçons contre lui.*
En pleine nuit, il quitta sa femme, ses enfants, sa propriété.
Les arbres et les arbustes étaient couverts de givre.
3. *Le travail accompli, nous rentrâmes chez nous.*
C'était déjà le soir lorsque nous arrivâmes chez nous.
Le dimanche et les jours fériés, on ne travaille pas.
4. *La régate aura lieu sur la Baltique.*
Apportez une tente et un sac de couchage, des affaires de toilette, un couvert, mais pas de transistor.
5. *Les Français aiment le vin rouge et préfèrent le café au thé.*

D

1. Das Flugzeug, eine Boeing, hatte Irland verlassen. Wir flogen jetzt nach Osten. Meine Nachbarin war eine kanadische Studentin. Sie hatte blondes Haar und dunkelblaue Augen.
2. „Vorige Woche", sagte sie mir, „habe ich meinen Geburtstag gefeiert. Diese Reise nach Berlin ist mein Geburtstagsgeschenk. Ich spreche etwas **D**eutsch, ich hoffe aber Fortschritte zu machen, da ich bis Pfingsten in Deutschland bleiben werde. Ich kenne **D**eutsche, die nach Kanada gekommen sind, um **E**nglisch und **F**ranzösisch zu lernen, aber ohne Erfolg. Sie haben **die** Geduld verloren. Ich bin **der Meinung**, dass man einige Stunden Unterricht nehmen muss, bevor man ins Ausland fährt."
3. „Ja, das ist auch meine Meinung! Aber die Lehrmethoden sind nicht alle sehr gut. Ich habe recht sonderbare Sätze lernen müssen und ich frage mich, ob ich sie je anwenden werde. Hören Sie mal zu!"
– Allerheiligen ist ein Feiertag.
– Seien Sie willkommen! Ich habe Fieber. Ich muss im Bett bleiben.
– Ich wasche mich jeden Morgen mit kaltem Wasser und Kernseife.
– Hilfe! schrie er mit laut**er** Stimme.
– Der Arzt wird nächst**e** Woche am Dienstag gegen 10 Uhr wieder kommen.
– Während des Krieges mussten die Hausfrauen oft vor den Lebensmittelgeschäften **Schlange stehen**.
– Am Samstag Abend **spielten** wir gewöhnlich **Karten** oder **Schach**.
– Nachdem er die Prüfung bestanden hatte, **trank** er mit seiner Braut **Sekt**.
4. Hier sind die Sätze, die ich **habe** übersetzen müssen, um den Gebrauch des Artikels zu erlernen.
– Er betrachtet mich mit einem Ausdruck **der** Furcht.
– Verliere **den** Mut nicht! Zieh deinen Mantel an und folge mir!
– **Im** Mai werden wir **das** Elsass verlassen, um eine Reise nach Italien zu machen.
– **Im** Herbst werden wir vielleicht in **den** Niederlanden oder in Schweden sein.
– Lebst du lieber in **der** Stadt als auf **dem** Lande?
– London, **die** Hauptstadt Englands, liegt an der Themse.
– In dieser Erzählung ist von **der** heiligen Elisabeth (1207-1231) und von Friedrich II. (= **dem** Zweit**en**) **die** Rede.
– **Der** heilige Petrus war der erste Papst der Kirche.

(1) Avec l'article défini ton plus affecté.

– Friedrich II. (= **der** Zweite) wurde **im Jahre** 1740 zu**m** König von Preußen gekrönt. Er starb im Jahre 1786 in Potsdam, **einer** klein**en** Stadt, die 20 Kilometer südwestlich von Berlin liegt.
– Wir kennen den Namen Gutenbergs (1394-1468), **des** Erfinders der Buchdruckerkunst.
– Das Grundgesetz, **die** Verfassung der Bundesrepublik Deutschland, ist **am** 23**.** (= **am** dreiundzwanzigsten) Mai 1949 in Kraft getreten.
– **Zwei Drittel** der Abgeordneten billigen den Vorschlag."

E

1. *Dimanche dernier, j'ai fait une excursion avec Hans dans la lande de Lunebourg.*
2. *Mais nous avons* ***fait fausse route****. Au bout de deux heures nous avions presque* ***perdu courage****. Hans* ***a tendance à perdre*** *facilement* ***patience.***
3. ***J'étais d'avis*** *que nous devions marcher vers le sud.* ***Il me tint tête.***
4. *Nous rencontrâmes un chasseur.* ***Je ne fis pas mystère de*** *notre désarroi. Il nous* ***tira d'embarras*** *en nous indiquant le bon chemin.*

F

1. Ich habe **ein** neues Fahrrad gekauft. **Das** Fahrrad hat **einen** Sportlenker (*guidon de course*), **eine** Klingel, **eine** Rücktrittbremse (*frein à rétropédalage*) und **eine** Gangschaltung (*changement de vitesse*). Ich habe mit **dem** neuen Fahrrad gleich **eine** Tour gemacht. Es stellte sich heraus, dass **die** Gangschaltung beim Einlegen **des** zweiten Ganges klemmte. Mit Schmieröl habe ich **den** Schaden behoben.
2. Es war einmal **ein** armer Fischer. Der Fischer lebte in **einer** Hütte. In **der** Hütte gab es nur **eine** Stube und **eine** Küche.
3. **Der** kleine Junge wartete ungeduldig auf **den** Vater.
4. Dies**er** Forscher hat **ganz** Afrika und **halb** Amerika bereist.
5. **Im** Herbst und **im** Frühling bestellt der Bauer sein Feld.
6. Er ist **ein** Lügner. Ich nenne ihn ein**en** Schurken.
7. Schiller wurde 1759 in Marbach, **einer** klein**en** Stadt am Neckar, geboren.
8. Mein Vater stand im Rang **eines** Hauptmanns.

G

1. Brigitte hat dunkelbraunes Haar, blaue Augen mit langen Wimpern, eine kurze gerade Nase, einen kleinen Mund, eine hohe Stirn, kleine anliegende Ohren. Wenn sie lacht, sieht man ihre gesunden Zähne.
2. Die Kirschen werden im Juni reif, die Pflaumen im August und die Äpfel im Herbst.
3. Einstein (1879-1955) war ein Physiker; er war der Schöpfer der Relativitätstheorie. Pasteur (1822-1895) war ein französischer Chemiker und Bakteriologe. Er führte Schutzimpfungen gegen Tollwut (*la rage*), Milzbrand (*le charbon*) u.a. ein.
4. Im Jahre 800 wurde Karl der Große in Rom zum Kaiser gekrönt.
5. Gagarin war kein amerikanischer Astronaut, sondern ein russischer.
6. In der Bibel ist von der Geschichte Israels die Rede.
7. Ein tüchtiger Arbeiter kann unter anderem Werkmeister oder Ingenieur werden.

83 Exercices pages 173 à 174

A

(A) Darin wird behauptet, dass die Spanier ... **Spanisch** sprechen.
(B) Man sagt, dass die Italiener **Italienisch** sprechen.
(C) Wo wohnen die **Ungarn** ... ?

(A) Die Ungarn wohnen in **Ungarn** und sprechen **Ungarisch**.
(B) Und wo wohnen die Brasilianer?
(C) Ich weiß, dass sie in **Brasilien** wohnen und **Portugiesisch** sprechen.

B

1. Unsere Tagung findet dieses Jahr in **der** Schweiz statt.
2. Die letzte Tagung versammelte in **den** Niederlande**n** 70 Personen **aus** sechzehn verschiedenen Ländern.
3. Die französische Abordnung war am zahlreichsten.
4. 10 Deutsche, 4 Amerikaner, 3 Engländer, 12 Schweizer, 5 Algerier, 2 Marokkaner, 10 Russen und 4 **Tsch**echen waren in einem großen Zürch**er** Hotel untergebracht.
5. Die Reden wurden entweder **auf Deutsch** oder **auf Englisch** gehalten.
6. Wir haben Münchn**er** Bier getrunken, denn es saßen mehrere Bayern an unserem Tisch.
7. Wir haben auf einem Ausflug die Bekanntschaft einer Deutschen und einer Norwegerin gemacht.
8. Ich habe die Rede eines Franzosen in**s** Deutsch**e** übersetzen müssen.
9. Diese Deutsche saß zwischen einem Engländer und einem Spanier.
10. „Könnten Sie mir diesen Satz in**s** **S**panische übersetzen?" fragte sie mich lächelnd.

A

1. Meine Tante ist **Ärztin**.
In den Ferien fährt sie in **den** Harz.
2. Vor ihr**em** Haus steht **ein** Schild: d**as** Parken d**er** Aut**os** ist verboten.
3. In ihr**em** Garten wachsen ein**e** Birke, ein**e** Kiefer und ein**e** Tanne.
4. Wenn d**er** Mai kommt, leuchten d**ie** Farben: d**as** Blau d**er** Hyazinthe und d**es** Vergissmeinnicht**s**, d**as** Weiß und d**as** Gelb d**er** Narzissen und das Violett d**es** Flieder**s**.
5. Weiter hinten im Garten wächst d**as** Gemüse, und d**ie** Kinder haben ein**e** klein**e** Sandkiste zum Spielen und ein niedrig**es** Reck (*barre fixe*) zu**m** Turnen.
6. D**as** Eisen d**er** Gartentür ist schwarz angestrichen.
7. Nach d**er** Arbeit liest man dort gern d**ie** Zeitung oder ein interessant**es** Buch.
8. In d**er** Ferne erblickt man ein hoh**es** Gebirge, das zu ein**em** Drittel mit Wald bewachsen ist.
9. Mein Onkel verbringt d**ie** Hälfte der Freizeit im Garten.
10. Die ganz**e** Familie genießt d**ie** Schönheit dies**er** Landschaft.

B

1. das Gold
2. der Irrtum *(erreur)*
3. das Drittel *(tiers)*
4. das Gemüse
5. die Nelke *(œillet)*
6. das A
7. das Eisen
8. die Zeitung
9. der Junge
10. die Katze
11. das Mädchen
12. die Rose
13. der Flieder *(lilas)*
14. die Elbe
15. der Rhein
16. die Oder
17. das Y
18. die Bäckerei
19. das Salz
20. der Kampf
21. die Sache
22. die Sonne
23. die Birke *(bouleau)*
24. die Fünf
25. der Tannenbaum
26. die Buche
27. das Vergissmeinnicht
28. der Stahl
29. die Ruhe
30. das Metall
31. das Insekt
32. das Mittel *(moyen)*
33. die Rechnung
34. die Einsamkeit
35. die Landschaft
36. die Hälfte
37. das Gebirge
38. das Dickicht *(taillis)*
39. das Blei *(plomb)*
40. das Tanzen
41. der Mond
42. der Schneider
43. das Hotel
44. die Hagebutte

C

1. Rom / der Römer / die Römerin / Italienisch.
2. Genf / der Schweizer / die Schweizerin / Französisch.
3. Prag / der Prager / die Pragerin / Tschechisch.
4. Moskau / der Moskauer / die Moskauerin / Russisch.
5. Athen / der Athener / die Athenerin / Griechisch.
6. London / der Londoner / die Londonerin / English.
7. Tokio / der Tokioer / die Tokioerin / Japanisch.
8. Wien / der Wiener / die Wienerin / Deutsch.
9. Oslo / der Osloer / die Osloerin / Norwegisch.
10. Warschau / der Warschauer / die Warschauerin / Polnisch.
11. Kopenhagen / der Kopenhagener / die Kopenhagerin / Dänisch.
12. Dresden / der Dresdner / die Dresdnerin / Deutsch.
13. Stettin / der Stettiner / die Stettinerin / Polnisch.
14. New York / der New Yorker / die New Yorkerin / Englisch.

D

1. der Rostock**er** Hafen
2. die Leipzig**er** Messe
3. der Dresdn**er** Zwinger
4. das schwedische Erz
5. Pils**ner** Bier
6. Elsäss**er** Wein
7. die chinesische Seide
8. Thüring**er** Bratwürste
9. Meiß**ner** Porzellan.
10. der westfälische Pumpernickel

E

1. Die Rheinländer sind stolz auf ihren Strom, der wie die Rhone auf dem Sankt Gotthard entspringt.
2. Im Theater fiel gestern Abend die Blässe der Hauptdarstellerin den Zuschauern auf.
Ein Strauß Rosen wurde ihr überreicht.
3. Welch ein betäubender Lärm in diesem zu kleinen Saal!
4. Das Verlangte wird ihnen so bald wie möglich übergeben.
5. Wenn du nur ein Viertel deines Buches im Kopf hättest!
6. Er hat mich mit offenen Armen empfangen.

LA DÉCLINAISON DU NOM

85 Exercices pages 185 à 186

A

a) **Génitif singulier**

1. des Monats
2. des Hafens
3. des Untertans
4. des Wald(e)s
5. des Apfels
6. des Willens
7. des Nachbar**n** / des Nachbar**s**
8. des Krieg(e)s
9. des Sees
10. des 'Motors
11. des Punkt(e)s
12. des Kopf(e)s
13. des Schlüssels
14. des Markt(e)s
15. des Arbeiters
16. des Vaters

b) **Nominatif pluriel**

1. die Monate
2. die Häfen
3. die Untertan**en**
4. die Wälder
5. die Äpfel
6. die Willen *(rare)*
7. die Nachbar**n**
8. die Kriege
9. die Seen
10. die Mo'toren
11. die Punkte
12. die Köpfe
13. die Schlüssel
14. die Märkte
15. die Arbeiter
16. die Väter

B

1. die Namen der Seen
2. die Direk'toren der Betriebe
3. die Gräben um die Gärten
4. Irrtümer bei manchen Versuchen
5. die Mo'toren der Wagen
6. die Friedensschlüsse nach den Kriegen
7. die Nägel in den Kästen
8. die Skier der Sportler
9. Die Richter vernehmen die Zeugen.
10. Die Kunden fragen die Verkäufer.

C

1. Mit sein**em** spitz**en** Schnabel fängt d**er** Vogel viel**e** Würm**er**.
2. Längs dies**es** sandig**en** Pfad**es** läuft ein tief**er** Graben.
3. Ein rot**er** Sonnenstrahl trifft d**en** Giebel des Fachwerkhauses (*maison à colombage*).
4. D**er** ungeschickt**e** Lehrling ließ ein**en** schwer**en** Hammer fallen.
5. Ein französisch**er** Autoschlosser hat d**en** Motor d**es** Wagen**s** repariert.

D

1. Der Däumling fand dank der Kieselsteine, die er auf die Waldpfade geworfen hatte, seinen Weg wieder.
2. Wem wollen wir diese prächtigen Blumensträuße überreichen?
3. Haben Sie schon mehrere solche Versuche in Ihrem Labor durchgeführt?
4. Welche Berufe würden dir gefallen?
5. Die Feinde haben in den Kämpfen der letzten Woche schwere Verluste erlitten.
6. Wegen der Dornen sind Heckenrosen schwer zu pflücken.
7. In den Betrieben nehmen die Abteilungsleiter und-leiterinnen von Zeit zu Zeit an Fortbildungslehrgängen teil.

86 - 87 Exercices pages 186 à 187

A

Nominatif pluriel

diese Flaschen / Nadeln / Wohnungen / Lehrerinnen / Jahreszeiten / Straßen / Mächte / Kenntnisse / Mütter / Wolken / Familien / Wände.

B

Gemälde / Feuer / Pferd**e** / H**ü**hn**er** / Insekt**en** / Theater / Ziel**e** / Fahrr**ä**d**er** / Bild**er** / Messer / Bier**e** / Motorr**ä**d**er**.

C

Nominatif singulier

1. das Gewitter
2. der Fluss
3. der Zug
4. das Licht
5. die Woche
6. der Stoff
7. das Paket
8. der Laden
9. der Arzt
10. der Wagen
11. die Zeitung
12. der Ring
13. der Schatten
14. die Mauer
15. das Haar
16. das Herz

Génitif singulier

1. des Gewitters
2. des Flusses
3. des Zuges
4. des Lichtes
5. der Woche
6. des Stoffes
7. des Pakets
8. des Ladens
9. des Arztes
10. des Wagens
11. der Zeitung
12. des Ringes
13. des Schattens
14. der Mauer
15. des Haares
16. des Herzens

Nominatif pluriel

1. die Gewitter
2. die Flüsse
3. die Züge
4. die Lichter
5. die Wochen
6. die Stoffe
7. die Pakete
8. die Läden
9. die Ärzte
10. die Wagen
11. die Zeitungen
12. die Ringe
13. die Schatten
14. die Mauern
15. die Haare
16. die Herzen

D

1. die Spiegel
2. die Schachtel**n**
3. die Stiefel
4. die Pantoffeln
5. die Schlüssel
6. die Kugel**n**
7. die Rätsel
8. die Nägel
9. die Nähnadel**n**
10. die Schüssel**n**
11. die Hobel
12. die Löffel

E

1. Die Öfen rauchen sehr.
2. Dachziegel fallen herab.
3. Meine Bücher sind auf diesen Regalen.
4. Sie sahen aus wie Gespenster.
5. Hängt die Kleider auf die Bügel!
6. Die Bäuerinnen rupfen Hühner.
7. Ich wasche bunte Hemden.
8. Weiche Eier dürfen nur 4 Minuten kochen.

F

1. der Stuhl ("e)
2. das Volk ("er)
3. der Bügel (-) (*cintre*)
4. das Mädchen (-)
5. das Kind (er)
6. die Tochter (")
7. die Wolke (n)
8. das Bett (en)
9. das Kloster ("-)
10. die Nacht ("e)
11. das Gas (e)

G

1. Schleswig-Holstein ist eine Gegend reich an malerischen Seen, tiefen Wäldern und grünen Hügeln.
2. In den Buchenwäldern dringen die Sonnenstrahlen kaum durch das Laub.
3. Im Sommer werden Zeltler und Vieh von Insekten, Fliegen und Mücken (Schnaken) gestört.
4. (Im Jahre) 1842 sind mehrere alte Hamburger Viertel durch einen riesigen Brand vernichtet worden.
5. In den Gassen sieht man die eigenartigen Schilder der früheren Zünfte nicht mehr.
6. Dank der Unterstützung Ludwigs II. (= des Zweiten) von Bayern hat Richard Wagner in Bayreuth das Festspielhaus errichten lassen können, das im Jahre 1876 eingeweiht wurde.

88 - 89 Exercices pages 187 à 188

A

1. Heute wurde **das** Märzgehalt aller Angestellt**en** der Firma ausgezahlt.
2. Kernseife hat ein**en** hohen Fettgehalt.
3. Hast du d**en** zweit**en** Band von Bölls Werken zu Ende gelesen?
4. Ihr Kleid war mit viel**en** B**ä**nd**ern** geschmückt.
5. D**as** ganz**e** Erbe (*héritage*) wurde unter die Hinterbliebenen (*famille du défunt*) aufgeteilt.

B

1. Klaus ist d**er** tüchtige Leiter einer Baufirma; er hat ein gut**es** Gehalt.
2. Von d**em** Erbe seines Onkels hat er sich nach Abzug d**er** Steuern ein klein**es** Haus in der Lüneburger Heide gekauft.
3. Es liegt, von Kiefer**n** umgeben, in der Nähe ein**es** klein**en** See**s**.
4. Morgens liegt d**er** Tau auf den Wiesen.
5. Klaus erteilt seinen Mitarbeitern gut**e** **Ratschläge**.
6. Es ist sein eigen**es** Verdienst, wenn die Firma bekannt ist.
7. Der größ**te** Teil der Verantwortung ruht auf ihm.
8. Er hat **Neubauten** nach modern**en** Prinzip**ien** errichten lassen und sorgt für ein angenehm**es** Betriebsklima.
   Auf den Fluren seines Betriebes stehen **Bänke** und **Blumensträuße**.
9. Von allen **Sportarten** bevorzugt er Jogging und Segeln.

1. *Klaus dirige avec compétence une entreprise de construction ; il perçoit un bon traitement.*
2. *Avec l'héritage que lui a laissé son oncle et après déduction des impôts, il s'est acheté une petite maison dans la lande de Lunebourg.*
3. *Entourée de pins (sylvestres), elle est située à proximité d'un petit lac.*
4. *Le matin, la rosée recouvre les prairies.*
5. *Klaus donne de bons conseils à ses collaborateurs.*
6. *C'est son mérite personnel si la firme est connue.*
7. *La majeure partie de la responsabilité repose sur ses épaules.*
8. *Il a fait construire des immeubles selon des principes modernes et il veille à maintenir dans l'entreprise une bonne atmosphère de travail. Dans les couloirs, il y a des bancs et des bouquets de fleurs.*
9. *De tous les sports il préfère le jogging et la voile.*

C

1. die Hypothekenbanken
2. die Ofenbänke
3. die Datenbanken
4. die Sandbänke
5. die Haarbänder
6. die Einbände
7. die Verbrecherbanden
8. die Töchter
9. die Notizblocks
10. die Felsblöcke
11. die Buttersorten
12. die Teesorten
13. die GmbHs
14. die Pkws

D

1. Sie saugen **den Flur/die Flure** ab.
2. Sie bedient **den Kunden/die Kunden**.
3. Er ergreift **das Tau/die Taue**.
4. Er überweist **das Gehalt/die Gehälter**.
5. Er hilft **dem Abteilungsleiter/den Abteilungsleitern.**
6. Sie kauft **einen Blumenstrauß/Blumensträuße**.
7. Sie erblickt **das Schild des Arztes/die Schilder der Ärzte**.
8. Du holst **die Leiter des Gärtners/die Leitern der Gärtner**.
9. Ich zahle **die Steuer/die Steuern**.

E

1. Erzähle mir **den** Inhalt **des** Epos!
2. Erzähle mir **die** Handlung **des** Dram**as**!
3. Singe mir **die** Melodie **des** Liedes!
4. Das ist **die** Stimme **des** Herz**ens**.
5. Das ist **der** Wille **des** Volkes.

F

1. Die **Bänder** sind schmale Streifen …
   Ich nehme Musik auf **Band** auf.
   Ich besitze zwei **Gedichtbände** …
2. **Der Schild** ist eine Schutzwaffe. **Das Schild** bezeichnet eine Aushängetafel …
   wie **das** Firmenschild, **das** Messingschild des Arztes, die **Hinweis**- und **Verbotsschilder** …
3. Ein Satz besteht aus **Wörtern**. Man kann die **Wörter** einer Sprache erklären. Man kann **Wörter** zählen …
   Die **Wörter** „Jazz"und „Beat" …
   In wenigen **Worten** informierte er mich …

G

1. Heutzutage müssen Exportkaufleute Wirtschaftsfachleute sein.
2. Wenn Betriebe zu groß werden, bilden sie oft GmbHs.
3. Sonnabends sind die Banken geschlossen und ihre Kunden können nur aus den Geldautomaten Geld abheben.
4. Neubauten sind vorgesehen worden: Häuserblocks mit je sechs Stockwerken, drei Kinderspielplätzen, zwei Gymnasien und zwei Banken.
5. Nach dem Krieg hat man viele Wracks aus der Elbe entfernen müssen.

90 - 91 Exercices pages 188 à 190

A

1. Ich sprach mit d**em** Onkel / mit d**em** Neff**en** / mit d**em** Pol**en** / mit d**em** Engländer / mit d**er** Nichte / mit d**em** Mann.
2. Ich fragte ein**en** Student**en** / **den** Jung**en** / **den** Bayer**n** / ein**en** Deutsch**en**.
3. Ich bedanke mich bei d**em** Pilot**en** / bei d**em** Kund**en** / bei d**em** Advokat**en**.
4. Ich helfe d**en** drei Russ**en** / d**en** drei Soldat**en** / d**en** drei Polizist**en** / d**en** drei Kund**en**.
5. Ich vergaß den Namen d**es** tapfer**en** Soldat**en** / Offizier**s**.

B

a)

1. Ein Arzt hat **Patienten.**
2. Ein Professor hat **Hörer**.
3. Eine Zeitung hat **Leser**.
4. Ein Konzert hat **Zuhörer**.
5. Ein Gastwirt hat **Gäste**.
6. Eine Bibliothek hat **Benutzer**.
7. Eine Partei hat **Mitglieder**.

b)

1. „Gut**en** Tag …Gibt es etwas **N**eu**es**?"
2. „Nein, Anne, nichts Besonder**es** …"
3. „Welch herrlich**e** Aussicht auf **eu**r**en** Garten!"
4. „Darf ich dir etwas Gut**es** anbieten? Was sagst du zu ein**em** Glas **P**ortwein?"
5. „Ich kann mir nichts Besser**es** denken."
6. „Ich habe ein**e** gut**e** Idee! Komm … mit dein**en** Kinder**n**. In den groß**en** Bäum**en** sind noch viel**e** reif**e** Äpfel."

c)

1. Ein groß**es** Haus neben d**er** Schule brannte …
2. Bevor die Feuerwehr kam, verstrich manch**e** bang**e** Minute.
3. Auf der Terrasse standen mehrere alt**e** Stühle, zwei modern**e** Sessel, ein rund**er** Tisch, eine leer**e** Gießkanne.

4. Viele kräftig**e** Männer retteten die notwendigst**en** Dinge.
5. Welcher traurig**e** Anblick, als noch ein fein**er** Regen einsetzte!
6. Alle unser**e** Bekannt**en** sprachen von nichts ander**em**.

d)
1. wegen der schlecht**en** Verhältnisse, wegen schlecht**er** Verhältnisse;
2. mit solch**em** schönen Kleid, mit solch einem alt**en** Kleid;
3. im groß**en** Betrieb, in groß**en** Betrieb**en**;
4. zum fröhlich**en** Spiel, zu fröhlich**em** Spiel.

C

1. Die Hemden und die Unterwäsche **sind gewaschen**,
die Oberhemden **sind geplättet** (*repassées*), seine Hose **ist gebügelt** (*repassé*), der Pullover **ist gereinigt**, die Schuhe **sind geputzt**.
2. Uwe packt alles in seinen Koffer:
die **gewaschenen** Hemd**en** und die **gewaschene** Unterwäsche, die **geplätteten** Oberhemden, seine **gebügelte** Hose, den **gereinigten** Pullover, die **geputzten** Schuhe.

D

Der Streik in **der** Metallindustrie **von** Württemberg, der **am** Montag früh in acht Werk**en** begann, soll auf 73 weite**re** Betrie**be** ausgedehnt werden. Dies geht **aus** einem Flugblatt **der** IG (1) Metall hervor, das **am** Montag in **den** bestreikten Betrieb**en** verteilt wurde.

E

1. Alle Christen, ob Katholiken, Protestanten oder Orthodoxen.
2. Nach Friedrich II. [= dem Zweiten] sind Fürsten nur die ersten Diener ihrer Staaten.
3. Man hörte die Lieder der Matrosen, es waren Griechen.
4. Der Oberst bat einen jungen Soldaten, die Namen der Ausländer aufzuschreiben.
Man zählte 5 Deutsche, 2 Dänen und einen Ungarn.
5. Einige mussten dem Polizisten ihren Personalausweis zeigen.
6. Nach dem Abitur schreiben sich viele Abiturienten als Studenten auf der Universität ein (2). Sie wollen Ärzte, Rechtsanwälte, Architekten, Ingenieure, Diplomaten, Chemiker, Forscher oder Studienräte werden.
Die Abiturientinnen haben die gleichen Möglichkeiten.

(1) *IG = Industriegewerksaft.*
(2) *lassen sich immatriku'lieren.*

92 Exercices pages 190 à 191

A

1. der Inge'nieur / die Inge'nieure
2. die 'Firma / die 'Firmen
3. der Pro'fessor / die Profe'ssoren
4. der 'Doktor / die Dok'toren
5. das 'Datum / die 'Daten
6. das Laza'rett / die Laza'rette
7. der Pa'tient / die Pa'tienten
8. das Minis'terium / die Minis'terien
9. das 'Dia / die Dias
10. der Chef / die Chefs
11. der Bus / die Busse
12. das Ho'tel / die Ho'tels
13. das 'Klubhaus / die 'Klubhäuser
14. der Klub / die Klubs
15. die 'Villa / die 'Villen
16. der Trend / die Trends
17. das 'Zentrum / die 'Zentren
18. das Restau'rant / die Restau'rants
19. der Gene'ral / die Gene'rale (Gene'räle)
20. die GmbH / die GmbHs
21. das 'Praktikum / die 'Praktika
22. das Privi'leg / die Privi'legien (Privi'lege)
23. das Pro'spekt / die Pro'spekte
24. das Ge'nie / die Ge'nies
25. das Sana'torium / die Sana'torien

B

1. der DG'B = der Deutsche Gewerkschaftsbund
das BG'B = das Bürgerliche Gesetzbuch
die 'NATO = North Atlantic Treaty Organisation (= Nordatlantikpaktorganisation)
die SP'D = die Sozialdemokratische Partei Deutschlands
die CD'U =die Christlich-Demokratische Union
2. der Lkw = der Lastkraftwagen (Kraftwagen zur Güterbeförderung)
der Pkw = der Per'sonenkraftwagen (Kraftwagen zum Befördern von Personen)
das Moped ist ein Motorfahrrad. Höchstgeschwindigkeit 40 km/h, maximales Hubvolumen 59 Kubikzentimeter (= motorisiertes Pedal).
3. Zu bestimmten Zeiten herrscht reger Berufsverkehr auf den Autobahnen, zum Beispiel morgens, wenn die Berufstätigen zu ihrer Arbeitsstelle fahren, oder am Spätnachmittag, wenn sie nach Hause zurückkommen. Zum Wochenende fahren auch viele ins Grüne oder an die See. Da die Lkws keine hohe Fahrgeschwindigkeit haben, würden sie den Verkehr aufhalten.
4. Ein Geldautomat ermöglicht dem Kunden zu jeder Tageszeit Geld abzuheben. Diese Einrich-

tung spart Personal ein, es besteht aber leicht die Versuchung für den Benutzer, sein Konto zu überziehen. Wenn man nachts Geld abhebt, besteht die Gefahr überfallen zu werden.

C

1. Der Ingenieur muss sich bei seiner Arbeit beeilen.
2. Der Zeitungsredakteur freut sich auf die nächsten Weihnachtsferien.
3. Die Studentinnen wollen sich im Deutschen gute Kenntnisse aneignen.
4. Er kann sich diesen Monat keinen neuen Regenmantel kaufen.
5. Der Chirurg muss sich vor der Operation die Hände waschen.
6. Sie ärgern sich über die Unpünktlichkeit ihres Chefs.

L'ADJECTIF QUALIFICATIF

93 - 94 Exercices page 203

A

1. Er schreit aus voll**em** Halse.
2. bei einbrechend**er** Nacht
3. mit vereint**en** Kräften
4. bei all**er** Achtung
5. bei gut**er** Gesundheit
6. bei schön**em** Wetter
7. bei solch**er** Not
8. mit gewaltig**er** Kraft
9. mit der link**en** Hand
10. mit knapp**er** Not

B

1. mit rein**em** Gewissen
2. mit laut**er** Stimme
3. unter frei**em** Himmel
4. von ganz**em** Herzen
5. zu meiner groß**en** Überraschung
   zu meinem groß**en** Erstaunen
6. Ich bin auf dem Laufend**en**. (*Je suis au courant.*)
7. nach lang**em** Nachdenken
8. einige treu**e** Freunde
9. etliche (*maintes*) fremd**e** Sprachen
10. Bös**e** Menschen haben kein**e** Lieder.

C

1. Sein letzt**es** Werk war sein best**es**.
2. Trinken Sie lieber Weiß**en** oder Rot**en**?
3. Ich trinke lieber Hell**es** als Dunkl**es**.
4. Der neue Lehrling hatte grau**e** Aug**en** und blond**es** Haar.
5. aus rot**em** und blau**em** Stoff.
6. Lieb**es** Kind!
7. Ach! Wir Arm**en**!
8. Frisch**e** Nüsse schmecken bitter.
9. Er drischt leer**es** Stroh.
10. Ich komme mit einem blau**en** Auge davon.

D

1. Zwei gut**e** Freunde trafen sich in ein**em** vornehm**en** Restaurant.

Der ein**e** bestellte gut**en** Moselwein.
„Welch gut**er** Wein!"
Der ander**e** trank lieber kühl**es** Dortmunder Bier.
„Bei schön**em** Wetter trinke ich immer Bier …"

2. Der eine erzählte von seines Bruders erfolgreich**er** Geschäftsreise …
„Lieb**er** Freund! Ich möchte auch dorthin fahren … zu mein**em** Vergnügen. Ich würde die viel**en** berühmt**en** Museen besichtigen und mir modern**e** Theaterstücke ansehen."

E

Bratwürste vom Rost: In heiß**em** Wasser vorgewärmt**e** Bratwürste abtrocknen.
Auf den heiß**en** Rost legen und knusprig braten.
Grob**e** Bratwurst brät sich besser.
Saucisses grillées au barbecue. *Après avoir réchauffé les saucisses avec de l'eau bouillante, les sécher.*
Poser les saucisses sur le gril brûlant et les faire griller bien à point.
La saucisse grossièrement hachée se prête mieux à la grillade.

95 - 96 Exercices page 204

A

Hamburg ist ein**es** der se**ch**zehn deutsch**en** Bundesländer. Es ist ein**e** schöne groß**e** Stadt.
Leider ist das Wetter dort oft schlecht, aber deshalb gibt es auch viel**e** grün**e** Anlagen, hoh**e** Bäume, ruhig**e** Parks …
Die breit**e** Elbe fließt im Süden, und der rund**e** Alstersee liegt … wie eine ruhig**e**, graubraun**e** Wasserfläche, auf der viel**e** weiß**e** Segelboote hin- und herziehen.
U-Bahnen und modern**e** Busse bringen kauflustig**e** Damen in die geschäftig**e** Innenstadt vor reich belade**ne** Schaufenster und müd**e** Herren nach anstrengend**em** Dienst in hoh**en** Bürohäusern in die stiller**en** Vorstädte.
Abends leuchten Tausend**e** von bunt**en** Lichtern und spiegeln sich im dunkl**en** Wasser.

B

1. In jed**er** groß**en** Stadt gibt es einig**e** Straßen, in denen ein einladend**es** Geschäft neben dem ander**en** liegt.
2. Feine, geschmackvoll**e** Artikel kann man unter weniger schön**en** Sachen finden.
3. Am einfachs**ten** ist es, wenn man die bunten Farb**en** der Schaufenster auf sich wirken lässt.

C

1. Einige flach**e** Teller
2. Mit einigen treu**en** Freunden.
3. Mit laut**em** Schrei.
4. Mit steigend**em** Alter.
5. Bei klar**em** Wetter.
6. Bei passend**er** Gelegenheit.
7. Eine Reihe interessant**er** Projekte.
8. Groß**er** Gott!
9. Von ganz**em** Herzen.
10. Teur**es** Vaterland!
11. Lieb**es** Kind!
12. Lieb**e** Kinder!
13. Mit frisch**em** Mut.
14. Alle letzt**en** Filme.
15. Trotz angestrengt**en** Nachdenkens.
16. Es gibt frisch**e** Fische.
17. Ferienjobs in deutsch**er** Firma gesucht.

D

1. ein hartes Klima
2. ein strenger Winter
3. ein zartes Blau
4. bewundernswerte Handlungen
5. ein herzlicher Brief
6. ein ausgezeichnetes Gedächtnis
7. eine wesentliche Frage
8. empfindliche Blumen
9. die schönen Künste
10. ein wertvolles Buch
11. der beste Beweis
12. eine prächtige Aussicht
13. ein vortrefflicher Geschmack
14. alle wichtigen Neuigkeiten
15. unser letzter Wagen
16. schöne Worte.
17. In allen spanischen Eisenbahnen
18. Ich saß auf einer steinernen Bank.
19. ein unerwartetes Ereignis
20. unter besonderen Umständen
21. mehrere bekannte Professoren
22. in unserer gestrigen Zeitungsausgabe
23. unbequeme Stühle
24. schreckliche Neuigkeiten (Nachrichten).

E

Nach dem Zweit**en** Weltkrieg entstanden 1949 zwei deutsch**e** Staaten mit verschieden**en** politisch**en** System**en**: die Bundesrepublik Deutschland und die Deutsch**e** Demokratisch**e** Republik.
Die Bundesrepublik Deutschland gehört zur Europäisch**en** Union (EU) seit 1993. Die Deutsch**e** Demokratisch**e** Republik gehörte bis zur Wiedervereinigung im Jahre 1990 zum Ostblock.

97 Exercices pages 205 à 206

A

1. Ein amerikanisch**er** Hubschrauber flog über unser**e** Köpfe hinweg.
2. Wir stiegen in einen gelb**en** Bus ein. Ich setzte mich hinter d**en** deutschen Fahrer neben unser**e** nette Dolmetscherin.

3. Ihre blau**e** Uniform und ihr klein**er** Hut gefielen mir sehr.
4. Wir fuhren an dem ausgedehnt**en** Messegelände vorbei.
5. „Welcher deutsch**e** Architekt hat dies**en** hoh**en** Fernsehturm gebaut?" fragte ich meinen freundlich**en** Nachb**a**rn.
6. „Ich weiß es nicht", antwortete der jung**e** Mann. „Beim nächst**en** Fremdenverkehrsverein erhalten Sie näher**e** Auskunft."

B

1. eine komplett**e** Kücheneinrichtung,
2. fünf modern**e** Schreibmaschinen,
3. gebraucht**es** japanisch**es** Motorrad,
4. drei Vorhänge aus rot**em** Samt,
5. zwei gut**e** Tennisschläger,
6. etlich**e** alt**e** Jazzplatten,
7. 5 Meter gelb**e** Rohseide,
8. neu**e** Campingausrüstung.

C

1. bei offen**em** Fenster schlafen
2. ein schön**er** Erholungsort
3. mit voll**em** Erfolg
4. keine groß**en** Verluste
5. zu günstig**em** Preis
6. durch gefährlich**e** Straßen
7. bei passend**er** Gelegenheit
8. unter der jetzig**en** Regierung
9. mit freundlich**en** Grüßen
10. aus braun**er** Baumwolle
11. mit höflich**en** Worten
12. mit groß**er** Geduld
13. bei schlecht**em** Wetter
14. gegen hoh**e** Belohnung

D

1. Jenseits dieses tiefen Flusses
2. Zwei Angestellte folgten ihm.
3. Zwei der drei verwundeten Radfahrer (zwei von den drei verwundeten Radfahrern)
4. der Verkauf aller spanischen Weine
5. schöne gelbe Pfirsiche
6. für unsere treuen Mitarbeiterinnen
7. im Rahmen der Europäischen Union (EU)
8. allerlei nützliche Geschenke
9. Wir saßen auf der sonnigen Terrasse des berühmten „Café Kranzler" in Berlin in der Nähe der Gedächtniskirche.
10. Zwei ältere Damen hatten am Nachbartisch, wo ein Jugendlicher auf sie wartete, Platz genommen.
11. Der eifrige Kellner hatte auf ihren Tisch eine große Schale mit allerlei saftigem Obst gestellt.
12. Ich für mein Teil (Ich aber) hatte einen großen Becher Eis bestellt.

98 Exercices pages 206 à 207

A

1. wie	5. wie	9. als – als
2. als	6. als – wie	10. als
3. wie	7. wie – wie	11. wie
4. als	8. als	12. wie

B

a)

1. Das Schiff ist **schnell.** Die Eisenbahn ist **schneller**. Das Flugzeug ist **am schnellsten**.
2. Die Kerze ist **hell**. Das elektrische Licht ist **heller**. Neon ist **am hellsten.**
3. Im April sind die Tage **lang**, im Mai **länger**, im Juni am **längsten**.
4. In Frankreich ist der Winter **kalt**, in Dänemark **kälter**, in Schweden **am kältesten**.
5. Der Kilimandscharo ist **hoch**. Der Nanga Parbat ist **höher**.
Der Mount Everest ist **am höchsten**.

b)

1. „Ich möchte ein **kleines** Kofferradio. Haben Sie kein **kleineres**?"
– „Nein, das ist **das kleinste**, das wir haben."
2. „Ich möchte ein Paar **bequeme** Schuhe. Haben Sie keine **bequemeren**?"
– „Nein, das sind **die bequemsten**, die wir haben."
3. „Ich möchte einen **billigen** Schlafsack. Haben Sie keinen **billigeren**?"
– „Nein, das ist der **billigste**, den wir haben."
4. „Ich möchte ein **haltbares** Zelt. Haben Sie kein **haltbareres**?"
– „Nein, das ist das **haltbarste**, das wir haben."
5. „Ich möchte ein **gutes** Sicherheitsschloss (*serrure de sûreté*). Haben Sie kein **besseres**?"
– „Nein, das ist **das beste**, das wir haben."

C

1. Es ist **strengstens** verboten.
Il est (très) strictement interdit.
2. Sie wurde **wärmstens** begrüßt
On l'accueillit très chaleureusement.
3. Man rief ihn **schnellstens** zurück.
On le rappela de toute urgence.
4. Sie war **tiefstens** betroffen.
Elle fut profondément touchée.
5. Der Vorfall wurde **schärfstens** kritisiert.
L'incident fut très sévèrement critiqué.

D

1. ***La moindre** allusion m'était **au plus haut point** désagréable.*
2. *Nous avons enregistré une évolution **extrêmement** favorable de la situation économique.*
3. *Avec mes **meilleures** salutations je reste ton ami Kurt.*
4. *De notre famille à la vôtre je vous salue **très cordialement** votre ami Harald.*
5. *Elle me présenta un **excellent** certificat de fin d'études.*

E

1. Peter ist **stärker als** wir beide, er ist **der stärkste** der Klasse.
2. Wir sind zwei Brüder, Ich bin **der jüngere**.
3. Es war **das heftigste** Gewitter des Jahres.
   Gegen 7.30 Uhr (halb acht) war der Wind **am heftigsten**.
4. Du kommst eine halbe Stunde **zu** spät.
   Nein, ich hatte versprochen, **frühestens** gegen 8 Uhr und **spätestens** gegen 9 Uhr einzutreffen.
   Es ist **höchstens** 8.20 Uhr (zwanzig nach acht).
   Ich bin **schnellstens** (= so schnell wie möglich) gekommen.
5. Die Denkmäler aus der Barockzeit, auf die (worauf) die Stadt Dresden **aufs höchste** (= ganz besonders) stolz war, sind im Jahre 1945 zerstört worden. **Wenigstens** haben Zwinger und Hofkirche restauriert werden können.

99 - 101 Exercices pages 207 à 208

A

1. Ich war **aufs angenehmste** überrascht.
   Wir wurden **aufs herzlichste** empfangen.
2. Alles war ... **aufs schönste** vorbereitet.

B

1. Wer **am schnellsten lief**, **am höchsten** sprang und den Speer **am weitesten** warf, wurde Sieger.
2. An sonnigen Hängen gedeihen die Trauben **am besten**.
3. Von allen Geschenken freut mich deines **am meisten**.
4. Was man **am besten** kann, das tut man **am liebsten**.
5. Wenn man hungrig ist, schmeckt das Essen **am besten**.
6. Schnelle Hilfe ist **am wirksamsten**.

C

une dame assez jeune – depuis un certain temps – une somme assez élevée / relativement élevée – des pertes assez considérables – un hôtel assez bien – une commande assez importante – l'époque moderne – un fonctionnaire supérieur – un modèle assez ancien.

D

1. klüger als
2. ebenso frech wie
3. Auf dem **oberen** ...
4. Das **untere** Bild ...
5. Die **vordere** Kette der Alpen ...
6. Im Innern des Vulkans ...
7. weniger ... als ...
8. Das **reifere** Alter ...
9. als.
10. Der **weniger** Zufriedene ...
11. die ältere ...

E

1. Ich trinke **gern** Bier; ich trinke **lieber** Wein, aber **am liebsten** trinke ich Champagner.
2. Du gehst **oft** ins Kino, **öfter** ins Theater, **am öftesten** aber ins Konzert.
3. Diese Wohnung ist **zu** klein für mich. Ihre ist **zu** teuer für uns.
4. Du hast viel **mehr** Sorgen **als** ich. Du gibst **viel zu viel** Geld aus.
5. Ich habe Chemie **gern**; ich habe Physik **lieber**, Mathematik aber habe ich **am liebsten**.
6. Ich laufe **gern**; ich wandere **lieber** durch den Wald;
   am liebsten aber wandere ich im Gebirge.
7. Er ist **eher** tollkühn **als** mutig.
8. Der Feinschmecker trinkt und isst **gern** gut.

102 Exercices pages 208 à 209

A

1. **Je schneller** du fährst, **desto größer** ist die Gefahr.
2. **Je mehr** Autos verkehren, **desto vorsichtiger** soll man sein.
3. Am Äquator wird der Urwald **immer dichter** (*de plus en plus dense.*)
4. Er ist **der schlaueste** Kerl, dem ich **je** begegnet bin.
5. Der Kranke wird **umso schwächer** (= desto schwächer), **je weniger** er isst.

6. Er war **zu** unzuverlässig, **als dass** man ihm **hätte** vertrauen können.
(*Il manquait trop de sérieux pour qu'on eût pu se fier à lui.*)
7. Die Sonne brennt **immer heißer**, die Hitze wird **immer unerträglicher**.

B

1. **Je lauter** du sprichst, **desto weniger** hört man dir zu.
2. **Je mehr** er hat, **desto mehr** will er.
3. **Je billiger** das Obst ist, **desto mehr** verkauft man davon.
4. **Je höflicher** die Bedienung ist, **desto zufriedener** sind die Kunden.
5. **Je mehr** die Verkäuferin … schwatzt[1], **desto schlechter** arbeitet sie.
6. **Je neuer** die Besen sind, **desto besser** kehren sie. (*balayer*)
Je älter der Wein, **desto besser** ist er.
7. **Je feiner** der Sand am Strand ist, **desto angenehmer** ist es …

C

1. bildschön: *beau (belle) comme le jour/joli à croquer.*
2. blitzblank: *bien astiqué/rutilant.*
3. (es ist) stockdunkel: (*il fait*) *noir comme dans un four/ il fait nuit noire.*
4. grundfalsch: *absolument faux.*
5. felsenfest: *ferme (comme un roc)/inébranlable.*
6. tollkühn: *téméraire/intrépide.*
7. kerngesund (sein) : *se porter comme un charme/respirer la santé.*
8. blitzschnell: *fulgurant/en un rien de temps.*
9. hochmodern: *ultramoderne.*
10. wortwörtlich: *mot pour mot/littéral.*
11. meilenweit: *à plusieurs lieues de distance.*
12. turmhoch: *très haut.*

D

1. Er wohnt in einer **größeren** Stadt, wo das Leben **immer teurer** wird.
2. **Je mehr** er verdient, **desto mehr** gibt er aus.
3. **Je älter** er wird, **desto geiziger** wird er.
4. **Je näher** man kommt, **desto deutlicher** werden die Umrisse des Gebirges.
5. **Je klarer** man denkt, **desto besser** drückt man sich aus.
6. Ich habe es **um so eiliger**, **als** ich noch mehrere wichtige Kunden aufzusuchen habe.
7. Es ist **zu** schön, **als dass** es wahr sein könnte.
8. Ich bin ihm dafür **umso dankbarer**, **als** er mir überhaupt nichts schuldete.

(1) *schwatzen* = bavarder.

9. **Je mehr** man arbeitet, **desto schneller** vergeht die Zeit.
10. Du bist **zu** jung, **als dass** du verstehen könntest.

103 - 104 Exercices pages 209 à 210

A

1. einstig / jetzig / damalig / heutig / gestrig / morgig / hiesig / dortig
2. halbstündlich / täglich / wöchentlich / monatlich / vierteljährlich
3. kunstgewerblich / wirtschaftswissenschaftlich / zahnärztlich
4. geo'logisch / bio'logisch / bo'tanisch / philo'sophisch / mathe'matisch
5. Verkehrsunfälle entstehen dadurch, dass die **heutigen** Menschen auf den **gestrigen** Straßen den **morgigen** Wagen mit dem **übermorgigen** Tempo fahren.

B

1. …eine **jährliche** Versammlung.
2. …**rettungslos** verloren.
3. …**eher** rechts **als** links.
4. …eine **vierteljährliche** Zeitschrift.
5. …**eher** beige **als** gelb.
6. …die **heutigen** Tageszeitungen.
7. …die **linke** Hand.

C

a) **Fahrzeiten**

München Hauptbahnhof ab dreizehn Uhr sechs Würzburg Hauptbahnhof an sechzehn Uhr dreiundzwanzig.
– Von München nach Würzburg fährt dieser Zug 3 Stunden 17 Minuten.
Er hält zweimal: In Augsburg eine Minute, in Treuchtlingen acht Minuten.
Zurückgelegte Strecke: 277,5 km (zweihundertsiebenundsiebzig Komma fünf Kilometer).

b) **Windstärken**

1. Wenn Ziegel von den Dächern fallen, hat man Windstärke 9.
2. Wenn die Stämme der Bäume sich biegen, hat man Windstärke 8.
3. Wenn die Zweige sich bewegen, hat man Windstärke 4.
4. Bei Sturm fallen die Ziegel.
5. Bei schwerem Sturm, zum Beispiel bei einem Orkan, brechen die Bäume.
Die Dächer werden abgedeckt. An der Küste brechen die Deiche.
Das Land wird vom Wasser überschwemmt.

Schiffe geraten in Seenot oder gehen unter. Stromleitungen werden unterbrochen. Menschen werden obdachlos.

6. Bei heftigem Wind biegen sich die Bäume.

105 - 106 Exercices pages 210 à 211

A

1. zu dritt
2. Beide
3. In diesem Selbstbedienungsladen / allerlei Lebensmittel
4. ein Mann in den Vierzigern (1).
5. Am 8. (= achten) Mai 1945
6. Im Jahre 1990 / Der 3. (= der dritte) Oktober
7. Tausende von Demonstranten...

B

Im Hotel

1. Am 17. (siebzehn**ten**) Januar habe ich ein Zimmer in einem Frankfurt**er** Hotel für den 23.2. (dreiundzwanzigs**ten** zwei**ten**) bestellt.
   Ich habe aber meinen Plan ändern müssen und bin am 19. (neunzehn**ten**) mit **anderthalb** Stund**en** Verspätung eingetroffen. Es war e**in** Uhr nachmittags (dreizehn Uhr).
   Ich war zum **ersten** Mal in Frankfurt.
   Der Hotelangestellte erklärte mir, dass es im **ersten** und zwei**ten** Stock kein freies Zimmer mehr gebe. Er hat mir das Zimmer 33 im **dritten** Stock gegeben.
   Zum Glück gab es einen Fahrstuhl!
   Ich habe 155 Mar**k** 50 Pfenni**g** pro Tag bezahlen müssen.
   Gleich nach meiner Ankunft (= Kaum angekommen,) habe ich **dreimal** telefoniert, **einmal** nach Hause, **zweimal** ins Büro.
2. **Am neunzehnten Juni** fand der Ausflug statt. **Sieben Uhr zwölf** fuhr der Schnellzug von Gleis 4 ab. **Um 8 Uhr** waren wir in Trier.
   Wir warteten eine **Viertelstunde** auf den Eilzug nach Saarbrücken. Wir waren **zu sechst** im Abteil.
   Diese Fahrt dauerte circa **anderthalb** Stund**en**.

C

1. 24 x 7 = 168 (vierundzwanzig **mal** sieben ist **hundertachtundsechzig**)
2. 0,001 + 0,08 = 0,081 (null **Komma** null null eins **plus** null **Komma** null acht ist **null Komma null einundachtzig**)
3. 11°8' + 23°53"5" = 35°1'5" (elf **Grad**, acht Minuten **plus** dreiundzwanzig **Grad**, dreiundfünfzig Minuten, fünf Sekunden ist **fünfunddreißig Grad, eine Minute, fünf Sekunden**)
4. 100 : 5 = 20 (hundert **durch** fünf ist **zwanzig**)
5. 6^2 = 36 (sechs **hoch** zwei ist **sechsunddreißig**)
6. 189 – 89 = 100 (hundertneunundachtzig **weniger** (**minus**) neunundachtzig ist **hundert**)
7. 4 + 7 + 11 = 22 (vier **plus** sieben **plus** elf ist **zweiundzwanzig**)

D

1. Was ist **ein Sechstel** von achtundvierzig und **ein Fünftel** von hundertachtzig?
2. Was ist **die Quadratwurzel aus** zweihundertfünfundzwanzig?
3. Gestern **hatten** wir Dienstag, **den** 25. März.
4. **Am 24. März schon um 9 Uhr morgens** suchte mich der Reisevertreter auf, um von mir den Scheck, den ich ihm schuldete, zu verlangen.
5. **Jeder vierte** Landwirt erhielt 80,4 (**achtzig Komma vier**) Prozent des verlangten Betrags.
6. **Beide** pflückten **Dutzende** von Haselnüssen und **Hunderte** von Brombeeren.
7. **Erstens** verstehst du überhaupt nichts von Technik, **zweitens** ist der Computer noch nicht installiert.
8. In Frankfurt wurde der **Römer** zugleich als Rathaus und als Krönungspalast der Kaiser zur Zeit des Heiligen Römischen Reiches Deutscher Nation benutzt.

---

(1) Il s'agit ici d'un substantif qui se décline, alors que l'adjectif en ***-er*** reste invariable : *in den achtzi**ger** Jahren (d. h. zwischen 1980 und 1990.)*

TESTEZ VOS CONNAISSANCES

70 - 97 Exercices pages 212 à 218

A

- in **der** Bahnhofswirtschaft
- im **ersten** Stock
- in **der** Wirtsstube.
- über **alles** liebte
- der städtisch **gekleidete** Herr
- **dem** man … begegnete
- **die** er auf sich zog
- in **der** Wirtsstube.
- auf **dem** Hippinggut
- in **allem**, was …
- von **allen** bewundert
- in **kurzer** Zeit
- **geachtete** Leute.

Au restaurant de la gare, nous n'avions loué qu'une seule chambre au premier étage, ma grand-mère faisait la cuisine ; selon toute vraisemblance nous n'avions pas assez d'argent pour prendre nos repas en bas au restaurant.
Mon grand-père que j'aimais par-dessus tout était ici tout à coup le monsieur à la canne, en habits de ville, qu'on regardait, en le rencontrant, avec curiosité, mais aussi avec méfiance. Un auteur de romans, un penseur ! Le mépris qu'il s'attirait l'emportait sur l'admiration.
Ce monsieur n'avait même pas assez d'argent pour prendre ses repas au restaurant.
Eux travaillaient, lui allait se promener.

Ma mère trouva du travail au domaine de Hipping, bien au-dessus de Seekirchen, elle gardait les enfants, aidait à laver le linge. Dans tout ce qu'elle entreprenait, elle se montrait très capable, elle ne tarda pas à nouer des amitiés. Elle gagnait assez pour nous faire vivre. Au domaine de Hipping, elle put se consacrer entièrement à sa couture, qui avait toujours fait l'admiration de tous.
En peu de temps, elle fut si appréciée que l'écrivain, ce promeneur, ce penseur, en profita lui aussi.
Brusquement nous fûmes, à Seekirchen, des gens estimés.

d'après Thomas Bernhard. *Un enfant*

B

Thomas erzählte, **sie hätten** … **gemietet**, **seine** Großmutter **habe gekocht**, wahrscheinlich **hätten sie** nicht das Geld **gehabt** …
Sein Großvater, den **er** über alles **geliebt habe**, **sei** … der städtisch gekleidete … **gewesen**, dem man neugierig … **begegnet sei**.
Die Verachtung, die er auf sich **gezogen habe**, **sei** größer … **gewesen**. Der Herr **habe** nicht einmal das Geld **gehabt** … Sie **hätten gearbeitet**, er **sei** spazieren **gegangen**.

C

1. der Bahnhof (¨)
2. der Denker (-)
3. der Friedhof (¨e)
4. der Herr (en)
5. die Arbeit (en)
6. die Auskunft (¨e)
7. die Mutter (¨)
8. die Schwester (n)
9. die Wirtschaft (en)
10. das Gasthaus (¨er)
11. das Gut (¨er)
12. das Interesse (n)
13. das Kino (s)
14. das Problem (e)

D

1. der Band / die Bände
2. das Band / die Bänder
3. der Bus / die Busse
4. der Videorecorder (-)
5. der Demonstrant (en)
6. das Dia / die Dias
7. das Examen / die Examina
8. der Fachmann / die Fachleute
9. das Fass / die Fässer
10. das Girokonto / Girokonten
11. das Gymnasium / Gymnasien
12. der Jurist / die Juristen
13. die Kiefer / die Kiefern
14. der Punkt / die Punkte
15. der Reisescheck / die Reiseschecks
16. der See / die Seen
17. der Spazierstock / Spazierstöcke
18. das Stipendium / die Stipendien
19. der Staat / die Staaten
20. die Stadt / die Städte

E

1. 300 Firm**en** aus d**em** In- und Ausland stellen ihr**e** neueste**n** Erzeugniss**e** aus.
2. Bei frühzeitig**er** Anmeldung und auf besonde**ren** Wunsch vermittelt die Leitung der Fremdsprachenkurs**e** Unterbringung … in ein**em** nahe gelegenen Hotel für **die** gesamt**e** Kursdauer.

F

Ich erinnere mich an meine Ankunft in Marseille, als ob sie eine entscheidende Wendung bedeutet hätte.
Ich hatte meinen Koffer in der Gepäckaufbewahrung gelassen…
Links und rechts in der Bahnhofstraße gab es Gaststätten mit Terrassen, die durch hohe Glaswände geschützt waren. An einer dieser Glasscheiben erblickte ich ein Schild: „Zimmer zu vermieten".

Es war kein Zimmer nach meinem Geschmack: ein riesiggroßes Bett, Stühle und ein Schrank; ich dachte aber, dass der große Tisch bequem sei, und die Wirtin bot mir einen Pensionspreis an, der mir angemessen erschien.
Ich holte meinen Koffer... Ohne Marseille zu kennen, wohnte ich schon dort.

nach Simone de Beauvoir.

G

1. Führen Sie ein gesund**es** Leben! Machen Sie lang**e**, ruhig**e** Spaziergänge bei gut**em** und bei schlecht**em** Wetter!
2. Waschen Sie sich oft mit kalt**em** Wasser!
3. Schlafen Sie bei offen**em** Fenster! Seien Sie oft an d**er** frischen Luft!
4. Zu stark**er** Kaffee ist zu vermeiden. Trinken Sie alkoholisch**e** Getränke so wenig wie möglich!
5. Essen Sie frisch**es** Gemüse! Ziehen Sie allzu fett**en** Speisen und kalorienreich**en** Süßigkeiten vitaminreich**es** Obst vor!

H

Im nördlich**en** Grenzgebiet, ... an **der** unteren Oder, liegt ein einzigartig**es** Naturschutzgebiet. D**ie** letzt**e** intakte Flussmündung Mitteleurop**as** bietet zahlreich**en** Vogelarten ideal**e** Bedingungen zur ungestört**en** Überwinterung und Brut. Vom Aussterben bedroht**e** Fische und Weichtiere haben in geschützt**en** Auen und Mooren Zuflucht gefunden(1).

I

1. Auf der letzt**en** Ausstellung habe ich keine neu**en** Modelle gesehen.
2. Ich war mir kein**es** einzigen Fehler**s** bewusst.
3. Es bedarf kein**er** groß**en** Worte.
4. Lass dir darüber kein**e** grau**en** Haare wachsen.
5. Alle Reisenden hab**en** aussteigen müssen.
6. Er war von all**en** gut**en** Geist**ern** verlassen.
7. Das Einkommen all**er** Angestellt**en** wurde um 5 Prozent erhöht.
8. Diejenig**en**, d**ie** sich für das Turnier eintrugen, werden benachrichtigt.
9. Sämtlich**e** anwesend**en** Vereinsmitglieder stimmten für den Vorschlag.
10. Sie beschloss die Erneuerung sämtlicher beschädigt**en** Fenster.
11. Die Eltern beider jung**er** Mädchen haben sich bei der Lehrerin bedankt.

J

1. In der Nähe der hiesig**en** Universität gibt es mehrer**e** gut**e** Buchhandlungen, wo man zahlreich**e** deutsch**e** und ausländisch**e** Romane, aber nur wenig**e** wissenschaftlich**e** Werke findet.
2. Mit zwei Kolleg**en** [...] bin ich in ein**e** bekannt**e** Fachbuchhandlung gegangen. Ein**e** jung**e** Verkäuferin machte uns auf einig**e** neu**e** Veröffentlichungen [...] und auf mehrer**e** juristisch**e** Zeitschriften aufmerksam. Statt unzählig**er** mehr oder minder gut**er** Artikel ist es besser, einig**e** grundlegend**e** Abhandlung**en** zu lesen.

K

a)

1. Geld hat er **kein(e)s**. – Es dauert **keine** fünf Minuten. – Es ist noch **kein** Jahr her.
2. — „Du hast Recht, erst gestern habe ich mir wieder **eins** gekauft."
   — „... ich trinke noch **eins**."
3. **Keiner** weiß das besser als er. Sie kann **kein** Englisch.
4. Ich beteilige mich auf **keinen** Fall ...
5. unter **keinen** Umständen. – in **keiner** Weise. – zu **keiner** Zeit.
6. Da gibt es **keinen** Unterschied. – Er ist **keines** bös**en** Gedankens fähig.
7. Er ist kein schlecht**er** Angestellt**er**. – Ich kenne **keinen** ...
8. — Ja, ich habe **eins**.

b)

1. *De l'argent, il n'en a pas – Ça ne prend pas plus de cinq minutes.*
   – Il n'y a pas encore un an de cela.
2. *« Tu ne cesses de t'acheter de nouvelles robes. »*
   – « Tu as raison ; rien qu'hier je m'en suis acheté encore une. »
   « Voudrais-tu une autre bière ? » – « Volontiers, j'en boirai bien une autre. »
3. *Personne ne le sait mieux que lui. Elle ne sait pas l'anglais.*
4. *Je ne participerai en aucun cas à cette affaire.*
5. *à aucun prix / sous aucun prétexte – en aucune manière -(ne) jamais.*
6. *Ici, il n'y a pas de différences. – Il est incapable d'une mauvaise pensée.*
7. *Ce n'est pas un mauvais employé. – Je ne connais personne qui ferait une chose pareille.*
8. *« Quelqu'un aurait-il une pièce de deux marks ? » – « Oui, j'en ai une. »*

L

1. ein Fünftel
2. ein**s** **Komma** fünf
3. (ein)hunderteins **und** siebenundsiebzig **ist** (ein)hundertachtundsiebzig
   (ein)hundertein**s** **plus** siebenundsiebzig **gleich** (ein)hundertachtundsiebzig

---

(1) *Zuflucht finden*: trouver refuge.

4. achtzehn **durch** zwei **ist** neun
achtzehn **geteilt** (**dividiert**) **durch** zwei **gleich** neun
5. zehn **hoch** drei
6. Wurzel **aus** sechsunddreißig
7. sechs **Komma** sechs Kilo
8. (ein)hundertfünfzig Mark
9. im Jahre fünfzig **vor** Christus
10. im Jahr neunzehnhundertneunundneunzig
11. **Den Wievielten** haben wir heute? Heute haben wir d**en** siebzehn**ten** Mai.
12. Ihren Brief vom siebt**en** sechs**ten** haben wir dankend erhalten.

M

1. Lieb**er** Kurt,
zu mein**em** 30. (dreißig**sten**) Geburtstag möchte ich **dich** ... einladen.
Kannst du am Montag, **dem** 5. (fünf**ten**) Mai, gegen 18 (achtzehn) Uhr in mein**e** neu**e** Wohnung kommen? Ich freue mich auf ein baldig**es** Wiedersehen.
Mit d**en** best**en** Grüß**en** verbleibe ich
dein Freund Gerd
2. Ein plötzlich ausbrechend**es** Feuer ... hat erheblich**en** Sachschaden verursacht.
Dicht**er** Qualm drang aus ein**er** brennend**en** Halle. Meterhoh**e** Flammen loderten aus ein**em** groß**en** Tanker.
3. Uns**ere** heutig**en** Kunden lieben leicht**e** knitterfre**ie** Stoffe.
Mit groß**em** Interesse habe ich von Ihr**em** neu**en** Produktionsverfahren gehört.
Unser zuständig**er** Vertreter wird Sie in den nächst**en** Tag**en** wegen d**er** anstehend**en** Preisverhandlungen aufsuchen.
4. Heute Vormittag bin ich zum Fotograf**en** gegangen, um d**ie** für den Führerschein verlangt**en** Passbilder abzuholen. Ich ließ zehn Fotokopi**en** à zwanzig Pfenn**ig** anfertigen.
5. Vorige Woche war in mehrer**en** größer**en** Warenhäuser**n** unserer klein**en** Stadt Ausverkauf. In d**em** mitten in der Innenstadt liegend**en** Kaufhaus holte ich für mein**e** beid**en** Kinder weiß**e** Tennishemd**en**, neu**e** Tennisschuh**e** und gelb**e** Tennisb**ä**ll**e**.
Ich kaufte ... **einen** wetterfest**en** Regenmantel.
... die neuest**en** Farbfernseher, Videorecorder und Fernsehkamer**as**, **die** besonders preiswert sein sollen ...
6. ein rosa Kleid – ein orangefarben**er** Schal – eine prima Ware –
die schwarzrotgolden**e** Fahne – mit ein**em** grüngelb**en** Hemd.
7. Wie geht es d**ir**? ... es sind mein**e** eigen**en** Möbel!

N

1. Kauf mir bitte einen Schal! **Was für einen**? / ... eine Hose! **Was für eine**?
2. ... Tennisbälle! **Was für welche**? / ... Socken! **Was für welche**?
3. ... einen Elektroherd! **Was für einen**? / ... ein Motorrad! **Was für eins**?

O

In dem Esssaal eines Hotels an einem Abend in der Woche.
Die Hälfte der Tische ist besetzt. Die Gäste essen schweigend.
Männer allein, alle sind Handelsvertreter.
Zwei Gäste sitzen einander gegenüber. Sie beachten anscheinend einander nicht.
Der eine wirft einen zerstreuten Blick zur Decke und auf die Stiche an der Wand.
Der andere ist in eine Wochenzeitung versunken, während er gleichzeitig ein Stück kaltes Huhn in Gelee langsam hinunterschluckt.
Das Geräusch eines zurückgeschobenen Stuhls, ein Speisender hat seine Mahlzeit beendet, er geht fort.
Vielleicht wird er seinen Wagen für die Nacht auf einen Parkplatz abstellen, es sei denn, dass er es vorzieht, sich in seine Abrechnungen zu vertiefen.
Morgen werden einige noch hier sein und am selben Platz sitzen.
Andere werden 100 oder mehr Kilometer entfernt sein, in einem anderen Hotel vor einem anderen kalten Huhn; was für ein Glück aber für sie: der Rahmen wird ein anderer sein!

nach M.-C. Vallet

P

1. **das** Berlin der zwanziger Jahre – **das** moderne Österreich.
2. Heute Nacht hatten wir 10 Grad Kälte.
3. Nach Feierabend sind wir Ingrids Eltern begegnet.
4. Kennst du Olaf**s** Freund? – Nein, dessen Freund kenne ich nicht.
Ich glaube, er ist **ein** erfolgreicher Kaufmann.
5. Ich möchte Arzt werden. Mein Bruder ist Ingenieur.
6. Er ist Pole. Ich bin Deutscher. Sie ist Deutsche.
Hast du dich mit **dem** Spanier und **der** Russin dort verabredet?
7. Friesen trinken gern Tee. Wir trinken Kaffee.
8. Südlich **der** Sahara fängt **das** sogenannte Schwarzafrika an.
9. Von **der** Gesamtfläche der Schweiz ...
10. Seit **dem** 3. (dritten) Oktober 1990 besteht **die** Bundesrepublik Deutschland aus 16 Bundesländern. – **Das** vereinigte Deutschland zählte 78,7 Millionen Einwohner.
Am 2. (zweiten) Dezember 1990 fanden **die** ersten gesamtdeutschen Wahlen nach **dem** Zweiten Weltkrieg statt.

Q

1. **Asien** / asiatisch – der Asiat (G. des Asiaten) / die Asiaten – die Asiatin / die Asiatinnen
Südamerika / südamerikanisch – der Südamerikaner (-s,-) / die Südamerikanerin (-nen)
Australien / australisch – der Australier (-s,-) / die Australierin (-nen)
Europa / europäisch – der Europäer (-s,-) / die Europäerin (-nen)
2. **China** / chinesisch -der Chinese (-n,-n) / die Chinesin (-nen)
Dänemark / dänisch – der Däne (-n,-n) / die Dänin (-nen)
Griechenland / griechisch – der Grieche (-n,-n) / die Griechin (-nen)
Schweden / schwedisch – der Schwede (-n,-n) / die Schwedin (-nen)
die Türkei / türkisch – der Türke (-n,-n) / die Türkin (-nen)
3. **Ägypten** / ägyptisch – der Ägypter (-s,-) / die Ägyptin (-nen)
Belgien / belgisch – der Belgier (-s,-) / die Belgierin (-nen)
Indien / indisch – der Inder (-s,-) / die Inderin (-nen)
der Iran / iranisch – der Iraner (-s,-) / die Iranerin (-nen)
Israel / israelisch – der Israeli (-s,-s) / die Israeli (-s)
Japan / japanisch – der Japaner (-s,-) / die Japanerin (-nen)
Libyen / libysch – der Libyer (-s,-) / die Libyerin (-nen)
4. **Berlin** / berlinerisch – der Berliner (-s,-) / die Berlinerin (-nen)
Bremen / bremisch – der Bremer (-s,-) / die Bremerin (-nen)
Hessen / hessisch – der Hesse (-n,-n) / die Hessin (-nen)
Preußen / preußisch – der Preuße (-n,-n) / die Preußin (-nen)
das Rheinland / rheinländisch – der Rheinländer (-s,-) / die Rheinländerin (-nen)
Deutschland / deutsch – *Masc.*: **der** Deutsche (G. d**es** Deutsch**en**) / ein Deutsch**er** / *Fém.*: **die** Deutsch**e** / *Pl.*: **die** Deutsch**en** / Deutsche

R

1. der Pro'fessor / die Profe'ssoren / die Profe'ssorin / die Profe'ssorinnen
2. der Do'zent / die Do'zenten / die Do'zentin / die Do'zentinnen
3. der 'Lektor / die Lek'toren / die Lek'torin / die Lek'torinnen
4. der 'Stundenplan / die 'Stundenpläne
5. der 'Ausweis / die 'Ausweise
6. der 'Hörsaal / die 'Hörsäle
7. die 'Prüfung / die 'Prüfungen
8. die 'Vorlesung / die 'Vorlesungen
9. die Klau'sur / die Klau'suren
10. das 'Studium / die 'Studien
11. das Semi'nar / die Semi'nare
12. das Refe'rat / die Refe'rate

S

1. Einige englisch**e** Studentin**nen** [...] haben sich an d**er** Münchn**er** Universität immatrikuliert. Sie sind im dritt**en** Studienjahr.
2. Wegen plötzlich**er** Erkrankung [...] fällt das angekündigt**e** Konzert aus.
3. Tausende von streikend**en** Arbeitern forderte**n** ein**en** höher**en** Lohn.
4. Es kommt kein ander**es** Haus außer dies**em** in Frage.
5. Unser sechzigjährig**er** Nachbar muss sich ein**em** ärztlich**en** Eingriff unterziehen.
6. Das letzt**e** Angebot unser**er** ostdeutsch**en** Lieferant**en** war preisgünstig.
7. „**Mit** was für ein**em** Wagen fährst du das frisch**e** Gemüse auf d**en** Markt?"
– „**Mit** ein**em** klein**en** Lieferwagen, d**en** ich vor ein**em** halb**en** Jahr gekauft habe."
8. Welch**es** Kleid ziehst du [...] an? Welch**e** Schuhe passen dazu?
9. Welch schön**er** Tag ist das heute.
10. Ich habe kein**e** Streichhölzer. Hast du **welche**?

T

1. **Demjenigen, der** sich nach der Decke streckt, bleiben die Füße unbedeckt.
(Celui qui se restreint, ne couvre pas tous ses besoins.)
2. **Derjenige, der** gibt, gebe gern! – **Derjenige, der** zuletzt, lacht am besten.
3. **Demjenigen, der** zwei Dinge auf einmal tut, geraten selten beide gut.
(*Si vous faites deux choses à la fois, vous réussirez rarement à les faire bien toutes les deux.*)

U

1. Ja, er hat **sie ihm** angeboten.
2. Ja, er hat **sie ihr** eingepackt.
3. Ja, sie hat **sie** ausgeschrieben.
4. Ja, er hat **sie mir** gezeigt.
5. Ja, wir haben **sie** unter **ihnen** verteilt.

V

1. worüber / worum
2. wogegen
3. wofür / was
4. worauf
5. womit (worauf)

W

1. Die Zahl **derer, die** noch ...
2. Alle Angestellten, **denen** ...
3. zur Gruppe **derer, die** ...
4. Witz, **den** schon jeder kannte, über **den** ...

5. Der Fahrer, **dessen** Auto ...
6. Freund, auf **den** er sich verlässt und **dem** er viel verdankt.
7. Katalog, in **dem** ...

X

1. Das Haus, vor **dessen** Tür ein Wagen steht, gehört einem Arzt.
2. Die Dame, neben **der** ich saß, ist eine Bekannte meiner Mutter.
3. Der Regisseur, **dessen** letzten Film ich gesehen habe, ist weltberühmt.
4. Alle Jugendlichen, **deren** Fahrräder hier stehen, sind in der Badeanstalt.
5. Die Waren, auf **deren** Lieferung wir warteten, trafen heute Morgen ein.
6. Dort kommt Ilse, von **deren** Eltern wir uns eben verabschiedet haben.

Y

1. ein Gefühl der Angst.
2. Du bedarfst der Ruhe.
3. Um so besser.
4. Ich ziehe Kaffee dem Tee vor.
5. Beide Beamten.
6. Alle unsere Angestellten.
7. Was für schöne Aufnahmen!
8. sie alle; wir beide.
9. Lass uns den ganzen Tag zu zweit arbeiten!
10. unsere Väter und Mütter.
11. Jeder dritte Abgeordnete ist eine Frau.
12. Er isst immer weniger.
13. Ich war dessen nicht sicher. Worum handelte es sich?
14. Ich habe zwei Söhne. Der jüngere heißt Ralf. Er studiert Medizin.
15. Er ist um so schneller gelaufen. Wir werden einander helfen.
16. Der Sieg der italienischen Nationalmannschaft war um so erstaunlicher, als die Gegenmannschaft mit 2 Toren zu Null bis zur sechzigsten Minute in Führung lag. Der Mittelstürmer hat die meisten Tore geschossen.
17. Der Bundeskanzler hat sich in Erfurt, der Hauptstadt Thüringens, aufgehalten.
18. Getreide ist das Hauptausfuhrerzeugnis.
19. Sie fuhr mit ihrer Tante und deren Freundin in Ferien.
20. Ich möchte mit niemandem außer dir darüber sprechen.
21. Du zeichnest gut. Olga zeichnet besser als du. Maria aber zeichnet am besten von euch dreien.
22. Es standen heute Morgen Hunderte von Neugierigen vor dem Rathaus. (Heute Morgen standen Hunderte von Neugierigen vor dem Rathaus.)
23. Mit wem hast du soeben gesprochen? – Mit unserem fünfzigsten ausländischen Kunden.
24. Sie wohnt in nächster Nähe Sie ist eine Ausländerin, denn ihre Aussprache ist nicht die einer Deutschen.
25. Hast du in der Universitätsbibliothek alle wichtigen Werke ausgeliehen, die wir für unser nächstes Referat brauchen?
26. Du hast es oft selbst gesagt: ‚So sehr der Hamburger mit seinem Geld sparsam umgeht, so sehr spart er auch mit seinen Worten."
27. Wer zuletzt lacht, lacht am besten. – Wer nicht wagt, gewinnt nicht.
28. Je weniger du davon sprichst, desto besser ist es.
29. Bayerns Hauptstadt ist zu reich an kulturellen Sehenswürdigkeiten, als dass man alles in wenigen Stunden sehen könnte.

98 - 106 Exercices pages 218 à 219

A

1. ein aufregenderes Buch
2. leis**er**
3. lieb**er**
4. die **ält**er**e** ... die j**ü**ng**er**e.

1. der l**ä**ng**ste** Breitengrad.
2. die elegant**est**en Schuhe, **die** ...
3. zum **nächsten** Flughafen.
4. die gr**ößte** deutsche Ostseeinsel / – das beliebteste Ausflugsziel – ein Kreidefelsen, **der** ...
5. das **meist**diskutierte Thema – die **nächst**liegende Vermutung (*la supposition la plus simple*) / – das **höchst**gelegene Dorf.
6. die gr**ößt**e Stadt / die **zweit**größte / die **dritt**größte / die **viert**größte / die **fünft**größte
7. am häufig**sten**.
8. **am schnellsten.**

B

1. billigst
2. schleunigst
3. höflichst
4. möglichst
5. aufs freundlichste
6. aufs angenehmste
7. aufs herzlichste.

C

1. doppelt so viel **wie** / nichts anderes **als**
2. besser **als**
3. **so** schnell **wie** möglich
4. nicht **so** günstig …, **wie**.

D

1. Ja, **je länger** ich arbeite, **desto müder** bin ich.
2. Ja, **je langsamer** sie gesprochen hat, **desto besser** habe ich sie verstanden.
3. **Je mehr** Studenten an der Reise teilnehmen, **desto billiger** ist sie.
4. **Je höher** das Einkommen ist, **desto mehr** nimmt die Steuerprogression zu.
5. **Je genauer** wir das Gemälde betrachten, **desto mehr** Einzelheiten entdecken wir.

E

1. sich
2. hintereinander
3. bei sich
4. sich.

F

1. *S'il vous plait, traversez la rue deux par deux.*
2. *Nous roulions à deux dans la voiture.*
3. *un point de vue entièrement faux. – les toutes dernières nouvelles.*
4. *des articles à un prix dérisoire.*
5. *C'est vraiment dommage.*
6. *Dehors il faisait un froid de canard.*
7. *La pierre passa de justesse à côté.*
8. *Je le rencontrais quotidiennement.*
9. *La situation est d'une extrême gravité.*
10. *La porte était toute grande ouverte.*
11. *Ce qui est à moi est aussi à toi.*

PARTIE IV – CHAPITRE 1

L'EMPLOI DES CAS ET DES PRÉPOSITIONS

107 - 108 Exercices pages 234 à 235

A

1. De**r** Fremd**e** fragt ei**nen** Polizist**en**.
2. De**r** Polizist antwortet d**em** Fremd**en**.
3. Dies**e** Frau verdankt d**em** Arzt d**as** Leben.
4. Mein**e** Tochter schrieb ihr**er** Freundin ein**en** Brief.
5. Unser Onkel schenkte unser**en** Kindern ein**e** Eisenbahn.
6. De**r** Werkmeister erteilt d**en** Lehrlingen gut**en** Unterricht.

B

Viele Menschen warten an der Haltestelle. **Es** regnet. Zwei Männer laufen über die Straße. Die Ampel zeigt rot. **Es** sind Ausländer. **Es** wird gepfiffen. Leute bleiben stehen. Zum Glück war nichts geschehen.

C

1. Dieser anmutige Fluss ist **der** Neckar.
   Es lieg**en** viele berühmt**e** Städte daran. Darunter **das** bekannt**e** Heidelberg.
   Als zehnjährig**es** Kind kam Heinrich nach Heidelberg.
   Er ist ein erfolgreich**er** Kaufmann geworden.
   Zuerst wollte er ein groß**er** Künstler werden und benahm sich wie ein angehend**er** Schauspieler.
   Er dünkte sich (*il se croyait*) ein groß**er** Mann.
   Als sein best**er** Freund sprach ich zu ihm und überzeugte ihn von sein**em** Irrtum.
2. Ein jung**er** Berliner sieht schon eine ganz**e** Weile einem älter**en** Mann zu, der in **der** Brandung etwas sucht.
   „Wonach halten Sie Ausschau?" (*Que cherchez-vous ?*) fragt er **ihn**.
   – „Meine Brille ist mir in die Elbe gefallen."
   „In **die** Elbe? Sie sind hier an **der** Nordsee!"
   – „Nordsee? Da **können** Sie mal sehen, wie es ein**em** ergeht, wenn man seine Brille **verloren** hat!"

D

1. „Trinken Sie zu diesem vortrefflichen (vorzüglichen) Fisch Weißwein?"
2. – „Ich trinke keinen Wein, ich trinke Mineralwasser."
3. – „Herr Ober, bringen Sie für meinen Gast Mineralwasser und für mich dänisches Bier!"

4. „Haben Sie keine Verwandten im Saarland?"
5. – „Als der Zweite Weltkrieg im Jahre 1939 ausbrach, musste mein Großvater das Saargebiet verlassen.
6. Als ich Kind war, wohnte ich in Koblenz, einer mittleren (mittelgroßen) Stadt am Zusammenfluss des Rheins und der Mosel.
7. Mein Großvater mütterlicherseits war Winzer. Er besaß ein größeres Weingut in der Nähe von Traben in der Pfalz."

E

1. Meine Schwester arbeitet als Krankenschwester in einer Klinik.
2. Diese junge Deutsche ist Krankenschwester wie sie.
3. Ihr jüngerer Bruder will ein guter Arzt werden.
4. Er wird mein bester Freund bleiben. Ich habe vor, Architekt zu werden.
5. Ihrer Aussprache nach scheint sie Ausländerin zu sein.
6. Niemand hatte der Verantwortliche sein wollen.
7. Ich habe unserer Nachbarin unsere Wohnungsschlüssel gegeben.
8. In Frankreich bringt der Postbote jeder Familie einen Kalender.

109 Exercices pages 235 à 236

A

a)
1. den Vater
2. für einen Verschwender
3. Der Lehrer fragt **ihn** das Einmaleins ab.
4. mich
5. hat **mich** das Schachspiel gelehrt. (*double accusatif*)
6. Er hieß **mich** einen Lügner. (*Il m'a traité de menteur.*) / Ich schimpfte **ihn einen** Dummkopf. (*Je l'ai qualifié d'imbécile.*)

b)
1. in der Nähe / einen guten Zeltplatz
2. fragen Sie **den** Polizisten nach dem Weg.
3. einen Zeltplatz
4. diesen Weg / einen Kilometer weit
5. einen Monat lang / beneideten mich um meine Ferien.

c)
1. für ein**e** Großgarage.
2. Durch ein**en** Freund.
3. für ein**e** H-Jolle.
4. letzten Montag / ihr glücklich**er** Besitzer.
5. baten i**hn**.
6. beneideten i**hn** um sein**en** neu**en** Besitz. (*lui envièrent sa nouvelle acquisition.*)
7. **die** Küste entlang (*le long de la côte.*)
8. gegen d**en** Wind.
9. lachten **ihn** aus.
10. nass bis auf d**ie** Haut. (*trempés jusqu'aux os*)

B

1. Wir gehen durch d**as** Feld, durch d**as** Tor, durch **den** Schnee, durch d**en** Wald.
Wir gehen über d**ie** Straße, über d**ie** Wiese.
2. Verkehrsunfälle (*accidents de la route*) entstehen durch sträflich**e** Fahrlässigkeit (= *négligence*), schlecht**e** Bereifung (*mauvais pneus*), eilig**es** Überqueren des Fahrdammes, vereist**e** Straßen, zu hoh**es** Ladegewicht (= *charge limite trop élevée*), unübersichtlich**e** Kreuzungen.
3. **für:**
Wir arbeiten für d**en** Vater, d**ie** Mutter, d**ie** Fabrik.
gegen:
Der Ball flog gegen d**ie** Mauer, d**ie** Scheibe (=*vitre*), d**ie** Wand.
ohne:
Er kam ohne d**ie** Tasche, de**n** Mantel, d**en** Hut, d**as** Buch.
Er ging an d**ie** Arbeit ohne **ein** Ziel, d**ie** geringst**e** Überlegung, (*sans réfléchir le moins du monde*), jed**e** Aussicht auf Lohn (*sans attendre de récompense*), d**en** geringst**en** Eifer (*sans la moindre ardeur*).
um:
Wir laufen um d**ie** Kirche herum, um d**as** Haus, d**en** Baum, d**en** Teich.
wider:
Er handelt wider d**as** Gesetz, besser**es** Wissen (= *contre sa conviction intime*), d**as** Recht.
Bist du für oder wider **mich**?

C

1. Wir wollen an der Donau entlangfahren. Frag diesen Bauern nach dem Weg!
2. Gehen Sie nicht durch den Wald nach Einbruch der Dunkelheit!
3. Ohne seine Brille sah der junge Mann den Weg nicht mehr.
4. Er stieß gegen einen Baum und fiel in einen Graben.
5. Der Unvorsichtige stand im Wasser bis zum Hals.
6. Zwei Radfahrer fuhren am Graben entlang, nachdem sie über eine Brücke gekommen waren.
7. Man soll nie wider die Natur handeln.
8. Alle für einen und einer für alle!

110 Exercices pages 236 à 237

A

1. sein**em** Vater ähnlich.
2. **den** meist**en** sein**er** Bekannt**en** angenehm.
3. **ihnen** immer willkommen.
4. sein**en** Eltern dankbar.
5. **ihm** eigen.
6. **ihm** gut tun.
7. sein**en** Nerven schädlich.
8. fällt **ihm** schwer.
9. **ihm** nützlich sein.

B

1. **Dem Kranken** geht es besser. (Zu/An) Weihnachten hat er sehr schöne Geschenke bekommen.
2. **An** Regentagen wäre es mir sehr angenehm im Bett zu bleiben.
3. Der Wetterdienst meldete, dass es **am** nächsten Morgen gutes Wetter geben sollte.
   (= Nach dem Wetterdienst sollte es ... gutes Wetter geben.)

C

1. sich mit etwas beschäftigen
2. jm folgen (*suivre qn*); auf jn folgen (*succéder à qn*)
3. sich bedienen (+ *gén.*) (*se servir de*)
4. entgehen (+ *dat.*) (*échapper à*)
5. über etwas (= *acc.*) verfügen (*disposer de*)
6. jm zu etwas gratulieren (*féliciter qn de qc*)
7. jm für etwas danken (*remercier qn de qc*)
8. sich an jn wenden (*s'adresser à qn*)
9. jm auf etwas (= *acc.*) antworten (*répondre à*)
10. jm etwas raten (*conseiller qc à qn*)
11. an etwas (= *acc.*) denken (*penser à*)
12. über etwas (= *acc.*) lachen (*se moquer de*)
13. jn kennen lernen (*faire la connaissance de)*

D

1. Ich begegnete **dem** Hauswirt... „Wie geht es **Ihnen**?"
2. Er dankte **mir** kaum ...
3. „Ich rate **Ihnen**, schaffen Sie Ihr**en** Hund ab!"
4. Ich konnte **ihm** schmeicheln, er wollte **mir** nicht entgegenkommen.
5. wenn ich mich **ihm** näherte, drohte er **mir**.
6. ein**em** so lieb**en** Tier zürnen?
7. **mir** nie eingefallen.
8. **ihm** nachgeben.
9. **mir** helfen.

E

1. Heute Morgen begegneten wir unser**em** Chefingenieur.
2. Er gratulierte **mir** zum ersten Preis beim Schwimmwettkampf.
3. „Ich habe dies**em** Sportfest leider nicht beiwohnen können. Ich hoffe, dass es **Ihnen** gelingt, in die Nationalmannschaft aufzusteigen.
   Danken Sie Ihr**em** Trainer und bleiben Sie **ihm** treu!"

F

1. **aus:**
   Ich komme aus der Fabrik / dem Dorf / dem Garten / den Ferien / der Stadt / der Bäckerei / der Metzgerei.
2. **bei:**
   Wir treffen uns bei dem Rathaus / der Schule / der Haltestelle / bei der Post / dem Brunnen / dem Denkmal / der Kunsthalle.
   Ich segle (*Je fais de la voile*) bei jed**em** Wetter,
   bei bewegt**er** See
   bei flau**em** Wind (*vent calme*),
   bei stark**em** Sturm/bei klatschend**em** Regen.
3. **mit:**
   Ich arbeite
   mit der Schaufel / mit dem Spaten / mit der Säge / dem Hammer / dem Beil (*hache*) / dem Hobel (*rabot*) / der Zange (*tenailles*).
   Ein Schreibtisch mit ein**em** drehbar**en** Sessel; ein Computer mit divers**em** Zubehör (*accessoires*).
4. **nach:**
   Wir fahren
   nach Haus / nach Italien / nach Übersee / nach links / nach der Insel Helgoland.
   In Lübeck erkundige ich mich nach **der** Marienkirche, **dem** Dom, **dem** Rathaus; in Braunschweig nach **dem** Denkmal Heinrich**s des** Löw**en**; in Hannover nach **dem** Schloss Herrenhausen; in Wolfsburg nach **dem** Volkswagenwerk; in Potsdam nach **dem** Schloss Sanssouci.
5. **seit:**
   Ich sah ihn seit dem Ausflug, seit Pfingsten, seit dem ersten Februar nicht mehr.
6. **von:**
   Die Leute sprechen von dem strengen Winter/von dem neuen Fahrplan / von der großen Trockenheit.
7. **zu:**
   Willst du mit zur Apotheke / zum Briefkasten / zu einem guten Bekannten?

G

1. Du musst bei **der** Stange bleiben.
   Tu dois tenir bon.
2. Ich nehme dich **beim** Wort.
   Je te prends au mot.
3. Du musst bei **der** Wahrheit bleiben.
   Tu dois t'en tenir à la vérité.

4. Er legt sich leicht mit jed**em** an.
Il se querelle facilement.
5. Er kommt mit ein**em** blauen Auge davon.
Il s'en tire à bon compte.
6. Es ist schwer mit **ihm** auszukommen.
Il est difficile à vivre.

H

1. Ein**er** nach d**em** andern.
2. ein**er** **dem** andern / „Bitte, nach Ihnen!"
3. Meine dänisch**e** Freundin / aus d**em** Schwarzwald.
4. bei dein**er** Tante.
5. mit mein**em** Onkel und mein**er** Kusine.
6. einen Ausflug nach Stuttgart.
7. seit mehrer**en** Jahr**en**.
8. Sehr geehrter Herr Köster,
dank Ihr**er** tatkräftig**en** Unterstützung (*soutien*) konnten wir das Gelände (*terrain*) **am** Elbufer erwerben. Da wir uns unser**em** Partner gegenüber unser**en** Abmachungen gemäß verhielten, ist die Angelegenheit zu ein**em** gut**en** Abschluss gelangt.
Hochachtungsvoll
Dr. Heinrich Müller, Rechtsanwalt

I

1. Ich bin diesem schönen Bach **von** seiner Quelle **an** gefolgt.
2. **Von** jetzt **an** werden wir (= wollen wir) uns duzen.
3. **Von** meinem Fenster **aus** sehe ich den nahen Berg.
4. Betrachte die Dinge **von** diesem Standpunkt **aus**!
5. **Von** Kindheit **auf** habe ich mich für Mathematik intere'ssiert.
6. Geh nicht weiter so **neben** mir **her**!

J

1. Meine Kusine kam mein**er** Schwester **entgegen**.
2. D**em** Haus **gegenüber** war eine große Wiese.
3. D**em** Wortlaut des Gesetzes **gemäß** dürfen Sie nicht Ihre Villa auf diesem Grundstück bauen lassen (= **nach** dem Wortlaut des Gesetzes ...)
4. Sie lief **am** Zug **entlang**.
5. Zur Zeit wohne ich **bei** Freunden, später aber werde ich **zu** meinem Onkel ziehen, der aus der Türkei zurückkommen soll.

111	Exercices pages 238 à 239

A

a) **an:**
1. an **das** Haus / an **die** Mauer / an **den** Pfahl (*poteau*) / an **den** Baum / an **den** Zaun (*contre la clôture*) / an **das** Gitter (*grille*).
2. an **dem** Haus / an **der** Mauer / an **dem** Pfahl / an **dem** Baum / an **dem** Zaun / an **dem** Gitter.

b) **auf:**
1. Ich lege das Buch auf **den** Tisch / **den** Stuhl / die Couch / **das** Pult / auf **die** Fensterbank / auf **das** Regal (*étagère*).
2. Das Buch liegt auf **dem** Tisch / auf **dem** Stuhl / auf **der** Couch / auf **dem** Pult / auf **der** Fensterbank / auf **dem** Regal.

c) **hinter:**
1. Der Ball fliegt hinter **den** Ofen / hinter **das** Sofa / hinter **den** Bücherschrank / hinter **den** Busch / hinter **den** Zaun.
2. Der Ball liegt hinter **dem** Ofen / hinter **dem** Sofa / hinter **dem** Bücherschrank / hinter **dem** Busch / hinter **dem** Zaun.

d) **in:**
1. Ich lege die Äpfel in **den** Kasten / in **den** Korb / in **die** Schale (*coupe*) / in **die** Kiste.
2. Die Äpfel liegen in **dem** Kasten / in **dem** Korb / in **der** Schale / in **der** Kiste.
Das Bier liegt in **dem** Eisschrank.
Wer hat es in **den** Eisschrank gelegt?

B

1. an d**er** Tür
2. in**s** Zimmer
3. in d**ie** Garage
4. in d**en** Sesseln und auf d**em** Sofa
5. Hinter m**ir** auf d**em** Tisch
6. auf d**en** Teppich
7. über d**en** Vorfall (*incident*)
8. in d**ie** Küche
9. im Park auf d**er** Bank
10. neben m**ich**
11. auf d**ie** Bank
12. auf d**er** Bank
13. Er stellte sich vor m**ich**, ich stand vor ihm...

C

1. Die Wolke steht über **der** Stadt, **dem** Berg, **dem** Tal, **dem** See.
Die Wolke zieht über **die** Stadt, **den** Berg, **das** Tal, **den** See.
2. Die Maus saß zwischen **dem** Sack und **der** Wand, dann huschte sie zwischen **die** Körbe und verschwand zwischen **den** Zeitungsbündeln. Hinter der Kiste haben wir das Mauseloch entdeckt.

D

1. Die Hühner liefen über **die** Straße.
2. Die Schwalbe flog in **das** Nest. Die Enten schwammen auf **dem** Teich (*étang*).
3. Der Bauer spannte ein Pferd vor **den** Wagen. Die Kühe grasten auf **der** Weide.

4. Die Schweine wurden in **den** Stall getrieben. Die Katze sonnte sich vor **der** Haustür.
5. Wir gingen über **die** Brücke. Auf **der** Brücke blieben wir stehen.

E

1. Ich sitze neben mein**er** Mutter.
   Der Löffel liegt neben **dem** Teller.
   Das Glas steht neben **der** Flasche.
   Der Senf (*moutarde*) steht neben **dem** Käse.
2. Setze dich neben dein**e** Mutter!
   Lege den Löffel neben **den** Teller!
   Stell das Glas neben **die** Flasche!
   Stell den Senf neben **den** Käse!

F

1. **in** der Hummelstrasse / **bei** seinen Eltern
2. **zu** ihm / **an** die Tür
3. **in** sein Zimmer / **an** seinem Schreibtisch
4. **in** einem Buch
5. **ins** Kino
6. **vom** Arzt
7. **bei** dir / **zum** Essen
8. **auf** dem Tisch
9. **Beim** Essen / **in** die Schweiz
10. **nach** Paris

G

1. Die Schwalbe fliegt über das Dach des Nachbarn hinweg.
2. Er schläft unter der großen Eiche unseres Gartens.
3. Ich stelle mich hinter sie neben die Leiter.
4. Das kleine Mädchen hatte nachts Angst vor dem Wolf.
5. Sie war nicht eifersüchtig auf ihre Nachbarin.
6. Der Schriftsteller spricht von seinem letzten im Mai erschienenen Roman.
7. Zwischen den beiden Brüdern gab es oft Streit.
8. Der Sänger verließ die Bühne und trat unter die Zuschauer.

112 Exercices pages 239 à 240

A

1. Er kam erst während **des** Unterrichts / **der** Feier / **der** Pause / des Vortrags.
2. Er konnte nicht kommen wegen schlecht**en** Wetter**s** / stark**en** Frost**s** / dringend**er** Arbeit / leicht**er** Grippe / heftig**er** Kopfschmerzen / ungünstig**en** Verkehr**s**.

   wegen **des** schlecht**en** Wetter**s** / **des** stark**en** Frost**s** / **der** dringend**en** Arbeit / **der** leicht**en** Grippe / **der** heftig**en** Kopfschmerzen / wegen **des** ungünstig**en** Verkehr**s**.
3. Hamburg ist bekannt **wegen seiner Aalsuppe** (*soupe aux anguilles*), Lübeck **wegen seines Marzipans** (*pâte d'amande*), der Harz **wegen seines Käses**, die Pfalz **wegen ihres Weins**, Bremen **wegen seiner Zigarren**, Nürnberg **wegen seines Lebkuchens** (*pain d'épice*), München **wegen seines Biers**, Kiel **wegen seiner Sprotten** (*sprats fumés*), Westfalen **wegen seines Pumpernickels** (*pain noir complet*), Thüringen **wegen seiner Bratwürste** (*saucisse grillée*), Berlin **wegen seiner Weißen** (seines Weißbiers) (*bière blanche avec du sirop de framboise*), Dresden **wegen seiner Stollen** (*gâteaux de Noël*).

B

1. Wegen **der** hoh**en** Grundstückspreise innerhalb **der** Stadt kaufte Herr Weidner sich außerhalb **der** Stadt, jenseits **des** Flusses, einen Bauplatz.
2. in der Nähe ein**es** dicht**en** Tannenwald**es**
3. wegen **der** gut**en** Luft und **der** Ruhe.
4. Da las man **eines Tages** einen Anschlag (*affiche*): Innerhalb ein**es** Jahr**es** sollte hier längs **des** Grundstück**s** ein Flugplatz gebaut werden.
5. „Um Himmel**s** willen!"

C

1. Wir gedenken dies**es** herrlich**en** Festtag**es**.
2. Ich gedenke mein**es** Freund**es**, mein**er** Eltern. Gedenke mein**er**!
3. Der Kranke bedarf **der** Schonung (*a besoin de ménagement*).
   Der Gesunde bedarf **des** Arzt**es** nicht.
4. Er enthält sich **des** Rauchen**s** und Trinken**s** ...
5. Dieser Politiker erfreut sich **des** Vertrauen**s** der Wähler.
6. Er erbarmt sich **der** hungernd**en** Vögel.
7. Er entsann sich **des** Bericht**es** (*il se souvint du compte rendu...*)
8. Er bedient sich ein**es** Lexikon**s** beim Bearbeiten dies**es** Text**es**.

D

1. „Warum bist du so guter Laune?"
   – „Seit anderthalb Monaten rauche ich wegen meiner Gesundheit nicht mehr.
2. Eines Tages war ich der Meinung, dass ich keine Zigaretten mehr brauchte."
3. – „Bist du deiner so sicher? Hier sind englische und amerikanische Zigaretten. Es sind die meines Bruders.
4. Nimm doch eine dieser Zigaretten oder eine Zigarre!"
5. „Ich weiß, du bist dir meiner Schwäche bewusst. Es ist deiner unwürdig."
6. „Geh um Himmels willen deines Weges! Erbarme dich meiner!"
7. - „Hier ist ein Korb voll reifer Äpfel. Nimm einen davon!"

113 Exercices pages 240 à 241

A

1. Mannheim**s** Vororte
2. **des** Kaiser**s** neue Kleider
3. Goethe**s** Faust
4. Beethoven**s** Pastorale
5. Schubert**s** Forellenquintett
6. Schiller**s** Räuber

B

1. mit Müllers, **Inges Familie**
2. **Kleists „Zerbrochener Krug"** (« *La Cruche cassée », 1808*)
3. mit **Inges Mutter** ... Hans, **Inges Bruder** ...
4. **Herrn Dr. Schmidts** Tochter, **Inges Freundin** ...

C

1. die Ermordung Cäsar**s**.
2. die Verwandten Elisabeth**s**.
3. die Satiren **des** Horaz.
4. die Musik Johann Sebastian Bach**s**.
5. der „Parzival"(1) Wolfram von Eschenbach**s** (um 1208)
6. in den berühmten Reden Cicero**s**.
7. die Regierungszeit Bundeskanzler Kohl**s** (1982-1998)
8. die Sprechstunde Professor Kayser**s**.
9. in der sorgenlosen Zeit meiner Kindheit.

D

1. **Griechenlands** Götter
2. **Italiens** blauer Himmel
3. **Trojas** Ruinen
4. die Kriege **von** König Friedrich **dem** Zweit**en**
5. **Shakespeares** Dramen
6. **Hölderlins** Gedichte
7. die ersten Werke **von** Max Frisch (1911-1991)
8. **Mozarts** Requiem
9. der Main, ein Nebenfluss des Rheins
10. die Schönheit **der** Venus von Milo
11. das berühmte Ei **des** Kolumbus
12. **Herrn Doktor Jungs** Sprechstunde

E

1. *Dix députés s'abstiennent.*
2. *J'ai changé d'avis.*
3. *Il s'est occupé de moi.*
4. *Je défendis ma peau (Fam.).*
5. *Il mourut d'une mort naturelle.*
6. *On évoqua le souvenir des morts à la guerre.*
7. *Je m'acquittai de ma mission.*
8. *Ce reproche est dénué de tout fondement.*
9. *Nul besoin de preuve pour affirmer que...*
10. *Elle ne m'accorda aucun regard.*
11. Bei unseren Nachbarn, den Ziegler**s**, gab es gestern Abend einen großen Empfang.
12. Ältere Herren sprachen über die Außenpolitik **Kaiser Wilhelms des Zweiten**, während andere die Inszenierung von **Schillers** „Wallensteins Tod" (1800) kritisierten.
13. **Peters** und **Kurts** Freunde aber sprachen von **Pauls** letzt**em** Wagen, ein**em** schwarzen Porsche.

(1) La graphie Parsifal est celle de l'opéra de Richard Wagner (1882).

114 - 115 Exercices pages 241 à 242

A

1. Denkst du an **deine** Reise nach **dem** schön**en** Isl**a**nd?
2. ich erinnere mich [...] an **die** damalig**en** Ausflüge.
3. Hoffst du auf ein baldig**es** Wiedersehen mit dei**nen** Freund**en** dort?
4. Ich fürchte mich vor **der** beschwerlich**en** Schiffsreise dorthin, aber ich sehne mich nach diesem außerordentlich**en** Land.
5. Die Erinnerung an **die** hell**en** Nächte ...

B

1. mit Hans, dein**em** Bekannt**en**
2. Sabine, dein**e** früher**e** Studienfreundin,
3. Sabine, ein**e** jung**e** Zeichenlehrerin,
4. auf den Ratschlag ihres Lehrers, ein**es** bekann**ten** Pädagog**en**.

C

1. der Anfang mit (+ *dat.*)
2. die Antwort auf (+ *acc.*)
3. die Arbeit an (+ *dat.*)
4. der Beginn mit (+ *dat.*)
5. der Bericht über (+ *acc.*)
6. die Bitte um (+ *acc.*)
7. die Einfuhr in (+ *acc.*)
8. der Ekel vor (+ *dat.*)
9. die Frage nach (+ *dat.*)
10. die Freude an (+ *dat.*)
11. der Griff nach (+ *dat.*)
12. die Herrschaft über (+ *acc.*)

13. die Hoffnung auf (+ *acc.*)
14. die Klage über (+ *acc.*)

D

1. Eine Menge Leute hatte sich vor dem Rathaus versammelt.
2. Die Stadt London darf nicht mit der City verwechselt werden (*Infinitif passif*).
3. Der (Monat) Juni ist dieses Jahr gewitterig und regnerisch.
4. Wir haben zwei Glas Wermut und zwei Flaschen Rotwein getrunken.
5. Sie haben uns ein Paar schwarze Schuhe gekauft.
6. Kennen Sie Herrn Röhrig, den neuen Direktor unserer Gesellschaft?
7. Kaiser Karl der Fünfte (Kaiser Karl V.) besuchte Franz den Ersten, König von Frankreich.

E

1. ein paar Kinder (*quelques enfants*)
2. ein Paar Handschuhe (*une paire de gants*)
3. ein Paar Ohrringe
4. ein Paar Strümpfe
5. ein paar Bekannte
6. ein paar Zigaretten
7. Ich kaufe mir ein **Paar** Rollschuhe (*patins à roulettes*).
8. Die Tänzer traten **paarweise** an.
9. Klaus und Ingrid sind ein **Paar** geworden.

F

1. 100 Gram**m**
2. drei Pfun**d** Zucker
3. eine Armee von 50 000 Man**n**
4. 3 Gla**s** Bier (3 Bierglä**ser** = *3 verres à bière!*)
5. Diese drei Zentner Kartoffeln kosteten 40 Mar**k** 30 Pfenni**g**.
6. über 40 Gr**ad** Hitze
7. 5 Gr**ad** unter Null.
8. die Stadt Mannheim
9. die Bundesrepublik Deutschlan**d**
10. 2,5 (zwei Komma fünf) Millionen Einwohner
11. anderthalb Stunden
12. 1,1 (ein**s** Komma ein**s**) Million**en** Tonnen
13. zweieinhalb Liter

G

1. Österreicher und Russen wurden **am** 2. (am zweiten) Dezember 1805 in der Schlacht **von** (bei) Austerlitz besiegt.
2. Wann unternahm Goethe seine Reise **nach** Italien (seine italienische Reise)? Von 1786 bis 1788.
3. Können Sie mir den Weg **zum** Bahnhof zeigen?
4. Der Sage **nach** soll Barbarossa **an einem Marmortisch** (an einem marmor**nen** Tisch) im Kyffhäuser sitzen.
5. Haben Sie die Apfelsinen **aus** Spanien und die Datteln **aus** Nordafrika gern?
6. Der Bauunternehmer hat dieses sechs**stöckige** Haus (= dieses Haus mit sechs Stockwerken) gebaut.
7. Gustav Adolf, König **von** Schweden, wurde **im Jahre** 1632 während des **D**reißigjährigen Krieges in der Schlacht **von** Lützen getötet.

PARTIE IV – CHAPITRE 2

LES COMPLÉMENTS CIRCONSTANCIELS

116 Exercices page 249

A

1. An **dem** Ufer, auf **der** Wiese, in **dem** Wald, an **einem** ruhig**en** See, zwischen groß**en** Stein**en**, auf **der** Lichtung (*clairière*), hinter ein**er** hohen Hecke (*haie*), neben **dem** Bauernhof. Dichte Nebel liegen über **dem** Wasser. Ein Hubschrauber kreist über **dem** Dorf.
2. Das junge Mädchen schwamm 1000 Meter in **dem** Olympiabecken.
3. Bleibe nicht zu lange bei dein**er** Tante, denn sie ist alt und ermüdet schnell!
4. Die nächste Tankstelle befindet sich 2 km von hier an **der** Bundesstraße bei der Ausfahrt der Stadt.
5. Eine dicke Katze schläft unter der Bank vor **dem** Haus.
6. Sie war bei ihr**en** Eltern geblieben, weil sie keine Stellung als Sekretärin gefunden hatte.

B

1. An **das** Ufer, auf **die** Wiese, in **den** Wald, an **einen** ruhig**en** See, zwischen groß**e** Stein**e**, auf **die** Lichtung, hinter ein**e** hoh**e** Hecke, neben **den** Bauernhof. Dichte Nebel schieben sich über **das** Wasser. Eine Lerche (*alouette*) ... fliegt hoch in **die** Luft. Ein Flugzeug fliegt über **das** Dorf hinweg.
2. Das klare Wasser floss über **die** Felsblöcke.
3. Einmal im Monat gehen meine Eltern in**s** Theater.
4. Fahr mich schnell **zum** Bahnhof, denn mein Zug fährt in einer halben Stunde ab. Ist es weit von hier **nach** Heilbronn?
5. Die Demonstranten warfen Steine gegen **das** Schaufenster.
6. Der Läufer (*tapis de couloir*) soll **auf den** Flur, der Kleiderschrank **ins** Schlafzimmer, das Bild **an die** Wand, der Schreibtisch **vors** Fenster, der Sessel **in die** Ecke, die Kleiderbügel **in den** Kleiderschrank, die Geschirrspülmaschine und der elektrische Kocher **in die** Küche, der Besenschrank **in den** Abstellraum (*débarras*).

C

Woher?

1. Mittags kommt er **aus** der Schule zum Essen.
2. Viele Apfelsinen kommen **aus** Jaffa.
3. Sie lief **aus** dem Zimmer.

Wodurch?/Worüber?

4. Der Wagen ist **über** die Brücke, dann zum Einkaufszentrum gefahren.
5. Der Hase lief **durch** das Feld **querfeldein**, die Hunde hinterher.
6. Die jungen Pfadfinder zogen singend **durch** das Dorf, dann zelteten sie auf der Lichtung des nahen Waldes.

117 - 118 Exercices pages 250 à 251

A

a)

1. **an die** Eltern schreiben
2. **an das** Ziel gelangen
3. **an die** Sie fahren
4. **am** Fluss wohnen
5. **am** Bahnhof warten
6. **am** Fenster sitzen
7. **an die** Tür klopfen
8. **an der** Wand hängen
   (*V. fort = être accroché à*)
   an die Wand hängen
   (*V. faible : accrocher à qc.*)
9. sich **an die** Wand lehnen

b)

1. **auf der** Bühne erscheinen
2. **auf das** Dach steigen
3. **auf die** Uhr blicken
4. **auf dem** Teppich liegen
5. sich **auf** ein**en** Stock stützen
6. **auf das** Feld gehen.

c)

1. **ins** Konzert gehen
2. **in die** Höhe steigen
3. **im** Wald verschwinden
4. **ins** Zimmer treten
5. **im** Wasser schwimmen
6. **in der** Stadt ankommen
7. **in die** Tiefe stürzen
8. **in die** Berge fahren
9. **in** ein**em** Restaurant speisen.

B

1. **Wo warst du heute Nachmittag?**
   Ich war **im** Keller / **in** Köln
   auf dem Land / **beim** Arzt / **zu** Hause / **auf der** Straße /
   im Theater / **bei** mein**er** Freundin / **in der** Küche /
   auf dem alt**en** Postamt / **auf dem** Fernsehturm.
2. **Wohin gehst du?**
   Ich gehe **in den** Keller / **nach** Köln

aufs Land / **zum** Arzt / **nach** Hause / **auf die** Straße /
ins Theater / **zu** mein**er** Freundin / **in die** Küche /
auf das alte Postamt / **auf den** Fernsehturm.

C

1. **ins** Wasser gefallen.
2. Der Dieb ... lief **auf die** Straße und verschwand **in der** Menschenmenge.
3. Wir fahren **im** Sommer **aufs** Land.
4. Du darfst nicht **auf die** Straße gehen!
5. Schreib dieses Wort **an die** Tafel!
6. Das Auto steht **auf der** Straße.
7. Ein Polizist steht **an der** Straßenecke.
8. Heute bleiben wir **zu** Hause.
   Morgen gehen wir **zu** Freunden.
9. Zum Glück sind wir bald **am** Ziel!

D

1. angekommen.
2. „Komm ... in mein Geschäft!"
3. „zum Bahnhof kommen."
4. auf der Treppe angekommen ...
5. Mehrere Leute kamen auf mich zu ...

E

a)
1. *Il dort* ***dans*** *la grange.*
2. *Elle travaille* ***à*** *la banque.*
3. *Il travaille* ***à*** *sa thèse.*
4. *Il retourne* ***dans*** *son pays natal.*
5. *Il lance le ballon* ***en*** *l'air.*
6. *Il faisait son tour d'Allemagne.*
7. *Elle m'exaspère.*
8. *Il se souvient souvent* ***de*** *ce village.*
9. *Elle se rendit* ***au*** *lac de Constance.*
10. *Il ne parvint jamais* ***au*** *but.*

b)
1. *en moyenne – un représentant en vin, en tissus.*
2. *Je partirai dans huit jours.*
3. *Il ne cesse de m'interrompre.*
4. *Cet exportateur est criblé de dettes.*
5. *À 8 heures j'arrivais à Hambourg. – Mon arrivée à Hambourg.*
6. *Dans un mois, tout sera prêt.*
7. *En fin de compte, la brochure aura 35 pages.*
8. *Les frais s'élèvent à 500 Euros au total.*
9. *Il empocha l'argent.*
10. *J'acceptai tout, car j'en étais amoureux.*

F

1. **nach** Zypern (fahren) – **in** Neapel (leben) – **auf** Sankt Helena (sterben) – **in** den Wald (gehen) – **auf** dem Ball (tanzen) – **unter** freiem Himmel (schlafen)
2. **auf** dem Feld (arbeiten) – **in** den Süden (reisen) – **auf** der Bühne (sein) – (sich) **in** der Türkei (aufhalten) – **in** den Krieg (ziehn)
3. **Auf** dem Gipfel des Berges **angekommen**, bewunderten die Ausflügler die Aussicht.
4. Sie waren anderthalb Stund**en** **auf** dem Schloss geblieben.
5. Am selben Abend gingen sie **auf** den Ball und beschlossen, den nächsten Tag **am** See zu verbringen.

119 - 120 Exercices page 251

A

1. *Heures d'ouverture de 9 à 12 h 30,*
   le samedi ouvert sans interruption de 9 à 13 h.
   Fermé provisoirement jusqu'à mardi, 3 mai.
2. *Stationnement autorisé (non surveillé).*
   jours ouvrables de 7 à 19 h,
   samedi de 7 à 15 h, 30 minutes au maximum.
3. *Téléphonez-nous ! 24 heures sur 24 - 365 jours par an, c.-à-d. même les dimanches et les jours fériés.*

B

1. Letzten Montag um 10 Uhr
2. zum letzten Mal
3. im Jahr 1996 -/ im Mai um die Mittagszeit
4. zum ersten Mal
5. Im folgenden Monat, am 30. Juni, -
6. Vorletzten Sommer -
7. eines Tages/nächsten Mittwoch -
8. um 4 Uhr -
9. am nächsten Mittwoch/bis abends -

C

1. Er wird **heute Morgen** nicht ins Gymnasium gehen, denn er hat Fieber.
   Die ganze Nacht hat er über Kopfschmerzen geklagt.
2. **Vor acht Tagen** bedeckte eine Schneeschicht den Platz.
   Ein Unfall ereignete sich **am Nachmittag gegen 16 Uhr**.
3. Zwei deutsche Staaten sind **im Jahre 1949** entstanden.
4. **Jedes Jahr um die gleiche Zeit** schließt dieses Werk seine Tore für einen Monat.
5. **Sonnabends / Samstags** ist das Geschäft **von 9 bis 13 Uhr** geöffnet und **montags** geschlossen.

121 - 123 Exercices pages 252 à 253

A

1. *« Demain, demain, surtout pas aujourd'hui », c'est ce que disent tous les paresseux.*
2. *Ne dors pas trop longtemps le matin,/ne manque pas le bonheur de l'heure matinale !/ Il ne s'offre qu'une seule fois/et ne reviendra assurément plus.*
3. *Il y a bien des années – dans la nuit des temps – avant la naissance du Christ.*
4. *du matin au soir – au même instant.*

B

1. eine goldene **Uhr**
2. Seine **Uhr**
3. Meine **Uhr**
4. Wie viel **Uhr**
5. 3 **Uhr**
6. Die Turn**stunde** beginnt um 4 **Uhr**.
7. eine **Stunde** Zeit

C

1. sechs Jahre **lang**
2. **den** ganz**en** Sommer
3. läng**ere** Zeit
4. Der junge Pianist übte stunden**lang** …
5. **den** ganz**en** Winter **über**
6. **In** vier Wochen
7. **Nach** fünf Monaten
8. **von** Morgen **bis** zum Abend.

D

1. **Bevor** ich mich rasiere,
   Wenn ich mich rasiere,
   Nachdem ich mich rasiert habe, …
2. **Bevor** der Zug einfuhr,
   Als der Zug einfuhr,
   Nachdem der Zug eingefahren war, …
3. **Bevor** es dunkel wurde,
   Als es dunkel wurde,
   Nachdem es dunkel geworden war, …
4. **Bevor** ich zu Abend esse,
   Wenn ich zu Abend esse,
   Nachdem ich zu Abend gegessen habe, …
5. **Bevor** die Sendung beginnt,
   Wenn die Sendung beginnt,
   Nachdem die Sendung begonnen hat, …

E

1. Das Zweite Reich dauerte von 1871 bis 1918, das heißt 47 Jahre;
   die Weimarer Republik von 1919 bis 1933, das heißt 14 Jahre;
   das Dritte Reich von 1933 bis 1945, das heißt 12 Jahre.
2. Der Dreißigjährige Krieg dauerte von 1618 bis 1648.
3. Bis zur Entlassung.
4. Von 14 bis 16.30 Uhr.
5. In grauer Vorzeit.
6. Im Jahre 1648 war der Dreißigjährige Krieg zu Ende.
   Am 11. November 1918 wurde ein Waffenstillstand geschlossen. Damit war der **E**rste Weltkrieg beendet. Am 8. Mai 1945 erfolgte die bedingungslose Kapitulation der deutschen Streitkräfte. Damit war der **Z**weite Weltkrieg beendet.
7. Im Sommer 1998.

F

1. Vor 100 Jahren war das Leben schwieriger als heutzutage.
   Damals gab es noch keine Elektrizität. Im Winter konnten die Bauern nicht spät abends arbeiten, denn es war dann zu dunkel.
2. Heutzutage können die Städter mitten im Januar oder Anfang Februar Urlaub machen. Sie treiben oft eine Woche Wintersport.
   In der Stadt sind die Geschäfte an den Feiertagen, Neujahr, Ostern und Pfingsten, und sogar vom 1. bis zum 15. August geschlossen.

124 Exercices pages 253 à 254

A

1. Es sieht nach Regen aus.
   Le temps est à la pluie.
2. im übrigen
   au demeurant
3. Wie heißt sie noch?
   Comment s'appelle-t-elle déjà ?
4. ob man will oder nicht.
   bon gré mal gré
5. funkelnagelneu.
   tout flambant neuf
6. Er hört nur mit halbem Ohr zu.
   Il n'écoute que d'une oreille.
7. ich persönlich.
   moi qui vous parle
8. heutzutage.
   par les temps qui courent
9. „Wer A sagt, muss auch B sagen."
   Le vin est tiré, il faut le boire.
10. So gut es eben geht.
    vaille que vaille
11. wenn Sie Lust haben.
    Si le cœur vous en dit!
12. um die Wette.
    à qui mieux mieux

13. zu einem bestimmten Zeitpunkt.
à un moment donné

14. Nichts, was ich lieber täte.
Je ne demande pas mieux.

B

1. Mit dem Flugzeug.
2. bei der Verpackung.
3. per Bahn oder per Post
4. zur Erholung
5. mit der Eisenbahn
6. an Krebs
7. nach der Scheibe (*cible*)
8. Vor Schreck

C

1. mit dem Hammer
2. aus Mitleid
3. Wir waren guter Laune.
4. vor Freude
5. mit leiser Stimme
6. bei Regenwetter
7. mit seinen Freunden
8. mit der Drahtseilbahn
9. Ich habe sie bei der Hand genommen.
10. Ich schicke diesen Brief mit (per) Luftpost.

D

1. durch Bomben
2. zum Telefonieren
3. gut gelaunt (= guter Laune)
4. mit Freunden
5. mit der Drahtseilbahn

E

1. Ich habe nicht **aus** Eigennutz, sondern **aus** Überzeugung gehandelt.
2. **Bei** diesem Schneewetter hatte ich nicht wie vorgesehen **in** die Stadt gehen können.
Ich habe meine Freunde **durch** ein Telegramm benachrichtigt.
3. Schnell**en** Schritt**es** bin ich **nach** Hause zurückgekehrt. Ich zitterte **vor** Kälte.
4. Mein Nachbar hat mir erklärt, dass er soeben **zum** Abteilungsleiter in dem Geschäft ernannt worden sei, wo er seit über fünf Jahren arbeite.
5. Er war so gut**er** Laune, dass er mich **zum** Essen eingeladen hat.
6. Ich litt **an** Kopfschmerzen.
Aus diesem Grund habe ich seine Einladung nicht angenommen.

F

1. Im Herbst hängt noch ein einziger Apfel am Apfelbaum. Er ist aber für Vater und Sohn leider unerreichbar, denn er hängt zu hoch. Der Vater schüttelt energisch den Baum. Vergebens. Der Sohn trägt den Spazierstock des Vaters.
2. Der Sohn zielt mit dem Spazierstock des Vaters nach dem Apfel. Er hätte ihn beinahe getroffen, aber leider fallen der Stock und ein Zweig auf den Kopf des Vaters.
3. Guten Mutes klettert der Vater mit dem Spazierstock in der Hand am Baumstamm empor und versucht den Apfel mit dem Stock zu erreichen. Der Sohn erhebt schon die Hände, um den Apfel aufzufangen. Der Vater hält sich an einem zu schwachen Ast fest. Er ist zu schwer und der Ast biegt sich gefährlich.
4. Mit Schwung wirft der Vater seinen Stiefel nach dem Apfel und gleich danach seinen Stock. Der Stiefel bleibt hängen.
5. Unverzagt (*sans se décourager*) greift der Vater nach seinem zweiten Stiefel und wirft ihn nach dem Apfel. Es ist nichts zu machen, der Apfel bleibt hängen.
Erschöpft springt der Vater in Strumpfsocken hoch und rüttelt mit seinem Spazierstock an dem unteren Ast.
Tatenlos und betrübt sieht der Sohn dem Schauspiel zu.
6. Mit großer Mühe hat der Vater seine Stiefel vom Baum heruntergeholt.
Er nimmt seinen Sohn bei der Hand. Beide entfernen sich.
Der Apfel scheint vergessen zu sein.
Gerade in diesem Augenblick fällt der Apfel von selbst vom Apfelbaum.

PARTIE IV – CHAPITRE 3

LES ADVERBES

125 - 132 Exercices page 262

A

1. Ich frage mich, **wann** dein Vater kommen kann.
2. Weißt du, **ob** er noch zu Hause ist?
3. Wolltest du ihn nicht anrufen? **Doch**, aber ich bin gestört worden.
4. Du bist wohl nicht **zur Post/auf die Post** gegangen? **Doch**, aber die Post war geschlossen.
5. Du siehst aus, **als ob** du nicht zufrieden wärest / **als wärest** du nicht zufrieden.
6. **Wenn** du ihm ein Fax **geschickt hättest**, wäre er schon da.

B

1. Wir haben **nur** Freunde hier.
2. Ich habe **erst** heute kommen können.
3. Ich werde **nur** 10 Tage bleiben können.
4. Rufen Sie mich **erst** morgen Abend an!
5. **Der Film** endet **erst** um Mitternacht.
   Ich habe **nur noch** eine halbe Stunde **zu warten**.

C

1. Hast du **genug** Geld?
2. Meine Zensuren in Deutsch sind **ziemlich** gut, aber noch nicht gut **genug**.
3. Gestern war es **ziemlich** warm, aber es war nicht warm **genug** …
4. Ich habe es dir oft **genug** gesagt.
5. Dieses Zimmer ist nicht groß **genug**.

D

a)
1. Wer **viel** gereist ist, kann **viel** erzählen.
2. Ich bedaure **sehr**, mein Vater ist nicht da.
3. Du rauchst **viel**, **viel zu viel**.
4. Wir freuen uns **sehr** auf dein Kommen.
5. Du weißt, wie **sehr** ich ihn schätze.

b)
1. Heute Morgen habe ich **viel** gearbeitet.
2. Ich freue mich **sehr**, dich glücklich zu wissen.
3. Du kommst **viel** zu spät.

E

1. Das Holstentor in Lübeck ist sehr alt, **aber** schön.
2. Peter hat mich nicht besucht, **aber** er hat … geschrieben.
3. Gib das Geld **nicht** mir, **sondern** deiner Schwester.
4. Karl lernt Englisch, **aber** er kann noch nicht sprechen.

F

Un accident

1. *Je suppose que tu as eu une commotion.*
2. *Oui, j'ai failli être renversé(e) par une voiture. Mais je ne tiens pas à être envoyé(e) à l'hôpital.*
3. *J'ai peine à croire que le conducteur n'a rien remarqué.*
4. *Il s'obstinait à nier sa responsabilité et ne cessait de parler de cet incident.*
5. *N'allez surtout pas croire qu'il était de bonne foi !*
6. *Il finira par reconnaître ses torts.*

Partie IV

TESTEZ VOS CONNAISSANCES

107 - 115 Exercices pages 263 à 266

A

a) avec **ge**-:
(ist) entlang**ge**fahren (1); (hat) teil**ge**nommen (6); (ist) näher **ge**kommen (8); (ist) hinauf**ge**stiegen (10); (hat) statt**ge**funden (12); (hat) bei**ge**fügt (14); (hat) wider**ge**spiegelt (15).

b) sans **ge-**:
(hat) entfernt (2); (hat) gefallen (3); (hat) genossen; (hat) prophezeit (5); (hat) verteilt (7); (hat) beantragt (9); (hat) verlangt (11); (hat) zerstört (13).

B

Dr Hensel **ist** Abteilungsdirektor in ein**em** groß**en** Industriewerk **gewesen**. Er **hat** über ein**e** beachtlich**e** Zahl von Mitarbeiter**n**, ein geräumig**es** Vorzimmer mit ein**em** Sekretär **geboten** (*disposé de*) und **hat** das Privileg ein**es** eigen**en** Arbeitsraum**es** **genossen**: eine Tür unter viel**en** ander**en** an einem lang**en**, schmal**en** Gang im zweit**en** Stock des Verwaltungsgebäud**es**.

Manchmal **ist** er auf Kosten **der** Firma **verreist**. Dr. Hensel **hat** sein**en** Beruf ernst **genommen**. Durch Fleiß **hat** er in sein**em** speziell**en** Fach den Ruf eines Fachmanns **erworben**.

C

1. ein**en** dumm**en** Jung**en**
2. wie ein**en** Krank**en**
3. „den Dick**en**"
4. gute Zahnärztin
5. mein**en** Freund
6. mein**en** Bruder
7. zuverlässig**er** Arbeiter
8. mein**en** Onkel.

D

1. Die Dunkelheit bricht ein / die **einbrechende** Dunkelheit.
2. Der Sturm bricht los. / der **losbrechende** Sturm.
3. Der Hagel trommelt gegen die Scheiben. / der gegen die Scheiben **trommelnde** Hagel.
4. Der Nebel lichtet sich (*se dissipe*) / der **sich lichtende** Nebel.
5. Der Regen fällt. / der **fallende** Regen.
6. Der Schnee knirscht (*crisse*) unter den Sohlen. / der unter den Sohlen **knirschende** Schnee. Der Schnee schmilzt. / der **schmelzende** Schnee.
7. Die Sonne geht unter. / die **untergehende** Sonne.
8. Der Tau (*rosée*) funkelt auf dem Gras. / der auf dem Gras **funkelnde** Tau.
9. Die Nacht bricht ein. / die **einbrechende** Nacht.
10. Der Rauch liegt über der Stadt. / der über der Stadt **liegende** Rauch.

E

1. Zu ein**em** dreitägig**en** Informationsbesuch **hat** sich ein**e** sächsisch**e** Delegation in **der** Hansestadt Hamburg **aufgehalten**.
2. Sie **hat** sich über **die** Ausbaumöglichkeiten **der** Elbschifffahrt informieren **wollen**.
3. **Die** Delegiert**en** **haben** auf eine Festigung d**er** Kontakte zwischen beid**en** Bundesländer**n** **gehofft**.

F

Seit 1991 fahren Schiffe zwischen Hamburg und Dresden elbauf – und abwärts. Von ihrer Quelle bis zur Mündung in die Nordsee legt die Elbe ungefähr 1100 km zurück. Der Strom fließt durch Landschaften, die der industriellen Bauwut entkamen.

Wenn man von Hamburg abfährt, sieht man nacheinander Magdeburg und seinen Dom; Wittenberg, die Stadt, in der Luther bis zu seinem Tod lebte, und die Schlosskirche, an deren Türen er seine fünfundneunzig Thesen schlug; Meißen und seine Porzellanmanufaktur; den Dresdener Zwinger und seine Kunstsammlungen; das Schloss Augusts des Starken in Pillnitz und den alten Kurort Bad Schandau im Elbsandsteingebirge. Jeden Tag werden Ausflüge angeboten.

G

1. Komm **herein** und leg das Buch **hierher**.
2. Ich will zu den Nachbarn **hinüber**gehen.
3. Ich wage es nicht, an die Leute **heran**zutreten.
4. Die Zimmer liegen zum Hof **hin**.
5. Hast du den Koffer allein **hin**getragen? (= *là-bas*)
   Hast du den Koffer allein **her**getragen? (= *jusqu'ici*)
6. Fahr hinter mir **her** …
7. Bitte einmal Zürich **hin** und **zurück**.
8. Er grüßte … **herüber**, denn er kannte uns **von** der Schule **her**.
9. … ich kann dich nicht **hin**fahren.

H

1. In einer Woche ist Dienstag, **der** 8. (ach**te**) Mai.
   Wir verlegen den Vortrag auf Dienstag, **den** 15. (fünfzehn**ten**) Mai.
   Herr Dr. Fügli, **der** Referent, ist Schweizer.
2. Herr Ott, **ein** erstklassig**er** Fachmann, leitet den EDV[1]- Lehrgang (*stage d'informatique*)
3. Während des Unterrichts, **einer** Mathematikstunde, ...
4. an A. Einstein, **den** Begründer der Relativitätstheorie.
5. in Lissabon, **der** Hauptstadt Portugals, ... Athen, **die** Hauptstadt Griechenlands, und Budapest, **die** Hauptstadt Ungarns.
6. Auf Herrn Wilson, **einen** Engländer, folgte Frau Meyer, **eine** Deutsche ...
   Man wählte Herrn Legros, **einen** Franzosen, als zwei**ten** Vorsitzend**en**.
7. Einwände (*objections*) wurden von Herrn Dr. Giese, **dem** Direktor, vorgebracht.
8. Nach der Rede des Vorsitzenden, **des** Bundesministers Jehl.
9. Am Rhein, **der** größ**ten** Wasserstraße Westeuropas, ...
10. Mein Kind erkrankte an Keuchhusten (*coqueluche*), **einer** Infektion der Schleimhäute.

I

- aschgraues Gesicht
- blutroter Himmel
- blütenweiße Wäsche
- himmelblauer Schal
- knallroter Pullover
- moosgrünes Kleid
- rostbraunes Haar
- schneeweiße Bluse
- veilchenblaue Augen
- weinroter Teppich.

J

1. Herr Wolf soll der **jetzige** Besitzer ... sein.
2. Warten wir die **morgigen** Nachrichten ab!
3. Keiner hat an der **damaligen** Tagung teilgenommen.
4. Es wird mit der **baldigen** Annahme ... gerechnet.
5. Wir müssen die **auswärtigen** Geschäfte beliefern.
6. Mit der **inneren** Ausstattung (*équipement*) des Wagens ...

(1) *EDV = elektronische Datenverarbeitung.*

K

1. Kartoffelsalat mit grüner Gurke (*concombre*)
2. eine Bockwurst mit scharfem Senf
3. eine Scholle (*carrelet*) mit zerlassener Butter
4. ein Wiener Schnitzel (*escalope*) mit grünen Bohnen
5. ein gebratenes Kalbsfilet mit frischem Gemüse
6. ein Rinderbraten mit grünem Salat
7. eine Frikadelle mit pikanter Tomatensoße
8. Salzkartoffeln mit gekochtem Schinken

L

1. irgendwo (*quelque part*)
2. irgendwann
3. irgendwo
4. Irgendwer
5. Irgendwer (*quelqu'un*)
6. irgendwie (*d'une manière ou d'une autre*)
7. irgendwas
8. Bei der Sache ist irgendwas faul (*Il y a quelque chose de louche dans cette affaire.*)

M

1. hat sich ... eingesetzt.
2. hat ... verdient.
3. haben ... erreicht.
4. haben ... absolviert.
5. haben ... abgebaut.
6. hat ... erreichen wollen.
7. hat ... umgetauscht.

N

1. Das Fußballspiel war um 16 Uhr **beendet**. Es **endete** unentschieden.
2. Mit dieser Auskunft ist mir wenig **gedient**.
   Welcher Kellner **bedient** hier?
3. „**Lade** nichts mehr **auf den Lieferwagen**. Er ist zu schwer **beladen**."
4. Unserem Land **droht** eine Wirtschaftskrise. Die innere Ordnung ist **bedroht**.
5. Die Regierung **kämpft** gegen die Arbeitslosigkeit.
   Der Innenminister traf Maßnahmen, um den Terrorismus zu **bekämpfen**.

O

Berliner Dialekt

1. **red't** (redet) / **ooch** (auch)
   wenn't richtig is (wenn es richtig ist)
   „Mutta, lasste mir mal Karussell fahrn?"
   („Mutter, lass mich mal Karussell fahren?")
   „... **wenn ich nu 'mich' sage**, **las**ste mir fahrn?"

2. „**du hast ja dein' Hut vakehrt uff'm Kopp.**"
(„du hast ja deinen Hut verkehrt auf dem Kopf.")
„... **du weeßt jar nich, in welche Richtung ick will.**"
(„du weißt gar nicht, in welche Richtung ich will.")

116 - 132 Exercices pages 266 à 272

A

a) **Wo?**
1. **beim** Arzt.
2. **bei** meiner Freundin.
3. **bei** Herrn Professor Jahn.
4. **im** Keller.
5. **beim** Metzger.
6. **im** Reisebüro.
7. **im** Blumengeschäft.
8. **auf** dem Friedhof.
9. **auf** dem Postamt.

b) **Woher?**
1. **von** der Universität.
2. **von** zu Hause.
3. **aus** Wien.
4. **vom** Strand.

c) **Wohin?**
1. **in** die Stadt.
2. **in** mein Zimmer.
3. **zu** Edith.
4. **zum** Bahnhof.
5. **zum** Zahnarzt.
6. **ins** Kino.
7. **auf** den Markt.
8. **auf** die Straße
9. **zu** Herrn Dr. Jürgen.
10. **zur** Haltestelle.
11. **zu** meinem Freund.
12. **in** die Garage.
13. **ans** Fenster.
14. **zum** Gemüsehändler.

d) **Wohin?**
1. **an** die Ostsee.
2. **nach** Klagenfurt.
3. **aufs** Land.
4. **zu** meinen Bekannten.
5. **an** den Genfer See.
6. **ins** Gebirge.
7. **in** die Türkei.
8. **nach** Ungarn.
9. **zu** der Leipziger Messe.

e) **Wohin?**
1. **nach** Helgoland.
2. **nach** Kanada.
3. **ans** Mittelmeer.
4. **in** die USA.

B

1. In vie**len** Teil**en** Deutschland**s** sind Weinbau und Weintrinken seit **der** Römerzeit zu Hause. Trotzdem gelten **die** Deutsch**en** in all**er** Welt als Biertrinker.
2. Dutzende von in- und ausländisch**en** Fernsehprogramm**en** können mit Hilfe einfach**er** Parabolantennen empfangen werden.
3. Beliebig**e** Telefonverbindungen können zu jed**em** Ort der Welt zu jed**er** Zeit hergestellt werden.
4. Wegen umfangreich**er** Bauarbeiten ist d**as** hiesig**e** Theater geschlossen.
5. Geteilt**er** Schmerz ist halb**er** Schmerz. Geteilt**e** Freude ist doppelt**e** Freude.

C

Heutzutage erfolgt der Ferienrush in Europa im August, wenn die Sonne am wärmsten ist. Das Nichtstun – besonders am Strand, am Meer, in der Sonne – wird zu einer der Formen der Lebenskunst.
In dem Maße, wie die Kunst ein Zeugnis der modernen Zeit ist, wäre es interessant, die Zunahme der Filme festzustellen, die ihre Abenteuer- und Liebesgeschichten mit dem Zauber des Meeres und der Sonne verbinden.

nach J. Dumazedier

D

1. Ein geräumig**er** Fahrstuhl brachte mich auf **die** Terrasse **des** Fernsehturms.
2. Unten auf **der** Straße flutete ein reg**er** Verkehr: Aut**os**, Buss**e**, Motorr**äd****er**, Fahrr**äd****er**.
3. Auf **den** Bürgersteig**en** eilten die Fußgänger. Vor **den** rot**en** Ampeln stauten sich lang**e** Autoschlangen.
4. Dort drüben fuhren Eisenbahnz**üg****e** über ein**e** Brücke.
5. **Am** Fluss entlang standen hoh**e** Pappel**n**.
6. Ich erkannte die meist**en** Museen, die einzel**nen** Kirchtürm**e**, **das** mächtige Rathaus, **das** rot**e** Gebäude der Post.
7. An ein**em** fern**en** Abhang erhoben sich modern**e** Wohnblock**s** mit ihr**en** flach**en** Däch**ern** und ihr**en** schmuck**en** Balkon**s**.
8. Zwischen einig**en** vornehm**en** Vill**en** entdeckte ich einig**e** Tennispl**ätz****e**. Hinter **den** Vorort**en** begannen Feld**er** und Wiese**n**.

E

„Diese Jacke können Sie bestimmt **zu** jeder Tageszeit tragen."

– „Auch **bei** warmem Wetter?"

– „Natürlich, dann tragen Sie die Jacke eben **über** dem Arm!"

F

1. Gestern fuhr ich **nach** Saarbrücken **zu** meinem Onkel, **einem** Architekt**en**.
2. **Vor** seinem Haus stand mein Vetter. Ich sprach **mit** ihm.
3. Er erzählte mir **von** seiner Arbeit.
4. Ich klingelte **an** der Tür. Meine Tante kam **aus** der Küche.
5. Ich blieb … bei meinen Verwandten.
6. Dann ging mein Onkel **mit** mir **in** die Stadt …
7. **Im** Mai fährt er … **in** die Schweiz, dann fliegt er **nach** Brasilien.

G

1. Folgend**es** Stellenangebot (*offre d'emploi*) stand in **der** Zeitung:
„Wir suchen ein**e** erfahren**e** Sekretärin **mit** EDV-Praxis. Wir bieten überdurchschnittlich**es** Gehalt, Teilnahme **an** Fortbildungsveranstaltungen, angenehm**es** Betriebsklima, abwechslungsreich**e** Tätigkeit."
2. Obdachlos**e** (*les sans-abri*) haben Anspruch **auf** eine Unterkunft (*abri*), **in** der sie sich den ganzen Tag **über** aufhalten können.
Ein Obdachlos**er** verklagte eine Stadt, weil sie ihm nur eine Unterkunft **für** die Nachtzeit **von** 20 Uhr **bis** 7 Uhr **zur** Verfügung stellen wollte … Zudem stelle der Aufenthalt **unter** freiem Himmel eine Gefahr **für** die öffentliche Ordnung dar.

H

1. **Es** hat an der Tür geklingelt. **Bald** werden mehr Gäste da sein.
2. **Auf der Treppe** zieht **es**. **Auf einmal** friert (es) mich.
3. **Ursula**, bist du **es**? **Sicher** ist **es** nicht, dass sie heute kommt.
4. **Hotelgäste** sind eingetroffen. **Es** ist fraglich, ob er heute kommt.
5. **Jemand** hat nach dir gefragt. **Eine Frau** möchte dich sprechen.
6. **Jetzt** scheint **es** zu regnen. **Vor der Wirtschaft** lärmen Betrunkene.
7. **Hier** soll Englisch gesprochen werden. **Unerhört** ist es, dieses zu verlangen.
8. **Es** wurde auf der Terrasse dunkel. **Viel** wurde über den Film gesprochen.
9. **Dafür** gibt **es** keinen Beweis (*preuve*). **Um finanzielle Probleme** handelt **es** sich.
10. **Mir** wurde nicht geglaubt. **Es** gelang mir nicht, ihn zu überreden.

I

1. **Bei** einem Kellerbrand war ein Brandstifter (*incendiaire*) **am** Werk.
Um 23 Uhr gab es einen zweiten Brand.
Aus einem Haus wurde ein Kind **von** der Feuerwehr gerettet.
2. **Zu** zehn Jahren Freiheitsstrafe hat das Landgericht (*tribunal*) den **wegen** Mordes angeklagten Ralf G. verurteilt. Er hatte **bei** der Tat drei Promille Alkohol **im** Blut.
3. **Am** Flughafen ist ein Parkhaus **von** 1500 Plätzen eingeweiht worden (*a été inauguré*)
Jetzt stehen … 6000 Parkplätze **zur** Verfügung.

J

1. **Im** Jahre 1992 lebten 5,4 Milliarden Menschen **auf** der Erde.
In zehn Jahren werden es 6,4 Milliarden sein.
2. Die Zahl der Erwerbsloser (*sans-emploi*) sank **im** April **um** 80 000 **auf** 1 625 000. Die Zahl der Beschäftigten erhöhte sich **auf** 35 Millionen. Das waren 2,4 Prozent mehr als **vor** einem Jahr.

K

Glas / Fass; fast / passt; Eis / weiß; blass / blase; grüßen / küssen; groß / der größte; Reißverschluss (*fermeture éclair*); heiß / heißer; Assistent; Masse (*masse*) / Maße (*mesures*); außer (+D); Straße; lassen/er lässt/lass! zu Mittag essen/du isst/iss!

L

1. Ihr seid euch eur**er** Pflichten bewusst.
2. Du bist dir **der** Bedeutung der Firma bewusst.
3. Er ist sich unser**er** finanziellen Lage bewusst.
4. Wir sind uns **des** Wertes der Sammlung bewusst.
5. Sie sind sich **der** Größe der Aufgabe bewusst.

M

1. „Kommst du **den** Kindern noch gut**e** Nacht sagen?", rief die Frau ihr**em** Mann zu, als sie … aus **dem** Kinderzimmer kam.
„Ja", rief der Mann aus sein**em** Arbeitszimmer, „ich muss nur noch **den** Brief zu Ende schreiben". „Er kommt gleich", sagte die Mutter zu **den** Kinder**n**, **die** … in ihr**en** Betten saßen, weil sie **dem** Vater zeigen wollten, wie sie die Stofftier**e** angeordnet hatten. Als der Vater mit **dem** Brief fertig war und **ins** Kinderzimmer trat, schliefen **die** Kind**er** schon.
Franz Hohler, *Eine kurze Geschichte.*
2. anlässlich **der** heutig**en** Tagung/unweit **des** Köln**er** Doms/außerhalb **der** Stadt/diesseits **des** Rheins/um **des** lieb**en** Fried**ens** willen/**der** Einfachheit halber.
3. Ich besann mich ein**es** Besseren (*Je changeai d'avis*).
Statt **des** Nachtischs …

4. Trotz höher**er** Nachfrage ...
5. Infolge ein**es** Unfalls ... Vonseiten **des** Arbeitsamt**s** ...
Das spottet jed**er** Beschreibung (*Cela défie toute description*). Ich enthalte mich (*je m'abstiens*) jeglich**en** Kommentar**s**.
6. Wegen **des** Rockkonzert**s** strömten Tausende Jugendlich**e** dem Park zu.
7. Man gedachte dies**er** Frau als ein**er** Kämpferin ...
8. Er rennt offen**en** Aug**es** in sein Verderben.
9. Sie würdigte mich kein**es** Blick**es**. Ich erinnere mich ihr**er** noch sehr gut.
10. Das Kind bedurfte ärztlich**er** Hilfe.
Trotz **des** stark**en** Regen**s** kam der Arzt.
11. Ich dankte **dem** Arzt. Eine Studentin nahm sich **des** Kind**es** an.

N

1. 1,6 Million**en** Einwohner / die Stadt Graz in den achtzig**er** Jahren / ein 25 Meter **hoher** Turm / der Preis von 5 Sa**ck** Weizen / 2 Paa**r** Handschuhe.
2. **Auf** welches Alter schätzt du ihn (sie)? Ich schätze ihn (sie) **auf** dreißig.
3. Die Außenpolitik des Bundeskanzler**s** Schröder / Bundeskanzler**s** **Schröder** Außenpolitik. die Philosophie Nietzsche**s** / Nietzsche**s** Philosophie.
4. Wir sind **unterhalb** der Brücke am Strom entlanggegangen.
5. Er soll große Fortschritte in **S**panisch gemacht haben.
6. **Erst** seit einem Monat wohnen Lehmann**s** in dieser Villa.
7. Ich hoffe, dass mein Wagen vor Mittag repariert ist, sonst muss ich mit dem Zug fahren und ich weiß nicht, wann ich **bei** Ihnen eintreffe.
8. Ich kannte niemand(en), dem ich diese Arbeit anvertrauen konnte.
9. Dies**en** Monat ist **das** Gehalt meiner Schwester **um** 5 % (= Prozent) erhöht worden.
10. Was du auch denken magst, **ich** nehme **an** diesem Lehrgang nicht teil.
11. Heute sind nur wenig Geschäfte **auf** der Börse abgeschlossen worden.
12. Wärest du eher gekommen, so hättest du den Direktor (an)getroffen.
13. **Jeder fünfte** Lohnempfänger sollte / müsste umgeschult werden.
Erst wenn die Verhandlungen bald wieder aufgenommen werden, wird die Gewerkschaft **auf** den Streik verzichten.
14. Diese Firma beteiligt ihre leitenden Angestellten **an** ihrem Umsatz.
15. Wir beziehen uns **auf** unseren letzten Brief. **Anlässlich** der Leipzig**er** Messe bringen wir neue Artikel heraus. **Anbei** senden wir Ihnen unseren Katalog.
Unsere Waren sind **bei** Lieferung zahlbar.
Wir geben 3 % (= Prozent) Skonto **bei** sofortiger Bezahlung.

O

1. Er ist der beste Spieler, **den** es gibt.
2. Was gibt es Neu**es**?
3. In dieser Straße gibt es ein**en** gut**en** Damenfriseur.
4. Was gibt es da **zu** lachen?
5. **Was** gibt es heute im Fernsehen?

P

Ein Ehepaar [...] erläutert der Verkäuferin, **sie seien** ... von zu Hause **weg** und **hätten** eine kleine Tochter. **Sie brauchten** etwas, das die Kleine **erfreue**, sie lange **beschäftige** und ihr das Gefühl des Alleinseins **nehme**.

Es tue ihr Leid, lächelt die Verkäuferin ... Eltern **führten sie** nicht im Sortiment.

Q

Auf einem Dorf in den Cevennen

„Mama, warum nehmen wir nicht immer die gleiche Flasche?"
– „Wir haben hier zwei Händler, die zwei Sorten Flaschengas verkaufen, beide müssen zu leben haben..."
Bei meiner Großmutter war es genauso.
Man kaufte das Brot beim einen Bäcker, das Mehl beim anderen, den Kaffee beim einen Lebensmittelhändler, den Zucker beim anderen, und beim nächsten Mal vertauschte man die Waren, so brauchte man unsinnig viel Zeit zum Einkaufen...
Es war das glatte Gegenteil vom System der Einkaufswagen im Supermarkt. Obendrein betrieb man ein Versteckspiel, um weder den einen noch den anderen zu verärgern. Man versteckte die bei Pantel gekauften Beefsteaks, um dann die Blutwurst bei Vidal zu besorgen. Warum taten wir das, wenn doch beiden vollkommen klar war, dass wir uns so verhielten, denn die Metzger ihrerseits kauften die eine Hälfte des Gemüses beim einen Gemüseladen und die andere Hälfte beim nächsten...

nach J.-P. Chabrol

R

Ein Aprilscherz

Auf einer Anlegestelle am Meer steht ein Angler. Er wartet geduldig darauf, dass ein Fisch anbeißt.
Er ist einfach gekleidet. Er trägt eine Arbeitshose mit Hosenträgern, einen Pullover und eine Mütze.
In der Hand hält er seine Angel.
Ein schwarz gekleideter Städter mit einem schwarzen Hut auf dem Kopf nähert sich dem

Angler leise von hinten. Es ist der 1. April, denn er hält einen papiernen Fisch in der Hand, den er unbemerkt an den Pullover des Anglers befestigt. Dann ruft er diesem vergnügt zu: „Sie Sonntagsangler! Der Fisch hat schon angebissen!" und deutet auf den auf dem Rücken des Anglers angeklebten Fisch.
Ärgerlich dreht der Angler den Kopf und erblickt den papiernen Fisch.
Der Städter lacht aus vollem Hals, dabei macht er unaufmerksam einen Fehltritt und fällt ins Wasser.
Er hatte völlig vergessen, dass er am Rand der Anlegestelle stand. Der Angler geht an den Rand der Anlegestelle und entgegnet dem um Hilfe rufenden Städter.
„Wer zuletzt lacht, lacht am besten."

S

Vor einer Woche war ich in **der** Bundesrepublik Deutschland.
Wenn Sie **um** 23 Uhr 25 **am** Pari**ser** Ostbahnhof den Zug **nach** Warschau nehmen, werden Sie **sieben Stunden später** in Frankfurt ankommen, **einem** groß**en** deutsch**en** Wirtschaftszentrum, **nachdem Sie** im Liegewagen eine **ziemlich** angenehme Nacht **verbracht haben**.
Bei Tagesanbruch fahren Sie über **die** Main-Brücke.
Ich aber würde **lieber** das Flugzeug benutzen.
Da wir weitab vom Flughafen wohnen **und ich meistens** mit meinen kleinen Kindern reise, bin ich wohl oder übel ein treuer Kunde der europäischen Eisenbahnen geworden.
Mit etwas Glück haben Sie **als** Mitreisende junge Däne**n** oder Deutsch**e**, so dass Sie **entweder** auf Englisch **oder** auf Deutsch diskutieren können.
Je älter Sie werden, **desto mehr** werden Sie feststellen, dass es notwendig ist, wenigstens eine Fremdsprache zu sprechen.
Folgen **Sie** mein**en Ratschlägen**!
In Frankfurt angekommen, mieten Sie einen Wagen! Besichtigen Sie **das** so malerische Hessen! Bleiben **Sie** einige Tage in Heidelberg, **dessen** romantisch**es** Schloss **von** den Dichtern **besungen worden ist**.

T

1. Hast du ihn gleich **erkannt**?
   Er hat wie immer **über'trieben**.
2. Ich musste gestern **zum** Arzt gehen.
   Edith hat mich **begleitet**.
3. der Kranke, aus **dessen** Zimmer der Arzt kam …
4. Das Wunder ist **voll'bracht**.
   Er erklärte sich bereit, mir **zu** helfen.
5. Die Linde, in **deren** Schatten ich mich setzen möchte …
6. Die Plakate, mit **denen** die Stadt geschmückt ist …

U

1. Wenn ich das damals **begriffen hätte**, dann **wäre** er … am Leben.
2. **Solltest** du morgen frei haben, so **würden** wir ins Schwimmbad **gehen**.
3. Was würdest du dazu sagen, wenn ich zwei Tage länger **bliebe**?

V

Béziers, den 21.8.

Liebe Edith,

Vielen Dank für **d**einen letz**t**en Brief. Ich habe ihn **erst heute Morgen** erha**l**ten. Ich sehe, dass du schöne Ferien verbracht hast. Du hast dich **ausruhen können**, **was** das Wichtigste ist. In einem Monat bist du in Saarbrücken und besuchst die Kurse **am** Dolmetscherinstitut. Ich hoffe, dass du **zu** Wei**h**nachten zu uns kommst. Hier gibt es **nichts Neues**.

Vorige Woche habe ich eine Prüfung abgelegt. Sätze **sollten** ins Deutsche **übersetzt werden**. Meine Übersetzung lautet wie folgt:

1. Komm hier**her**!
2. Sie **saß** unter einer Linde.
3. Habe ich **dich erschreckt**?
4. in den sechzig**er** Jahren
5. Ich spiele **gern** Tennis.
6. Er lief **mir entgegen**.
7. das **gegenüberliegende** Haus
8. **Hätte** ich es **gewusst**, wäre ich gekommen.
9. **Bevor du** gehst, kauf eine **Z**eitung.
10. Sprich nicht **beim** Essen!
11. **Wenn** es regnete, blieben wir **zu** Hause.
    Wir sahen fern.
12. Du **hast mich** zu spät **gew**e**ckt**.
13. Sie **soll** Fortschritte gemach**t** haben.
14. Wir hatten ihn kommen sehen.
15. Er kam **gelaufen**.
16. **Es standen N**eugierig**e** auf **d**em Platz.
17. neunzehnhundert**ein**undneunzig
    zweitausendei**ns** / se**ch**zehn
18. eine **gerade** Linie. Es ist **gerade** ei**n** Uhr.
19. der Preis des **K**affees
20. Ich bin in Leipzig **umgestiegen**.
21. der Bus **hält** / **hat gehalten**.
22. Wie geht es **Ihnen**?
23. **Woran** denkst du?
24. ein **vom Präsidenten empfangener** Gast
25. **vor** fünf Jahre**n** und zwei Monaten
26. Ich bin **wie** gerädert.
    zwei Dutzen**d** Eier
27. Er will **es** mit niemandem verderben.

28. Ich habe ihm gründlich die Meinung gesagt.
29. Bringen Sie mich nicht **aufs Äußerste**.
30. Ich habe eine Bitte **an Sie**.

Was hältst du **davon**?
Schreib mir bald wieder.
Viele Grü**ße an** dein**e** Eltern.

Elisabeth

W

1. **nach** Angaben der Polizei
von den Flammen vernichtet [...]
mit 30 Löschfahrzeugen (*véhicules d'extinction*) und Wasserwerfern (*lances d'arrosage*).
2. **In** den vergangenen Tagen haben die Regenfälle **im** Süden Bayerns **zu** Überschwemmungen geführt. Die Flüsse traten **über** die Ufer.
3. **In** der Nacht **zum** Montag ist ein Autofahrer **bei** dem Zusammenstoß seines Wagens **ums** Leben gekommen. **Trotz** des Warnsignals wollte er **bei** einem Übergang (*passage à niveau*) die Gleise überqueren.

X

Bildbeschreibung

(1)
An einer Bushaltestelle steht ein alter Mann. Auf seinen Stock gestützt, wartet er am Straßenrand. Ein junger Pfadfinder, an seinem Hut und an seiner Halsbinde (3) erkennbar, geht auf ihn zu, **um ihm wohl seine Hilfe anzubieten**.

(2)
An dieser Stelle ist die Straße wegen des regen Autoverkehrs äußerst gefährlich. Viele Fußgänger, **von denen einer einen Hund an der Leine führt**, überqueren die Straße mit dem alten Mann, der vom Pfadfinder sorgsam am Arm gehalten wird.

(3)
Nun haben alle den gegenüberliegenden Bürgersteig heil und unversehrt erreicht.
Wie froh ist der Pfadfinder, eine gute Tat verrichtet zu haben!
Nachdem der alte Mann sich anscheinend bedankt hat, grüßt der Pfadfinder höflich.

(4)
Was tut aber der alte Mann? Er überquert dieses Mal allein die lebhafte Verkehrsstraße, **ohne auf die Autos zu achten**.

(5 + 6)
Endlich steht er wieder auf dem Bürgersteig an der Bushaltestelle, **wo er sich zuerst befand**.
Er scheint unzufrieden zu sein.
Warum? Er wollte mit dem Bus nach Hause fahren und hat ihn wegen der übereifrigen Hilfe des Pfadfinders verpasst. Schade um die verlorene Zeit.
Man soll Hilfe anderen Leuten nicht ungefragt aufdrängen: „Blinder Eifer schadet nur."

INDEX

INDEX

Les chiffres renvoient aux pages du manuel. Les références principales sont indiquées en gras.

A

B

R

S

T

U

V

W

X

Y

Z

Édition : Cécile Geiger
Saisie : Annick Delrieu
Relecture : Laure Teisseyre
Mise en page : STDI
Conception maquette : Studio Primart
Couverture : Ernesto Aparicio

Imprimerie Chirat
42540 Saint-Just-la-Pendue
Dépôt légal novembre 2002 N° 6428
N° éditeur 10099335 III (11,5) OSBT 80

Imprimé en France